Hot Spots von Café bis Kabarett

Waxmann Verlag GmbH
Steinfurter Straße 555, 48159 Münster
info@waxmann.com

Populäre Kultur und Musik

Herausgegeben von Michael Fischer und Nils Grosch
im Auftrag des Deutschen Volksliedarchivs
und der Universität Salzburg

Band 4

Waxmann 2012
Münster / New York / München / Berlin

Carolin Stahrenberg

Hot Spots von Café bis Kabarett

Musikalische Handlungsräume
im Berlin Mischa Spolianskys 1918–1933

Waxmann 2012
Münster / New York / München / Berlin

Bibliografische Information der Deutschen Nationalbibliothek
Die Deutsche Nationalbibliothek verzeichnet diese Publikation
in der Deutschen Nationalbibliografie; detaillierte bibliografische
Daten sind im Internet über http://dnb.d-nb.de abrufbar.

Gedruckt mit Unterstützung des Förderungs- und
Beihilfefonds Wissenschaft der VG Wort.

Zugl.: Hannover, Hochschule für Musik,
Theater und Medien, Diss., 2010

ISBN 978-3-8309-2520-0
ISSN 1869-8417

© 2012 Waxmann Verlag GmbH
Postfach 8603, 48046 Münster
Waxmann Publishing Co.
P.O. Box 1318, New York, NY 10028, USA

www.waxmann.com
info@waxmann.com

Umschlaggestaltung: Pleßmann Design, Ascheberg
Umschlagabbildung: Ausschnitt der Rückseite des Titelumschlags von
Curt Morecks *Führer durch das „lasterhafte" Berlin*, Reprint der Ausgabe
von 1931, Berlin: Nicolaische Verlagsbuchhandlung 1996. Abdruck
mit freundlicher Genehmigung des Nicolai Verlags Berlin
Satz: Stoddart Satz- und Layoutservice, Münster

Gedruckt auf alterungsbeständigem Papier,
säurefrei gemäß ISO 9706

Printed in Germany

DANKSAGUNG

Dieses Buch wäre nicht entstanden ohne die Hilfe zahlreicher Menschen und Institutionen, die mich bei meinen Forschungen und in der Zeit des Nachdenkens und Schreibens unterstützt haben.

An erster Stelle gilt mein Dank Prof. Dr. Susanne Rode-Breymann, die meine Dissertation von der Themenfindung bis zum Schreibprozess umsichtig und mit viel Geduld begleitete. Sie hat mich in jeglicher Hinsicht gefördert und mir Mut gemacht.

In den Kolloquien im Forschungszentrum Musik und Gender (*fmg*) sowie an der Hochschule für Musik, Theater und Medien Hannover konnte ich meine Thesen diskutieren und habe von Kolleginnen und Kollegen, von Kommilitoninnen und Kommilitonen wertvolle Anregungen und konstruktive Kritik erhalten; mein besonderer Dank gilt in diesem Zusammenhang Dr. Nina Noeske und Dr. Nils Grosch, aber auch Prof. Dr. Stefan Weiss und Dr. Lorenz Luyken. Neben den Kolleginnen und Kollegen war es vor allem Dr. Alan Lareau, der mir bei meinen Fragen weiterhalf, meiner Arbeit Interesse entgegenbrachte und mir wertvolle Tipps gab. Er stellte auch den Kontakt zu den Nachfahren Mischa Spolianskys her. Diesen wiederum, insbesondere Chris Kelly, danke ich für ihr Vertrauen und die Erlaubnis, mich mit den Dokumenten ihres Großvaters zu befassen und Teile der unveröffentlichten Memoiren zu zitieren.

Die Forschungsarbeit wurde finanziell und ideell gefördert von der Mariann Steegmann Foundation, deren Stipendium die notwendigen Recherchen zur Themenfindung überhaupt erst ermöglichte. Die VG Wort stellte einen großzügigen Druckkostenzuschuss zur Verfügung, der die Herstellung in der vorliegenden Form ermöglichte.

Bei den Recherchen sind hilfreiche Archivmitarbeiterinnen und -mitarbeiter sowie Bibliothekare und Bibliothekarinnen von unschätzbarem Wert. Mein Dank gilt dem Archiv der Akademie der Künste sowie dem Kabarettarchiv Mainz, insbesondere Matthias Thiel, dem Landesarchiv Berlin, dem Theatermuseum München, der Musikabteilung der Bayerischen Staatsbibliothek München, dem Museum Charlottenburg-Wilmersdorf, dem Archiv der Universität der Künste Berlin, den Staatlichen Museen zu Berlin sowie der University of York. Das Bibliotheksteam der HMTM Hannover erfüllte meine zuweilen recht ungewöhnlichen Anschaffungswünsche stets mit Sorgfalt und Freundlichkeit; die Mitarbeiter der Fernleihe an der Leibniz Bibliothek Hannover haben unzählige Anfragen meinerseits nach Zeitschriften mit so befremdlichen Titeln wie „Frechheit" geduldig bearbeitet. Den Theatern in Münster und Kassel danke ich für die Überlassung von Videos und Programmheften ihrer Spoliansky-Produktionen.

Meine Freundinnen Birgit Saak, Katrin Eggers, Anna Langenbruch und Karina Seefeldt aus dem *fmg*-Team haben mit kritischen Nachfragen, Denkanstößen und gelegentlich notwendiger fröhlicher Ablenkung ihren Teil zum Gelingen dieser Arbeit beigetragen. Ihnen danke ich ebenso wie meinen Eltern und meinen Brüdern, die mir Unterstützung in Form von Obdach während der Archivreisen nach Berlin und Mainz gewährten, und die gemeinsam mit ihren Familien dafür sorgten, dass ich den Blick für das Wesentliche nicht verliere.

Daniel danke ich für die liebevolle Unterstützung durch all die Jahre; ohne seinen Zuspruch, seine Bereitschaft, meine Texte zu lesen und zu kommentieren, und sein menschliches wie musikalisches Verständnis hätte ich dieses Buch nie schreiben können.

INHALT

EINLEITUNG

Die inoffizielle Seite der Stadt.
Zu Thema, Ziel und Methode

> „Jede Stadt hat eine offizielle Seite und eine inoffizielle, und es erübrigt sich, zu sagen, daß die letztere die interessantere und für das Verständnis eines Stadtwesens aufschlußreichere ist. Alles, was so offen im Lichte der Bogenlampen liegt, trägt das Gesicht, das mehr einer Maske, als einer Physiognomie gleicht. Es zeigt ein Lächeln, das nur ein Appell an den Geldbeutel des Besuchers ist. Es trägt die Schminke der Gefallsucht zu dick aufgestrichen, um darunter die wahren Züge erkennen zu lassen. Wer Erlebnisse sucht, Abenteuer verlangt, Sensationen sich erhofft, der wird im Schatten gehen müssen."[1]

Im Schatten gehen | Curt Morecks *Führer durch das „lasterhafte" Berlin*, erschienen im Jahr 1931, will dem fremden Besucher die Schattenseite der Großstadt nahe bringen, die Tiefen jenseits einer von Fremdenverkehrsämtern gestalteten Oberfläche.[2] Dem „mumifizierten Gestern", in dem ausschließlich Vergangenheit konserviert wird und das Denkmal das Denken beherrscht, setzt er die „Stätten des Lebens" entgegen, an denen Gegenwart erfahren wird, wo die „Pole sich berühren, wo seine Gegensätze eins werden, wo die Menschheit sich mischt wie ein pikantes Ragout"[3]. Erst in der Erfahrung der Gegensätze, im Erkennen beider Seiten (dem „Janusgesicht"[4]) enthüllte sich laut Moreck für den Reisenden die Totalität der Stadt. Die von Moreck beschriebenen Orte erweisen sich dabei nicht nur als „lasterhafte" (einen Begriff, den er selbst in Anführungszeichen setzt), sondern als vielfältige Ausprägungen der Stadt Berlin als „Metropole des Vergnügens"[5], vom Restaurant über den Tanzpalast bis zum Kaschemmenbetrieb in „dunkle[n] Stadtteilen"[6].

---

1   Moreck, Curt, (d.i. Konrad Haemmerling): *Führer durch das „lasterhafte" Berlin. Faksimile der Erstausgabe von 1931*, Berlin: Nicolaische Verlagsbuchhandlung 1996, S. 7.
2   Vgl. hierzu z.B. das *Berlin im Licht*-Fest vom 13. bis 16. Oktober 1928, eine von großen Berliner Unternehmen getragene Werbeveranstaltung, die Berlin als „neue Lichtstadt Europas" präsentieren wollte. Hierzu: Schrader, Bärbel/Schebera, Jürgen: *Kunstmetropole Berlin 1918-1933. Die Kunststadt in der Novemberrevolution, die „goldenen" Zwanziger, die Kunststadt in der Krise*, Berlin/Weimar: Aufbau 1987, S. 136-140. Zur Musik zum *Berlin im Licht*-Fest: Grosch, Nils: „Das ‚Berlin im Licht'-Fest von 1928 und die Musik der Neuen Sachlichkeit", in: Hermann Danuser (Hg.), *Musik als Text. Bericht über den Internationalen Kongreß der Gesellschaft für Musikforschung Freiburg im Breisgau*, Bd. 2 (Freie Referate), Berlin: Musikwissenschaftliches Seminar der Humboldt-Universität 1998, S. 532-537. Auch heute operiert das Berlin-Marketing mit einer speziellen Licht-Veranstaltung, dem *Festival of Lights*™, das seit 2004 stattfindet.
3   Moreck 1996 [1931], S. 8.
4   Ebd., S. 7.
5   Ebd., S. 10.
6   Ebd., S. 212.

Wie aber geht eine (Musik-)Historikerin „im Schatten"? Wo findet man die verborgenen Musikstücke, Sängerinnen, Pianisten, Tänzer[7]? Denn die Vergangenheit nicht nur an der Oberfläche, sondern auch in den von Moreck beschriebenen Tiefen und so in ihrer „Totalität" wahrzunehmen, sollte sicher im Erkenntnisinteresse historischer Forschung liegen. Wie kann es gelingen, hinter die Fassaden zu schauen, das andere Gesicht der Stadt zu erkennen, wenn doch gerade die Konservierung von Vergangenheit durch ihre schriftliche Aufzeichnung zum Tagesgeschäft des Berufes gehört? Darf und kann sich die Historikerin in ihrer Arbeit selbst als Reisende wahrnehmen, die in der Vergangenheit die frühere Gegenwart sucht?

Wenn Karl Schlögel in seinem Buch *Im Raume lesen wir die Zeit* von einer notwendigen „Erneuerung der geschichtlichen Erzählung"[8] spricht und diese in der „Wiederkehr des Raumes"[9] entdeckt, so steht dahinter zunächst der grundlegende Gedanke, dass Geschichte (immer noch) erzählt wird, auch wenn „die große Erzählung" der traditionellen Geschichtsschreibung im Zuge der Postmoderne zu einem Ende gekommen ist.[10] Die Erforschung vergangener Zeiträume ist immer auch mit deren Darstellung und der eigenen Konstruktion verbunden. Ein Erzähler, normalerweise in Verbindung mit fiktionaler Literatur wahrgenommen bzw. zum Thema gemacht, existiert auch in den quellenbasierten Disziplinen, hier jedoch meist im Passiv oder als „Verfasser" („Verf.") verschleiert. Friedrich Hollaender hat sich in seiner literarischen Autobiographie über diese Praxis lustig gemacht, indem er seine Erlebnisse als die eines anderen, des „Ferf" erzählte.[11]

Das schreibende Subjekt von der Geschichte zu trennen, kann also nicht gelingen. So nimmt diese Arbeit eine mögliche Perspektive ein, in der die von Moreck beschriebenen „Stätten des Lebens" als Orte, an denen in der Vergangenheit Gegenwart erfahren wurde, zum Ausgangspunkt werden. Schlögels Idee von geschichtlicher Arbeit als „Vergegenwärtigung von Vergangenheit in räumlichen Koordinaten"[12] soll modellhaft erprobt werden. Nicht nur die „räumlichen Koordinaten" als Bezugssystem, sondern auch die Räume selbst stehen dabei in unmittelbarer Beziehung zum menschlichen Handeln, werden sie doch durch dieses erst (und immer wieder neu) geschaffen. Es gilt also, in den Karten (und anderen Quellen) das Leben wiederzuentdecken.

---

7   In der Handhabung der männlichen und weiblichen Sprachform folge ich Martina Löw (Löw, Martina: *Raumsoziologie*, Frankfurt/M.: Suhrkamp Taschenbuch Wissenschaft 2001, S. 16) und wähle je nach Kontext die weibliche oder männliche Form bzw. schreibe gegebenenfalls beide aus.

8   Schlögel, Karl: *Im Raume lesen wir die Zeit*, München: Hanser 2003, S. 12.

9   Ebd., S. 11.

10   Vgl. ebd., S. 64. Schlögel bezieht sich hier auf Jean-François Lyotard: *Das postmoderne Wissen*, Wien: Passagen 1999.

11   An die Stelle des „Ferf" tritt im Laufe der Erzählung dann „Albert Knackfuß": Hollaender, Friedrich: *Von Kopf bis Fuß. Revue meines Lebens,* hg. und kommentiert von Volker Kühn, Berlin: Aufbau 2001, S. 7f.

12   Schlögel 2003, S. 302.

Die graphische Darstellung des „lasterhaften" Berlin auf dem Schutzumschlag des Reiseführers (siehe Abb. 2 im Farbteil)[13] kann in diesem Sinne als Karte für die Vorgehensweise dieser Arbeit gelesen werden: An einzelnen Orten treten die Menschen als Gestalter von Institutionen hervor, diese werden als mehrdimensionale Handlungsräume erkennbar. Gleichzeitig verdeutlicht die Illustration, dass Morecks „Stätten des Lebens" zumeist mit Musik verbunden sind: Wir sehen Tanzpaare, Revuegirls, eine Jazzkapelle.

Solche Orte der Musik sollen im Zentrum dieser Arbeit stehen und über exemplarische Untersuchungen die Vielfalt des „im Schatten" liegenden Berliner Musiklebens der Weimarer Republik aufzeigen. Dazu wird in den einzelnen Kapiteln mit jeweils unterschiedlichem Schwerpunkt vom Raum ausgegangen und dessen Zusammenspiel mit dem musikalischen Handeln analysiert. Karl Schlögel fasst das oben beschriebene „Zurückdenken in den Zustand des Werdens" poetisch: „Die Stadt beginnt zu tanzen. Das Häusermeer löst sich auf in Bewegung."[14]

Ziel | Ziel der Arbeit ist es dementsprechend, verschiedene musikalische Handlungsräume im Berlin der Weimarer Republik abseits der großen Institutionen aufzuspüren, das dortige Musikleben in seiner Einbindung in kulturelle Prozesse sichtbar zu machen und es auf seine Zusammenhänge und Funktionen im Hinblick auf angrenzende kulturelle Kontexte bzw. ihr (musik-)geschichtliches Wirkungspotential zu untersuchen. Schlögel spricht in diesem Zusammenhang von „Heißen Orten", „Spielräume[n], in denen sich anbahnt und vorentschieden wird, was an anderer Stelle sanktioniert und beglaubigt wird"[15] (vgl. Kap. *Hot Spots*, S. 32).

Berlin simultan |

> „Gottes Welt kennt keine Uhr. Sie braucht keine. Sie ist die Welt der Gleichzeitigkeit."[16] (Friedrich Hollaender)

Es gibt noch einen anderen guten Grund, in einer Studie zur Musik des 20. Jahrhunderts vom Raum als „Ordnung der Gleichzeitigkeiten"[17] bzw. dem Ort als Ka-

---

13 Es war mir nicht möglich, den Grafiker bzw. Zeichner sowie die Datierung des Schutzumschlags zu ermitteln. Ich danke für die verlagsinterne Recherche und Auskunft Cheflektor Diethelm Kaiser (E-Mail vom 29.04.2010). Görtemaker druckt den Umschlag ebenfalls ab, gibt aber auch keine weiterführenden Hinweise (Manfred Görtemaker (Hg.), *Weimar in Berlin. Porträt einer Epoche*, Berlin: be.bra 2002, S. 144f.).
14 Ebd., S. 303.
15 Ebd., S. 296. Neben dieser ersten von drei Dimensionen des Raums nach Henri Lefebvre (räumliche Praxis bzw. *pratique spatiale*) werden an einzelnen Beispielen auch Raumrepräsentationen (*représentations de l'espace*) bzw. Repräsentationsräume (*espaces de représentation*), z.B. anhand des musikalischen Repertoires in den Blick kommen (Lefebvre, Henri: „Die Produktion des Raums (1974)", in: Jörg Dünne (Hg.), *Raumtheorie. Grundlagentexte aus Philosophie und Kulturwissenschaften*, Frankfurt/M.: Suhrkamp Taschenbuch Wissenschaft 2006, S. 330-340, hier S. 333-336).
16 Hollaender 2001, S. 263.
17 Latour, Bruno: *Von der Realpolitik zur Dingpolitik*, Berlin 2005, S. 76, zit. n. Schroer, Markus: „‚Bringing space back in' – Zur Relevanz des Raums als soziologische Kategorie", in: Jörg Döring/Thielmann, Tristan (Hg.), *Spatial Turn. Das Raumparadigma in den Kultur- und Sozialwissenschaften*, Bielefeld: transcript 2008, S. 125-148, hier S. 129.

tegorie auszugehen. Nimmt man diesen als Strukturierungsmerkmal ernst, kommt man einer Erfahrung der Moderne[18] nahe, die Künstlerinnen und Künstler in ihrem jeweiligen Medium zu verarbeiten suchten und die sich folglich auch in den in dieser Arbeit betrachteten kulturellen Produkten bzw. im kulturellen Handeln spiegelt: die Simultanität der verschiedenen Ereignisse und die Neuformulierung der Durchdringung von Raum und Zeit.[19]

Die Entdeckung und Bewältigung des urbanen Raumes wird zur Herausforderung der Moderne.[20] Die Gleichzeitigkeit der Verkehrsströme auf verschiedenen Ebenen in Fritz Langs *Metropolis* zeigt die Vision, die doch nur die gesteigerte Grunderfahrung des modernen Großstädters ist. Die Futuristen fassen diese Einheit in der gleichzeitigen ständigen Bewegung, die „universelle Vibration", schon 1910 in Worte:

> „Die sechzehn Personen, die ihr in einer fahrenden Straßenbahn um euch habt, sind eine, zehn, vier, drei; sie stehen still und sie bewegen sich; sie kommen und gehen, sie prallen, von einer Sonnenzone verschlungen, auf die Straße zurück, dann setzen sie sich wieder hin, beharrliche Symbole der universellen Vibration."[21]

Was die Futuristen für die Malerei formulierten, nämlich den Versuch, die Zeit als neues Element zum Nebeneinander mit in die bildnerische Gestaltung einzubeziehen, fand auf andere Weise seinen Widerhall in der sprachlichen Gestaltung. So ver-

---

18 Die (Wieder-)Entdeckung des Raums wird zumeist mit der Postmoderne in Zusammenhang gebracht. So taucht der Begriff *spatial turn* in einem Buch mit dem Titel *Postmodern Geographies* erstmalig auf (vgl. Döring, Jörg/Thielmann, Tristan: „Einleitung: Was lesen wir im Raume? Der Spatial Turn und das geheime Wissen der Geographen", in: Döring/Thielmann 2008, S. 7-45, hier S. 7). Die Problematik von Epochenbegriffen wie „Moderne" oder „Postmoderne" (oder „Übermoderne", z.B. bei Marc Augé, oder „Reflexive Moderne", z.B. bei Ulrich Beck) sowie deren Abgrenzung kann an dieser Stelle nicht angemessen diskutiert werden. Ich beziehe mich mit dem Begriff der Moderne auf eine in Literaturwissenschaft (vgl. Fähnders, Walter: *Avantgarde und Moderne 1890-1933. Lehrbuch Germanistik*, Stuttgart/Weimar: Metzler 1998, S. 1-8) und Musikwissenschaft (Stephan, Rudolph: „Moderne", in: *MGG2*. Sachteil, Bd. 6, Kassel/Stuttgart: Bärenreiter/Metzler 1997, S. 329-397) übliche (wenn auch diskutierte) Terminierung des Beginns im ausgehenden 19. Jahrhundert. Dass das Nachdenken über Raum als ästhetische bzw. musikwissenschaftliche Kategorie nicht erst mit dem *Spatial Turn* beginnt, zeigt z.B. Nina Noeske: „Musikwissenschaft", in: Stephan Günzel (Hg.), *Raumwissenschaften*, Frankfurt/M.: Suhrkamp 2009, S. 259-273.
19 Einflussreich als Hintergrund für die Ausformulierung in der modernen Kunst: die Zeittheorie Henri Bergsons. Vgl. hierzu mit Bezug zur Musik: Krones, Hartmut: „Die Zeittheorie von Henri Bergson und der Parameter der Zeit in der Musik des 20. Jahrhunderts", in: *Musikerziehung*, Bd. 37 (1983/84), S. 123-129. Zur Bildenden Kunst, insbesondere Kubismus, Fauvismus und Futurismus: Dittmann, Lorenz: *Matisse begegnet Bergson: Reflexionen zu Kunst und Philosophie*, Köln/Weimar/Wien: Böhlau 2008, S. 108-119 (Kapitel „Bergson und die Kunst der Avantgarde", dort weiterführende Literatur).
20 Vgl. hierzu: Brüggemann, Heinz: *Architekturen des Augenblicks. Raum-Bilder und Bild-Räume einer urbanen Moderne in Literatur, Kunst und Architektur des 20. Jahrhunderts*, Hannover: Offizin 2002 (=Kultur und Gesellschaft, Bd. 4).
21 Boccioni, Umberto/Carrà, Carlo D./Russolo, Luigi/Balla, Gioacomo/Severini, Gino: „Die futuristische Malerei – Technisches Manifest (1910)", in: Hansgeorg Schmidt-Bergmann, *Futurismus. Geschichte, Ästhetik, Dokumente*, Reinbek bei Hamburg: Rowohlt Taschenbuch 1993, S. 307-310, hier S. 308.

suchte die Lyrik u.a. mit der Form des Simultangedichts, räumliche Gleichzeitigkeit mit Mitteln der Sprache darzustellen. Rezitiert wurden solche Gedichte z.B. im Kabarett: Walter Mehring, einer der wichtigsten Autoren der *Wilden Bühne*, zeigte in „Achtung, Gleisdreieck!" (im Oktober-Programm 1920 im *Schall und Rauch*, Vertonung Friedrich Hollaender[22]) die Simultanität des Geschehens in der Großstadt durch die Darstellung von Gedanken- bzw. Sprach-Fetzen der Mitfahrenden in der Berliner S-Bahn. Die gleichzeitig aus verschiedenen Richtungen zum Gleisdreieck fahrenden Züge, wie auch deren Zusammentreffen, werden mit optischen Mitteln verdeutlicht:

Untergrund	Kinoschund
Kunterbunt	Bühnenbund
Kurve! und	Grünen im
Gleis - drei - eck!	Nepp - be - werb!
Alles flucht	Rummelplatz!
Alles sucht	Bummel Schatz!
Drunter und	Schummel und
drü - ber - weg	Lach - und - erb'!
Jedermann	Cabaret
Lebemann	Séparé
Biedermann	Oder The-
Schieber	ater
Allesamt	Impression
Gleichverschlampt	Expression
Gleiches Ka-	Alles ein
liber!	Kater!

Jeder in
Anderer
Richtung und
Achtung! Das
Gleis - drei - eck!

Walter Mehring: *Berlin simultan* (1. Strophe)[23]

Im Medium der Musik versuchten Komponisten Simultanität u.a. in Form von gleichzeitig erklingenden heterogenen Klangschichtungen zu fassen. Charles Ives arbeitete z.B. mit solchen verschiedenen Klangebenen und integrierte zusätzlich intertextuelle Bezüge in sein Werk, über die historische Ereignisse in die Gegenwart transportiert und mit anderen Ebenen vermischt wurden: Durch den assoziativen Erinnerungswert bestimmter Lieder- und Melodiefragmente (z.B. *The Battle Cry of*

---

22 Lareau, Alan: *An unhappy love: The struggle for a literary cabaret in Berlin, 1919-1935*, Ann Arbor: UMI 1990, S. 447. Als Interpret ist dort Paul Graetz angegeben, an anderer Stelle erwähnt Lareau mit Bezug auf die Veröffentlichung von Mehrings Gedicht in *Das politische Cabaret* im Jahr 1920 die Möglichkeit einer Aufführung durch Rosa Valetti in der *Rampe* (Ebd., S. 286, s. auch Mehring, Walter: *Chronik der Lustbarkeiten. Die Gedichte, Lieder und Chansons 1928-1933*, hg. von Christoph Buchwald, Düsseldorf: Claassen 1981, S. 78f.). Die Vertonung Hollaenders scheint verloren (Lareau 1990, S. 286).
23 Mehring 1981, S. 117f. Vgl. hierzu: Hellberg 1983, S. 108.

Freedom aus dem Kontext des amerikanischen Bürgerkriegs oder das militärische Weckruf-Signal *Reveille*) kreiert Ives musikalische „Gedächtnisorte", an denen Vergangenes vergegenwärtigt wird. Hier entsteht durch die simultane musikalische Präsenz verschiedener Ebenen ein „Moment der Zeitlosigkeit im Betrachter"[24], wie es Lucie Fenner ausdrückt, was Werke wie z.B. *Putnam's Camp, Redding, Connecticut* (aus *Three Places in New England*) zum Ausdruck und Hort des (kollektiven) kulturellen Gedächtnisses der USA macht.

Auch in Schönbergs Denkgebäude zur *Komposition mit zwölf Tönen*[25] spielt Simultanität eine Rolle, allerdings auf andere Weise als bei Ives. Die Gleichwertigkeit von Urgestalt, Umkehrung, Krebs und Krebsumkehrung einer Reihe zeigt, dass keine Hierarchisierung, sondern eine Durchdringung stattfindet, wenn das musikalische Geschehen, laut Schönberg, „nicht nur auf seiner eigenen Ebene eine Funktion [hat], sondern in allen anderen Richtungen und Ebenen."[26] Hartmut Krones sieht neben Schönberg z.B. auch in Anton Weberns Kompositionen den Ausdruck von Simultanität im Sinne Henri Bergsons.[27] Im Musiktheater wurden über dramaturgische Konzepte wie die Integration von Medien in die (Zeit-)Oper[28] oder über Bühnenkonzepte (Simultanbühne) spätere Entwicklungen wie Bernd Alois Zimmermanns Oper *Die Soldaten* vorweggenommen.

Wo die Darstellung von Simultanität mit den Mitteln der Kunst zu leisten ist, stößt die historische Erzählung an Grenzen.[29] Hier ist man genötigt, parallel ablaufende Ereignisse nacheinander zu erzählen, sie in eine abschnittsweise Gliederung aufzuteilen und für den Leser bzw. die Leserin durchschaubar zu machen. Nicht die Karte (*cartes*) ist ihr Mittel (obgleich der Terminus des *Mapping* auch in die Historischen Wissenschaften Eingang gefunden hat), sondern der *parcours*, das Fortschreiten von einem Ort/Kapitel zum nächsten (vgl. Kap. *Durchschrittener Raum: parcours*, S. 43). Deshalb werden die Orte in dieser Arbeit trotz ihrer z.T. gleichzeitigen Existenz in eine Chronologie gebracht, deren Abfolge durch einen Musiker gegeben ist, dessen Arbeitsstätten die ausgewählten Institutionen im jeweils betrachteten Zeitraum waren: Mischa Spoliansky, Komponist und Pianist, bewegte sich in seiner Arbeitsbiographie im Berlin der Weimarer Republik zwischen Ost und West und wechselte von zunächst kleinen Bars und Cafés in die größeren Boulevardtheater.

---

24 Fenner, Lucie: *Erinnerung und Entlehnung im Werk von Charles Ives*, Tutzing: Schneider 2005 (=Musikwissenschaftliche Schriften der Hochschule für Musik und Theater München, Bd. 3), S. 160.
25 In: Schönberg, Arnold: *Stil und Gedanke. Aufsätze zur Musik*, hg. von Ivan Vojtěch, Frankfurt/M.: Fischer 1976, S. 72-96.
26 Ebd., S. 77.
27 Vgl. Krones, Hartmut (Hg.): *Bühne, Film, Raum und Zeit in der Musik des 20. Jahrhunderts*, Wien: Böhlau 2003, 13-28, hier besonders S. 22-28.
28 Vgl. hierzu: Grosch, Nils: *Die Musik der Neuen Sachlichkeit*, Stuttgart: Metzler 1999, S. 135-144: Grosch beschreibt und analysiert die „simultane Präsentation" von konträren Sphären der Handlung „in der Rundfunkübertragung" am Bsp. der Radioszene von Kreneks *Jonny spielt auf* (Ebd., S. 136) sowie den Einsatz des Tangos in Weills *Der Zar lässt sich photographieren*, durch den verschiedene simultan existierende Wahrnehmungsebenen musikalisch deutlich gemacht werden (Ebd., S. 144).
29 Vgl. zu diesem Problem: Bachmann-Medick, Doris: *Cultural Turns. Neuorientierungen in den Kulturwissenschaften*, Reinbek bei Hamburg: Rowohlt Taschenbuch 2006, S. 303.

Als Klavierbegleiter von Richard Tauber und durch die Ausbildung im *Stern'schen Konservatorium* hatte er Kontakt nicht nur zur populären Musikszene Berlins. Sein Werdegang (vgl. Kap. *Mischa Spolianskys Wege und Stationen*, S. 99ff.) reflektiert die Vielseitigkeit, aber auch die Durchlässigkeit des damaligen Musiklebens und kann beispielhaft für eine bisher von der Forschung wenig beleuchtete Facette von Musikerbiographien in der Großstadt stehen.

Nicht nur unter diesem Aspekt eignet sich Spoliansky als „Reiseführer" zum Musikleben an den von Moreck beschriebenen „Stätten des Lebens". Seine Kompositionen wurden schon von Zeitgenossen als musikalische Ausdrucksform der Gegenwart Berlins empfunden: „Mit einem Wort: Kurfürstendamm"[30], so fasste z.B. der Journalist Erich Urban, der u.a. für die *Berliner Morgenpost* schrieb, den Stil Spolianskys zusammen (bezeichnender Weise in einer Ortsangabe). Auch der bekannte Musik- und Kunstkritiker des *Berliner Börsen-Couriers* Oskar Bie sah Spolianskys Musik als exemplarischen Ausdruck des „Zeitgeistes": „Wir haben mit ihm eine Musik gewonnen, die nicht nur des Tempos auch des Geistes der Zeit würdig ist, eine internationale Höhe."[31] Sogar in Spolianskys Klavierspiel, das in einigen Aufnahmen inzwischen auch auf CD zugänglich ist[32], sah die Kritik noch die Zwischentöne der Zeit eingefangen:

> „Man höre ‚Tea for two' oder ‚Maybe' im Grammophon, von Spoliansky improvisiert: die ganze Zeit, in der wir leben, mit allen ihren Untertönen und Zwischentönen wird lebendig."[33]

So ergibt sich mit Mischa Spolianskys Biographie eine weitestgehend chronologische Abfolge, die in den einzelnen Kapiteln zugunsten einer erweiterten „Geschichte des Ortes" aufgebrochen wird, wenn – einmal mehr, einmal weniger – auch längere Zeitabschnitte als das jeweilige Arbeitsverhältnis Spolianskys in den Blick genommen werden. *Cartes* und *parcours*, Kartierung und Wegbeschreibung, werden auf diese Weise in der Darstellung kombiniert.

---

30 Urban, Erich: „Der Komponist des Kurfürstendamms", in: *Skizzen*, Nr. 7 (1928), S. 18.
31 Undatierter Zeitungsausschnitt, Artikel Oskar Bie, in: Spoliansky, Mischa: Ordner Spoliansky. StKA, Sammlung Mischa Spoliansky, LK/EG/8,1.
32 Hörempfehlung: z.B. *Morphium* (komponiert 1920, retrospektiv aufgenommen 1966), *Maybe. Shimmy-Blues* (1924) oder Gershwins *Rhapsody in Blue* (1927) auf der CD: Zeyen, Gerhard/Lareau, Alan/Unger, Werner (Prod.): *Mischa Spoliansky – musikalische Stationen zwischen Morphium und Widerstand*, Kehl: archiphon 1998 (KK-003/4), CD 1.
33 Zellner, Heinrich: „Whiteman und Spoliansky", in: *Weltbühne*, 25. Jg., Nr. 36 (7.9.1926), S. 396.

„... kommen wir wenigstens ins Archiv"?
Zu Quellen und Literatur

Über der Eingangstür und zeitweise auch auf der Homepage des Deutschen Kabarett-Archivs in Mainz begrüßt(e) den Besucher eine (hinter)sinnige Aussage des Kabarettisten Franz Hohler, die ironisch Sinn und Zweck der Institution hinterfragt: „Wenn wir auch sonst nirgendwo hinkommen, kommen wir wenigstens ins Archiv."[34] Der laut Hohler „tröstliche"[35] Satz, der sofort Gemeinsamkeit zwischen Forscher(in) und zu Erforschenden herstellt, muss im Hinblick auf die Quellenlage zur Populärkultur der 1920er-Jahre hinterfragt werden. Nicht umsonst blieben nach dem Zweiten Weltkrieg zunächst auch in der Forschung viele der Akteure und Institutionen des populären Musiklebens der Weimarer Republik „im Schatten". Was seit den 1970er-Jahren für Kabarettistinnen und Kabarettisten gilt, nämlich, dass ihre Programme und Nachlässe einen Gedächtnis-Ort, das Archiv, finden, war für die „Klein"-Künstler der Weimarer Republik nicht zu hoffen. Welche Gegenstände der längerfristigen Aufbewahrung für wert erachtet wurden, hing in diesem Bereich stark von persönlicher Sammler-Initiative ab.[36]

Archive | So gingen auch die heute zu Rate zu ziehenden Archive z.T. aus privaten Sammlungen hervor (wie beispielsweise das Kabarett-Archiv Mainz[37]) oder beziehen zumindest einen bedeutenden Teil ihrer Dokumente aus privaten Quellen. Das Archiv der Akademie der Künste (AdK) zu Berlin z.B. konnte in den letzten Jahren mehrere für die Erforschung populärer Kultur bedeutende Nachlässe erwerben, wodurch sich die Zugänglichkeit der Quellen, die zuvor von den Nachkommen der Künstlerinnen und Künstler verwaltet wurden, stark verbessert hat. So musste Walter Rösler für seine grundlegende Arbeit über *Das Chanson im deutschen Kabarett*[38] (1980) noch zahlreiche Dokumente bei den Künstlern direkt oder ihren Nachfahren erfragen (z.B. die Noten von *Wenn ein Maskulinum und ein Femininum* bei Spoliansky in London[39]). Heute findet man viele der Programmhefte und Unterlagen, auf die Rösler Bezug nimmt, sowie seine Korrespondenz mit den Kabarettis-

---

34 Der Satz von Franz Hohler stammt aus einem Brief vom 20.11.1976 an Reinhard Hippen, den Gründer des Deutschen Kabarett-Archivs Mainz (StKA). Ich danke Matthias Thiel (Mitarbeiter StKA) für die Information sowie die freundliche und schnelle Beantwortung meiner Fragen (hier: E-Mail, 28. April 2010).

35 Der Kontext war eine Benefizveranstaltung für das Archiv („Festival für Fans"), veröffentlicht wurde der Satz in der dazu herausgegeben Broschüre „Programmatisches" (hg. von Reinhard Hippen, Mainz 1976); vollständig heißt es: „Tröstlich zu wissen: Wenn wir auch sonst ...", E-Mail von Matthias Thiel, 28. April 2010.

36 Vgl. hierzu auch Assmann, Aleida: *Erinnerungsräume. Formen und Wandlungen des kulturellen Gedächtnisses*, München: Beck 1999, S. 343-347.

37 Die Privatsammlung des Kabarett-Archivs (1961 von Reinhard Hippen gegründet) ging 1989 als unselbständige Stiftung an die Stadt Mainz über. Heute wird sie als Kulturstiftung von mehreren Körperschaften des öffentlichen Rechts getragen, seit 1999 mit Fördermitteln der Beauftragten der Bundesregierung für Kultur und Medien (vgl. www.kabarettarchiv.de/Ent wicklung.html, 27. April 2010).

38 Rösler, Walter: *Das Chanson im deutschen Kabarett 1901-1933*, Berlin: Henschel 1980.

39 Ebd., S. 254f.

tinnen und Kabarettisten im Archiv der AdK. Zu den für diese Arbeit bedeutsamen Beständen zählen neben dem Teilnachlass Mischa Spolianskys vor allem der Bestand Marcellus Schiffer/Margo Lion, aber auch die Sammlungen Kate Kühl, Blandine Ebinger, Annemarie Hase, Friedrich Hollaender sowie die Theaterdokumentation und die Kabarett-Sammlung. Weitere Bestände wurden für einzelne Aspekte hinzugezogen, z.B. die Sammlungen Herbert Ihering, Artur Schnabel, Rudolf Nelson oder Werner Richard Heymann. Im Falle von gut dokumentierten Persönlichkeiten, wie beispielsweise Max Reinhardt, Kurt Tucholsky, Walter Mehring, Erich Mendelsohn oder Bertolt Brecht, konnte auf Werkausgaben, Briefeditionen und Sekundärliteratur zurückgegriffen werden. Als Fundort für Noten von Kabarettprogrammen erwies sich die Sammlung Trude Hesterberg im Archiv des Deutschen Theatermuseums München.[40] In der Bayerischen Staatsbibliothek befinden sich zudem Notenausgaben der in der Edition Bonbonniere herausgegebenen Lieder Spolianskys, die zwar fast alle auch im Archiv der AdK erhalten sind, in München jedoch zusätzlich in der Salonorchesterfassung vorliegen.[41]

Trotz dieser Bestände muss man für das Kabarett und die angrenzenden Bereiche wie die Kabarettrevue von zahlreichen verlorenen Quellen ausgehen.[42] Durch die oft völlig ungeplante und überstürzte Emigration eines Großteils der Künstlerinnen und Künstler, die das Musikleben dieser Zeit trugen, gingen Dokumente, Aufzeichnungen, Programmhefte und Notenmaterial verloren. Hollaender schildert die Situation in seinen Memoiren eindrücklich[43], doch auch Nelson, Heymann und Spoliansky, um nur die wichtigsten Komponisten der Berliner Kabarett-Szene beispielhaft zu nennen, emigrierten 1933, letzterer einen Tag nachdem er von Bekannten gewarnt worden war.[44] Nicht nur deshalb hat man es bei der Recherche oft mit verstreuten Quellen zu tun. Die Arbeitsweise an kleinen Bühnen mit wenigen Interpretinnen und Musikern führt dazu, dass sich Notenmanuskripte oft nicht im Nachlass des Komponisten, sondern der jeweiligen Interpretin befinden, häufig ohne den Text. Diesen findet man wiederum z.B. im Bestand des Komponisten oder des Textdichters. Glücklicherweise sind im Archiv der Akademie der Künste, das interdisziplinär angelegt ist, gelegentlich (aber nicht immer) die Personennachlässe der verschiedenen an einer Aufführung beteiligten Künstlerinnen und Künstler vorhanden.

Dass in Privatbesitz noch immer verborgenes Material auf seine Entdeckung wartet, zeigte die während der Entstehung der Arbeit kontinuierlich durchgeführte Beobachtung des Marktes „Sammeln und Seltenes" des Internet-Portals *ebay*, wo immer wieder Programmhefte aus privaten Sammlungen angeboten wurden (so

---

40 Hier ist Alan Lareau dafür zu danken, dass er ein Bestandsverzeichnis der einzelnen Mappen dem Deutschen Kabarettarchiv Mainz überließ. Ohne dieses sind die Archivalien kaum aufzufinden.

41 Ein Teil wurde von der Bibliothek dankenswerterweise zu Studienzwecken für mich digitalisiert.

42 Vgl. hierzu die Ausführungen von Alan Lareau in seiner Dissertation von 1990, die größtenteils noch immer zutreffen: Lareau 1990, S. 14-18.

43 Hollaender 2001, S. 256-267.

44 Spoliansky, Mischa (translated by Barry Humphries): *Goodbye, Trouble*, unveröffentlichte Lebenserinnerungen, S. 87f.

u.a. umfangreiche Bestände der Programmzeitschrift *Die Frechheit* des *Kabaretts der Komiker*). Auch mit Grammophonplatten, Autogrammen und alten Salonorchester-Noten (oft im Konvolut) wird dort lebhafter Handel betrieben. Leider sind die Höchstbietenden in diesen Auktionen nicht immer Archive, sondern wiederum häufig private Sammler, so dass das Material erneut der institutionalisierten Forschung entzogen bleibt.

Für den Bereich der Unterhaltungskapellen bzw. -pianisten, die in vielen kleineren Cafés und Bars beschäftigt waren, gibt es nur wenig erhaltenes Material: Die Aufstellung des an einem Abend gespielten Repertoires wurde oft nur handschriftlich verfasst und nicht aufgehoben, Notennachlässe sind auseinander gerissen oder in Privatbesitz. Die Hoffnung auf Archive der GEMA bzw. ihrer Vorgängergesellschaften, der die Programme gemeldet werden sollten, erwies sich als vergeblich, da die Unterlagen nur wenige Jahre aufbewahrt wurden oder im Zweiten Weltkrieg verbrannten (vgl. hierzu Kap. *Café Schön*, S. 132).[45] Neben der Sekundärliteratur (darunter besonders hervorzuheben: Heribert Schröders an Quellen reiche Publikation *Tanz- und Unterhaltungsmusik in Deutschland 1918-1933*[46] sowie Dorothea Kaufmanns Studie über Damenkapellen[47]) wurden Quellen von einigen Ensembles ausgewertet, die sich im Landesarchiv Berlin im Bestand des Aschinger-Konzerns befinden. Dort (wie auch in den regionalen Archiven Charlottenburg/Wilmersdorf und beim Landesdenkmalamt Berlin) konnte ich zudem Bauakten der verschiedenen Grundstücke und Bildmaterial einsehen.

Bei über hundert Zeitungen, die in Berlin zur Zeit der Weimarer Republik erschienen, konnte keine systematische Auswertung der Presse erfolgen.[48] Neben Zeitungsausschnittsammlungen in Archiven wurden vor allem die *Vossische Zeitung* und das *Berliner Tageblatt* als zweimal täglich erscheinende Tageszeitungen mit Kulturberichten herangezogen. Mit anderen Zeitungen wurden Informationen im Einzelfall gegengeprüft (vgl. Verzeichnis der Periodika). Die *Berliner Illustrirte* diente als Überblick über die in der Öffentlichkeit der Zeit diskutierten aktuellen Fragen jenseits der Politik (Mode, Prominente, „Stadtgespräch"), die einen wichtigen Bezugsrahmen für das Kabarett und populäre Schlager darstellten. Zudem wurde auf

---

45 Vgl. zur Geschichte der Verwertungsgesellschaften: Dümling, Albrecht: *Musik hat ihren Wert. 100 Jahre musikalische Verwertungsgesellschaft in Deutschland*, Regensburg: ConBrio 2003 sowie Schulze, Erich: *Geschätzte und geschützte Noten. Zur Geschichte der Verwertungsgesellschaften*, Weinheim: VCH Verlagsgesellschaft 1995.

46 Schröder, Heribert: *Tanz- und Unterhaltungsmusik in Deutschland 1918-1933*, Bonn: Verlag für systematische Musikwissenschaft 1990.

47 Kaufmann, Dorothea: *„… routinierte Trommlerin gesucht". Musikerin in einer Damenkapelle. Zum Bild eines vergessenen Frauenberufes aus der Kaiserzeit*, Karben: CODA 1997 (=Schriften zur Popularmusikforschung, Bd. 3).

48 Im Jahr 1928 waren es in Berlin 149 Zeitungen. Zahlen nach: Kolb, Eberhard: *Die Weimarer Republik*, München: Oldenbourg 2002, S. 107. Zur Geschichte der Presse in Berlin vgl.: de Mendelssohn, Peter: *Zeitungsstadt Berlin. Menschen und Mächte in der Geschichte der deutschen Presse*. Frankfurt/M.: Ullstein 1982, zu den 1920er-Jahren besonders S. 312-339.

zeitgenössische Reiseführer zurückgegriffen, die zumindest für die touristische Topographie der Berliner Vergnügungsstätten eine aufschlussreiche Quelle darstellen.[49]

Lebenserinnerungen etc. | Den oft nur spärlich erhaltenen Originaldokumenten steht eine große Zahl an Lebenserinnerungen und Memoiren von Zeitzeugen[50] gegenüber, die sich mit Berlin in der Weimarer Zeit allgemein oder mit dem Theater- und Vergnügungsleben im Speziellen auseinandersetzen.[51] Auf ihnen baut ein Großteil der frühen populärwissenschaftlichen Literatur zum Kabarett der Weimarer Republik auf, worunter vor allem Budzinski[52] und Greul[53] zu nennen sind.[54] Obwohl Lebenserinnerungen nicht unhinterfragt als valide Quellen gewertet werden können[55], stellen sie doch eine wichtige Informationsbasis zum Kulturleben der Weimarer Republik sowie vor allem zu dessen Konstruktion in der Erinnerung der einst Teilhabenden dar. Deshalb wurden sie in die Recherche der Arbeit miteinbezogen, wobei versucht wurde, die Informationen soweit möglich anhand anderer Quellen (Zeitungsberichte, Programme etc.) zu überprüfen. Als relevant sind vor allem die unpublizierten Lebenserinnerungen Spolianskys zu nennen, die mir dan-

---

49 Neben dem bereits erwähnten *Führer durch das „lasterhafte" Berlin* z.B. auch: (o.A.): *Berlin für Kenner. Ein Bärenführer bei Tag und Nacht durch die deutsche Reichshauptstadt*, Berlin: Boll u. Pickardt 1912; Lederer, Franz: *Berlin und Umgebung*, Berlin: Neue Verlagsanstalt 1925 (=Terramare-Reisebücher, Bd. 3) sowie die Verzeichnisse von Pharus-Plänen. Auch Szatmari, Eugen: *Das Buch von Berlin. Mit Originalzeichnungen von Rudolf Großmann, Erich Godal, Dolbin, Derso und Heinrich Zille*, Leipzig: Connewitzer Verlagsbuchhandlung 1997 (Fotomechanischer Nachdruck der 1927 im R. Piper & Co. Verlag erschienenen Ausgabe) zähle ich zur Reiseführerliteratur. Zum *Führer durch den Konzertsaal* u.ä. im Kontext der Reiseführerliteratur: Thorau, Christian: „Die Hörer und ihr Cicerone. Werkerläuterung und der bürgerlichen Musikrezeption", in: Andreas Jacob (Hg.), *Musik – Bildung – Textualität*, Erlangen: Universitätsbund Erlangen-Nürnberg 2007, S. 207-220, besonders S. 218f.

50 Gerne hätte ich auch Interviews mit einbezogen – leider habe ich keine auskunftsfähigen Zeitzeugen mehr aufgetan (da Kinder üblicherweise keinen Zugang zu Bars, Kabaretts und Revuetheatern hatten, wären bei dem Untersuchungszeitraum von 1917-33 die Geburtsjahrgänge zwischen ca. 1900 bis höchstens 1915, also heute 95- bis 110-Jährige in Frage gekommen).

51 Z.B. Kiaulehn, Walther: *Berlin. Schicksal einer Weltstadt*, Berlin: Deutsche Buch-Gemeinschaft 1962; Marcus, Paul Erich (PEM): *Heimweh nach dem Kurfürstendamm. Aus Berlins glanzvollsten Tagen und Nächten*, Frankfurt/M./Berlin: Ullstein 1986; obwohl Maurus Pacher nicht zu den Zeitzeugen der Weimarer Republik zählt (geb. 1941), folgt sein Buch ebenfalls den Zeitzeugenberichten: Pacher, Maurus: *Sehn Sie, das war Berlin. Weltstadt nach Noten*, Berlin: Ullstein 1992.

52 Budzinski, Klaus: *Die Muse mit der scharfen Zunge. Vom Cabaret zum Kabarett*, München: List 1961 sowie Ders.: *Pfeffer ins Getriebe. So ist und wurde das Kabarett*, München: Universitas 1982.

53 Greul, Heinz: *Bretter, die die Zeit bedeuten. Die Kulturgeschichte des Kabaretts*, Köln: Kiepenheuer & Witsch 1967. Weitere Literatur s. Literaturverzeichnis.

54 Weitere Publikationen, die diesem Bereich zuzurechnen sind, sind z.B.: Hösch, Rudolf: *Kabarett von gestern*, Berlin: Henschel 1969; Appignanesi, Lisa: *Das Kabarett. Mit einem Vorwort von Werner Finck*, Stuttgart: Belser 1976; Bemmann, Helga: *Berliner Musenkinder-Memoiren. Eine heitere Chronik von 1900-1930*, Berlin: VEB Lied der Zeit 1981. Weitere Titel s. Literaturverzeichnis.

55 Einen Überblick über die Problematik bietet: Stephan, Anke: *Erinnertes Leben: Autobiographien, Memoiren und Oral-History-Interviews als historische Quellen* (Publikationen der Ludwig-Maximilians-Universität München, Virtuelle Fachbibliothek Osteuropa), http://epub.ub.uni-muenchen.de/627/ (27.04.2010).

kenswerter Weise von dessen Enkel Christopher Kelly zur Verfügung gestellt wurden.[56] Hinzu kommen die lebendig geschriebenen Memoiren Hesterbergs[57], Heymanns[58], Hollaenders[59] und Curt Bois'[60]. Wertvoll waren auch die publizierten Briefe Max Herrmann-Neißes[61] sowie die Tagebuchaufzeichnungen von Marcellus Schiffer[62]. Die Erinnerungen des Jazzmusikers Michael Danzi[63], des japanischen Reisenden Yamaguchi Seison[64] und des Strafverteidigers Erich Frey[65] bieten eine Ergänzung aus anderem Blickwinkel. Zudem wurden die zeitgenössischen Feuilletons und Veröffentlichungen z.B. von Kurt Tucholsky, Erich Kästner, Max Herrmann-Neiße und Joseph Roth herangezogen.

Sekundärliteratur | In der wissenschaftlichen Auseinandersetzung mit den in dieser Arbeit beleuchteten Orten der Musik herrschen zwei verschiedene Schwerpunkte vor. Zum einen die jenseits der oben erwähnten autobiographischen Literatur liegende Kabarettforschung, die hauptsächlich von der Literatur- bzw. Theaterwissenschaft sowie der allgemeinen historischen Forschung getragen wird[66], zum anderen Bücher, die sich mit Populärer Musik bzw. Jazz zur Weimarer Zeit beschäftigen. Darüber hinaus gibt es architektur- und kulturgeschichtliche Untersuchungen zu den Gebäuden, die in den jeweiligen Kapiteln herangezogen werden.[67] Einige Pu-

---

56 Spoliansky: *Goodbye, Trouble*. Das in Deutsch verfasste Original, das sich laut Andrea Rolz im Archiv der Akademie der Künste befand, gehörte während der Recherchen für diese Arbeit nicht mehr zum Bestand Mischa Spoliansky.

57 Hesterberg, Trude: *Was ich noch sagen wollte ... Autobiographische Aufzeichnungen*, Berlin: Henschel 1971.

58 Heymann, Werner Richard: *„Liebling, mein Herz lässt dich grüßen". Der erfolgreichste Filmkomponist der großen UfA-Zeit erinnert sich*, hg. von Hubert Ortkemper, Berlin: Henschel 2001.

59 Hollaender 2001.

60 Bois, Curt: *Zu wahr, um schön zu sein*, Berlin: Henschel 1982.

61 In: Völker, Klaus: *Max Herrmann-Neiße. Künstler, Kneipen, Kabaretts – Schlesien, Berlin, im Exil*, Berlin: Hentrich 1991.

62 Rotthaler, Viktor (Hg.): *Marcellus Schiffer. Heute nacht oder nie. Tagebücher, Erzählungen, Gedichte, Zeichnungen*, Bonn: Weidle 2003.

63 Danzi, Michael: *American Musician in Germany 1924-1939. Memoirs of the jazz, entertainment, and movie world of Berlin during the Weimar Republic an the Nazi era – and in the United States*, Schmitten: Norbert Ruecker 1986.

64 Seison, Yamaguchi: *Berlin im Frühling 1937. Tagebuch 1. April–9. Juni. Aus dem Japanischen von Tanja Schwanhäuser*, Berlin: Mori-Ôgai-Gedenkstätte 2002.

65 Frey, Erich: *Ich beantrage Freispruch. Aus den Erinnerungen des Strafverteidigers Prof. Dr. Dr. Erich Frey*, Hamburg: Blüchert 1960.

66 Neben den noch ausführlicher besprochenen Bänden seien hier erwähnt: Henningsen, Jürgen: *Theorie des Kabaretts*, Ratingen: Henn 1967; Fleischer, Michael: *Eine Theorie des Kabaretts. Versuch einer Gattungsbeschreibung*, Bochum: Brockmeyer 1989; Vogel, Benedikt: *Fiktionskulisse. Poetik und Geschichte des Kabaretts*, Paderborn: Schöningh 1993 (s. auch *Definitionen*, S. 26) sowie der Sammelband McNally, Joanne (Hg.): *Hundert Jahre Kabarett: zur Inszenierung gesellschaftlicher Identität zwischen Protest und Propaganda*, Würzburg: Königshausen & Neumann 2003. Vgl. auch: Becker, Friederike: „Kabarett", in: *MGG2*. Sachteil, Bd. 4, Kassel/Stuttgart: Bärenreiter/Metzler 1996, Sp. 1601-1609 sowie Fleischer, Michael: „Kabarett", in: Hans-Otto Hügel (Hg.): *Handbuch Populäre Kultur. Begriffe, Theorien und Diskussionen*, Stuttgart/Weimar: Metzler 2003, S. 274-278.

67 Als Überblicksdarstellungen seien hier zur Geschichte mehrerer Gebäude folgende Titel eingangs genannt: Wirth, Irmgard/Rave, Paul Ortwin (Schriftleitung und Einführung): *Die Bau-*

blikationen, die für diese Arbeit wichtige Referenzstudien waren, sollen im Folgenden herausgegriffen und kurz thematisiert werden.

In der Kabarettforschung ist zunächst vor allem die bereits erwähnte grundlegende Arbeit Röslers zum *Chanson im Kabarett* als wichtig für die weitere Forschungsgeschichte zu nennen. Daneben gibt es diverse Kabarettgeschichten, die zwar (bis auf Rainer Otto und Walter Röslers *Kabarettgeschichte*[68]) nicht mit einem wissenschaftlichen Apparat arbeiten, als Bezugsrahmen jedoch weiterhin von Bedeutung sind (Budzinski, Greul, Appignanesi[69]). Röslers Herangehensweise zeichnet sich im Gegensatz zu diesen dadurch aus, dass er sich als erster mit Energie dem Auffinden und Auswerten von Original-Quellen widmet, statt auf Informationen aus zweiter Hand oder Erinnerungen zurückzugreifen. Er nimmt neben den Texten auch explizit die Vertonung in den Blick und entwickelt unter dem Stichwort „Musikalische Parodie" Kategorisierungen anhand von musikalischen Merkmalen.[70] Zudem untersucht er das Verhältnis von Kabarettchanson und Schlager, wobei er Gemeinsamkeiten in Melodik und Rhythmik feststellt. Unter funktionalem Aspekt wird eine Abgrenzung der beiden Genres deutlich, die er in der unterschiedlichen Ebene der Textbehandlung sieht. So betreibe die Musik im Chanson eine „Manipulierung des Klischees für den satirischen Zweck"[71]. Neben der aspektorientierten Analyse bietet Rösler im ersten Teil der Arbeit auch einen gut strukturierten und quellenbasierten Überblick über die Kabarettgeschichte in Deutschland von 1901 bis 1933.

Peter Jelavich dagegen nimmt in seiner umfassenden Studie *Berlin Cabaret*[72] eine politische Perspektive ein und deutet den Begriff „Cabaret" äußerst weit: So werden beispielsweise auch die großen Metropol-Revuen, Varieté-Shows und „Jazz and Black Performers" gestreift. Jelavichs Studie hat den Reiz, ein ganzes Kaleidoskop von Unterhaltungskultur unter Auswertung zahlreicher Zeitungen aufzufächern. Gleichzeitig führt sein Blick auf die politischen Wirkungszusammenhänge gelegentlich zu einer impliziten Abwertung der rein unterhaltenden Genres. Insgesamt geht Jelavich anders als Rösler nicht an einzelnen Aspekten ins Detail, auch die Musik

---

werke und Kunstdenkmäler von Berlin. Stadt und Bezirk Charlottenburg, im Auftrage des Senators für Bau- und Wohnungswesen hg. vom Amt für Denkmalpflege, 2. Teil, Textbd., Berlin: Gebr. Mann 1961; Architekten- und Ingenieur-Verein zu Berlin (Hg.): *Berlin und seine Bauten, Teil V, Bauwerke für Kunst, Erziehung und Wissenschaft, Bd. A Bauten für die Kunst*, Berlin/München: Wilhelm Ernst & Sohn 1983 (hier sind auch Kino- und Theaterbauten thematisiert); Engel, Helmut/Jersch-Wenzel, Stefi/Treue, Wilhelm (Hg.): *Geschichtslandschaft Berlin: Orte und Ereignisse, Bd. 1: Charlottenburg, Teil 2: Der neue Westen*, Berlin: Nicolaische Verlagsbuchhandlung 1985; Freydank, Ruth: *Theater in Berlin. Von den Anfängen bis 1945*, Berlin: Henschel 1988. Einen Überblick über die Architektur von Musikgebäuden sowie deren musikalischen Kontext gibt: Forsyth, Michael: *Bauwerke für Musik. Konzertsäle und Opernhäuser, Musik und Zuhörer vom 17. Jahrhundert bis zur Gegenwart*, München/London/New York/Paris: K.G. Saur 1992.

68 Otto, Rainer/Rösler, Walter: *Kabarettgeschichte. Abriß des deutschsprachigen Kabaretts*, Berlin: Henschel 1981.

69 Budzinski 1961 und 82, Greul 1967, Appignanesi 1976.

70 Rösler 1980, S. 291-302.

71 Ebd., S. 261.

72 Jelavich, Peter: *Berlin Cabaret*, Cambridge: Harvard University Press 1993.

nimmt nur einen untergeordneten Platz ein, stattdessen schafft er eine Übersicht über die gesellschaftliche Einbettung von Kabarett und Revue in ein sehr großes Umfeld.

Auf fundierter Quellenkenntnis des Kabaretts und sorgfältiger Abgrenzung gegenüber anliegenden Bereichen beruht die in Deutschland nicht überall verfügbare und wohl deshalb nur wenig rezipierte Dissertation *An unhappy love*[73] von Alan Lareau.[74] Lareau beschränkt sich im Gegensatz zu Jelavich beispielhaft auf vier Kabaretts unterschiedlicher Ausrichtung, an denen er überlieferte Bilder vom Kabarett der Weimarer Republik mit Hilfe genauer Quellenanalyse überprüft und als teilweise unzutreffend entlarvt. Seinen Anspruch, „to question and break prevalent myths of the great critical cabaret tradition of the 1920s"[75], löst er ein und zeigt überzeugend, dass das von populärwissenschaftlicher, aber auch wissenschaftlicher Literatur entworfene Bild vom politisch-satirischen Kabarett weitgehend eine Konstruktion der (vom Kalten Krieg geprägten) Nachkriegszeit ist und nur auf einen Teil des Repertoires zutrifft. Ebenso hinterfragt Lareau das einseitig frivole Image, das durch Filme wie *Der Blaue Engel* oder durch das Musical *Cabaret* in der öffentlichen Wahrnehmung etabliert wurde. Lareau leistet als erster anhand der Zusammenstellung und Auswertung von Kabarett-Programmen eine Übersicht über das tatsächlich an einer Bühne gespielte Repertoire (so weit möglich) und bezieht in seine Interpretationen neben dem Text auch Musik und Bühnenbild ein. Die Studie zeigt eine akribische Auswertung und Recherche des Materials. Hinsichtlich des methodischen Zugriffs der exemplarischen Analyse von Orten sowie in der Darstellung ist Lareaus Studie ein wichtiger Bezugspunkt für diese Arbeit.

Als neuere Publikation im Bereich der Kabarett-Forschung ist außerdem Roger Steins Dissertation über *Das deutsche Dirnenlied*[76] zu nennen, die mit Besprechungen beispielsweise in der *ZEIT*[77] große öffentliche Aufmerksamkeit gefunden hat. Stein beleuchtet den Gegenstand seiner Arbeit unter verschiedensten Aspekten (z.B. „im Kontext des Münchner Sittlichkeitskampfs", „im Dienst revolutionär-sexueller Befreiung", „Homosexualität im Dirnenlied") und ordnet ihn in den Kontext der Kabarettgeschichte ein, wobei er sich auf Kabarettgeschichten z.B. von Budzinski, Greul oder Appiganesi[78] sowie Lebenserinnerungen bezieht. Letzteren räumt

---

73 Lareau 1990.
74 So haben z.B. weder Roger Stein noch Martin Trageser auch nur eine der zahlreichen Publikationen Lareaus zum Kabarett der Weimarer Republik in ihre Studien einbezogen, Trageser verweist lediglich auf das Booklet zur CD Zeyen/Lareau/Unger 1998.
75 Lareau 1990, S. 21.
76 Stein, Roger: *Das deutsche Dirnenlied. Literarisches Kabarett von Bruant bis Brecht*, Köln: Böhlau 2006.
77 Abrufbar unter Zeitonline: http://www.zeit.de/2006/50/P-Roger-Stein (02.05.2010). Die Druckfassung erschien in *DIE ZEIT* Nr. 50, am 07.12.2006.
78 Dies überrascht nur deshalb, da er zu Beginn seiner Arbeit feststellt, dass diese kabaretthistorischen Untersuchungen „nicht als festes Fundament verwendet werden (…) können" (Stein 2006, S. 6). Seinen Anspruch, „die deutsche Kabarettgeschichte, an Hand der Primärquellen zu rekonstruieren" (Ebd., S. 7) löst Stein meiner Ansicht nach nicht ein (dies würde ihn auch vom eigentlichen Gegenstand seiner Untersuchung, dem Dirnenlied, wegführen).

er hohe Priorität ein, ohne allerdings deren Problematik als Quelle zu reflektieren.[79] Insgesamt stellen die Texte der Dirnenlieder den Ausgangspunkt von Steins Untersuchungen dar, dementsprechend bezieht sich seine Definition auch ausschließlich auf eine sprachlich-inhaltliche Ebene: „Das Dirnenlied […] ist ein Lied (oder Text in singbarer lyrischer Form), in dessen Thematik Figur, Leben oder Lebensbereiche der Dirne im Vordergrund stehen."[80] Aufführungsaspekte werden hier ausgeblendet, als Lied gilt der schriftlich niedergelegte Text. Dementsprechend stützt Stein sich in seiner Untersuchung hauptsächlich auf in Gedichtsammlungen abgedrucktes Material und bezieht (im Gegensatz zu Lareau, der hier akribisch differenziert) auch Quellen mit ein, für die keine Aufführung (in der Institution Kabarett oder an einem anderen Ort) nachgewiesen ist. Seine Auffassung von Kabarett ist folglich eine textbasierte. Stein bezieht sogar Material mit ein, das für die Inszenierung eines fiktiven Kabaretts verwendet wird, nämlich Hollaenders Lieder für den Film *Der Blaue Engel*. Bedauerlich ist (wohl nicht nur aus Sicht der Musikwissenschaft), dass die Vertonungen der Dirnenlieder, obgleich Stein selbst aktiv als Musiker tätig ist, in der Untersuchung fast keine Rolle spielen.

Bezüglich der Tanzmusik- und Jazzstudien waren für diese Arbeit besonders die Publikationen von Schröder (1990), Schär (1991)[81], Kater (1995), Lange (1996) und Wolffram (2001) bedeutsam. Horst H. Langes Chronik der Jazzmusik in Deutschland[82] ist, ähnlich wie Budzinski oder Greul für die Kabarettgeschichte, zunächst das Grundlagenwerk mit Informationen zum populären Musikleben nicht nur der Weimarer Republik. Obgleich Lange seine Quellen nicht über Fußnoten nachweist, gibt er einen umfassenden und fundierten Überblick zur Thematik. Hervorzuheben ist seine Auswahldiscographie jazzgeschichtlich bedeutender Aufnahmen, die in Deutschland aufgenommen oder von deutschen Firmen produziert wurden. Heribert Schröder unternahm die aufwändige Recherche von Zeitschriften, um das Repertoire und die Sozialgeschichte von Tanzmusikern auf einer angemessenen Quellengrundlage auszuwerten bzw. zu erhellen.[83] Sein Buch war ein wichtiger Bezugspunkt für das Kapitel zum *Café Schön*. Michael Kater setzt in seiner Studie *Gewagtes Spiel*[84] den Schwerpunkt zwar in der Zeit des Nationalsozialismus, seine Publikation war jedoch hinsichtlich der Vitae der Kabarettkomponisten auch für die Zeit der Weimarer Republik aufschlussreich. Auch Kater wertet eine Fülle von Primärquellen aus. Vor allem hinsichtlich des Bildmaterials zu Berliner Tanz- und Jazzorchestern sowie deren Auftrittsorten war auch Knud Wolfframs Publikation über

---

79 Hierzu zusammenfassend: Stephan: *Erinnertes Leben*, http://epub.ub.uni-muenchen.de/627/ (27.04.2010).

80 Ebd., S. 17.

81 Schär, Christian: *Der Schlager und seine Tänze im Deutschland der 20er Jahre. Sozialgeschichtliche Aspekte zum Wandel in der Musik- und Tanzkultur während der Weimarer Republik*, Zürich: Chronos 1991.

82 Lange, Horst H.: *Jazz in Deutschland: die deutsche Jazz-Chronik bis 1960*, Hildesheim: Olms 1996.

83 Schröder 1990.

84 Kater, Michael H.: *Gewagtes Spiel. Jazz im Nationalsozialismus*, Köln: Kiepenheuer & Witsch 1995, Erstfassung in englischer Sprache: Ders.: *Different drummers. Jazz in the Culture of Nazi Germany*, New York: Oxford Univ. Press 1992.

Tanzdielen und Vergnügungspaläste[85] für diese Arbeit hilfreich (siehe Kap. zur Bar *Kakadu*, S. 137ff.). Zu Wolfframs Buch erschien eine gleichnamige CD-Reihe.

Insgesamt zeigt sich sowohl in den neueren Jazz-Studien als auch in der Kabarettliteratur die Tendenz, einer Vereinheitlichung der oftmals glorifizierten „Goldenen Zwanziger" entgegenzuwirken und über die differenzierte Untersuchung von Einzelaspekten ein Bild zu entwickeln, das der Vielschichtigkeit der populären Kultur der Weimarer Republik Rechnung trägt. Mit dem Fokus auf die „Massenkultur" z.B. in Kaspar Maases Buch *Grenzenloses Vergnügen*[86] oder auch in der Untersuchung der „zwiespältigen Nachtseiten" der Großstadt (Schlör: *Nachts in der großen Stadt*[87]) werden auch die Schrecken der Hauptstadt in den 1920er-Jahren zunehmend thematisiert.

Bezüglich der umfangreichen und sich ständig erweiternden Berlin-Literatur sei hier auf das Zentrum für Berlin-Studien verwiesen, das über eine im Internet recherchierbare Datenbank (Berichtsjahre 1985-2002) sowie digitalisierte Adressbücher verfügt und wichtige Neuerscheinungen eines Jahres auf seinen Internetseiten verzeichnet.[88] Als Überblick zur historischen Entwicklung der Stadt wurde Ribbes zweibändige *Geschichte Berlins*[89] herangezogen, für Einzelfragen vergleiche man die Literaturangaben in den jeweiligen Kapiteln der Arbeit. Schrader und Schebera haben in *Kunstmetropole Berlin*[90] Quellen aus Zeitungen zu verschiedenen Themenkomplexen aus Kunst und Kultur wiederabgedruckt, die einen guten Überblick über zeitgenössische Diskussionen in der Avantgarde, aber auch im „Reich der Unterhaltung" (so der Titel eines Kapitels) geben.

Auf einige Publikationen zur Raumtheorie in den historischen Disziplinen bzw. der Raumsoziologie wurde bereits Bezug genommen[91], zu weiterer Literatur vgl. man die GRUNDRISSE dieser Arbeit. Zur Forschungsdiskussion zum Thema Raum in der Musikwissenschaft kann hier auf den im Supplementband der *MGG* erschienenen Artikel „Raum" von Nina Noeske verwiesen werden.[92]

Bleibt noch ein Wort zu Mischa Spoliansky: Hier befindet sich die Forschung in jeglicher Hinsicht noch am Beginn. Zwar wurden in den letzten Jahren (vor allem anlässlich seines 100. Geburtstages) einige CDs mit Neuauflagen alter Gram-

85 Wolfram, Knud: *Tanzdielen und Vergnügungspaläste. Berliner Nachtleben in den dreißiger und vierziger Jahren. Von der Friedrichstraße bis Berlin W., vom Moka Efti bis zum Delphi*, Berlin: Hentrich 2001.

86 Maase, Kaspar: *Grenzenloses Vergnügen: der Aufstieg der Massenkultur 1850–1970*, Frankfurt/M.: Fischer Taschenbuch 2001.

87 Schlör, Joachim: *Nachts in der großen Stadt. Paris, Berlin, London 1840 bis 1930*, München: dtv 1991.

88 www.zlb.de/aktivitaeten/berlbibliogr (03.05.2010).

89 Ribbe, Wolfgang (Hg.): *Geschichte Berlins, Bd. 1. Von der Frühgeschichte bis zur Industrualisierung*, München: Beck 1987 sowie Ders. (Hg.): *Geschichte Berlins, Bd. 2. Von der Märzrevolution bis zur Gegenwart*, München: Beck 1987.

90 Schrader/Schebera 1987.

91 Schlögel 2003, Löw 2001 sowie Schroer, Markus: *Räume, Orte, Grenzen. Auf dem Weg zu einer Soziologie des Raums*, Frankfurt/M.: Suhrkamp Taschenbuch Wissenschaft 2006.

92 Noeske, Nina: „Raum", in: *MGG2*. Supplement, Kassel/Stuttgart: Bärenreiter/Metzler 2008, Sp. 721-726 sowie Dies.: „Musikwissenschaft", in: Günzel 2009, S. 259-273.

mophonplatten-Einspielungen herausgebracht[93], eine Würdigung in der Reihe *Archiv-Blätter* bzw. *Archiv-Fenster* der Akademie der Künste, in denen u.a. Friedrich Hollaender[94], Nelson[95] und Heymann[96] bereits Thema waren, steht aber noch aus. Einen eigenen Abschnitt sowie ebenfalls eine CD widmet Lori Münz Spoliansky im Bildband *Cabaret Berlin*[97]. In den Kabarettpublikationen wird Spoliansky zwar gewürdigt und auch bei Kater oder in Partschs Studie *Schräge Töne*[98] wird er erwähnt – eine Biographie gibt es aber bis heute nicht, und die Lebenserinnerungen konnten bisher weder in Deutschland noch in England publiziert werden. Dezidiert Spoliansky widmet sich außerhalb von Lexikonartikeln[99] nur Rotthaler[100]. Musikanalytisch hat sich bislang außer Rösler in *Das Chanson im Kabarett* meines Wissens einzig Nils Grosch mit Werken Spolianskys auseinandergesetzt, vor allem im Rahmen von Beiträgen zur Revue.[101] Auf Spoliansky als exilierten Komponisten gehen Habakuk Traber[102] und Jutta Raab Hansen[103] ein.

---

93 Zeyen/Lareau/Unger (Prod.) 1998; Kühn, Volker (Prod.): *My song for you. Mischa Spoliansky: ein musikalisches Porträt*, Hamburg: edel records 1998 (0014592TLR); Kühn, Volker, (mit Katrin Klein, Barbara Schnitzler, Cusch Jung): *Es liegt in der Luft was Idiotisches … Mischa Spoliansky zum 100. Geburtstag. Texte und Musik*, Berlin: Duophon 1999 (LC 08681). Spoliansky ist auch vertreten auf: Dümling, Albrecht: *Entartete Musik. Eine Tondokumentation zur Düsseldorfer Ausstellung von 1938*, Frankfurt/M.: Zweitausendeins 1988 (4 CDs, 2 Beih.).

94 Stiftung Archiv der Akademie der Künste: *„Bei uns um die Gedächtniskirche rum …"* *Friedrich Hollaender und das Kabarett der zwanziger Jahre*, Berlin: Stiftung Archiv der Akademie der Künste 1996 (=Archiv-Blätter, 3).

95 Gleiss, Marita: *„Mir ist heut so nach Tamerlan"* – *Rudolf Nelson, 50 Jahre Kleinkunst* , Berlin: Stiftung Archiv der Akademie der Künste 1999 (=Archiv-Blätter, 4).

96 Gutsche, Helga: *„Ein Freund, ein guter Freund". Der Komponist Werner Richard Heymann (1896-1961)*, Berlin: Stiftung Archiv der Akademie der Künste 2000 (=Akademie-Fenster, 2).

97 Münz, Lori: *Cabaret Berlin. Revue, Kabarett and Film Music between the Wars*, Hamburg: edel classics 2005.

98 Partsch, Cornelius: *Schräge Töne. Jazz und Unterhaltungsmusik in der Kultur der Weimarer Republik*, Stuttgart/Weimar: Metzler 2000.

99 Neben Budzinski, Klaus/Hippen, Reinhard: *Metzler Kabarett Lexikon*, Stuttgart: Metzler 1996, S. 374 vgl. vor allem: Traber, Habakuk/Weingarten, Elmar: *Verdrängte Musik. Berliner Komponisten im Exil*, Berlin: Argon 1987, S. 332f. sowie Kühn, Volker: „Spoliansky, Mischa", in: *MGG2*, Personenteil, Bd. 15, Kassel/Stuttgart: Bärenreiter/Metzler 2008, Sp. 1221-1223.

100 Rotthaler, Viktor: „,Irgendwo in der Welt …' .Mischa Spoliansky, der ,Komponist des Kurfürstendamms', wird 100", in: *Filmexil*, 10 (1998), S. 59-66; vgl. auch Ders. 2003.

101 So thematisieren die Revue *Es liegt in der Luft*: Nils Grosch: „Lieder vom Fahrstuhl, Automobil und anderen Nicht-Orten: Zur Konstruktion des urbanen Raums in Berliner Revueschlagern der 1920er Jahre", in: Stefan Weiss (Hg.), *Street Scene. Der urbane Raum im Musiktheater des 20. Jahrhunderts*, Münster: Waxmann 2006, S. 189-197 sowie Ders.: „,Bilder, Radio, Telephon': Revue und Medien in der Weimarer Republik", in: Nils Grosch (Hg.), *Aspekte des modernen Musiktheaters in der Weimarer Republik*, Münster: Waxmann 2004, S. 159-174. Siehe außerdem zur Vertonung des Brecht-Gedichts *Vom Weib des Nazisoldaten*: Grosch, Nils: „Vom Weib des Nazisoldaten'. Musik, Propaganda und Aufführung eines Brecht-Songs", in: *Lied und populäre Kultur*, 50./51. Jg. (2005/06), S. 137-161.

102 Traber, Habakuk/Weingarten, Elmar: *Verdrängte Musik. Berliner Komponisten im Exil*, Berlin: Argon 1987 sowie Traber, Habakuk: „Emigrierte Musik: Komponisten im Exil", in: Edith Böhne (Hg.), *Die Künste und Wissenschaften im Exil 1933-1945*, Gerlingen: Schneider 1992, S. 125-155.

103 Raab Hansen, Jutta: *NS-verfolgte Musiker in England. Spuren deutscher und österreichischer Flüchtlinge in der britischen Musikkultur*, Hamburg: von Bockel 1996.

Definitionen | Aus der oben besprochenen Literatur leiten sich für diese Arbeit nachstehende Definitionen von Grundbegriffen ab, mit denen im weiteren Verlauf der Arbeit operiert wird:

Unter Kabarett wird, den Ausführungen von Friederike Becker folgend[104], eine Theaterform gefasst, die als Mischgattung von Sprech-, Tanz-, und Musiktheater dramaturgisch in Form eines Nummernprogramms gegliedert wird (hier zeigt sich die Nähe zur Revue und zum Varieté). Gleichzeitig steht der Begriff Kabarett auch für den Ort, an dem sich diese Theaterform institutionalisiert hat. Insgesamt ist es schwierig, das Phänomen Kabarett mit wissenschaftlichen Definitionen zu fassen, weshalb der Ansatz Budzinskis, Kabarettisten selbst ihre Kunstform beschreiben zu lassen („Was ist Kabarett? – Eine bunte Speisenplatte voller Definitionen"[105]), einen durchaus kreativen Zugang zur Problematik darstellt. Jürgen Hennigsen, der als erster eine *Theorie des Kabaretts* (1967) verfasste, sieht Kabarett als ein „Spiel mit dem erworbenen Wissenszusammenhang des Publikums"[106] und stellt folglich dessen Kontextgebundenheit (und die historische Bedingtheit) in den Vordergrund. Auch Benedikt Vogel betont in seiner Studie *Fiktionskulisse* (1993) die Bedeutung der Aufführung für die Kunstform und äußert sich in diesem Zusammenhang zu Recht kritisch zu bisherigen, meist an Autoren oder Interpreten orientierten Editionen von Kabaretttexten. Auf seine differenzierte Analyse der Begriffsgeschichte und -bestimmung soll hier verwiesen werden.[107]

Der Begriff Revue hingegen bezeichnet (Marion Linhardt folgend[108]) ausschließlich eine Musiktheatergattung, deren dramaturgische Nummernreihung im Gegensatz zum Kabarett durch ein Rahmenthema oder einen groben Handlungsverlauf zusammengehalten wird und die zumeist in Bühnenbild und Kostüm aufwändig ausgestattet ist. Revuen finden ihren Aufführungsort im Revue- oder allgemeinen Theater.[109] Eine Mischform stellt die Kabarettrevue dar, die als Kleinrevue ebenfalls durch eine Rahmenhandlung zusammengehalten wird, im Gegensatz zur Revue jedoch ohne größeren Ausstattungsaufwand auskommt (aufgeführt z.B. in der *Komödie* am Kurfürstendamm, im *Nelson-Theater* oder in Hollaenders *Tingel-Tangel-Theater*).

Schwieriger stellt sich eine Definition der Begriffe Jazz, Unterhaltungsmusik, Tanzmusik und populäre Musik dar, da die Terminologie in den 1920er-Jahren (und bis heute) äußerst unscharf bleibt. So erläutert Partsch für die Verwendung des Begriffs „Jazz" in der Epoche der Weimarer Republik:

---

104 Becker: „Kabarett", in: *MGG2*. Sachteil, Bd. 4, Sp. 1601-1609, hier Sp. 1601.
105 Budzinski, Klaus: *Das Kabarett. 100 Jahre literarische Zeitkritik – gesprochen – gesungen – gespielt*, Düsseldorf: ECON 1985 (=Hermes Handlexikon), S. 11-13.
106 Henningsen 1967, S. 9.
107 Vogel 1993, S. 20-46.
108 Linhardt, Marion: „Revue", in: *MGG2*. Supplement, Kassel/Stuttgart: Bärenreiter/Metzler 2008, Sp. 746-757, hier Sp. 746.
109 Zum Problem der Definition vgl. Jansen, Wolfgang: *Glanzrevuen der zwanziger Jahre*, Berlin: Hentrich 1987, S. 12f.

„Der signifikatorische Komplex ‚Jazz‘ wird in glühenden und heiter unwissenden Diskursen abwechselnd dämonisiert, glorifiziert, kolonisiert, neutralisiert, kommodifiziert und normativ re-synkopisiert und somit fast ausschließlich zur Artikulation außermusikalischer, ideologischer Zwecke in den Dienst genommen.“[110]

Es scheint somit notwendig, die Begriffe jeweils im entsprechenden Kontext genauer zu betrachten und ihre Bedeutung aus dem diskursiven Umfeld zu erschließen.[111]

Die Definition der Begriffe Raum, Ort und Musikalische Handlungsräume wird im Kapitel *GRUNDRISSE* unternommen (siehe S. 29ff.).

Zur Orientierung | Die Arbeit gliedert sich in zwei größere Abschnitte: einen ersten Teil (*GRUNDRISSE*), in dem zunächst allgemein Raum und Ort sowie deren Bezug zur Musik und zum Musizieren dargestellt werden. Außerdem wird hier der historische Kontext des Berlin der Zwischenkriegszeit sowie die Biographie Spolianskys thematisiert. Anschließend werden die aufgezeigten Zusammenhänge in den *ANSICHTEN* an einzelnen Beispielen konkretisiert. Dabei beginnt jedes Kapitel mit einem „Ortstermin“, bei dem im Sinne von Schlögels „Augenarbeit“[112] die heutige Situation in den Blick genommen und daraus die historische Dimension des jeweiligen Ortes ergründet wird. Die verschiedenen Schwerpunkte in den Kapiteln (soziales Gefüge, Bezug von Musik und Architektur, *spacing*[113]) folgen dem inhaltlichen Zusammenhang und der Quellenlage.

„Jeder einmal in Berlin! Auch im nächtlichen. Auch im halboffiziellen. Auch auf der andern Seite, deren Sehenswürdigkeiten nicht vom Ausrufer der Rundfahrtwagen mit witzigen Glossen angekündigt werden.“[114]

---

110 Partsch 2000, S. 2.
111 Hügel, Hans-Otto: „Populär“, in: Hügel 2003, S. 342-348. Vgl. hierzu auch die Aufsätze: Hügel, Hans-Otto: „Nicht identifizieren – Spannungen aushalten! Zur Wort- und Begriffsgeschichte von ‚populär‘“, in: Claudia Bullerjahn/Hans-Joachim Erwe (Hg.), *Das Populäre in der Musik des 20. Jahrhunderts. Wesenszüge und Erscheinungsformen*, Hildesheim/Zürich/New York: Olms 2001, S. 11-37 und Rösing, Helmut: „‚Populäre Musik‘ – was meint das?“, in: Ebd., S. 39-60.
112 Schlögel 2003, S. 269.
113 Der Begriff des *spacing* wird in den Grundrissen erläutert (s. Kap. Raumorganisation (spacing), S. 47). Er basiert auf Martina Löws *Raumsoziologie* (Löw 2001, S. 158f.) bzw. Giddens, Anthony: *Die Konstitution der Gesellschaft. Grundzüge einer Theorie der Strukturierung*, Frankfurt/M.: Campus 1988, S. 129.
114 Moreck 1996 [1931], S. 8-10.

GRUNDRISSE

Die GRUNDRISSE erläutern in einem Dreischritt die Basis für die folgenden exemplarischen Untersuchungen: Zunächst werden die Begriffe Raum und Ort einer näheren Betrachtung unterzogen (Kap. *Lesbare Orte, erzählter Raum: Grundgedanken*); anschließend werden die Zusammenhänge zur Musik thematisiert (Kap. *Musik – Raum – Musikalische Handlungsräume*); schließlich werden unter den Stichworten *Lebenswege, Stationen, Kreuzungspunkte* der historische Hintergrund im Hinblick auf relevante Bedingungen für den Handlungszusammenhang an den untersuchten Orten populärer Musik sowie die Biographie Mischa Spolianskys näher beleuchtet.

Spatial Turn – Raum vs. Zeit? | Diese Arbeit hat sich zur Aufgabe gemacht, vom Ort als Untersuchungskategorie für musikalische Zusammenhänge sowie den sich an Orten manifestierenden räumlichen Handlungsmustern auszugehen. Sie reiht sich damit ein in eine im Kontext der Postmoderne geführte kulturwissenschaftliche Diskussion um eine „Wiederkehr des Raumes"[1], mündend in die Konstatierung eines *Spatial Turn*[2]. In seinem Vortrag *Berlin, Chicago, Kolkata. Urban Auditory Cultures in Historical and Comparative Perspective*, gehalten am 18. Juni 2010 beim 9. Blankensee-Colloquium in Berlin (gemeinsam mit Sebastian Klotz und Lars-Christian Koch), plädierte Philip Bohlman jedoch für einen neuen „shift from place to time": „The sonic mapping of urban auditory culture", so Bohlman, müsse ergänzt werden durch die Konzentration auf „moments in which listening takes place". Der augenscheinlichen „mobility of listening practice"[3] müsse durch den Einbezug der Zeit in das Gedanken- bzw. Analysesystem Rechnung getragen werden. Am selben Tag hatte auch schon Karin Bijsterveld die Zeitgebundenheit von Klanglandschaften an bestimmten Orten betont (am Beispiel eines Marktes in Amsterdam).[4]

Eine Umwendung der Wende? Kaum scheint der *Spatial Turn* auch in den letzten Einzelwissenschaften angekommen zu sein (darunter der Musikwissenschaft), werden erste Stimmen für eine Rückkehr zur Zeit laut. Verschwindet der Raum be-

---

1 Schlögel 2003, S. 18.
2 S. hierzu vor allem: Döring/Thielmann 2008 und Günzel 2009; einzelne Kapitel in Geppert, Alexander C.T./Jensen, Uffa/Weinhold, Jörn: „Verräumlichung. Kommunikative Praktiken in historischer Perspektive, 1840-1930", in: Dies. (Hg.), *Ortsgespräche. Raum und Kommunikation im 19. und 20. Jahrhundert*, Bielefeld: transcript 2005, S. 15-49, hier S. 16-20; Bachmann-Medick 2006; Günzel, Stephan (Hg.): *Raum. Ein interdisziplinäres Handbuch*, Stuttgart: Metzler 2010. Bei Csáky und Leitgeb scheint der *Turn* sogar bereits abgeschlossen: Csáky, Moritz/Leitgeb, Christoph (Hg.): *Kommunikation – Gedächtnis – Raum. Kulturwissenschaften nach dem ‚Spatial Turn'*, Bielefeld: transcript 2009.
3 Bohlman, Philip V./Koch, Lars-Christian/Klotz, Sebastian: *Berlin, Chicago, Kolkata. Urban Auditory Cultures in Historical and Comparative Perspective*, Vortrag beim *9th Blankensee Colloquium* (17.-19. Juni 2010, Berlin): *Hearing Modern History. Auditory Cultures in the 19th and 20th Century.*
4 Bijsterveld, Karin: *Auditory Topoi in the Representation or Urban Soundscapes*, Vortrag beim *9. Blankensee-Colloquium* (Diskussion).

reits wieder (Virilio[5]) und behalten somit die Verfechter eines angeblich ortlosen „global village" bzw. der Theorie einer „Aufhebung des Raums" (McLuhan[6]) recht? Oder sind wir bereits in eine „Raumfalle" (Lippuner/Lossau[7]) getappt, aus der die „alte" Zeit eine Befreiung verspricht?

Was zunächst wie die überraschende Rücknahme eines eben noch ausgerufenen „Paradigmenwechsels" erscheint, erweist sich bei näherem Hinsehen als konsequentes Weiterdenken der bisherigen Ansätze des *Spatial Turn*, vielleicht auch als eine Korrektur allzu enthusiastischer Verabschiedungen von anscheinend überholten Denksystemen. Denn aus den meistdiskutierten Raumkonzepten des *Spatial Turn* (z.B. Bourdieu, Lefebvre, Giddens, Löw, vgl. Kap. *Zum Begriff des Raumes*, S. 42ff.) war die Zeit nie vollständig verschwunden.[8] Beim *Turn* handelt es sich eben gerade nicht um einen Paradigmenwechsel[9], der versucht, ein altes Theoriegebäude (chronologische Ordnung) durch ein anderes (Raum) zu ersetzen. Vielmehr sind „entsprechend der Abkehr von ‚großen Erzählungen' und ‚Meisterparadigmen' [...] die Wenden in den Kulturwissenschaften eben nicht ‚kopernikanisch", so Bachmann-Medick:

> „Niemals handelt es sich um vollständige und umfassende Kehrtwenden eines Fachs, sondern eher um die Ausbildung und Profilierung einzelner Wendungen und Neufokussierungen, mit denen sich ein Fach oder ein Forschungsansatz interdisziplinär anschlussfähig machen kann."[10]

Besonders Schlögel, dessen Titel *Im Raume lesen wir die Zeit*[11] ja schon beide Elemente miteinander verbindet, betont beim Begriff des *Turn* die Verschiebung der Perspektive:

> „*Turns* und Wendungen sind ja keine Neuentdeckungen oder Neuerfindungen der Welt, sondern Verschiebungen von Blickwinkeln und Zugängen, die bisher nicht oder nur wenig beleuchtete Seiten sichtbar werden lassen. *Turns* sind Indikatoren für die Erweiterung der geschichtlichen Wahrnehmungsweisen, nicht ‚das ganz Neue' oder ‚das ganz andere'. [...] *Spatial turn*: das heißt

---

5   Virilio: „Das dritte Intervall", S. 348, zit. n. Döring/Thielmann: „Was lesen wir im Raume?", in: Döring/Thielmann 2008, S. 14.

6   McLuhan: *Die magischen Kanäle*, S. 99, zit. n. Döring/Thielmann: „Was lesen wir im Raume?", in: Döring/Thielmann 2008, S. 29.

7   Lippuner/Lossau: „In der Raumfalle. Eine Kritik des Spatial Turn in den Sozialwissenschaften", zit. n. Schroer: „„Bringing space back in", in: Döring/Thielmann 2008, S. 125.

8   Das gleiche stellt Jörg Döring auch für den Raum fest: „Insofern musste der Raum gar nicht erst wiedergefunden werden, er war nie wirklich verschwunden.", Döring/Thielmann: „Was lesen wir im Raume?", in: Döring/Thielmann 2008, S. 15.

9   Es gibt auch gegenläufige Strömungen, die den *Spatial Turn* tatsächlich zu einem „master Turn als Großparadigma" (Döring/Thielmann: „Was lesen wir im Raume?", in: Döring/Thielmann 2008, S. 13) ausbauen wollen, so der Humangeograph Edward Soja. Vgl. zur Diskussion: Ebd., S. 7-13.

10   Bachmann-Medick 2006, S. 17.

11   Schlögel wandelt in seinem Titel ein Zitat von Friedrich Ratzel ab, ohne dies nachzuweisen; vgl. hierzu und zur Diskussion um Schlögel vor allem von Seiten der Humangeographie („Schlögel-*Bashing*" nennt es Jörg Döring): Döring/Thielmann: „Was lesen wir im Raume?", in: Döring/Thielmann 2008, S. 21-24.

daher lediglich: gesteigerte Aufmerksamkeit für die räumliche Seite der geschichtlichen Welt – nicht mehr, aber auch nicht weniger.“[12]

Gemeinsam ist den verschiedenen fachspezifischen Ausprägungen des *Spatial Turn* laut Jörg Döring vor allem eine „Skepsis gegenüber der Rede vom ‚Verschwinden des Raumes‘ oder dem ‚Ende der Geographie‘“[13]. Hinzu komme die Hoffnung auf die Überwindung „evolutionistischer Auffassungen von Zeit, Chronologie, Geschichte und Fortschritt“[14], wie sie sich im, von Michel Foucault als Zeitalter der Geschichte charakterisierten, 19. Jahrhundert herausgebildet haben: „Gleichzeitigkeit und Nebeneinander scheinen also die Kategorien von Entwicklung und Fortschritt hinter sich zu lassen“[15], schreibt Bachmann-Medick. Ähnliches stellt Susanne Rode-Breymann fest, wenn sie im Hinblick auf die Musikgeschichte dafür plädiert,

> „die ortlose, genieästhetische Kategorienbildung aufzubrechen […] und angesichts der auf diesem Wege wiederentdeckten Vielfalt zu neuen Kategorien und musikhistorischen Wichtigkeiten zu gelangen.“[16]

Dass bei dieser musikhistorischen Wiederentdeckung des Raums die Zeit implizit inbegriffen ist, zeigt sich an Rode-Breymanns Beispiel der Oper am Habsburger Hof, die sie (im Anschluss an die Raumsoziologie) als musiktheatrale Routine interpretiert, „in der es zu einer ‚fortschreitende[n] Institutionalisierung der musiktheatralischen Praxis‘ [Erich Reimer] wie zur Habitualisierung des kulturellen Handelns kam“[17]. Im Begriff des Fortschritts ist hier die zeitliche Dimension angesprochen, auch wenn sie (wie so oft) mit einer räumlichen Metapher verbunden ist. Schlögel plädiert dafür, die Sprache in dieser Hinsicht ernst zu nehmen; in ihrer Begrifflichkeit zeige sich „die vollständige Verschmelzung der raum-zeitlichen Dimension“: „Sie ist es, die die Einheit von Raum und Zeit unauflöslich festhält“[18], und er fährt fort:

> „man sieht es Denk- und Sprachformen an, ob sie diese Einheit hinnehmen oder sich an ihr vergehen. Vor dem Hintergrund der disziplinären Trennungsgeschichte von Raum und Zeit ist die Wiedergewinnung ihrer Einheit ein Stück Versöhnungs- und Wiederherstellungsarbeit.“[19]

Zur Wiedergewinnung dieser Einheit müssen im Sinne eines *Spatial turn* Orte und Räume gesteigerte Aufmerksamkeit erfahren, „beleuchtet“ werden. Einher geht da-

---

12 Schlögel 2003, S. 68.
13 Döring/Thielmann: „Was lesen wir im Raume?“, in: Döring/Thielmann 2008, S. 14.
14 Bachmann-Medick 2006, S. 286.
15 Ebd.
16 Rode-Breymann, Susanne: „Orte und Räume kulturellen Handelns von Frauen“, in: Annette Kreutziger-Herr (Hg.), *History/Herstory. Alternative Musikgeschichten*, Köln/Weimar/Wien: Böhlau 2009, S. 186-197, hier S. 192.
17 Ebd., S. 194.
18 Schlögel 2003, S. 69.
19 Ebd., S. 70.

mit bei Schlögel ein „Plädoyer für den Gebrauch der Sinne"[20] – Markus Schroer konstatiert im *Spatial Turn* eine Reaktion auf „eine gewisse Sehnsucht nach Konkretisierungen", auf ein „Bedürfnis nach dem Konkreten und Greifbaren"[21]. Die Wiederentdeckung des Raumes heißt nicht, dass der Kategorie der Zeit keine Bedeutung mehr beigemessen würde. Im Gegenteil zeigt sich erst im Zusammenspiel die eigentliche Qualität und Bedeutung von Raum-Zeit-Konstruktionen für den Menschen, da „wir nämlich ein angemessenes Bild von der Welt nur gewinnen können, wenn wir beginnen, Raum, Zeit und Handlung wieder zusammenzudenken"[22] – an Bohlman anschließend in den „moments in which listening [seeing/playing music] takes place"[23].

Hot Spots: Inkubationsräume musikalisch-kulturbildender Aktivität |

> „**Hot Spot** [engl. ‚heißer Punkt'] *der*, [...] **2)** *Geologie*: (heißer Fleck) ortsfester Aufschmelzungsbereich im Erdmantel unterhalb der Lithosphäre, von dem heißes, geschmolzenes und daher spezifisch leichteres Gestein zylindrisch-schlotartig zur Erdoberfläche aufdringt. Die dadurch bewirkten vulkan. Erscheinungen (z.B. Island) führen bei gleichgerichteter ständiger Plattenbewegung (Sea-Floor-Spreading) zur Entstehung von Inselketten (z.B. Hawaii-Inseln)."[24] (siehe Abb. 3 im Farbteil)

Hot Spots – das aus der Geologie entlehnte Bild der unterirdischen vulkanischen Aktivität, die im Laufe der Zeit feste, statische Formen als Ergebnis hervorbringt[25], visualisiert sehr gut ein Phänomen, das sich laut Schlögel im gesellschaftlichen bzw. kulturellen Zusammenhang der Stadt beobachten lässt. Auch in diesem Modell, den „Places in the making"[26], sind Raum und Zeit miteinander verwoben und die Zeit spielt – trotz Schlögels Betonung der „Gegenwart" – als Strukturierungsmerkmal eine wichtige Rolle:

> „Am Nichtort oder heißen Ort gibt es nur Gegenwart. Der Nichtort ist der Ort *in statu nascendi*, Energie im Fluß, Potenz vor der Verdinglichung, vor der Erstarrung. An ihm wird Tag für Tag die Stadt neu erfunden, aus dem Stand heraus. Sie ist noch ganz unfertig. [...] Der Nichtort lebt von der Hitze, von der Energie, und er hört auf zu existieren genau in dem Augenblick, da die Energie verschwunden ist. [...] Im glücklichen Fall speist die Energie das neue Ensemble, im unglücklichen Fall tritt die Energie zurück und läßt einen Leerraum, ein Museum, eine Bühne zurück, die mit erheblichem Aufwand ,bespielt' werden müssen, um den Anschein von Lebendigkeit zu erzeugen. Dort, wo einmal heiße Zonen waren, breitet sich heute Stadt aus, abgekühltes

---

20 Ebd., S. 13.
21 Schroer: „Bringing space back in", in: Döring/Thielmann 2008, S. 144.
22 Schlögel 2003, S. 24.
23 Bohlman: *Berlin, Chicago, Kolkata*, 18. Juni 2010.
24 Strzysch, Marianne/Weiß, Joachim (Hg.): *Der Brockhaus in fünfzehn Bänden, Bd. 6 (GV-IR)*, Leipzig: Brockhaus 2002, S. 317.
25 Aktuelle Diskussionen und Forschungsergebnisse zu geologischen *Hot Spots* bzw. *mantle plumes* unter www.mantleplumes.org (20.07.2010).
26 Schlögel 2003, S. 294.

Gelände, das ohne Trieb und Vibrationen ganz gut existieren kann. Es sind die erkalteten Zonen, in denen ein ursprünglicher Impuls seine Form gewonnen hat. Dort ist die heiße Phase der Geschichte abgeschlossen, und ihre Kulturwerdung, ihre Musealisierung hat begonnen."[27]

Schlögel bezieht sich mit dem Terminus „Nichtort" auf Marc Augé („Orte und Nicht-Orte", *Non-lieux*[28]), der damit vor allem Durchgangsorte bezeichnet, an denen man normalerweise nicht länger verweilt, wo aber für kurze Zeit zahlreiche Menschen zusammentreffen: Bahnhöfe, Flughäfen, Parkplätze u.ä. Für Augé sind dies Orte, an denen der Mensch mit „Gesicht und Stimme der Einsamkeit" konfrontiert wird: „Der Raum des Nicht-Ortes schafft keine besondere Identität und keine besondere Relation, sondern Einsamkeit und Ähnlichkeit"[29]. Schlögel betont dagegen den lebhaften Austausch, der sich an solchen Durchgangsorten entwickelt, sei es in Form von Handel oder von Kommunikation, vielleicht gerade weil sie eine gewisse Identitätslosigkeit schaffen. Statt zwischen Orten und Nichtorten unterscheidet Schlögel „zwischen flüssigen und festen, zwischen heißen und kalten Orten"[30].

Solche „heißen Orte" werden von Schlögel auch als Proto- oder Inkubationsraum bezeichnet, es sind „Spielräume, in denen sich anbahnt und vorentschieden wird, was an anderer Stelle sanktioniert und beglaubigt wird"[31]. Im Gegensatz zu den *Hot Spots* in der Geologie sind die Prozesse in der Stadtentwicklung nicht zwangsläufig unumkehrbar, sie sind im Fluss: „Aus Orten können Nichtorte werden, und Nichtorte können zu den ‚wahren Orten' aufsteigen. Zentren wandern, Zentren werden entwertet."[32] Solche heißen Orte sind, laut Schlögel, „überall, wo etwas passiert, wo vieles passiert, wo vieles passieren kann."[33] Sie müssten sich folglich auch oder vielleicht sogar gerade im Bereich der Kunst und der Musik finden, dort, wo Menschen kreativ tätig werden, mit neuen Ausdrucksmitteln experimentieren und im Zuge eines explorativen Handelns neue ästhetische Formen entwickeln. Die von Moreck geschilderten „Stätten des Lebens"[34], die Bars und Cafés mit ihrer literarischen und musikalischen Kultur sowie die kurzlebigen, oft von einer Spielstätte zur anderen wandernden Akteurssysteme des Kabaretts (vor allem zu Beginn der Zwischenkriegszeit) scheinen Beispiele für solche künstlerischen Proträume zu sein. Diese These wird im Laufe der Arbeit untersucht und geprüft werden.

Die Metapher *Hot Spot* steht im Folgenden für Orte sozial-kreativer Prozesse, an deren Ende verfestigte Strukturen wie z.B. neue Institutionen, Formen oder Gattungstraditionen stehen können. Solche (vom Menschen ausgehende) Abläufe haben

---

27 Schlögel 2003, S. 299. Im Anschluss an Giddens fasst Löw Institutionen bzw. „institutionalisierte (An)Ordnungen" aktiver auf, als „in Routinen reproduzierte Gebilde" (Löw 2001, S. 163).

28 Augé, Marc: *Orte und Nicht-Orte. Vorüberlegungen zu einer Ethnologie der Einsamkeit*, Frankfurt/M.: S. Fischer 1994.

29 Augé 1994, S. 121.

30 Ebd.

31 Schlögel 2003, S. 296.

32 Schlögel 2003, S. 293.

33 Schlögel 2003, S. 296.

34 Moreck 1996 [1931], S. 8.

einen Ort, an dem sich Räume lokalisieren, in denen Neues gedacht, experimentiert und über die Grenzen der Tradition hinaus gestaltet wird. Solche Räume existieren überall, in verschiedenen historischen Epochen und Gesellschaftssystemen. *Hot Spots* sind an sich zunächst nichts Ungewöhnliches, sondern Ausdruck bzw. „Verortung" eines menschlichen Ausdrucks- und Experimentierwillens. Der Begriff steht somit für Brennpunkte bzw. „Inkubationsräume" sozial-kulturbildender Aktivität.[35]

---

35 Martina Löw spricht in diesem Zusammenhang von „gegenkulturellen Räumen" (Löw 2001, S. 185). *Hot Spots* wären in diesem Sinne also Orte, an denen sich gegenkulturelle Räume lokalisieren.

Lesbare Orte, erzählter Raum: Grundgedanken

Physikalisches

Descartes |

> „13. Was der äußere Ort ist.
>
> […] Wenn sich ein Schiff auf dem Meer vorwärtsbewegt, so verharrt jemand, der auf dem Hinterdeck sitzt, immer an demselben Ort, sofern man auf die Teile des Schiffes abhebt, zwischen denen er dieselbe Lage beibehält. Aber er wechselt seinen Ort fortwährend, sofern man auf die beiden Uferstreifen abhebt, weil er sich ja fortwährend von dem einen Ufer entfernt und auf das andere zubewegt. Und wenn wir zudem annehmen, daß sich die Erde bewegt, und dabei genau so viel von Westen nach Osten vorschreitet, wie das Schiff inzwischen von Ost nach West vorankommt, so behaupten wir wiederum, daß jemand, der auf dem Hinterdeck sitzt, seinen Ort nicht verändert, weil wir nämlich die Bestimmung des Ortes von bestimmten unbewegten Punkten des Himmels ableiten. Wenn wir zudem schließlich bedenken, daß keine derartigen tatsächlich unbewegten Punkte im Universum angetroffen werden, wie sich unten als wahrscheinlich zeigen wird, so werden wir daraus folgern, daß kein Ort irgendeines Dinges dauerhaft ist, außer insofern er durch unser Denken als dauerhaft bestimmt wird.“[36]

Dass Raum und Zeit relativ und untrennbar voneinander sind, hat seit Albert Einsteins Spezieller und Allgemeiner Relativitätstheorie Eingang in den Sprachgebrauch gefunden und ist allgemein anerkannt. Doch schon René Descartes (1596-1650) formuliert im 17. Jahrhundert einen Raumbegriff, der anhand des Bildes vom Schiff auf dem Ozean[37] verdeutlicht, wie die Raumwahrnehmung vom Standpunkt des Betrachters bzw. den zu Rate gezogenen Bezugspunkten abhängt, und er bezieht die fortschreitende Zeit (versinnbildlicht in Form der Bewegung) in sein Modell mit ein. Die Unbeständigkeit des einem Ding zugedachten Ortes leuchtet unmittelbar ein. Im Sinne der vorplatonischen Naturphilosophie könnte man sagen, der Ort (wie wir selbst) ist niemals derselbe wie im letzten Augenblick, zumindest wenn man Heraklits Bild vom sich ständig verändernden Fluss („In dieselben Flüs-

---

36 Descartes, René: „Über die Prinzipien der materiellen Dinge (1644)“, in: Dünne/Günzel 2006, S. 44-55, hier S. 50. Für das folgende Kapitel waren die im Sammelband Dünne/Günzel 2006 herausgegebenen und kommentierten Texte zentral.

37 Ein Bild, das auch bei anderen Autoren (Aristoteles, Newton, Husserl, Foucault) Verwendung findet. „Das Beispiel wird bei jedem Autor mit einer anderen Nuance verwendet“ (Dünne/Günzel 2006, S. 24).

se steigen wir und steigen wir nicht, wir sind und wir sind nicht"[38]) auf den Aspekt des Ortes bezöge.[39]

Die Konstruktion des Absoluten | Descartes geht aber, trotz der Erkenntnis der Relativität der Lagebestimmung (im Sinne des lateinischen *relatus* – bezogen auf), davon aus, dass unser Denken Orten eine Dauerhaftigkeit zuschreiben kann. Es kann also Dingen (bzw. Körpern) einen Ort zuweisen, der in unserer Vorstellung genau bestimmt und beständig ist. Dieser Ort lässt sich (über Hilfsmittel wie z.B. ein Koordinatensystem) im Verhältnis (in Relation) zu einem anderen beschreiben. Dabei kann man sich auf eine angenommene absolute Größe, beispielsweise den Erdboden oder die Idee eines festen, unveränderlichen Raumes beziehen. Ein solcher unveränderlicher Raum ist z.B. für Isaac Newtons (1643-1727) physikalische Beschreibung von Bewegung unerlässlich.[40] Er bezeichnet ihn in Abgrenzung zum *relativen* Raum (vor allem bei Leibniz) als den *absoluten* Raum und bestimmt ihn als real existierenden:

> „Der absolute Raum, seiner Natur nach ohne Beziehung zu irgendetwas Äußerem, bleibt immer gleichartig und unbeweglich. Ein relativer [Raum] ist für diesen Raum ein Maß bzw. eine beliebige bewegliche Dimension, die von unseren Sinnen durch ihre Lage zu den Körpern bestimmt wird und von den gewöhnlichen Leuten an Stelle des unbeweglichen Raumes benutzt wird."[41]

Newton nimmt diesen realen, unbeweglichen Raum nicht nur aus funktionalen, sondern auch aus theologischen Gründen an, wohl um dem Vorwurf des Atheismus zu entgehen.[42] Er bestimmt ihn als ein „Sensorium" Gottes[43] und nicht als eine Konstruktion des menschlichen Denkens, als welchen ihn Descartes annähme. Hier zeigt sich trotz der von beiden postulierten Hypothese des absoluten Raumes ein entscheidender Unterschied, trennt doch Descartes streng zwischen einem Bereich der Vorstellungen (*res cogitans*) und einer äußeren Welt (*res extensa*).[44]

---

38 „ποταμοῖς τοῖς αὐτοῖς ἐμβαίνομέν τε καὶ οὐκ ἐμβαίνομεν, εἶμέν τε καὶ οὐκ εἶμέν", Mansfeld, Jaap (Auswahl, Übersetzung und Erläuterung): *Die Vorsokratiker, Bd. 1, Milesier, Pythagoreer, Xenophanes, Heraklit, Parmenides*, Stuttgart: Reclam 1983, S. 273.

39 Diese Passage ist bei Heraklit ontologisch gemeint. Wenn man das Sein unmittelbar mit Kategorien wie Zeit und Raum in Zusammenhang denkt (wie dies z.B. bei Heidegger der Fall ist), lässt sich ein Bezug zum Raumbegriff rechtfertigen.

40 Dünne/Günzel 2006, S. 24.

41 Newton, Isaac: *Die mathematischen Prinzipien der Physik*. Übersetzt und hg. von Volkmar Schüller, Berlin: de Gruyter 1999, S. 28.

42 Dünne/Günzel 2006, S. 24-26.

43 Newton, Isaac: *Optik, oder Abhandlungen über Spiegelungen, Brechungen, Beugungen u. Farben d. Lichts*, übersetzt und hg. von William Abendroth. Nachdr. d. Ausg. Leipzig 1898, Braunschweig: Vieweg 1983, S. 145.

44 Quadflieg, Dirk: „Philosophie", in: Stephan Günzel (Hg.), *Raumwissenschaften*, Frankfurt/M.: Suhrkamp 2009, S. 274-289, hier S. 279.

Inwiefern die Vorstellung der Relationen zwischen Körpern für die Konstruktion unseres Raumbegriffes bedeutsam ist, verdeutlicht Einstein:

> „Also: ohne Körperbegriff kein Begriff räumlicher Relation zwischen Körpern und ohne den Begriff der räumlichen Relation kein Raumbegriff."[45]

Den absoluten Raum bzw. die Annahme eines absoluten Bezugspunktes beschreibt er (ganz im Sinne Descartes') als Hilfsmittel des menschlichen Denkens:

> „Bei Betrachtung der Lagerungsbeziehungen der Körper gegeneinander empfindet es nämlich der menschliche Geist als das Einfachere, die Lagen aller Körper auf die eines einzigen zu beziehen, als die verwirrende Mannigfaltigkeit jedes Körpers gegen alle anderen geistig zu verwirklichen. Dieser eine Körper, der allgegenwärtig und für alle anderen durchdringlich sein müßte, um mit allen in Berührung zu sein, ist uns allerdings nicht sinnlich gegeben, aber wir fingieren ihn zur Bequemlichkeit unseres Denkens."[46]

Ein absoluter Raum (Einstein nennt ihn „räumliches Kontinuum"[47]) bestünde demzufolge nicht als etwas Erfahrbares, sondern nur als Konstruktion.

Der Raum als Feld | Nach verschiedenen Beobachtungen physikalischer Phänomene, die sich nicht mit den Prinzipien der Newton'schen Physik erklären ließen[48], wandelte sich die Auffassung vom Physisch-Realen. Der Raumbegriff der Speziellen Relativitätstheorie gab die Konstruktion eines allgemeinen, dreidimensionalen Raumes zugunsten eines vierdimensionalen Kontinuums auf, in dem Raum und Zeit als „Raumzeit" verschmolzen sind.[49] Damit ist nicht nur Zeit immer auch Raum (in Form von Bewegung), sondern der Raum ist auch Zeit, er hat also gewissermaßen ein Alter.[50]

Mit den Ergebnissen der allgemeinen Relativitätstheorie wurde der physikalische Raumbegriff grundlegend reformiert:

> „Die Bedeutung dieser Theorie für die Erkenntnis des Wesens des Raumes kann so charakterisiert werden: Der Raum verliert mit der allgemeinen Relativitätstheorie seinen absoluten Charakter. Bis zu jener Entwicklungsphase galt der Raum als etwas, dessen innere Beschaffenheit durch nichts beeinfluß-

---

45 Einstein, Albert: „Raum, Äther und Feld in der Physik (1930)", in: Dünne/Günzel 2006, S. 94-101, hier S. 94.
46 Ebd.
47 Ebd., S. 96.
48 Hierzu gehört z.B. der wellenförmige Charakter des Lichtes, der durch Versuche von Thomas Young und Augustin-Jean Fresnel bereits zu Beginn des 19. Jahrhunderts aufgezeigt wurde. Weiterführende Literatur hierzu: Kipnis, Nahum: *History of the principle of interference of light*, Basel: Birkhäuser 1991.
49 Bereits zuvor hatte es im 19. Jahrhundert Entwicklungen gegeben, die zu diesem Denken hinführten, z.B. die philosophischen Überlegungen des deutschen Pädagogen Johann Friedrich Herbart (1776-1841) über beliebig dimensionale Räume, vgl. hierzu Mainzer, Klaus: „I. Grundlagen. 1. Naturwissenschaften", in: Stephan Günzel (Hg.), *Raum. Ein interdisziplinäres Handbuch*, Stuttgart: Metzler 2010, S. 1-23, hier besonders S. 4f. sowie für die Physik S. 16f.
50 Dünne/Günzel 2006, S. 39.

bar, überhaupt durchaus unveränderlich sei […]. Nun aber war die eigentlichste Raumeigenschaft – die metrische Struktur – als veränderlich und beeinflußbar erkannt. Der Zustand des Raumes gewann Feldcharakter; der geometrische Raum war dem elektromagnetischen Felde in dieser Hinsicht analog geworden."[51]

Der veränderte physikalische Raumbegriff, der in den Naturwissenschaften nach wie vor diskutiert und erweitert wird, hatte weit reichende Auswirkungen nicht nur auf die Physik, sondern auch auf die Kultur- und Sozialwissenschaften, die aus dem relativistischen ein relationales Raummodell entwickelten (siehe Kap. *Zum Begriff des Raumes*, S. 42ff.)[52]. Weiterhin existiert jedoch im Denken der Menschen parallel zum relationalen Raummodell die Vorstellung eines dreidimensionalen unveränderlichen (Schachtel- bzw. Container-)Raumes, die ihre Wurzeln im Newton'schen Denken hat.

Funktionalität | Schroer weist in seinem Buch *Räume, Orte, Grenzen. Auf dem Weg zu einer Soziologie des Raums*[53] diese parallele Existenz von zwei Modellen auch für die zeitgenössische Sozialwissenschaft nach und bezieht deren Verwendung auf einen funktionalen Aspekt. So herrsche das Container-Modell überall dort vor, wo Machtstrukturen analysiert werden, dagegen bezögen sich Forscher auf das relationale Raummodell, wenn der „Anteil menschlicher Akteure bei der Konstituierung, dem Aufbau und der Gestaltung von Räumen betont"[54] werden soll. Die Wahl des Raummodells, das Soziologen ihren Studien (implizit oder explizit) zugrunde legen, hängt Schroer zufolge also vom Untersuchungsaspekt ab.

Die Funktionalität eines Raummodells zur Beschreibung bestimmter Phänomene, die ja, wie oben gezeigt, auch für die Naturwissenschaften den Schlüssel zur Reformierung eines Raummodells bildet, scheint neben der Anschaulichkeit einen Erklärungsansatz für die immer noch das Denken weithin beherrschende Container-Raumvorstellung zu bieten. Denn die Vorstellung eines absoluten Raumes erfüllt als Orientierungs- und Ordnungsprinzip eine wichtige Funktion. Raum wird kontrollierbar (und als Ware mit einem Geldwert am Immobilienmarkt handelbar), wenn er als homogen und fragmentierbar im Sinne einer absoluten Größe angesehen wird.[55]

Unter dem Aspekt der Funktionalität erscheint es sinnvoll, auf Descartes' Prinzip zurückzukommen. Die Zuschreibung einer Dauerhaftigkeit durch das menschliche Denken scheint auch angesichts der inzwischen als real bewiesenen veränder-

---

51 Einstein 1930, in Dünne/Günzel 2006, S. 99.
52 Dünne und Günzel weisen darauf hin, dass eine „Analogisierung von physikalischer und sozialer Relativität des Raums allerdings nicht unproblematisch ist", vgl. hierzu: Dünne/Günzel 2006, S. 12.
53 Schroer 2006.
54 Ebd.
55 Dies haben die Soziologen Henri Lefèbvre (1901-1991) und später David Harvey (*1935) gezeigt, vgl. Löw, Martina/Steets, Silke/Stoetzer, Sergej: *Einführung in die Stadt- und Raumsoziologie*, Opladen: Budrich 2007, S. 57.

lichen Struktur des physikalischen Raumes ihre Aktualität für das menschliche Leben nicht zu verlieren. Die Bestimmung räumlicher Relationen und die „Verortung" von Punkten anhand bestimmter Ordnungsprinzipien und Hilfsmittel (Stadtpläne, Adressbücher, Kompass) regeln das tägliche Leben und unsere Vorstellungen. Dass Orte sich nur hinsichtlich des jeweils zu Grunde liegenden Bezugssystems, beispielsweise der magnetischen Pole, als „ortsfest" definieren, erscheint für das praktische Leben als nebensächlich. Orte werden folglich von den Menschen im täglichen Leben als quasi feste Punkte, der Raum als absolute Größe angenommen.

Zum Begriff des Ortes

Ort – lieu │ Entscheidend für das Wesen eines *Ortes* scheint die Verabredung über dessen Lage und Bezeichnung zu sein. Damit ist der Ort einerseits Ausdruck einer von einer vorgegebenen Ordnung abhängigen Lagebestimmung, wie Michel de Certeau den Begriff *lieu* fasst.[56] Andererseits wird er zusätzlich kommunikativ abgesichert; die „vorgegebene Ordnung" im Sinne Certeaus muss erst vereinbart bzw. hergestellt werden. Auch Martina Löw sieht den Ort als „konkret benennbar"[57]; er ist also vor allem ein Bezeichnetes, quasi eine Verabredung im Raum.

In diesem Sinne ist der Ort ein soziales Konstrukt und das Erkennen eines Ortes gründet sich auf tradiertes Wissen. So kann ich einen Raum, eine Landschaft, durchqueren, ohne zu wissen, dass ich mich gegebenenfalls an einem bestimmten Ort befinde. Ich kann in einer fremden Stadt eine bestimmte Stelle kreuzen, ohne mir bewusst zu sein, dass ich mich über einen stadtbekannten Treffpunkt bewege. Was für den Orts(!)fremden als gewöhnlicher Straßenraum erscheint, wird erst für die Einheimischen zu einem Ort, da sie über das Wissen seiner Bezeichnung verfügen. So trifft man sich in Hannover beispielsweise „unterm Schwanz" – für Hannoveraner ist damit klar, dass die Rückseite des Reiterdenkmals vor dem Hauptbahnhof gemeint ist. Raum wird auf diese Weise zum Ort. Erst das Wissen um die Benennung und Lage von Orten macht sie zu Orientierungspunkten und in ihrer Qualität als Ort erkennbar.

Cartes │ Die Raumwahrnehmung geht in diesem Sinne dem Ort immer voraus – unbekannte Regionen werden erst entdeckt und erforscht (im Sinne eines *parcours* bei Certeau, siehe S. 43[58]), bevor sie eine Bezeichnung auf der Landkarte erhalten und damit in ein Ordnungssystem eingeordnet werden. Für die Definition als Ort spielt die individuelle Raumerfahrung nur eine untergeordnete Rolle. Wie ein Hannoveraner den Luftraum und den Fußboden am Denkmal wahrnimmt, die ihn passierenden Menschen, Regen oder Schneeflocken, die den Raum ständig verändern, ist für die Bestimmung des Ortes nebensächlich. Dementsprechend können an einem Ort auch

---

56 Dünne/Günzel 2006, S. 300.
57 Löw 2001, S. 199.
58 Certeau, Michel de: „Praktiken im Raum (1980)", in: Dünne/Günzel 2006, S. 343-352, hier S. 347.

verschiedene Räume existieren, insofern „Raum" von Personen unterschiedlich wahrgenommen bzw. konstruiert wird (siehe *Zum Begriff des Raumes*, S. 42)[59].

Certeau nennt als bildhaften Ausdruck von Orten die *carte*[60], die auf derselben Ebene heterogene Elemente vereint und die raumbildende Handlung des Erforschens, die ihre Existenz erst ermöglicht, verschleiert:

> „Die Karte, dieser Gesamt-Schauplatz, auf dem die ursprünglich disparaten Elemente vereint sind, um ein Bild vom ‚Stand' des geographischen Wissens zu geben, verbirgt mit ihren Voraussetzungen und Folgen, wie hinter den Kulissen des Theaters, diejenigen Handlungen, deren Ergebnis oder deren künftige Möglichkeit sie ist. Sie allein bleibt übrig."[61]

Die *cartes* als Darstellung von Orten bilden „Schaubilder mit *lesbaren* Resultaten"[62] – Orte würden in diesem Sinne also über ihre Repräsentation in Grundrissen oder Ansichten (denn auch diese sind Projektionen von Wirklichkeit, eben *cartes*) ebenfalls *lesbar*. *Cartes* erfordern andere Entschlüsselungstechniken als der im Sinne des *Parcours* „erzählte Raum".

Karten können in diesem Sinne als Texte verstanden werden, in die immer auch das Weltbild des Kartenproduzenten bzw. -Auftraggebers eingeschrieben ist. Sie waren in der Geschichte herausragende Machtinstrumente: Detailgenaue Karten machten die Invasionen feindlichen Gebietes (eine Form des *spacing*, siehe S. 47) oft überhaupt erst möglich, die Dechiffrierung von Karten war eine über Sieg oder Niederlage entscheidende Kulturtechnik.[63]

Routinen | Mit der kommunikativen Verabredung eines Ortes geht implizit die Verabredung bestimmter Handlungsmuster einher, Orte „transportieren", so Schroer, „komplette Verhaltensrepertoires"[64] und schließen andere aus. So wartet man normalerweise auf einem Bahnsteig und führt dort keine Sinfonie auf. Je stärker sich ein Ort im Sinne Schlögels dabei bereits zu einer übergreifenden Institution verfestigt hat (<u>die</u> Kirche, <u>die</u> Oper), desto stärker sind solche Handlungsmuster festgeschrieben. Durch langwährende Bestätigung in der sozialen Praxis sind sie mit den Orten verknüpft und strukturieren in diesem Sinne wiederum das Handeln von Personen vor.[65]

---

59 Vgl. hierzu Löw/Steets/Stoetzer 2007, S. 9f.; ausführlich am Beispiel der Schule z.B. bei Löw 2001, S. 231ff.

60 Ebd.

61 Certeau 1980, in Dünne/Günzel 2006, S. 347.

62 Ebd., S. 351 (Hervorhebung im Original).

63 Zum Zusammenhang Karten und Macht bzw. Karten und Krieg vgl. z.B. Schlögel, Karl: *Kartenlesen. Oder: Die Wiederkehr des Raumes*, Zürich: Vontobel 2003, besonders S. 51; Kapitel „Kartenlesen" in Schlögel 2003, S. 81-265, besonders S. 84ff. und 113ff.; Löw/Steets/Stoetzer 2007, S. 66-71.

64 Schroer 2006, S. 113.

65 Schroer 2006, S. 176. Schroer verwendet in diesem Fall den Begriff *Raum* („Räume helfen zu entscheiden, in welcher Situation wir uns befinden. Sie strukturieren vor (…).", Schroer 2006, S. 176). Der Sachverhalt ist jedoch auch auf den Begriff des Ortes übertragbar, da es sich um bereits festgeschriebene Strukturen handelt, die sich an einem Ort in einer Institution konkretisieren.

Dabei herrscht das paradoxe Verhältnis, dass einerseits der Ort das Handeln bestimmt, er andererseits seine eigentliche Bestimmung erst durch das Handeln erfährt. Ein Gerichtshof, an dem keine Strafprozesse geführt werden, ist kein solcher. Ein Ort erfordert also quasi seine ständige Rückbestätigung im Handeln der Menschen, um seine spezifische Qualität beizubehalten. Anthony Giddens spricht in dieser Hinsicht von „Routinen" und bezieht diese auf Institutionen:

> „Dem im praktischen Bewußtsein fundierten Konzept der Routinisierung kommt in der Theorie der Strukturierung eine zentrale Rolle zu. Routinen sind konstitutiv sowohl für die kontinuierliche Reproduktion der Persönlichkeitsstrukturen der Akteure in ihrem Alltagshandeln, wie auch für die sozialen Institutionen; Institutionen sind solche nämlich nur kraft ihrer fortwährenden Reproduktion."[66]

Löw fasst es im Anschluss an Giddens: „Institutionen sind dauerhaft in Routinen reproduzierte Gebilde."[67]

Wenn sich die Routinen eines Ortes (und damit dessen Funktion im gesellschaftlichen Leben) ändern, so ändert sich dessen Qualität: er wird gewissermaßen neu verabredet. So kann z.B. ein früheres Kloster (das vielleicht vorher ein Sanatorium war, wie z.B. das Kloster Johannisberg im Rheingau[68]) zu einem Hotel (Hotel Kloster Johannisberg, dessen Name noch an frühere Routinen erinnert[69]) werden; die dem Kloster angegliederte frühere Kirche wird zu einem Tagungsort oder Festsaal. Ein zuvor völlig angemessenes Verhalten, das Beten, wäre im neuen Kontext des Ortes unangebracht (wenn auch nicht undenkbar). Ein DJ oder eine Band würden die musikalische Praxis der Choräle im ehemaligen Kirchenraum ablösen. Eine ähnliche Umwertung von Orten kann man bei zu Konzertsälen umgebauten Scheunen beobachten: Der größte Teil des Publikums (wie auch das Orchester) kleidet sich der Konvention eines Konzertsaals entsprechend, in den Pausen wird Sekt ausgeschenkt, es wird applaudiert. „Umgewertete" Orte werden in ihrer neuen Funktion oft als besonders reizvoll empfunden, da sie „unkonventionell" sind – der Kulturhistoriker Manfred Wagner spricht in diesem Fall von „vorformulierten Erlebnisräumen"[70]. Die Spannung zwischen gebautem Raum und neuen Handlungsroutinen bleibt zunächst spürbar.

Orte haben in diesem Sinne eine Geschichte, Umwertungen können nachverfolgt und frühere Qualitäten aufgespürt werden. Wenn man sich an Einsteins oben beschriebenen Begriff der „Raumzeit" erinnert (Raum hat ein Alter, siehe S. 37[71]),

---

66 Giddens 1988, S. 111f.
67 Löw 2001, S. 163.
68 Das ehemalige Benediktinerinnen-Kloster wurde im Lauf der Geschichte verschiedenartig genutzt: als Sanatorium, Kloster und Altenheim, heute als Hotel. Zur Geschichte des Klosters: Struck, Wolf-Heino: *Johannisberg im Rheingau. Eine Kloster-, Dorf-, Schloss- und Weinchronik*, Frankfurt/M.: Kramer 1977, besonders S. 257ff. (zum Sanatorium) und S. 273 (zum Kloster) sowie im Internet unter www.rheingau.de/sehenswertes/klosterjohannisberg (03.11.2009).
69 www.kloster-johannisberg.info/ (03.11.2009).
70 Wagner, Manfred: „Bühnenbild und Musik – die andere Seite des Themas", in: Krones 2003, S. 29-34, hier S. 32.
71 Man könnte weiterführen: also haben Orte auch eine Geschichte …

so erscheint die neuere Entwicklung, von einer spezifischen Biographie von Städten zu sprechen und diese zu erforschen[72], als einleuchtende Folge des Umdenkens nach der Neubewertung des physikalischen Raumbegriffs durch die Relativitätstheorie.

Konventionalisierte Raumgebilde | Wie angemessene Handlungsmuster, so lassen sich bestimmten Orten auch konventionalisierte Erscheinungsformen zuordnen. Sie lassen sich, im Sinne Simmels, als „Projektionen sozialer Formen" bzw. „räumliche Gebilde" beschreiben[73] und schlagen sich vor allem in der Architektur nieder. So ist die konventionelle Erscheinungsform einer Kirche funktional bedingt anders als die eines Wohnhauses oder eines Konzertsaales. Wenn die bauliche Beschaffenheit eines Ortes noch der Konvention einer früheren Nutzung entspricht oder einfach vom gespeicherten Muster abweicht, kann dies zu Einordnungsproblemen bezüglich des angemessenen Verhaltens führen. Joseph Roth schildert solche konventionalisierten Raumgebilde und seine Verwirrung angesichts einer sich verändernden Formsprache in einem Feuilleton aus dem Jahr 1929 (vgl. Kap. *„Form follows function"?*, S. 213). Stärker als das räumliche Arrangement strukturiert allerdings das Wissen um die (sozial verabredete) Definition eines bestimmten Ortes das Handeln vor.

Zum Begriff des Raumes

Laufbahn und Siedlung | Von Raum sprechen wir im normalen Sprachgebrauch meistens, wenn wir Dinge abmessen, denken oder bestimmen wollen (Zwischenraum, Weltraum, Zeitraum, Raumplan usf.). Dabei nähert sich die heutige Wortbedeutung sehr dem lateinischen, zwischenräumlichen *spatium* (Raum, Strecke, aber auch Lauf- oder Rennbahn[74]) an, von dem z.B. das englische *space* oder das französische *espace* abgeleitet sind, obgleich die etymologische Herkunft des Wortes *Raum* in den germanischen Sprachen ursprünglich stark territorial geprägt ist (von mhd. rûmen: freien Raum schaffen, roden eines Platzes[75]):

> *„so weist all dieses auf* raum *als einen uralten ausdruck der ansiedler hin, der zunächst die handlung des rodens und frei machens einer wildnis für einen siedelplatz bezeichnete* […]*, dann den so gewonnenen siedelplatz selbst"*[76]

In diesem Sinne beschreibt der Raumbegriff zunächst etwas Abstrakteres als der Ort. Wenn der Begriff des Ortes also etwas Punktuelles evoziert, verbindet unser

---

72 Vgl. Löw/Steets/Stoetzer 2007, S. 37.
73 Simmel, Georg: „Über räumliche Projektionen sozialer Formen (1903)", in: Dünne/Günzel 2006, S. 304-315.
74 Menge, Hermann: *Langenscheidts Großwörterbuch Latein, Teil 1. Lateinisch-deutsch, unter Berücksichtigung der Etymologie*, Berlin: Langenscheidt 2001, S. 709.
75 Lexer, Matthias: *Mittelhochdeutsches Taschenwörterbuch. Mit den Nachträgen von Ulrich Pretzel*, Stuttgart: Hirzel 1992, S. 173. Vgl. auch Dünne/Günzel 2006, S. 9f.
76 Grimm, Jacob/Grimm, Wilhelm: Deutsches Wörterbuch von Jacob und Wilhelm Grimm, 8. Band, bearb. von und unter Leitung von Dr. Moriz Heyne, Leipzig: Hirzel 1893, Sp. 276 (kursiv im Original).

Sprachgebrauch Raum eher mit einer Ausdehnung und Entfernungsbegriffen. Dies ist auch an den verwendeten Präpositionen ablesbar (am Ort, im Raum).

Durchschrittener Raum: parcours | Raum eignen wir uns, so Michel de Certeau, über unsere Wahrnehmung bzw. unser Handeln an. So leitet Certeau seinen Begriff von *espace* (im Gegensatz zu *lieu*) als einem „relationalen Raum der Erfahrung"[77] aus einer Raumpraxis, dem Laufen durch die Straßen der Stadt, ab.[78] Dem Raum ist hier der *parcours* („Wegstrecke") als anschaulicher Ausdruck zugeordnet, der im Gegensatz zur *carte* aus einer Reihe von Handlungsschilderungen besteht:

> „Diese Beschreibungen bestehen hauptsächlich aus *Handlungs*-Anweisungen und zeigen, ‚wie man jedes Zimmer findet‘."[79]

Weg- bzw. Reisebeschreibungen wären folglich das Medium des Raumes. Der Raum würde also in diesem Sinne im Gegensatz zum Ort erzählt.[80] So schreibt de Certeau: „die Erzeugung eines Raumes scheint immer durch eine Bewegung bedingt zu sein, die ihn mit einer Geschichte verbindet."[81]

Alte Karten enthalten oft noch narrative Elemente, wie z.B. kleine Schiffe oder Meerestiere, die von der Handlung des Durchschreitens erzählen. Manche ähneln aber auch in ihrer Struktur noch stark Skizzen und Wegbeschreibungen, wie z.B. die ersten Straßenkarten Englands (siehe Abb. 4 im Farbteil) oder Seidenkarten des Kaisers von China, die zusammen mit einer Wegbeschreibung in einer Schatulle aufbewahrt wurden.[82]

Synthese | In der Handlung des Durchschreitens konstituiert sich der Raum in unserer Vorstellung – er ist in diesem Sinne folglich nicht abtrennbar vom Menschen zu denken:

> „Ist die Rede von Mensch und Raum, dann hört sich dies an, als stünde der Mensch auf der einen und der Raum auf der anderen Seite. Doch der Raum ist kein Gegenüber für den Menschen. Er ist weder ein äußerer Ge-

---

77 Dünne/Günzel 2006, S. 300.
78 Bei Certeau ist dieser Raumpraxis „von unten" eine strategische Raumkontrolle „von oben" entgegengestellt (Dünne/Günzel 2006, S. 299). Dabei verwendet er im französischen Original das deutsche Wort „Wandersmann", um diese Raumpraxis „von unten" zu beschreiben (Dünne/Günzel 2006, S. 343). Certeaus Ansicht widerspricht Geppert, Jensen und Weinhold, die für ihren Sammelband *Ortsgespräche* die Kernthese formulieren: „Räume strukturieren Kommunikation, werden aber selbst erst kommunikativ geschaffen." (Geppert/Jensen/Weinhold: „Verräumlichung", in: Dies. 2005, S. 15-49, hier S. 18).
79 Certeau 1980, in: Dünne/Günzel, S. 347 (Hervorhebungen im Original).
80 Ebd., S. 351. Certeau steht mit diese Ansicht quer zu Schlögel, der schreibt: „Man kann einen Raum nicht erzählen, sondern nur zur Anschauung bringen" (Schlögel 2003, S. 49). Als Mittel hierfür nennt er die „Ortsbeschreibung" (Ebd.).
81 Ebd., S. 346.
82 Barber, Peter (Hg.): *Das Buch der Karten. Meilensteine der Kartografie aus drei Jahrtausenden*, Darmstadt: Primus 2006, S. 210f. Auch Reiseführer wie z.B. die DuMont-*visuell*-Reihe nehmen durch ihre dreidimensionalen Darstellungen ebenfalls Elemente des *parcours* wieder auf, beispielsweise: Latzke, Hans E.: *Ägypten*, Köln: DuMont 2000 (=DuMont visuell), S. 354.

genstand noch ein inneres Erlebnis. Es gibt nicht den Menschen und außerdem *Raum*."[83]

Der Begriff des Handelns ist dabei nicht in Abgrenzung von der ordnenden Tätigkeit des Verstandes zu sehen, sondern das Denken ist dem Handeln zugehörig – so lassen sich auch Räume, die nicht oder nur bedingt der sinnlichen Wahrnehmung zugänglich sind (wie beispielsweise der Weltraum oder der Zeitraum) quasi als „Denkräume" erschließen bzw. „durchschreiten".[84] Auch die Annahme eines absoluten Raumes nach Descartes' könnte man in diesem Sinne als Konstruktion eines Denkraumes betrachten.[85] Der Normalfall der Konstitution von Raum ist jedoch als ein Zusammenspiel aus Wahrnehmung, Denken und Handeln vorstellbar.

Neben der Konstituierung in der Vorstellung ist Raumerfahrung aber auch gleichzeitig Bedingung für unsere Vorstellungen, wie Simmel in Bezug auf Kant (der Raum als eine Bedingung *a priori* versteht) hervorhebt:

> „der Raum hat alle Realität, von der innerhalb unserer Erkenntnis überhaupt die Rede sein kann, eben dadurch, daß er die Form und Bedingung unserer empirischen Vorstellung ist. Die räumlichen Dinge sind dadurch und insoweit real, als sie unsere Erfahrung bilden."[86]

Raum ist also einerseits Voraussetzung für unser Handeln/die Erfahrung, andererseits ist Handeln/Erfahrung die Voraussetzung für das Verständnis von Raum. Dieses scheinbar paradoxe Verhältnis könnte man mit einem Begriff von Giddens als Zweiheit bzw. „Dualität" fassen. Im Gegensatz zum „Dualismus", der eine Gegensätzlichkeit von zwei Dingen beschreibt, verbindet der Begriff „Dualität", den Giddens an den Begriffen *Handeln* und *Struktur* herleitet, zwei Dinge in ihrer Zweiheit.[87]

Die Herstellung von Räumen über das Zusammenspiel von Wahrnehmung, Handeln und Denken wird von Löw als „Syntheseleistung" bezeichnet: „Das heißt, über Wahrnehmungs-, Vorstellungs- und Erinnerungsprozesse werden soziale Güter und Menschen/Lebewesen zu Räumen zusammengefasst."[88] Im Zuge dieses Denkens setzt sich statt des Begriffs eines singulären Raums eine Pluralität räumlicher Bezüge durch: „Das räumliche Prinzip des Nebeneinander hat damit gewissermaßen

---

83 Heidegger, Martin: „Bauen, Wohnen, Denken", in: Martin Heidegger (Hg.), *Vorträge und Aufsätze*, Pfullingen: Neske 1954, S. 145-162, hier S. 157 (Hervorhebung im Original).

84 Man beachte hier den häufigen Gebrauch von räumlichen Metaphern in unserer Sprache, um Tätigkeiten des Verstandes oder der kommunikativen Auseinandersetzung zu beschreiben (Standpunkt, definieren (=begrenzen), sich annähern, abgrenzen, einschränken usw.).

85 Die räumlichen Metaphern des Internet weisen ebenfalls auf „gedachte" Räume hin: *cyberspace*, *chatroom*. Auch der Begriff der *website* hat im Englischen einen situativen Anklang (auch wenn *website* gerne mit Web-„Seite" ins Deutsche übersetzt wird). Zu virtuellen Räumen s. auch: Löw/Steets/Stoetzer 2007, S. 78-92.

86 Simmel, Georg: *Kant. Sechzehn Vorlesungen gehalten an der Berliner Universität*, Schutterwald: Fischer 2006 [erste Veröffentlichung 1904], S. 81.

87 Giddens 1988, S. 77ff.

88 Löw/Steets/Stoetzer 2007, S. 64. Güter und Personen werden hier als gleichwertig aufgefasst; beide könnten folglich im Sinne Newtons als „Körper" verstanden werden.

den Raum selbst erfasst, der nun nicht mehr im Singular, sondern nur noch im Plural zu denken ist"[89], so Schroer.

Phänomenologisches | Aus der Herstellung von Räumen über Denken und Handeln folgt, dass die Konstruktion eines Raumes als „Syntheseleistung" etwas Subjektives ist. Eine ähnliche Vorstellung von Raum entwickelte auch die Phänomenologie, deren bekannteste Vertreter Edmund Husserl (1859-1938) und Martin Heidegger (1889-1976) sind. Sie versuchen, das Wesen der Erkenntnis (und folglich auch den Raumbegriff) aus der Erfahrung des Menschen herzuleiten. Deshalb sehen sie den Raum nicht als physikalischen, sondern als Erlebensraum an und ziehen den Begriff der „Räumlichkeit" dem des „Raums" vor. Innen und Außen bilden demnach auf der Wahrnehmungsebene eine Einheit und werden durch die Konstruktion eines geometrischen (euklidischen) Raumes künstlich getrennt.

Als Beispiel für den bildlichen Ausdruck des Erlebensraumes bzw. der wahrgenommenen Räumlichkeit führt Maurice Merleau-Ponty (1908-1961) die Malerei Paul Cézannes an (siehe Abb. 5 im Farbteil). Dieser zeige

> „in seinen Stilleben und Landschaftsbildern zwar tiefenräumlich arrangierte Objekte, diese jedoch in Ansichten, welche von den Regeln zentralperspektivischer Darstellung abweichen: Teller etwa, die in Schrägaufsicht abgebildet sein müssten, werden fast kreisförmig dargestellt; so, wie sich dieser Teller dem Menschen in der Wahrnehmung darbietet, der eben nicht von einem elliptischen, sondern von einem runden Teller isst."[90]

Merleau-Ponty bezeichnet diese Sicht auf die Gegenstände als „erlebte Perspektive":

> „Die Forschungen Cézannes auf dem Gebiet der Perspektive entdeckten durch ihre Treue zu den Phänomenen etwas, das die Psychologie erst in jüngster Zeit auf den Begriff zu bringen vermochte. Die erlebte Perspektive, diejenige unserer Wahrnehmung, ist nicht die geometrische oder photographische Perspektive: In der Wahrnehmung erscheinen die nahen Gegenstände kleiner, die fernen größer als auf einer Photographie, weshalb zum Beispiel ein heranbrausender Zug im Kino sehr viel schneller an Größe zunimmt und dadurch auch viel schneller auf uns zuzufahren scheint als ein wirklicher Zug unter denselben Bedingungen. Zu behaupten, ein von der Seite betrachteter Kreis sähe wie eine Ellipse aus, heißt an die Stelle der wirklichen Wahrnehmung das Schema dessen zu setzten, was wir sehen müssten, wenn wir eine Kamera wären: In Wirklichkeit sehen wir eine Gestalt, die um die Ellipse herum oszilliert, ohne eine Ellipse zu *sein*."[91]

---

89   Schroer: „Bringing space back in"', in: Döring/Thielmann 2008, S. 131.
90   Dünne/Günzel 2006, S. 114f. Stephan Günzel bezieht sich auf: Merleau-Ponty, Maurice: „Der Zweifel Cézannes (1945)", in: Ders., *Das Auge und der Geist. Philosophische Essays,* hg. von Christian Bermes, Hamburg: Meiner 2003, S. 3-27.
91   Merleau-Ponty, Maurice: „Der Zweifel Cézannes", in: Ders. 2003, S. 3-27, hier S. 10.

Die Räumlichkeit der Wahrnehmung unterscheidet sich also von der geometrischen Konstruktion eines euklidischen Raumes, der von der komplexen Erscheinung abstrahiert und diese auf einfache Gebilde reduziert.

Dass Wahrnehmung nicht nur natürlich, sondern auch geschichtlich bedingt ist und z.B. gesellschaftliche Umwälzungen ihren Ausdruck in einer Veränderung der Wahrnehmung finden können, zeigt Walter Benjamin auf.[92] Im Hinblick auf das 20. Jahrhundert führt er z.B. die technischen Innovationen des Films an:

> „Unsere Kneipen und Großstadtstraßen, unsere Büros und möblierten Zimmer, unsere Bahnhöfe und Fabriken schienen uns hoffnungslos einzuschließen. Da kam der Film und hat diese Kerkerwelt mit dem Dynamit der Zehntelsekunden gesprengt, so daß wir nun zwischen ihren weitverstreuten Trümmern gelassen abenteuerliche Reisen unternehmen. Unter der Großaufnahme dehnt sich der Raum, unter der Zeitlupe die Bewegung. "[93]

Eine ähnlich umwälzende Auswirkung auf die Wahrnehmung müssen technischen Errungenschaften wie dem Vergrößerungsglas, dem Fernrohr oder der ersten fotografischen Abbildung der Erde aus dem Weltraum zugeschrieben werden. Dass auch eine akustische Neuerung, nämlich das Stethoskop, die (hörende) Wahrnehmung veränderte, zeigte John M. Picker bei der Tagung *Hearing Modern History* anhand literarischer Werke.[94] Es scheint kaum vorstellbar, dass diese technische Entwicklung, deren Einfluss auf literarische Sprachformen Picker einleuchtend verdeutlichte, nicht auch Veränderungen im musikalischen Idiom bewirkt haben sollte.

Wahrnehmung und Gegenstände bzw. Körper sind laut Merleau-Ponty nicht voneinander zu trennen:

> „Wir *sehen* die Tiefe, das Samtene, die Weichheit, die Härte der Gegenstände
> – Cézanne meinte sogar: ihren Duft."[95]

Wie sich die Erscheinung ein und derselben Landschaft unter phänomenologischem Gesichtspunkt ändern kann, beschreibt der Sozialpsychologe Kurt Lewin eindrucksvoll im Text „Kriegslandschaft", der seine Erfahrungen als Soldat der Feldartillerie im Ersten Weltkrieg reflektiert:

> „Auch die relativ großen, nicht durch Gräben zerstückelten Flächen, die man an und für sich sehr wohl als Feld oder Wald bezeichnen könnte, sind nicht Felder oder Wälder im Sinne der gewöhnlichen Friedenslandschaft; ebensowenig behalten die Dörfer den ihnen sonst zukommenden Charakter. Sondern all diese Dinge sind reine Gefechtsdinge geworden; ihre wesentlichen Eigenschaften sind die Möglichkeit oder Unmöglichkeit, sie vom Feinde aus

---

92 Benjamin, Walter: *Das Kunstwerk im Zeitalter seiner technischen Reproduzierbarkeit und weitere Dokumente, mit einem Kommentar von Detlev Schöttker*, Frankfurt/M.: Suhrkamp 2007, S. 15f.
93 Ebd., S. 40.
94 Picker, John M.: *Aural Anxieties and the Advent of Modernity*, Vortrag beim *9. Blankensee-Colloquium*, 19. Juni 2010.
95 Merleau-Ponty, S. 12 (Hervorhebung im Original).

einzusehen, der Schutz, den sie gegen Infanterie- und Artilleriewirkung geben, ihre Eigenschaften als Schußfeld, die Anzahl und Verteilung besonders geschützter und besonders gefährdeter Stellen, die Häufigkeit, mit der der Feind sie zu bestreichen pflegt, und die Art und Intensität ihrer augenblicklichen Gefährdung. […] Die phänomenologischen Unterschiede eines zerschossenen Dorfes innerhalb und außerhalb der Stellung machen sich auch darin bemerkbar, daß das Unangenehme der Zerstörung bei dem Dorfe in der Stellung aufgehoben oder doch stark herabgesetzt ist; es ist eben ein Gefechtsgebilde und kein zerstörter Friedensgegenstand."[96]

Auch Konzert- und Theaterräume können Menschen ganz unterschiedlich erscheinen. So erleben professionelle Musikerinnen und Musiker Räumlichkeit anders als der Darsteller, die Zuschauerin oder die zur Sicherheit anwesenden Einsatzkräfte der Feuerwehr. Obgleich sie sich alle zur selben Zeit im selben (physikalischen) Raum aufhalten, kann sich ihr Erlebensraum erheblich unterscheiden.

Raumorganisation (spacing) | Neben der Subjektivität der Räumlichkeit folgt aus der Herstellbarkeit von Räumen auch deren Gestaltbarkeit, sowohl als Denkmodell in der Vorstellung (wie es beispielsweise Architekten und Landschaftsplaner jeden Tag von neuem entwerfen) als auch real. Raum wird vom Menschen konstituiert und ist in diesem Sinne ein Produkt. Henri Lefebvre beschreibt die *Produktion des Raums* als Dreiheit:

> „a) *Die räumliche Praxis [pratique spatiale]*: Sie umfasst die Produktion und Reproduktion, spezielle Orte und Gesamträume, die jeder sozialen Formation eigen sind, und sicher die Kontinuität in einem relativen Zusammenhalt. […]
>
> b) *Die Raumrepräsentationen [représentations de l'espace]*: Sie sind mit den Produktionsverhältnissen verbunden, mit der ‚Ordnung', die sie durchsetzen, und folglich auch mit Kenntnissen, Zeichen, Codes und ‚frontalen' Beziehungen.
>
> c) *Die Repräsentationsräume [espaces de représentation]*: Sie weisen […] komplexe Symbolisierungen auf, sind mit der verborgenen und unterirdischen Seite des sozialen Lebens, aber auch mit der Kunst verbunden […]."[97]

Die Raumrepräsentationen entsprechen dem „Raum der Wissenschaftler, der Raumplaner", die Repräsentationsräume dem „Raum der ‚Bewohner' und ‚Benutzer'"[98], aber auch der Künstlerinnen und Künstler.

Die Gestaltbarkeit realer Räume zeigt sich in der Positionierung bzw. Organisation von Körpern. Wenn Giddens in diesem Zusammenhang vom „aktive(n) Organisieren des Raums (*spacing*)"[99] spricht, so meint er damit vor allem ein gemeinschaftlich vorgenommenes Organisieren, dessen Grundbedingung die erfolg-

---

96 Lewin, Kurt: „Kriegslandschaft (1917)", in: Dünne/Günzel 2006, S. 129-139, hier S. 134f.
97 Lefebvre: „Die Produktion des Raums (1974)", in: Dünne/Günzel 2006, S. 330-340, hier S. 333.
98 Ebd., S. 336.
99 Giddens 1988, S. 129.

reiche Kommunikation der Akteure ist. Der physische Raum („Naturraum") wäre in diesem Fall als Projektionsfläche bzw. „Rohstoff" (Lefebvre[100]) des sozialen Raumes zu verstehen. Löw weist dagegen darauf hin, dass Mensch und Raum nicht voneinander getrennt zu denken sind, sondern Menschen in die Raumkonstruktion miteinbezogen werden müssen. Sie hebt in ihrer Raumsoziologie somit die Trennung von physischem und sozialem Raum auf und ersetzt diese durch einen einheitlichen sozialen Interaktionsraum (siehe *(An)Ordnungen*, S. 50). Raum verwendet sie ausschließlich „als eine begriffliche Abstraktion, die den Konstitutionsprozess benennt"[101].

Es erscheint einleuchtend, dass *spacing* immer auch mit Macht zu tun hat, (wie beispielsweise Schroer feststellt).[102] Wenn man Raum im Sinne von Territorium, also Landraum versteht (z.B. mit Schlögel oder Simmel), so kann Gestaltbarkeit und Organisieren genauso Ausbeutung von Ressourcen bedeuten. Die Kriege von Jahrhunderten, die um die Aneignung fremden Territoriums geführt wurden (und werden), sind eindrückliche geschichtliche Zeugen für den Zusammenhang von *spacing* und Macht. Löw weist in ihrer *Raumsoziologie* auch auf die geschlechtsspezifische Dimension des *spacing* und die damit verbundenen Machtverhältnisse hin.[103]

Ein häufig angeführtes Beispiel für *spacing*, worin sich eine geänderte Sozial(und Macht-)struktur ablesen lässt, ist die Einrichtung von Unterrichtsräumen.[104] So war zur Zeit Franz Schuberts, der 1814 eine Ausbildung zum Schulgehilfen absolvierte, noch das Katheder und damit der erhöhte Standpunkt des Lehrers üblich. Die räumliche Situation der Schüler war in Bankreihen arrangiert. Die herausgehobene Position des Lehrers machte angesichts der Klassengröße von z.T. über 50 Schülern nicht nur organisatorisch Sinn, sondern hob auch die Machtposition des Lehrers hervor. Im Laufe des 20. Jahrhunderts wurde zunächst die erhöhte Position des Lehrerpultes abgeschafft sowie dessen Erscheinungsform mehr und mehr den Schülertischen angenähert. In den 1970er- und 1980er-Jahren kamen dann zunehmend Sitzordnungen auf, in denen der Lehrertisch Anschluss an die Schüler- und Schülerinnen-Tischreihen fand und gelegentlich sogar die frontale Orientierung auf den Lehrertisch hin aufgegeben wurde. Das räumliche Arrangement des Klassenzimmers zeigt eine veränderte gesellschaftliche Auffassung von Unterricht und Lernen.[105] (siehe Abb. 6 im Farbteil)

---

100 Lefebvre, Henri: „Die Produktion des Raums (1974)", in: Dünne/Günzel 2006, S. 330-340, hier S. 330.

101 Löw 2001, S. 131. Natürlich ist Raum als Wort der Sprache immer zunächst einmal eine begriffliche Abstraktion.

102 Schroer 2006, S. 114.

103 Löw 2001, S. 253.

104 Auch Giddens, Schroer und Löw dienen Unterrichtsräume als Beispiel zur Verdeutlichung von Machtstrukturen bzw. Handlungsroutinen: Giddens 1988, S. 188ff.; Schroer 2006, S. 176; Löw 2001, S. 231ff.

105 Zur Kulturgeschichte der Schule mit Abbildungen räumlicher Arrangements: Schiffler, Horst/ Winkeler, Rolf: *Tausend Jahre Schule. Eine Kulturgeschichte des Lernens in Bildern*, Stuttgart: Belser 1985.

Dualität von Raum | Dass Raum im Kontext eines relationalen Raummodells als gestaltbar betrachtet werden kann, betont „die kreativen Möglichkeiten und die Chancen der Akteure bei der Konstituierung, dem Aufbau und der Gestaltung von Räumen"[106]. Dass sich nach Giddens soziale Formationen über Prägungen im Raum abbilden, ist jedoch nur ein Aspekt des Verhältnisses Mensch → Raum. Es ist insofern scheinbar paradox, als die räumliche Formation, so Schroer, auch wieder auf das Handeln der Menschen zurückwirkt (Raum → Mensch):

> „So richtig die Betonung der aktiven Hervorbringung sozialer Räume ist, so notwendig ist es für eine umfassende Raumanalyse, die bei dieser Einsicht nicht stehen bleiben will, auf die Wirksamkeit räumlicher Arrangements hinzuweisen, wenn sich diese erst einmal geformt haben."[107]

Dieses Verhältnis der gegenseitigen Beeinflussung wurde auch schon für die Routinen des Ortes bzw. der Institutionen festgestellt.

Im doppelseitigen Sinne von Raumwirkung und Raumkonstruktion hatte schon Georg Simmel (1858-1918) sein Raummodell angelegt. Er begreift Raum als Projektion/Abbild sozialer Interaktion, andererseits geht er auch von einer Rückwirkung des konstruierten Raumes auf soziale (und damit also auch auf musikalische) Prozesse aus.[108] Deshalb kann (bzw. sollte) die Analyse von räumlichen Situationen im Anschluss an Simmel (aber auch Schroer) auf zweierlei Wegen erfolgen. Zum einen kann man versuchen, über räumliche Gebilde Rückschlüsse auf die soziale Struktur einer Gesellschaft bzw. das Handeln von Menschen in der Gesellschaft zu ziehen, die diese Räume gestaltet hat. Dabei können sich Machtverhältnisse zeigen, die auch Einblicke in die funktionale Einbettung von Musik ermöglichen (vgl. Kap. *Handlungsräume: Routinen und spacing*, S. 65).

Andererseits beeinflusst aber auch die vorgefundene räumliche Situation (von der Musik ein Teil sein kann, z.B. als Hintergrundmusik im Café) das Fühlen und Handeln der Menschen:

> „Raum prägt unser Verhalten und drückt ihm seinen Stempel auf. Räume helfen zu entscheiden, in welcher Situation wir uns befinden."[109]

Dabei sind positive Eigenschaften von Räumen nicht immer leicht ersichtlich und vor allem selten verallgemeinerbar. Gelegentlich verschätzen sich Planer deshalb in ihren Entwürfen. Die von ihnen geplante Raumordnung hat dann nicht die erhoffte Wirkung auf die Nutzerinnen und Nutzer. Hielt man z.B. in den 1970er-Jahren noch Großraumbüros für ein arbeitsförderliches Raumarrangement, so werden heute wieder kleine, abgetrennte Büroeinheiten entworfen, in denen sich individuell

---

106 Schroer 1992, S. 175.
107 Schroer 1992, S. 175.
108 Simmel 1903. In: Dünne/Günzel 2006, S. 304.
109 Schroer 1992, S. 176.

angepasste Arbeitssituationen herstellen lassen.[110] Der Raum prägt bei diesem Modell also den Menschen, aber der Mensch prägt auch den Raum. Es besteht somit eine ständige Interaktion (Raum ↔ Mensch), die mithilfe der oben beschriebenen, doppelseitigen Analysestrategie methodisch berücksichtigt werden kann. Wie Menschen auf Räume reagieren, lässt sich über Dokumente wie Briefe, Tagebücher oder Interviews, aber auch über Kompositionen herausfinden (siehe Kap. *Raum und musikalisches Handeln*, S. 60).

(An)Ordnungen | Das oben beschriebene Raummodell bleibt insofern dualistisch, als es von einer Zweiteilung des sozialen und des physischen (Natur-)Raumes ausgeht, die sich zwar gegenseitig durchdringen, aber doch getrennt bleiben. Dagegen setzt Löw in ihrer *Raumsoziologie*[111] einen einzigen „sozialen Interaktionsraum, der sich dynamisch aus den Beziehungen zwischen Akteuren und Gegenständen konstituiert."[112]

Ausgehend von Giddens Begriff der „Dualität" (siehe S. 49) entwickelt sie so eine Sozialtheorie, die sich „endgültig aus der Bindung an das physische Substrat des Naturraums gelöst hat."[113]

Hierzu führt Löw den Begriff der „(An)Ordnung" ein, der die Zweiheit von Raum (Ordnung[Struktur], Anordnen[Handeln]) in einem Begriff vereint (Ordnung[Struktur] + Anordnung[Handeln] = (An)Ordnung):

> „Mit dem Begriff der (An)Ordnung wird betont, dass Räume erstens auf der Praxis des Anordnens (der Leistung der wahrnehmend-synthetisierenden Verknüpfung sowie auch auf einer Platzierungspraxis) basieren, Räume aber zweitens auch eine gesellschaftliche Ordnung vorgeben."[114]

Die durch den morphologischen Kunstgriff der „(An)Ordnung" beschriebene Raumvorstellung führt über die Betonung der Relationenbildung zum Begriff eines dynamischen, „relationalen Raummodells"[115]:

> „Um nicht zwei verschiedene Realitäten, Raum und Handeln, zu unterstellen […], verstehe [ich] […] Raum als eine relationale (An)Ordnung von Körpern, welche unaufhörlich in Bewegung sind, wodurch sich die (An)Ordnung selbst ständig verändert. […] Durch den Begriff der (An)Ordnung wird betont, daß Räumen sowohl eine Ordnungsdimension, die auf gesellschaftliche Strukturen

---

110 Wenn das Verhältnis von Raum und Handeln vollständig gestört ist, Räume also aufgrund ihrer Beschaffenheit nicht nutzbar sind, so sprechen Architekten von „toten Räumen". Meist haben sie einen Grundriss mit äußerst ungünstigen Winkeln oder sind sehr niedrig (Dachschrägen). Der Architekt Daniel Libeskind hat solche „toten", handlungslosen Räume als „Erinnerungsräume" (Innenhöfe ohne Zugang mit extrem engwinkeligem Grundriss) in den Entwurf des Jüdischen Museums Berlin eingefügt und ihnen auf diese Weise eine neue Funktion zugewiesen.
111 Löw 2001.
112 Dünne/Günzel 2006, S. 302.
113 Ebd.
114 Löw/Steets/Stoetzer 2007, S. 63.
115 Ebd., S. 66.

verweist, als auch eine Handlungsdimension, das heißt der Prozeß des An-
ordnens, innewohnt."[116]

Auch wenn man dem Raummodell Löws folgt und die dynamischen Beziehungen
in einem einzigen Interaktionsraum untersuchen will, bietet sich eine Vorgehensweise an, die wechselweise die Perspektive der Akteure (das Anordnen) sowie die
Ordnungsdimension in den Blick nimmt. Methodisch bleibt also auch hier ein Per-
spektivwechsel sinnvoll, da nur auf diese Weise Relationen umfassend untersucht
werden können.

Zwischenüberlegungen

Wenn man mit Einstein davon spricht, dass der Raum relativ ist, so kann man dies,
im umgangssprachlichen Sinne gedeutet, auch für den Raumbegriff behaupten –
zahlreiche Modelle existieren parallel bzw. konkurrieren miteinander. Letztlich kann
und soll es hier auch nicht darum gehen, den einen („richtigen") Raumbegriff zu
definieren. Vielmehr ist an Schroer anschließend die Frage der Funktionalität zu
stellen, d.h. welches Raumkonzept sich für den Untersuchungsgegenstand am besten
eignet. Für das Musikleben der Weimarer Republik erscheinen zum einen soziologische Ansätze zur Analyse von Raumstrukturen aufschlussreich, da Musizieren als
Handlung und Kommunikation aufgefasst werden kann. Aber auch phänomenologi-
sche Ansätze können weiterverfolgt werden, hat doch Musik einen großen Einfluss
auf die subjektive Wahrnehmung eines Raumes und somit auf seine „Räumlichkeit"
(und umgekehrt). Letztlich haben aber auch rein physikalische Raumeigenschaften
im Sinne der Akustik einen Einfluss auf das Musizieren, Komponieren und die Rezeption von Musik. Durch die Möglichkeit, verschiedene Perspektiven einzunehmen
und die Zusammenhänge zwischen musikalisch-kulturellem Handeln und Raum-
konstruktionen in ihrer Vielfalt zu untersuchen, wird der größte Erkenntnisgewinn
zu erwarten sein. Im folgenden Kapitel werden solche Zusammenhänge detaillierter betrachtet.

Als sinnvoll für den Untersuchungskontext erscheinen folgende nähere Bestim-
mungen der Begriffe *Ort* und *Raum*, die dieser Arbeit zugrunde liegen sollen:

Der *Ort* ist ein aus kommunikativer Verabredung heraus bestimmter Punkt im
Raum. In diesem Sinne handelt es sich beispielsweise beim *Kabarett der Komiker*
oder dem *Café Schön* um Orte. Sie haben eine Geschichte.

An den bestimmten Orten finden sich subjektiv erschließbare *Räume*. Diese werden durch aktives Organisieren der Menschen (Musikerinnen, Zuhörer etc.) konstituiert. Gleichzeitig wirken diese Räume aber auch wieder auf das Leben und die
Form der sozialen Gruppen zurück, die sich durch diese Räume bewegen, so dass
sich ein Interaktionsverhältnis ergibt. Der Musik bzw. dem Musizieren kann bei der
Konstitution von Räumen eine entscheidende Rolle zukommen.

---

116 Löw 2001, S. 131.

Das oben beschriebene Interaktionsverhältnis kann durch die Möglichkeit des Perspektivwechsels untersucht werden. Grundlage für die Untersuchung von Orten und Räumen ist die Auswertung und Analyse vielfältiger Dokumente, die (im Sinne Certeaus) sowohl *cartes* als auch *parcours*, also Beschreibungen, Notentexte, Aufnahmen, Bilder, Briefe, Kritiken usw. mit einbezieht.

Musik – Raum – Musikalische Handlungsräume

„Space is the everywhere of modern thought. It is the flesh that flatters the bones of theory. It is an all-purpose nostrum to be applied whenever things look sticky. It is an invocation which suggests that the writer is right on without her having to give too much away. It is flexibility as explanation: a term ready and waiting in the wings to perform that song-and-dance act one more time."[117]

Mike Crang und Nigel Thrift stellen zu Beginn ihrer Einleitung zum Sammelband *Thinking Space* nicht nur den vielfältigen und anscheinend inflationären Gebrauch des Begriffes „Raum" quer durch die verschiedenen Disziplinen heraus. Problematisch erscheint ihnen vielmehr, dass die unterschiedlichen Bedeutungen, die mit dem Konzept Raum verbunden werden („different disciplines do space differently"[118]), vor ihrer Anwendung nicht hinreichend hinterfragt bzw. erläutert werden. Auch für die Musikwissenschaft stellt Gisela Nauck in ihrer 1997 erschienenen Studie *Musik im Raum – Raum in der Musik* eine verwirrende „Begriffsvielfalt dessen, was […] als Raum bezeichnet wird", sowie „ziemlich bedenkenlose Bedeutungszuweisungen"[119] fest. Mit den vor allem in der englischsprachigen Musikethnologie sowie der Popmusikforschung[120] wie auch der Geographie[121] zuerst für musikalische Phänomene konzeptualisierten soziologischen Raumbegriffen Lefebvres und Pierre Bourdieus sind in den letzten zehn Jahren weitere Aspekte des Begriffs- und Beziehungsfeldes Musik und Raum hinzugekommen.[122] Ich knüpfe mit meiner Arbeit, anschließend an Lefebvre, Giddens und Löw, mit dem Begriff des musikalischen Handelns und dem daraus folgenden Terminus „musikalische Handlungsräume" vor allem an letztere Forschungskonzepte an. Dennoch zeigen sich im Sinne von Lefebvres Raumrepräsentationen (*représentations de l'espace*) bzw. Repräsentationsräumen (*espaces de représentation*) und der dadurch gegebenen symboli-

---

117 Crang, Mike/Thrift, Nigel: „Introduction", in: Mike Crang (Hg.), *Thinking Space*, Abingdon: Routledge 2000, S. 1-30, hier S. 1.
118 Ebd.
119 Nauck, Gisela: *Musik im Raum – Raum in der Musik. Ein Beitrag zur Geschichte der seriellen Musik*, Stuttgart: Franz Steiner 1997, S. 22.
120 Z.B. Finnegan, Ruth: *The hidden musicians. Musik-making in an English town*, Middletown: Wesleyan 1989; Cohen, Sara: *Rock Culture in Liverpool. Popular Music in the Making*, Oxford: Clarendon 1991; Stokes, Martin (Hg.): *Ethnicity, Identity and Music. The Musical Construction of Place*, Oxford/Providence: Berg 1994.
121 Z.B. Leyshon, Andrew/Matless, David/Revill, George: *The Place of Music*, New York: Guilford 1998; Connell, John/Gibson, Chris: *Sound Tracks. Popular music, identity and place*, London: Routledge 2003.
122 Nauck bezog die hier erwähnten, zum Zeitpunkt der Veröffentlichung ihrer Arbeit bereits erschienenen Studien nicht in ihre Konzeptualisierung musikalischer Räume mit ein. Dies ist angesichts ihres Untersuchungsfeldes, der seriellen Musik und dort speziell deren „innerer Verräumlichung" und der daraus folgenden Konzentration auf den „komponierten Raum", erklärlich. Vgl. zur aktuellen deutschsprachigen Forschung Noeske: „Musikwissenschaft", in: Günzel 2009, S. 259-273.

schen Aufladung von Räumen auch Überschneidungen zu anderen, akustischen wie musikästhetischen Raumvorstellungen. [123]

Allgemeines zum Zusammenhang von Musik und Raum

> „Seit dem achtzehnten Jahrhundert gilt es als gewiss, dass Musik eine Zeitkunst ist, die mit dem Raum nichts zu tun hat. Musikalische Konzeption wird geradezu als Antipode zur Raumkunst Architektur gesehen.“[124]

Oft wird in der Auseinandersetzung mit Musik die besondere zeitliche Gebundenheit dieser Kunstform betont und ein Gegensatz beispielsweise zur bildenden Kunst konstruiert – ein Denken, das auch Annette Landau und Claudia Emmenegger in ihren Vorbemerkungen zu *Musik und Raum. Dimensionen im Gespräch* (2005) thematisieren. Dabei wird meist die Idee einer sinnlichen Erfahrbarkeit von Zeit ins Spiel gebracht, wobei der abstrakte „Gegenstand“ Zeit quasi akustisch materialisiert und so der menschlichen Wahrnehmung zugänglich gemacht wird. Dass Musik nicht nur eine Zeitkunst, sondern auch eine Raumkunst ist, gerät dabei gelegentlich aus dem Blickfeld. Nicht zuletzt ist dies wohl darin begründet, dass Zeit und Raum immer noch als einander ausschließende Kategorien wahrgenommen werden und nicht als einheitlich zu denkende. Helga de la Motte-Haber hat gezeigt, inwiefern diese Trennung von Raum und Zeit und damit einhergehend die Vorstellung von Musik als Zeitkunst in der klassizistischen Ästhetik verwurzelt ist.[125] Dass die Kategorie des Raumes nicht erst mit den Rauminstallationen und Klangskulpturen der 1950er- und 1960er-Jahre (die für de la Motte-Haber einen zentralen Ausgangspunkt ihrer Überlegungen darstellen) in die Musik eindringt, sondern von jeher für diese von Bedeutung war, betont Hartmut Krones:

> „Die Geschichte der Musik ist von ihren Anfängen an nicht zuletzt auch eine Geschichte ihrer Präsentation im Raum, sei es, daß diese Präsentation mit einer theatralischen, choreographischen oder kultischen Handlung auf einer Bühne oder auf einer in anderer Form (ab)gesonderten Örtlichkeit einherging, sei es, daß diese räumliche Präsentation aus musikimmanenten Gründen einer akustischen Wirkung, dynamischen Schattierung oder inhaltlichen Imaginierung wegen geschah.“[126]

---

123 Vgl. hierzu Noeske, Nina: „Musikwissenschaft“, in: Stephan Günzel (Hg.), Raumwissenschaften, Frankfurt/M.: Suhrkamp 2009, S. 259-273.

124 Landau, Annette/Emmenegger, Claudia: „Vorbemerkungen“, in: Annette Landau/Claudia Emmenegger (Hg.), *Musik und Raum. Dimensionen im Gespräch*, Zürich: Chronos 2005, S. 7-10, hier S. 7.

125 De la Motte-Haber, Helga: *Musik und Bildende Kunst. Von der Tonmalerei zur Klangskulptur*, Laaber: Laaber 1990, besonders S. 11-43.

126 Krones 2003, S. 13.

Nicht denkbar wäre allerdings die von Krones beschriebene Präsentation im Raum ohne grundlegende, ebenfalls raumbezogene physikalische Bedingungen, die Musik bzw. Musikwahrnehmung überhaupt erst ermöglichen.

Schall und Körperlichkeit | „Am Anfang ist der Raum, genauer, sind Räume, noch genauer, sind Räume, die mit Luft gefüllt sein müssen. Ist dies gegeben, kann Musik geschehen."[127] Klaus-Ernst Behne beschreibt, in Anlehnung an den Beginn des Evangeliums nach Johannes, den Ausgangspunkt aller Musik bzw. Musikwahrnehmung: Musik lässt sich zunächst auf das Phänomen des Schalls zurückführen.[128] Konstitutiv für den Schall ist die Geschwindigkeit einer Luftdruckveränderung, die sich wellenförmig im Raum ausbreitet, für uns wahrnehmbar wird sie durch das Trommelfell. Die Druckänderungen werden in Nervensignale umgewandelt, die ans Gehirn weitergeleitet werden. Der Schall muss also auf ein „Hindernis" im (Körper-)Raum treffen, um für uns überhaupt wahrnehmbar zu werden. Auch wenn uns die räumliche Gebundenheit von Musik oft nur bedingt bewusst ist, so existiert ein Ton für uns doch nur im Zusammenspiel von Zeit, Raum, Luft und Körper.[129]

Ohne die räumliche Struktur des Körpers wäre Musik also für den Menschen nicht wahrnehmbar. Doch nicht nur die Wahrnehmung von Musik ist körpergebunden, auch das Musizieren ist als Tätigkeit des Körpers räumlich. Dabei wirken Instrumente, wie der Komponist Mauricio Kagel es 2007 in einem Fernsehinterview ausdrückte, als „Verlängerung" des Körpers: Der Geigenbogen stellt quasi eine Verlängerung des Arms dar.[130] Die Koordination zwischen rechts und links, das Zum-Klingen-Bringen des vom Körper getrennten Instruments, die Kontrolle des Klanges über das Ohr – alle diese Tätigkeiten sind Tätigkeiten im Raum. Über den Schallradius der vom Körper ausgehenden Musik (bzw. einer Schallquelle) wird wiederum ein Raum definiert („Klangraum"[131]). Auch dieser kann noch als eine symbolische Verlängerung des Körperraumes aufgefasst werden. Wenn Menschen sich nicht freiwillig dem Schallfeld eines anderen aussetzen (im Gegensatz z.B. zum Konzert, das man normalerweise freiwillig aufsucht), so wird dieses oft als Belästigung empfunden; man fühlt sich in seinem „eigenen" Raum gestört.[132]

---

127 Behne, Klaus-Ernst: „Innere und äussere Räume in musikalischen Kontexten", in: Landau/Emmenegger 2005, S. 65-79, hier S. 65.

128 Im Sinne einer Rückführung auf grundsätzliche physikalische Bedingungen, die Kunst ermöglichen. Gemeint ist nicht das Reduzieren von Kunst auf rein physikalische Vorgänge.

129 Vgl. zur Raumwahrnehmung auch die von James J. Gibson entwickelte Theorie der Wahrnehmung, nach der das Erkennen von Invarianten aus den Umweltinformationen durch minimale Augenbewegungen bereits dazu beiträgt, „daß alle räumliche Information einen fließenden zeitlichen Charakter besitzt", de la Motte-Haber, Helga: „Modelle der musikalischen Wahrnehmung. Psychophysik – Gestalt – Invarianten – Mustererkennen – Neuronale Netze – Sprachmetapher", in: Helga de la Motte-Haber u.a. (Hg.), *Musikpsychologie*, Laaber: Laaber 2005, S. 55-73, hier S. 64.

130 Fuhrmann, Axel: *Die Zeit überwinden. Der Komponist Mauricio Kagel*, 3sat, Samstag, 11. August 2007, 21.40 Uhr (Erstausstrahlung).

131 Nauck 1997, S. 26 sowie Gloy S. 25f.

132 Bei der Deutschen Bahn hat man aufgrund solcher Erfahrungen die Ruhe-Wagen eingeführt, in denen Handys, Musik etc. verboten sind.

Raumklang | In einer normalen (architektonischen) Raumumgebung erreicht der Schall das menschliche Ohr nur zu einem geringfügigen Teil auf direktem Wege, den größeren Anteil hat eine Vielzahl von Reflexionen. Diese Mischung aus Streuung und Gerichtetheit akustischer Phänomene macht den spezifischen Klang eines Raumes, seine „Hörsamkeit" aus. Dabei ist die Anzahl der frühen Reflexionen entscheidend für einen Effekt, den die Wahrnehmungspsychologie unter dem Begriff „Räumlichkeit" fasst: „Je intensiver diese [frühen seitlichen] Reflexionen sind, desto eher verschmilzt z.B. ein Orchesterklang zu einem Ganzen"[133], beschreiben Herbert Bruhn und Dieter Michel das Phänomen. Diese Auffassung von „Räumlichkeit" ist nicht identisch mit dem im vorigen Kapitel erläuterten phänomenologischen Begriff (siehe Kap. *Phänomenologisches*, S. 45). Deshalb sei hier stattdessen das Wort „Raumklang" verwendet, wobei weitere akustische Reflexions-Phänomene ebenfalls unter diesem Begriff zusammengefasst werden können: Die Summe von diffusen Reflexionen in einem Innenraum bezeichnet man als dessen Nachhall. Für Musikaufführungen liegt er im Optimalfall zwischen 1,5 und 2,5 Sekunden (eine Ausnahme bilden Orgelwerke, bei denen normalerweise ein längerer Nachhall bevorzugt wird). Wenn einzelne (gerichtete) Reflexionen besonders stark sind und später als 50 bis 100 ms nach dem Direktschall auftreten, nimmt man diese als Echo wahr.[134]

Der normalerweise unbewusste Einfluss des Raumklangs auf die Selbstwahrnehmung und auf das soziale Miteinander von Menschen gerät insbesondere dann ins Blickfeld, wenn Störungen im gebauten Umfeld auftreten. So können akustische Interferenzen das Handeln und die Befindlichkeit tiefgreifend beeinflussen. Der Physiker Charles Taylor erläutert dies anekdotisch an einem Beispiel:

> „Gewölbte Oberflächen sind immer riskant. Zwei verblüffende Beispiele [...] bildeten der Lesesaal der Bibliothek von Nordengland und die Royal Albert Hall in London. Der Lesesaal hat einen kreisförmigen Grundriß und das Dach ist eine Halbkugel. Die Höhe des Daches wurde unglücklicherweise in Übereinstimmung mit dem Radius des Grundrisses und des Gewölbes gewählt. Die Auskunft wurde exakt in den Mittelpunkt gebaut. Jedes Geräusch, das dort entstand, wurde mit einer Wellenfront abgestrahlt, die im Moment der Reflexion exakt mit der Wölbung übereinstimmte. Die ganze Energie wurde auf die Auskunftsstelle zurückgeworfen, nur ein kleiner Teil absorbiert. Natürlich dauerte es ein bißchen, bis der Schall dort wieder ankam. Der Unglückliche, der ein Buch bestellen wollte, mußte das Gefühl haben, daß eine unsichtbare Person direkt hinter ihm genau dieselbe Bestellung mit denselben Worten eine viertel Sekunde später aufgab [...]. Es war extrem schwer, hier eine Unterhaltung zu führen. [...] Es gibt jede Menge, meist apokryphe Geschichten, die sich um irgendwelche Vorfälle in diesem Raum ranken. Meine Lieblingsgeschichte ist ganz gewiß die folgende [...]: Ein Student, der ungefähr in der Mitte zwischen Zentrum und Wand saß (eine Stelle, an der die Schallwellen auf den diametral gegenüberliegenden Punkt gebündelt werden)

---

133 Bruhn, Herbert/Michel, Dieter: „Hören im Raum", in: Herbert Bruhn (Hg.), *Musikpsychologie. Ein Handbuch*, Reinbek bei Hamburg: Rowohlt Taschenbuch 1993, S. 650-655, hier S. 653f.
134 Vgl. hierzu: de la Motte-Haber, Helga: „Raumakustik", in: Helga de la Motte-Haber u.a. (Hg.), *Lexikon der Systematischen Musikwissenschaft*, Laaber: Laaber 2010, S. 400-403.

machte einem Mädchen, das ihm am selben Tisch gegenüber saß, einen Heiratsantrag – und ein Mädchen, das auf der gegenüberliegenden Seite hinter der Auskunft saß, nahm ihn an!"[135]

Taylor bezeichnet den hier geschilderten Fall als physikalisch möglich, verweist ihn aber dennoch in das Reich der Legenden. Dass in dieser baulichen Situation das Musizieren fast unmöglich wäre, versteht sich von selbst. Ein ähnlicher Effekt lässt sich anhand der Quellen für den Neubau des *Kabaretts der Komiker* in Berlin im Jahr 1928 nachweisen. Die Folge der akustischen Probleme war dort eine grundlegende Reform der Programmgestaltung, u.a. unter Verzicht auf die bis dahin üblichen Musiktheaternummern (vgl. Kap. *Programm und Raum im KadeKo*, S. 233).

Taylor schildert – allerdings aus rein subjektiver Perspektive – auch die psychischen Auswirkungen des (fehlenden) Raumklangs in „schalltoten" (also reflexionsarmen) Räumen, wie sie sich z.B. in Akustiklabors finden: „Der psychologische Effekt in solchen Räumen ist ziemlich verstörend, weil der Gleichgewichtssinn nicht die Signale erhält, auf die er angewiesen ist (Reflexion von den Wänden). Das Gefühl der Isolation von der Umgebung ist tief."[136] Da Musiker in akustischer Hinsicht besonders sensibilisiert sind, dürfte sich der Raumklang für sie in besonderem Maße bemerkbar machen. Dass sie in ihrem Musizieren auf diesen reagieren, indem sie z.B. die Registrierung (an der Orgel), Lautstärke oder die Regelung am Mischpult anpassen, ist ein in der alltäglichen Arbeit selbstverständlicher Vorgang.

Musikimmanente Räume | Eine große Rolle im Diskurs über Musik und Raum nimmt die theoretische Reflexion über innermusikalische, komponierte Räume ein, Albert Wellek spricht von „dem im Gehörten selbst […] gelegenen Raume"[137]. Dabei werden Räume analysiert, die innerhalb eines Musikstücks bzw. des Harmonie- oder Tonsystems durch bestimmte Relationen der Töne/Harmonien zueinander aufgespannt werden. Im Notentext werden diese Räume zweidimensional visualisiert: „Musikalischer Raum [ist] die in der Notation sich niederschlagende Vorstellung, daß Töne einen Ort in der Höhe oder Tiefe einnehmen und daß Klänge eine plastische Qualität besitzen"[138], schreibt Wolfgang Ruf. Diese musikalischen Raumvorstellungen (Ernst Kurth spricht von einem „Raumgefühl", um die Unbestimmtheit des musikalischen Raums zu fassen[139]) stehen in Analogie zu jeweiligen historisch gebundenen Vorstellungen des äußeren Raums (z.B. als Kant'sches *a priori*, euklidischer Raum, Anschauungsraum). Die Bandbreite der musikalischen Raumbegriffe ist groß und reicht von einem Transfer des dreidimensionalen euklidi-

---

135 Taylor, Charles: *Der Ton macht die Physik. Die Wissenschaft von Klängen und Instrumenten.* Braunschweig: Vieweg 1994, S. 238.
136 Taylor, S. 240. Mit dem Zusammenhang von menschlicher Empfindung und Schall als Hörereignis befasst sich die Psychoakustik.
137 Wellek, Albert: *Musikpsychologie und Musikästhetik. Grundriss der Systematischen Musikwissenschaft,* Bonn: Bouvier Verlag Herbert Grundmann 1982, S. 295.
138 Ruf, Wolfgang: „Raumproblematik im Musiktheater: Zu Luigi Dallapiccola ‚Il Prigioniero'", in: Krones 2003, S. 53-64, hier S. 55.
139 Kurth, Ernst: *Musikpsychologie,* Bern: Krompholz 1947, S. 119.

schen Raumes auf den musikalischen Raum über die Kennzeichnung verschiedener „Dimensiönchen"[140] (A. Wellek) bis zu komplexen Systemen von verschiedenen sich überlagernden Räumen bzw. einer verräumlichten Struktur (z.B. bei G. Nauck[141]).

Die gängigste Vorstellung des innermusikalischen Raumes ist dabei wohl eine dreidimensionale, wobei der horizontalen Ebene die Zeit zugewiesen wird[142] und einer vertikalen Ebene die Tonhöhe bzw. Frequenz (wie in unserer Notation). Als dritte Dimension wird eine Raumtiefe konstruiert, die z.B. über die Lautstärke (Crescendo-Wirkungen) oder Klangfarbe (so bei Wellek) bestimmt sein kann. Obgleich z.B. Kurth diese drei Dimensionen benennt, hält er insgesamt an einer Unbestimmtheit des musikalischen Raums fest:

> „Am ehesten ist es also das Fehlen dimensionaler Deutlichkeit, das ein ‚All'-Gefühl, d.h. Gefühl einer Erstreckung nach allen Richtungen zuläßt; das klingt paradox, aber durch den dunkel-unbewußten Charakter entsteht eben auch nicht klare Einschränkung auf bestimmte Dimensionen."[143]

Auch Wellek definiert drei Dimensionen des „Tonraums", die allerdings angesichts ihrer Unbestimmtheit als kaum voneinander abgrenzbar erscheinen:

> „Der *Tonraum*: ein unfestes, undeutliches Gefüge oder Ordnungsschema von drei Dimensionen, deren 1. mehrdeutig und nicht linear ist (nicht Strecke, sondern verschiefter Kegel), deren 2. einrichtlich, nicht umkehrbar (weil *zeit*-bedingt), deren 3. strittig und jedenfalls besonders wenig im Erlebnis ausgeprägt ist."[144]

Unter den neueren Ansätzen, musikalische Kompositionsräume theoretisch zu fassen, erscheint vor allem de la Motte-Habers Begriff der „Verräumlichung der Zeit" aufschlussreich für die Erfassung der die Moderne prägenden Raum/Zeit-Vorstellungen in der Musik (vgl. die Erläuterungen zur Simultanität in der Einleitung dieser Arbeit, S. 11). De la Motte-Haber stellt zu Beginn des 20. Jahrhunderts in Kunst und Musik „merkwürdige Übergänge von temporalen und räumlichen Qualitäten"[145] fest, die mit einer Ablösung vom finalen, also teleologisch auf ein Ziel (Fortschritt) gerichteten Zeitbegriff einhergehen. Diese Abkehr von einer Entwicklung hin zum Statischen fasst sie unter dem Begriff „Verräumlichung". Musikalisch zeigt sich diese z.B. in Strukturen, die immer „gleich dicht gewoben sind" (de la Motte-Haber führt als Beispiele Musik von Debussy und Messiaen an) oder dem „vollkommen gleichgewichteten Tonraum"[146] Arnold Schönbergs.

---

140 Wellek 1982, S. 318.
141 Nauck 1997, S. 27f.
142 Kurth weist darauf hin, dass dieser zeitlichen Dimension im Gegensatz zur räumlichen Horizontale ein wesentliches Element fehlt, da die Bewegung nicht umkehrbar ist. Kurth 1947, S. 122.
143 Kurth, S. 127.
144 Wellek 1982, S. 334. Neben dem „Tonraum" bestimmt Wellek noch einen „Gehörraum" und einen „Musikraum" (ebd.).
145 De la Motte-Haber 1990, S. 25.
146 Ebd., S. 29.

Vorläufer dieser verräumlichten Zeit finden sich im 19. Jahrhundert – so markiert das Es-Dur in Richard Wagners Vorspiel zu *Rheingold* laut Frank Märkel einen „festgefügten Raum", eine Formulierung, die zunächst das Statische betont, innerhalb dessen vermittels „auskomponierter perspektivischer Verkürzung"[147] eine Raumtiefe suggeriert wird. Auch Franz Schuberts Schlusslied der *Winterreise* (die in der Figur des Wanderers schon Bewegung durch Raum und Zeit zum Thema hat), *Der Leiermann*, erscheint mit seinen sich wiederholenden Motiven über dem Orgelpunkt der leeren Quinte a/e als Inbegriff verräumlichter Zeit und damit des ewigen, ziellosen Wanderns. Mit den Möglichkeiten elektronischer Komposition, aber auch mit den Entwicklungen der *Minimal Music*, für die als anschauliches Beispiel Steve Reichs *Piano Phase* stehen kann, ist das von de la Motte-Haber beschriebene Phänomen der „Verräumlichung der Zeit" bis ins zeitgenössische Komponieren nachweisbar.

Zum Komplex des komponierten, innermusikalischen Raums gehört zudem das Einschreiben bestimmter Raumwirkungen in Musik, wie z.B. von Echoeffekten, Nah- und Fernwirkungen (Fernorchester, Dynamik) oder die Erzeugung räumlicher „Stereo"-Effekte, z.B. über die getrennte Aufstellung einzelner Gruppen (so in der venezianischen Mehrchörigkeit). Auch die verschiedenen Effekte der Bühnenmusik, wie beispielsweise die Stimmen „aus der Höhe" in Wagners *Parsifal*, der Chor „in der Ferne" in Mozarts *La Clemenza di Tito* (Brandszene, Ende 1. Akt) oder die Glocken zu Beginn des dritten Aktes der *Tosca*, gehören in diesen Bereich.

Abb. 7:   Räumliche Auffächerung eines Tones in Gustav Mahlers 5. Sinfonie, IV. Satz (Adagietto), Takt 85f. mit Auftakt.

---

147 Märkel, Frank: *„Aufgepflanzte Theaterkulissen"? – Wagners musikalische Räume.* Vortrag beim Symposium *Musikalische Räume bei Richard Wagner* (9. Juni 2010, Hochschule für Musik und Theater Hannover). Märkel näherte sich in diesem Zusammenhang auch dem sieben Jahre früher komponierten Vorspiel zu *Lohengrin*, dessen Beginn frei im Raum zu schweben scheint und zeigte Bezüge zum *Rheingold* auf: „Das Lohengrin-Vorspiel sucht das Rheingold-Vorspiel".

Raumwirkungen können zudem durch geschickte „räumliche" Instrumentation innerhalb eines Klangkörpers erzeugt werden. So erreicht z.B. Gustav Mahler im *Adagietto* der 5. Sinfonie durch den Wechsel der Instrumente innerhalb eines Akkordes (bzw. sogar eines Tones) eine räumliche Breite (vgl. Abb. 7)[148]. Auch die Verteilung der Melodie auf verschiedene Instrumentengruppen kann zu einer Verräumlichung des Klanges führen. Da dieses Einschreiben von architektonischen Strukturen in die formale Anlage von Werken, wie es z.B. de la Motte-Haber beschreibt, nicht ohne die vermittelnde Wirkung des musikalischen (nicht nur des kompositorischen) Handelns erfolgt, sollen diese Phänomene im Zusammenhang mit Handlungsroutinen im folgenden Kapitel näher betrachtet werden.

Raum und musikalisches Handeln

Akustischer Raum, Vorstellungsraum | Wir sind gewohnt, die bauliche Struktur von Räumen für das Musizieren zunächst als gegeben und unveränderbar zu betrachten. Gerade wenn akustische Messungen durchgeführt werden, wird der architektonische Raum dabei auf etwas reduziert, was sich mit unserer Erfahrung nicht deckt. Denn Räume, auch ein Konzertsaal, ein Zimmer oder eine Sporthalle, sind nicht „neutral": Ihnen sind immer schon bestimmte Bedeutungen eingeschrieben, die teilweise mit komplexen Handlungsmustern, den Routinen (siehe S. 40), teilweise mit Vorstellungen und Denkweisen verknüpft sind. Zudem wirken die verschiedenen Wahrnehmungsebenen bei der Konstruktion solcher Räume zusammen (Syntheseleistung). Im Folgenden sollen Zusammenhänge zwischen akustischem Raum und musikalischem Handeln, daraus folgende Gestaltungen von Musik sowie der Zusammenhang zu symbolischen Raumrepräsentationen erläutert werden.

Für den ausübenden Musiker erscheint es ganz selbstverständlich, dass der Raumklang Auswirkungen auf sein Handeln hat.[149] Unmittelbar reagiert er auf den akustischen Widerhall: Dirigenten weisen bestimmte Instrumentengruppen an, lauter oder leiser zu spielen, eine Sängerin artikuliert deutlicher. Der Toningenieur Jürgen Meyer, von dem das Grundlagenwerk zum Zusammenhang von Raum und musikalischer Aufführungspraxis stammt[150], beschäftigte sich vor allem mit den Auswirkungen verschiedener Aufführungsräume auf das Komponieren Joseph Haydns und zog daraus Schlussfolgerungen für die heutige Aufführung von dessen Sinfonien. Noch 2002 weist Meyer allerdings im Geleitwort zu Stephan Weinzierls

---

148 So z.B. Takt 1-3 in Zweiten Violinen und Violen (c und a, der Grundton f fehlt) oder Takt 85 und 86 in allen Stimmen (nur c).

149 Thüring Bräm schildert aus Sicht des ausübenden Musikers solche Anpassungsvorgänge: Bräm, Thüring: „Der Raum als Klangträger", in: Ders. (Hg.), *Musik und Raum. Eine Sammlung von Beiträgen aus historischer und künstlerischer Sicht zur Bedeutung des Begriffes „Raum" als Klangträger für die Musik*, Basel: GS-Verlag 1986, S. 7-14, hier S. 9f.

150 Meyer, Jürgen: *Akustik und musikalische Aufführungspraxis. Leitfaden für Akustiker, Tonmeister, Musiker, Instrumentenbauer und Architekten. 2., überarbeitete und erweiterte Auflage*, Frankfurt/M.: Das Musikinstrument 1980.

Studie über *Beethovens Konzerträume* auf eine weiterhin fehlende gedankliche Auseinandersetzung mit diesem Thema hin:

> „Bei der Suche nach Authentizität in Autographen, Instrumentarium und Spieltechnik ist aber fast immer eines außer Acht geblieben: Der Einfluß der historischen Aufführungsräume auf den klanglichen Eindruck der Zuhörer und die direkte Rückwirkung der räumlichen Umgebung auf die Spieler. Dies wird besonders auffällig, wenn Orchester mit ‚Originalbesetzung‘ in den großen Konzertsälen des 20. Jahrhunderts auftreten, und es verwundert nicht, wenn solche Aufführungen oft seltsam blaß wirken. Denn eine derartige Aufführungspraxis verkennt die große Bedeutung, die der Aufführungsraum selbst mit seiner visuellen Erscheinungsform und insbesondere seinen akustischen Eigenschaften für Musiker wie Zuhörer hat.“[151]

Ein Grund für die Vernachlässigung der „originalen“ Aufführungsräume liegt wohl darin, dass viele Säle inzwischen zerstört sind und eine Rekonstruktion der akustischen Gegebenheiten daher schwierig erscheint.[152] Vielleicht liegt die fehlende Auseinandersetzung jedoch auch darin begründet, dass lange Zeit das Werk im Sinne einer in der Ästhetik des 19. Jahrhunderts begründeten Vorstellung als autonomes Kunstwerk im Mittelpunkt des Forschungsinteresses stand. Verschiebt man dagegen den Fokus auf musikalisches Handeln, also das Musizieren selbst und betont damit den prozesshaften Aspekt von Kunst, so stellt sich die Frage nach dem Kontext dieses Handelns, also auch nach dem Raum, ganz selbstverständlich.

Dass das Denken über Musik im 18. und frühen 19. Jahrhundert eng mit Fragen des Aufführungsraumes verknüpft ist, weist Weinzierl in seiner oben genannten Studie nach. So zeigt sich z.B. bei Quantz das Einbeziehen der räumlichen Beschaffenheiten für den Musiker als geradezu notwendige Bedingung für eine gelungene Interpretation:

> „Nicht alle Triller dürfen in einerley Geschwindigkeit geschlagen werden: sondern man muß sich hierinne so wohl nach dem Orte wo man spielet, als nach der Sache selbst, die man auszuführen hat, richten. Spielet man an einem großen Orte, wo es sehr schallet, so wird ein etwas langsamer Triller beßere Wirkung thun, als ein geschwinder. Denn durch den Wiederschall geräth die allzugeschwinde Bewegung der Töne in eine Verwirrung, und folglich wird der geschwinde Triller undeutlich. Spielet man hingegen in einem kleinen oder tapezirten Zimmer, wo die Zuhörer nahe dabey stehen: so wird ein geschwinder Triller besser seyn, als ein langsamer.“[153]

---

151 Meyer, Jürgen: „Geleitwort“, in: Weinzierl, Stephan: *Beethovens Konzerträume. Raumakustik und symphonische Aufführungspraxis an der Schwelle zum modernen Konzertwesen*, Frankfurt/M.: Bochinsky 2002, S. 7-8, hier S. 7.

152 Heute lassen sich diese Räume und ihre akustischen Bedingungen virtuell am Computer simulieren, soweit man über ausreichende Pläne und andere Dokumente sowie das technische Know-how und die Software verfügt. Weinzierl arbeitet mit solchen virtuellen Rekonstruktionen. Vgl. auch: Forsyth 1992.

153 Quantz, Johann Joachim: *Versuch einer Anweisung die Flöte traversière zu spielen. Reprint der Ausgabe Berlin 1752*, Kassel: Bärenreiter 2004, S. 83f.

In verschiedenen Rezensionen der *Allgemeinen Musikalischen Zeitung* wird zudem über den Zusammenhang des Eindrucks einer Aufführung mit dem Aufführungsort reflektiert. So beispielsweise anlässlich einer Aufführung des *Messias* 1807 in Wien:

> „Indess ist der grosse Redoutensaal mit seinen weiten Ecken der Musik nicht günstig und der Eindruck war ungleich grösser, welchen dies herrliche Meisterwerk im Theater an der Wien hervorbrachte.“[154]

Doch nicht nur für Interpreten und Zuhörer war der Raum eine wichtige Kategorie bezüglich ihrer Wahrnehmung von Musik. Meyer zeigt am Beispiel von Joseph Haydn, dass auch Komponisten die Akustik der Uraufführungsorte häufig bereits beim Schreiben eines Werkes berücksichtigten:

> „In den Sinfonien J. Haydns haben die unterschiedlichen Nachhallverhältnisse der Säle, für die sie geschaffen wurden, einen deutlich erkennbaren Niederschlag gefunden. So enthalten die für Esterháza geschriebenen Sinfonien rhythmische Feinstrukturen und Dynamiksprünge vom Orchester-*forte* bis zum *piano* einzelner Stimmen, die in den Londoner Sälen, aber auch in Eisenstadt völlig im Nachhall untergegangen wären. Die Sinfonien für das King's Theatre haben dagegen bei *forte*-Abbrüchen stets eine Fermate oder eine nachfolgende Pause, auch nutzt die Kompositionsweise in diesen Sinfonien oft die klangverschmelzende Wirkung des Nachhalls aus.“[155]

Weinzierl weist für Beethoven zwar nicht einen derart direkten Zusammenhang nach, kann jedoch anhand von Briefen ebenfalls die Auseinandersetzung des Komponisten mit Fragen des Raums zeigen. Im Kabarett und den anderen in dieser Arbeit betrachteten Orten populärer Musik wird die Reaktion auf akustische Raumgegebenheiten vor allem anhand von Besetzungs- und Repertoirefragen deutlich (vgl. Kap. *Café Schön: Repertoire, Besetzung, Lautstärke – Das musikalische Arrangement zum Raum*, S. 129).

Inwiefern Räume über ihre rein akustische Beschaffenheit hinaus als komplexes symbolisches Verweissystem aufgefasst werden müssen, und zwar in Musik und Architektur, stellt Klaus Pietschmann am Beispiel des Wandels von Kirchenbau, musikalischer Praxis und religiösem Weltbild in der Renaissance dar: In Dufays Motette *Nuper rosarum flores* (1436) sind sowohl der Uraufführungsort, der Florentiner Dom, als auch die Komposition in ihren Proportionen dem Tempel Salomos nachempfunden. Musik und Architektur sollen auf diese Weise eine „Annäherung an das himmlische Paradies“, schaffen, und zwar im handelnden Nachvollzug des architektonischen wie des musikalischen Raumes: „Komplexe Polyphonie und Kirchenraum sollten sich […] zu einer mystischen Transzendenzerfahrung verbinden.“[156] Dagegen stehe am Ende des 15. Jahrhunderts ein vollkommen gegensätzliches kirchenmusi-

---

154 *AMZ*, 18.02.1807, S. 336, zit. n. Weinzierl 2002, S. 31.
155 Meyer 1980, S. 129. Meyer bezieht sich hier auf eine seiner früheren Untersuchungen: Meyer, Jürgen: „Raumakustik und Orchesterklang in den Konzertsälen Joseph Haydns“, in: *Acustica*, 41 (1978), S. 145; s. auch Meyer 1986.
156 Pietschmann, Klaus: „Vom Spekulativen zum Konkreten. Musikalische Räume in der Renaissance und ihr Publikum“, in: Landau/Emmenegger 2005, S. 153-165, hier S. 157.

kalisches Konzept, in dem der Musik kein symbolhafter Verweischarakter mehr zu-
komme. Stattdessen solle sie, einer Predigt vergleichbar, Inhalte vermitteln. Seinen
architektonischen Niederschlag finde dies Konzept, wie Pietschmann einleuchtend
zeigt, z.B. in der Cappella Sistina.[157]

Auch die Konzertsäle des bürgerlichen Zeitalters oder der Zentralraum der Berliner Philharmonie transportieren konkrete Vorstellungen und haben in diesem Sinne symbolhafte Verweisfunktion: als „Schrein des Kunstwerks und des individuellen Künstlers"[158] einerseits oder, so Edgar Wisniewski zur Berliner Philharmonie,
als „sinnbildhafter Raum der Demokratie"[159]: „Er [der Zuschauer] wird in Aktivität hineingezwungen"[160], schreibt der Architekt Hans Scharoun. Solche symbolischen
Aufladungen zeigen sich auch im Kabarett und im Caféhaus: In Hesterbergs *Wilder
Bühne* stellt das nicht zu entfernende Wandbild aus dem 19. Jahrhundert einen Ge-
genpol zum gesungenen Programm dar, ein „Feindbild", an dessen Gegenüber man
sich künstlerisch abarbeitet (vgl. Kap. *Wagner und Wilde Bühne*, S. 165). Das Fest-
halten an traditionellen musikalischen Routinen in Form eines Klaviertrios im *Café
Schön* (noch in den 1930er-Jahren) zeigt dagegen, wie die Musik zur Konstruktion
eines symbolhaft beladenen (in diesem Fall konservativen) Ambientes beiträgt (vgl.
Kap. *Café Schön*, S. 125).

Dass die Gestalt von Räumen musikalisches Handeln beeinflusst, ist deutlich.
Dass aber Musizieren neben symbolischer Bedeutung auch Auswirkungen auf die
Akustik eines Raumes haben soll, erscheint zunächst weniger einleuchtend. Die Formation der Wände, die Höhe und Gestalt der Decke, all dies ändert sich nicht unmittelbar, wenn man in einem Raum musiziert. Allerdings nimmt man die akustischen Eigenschaften eines Raumes oft überhaupt erst wahr, wenn in diesem
musiziert wird. Hier ändert sich die Räumlichkeit im phänomenologischen Sinne. Besonders deutlich wird die veränderte Raumwahrnehmung, wenn Konzerte an
Orten abgehalten werden, die die Menschen sonst in anderen Zusammenhängen
nutzen, beispielsweise in der Kassenhalle einer Sparkasse. Wenn die Routinen der
Orte durchbrochen werden, stellt sich häufig erst eine bewusste Wahrnehmung ein.

---

157 Ebd., S. 160. Was hier durch die notwendige Verkürzung als stark vereinfacht, fast als pau-
schal erscheint, stellt Pietschmann überzeugend und differenziert dar.

158 „The arrangements of listening in the concert room […] enshrined the individual performer/
performance as an unmediated, ‚natural', and ‚neutral' channel for the work of the composer", Leyshon, Andrew/Matless, David/Revill, George: „Introduction", in: Leyshon u.a. 1998, S.
1-30, hier S. 6. Vgl. hierzu auch Leppert, Richard: „The social discipline of listening", in: Hans
Erich Bödeker (Hg.), *Le concert et son public. Mutations de la vie musicale en Europe de 1740
à 1914 (France, Allemagne, Angleterre)*, Paris: Éd. de la Maison des sciences de l'homme 2002,
S. 459-485. Differenziert und kenntnisreich analysiert die Zusammenhänge von Musik, Raum
und Gesellschaft im bürgerlichen Konzertsaal sowie den englischen „Pleasure Gardens": Matthes, Isabel: „Der Raum des Paradieses. Gesellige Erfahrung und musikalische Wahrheit im
18. und 19. Jahrhundert", in: Ebd., S. 273-301.

159 Wisniewski, Edgar: „Wagners ‚Parsifal' im Zentralraum der Philharmonie? Zum Wandel der
Struktur in Raum und Zeit", in: Sabine Borris (Hg.), *Zum Raum wird hier die Zeit. Parsifal-
Zyklus*, Berlin: Berliner Philharmoniker 2001, S. 125-135, hier S. 131.

160 Hans Scharoun: *Gedanken zum Theaterraum*, zit. n. ebd., S. 133. Zur Demokratisierung der
Musik im 19. Jahrhundert über die Errichtung von Musikkiosken: Mussat, Marie-Claire: „Kiosque à musique et urbanisme. Les enjeux d'une autre scène", in: Bödeker 2002, S. 317-333.

Auch öffentliche Plätze werden oft erst bei Freiluftaufführungen in ihrer Qualität als „Klangraum" wahrgenommen.

Gelegentlich wird beim Musizieren deutlich, dass die akustischen Eigenschaften eines Raumes nicht befriedigend sind. Musiker beeinflussen die Raumgestalt dann konkret, wenn Umbauten bei solchen Sälen anstehen. Maßnahmen wie das Abhängen schallabsorbierender Segel oder die Veränderung von Wandelementen werden in diesem Fall auf Grundlage von Messergebnissen vorgenommen, die in realen Musiziersituationen entstehen. In diesem Sonderfall haben Musikerinnen und Musiker also durchaus Einfluss auf die anschließende Einrichtung des Raums, sind sie es doch, die die Messergebnisse beim Musizieren produzieren. Bei solchen Messungen ist die Anwesenheit von Publikum zumeist unbedingt erforderlich, denn dieses hat ebenfalls einen deutlichen Einfluss auf die Raumakustik: Es wirkt als „Höhenabsorber", d.h. die hohen Frequenzen verschwinden schneller aus dem Frequenzspektrum eines voll besetzten Saales als die tiefen, die noch lange nachklingen können. Eine akustische Anpassung bzw. Verbesserung mithilfe von Wandelementen war z.B. beim oben schon erwähnten Neubau des *Kabaretts der Komiker* am Lehniner Platz vonnöten (vgl. Kap. *„ein fundamentaler Irrtum des Erbauers"*, S. 223).

Ein besonderes Beispiel für die Anpassung eines Saales an das in ihm stattfindende Musizieren ist die *Salle Blanche*, der Konzertsaal des Kultur- und Kongresszentrums Luzern von Jean Nouvel. Hier zeigen sich wiederum auch in den Raum eingeschriebene Bedeutungen und Denkweisen. Die *Salle Blanche* ist ein „verstellbarer Raum", der sich als „idealer moderner Konzertsaal unterschiedlichen musikalischen Ansprüchen anpassen kann"[161]. Je nach Besetzung und Repertoire können mit Hilfe einer zusätzlich zuschaltbaren Resonanzkammer unterschiedliche akustische Verhältnisse im Saal hergestellt werden.[162] So ist es z.B. möglich, unabhängig vom Nachhall das Raumvolumen zu erhöhen und damit den Raumklang für Kammermusik- oder große Orchesterbesetzungen zu variieren. Genauso kann aber auch eine Kathedralenakustik mit langen Nachhallzeiten erzeugt werden. Hinter dem flexiblen System stehen die Anforderungen eines gewandelten Konzertbetriebs, der sich durchaus im Sinne von postmodernen Strukturen interpretieren lässt:

> „Im zwanzigsten Jahrhundert erfolgte dann jener veritable Paradigmenwechsel hin zu einem ‚musealen Konzertbetrieb' […]. Der Begriff ‚musealer Konzertbetrieb' ist hier durchaus nicht abwertend gemeint, sondern als Beschreibung einer Realität, welche gleichzeitig eine Vielzahl neuer Möglichkeiten geschaffen hat. So hat noch in den letzten Jahrzehnten eine dramatische Erweiterung des Repertoires stattgefunden. Ursprünglich auf das Kernrepertoire der Romantik und einiger großer Werke des Barock und der Spätklassik konzentriert, kann der Konzertbesucher heute aus einem reichhalti-

---

161 Kahle, Eckhard: „Die Verstellbarkeit des Raumes", in: Landau/Emmenegger 2005, S. 167-174, hier S. 167.

162 In der Congress Union Celle wurde ein ähnlich flexibles System eingebaut, das sich jedoch im Gegensatz zu Nouvels Gebäude ganz auf elektronische Raummodulation stützt. Hier dient es vor allem dazu, zwischen Sprech- und Konzertakustik zu unterscheiden.

gen Angebot verschiedenster Werke aus achthundert Jahren Musikgeschichte auswählen."[163]

Was der Projektleiter für die Akustik im Kultur- und Kongresszentrum Luzern schildert, die gleichzeitige Verfügbarkeit der verschiedensten, heterogenen Musikstile, auf die man mit dem Saal flexibel reagieren kann, hat seine Konsequenz in einer neuen Raumform: früher „hatte sich [...] die Musik der Akustik des Raumes anzupassen und nicht der Raum der Musik."[164] Inzwischen ist man mit dem Saal sogar in der Lage, auf die Wünsche der Dirigenten und somit auf individuelle Interpretationen einzugehen (z.B. auf den Unterschied zwischen einer „romantischen" oder historisierenden Interpretation[165]). Dass sich dennoch wiederum auch die Musik dem neuen Raum anpasst, zeigen für die *Salle Blanche* entstandene zeitgenössische Werke, die – „ganz in der historischen Tradition – [...] speziell für diesen Raum geschrieben [wurden], inspiriert von den Möglichkeiten, die dieser Saal bereithält."[166]

Handlungsräume: Routinen und spacing | Musizieren und Komponieren lassen sich als an soziale Interaktion gebundene Tätigkeiten begreifen.[167] Nur zu einem Teil findet Musizieren allein unter Ausschluss der Öffentlichkeit statt (z.B. beim Üben oder Komponieren). Selbst dann ist es ein sozialer und auch kommunikativer Akt: man musiziert miteinander, Künstlerinnen und Künstler treten vor Publikum auf und somit auch mit diesem in Kontakt, auch der Komponist wendet sich an einen Rezipienten. Richard Leppert fasst zu Beginn seines Aufsatzes zur *Sozialdisziplinierung des Hörens* die verschiedenen Aspekte zusammen: „The experience and meaning of music is physical, intellectual [...], and spiritual; and it is deeply and fundamentally *social*."[168]

Immer geht Musik einher mit Handlung: erst im Nachvollzug durch den Menschen (ob lesend, hörend oder interpretierend) wird sie bedeutungsvoll. Werke lassen sich folglich weder vom Menschen noch von ihrem Entstehungs- bzw. Aufführungskontext abkoppeln und sind als in einen Prozess eingebunden zu betrachten. Volker Kalisch hebt das Prozesshafte auf eine allgemeine historiographische Ebene und stellt den Bezug zum Raum her: „Historiker, die am Gewordensein ihres Gegenstandes ausgerichtet sind, müssen dem Raum als geeigneter Erklärungskategorie mißtrauen, wer hingegen Geschichte als Geschehen auffaßt, der wird an der Be-

---

163 Kahle: „Die Verstellbarkeit des Raumes", in: Landau/Emmenegger 2005, S. 167-174, hier S. 169.
164 Ebd., S. 168.
165 Ebd., S. 171.
166 Ebd., S. 174.
167 Zur sozialen Konstruktion der Musik: Münch, Richard: „Die soziologische Perspektive: Allgemeine Soziologie – Kultursoziologie – Musiksoziologie", in: Helga de la Motte-Haber (Hg.), *Musiksoziologie*, Laaber: Laaber 2007, S. 33-59, hier besonders S. 48-51.
168 Leppert, Richard: „The social discipline of listening", in: Bödeker 2002, S. 459-485, hier S. 461 (Hervorhebung im Original).

deutung des Raums als Ort des Geschehens nicht vorbeikommen"[169], und er wendet sich gegen einen starren Raumbegriff: „Wir dürfen Raum [...] nicht mehr statisch-ursächlich als Ursprungs- oder Tatsachenort auffassen, sondern mögen ihn dynamisch-funktional als Geschehnis- oder Ereignisort begreifen."[170] So ist auch Musizieren als Geschehen an Raum bzw. Räume, in denen sich künstlerische Netzwerke oder bestimmte routinisierte Handlungsabläufe materialisieren, gebunden.[171] In diesem Sinne sind die Räume, die Musikerinnen und Musiker prägen (als Dualität Raum ↔ Musiker gedacht), als „musikalische Handlungsräume" zu betrachten.

Musikalische Handlungsräume finden sich an verschiedensten Orten: Konzertsaal, U-Bahn-Tunnel, Übezelle, Bar, Restaurant, häusliches Wohnzimmer usw. Entscheidend für die Definition ist allein das musikalische Handeln, das hier stattfindet. Sie existieren unter bestimmten, ortsabhängigen Bedingungen, die die Möglichkeiten und Grenzen ihrer Gestaltbarkeit bestimmen.[172] Deutlich wird dies z.B. angesichts der Komposition im Einflussbereich der Zensur in totalitären Systemen. Reaktion von Musikerinnen und Komponisten auf die Einschränkung von Handlungsmöglichkeiten kann hier z.B. eine Selbstbeschränkung in der Wahl von Formen oder musikalischen Mitteln sein oder die Entwicklung ausgeklügelter Verdeckungsmechanismen für das Komponieren, Musizieren oder die Aufführung von Werken.[173] Auch der Publikumsgeschmack oder politische bzw. finanzielle Abhängigkeiten gehören zu solchen ortspezifisch determinierenden Faktoren, die sich in dieser Arbeit z.B. beim *Kabarett der Komiker* zeigen (vgl. Kap. *Programm und Raum im KadeKo*, S. 233). Carl Dahlhaus weist noch auf einen weiteren Aspekt hin:

> „So sind etwa die Orte, an denen ein musikalisches Werk gespielt wurde, ideengeschichtlich nicht selten aufschlußreicher als die ästhetischen Urteile, die in Zeitungen stehen. Ob ein Werk zu bestimmten Institutionen oder Gelegenheiten zugelassen oder von ihnen ausgeschlossen blieb, besagt mehr und ist vor allem eindeutiger als das Durcheinander der schriftlichen Zeugnisse."[174]

Mit der Betonung des Handelns im Begriff des musikalischen Handlungsraumes geht zugleich eine Betonung der Interaktion (und Kommunikation) zwischen

---

169 Kalisch, Volker: „Raum als musiksoziologische Kategorie", in: Norbert Jers (Hg.), *Musikalische Regionalforschung heute. Perspektiven rheinischer Musikgeschichtsschreibung. Bericht von der Jahrestagung Düsseldorf 1998*, Kassel: Merseburger 2002, S. 67-78, hier S. 78.
170 Ebd., S. 77.
171 Kalisch sieht diese Räume in engem Zusammenhang mit Kommunikation: „Vielleicht werden wir eines Tages Übersichten und Kartenwerke erstellen, [...] die den Blick darauf freigeben, welche Weisen von musikalischer Kommunikation finden mit welcher kulturellen Bedeutung in welchen Räumen statt?", ebd., S. 78.
172 Vgl. hierzu auch Giddens' Strukturierungstheorie, in der Strukturen als Dualität begriffen Handlungen einerseits einschränken, gleichzeitig aber auch ermöglichen (Münch: „Die soziologische Perspektive", in: de la Motte-Haber 2007, S. 33-59, hier S. 57f.).
173 Vgl. hierzu z.B. Braun, Joachim (Hg.): *Verfemte Musik. Komponisten in den Diktaturen unseres Jahrhunderts [Dokumentation des Kolloquiums vom 9.-12. Januar 1993 in Dresden]*, Frankfurt/M.: Lang 1997, aber auch z.B. die „versteckte" Musizierkultur der „Swing Kids".
174 Dahlhaus, Carl: „Textgeschichte und Rezeptionsgeschichte", in: Hermann Danuser (Hg.), *Rezeptionsästhetik und Rezeptionsgeschichte in der Musikwissenschaft*, Laaber: Laaber 1991, S. 105-114.

Künstlern einher. Dabei ist festzuhalten, dass sich diese Interaktion im Normalfall nicht nur zwischen Musikerinnen und Musikern, sondern auf interdisziplinärer Ebene zwischen Akteuren aus Musik, Theater, Intendanz, Literatur, Kunst, Technik, Publikum etc. abspielt. Solche dynamischen Netzwerke sind Teil der Konstitution von Räumen und haben im Sinne einer sozialen Komponente des Raumbegriffs (neben z.B. Akustik und „Räumlichkeit") Einfluss auf das Komponieren und Musizieren. So zeigt sich z.B. im Kabarett *Wilde Bühne* das Ringen um die Programmgestaltung, die Form der Chansons und die Frage um Definitionshoheiten bzw. Machtpositionen zwischen der Intendantin Hesterberg, Autoren (Mehring, Schiffer), Komponist (hier Heymann) und Interpretinnen und Interpreten wie z.B. Wilhelm Bendow und Margo Lion (vgl. Kap. *Wilde Bühne: Soziale Strukturen*, S. 175).

Im Kapitel „Lesbare Orte, erzählter Raum" wurde darauf hingewiesen, wie Räume das Handeln beeinflussen und dass Orte und Institutionen bestimmte Handlungsstrukturen (Routinen) prägen. Die Zuweisung von Funktionen an Orte steht damit in enger Beziehung. So sind auch bestimmte musikalische Formen (wie beispielsweise die Messe) an Orte und ihre Rituale (den Gottesdienstablauf) gebunden. Andere Formen erscheinen aufgrund des mit dem Ort verbundenen gedanklichen und sozialen Kontextes als unpassend: ein Streichquartett ist keine Kirchenkomposition. Es gibt also musikalische Routinen, die mit bestimmten Orten und Institutionen verknüpft sind und diese wiederum bestimmen. In den 1920er-Jahren zeigt sich z.B. innerhalb der Caféhausmusik ein Wandel, der mit einer Veränderung der Institution Café in Richtung der American Bar einhergeht (vgl. Kap. *Kakadu*, S. 137).

Da der Zustand von Räumen, Orten und Institutionen, Handeln und Routinen nicht als statisch, sondern als fließend aufgefasst werden muss, können sich aus ursprünglich an spezielle räumliche Formen angepassten musikalischen Strukturen (z.B. der Mehrchörigkeit an S. Marco in Venedig) übergreifende musikalische Modelle entwickeln, die an andere Orte transferiert werden können (und hier evtl. sogar wieder ihren Niederschlag in speziell angepassten Gebäuden finden). Über künstlerische Netzwerke (z.B. Musiker aus anderen Ländern, Heirat von Fürstinnen), die in die Routinen an einem musikalischen Handlungsraum über einen gewissen Zeitraum eingebunden waren (z.B. Heinrich Schütz in S. Marco), verbreiten sich die ursprünglich auf eine bestimmte Situation bezogenen Modelle und werden verallgemeinert. So finden sich z.B. mehrchörige Kompositionen ausgehend von Venedig bald europaweit. „Daß der äußere Raum in eine innermusikalische Gestaltung transformiert wird", so de la Motte-Haber, „macht die Stücke ablösbar von den konkreten Räumen."[175] Wie „heiße Orte" (nach Schlögel) erkalten, sich zu Institutionen verfestigen, so kann eine bestimmte, ursprünglich an einen Handlungsraum gebundene („flüssige") musikalische Form zu einem Modell und evtl. sogar zu einer „festgeschriebenen" Gattung werden.[176] Diese Gegenüberstellung ist (wie die

---

175 De la Motte-Haber 1990, S. 22.
176 Vgl. zum zu Raum und Gattungsgeschichte: Rode-Breymann, Susanne: „Raum – eine Kategorie musikalischer Gattungshistoriographie?", in: Christine Siegert u.a. (Hg.), *Gattungsgeschichte als Kulturgeschichte. Festschrift für Arnfried Edler*, Hildesheim/Zürich/New York: Olms 2008, S. 189-204.

der „heißen" und „kalten Orte" bzw. von Orten und Nicht-Orten) notwendigerweise schematisch, tatsächlich handelt es sich um einen fließenden Übergang, um ein dynamisches Geschehen. Dort, wo künstlerische Neugestaltung stattfindet, wo sich noch keine musikalischen Routinen ausgebildet haben bzw. diese noch „im Fluss sind", überformt und neu gestaltet werden, finden sich *Hot Spots* (siehe S. 32).

Beobachtbar ist die Schaffung neuer musikalischer Handlungsräume bis hin zur architektonischen Anpassung von Gebäuden z.B. auch im Paris des 19. Jahrhunderts. Hier entstehen aus der Tradition der Freiluft-Aufführungen reisender Sängerinnen und Sänger in Sommercafés die späteren *Cafés chantants* bzw. *Cafés concerts*. Aus dem Bedürfnis, derartige Attraktionen auch im Winter und quasi „exklusiv" anbieten zu können, schaffen Wirte neue (Handlungs-)Räume: die alten Cafés werden so umgestaltet bzw. erweitert, dass künstlerische Darbietungen stattfinden können (oft in einem hinter dem Gastraum gelegenen Saal oder im Keller der Etablissements). Ihre Gage erhalten die Artisten zunächst noch, indem sie einen Teller bei den Gästen herumreichen, später entstehen erste feste Verträge und an einen Ort gebundene Ensembles: Eine Institutionalisierung findet statt. Die Cafés mit Gesangs- und Theaterdarbietungen werden mit einem eigenen Begriff benannt und „verfestigen" sich zu den *Cafés concerts*. Eine neue Art von Unterhaltungslokalen ist entstanden.[177] Das erste Cabaret *Chat noir*, von Rodolphe Salis 1881 gegründet, ist wiederum eine Weiterentwicklung dieser Lokale; Salis modifiziert die (musikalischen) Routinen, indem er eine Art „offene Bühne" zur Verfügung stellt: „Da er [Salis] keine Gagen zahlte, gab es auch keinerlei ‚Programm'. Wer Lust hatte, trat auf. Der Reiz lag in der Überraschung."[178]

Neuartige musikalische Handlungsräume im Verbund mit Freiluft-Aufführungen zeigen sich z.B. auch in der Entwicklung der „Kiosque à musique" im Frankreich des 19. Jahrhunderts, die Marie-Claire Mussat beschreibt. Der erste dieser Musikpavillons entsteht 1852 in Metz, es folgten bis 1914 ca. viertausend weitere.[179] Aus dem architektonisch gestalteten, individuellen Bauwerk für die Kunst wurde ein von Möbelfirmen industriell gefertigtes Massenprodukt, das per Katalog bestellt werden konnte. Mussat zeigt eindrücklich den Zusammenhang dieser Gebäude mit dem Wandel musikalischer Praxis und neuen Rezeptionsformen von Musik, wie sie sich z.B. in neuen (industrialisierten) Distributionswegen von Musik (Noten und Instrumente) oder der Formation neuer Amateurmusik-Ensembles (zumeist Blasorchester) manifestierten. Das Repertoire von Damenkapellen und Unterhaltungsorchestern speiste sich bis in die 1920er-Jahre hinein aus den im Zuge einer solchen musikalisch-sozialen Praxis ausgeformten Routinen (vgl. Kap. *Café Schön, Repertoire*, S. 131).

Wo musikalische Handlungsräume umgeformt oder neu gestaltet werden, sehen wir eine Form des im Kapitel „Lesbare Orte, erzählter Raum" erläuterten *spacing*. Behne macht die mit Löws (An)Ordnungen zu beschreibenden Interdependenzen

---

177 Zur Entwicklung der Cafés concerts vgl. Condemi, Concetta: *Les cafés-concerts: histoire d'un divertissement, 1849-1914*, Paris: Éditions Quai Voltaire 1992.
178 Greul 1967, S. 70.
179 Mussat: „Kiosque à musique et urbanisme", in: Bödeker 2002, S. 317-333, hier S. 318.

von Musikhören, Geschmack, sozialer Praxis, Strukturen und *spacing* (ohne es so zu benennen) am schönen Beispiel eines Plattenladens evident:

> „Plattenläden [strahlen] seit den achtziger Jahren den Charme von Tiefkühllagerhäusern aus [...]. In ihnen sind aber Strukturen zu beobachten, die der Tatsache Rechnung tragen, dass potenzielle Kunden unterschiedliche musikalischen Vorlieben haben und den Wunsch verspüren, möglichst schnell vor dem richtigen, *ihrem* Regal zu stehen. Das versuchen die Verantwortlichen dadurch zu beeinflussen, dass die verschiedenen stilistischen Bereiche nach dem Grade der mutmasslichen Ähnlichkeit gruppiert werden, also die Operette eher in der Nähe des Schlagers als des Rap. [...] Auf diese Weise kann beim Kunden das Gefühl entstehen, dass die CDs für *ihn* aufgebaut wurden, dass *seine* Musik im Mittelpunkt steht. Ein kluger Schallplattenverkäufer wird aber auch darüber nachdenken, welche Nachbarschaften verschiedener Musikstile sich positiv auswirken könnten, wie man die Kunden dazu verführt, auch einmal einen Ausflug in verwandte musikalische Idiome zu wagen [...].“[180]

Im Folgenden entwickelt Behne eine zweidimensionale Repräsentation der verschiedenen Musikstile, er kartiert sie in einem „Geschmackskreis“. Wer diesen „unmittelbar als Raumplan für den Schallplattenladen nimmt, führt den Kunden zu seinen musikalischen Vorlieben.“[181] Diese Kartierung des Musikgeschmacks ergänzt er, ganz im Sinne von Bourdieus „Raum der sozialen Positionen und Raum der Lebensstile“[182], durch einen „Persönlichkeitsraum“, in dem den Hörerinnen und Hörern in Abhängigkeit des rezipierten Musikstils bestimmte Eigenschaften wie „ungebildet“, „tolerant“, „alt“, „gläubig“ zugeordnet werden. Die durch die Musikrichtung bestimmte (An)Ordnung der Regale im Plattenladen gewinnt eine soziologische (Distinktions-)Funktion:

> „Wenn die Anordnung der Regale für verschiedene Musikrichtungen in dem beschriebenen Sinn erfolgt, wird man als Kunde sicher sein können, dass man in unmittelbarer Nähe nur Menschen begegnet, die einen ähnlichen Musikgeschmack haben. Man kann also gleichzeitig auch erwarten, dass einem nicht die körperliche Nähe von Menschen mit einem ganz anderen Musikgeschmack zugemutet wird, der Jazzhörer also nicht befürchten muss, einem Schlagerhörer zu nahe zu kommen.“[183]

Der soziale Raum manifestiert sich auch auf körperlicher Ebene und wird auf diese Weise sinnlich-spürbar.

Das deutlich gewordene *Spacing* von (musikalischen) Handlungsräumen findet aber auch in alltäglichen Bereichen der Musizierpraxis statt. Die von Behne beschriebene Trennung der verschiedenen sozialen, durch den Musikgeschmack

---

180 Behne: „Innere und äussere Räume“, in: Landau/Emmenegger 2005, S. 65-79, hier S. 67.
181 Ebd., S. 69.
182 Bourdieu, Pierre: „Sozialer Raum, symbolischer Raum“, in: Dünne/Günzel 2006, S. 354-368, hier S. 357.
183 Behne: „Innere und äussere Räume“, in: Landau/Emmenegger 2005, S. 65-79, hier S. 69.

bestimmten Gruppen zeigt sich in der Geschichte als räumliche Trennung verschiedener Stände voneinander, darunter auch der Musiker. Ein historisches Beispiel ist der so genannte „Musizierbalkon", wie er auf Abbildung 8 (siehe Farbteil) zu sehen ist. Die erhöhte Position bei gleichzeitiger räumlicher Trennung ermöglichte zwar auch rein akustisch eine gute Beschallung des Saales, verhinderte jedoch gleichzeitig, dass die Musiker unmittelbaren sozialen Kontakt zu den unten feiernden Personen aufnehmen konnten. Zum Teil waren die Balkone sogar ausschließlich über Leitern zugänglich.[184] Der Wandel der sozialen Struktur, der sich angesichts der zeitweise ebenerdigen Platzierung der Musiker in der Bar *Kakadu* zeigt, ist frappierend. Eine symbolische Abgrenzung zum Publikum markiert hier nur noch der Teppich, auf dem die Instrumente aufgebaut sind (vgl. Kap. *Räumliche Musiziersituation*, S. 152).

Im Bereich der Popmusik wird gelegentlich durch einen ins Publikum führenden Steg über räumliche Nähe auch soziale Nähe, „Anfassbarkeit", des Stars suggeriert. Bei der Konzerttournee von Herbert Grönemeyer im Sommer 2007 waren gleich drei solcher Stege in den Bühnenaufbau integriert (siehe Abb. 9 im Farbteil). Auch im Kabarett wird diese Nähe gesucht, wie sich gut am Beispiel des *Kabaretts der Komiker*, aber auch am räumlichen Arrangement in der *Wilden Bühne* zeigen lässt (vgl. Kap. *„ein fundamentaler Irrtum des Erbauers"*, S. 223, sowie *Wilde Bühne: Einrichtung, Ausstattung, Dekoration*, S. 171).

Oft ist *spacing* verbunden mit Machtkämpfen. So lassen sich aus Platzierungen auch Machtpositionen ableiten: Die durch ein Podest herausgehobene Stellung des Dirigenten ist einerseits notwendig (vor allem bei einem großen, romantischen Orchesterapparat), damit alle Musiker Kontakt halten können. Gleichzeitig verdeutlicht das Podest aber auch eine Machtposition, die Elias Canetti eindrücklich beschrieben hat:

> „Der Dirigent *steht*. Die Aufrichtung des Menschen als alte Erinnerung ist in vielen Darstellungen der Macht noch von Bedeutung. Er steht *allein*. Um ihn herum sitzt sein Orchester, hinter ihm sitzen die Zuhörer, es ist auffallend, daß er allein steht. Er steht *erhöht* und ist von vorn und im Rücken sichtbar. [...] Diese oder jene Stimme weckt er plötzlich zum Leben durch eine ganz kleine Bewegung und was immer er will, verstummt. So hat er Macht über Leben und Tod der Stimmen. [...] Es wird ein Zwang auf die Zuhörer ausgeübt, sich unbeweglich zu verhalten. Bevor er da ist, vor dem Konzert, sprechen und bewegen sie sich durcheinander. Die Anwesenheit der Musiker stört niemanden, man beachtet sie kaum. Da erscheint der Dirigent. Es wird still. Er stellt sich auf; er räuspert sich; er hebt den Stab: alle verstummen und erstarren. Solange er dirigiert, dürfen sie sich nicht bewegen. Sobald er zu Ende ist, sollen sie klatschen."[185]

Aus Canettis Text lässt sich auch gut die von Leppert beschriebene „social discipline of listening" in Zusammenhang mit dem Dirigenten herauslesen, „who com-

---

184 So im Rathaus von Warwick in England (erbaut 1730), vgl. Borsay, Peter: „Music, urban renaissance and space in eighteenth-century England", in: Bödeker 2002, S. 253-272, hier S. 264.
185 Canetti, Elias: *Masse und Macht*, München: Hanser 1994 (=Werke, Bd. 3), S. 468f.

mands attention, who for that matter commonly promotes attention to himself via his gestures, his body language"[186]. Die Macht des Dirigenten, den sozialen Raum zu beeinflussen, zeigt sich z.B. auch darin, dass Mahler für den Ausschluss zu spät kommender Besucher aus dem Konzertsaal sorgt[187], oder in der sich im 19. Jahrhundert durchsetzenden Verdunkelung der Säle: Das „Sehen und Gesehen-werden" der (Wiener) Gesellschaft wird eingeschränkt und der Aufführung (und damit auch dem Dirigenten Mahler) oberste Priorität eingeräumt.

Auch Orchestersitzordnungen sind zum Teil akustischen oder optischen Bedingungen geschuldet, verbinden sich aber gleichwohl mit dem Ausdruck von Macht. Dass ein Orchestermusiker bzw. eine Orchestermusikerin ihren Sitzplatz nicht frei wählen kann (wie auch die Dirigentin), zeigt schon ein gewisses Zwangssystem. Gerade innerhalb der Streichergruppen entwickelt sich das räumliche Arrangement darüber hinaus im (Selbst-)Bewusstsein der Musikerinnen und Musiker oft zum Ausdruck einer klaren Hierarchisierung, obwohl theoretisch alle Plätze (außer denen am ersten Pult) als gleichwertig gelten und bei Berufsorchestern auch gleich bezahlt werden.[188]

Eine besondere Art des *spacing* kann man in Richard Wagners Verwirklichung seiner Visionen in Bayreuth sehen, wobei er nicht nur Einfluss auf die Gestaltung des Aufführungsraumes für seine Musikdramen ausübte, sondern sogar deren Bindung an einen bestimmten Ort festschreiben wollte: „[…] das Werk, das Bayreuth als Raum konstituiert, das zu erfüllen sucht, was der *Ring des Nibelungen* verspricht, ist *Parsifal*."[189] Den viel interpretierten Satz „Zum Raum wird hier die Zeit"[190] aus dem ersten Aufzug des Bühnenweihfestspiels kann man durchaus auch auf die – ewige und damit zeitlose – Festschreibung seiner Aufführungen in den Raum Bayreuth beziehen. Die Verfügung, dass *Parsifal* ausschließlich dort aufgeführt werden solle, verweist auf die quasi religiöse, mystische Funktion des Festspielhauses und somit wiederum auch auf die Einschreibung von Bedeutung in Räume.[191]

---

186 Leppert, Richard: „The social discipline of listening", in: Bödeker 2002, S. 459-485, hier S. 468f.

187 Fischer, Jens Malte: *Gustav Mahler. Der fremde Vertraute*, Wien: Zsolnay 2003, S. 371f.

188 Im noch nicht aufgearbeiteten Nachlass der Geigerin Gerda Bischof (geb. 1908), die im Münchner Rundfunkorchester tätig war, lassen sich anhand von Aufzeichnungen Auseinandersetzung um Sitzplätze verfolgen, die z.T. sogar in Gewalt (Vandalismus) endeten. Bischof, Gerda: Korrespondenz, Unterlagen, Aufzeichnungen. Literaturarchiv der Monacensia. Stadtbibliothek München, Bestand Gerda Bischof.

189 Storch, Wolfgang: „Einladung", in: Storch, Wolfgang (Hg.): *Der Raum Bayreuth: Ein Auftrag aus der Zukunft*, Frankfurt/M.: Suhrkamp 2002, S. 11-13, hier S. 12.

190 Parsifal: „Ich schreite kaum, doch wähn' ich mich schon weit." – Gurnemanz: „Du siehst, mein Sohn, zum Raum wird hier die Zeit." Lesenswert hierzu die Ausführungen von Wolfgang Rihm im Programmheft zum Parsifal-Zyklus der Berliner Philharmoniker: Rihm, Wolfgang: „Raum, Zeit, hier. Bemerkungen zu einem Axiom Wagners", in: Borris 2001, S. 115-122.

191 Zur Verschränkung von Kult und Theater am Beispiel Bayreuths bzw. des *Parsifal* vgl. Reus, Sebastian: „Spiel Fest Weihe Bühne", in: Klaus Schultz/Bayreuther Festspiele (Hg.), *Wege zu Parsifal. PARSIFAL im Bayreuther Festspielhaus 1882-2001. Eine Ausstellung der Bayreuther Festspiele, 25. Juli-28. August 2004 im Neuen Rathaus Bayreuth*, München 2004, S. 24-31.

„Als ich einmal spät des Nachts durch den düstren Kanal heimfuhr, trat plötzlich der Mond hervor und beleuchtete mit den unbeschreiblichen Palästen zugleich den sein gewaltiges Ruder langsam bewegenden, auf dem hohen Hinterteile meiner Gondel ragenden Schiffer. Plötzlich löste sich aus seiner Brust ein dem Tiergeheul nicht unähnlicher, von tief her anschwellender Klagelaut, und dieser mündete nach einem lang ausgedehnten ‚Oh!' in den einfachen musikalischen Ausruf ‚*Venezia!*'. Dem folgte noch einiges, wovon ich aber infolge der großen Erschütterung, die ich empfand, keine deutliche Erinnerung bewahrt habe. Die hiermit zuletzt berührten Eindrücke waren es, welche *Venedig* während meines Aufenthaltes daselbst für mich charakterisierten und bis zur Vollendung des zweiten Aktes von ‚*Tristan*' mir treu blieben, ja vielleicht die schon hier entworfene, langgedehnte Klageweise des Hirtenhornes im Anfang des dritten Aktes mir unmittelbar eingaben."[192]

Richard Wagners Bericht einer nächtlichen Fahrt durch Venedig geht weit über eine Ortsbeschreibung hinaus. Sie ist verknüpft mit subjektiven Empfindungen, die durch verschiedene sinnliche Wahrnehmungen ausgelöst werden: Lichtwirkungen spielen eine herausragende Rolle, verknüpft mit auralen Wahrnehmungen, die „tiefe Erschütterung" hervorrufen. Der Raum wird zu einem emotional aufgeladenen. Das Erlebnis dieser Nacht wird übertragen auf den Gesamteindruck der Stadt, und zwar überzeitlich, Wagner verknüpft alle folgenden Situationen, die er in Venedig durchlebt, mit dieser einzelnen. Über die sachliche Beschaffenheit der Kanäle, Paläste oder der Gondel (Farben, Größe, Baustil) erfahren wir kaum etwas, über Wagners Person dagegen einiges: Seine individuelle Wahrnehmung, die Einordnung des Rufes als „Klagelaut" und das Düstere des Kanals, korrespondieren mit dem seelischen Befinden nach der, durch die Beziehung zu Mathilde Wesendonck ausgelösten, „Flucht" aus Zürich. Das emotionale Erlebnis der nächtlichen Gondelfahrt verknüpft Wagner in der Erzählung mit seinem Schaffen als Komponist: Der Ruf des Gondoliere und die besondere Stimmung der Stadt wirken als Inspiration für die fortgesetzte Komposition am Musikdrama.

Sicherlich spielt die Selbstinszenierung Wagners als Künstler in dem Bericht eine entscheidende Rolle (der Abschnitt ist der autobiographischen Schrift *Mein Leben* entnommen). Dass bestimmte Räume jedoch mit emotionalen Reaktionen verknüpft werden und diese mit der Inspiration zu künstlerischem Schaffen in Zusammenhang gebracht werden, ist ein häufig wiederkehrendes Motiv. Bei Malern erscheint uns dies angesichts ihres Umgangs mit Farben und Lichtwirkungen natürlicher als bei Musikern, auch wenn das Beispiel Wagners zeigt, dass auch diese (zumindest in ihrem Bewusstsein) Verbindungen zwischen (Erlebens-)Raum und künstlerischem Schaffen herstellen. Picasso schätzte an der Stadt Antibes an der Cote d'Azur das besondere Licht, Vincent van Gogh betonte in einem Brief an seine

---

192 Wagner, Richard: *Mein Leben*, München: List 1963, S. 671.

Schwester die besonderen Farbwirkungen der Provence.[193] Dass sich solche Farben in seinen Bildern aus dieser Zeit wiederfinden, scheint selbstverständlich: „Eine veränderte Umwelt erzeugt auf der Stelle eine neue Bilderwelt."[194] Wenn Gustav Mahler angesichts des Höllengebirges gegenüber Bruno Walter den oft zitierten Satz äußert: „Sie brauchen gar nicht mehr hinzusehen – das habe ich schon alles wegkomponiert."[195], so beschreibt dies ein ähnliches, freilich angesichts des nicht-darstellenden Charakters von Musik weniger augenfälliges Verhältnis zur Umgebung.

Zusammenhänge zwischen emotionalem Erleben und auslösenden Faktoren sind schwer zu fassen, Gefühle spielen jedoch sowohl bei der Produktion und Rezeption von Musik wie auch in interpersonellen Beziehungen (und damit beim Musizieren) eine entscheidende Rolle.[196] Die Musikpsychologie hat solche Zusammenhänge in den letzten Jahren eingehender untersucht und z.B. Korrelationen zwischen musikalischer Textur (Lautstärke, Klangfarbe, Zeitstruktur) und „Chills" („Gänsehaut") als körperlichen Reaktionen nachweisen können.[197] Die emotionale Bewertung von *Soundscapes* bzw. Geräuschen versuchen *Sound Design* und funktionale Musik (kommerziell) nutzbar zu machen. Durch musikalische „Klangtapeten" sollen hier Räume emotional aufgeladen werden, ein Vorgehen, das sich nicht nur bei Kaufhausmusik, sondern auch in der modernen Kunst in Form von Klanginstallationen findet (wobei diese im Gegensatz zur Kaufhausmusik zu intellektueller Auseinandersetzung herausfordern).

Aus philosophischer Perspektive nähert sich Gernot Böhme der Frage von Emotion und Raumempfinden und setzt diese in Bezug zur Musik. Er sieht dabei einen über das rein subjektive Empfinden hinausgehenden Zusammenhang und fasst die „schwebenden" Qualitäten von Räumen im Begriff der „Atmosphäre" zusammen, die „zwischen den objektiven Qualitäten einer Umgebung und unserem Befin-

---

193 „Die Farbe ist eigentlich sehr fein hier. Wenn das Grün frisch ist, ist es ein sattes Grün, so wie wir es im Norden selten sehen, ruhig. Wenn es verbrennt und staubig wird, wird es nicht häßlich, sondern dann bekommt eine Landschaft die verschiedensten Goldtöne – Grüngold, Gelbgold, Rosagold, ebenso Bronze, Kupfer, kurz, von Zitronengelb bis zu der mattgelben Farbe wie etwa ein Haufen ausgedroschenes Korn. Das zusammen mit dem Blau – vom tiefsten bleu de roi im Wasser bis zu Vergißmeinnichtblau, Kobalt, vor allem helles, lichtes Blau – Grünblau und Violettblau." (Arles 06./07.1888); van Gogh, Vincent: *Briefe, Gemälde, Zeichnungen, Bd. 5: An die Familie. an Freunde und Bekannte*, Berlin: Directmedia 2006 (=Digitale Bibliothek 142), S. 45.

194 Walther, Ingo F./Metzger, Rainer (Hg.): *Vincent van Gogh. Sämtliche Gemälde, Bd. 2, Arles, Februar 1888-Auvers-sur-Oise, Juli 1890*, Köln: Benedikt Taschen 1989, S. 343.

195 Walter, Bruno: *Gustav Mahler. Ein Porträt*, Wilhelmshaven: Noetzel 1989 (=Taschenbücher zur Musikwissenschaft 72), S. 30.

196 Vgl. de la Motte-Haber, Helga: „Musikwissenschaft und Musiksoziologie: Wandlungen des Forschungsinteresses", in: Helga de la Motte-Haber (Hg.), *Musiksoziologie*, Laaber: Laaber 2007, S. 19-32, hier S. 29ff.

197 Vgl. hierzu z.B. die u.a. an der Hochschule für Musik und Theater durchgeführte Studie von Oliver Grewe: Grewe, Oliver: *Psychological, Physiological and Psycho-Acoustical Correlates of Strong Emotion in Music*, Hannover: Tierärztl. Hochschule 2007 (Online-Publikation unter http://elib.tiho-hannover.de/dissertations/greweo_ss07.zip). Überblicksdarstellungen: Thompson, William Forde: *Music, Thought, and Feeling. Understanding the Psychology of Music*, New York/Oxford: Oxford University Press 2009, S. 119-150 sowie Rötter, Günther: „Musik und Emotion. Musik als psychoaktive Substanz – Musikalischer Ausdruck – Neue experimentelle Ästhetik – Emotionstheorien – Funktionale Musik", in: de la Motte-Haber 2005, S. 268-338.

den vermittelt".[198] Solche Atmosphären oder auch „gestimmte Räume"[199] sind „etwas zwischen Subjekt und Objekt: Man kann sie als quasi objektive Gefühle bezeichnen, die unbestimmt in den Raum ergossen sind. Aber ebenso muss man sie als subjektiv bezeichnen, insofern sie nichts sind ohne ein erfahrendes Subjekt. Aber gerade in diesem Zwischensein liegt ein hoher Wert."[200] Atmosphären werden unterschwellig über die Wahrnehmung erfahren, können aber, z.B. von Bühnenbildnern im Theater, bewusst hergestellt werden. Wagner beschreibt in seinem Bericht die Stadt Venedig also als einen von ihm unterschwellig erfahrenen „gestimmten Raum". Dass diese Erfahrung mit Veränderung einhergeht (Lichtänderung durch Mondschein, Änderung der akustischen Landschaft durch den Gondoliere-Ruf) entspricht Böhmes Beobachtung, dass Atmosphären „erfahren [werden] im Kontrast, [...] wenn man in sie eintritt, durch den Wechsel von einer Atmosphäre zur anderen."[201]

Böhme sieht (wie auch zahlreiche andere Theoretiker im Zuge der „Postmoderne") die Ästhetik als *Aisthetik*, also Wahrnehmungslehre, und plädiert in Folge dessen dafür, die sinnliche Wahrnehmung unter Einbezug der Leiblichkeit des Menschen (als Gegensatz zur reinen Körperlichkeit) ernst zu nehmen. Klängen und Geräuschen kommt in Böhmes Konzept (neben Farben, Formen und Gerüchen) in Form der „Akustischen Atmosphäre" eine besondere Bedeutung zu. Eine Geschichte der Sinne, wie sie z.B. Mark M. Smith mit Büchern wie *How Race ist Made: Slavery, Segregation, and the Senses* (2006) oder *Sensing the Past: Seeing, Hearing, Smelling, Tasting and Touching in History* (2008) zum Thema macht, erforscht neben der kulturell gebundenen Bedingtheit von Wahrnehmung u.a. auch Atmosphären.[202] „The dominance of the eye" soll hier gebrochen werden zugunsten einer „reemergence of intersensual reality".[203]

Bei Spolianskys Musik in der Bar und im *Café Schön* handelt es sich um typische, die Atmosphäre eines Raumes modifizierende Hintergrundmusik. Dass mit solcher Musik Stimmungen beeinflusst und Räume gestaltet werden können, ist keine neue Erkenntnis. Aus heutiger Sicht kurios erscheint z.B. die Einrichtung von so genannten „Musical Bushes" in den englischen Pleasure Gardens des 18. Jahrhunderts, wo ein Orchester versteckt unter der Erdoberfläche musizierte, so dass die Musik aus dem Nirgendwo zu kommen schien.[204] Böhmes Ansatz eignet sich zur Beschreibung (wenn auch nicht zur Erklärung) eines räumlichen Phänomens, das

---

198 Böhme, Gernot: *Architektur und Atmosphäre*, München: Wilhelm Fink 2006, S. 16.
199 Ebd.
200 Böhme, Gernot: „Akustische Atmosphären. Ein Beitrag zur ökologischen Ästhetik", in: Institut für Neue Musik und Musikerziehung Darmstadt (Hg.), *Klang und Wahrnehmung. Komponist – Interpret – Hörer*, Mainz: Schott 2001, S. 38-48, hier S. 40.
201 Ebd.
202 Smith, Mark M.: *How race is made. Slavery, segregation, and the senses*, Chapel Hill: University of North Carolina Press 2006, Smith, Mark M.: *Sensing the past. Seeing, hearing, smelling, tasting, and touching in history*, Berkeley: University of California Press 2008. Ein Buch zum amerikanischen Bürgerkrieg ist in Vorbereitung (*When War makes Sense: A Sensory History of the American Civil War*).
203 Smith, Mark M.: *Futures of Hearing Pasts*, Vortrag beim *9. Blankensee-Colloquium*, 17. Juni 2010.
204 Borsay: „Music, urban renaissance and space", in: Bödeker 2002, S. 253-272, hier S. 263 sowie Matthes: „Der Raum des Paradieses", in: Ebd., S. 273-301, hier S. 276.

letztlich in den Bereich der Wahrnehmungspsychologie fällt und hochkomplex ist. Auf welche Weise sich die Zusammenhänge von Emotionen und auslösenden Faktoren gestalten, ob diese erlernt werden, ob sie kulturübergreifend gleich erfahren werden und ähnliche Fragen bleiben bei Böhme offen und müssen der Emotionsforschung überlassen bleiben.[205]

Auch die am Beispiel Richard Wagners aufgerufene Verbindung von im Begriff „Inspiration" gefasster Motivation zu musikalischem Schaffen durch räumliche Qualitäten ist mit Böhmes Ansatz nicht näher bestimmbar. Einen kreativen und durchaus einleuchtenden Zugang zur Erhellung dieses Phänomens, zumindest einer Facette davon, stellt Michael Mayerfeld Bells Idee der „ghosts of place" dar, die von einer Aktivierung von erlerntem Vorwissen für die Interpretation von Orten ausgeht. Damit kann man einer Beobachtung Rechnung tragen, dass an bestimmten Aufführungsorten deren Geschichte zu einem für das Musikerleben oder Musizieren bestimmenden Faktor wird. Die „auratische" Qualität, die z.B. Orten wie der New Yorker „Met", der Mailänder Scala oder der Thomaskirche in Leipzig von Musikern und/oder Musikhörern zugesprochen wird, würde demnach auf der Kenntnis bestimmter historischer Fakten beruhen, die mit dem vorherigen Wirken anderer, berühmter Musiker verbunden sind. Am selben Ort zu musizieren wie z.B. Johann Sebastian Bach, ändert die Phänomenologie des Raumes für eine Interpretin nachhaltig. Michael Mayerfeld Bell spricht in diesem Zusammenhang von „Geistern", die, als soziale Konstruktionen, solche Orte bevölkern: „Through ghosts, we re-encounter the aura of social life in the aura of place."[206] Heinrich Heine z.B. beschwört solche „Geister" in seiner Beschreibung der Straße „Unter den Linden" in Berlin (vgl. Kap. *Café Schön*, S. 121).

Wenn der Jazz-Trompeter Till Brönner, befragt nach dem Aufnahmeort seines Albums *Rio*, vom „Geist an einem Ort" spricht, so ist diese terminologische Übereinstimmung zwar Zufall, zeugt aber von einer instinktiven Verbindung mit den Gedankengängen Mayerfeld Bells:

> „Ich bin ein großer Verfechter von Aufnahmeorten, die ein bestimmtes Flair mitbringen. Der Geist an einem Ort, der Geist einer Stadt, das Lebensgefühl, schlägt sich immer auch in der Musik nieder, die man dort aufnimmt."[207]

Etymologisch hängt der Begriff „Inspiration" über lat. *inspirare* („einhauchen") mit dem Substantiv *spiritus* zusammen, das neben „Atem" auch „Geist" bedeuten kann.

---

205 Die Atmosphäre erzeugende Wirkung von Musik wird im kommerziellen Bereich von Anbietern funktioneller Musik (MUZAK, Kaufhausmusik) stark beworben. Über die tatsächliche Wirkung zeigen Studien unterschiedliche Ergebnisse (Klaus-Ernst Behne vertritt hierzu die These der zunehmenden Wirkungslosigkeit von Hintergrundmusik angesichts eines Überangebots). Die Affektverstärkung über Musik ist u.a. an Filmmusik eingehend untersucht worden. Vgl. Rötter: „Musik und Emotion.", in: de la Motte-Haber 2005, S. 268-338, hier S. 318-323 sowie 323-328.

206 Bell, Michael Mayerfeld: „The Ghosts of Place", in: *Theory and Society*, Nr. 26 (1997), S. 813-836, hier S. 821.

207 Brönner, Till: „I Go To Rio! Interview mit Till Brönner zu seinem neuen Album", in: *JazzEcho Extrablatt*, Vorabdruck, September (2008), S. 2.

Auch Clubs oder Festivalorte können eine solche „aura of place" haben. Wenn eine Band zu einem Konzert anreist, weiß sie oft, wer hier schon Konzerte gespielt hat. Die „Geister" sind in Form von sozialen Konstruktionen noch an diesen Orten anwesend. Auch die Erwartungshaltung des Publikums orientiert sich an solchen „Geistern". Besonders augenfällig wird dies, wenn Clubs an anderen Orten wieder- bzw. neu gegründet werden. So existiert z.B. in New York noch ein Club namens *Birdland* – es handelt sich dabei aber nicht mehr um das legendäre *Birdland* der 1950er-Jahre, bei dessen Eröffnungskonzert Charlie Parker („Bird") spielte und wo Musiker wie Thelonious Monk, Dizzy Gillespie oder Miles Davis auftraten. Die Konzertsituation im heutigen Club, der 1986 neu gegründet wurde und sich an anderer Adresse befindet, wird für die Musiker nicht durch die Historie des Ortes geprägt – es sei denn, sie ahnen nichts von der über zwanzigjährigen Unterbrechung der Kontinuität und übertragen ihre Zuschreibungen („ghosts") auf den neuen Club (Placebo-Effekt).[208]

Die „auratische" Qualität eines Ortes beruht also auf sozialen Zuschreibungen, die den Musiker oder die Musikerin bewusst oder unbewusst beeinflussen. So steht der Name „Bayreuth" für ein Konglomerat aus historischen Fakten und Legenden, die Scala ist nicht nur mit dem Triumph (und dem Scheitern) zahlreicher Sänger verbunden, sondern steht auch für das besondere Verhältnis der Italiener zur Oper, die Philharmonie in Berlin bezeichnet nicht nur einen Ort, an dem zahlreiche berühmte Dirigenten und Solisten aufgetreten sind, sondern ist auch ein Symbol des nach dem Krieg wiederaufgebauten Berlin. Die Geschichte eines Ortes findet Eingang in die Phänomenologie seiner Räumlichkeit, diese kann wiederum Auswirkungen auf das Musizieren haben. Auch wenn es sich bei den oben beschriebenen Phänomenen um einen psychologischen Effekt handelt, ist dieser doch für die Menschen sehr real; solche Wahrnehmungen und Zuschreibungen scheinen die Wirklichkeit eher zu repräsentieren als die zentimetergenaue, aber abstrakte Abmessung von Räumen.

City sounds: The Images of place | Was Behne im schon angeführten Beispiel des Schallplattenladens beschreibt, die soziale Abgrenzung bestimmter Gruppen über Musik und deren räumliche Repräsentation im Aufbau der Regale, weist auf die wichtige Rolle von Musik bei der Konstruktion von Identität hin. Was im Zuge von individuellen und Gruppen-Identitäten untersucht worden ist, kann auch auf die Stadt als Lebens- und Handlungsort verschiedener „Szenen" projiziert werden.[209]

---

208 Der neue Club versucht auf seiner Homepage die Illusion von Kontinuität zu wecken (und beschwört damit die „Geister" bzw. „Aura" des alten Ortes): „On many occasions, artists who performed at the original club on 52nd street graced the stage of the second version of Birdland as well." (www.birdlandjazz.com/, „History", 03.11.2009)

209 Über die Stadt hinaus ist auch die Rolle der Musik bei der Konstruktion nationaler Identitäten untersucht worden, vgl. z.B. für die USA: von Glahn, Denise: *The Sounds of Place. Music and the American Cultural Landscape*, Boston: Northeastern University Press 2003. S. auch den Sammelband Loos, Helmut/Keym, Stefan (Hg.): *Nationale Musik im 20. Jahrhundert: kompositorische und soziokulturelle Aspekte der Musikgeschichte zwischen Ost- und Westeuropa*, Leipzig: Schröder 2004.

Die Identität einer Stadt konstruiert sich dabei aus Selbst- und Fremdbildern, die im Zuge eines ständigen, reflexiven Selbstvergewisserungsprozesses miteinander abgeglichen werden:

> „Sich im Spiegel der relevanten anderen zu erleben, zu sehen, dass man wahrgenommen wird und wie man wahrgenommen wird, zu erkennen, welche Bilder sich andere von uns machen und wie sie uns gegenüber gestimmt und eingestellt sind, diese Fremdattributionen prägen die Selbstattributionen, das Selbst-Erleben und beeinflussen das eigene Handeln, Denken, Erleben, Empfinden, Fühlen, die Selbstwahrnehmung, das Selbstvertrauen, die eigene Identität."[210]

Im Zuge eines *City Branding* des Stadtmarketings, das versucht, einer Stadt zu einem bestimmten Image zu verhelfen, kann auch Musik eine Rolle spielen. So inszenieren sich z.B. Wien, aber auch Trossingen als „Musikstadt"[211]. Dass über die offizielle Vermarktung hinaus die Musik bzw. der „Sound" einer Stadt für die Einwohner eine wichtige Funktion hat, zeigen diverse Studien aus dem Bereich der Popularmusikforschung. Musik dient zur Distinktion gegenüber anderen Städten und zur Definition der besonderen, „eigenen" Eigenschaften einer Stadt. So definiert beispielsweise DJ Suv von der Gruppe *Full Cycle* den Sound seiner Heimatstadt Bristol in Abgrenzung zur Hauptstadt London:

> „We've always been into the ‚Bristol sound'. But it's progressed, there's a Bristol D&B sound as well now, which is definitely different to the London sound. London is a lot more industrial, techno-influenced and dark-sounding. Which is great, I mean, I love it, but I couldn't listen to it all night. Our thing gives us our identity. I'm glad we do come from Bristol because otherwise we might be forced to conform to what everyone else is making, it's good that we're from the country because I think it influences our sound."[212]

Bei der Konstruktion eines „City Sounds" können Vorurteile eine Rolle spielen, er kann aber auch tatsächlich durch musikalische Parameter gekennzeichnet sein, die sich wiederum auf soziokulturelle Einflüsse wie Bevölkerungsprofil oder Infrastruktur zurückführen lassen.[213]

---

210 Eberle Gramberg, Gerda/Gramberg, Jürgen: „Stadtidentität", in: Maria Luise Hilber (Hg.), *Stadtidentität. Der richtige Weg zum Stadtmarketing*, Zürich: Orell Füssli 2004, S. 27-35, hier S. 29.

211 www.wien.info/de/musik-buehne/musikstadt-wien sowie www.trossingen.de (03.08.2010).

212 DJ Suv in *International DJ*, Januar 2002, S. 49, zit. n. Webb, Peter: „Interrogating the production of sound and place: the Bristol phenomenon, from Lunatic Fringe to worldwide Massive", in: Sheila Whiteley (Hg.), *Music, Space and Place. Popular Music and Cultural Identity*, Burlington: Ashgate 2004, S. 66-85, hier S. 66.

213 Peter Webb macht die Zusammenhänge am Beispiel des Bristol Sounds deutlich (ebd.). Cohen widmet sich Liverpool (Cohen, Sara: „Identity, Place and the ‚Liverpool Sound'", in: Stokes 1994, S. 117-134). Stahl reflektiert in seinem Aufsatz *Musicmaking in the city* dezidiert der Frage des methodischen Zugriffs (Stahl, Geoff: „Musicmaking and the City. Making Sense of the Montreal Scene", in: Dietrich Helms (Hg.), *Sound and the City. Populäre Musik im urbanen Kontext*, Bielefeld: transcript 2007, S. 141-159.

Auch für Berlin wird im Allgemeinen ein bestimmter „City sound" angenommen, aus historischer Perspektive z.B. im Berliner Gassenhauer.[214] In den Jahresrevuen um die Jahrhundertwende zum 20. Jahrhundert sind Identitätskonstruktionen nachweisbar, die die Entwicklung der Stadt als Großstadt reflektieren und versuchen, Berlin seinen Platz im Kontext der älteren europäischen Metropolen Paris oder London zuzuweisen.[215] Auch im Kabarettchanson der 1920er-Jahre wird das Bild der Stadt reflektiert und somit Identität konstruiert (vgl. Kap. *Raumaufbrüche und -konstruktionen im musikalischen Repertoire der Wilden Bühne*, S. 184). Dass noch in der Nachkriegszeit der (in der Erinnerung als Mythos konstruierte) Sound des Berlins der 1920er-Jahre Einfluss auf die Ausprägung der spezifischen „identity of place" hat, zeigen John Connell und Chris Gibson:

> „Berlin has at times become an important site in rock industry mythology, as a place with its own ‚sound‘, and ‚feel‘. The roots of this reputation date from the 1920s and 1930s, when Berlin was a famous centre for jazz, hedonism, political conflict, cabaret and night life. During the 1970s and 1980s, in a dramatically altered post-war environment, this reputation remained an attraction. [...] Berlin (in particular Hansa Studios) not only provided the physical infrastructure necessary for recording significant albums of this magnitude [u.a. von Iggy Pop, David Bowie, U2, Depeche Mode], but also represented a location, with a political and cultural style, that somehow combined pre-war hedonism with post-war geopolitical tensions."[216]

Zwischenüberlegungen

Die Zusammenhänge von Musik und Raum sind vielfältig und eröffnen verschiedene Perspektiven auf das Musizieren wie auf die Rezeption von Musik. Im Zugang über verschiedene Ebenen wie die der Akustik, der Repräsentationen und Konstruktionen von Räumen, der „Identities of Place" wie auch der Räumlichkeit sind jeweils Antworten auf spezifische Fragen an Musik zu erwarten. Bestimmte Zugangsweisen erweisen sich dabei als fruchtbarer zur Erhellung der Funktion und Gestalt der Musik im Kontext des in dieser Arbeit betrachteten Musizierens in Café, Bar und Kabarett im Berlin der Zwischenkriegszeit. So ist gerade der soziologisch geprägte Zugang, der Musizieren als Handlung in einem sozialen Gefüge betrachtet, aufschlussreich, aber auch die Beeinflussung von Musik durch Gebäudeformen bzw. Raumakustik und die Konstruktion von Stadtidentität in den Musiktheaterformen des Kabaretts lassen Rückschlüsse auf das Musikleben in seiner Einbindung in kul-

---

214 Richter, Lukas: *Der Berliner Gassenhauer. Darstellung, Dokumente, Sammlung*, Leipzig: VEB Deutscher Verlag für Musik 1969.

215 Stahrenberg, Carolin: „„Donnerwetter! Tadellos!!' Stadtidentitäten Berlins im Klang von Couplets und Schlagern 1907/1908", in: Stefan Keym u.a. (Hg.): *Musik – Stadt. Traditionen und Perspektiven urbaner Musikkulturen. Bd. 3. Musik in Leipzig, Wien und anderen Städten im 19. und 20. Jahrhundert*, Leipzig: Schröder 2011, S. 335-347.

216 Connell/Gibson 2003, S. 104f.

turelle Prozesse erwarten. Als untergeordnet erweist sich vor allem die Betrachtung der Konstruktion von musikimmanenten Räumen; im Kabarettchanson lassen sich allerdings über assoziative Verknüpfungen bestimmte räumliche Qualitäten auch innerhalb des innermusikalischen Raumes aufzeigen (vgl. Kap. *Raumaufbrüche und -konstruktionen im musikalischen Repertoire der Wilden Bühne*, S. 184).

Stahl fasst in seiner Studie zum Musikleben Montreals unter der Zwischenüberschrift *Musicmaking and finding the right questions* Voraussetzungen für musikalisches Handeln zusammen: „Musikmaking requires people, material and symbolic resources, as well as what Bourdieu (1992) has called ‚spaces of possibility‘.“[217] Wie einige Orte im Berlin der 1920er-Jahre zu „spaces of possibility" wurden, wie Menschen sich an ihnen durch Musik ausdrückten und diese zur Konstruktion ihrer spezifischen Identität im Rahmen der Stadt nutzten, wie an diesen Orten also eine Vielfalt von musikalischen Handlungsräumen entstand, ist Gegenstand der detaillierten Untersuchung im zweiten Teil der Arbeit.

---

217 Stahl: „Musicmaking and the City", in: Helms 2007, S. 141-159, hier S. 147.

Lebenswege, Stationen, Kreuzungspunkte:
Berlin, 1920er-Jahre

Lebenskartographie |

> „Lange, jahrelang eigentlich spiele ich schon mit der Vorstellung, den Raum
> des Lebens – Bios – graphisch in einer Karte zu gliedern. Erst schwe-
> te mir ein Pharusplan vor, heute wäre ich geneigt zu einer Generalstabs-
> karte zu greifen, wenn es die vom Innern von Städten gäbe. Aber die fehlt
> wohl in Verkennung künftiger Kriegsschauplätze. Ich habe mir ein Zei-
> chensystem ausgedacht und auf dem grauen Grund solcher Karten ginge es
> bunt zu, wenn die Wohnungen meiner Freunde und Freundinnen die Ver-
> sammlungsräume der mancherlei Kollektiva von den ‚Sprechsälen' der Ju-
> gendbewegung bis zu den Versammlungsorten der kommunistischen Jugend,
> die Hotel- und Hurenzimmer, die ich für eine Nacht kannte, die entscheiden-
> den Tiergartenbänke, die Schulwege und die Gräber, deren Füllung ich bei-
> wohnte, die Stellen, an denen Cafés prangten, deren Namen heute verschollen
> sind und uns täglich über die Lippen kamen, die Tennisplätze auf denen heut
> leere Mietshäuser und die gold- und stuckverzierten Säle, die die Schrecken
> der Tanzstunden beinah Turnsälen gleichmachten, wenn all das dort deutlich
> unterscheidbar eingetragen würde."[218]

Lebensbeschreibung als Karte – wenn Walter Benjamin um 1932 in der *Berliner
Chronik* über die Orte nachdenkt, an denen sich seine Jugend abgespielt hat, so mi-
schen sich alltägliche Wege mit besonderen, an emotionale Erinnerungen wie Tod
oder erste Liebe gebundenen Orten. Die „bunte" Karte des Lebens vereint die Routinen mit dem Außergewöhnlichen. Die Pharuspläne Berlins aus der Zwischenkriegszeit zeigen eine Reihe von Orten, die Benjamin, aber auch die Akteure des Kabaretts
ihrer Lebenskarte hinzufügen könnten. Jeder hat seine eigenen Bewegungsmuster,
die sich auf einer solchen Karte finden würden, die viel über die individuelle Geschichte, aber auch über Geschichte allgemein aussagen könnte – doch die „Lebens-
kartographie", wie man mit Benjamin sagen könnte, ist eine unterentwickelte Wissenschaft.

Es gibt allerdings eine Teildisziplin der Geographie, die sich mit der Bewegung
in Raum und Zeit beschäftigt, die „Zeitgeographie"[219]:

> „Die Kernidee der Zeitgeographie besagt, dass die täglichen Routinetätigkei-
> ten eines Individuums als Pfad durch Raum und Zeit dargestellt werden kön-
> nen. [...] Mit dieser Methode lassen sich die unterschiedlichen Orts- und
> Wegenutzungen verschiedener Individuen oder Gruppen, differenziert z.B.
> nach Alter oder Geschlecht, nicht nur nachvollziehen, sondern auch grafisch
> darstellen und kartografieren."[220]

---

218 Benjamin, Walter: *Berliner Chronik*, Frankfurt/M.: Suhrkamp 1970, S. 12f.
219 Als deren Begründer gilt der schwedische Geograph Torsten Hägerstrand, Schroer 2006, S.
   110.
220 Schroer 2006, S. 109f.

Dabei können einerseits die alltäglichen Wege Gegenstand der Untersuchung sein (vgl. Abb. 10), andererseits kann die Zeitspanne bis hin zu kompletten „Lebenszeitbiographien"[221] ausgedehnt werden. Die Darstellungen geben Aufschluss über das Raumverhalten von Gruppen, was z.B. für die Stadt- oder Verkehrsplanung von Nutzen sein kann. Die Zeitgeographie ist die wissenschaftliche Antwort auf die Tatsache, dass „Leben [...] sich in Raum und Zeit [ereignet]"[222] und mit Bewegung, Haltestationen und Reisen verbunden ist: „Lebensbeschreibungen sind Bewegungsgeschichten. Ihre Eckdaten sind Geburt und Tod, sie verlaufen zwischen Geburts- und Sterbeort. Das Lexikon und der Grabstein konzentrieren sich auf diese elementaren Mitteilungen."[223]

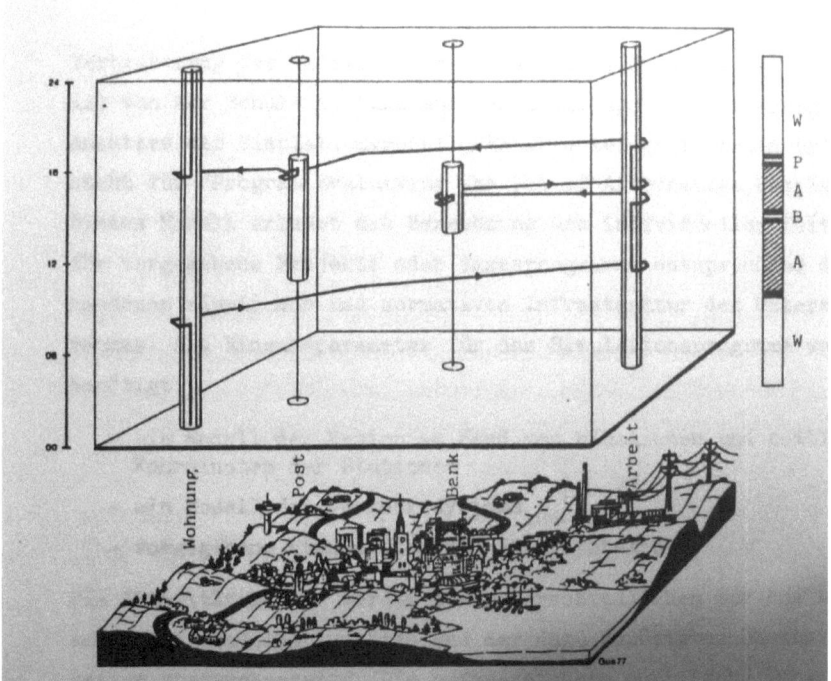

Abb. 10: Typische graphische Darstellung der Zeitgeographie: Zeitinvestition für ein Tages-
programm, bestehend aus Einzelaktivitäten in den Stationen Wohnung, Postamt, Bank,
Arbeitsplatz. Die Zeitposten für die Raumüberwindung sind in der Zeitbilanz rechts
schwarz markiert.

221 Giddens 1988, S. 163.
222 Schlögel 2003, S. 386.
223 Ebd.

Zwischen dem Anfangs- und Endpunkt des Lebens liegen Stationen, von Giddens „Haltestellen" genannt[224], an denen sich die Wege von Menschen in Zeit und Raum kreuzen: hier kommt es zur Begegnung, zum Austausch, wird Neues hervorgebracht. Cafés, Bahnhöfe, Schulen, Fabriken usw. sind solche Stationen. Auch die von Moreck beschriebenen „Stätten des Lebens" waren für viele Menschen Stationen, oft nur für einen Abend; für die Musiker, Sängerinnen oder Kellner als Arbeitsstätte dagegen täglich, oft über mehrere Jahre hinweg.

Giddens schließt mit den „Haltestellen" an Foucaults Gedanken an, der im Vortrag *Von anderen Räumen* die Stadt als ein Netzwerk beschreibt:

> „Die Welt wird heute nicht so sehr als ein großes Lebewesen verstanden, das sich in der Zeit entwickelt, sondern als ein Netz, dessen Stränge sich kreuzen und Punkte verbinden."[225]

Nicht jede ihrer Stationen können Menschen frei wählen: Man ist oftmals an seinen Ort gebunden. Insofern handelt es sich teilweise um ein Zwangssystem: der Geburtsort bzw. Ort des Aufwachsens prägt Chancen und Handicaps für das weitere Leben vor wie kein anderer. Manchmal ist es ein Zufall oder, je nach subjektiver Interpretation, „das Schicksal", das uns an einen bestimmten Ort verschlägt. Der Zugang zu anderen Orten ist sanktioniert, beispielsweise durch Aufnahmeprüfungen oder einen *Numerus clausus*. Doch viele Aufenthaltsorte sucht man freiwillig auf, und diese Wahl macht die persönliche Disposition eines Menschen, seine Vorlieben und Abneigungen, seine Geschichte sichtbar. „Bewegung ist ein Ausdruck für Freiheit"[226], meint Karl Schlögel – die Freiheit bedeutet aber auch den Zwang zur Wahl; die *Wahlbiographie* ist (zumindest in der Moderne) auch mit einer *Wahlgeographie* verbunden.[227] In diesem Sinne tragen Orte zur Konstruktion unseres Selbst bei: „Biographie ist insofern immer auch Topographie."[228]

---

224 Giddens 1988, S. 171.
225 Foucault, Michel: „Von anderen Räumen (1967/1984)", in: Dünne/Günzel 2006, S. 317-329, hier S. 317. Im Original: „Nous sommes à l'époque du simultané [...]. Nous sommes à un moment où le monde s'éprouve, je crois, moins comme une grande vie qui se développerait à travers le temps que comme un réseau qui relie des points et qui entrecroise son écheveau." (Michel Foucault: *Des espaces autres* (conférence au Cercle d'études architecturales, 14 mars 1967), in: *Architecture, Mouvement, Continuité*, Nr. 5, Oktober 1984, S. 46-49, Volltext über: foucault.info/documents/heteroTopia/foucault.heteroTopia.fr.html, 19.07.2010). Aleida Assmann greift auf eine bemerkenswert andere Übersetzung zurück (und zwar aus: Barck, Karlheinz u.a. (Hg.): *Aisthesis. Wahrnehmung heute oder Perspektiven einer anderen Ästhetik*, Leipzig: Reclam 1993, S. 34-36): „Wir verstehen uns heute weniger als Wesen, deren Leben sich in der Zeit entwickelt, denn als solche, die über bestimmte Knotenpunkte miteinander vernetzt und verschränkt sind." (Assmann, Aleida: „Geschichte findet Stadt", in: Csáky 2009, S. 13-27, hier S. 14f.).
226 Schlögel 2003, S. 368.
227 Vgl. Schroer 2006, S. 112.
228 Becker, Gerold/Bilstein, Johannes/Liebau, Eckart (Hg.): *Räume bilden. Studien zur pädagogischen Topologie und Topographie*, Seelze-Velber: Kallmeyersche Verlagsbuchhandlung 1997, S. 9-16, hier S. 10.

Das Nachverfolgen der Stationen Spolianskys in Berlin, seiner erzwungenen und gewählten Orte, macht seine Biographie im Kontext des urbanen Lebens in der Weimarer Republik plastisch:

> „Orte sind nicht Schall und Rauch, sondern sagen etwas über Herkunft, Bildung, Karrieren, Schicksale. Sie flankieren Lebensgeschichten, sie markieren Lebenswege. Sie sind die Schauplätze, auf denen alles spielt. Hier kommt es zu Begegnungen, von denen alles Weitere abhängt. Hier kreuzen sich Wege […].“[229]

Eine dreidimensionale Darstellung in der Art der Zeitgeographie, unter Berücksichtigung der Zeitachse, konnte für Spolianskys Leben in Berlin nicht erstellt werden – zu wenige genaue Daten sind bekannt. Zumindest eine zweidimensionale Darstellung der Lebens- und Arbeitsstationen (ohne Anspruch auf Vollständigkeit), eine „Lebenskarte“ im Sinne Benjamins, ergänzt durch eine Chronik der wichtigsten Daten, findet sich im Anhang (siehe Anhang und Abb. 1 im Farbteil).

Orts(re)konstruktionen und Material | Wie verhält es sich aber mit der Geschichte von Orten? Versucht man, die „Biographie“ von Städten zu erforschen[230], trifft man zwangsläufig auf die Geschichte von Menschen. Stadt- und Institutionsgeschichte setzt sich zu einem Großteil zusammen aus Zeugnissen von Personen, die an einem Ort „Station gemacht“ haben, die ihn geprägt haben und von ihm geprägt wurden, die sein Bild durch ihre Beschreibungen für die Nachwelt übermittelt haben. Zwar kann die Archäologie die bauliche Beschaffenheit rekonstruieren, doch auch diese „Re-konstruktion“ bleibt immer Konstruktion.[231] Auch Pläne, Ansichten und Karten, auf deren Objektivität wir uns gerne verlassen, sind vom Zeichner geprägt, der sie übermittelt. Und die literarische Beschreibung von Orten verrät oft mehr über die Bedeutung eines Ortes für den Schreiber als über den Ort selbst.[232]

Wenn Karl Schlögel trotzdem Orte als „verläßliche Zeugen“ beschwört, die „immer schon da gewesen“ sind, und immer „noch da [sein werden], wenn der Erinnernde sich längst auf und davon gemacht hat“, so beruft er sich weniger auf den Ort an sich als auf dessen Materialität:

> „Sie [die Orte] sind die Oberflächen, auf denen die Spuren noch sichtbar sind, die Generationen, die längst erloschen sind, hinterlassen haben.“[233]

---

229 Schlögel 2003, S. 368.
230 Vgl. Löw/Steets/Stoetzer 2007, S. 37.
231 Gut deutlich wird dies z.B. angesichts der Rekonstruktion von Knossos durch Sir Arthur Evans: Vorstellungen des 19. Jahrhunderts beeinflussten hier die Sichtweise auf die alte Kultur stark. Evans Rekonstruktionen sind inzwischen vielfach kritisiert worden. Vgl. hierzu Fitton, J. Lesley: *Die Minoer*, Stuttgart: Theiss 2002.
232 Literarisch hat die Verschränkung von individueller Identität und Identität der Stadt Orhan Pamuk in seinem Roman *Istanbul* thematisiert: Pamuk, Orhan: *Istanbul. Erinnerungen an eine Stadt*, München: Hanser 2006.
233 Schlögel 2003, S. 370.

Straßenpflaster und Wände haben in diesem Sinne eine besondere Wahrhaftigkeit: Spuren von Füßen und Händen oder von Wagenrädern haben sich eingegraben, sie an bestimmten Stellen glatt geschliffen, Spurrillen herausgefahren. An alten Römerstraßen lassen sich noch heute Wegstrecken, in alten Türmen Laufwege nachvollziehen, die unzählige Generationen von Menschen täglich gegangen sein müssen.

Schlögel fordert dazu auf, diesen „eingegrabenen Wegstrecken" nachzugehen, indem man Orte aufsucht und „seinen Augen traut" („Augenarbeit"[234]). In Berlin findet sich noch manche Spur, wenn auch nicht immer aus der Zeit, nach der man den Ort befragen will. Leere Baugruben, neue Häuser, verwahrlostes Gelände, Einschusslöcher erzählen vom Berlin des Kalten Krieges, des Zweiten Weltkriegs oder vom „neuen Berlin" nach dem Fall der Mauer. Manchmal erkennt man den „alten Ort" der Vorkriegszeit gar nicht mehr, wie der ratlose Curt Bois in der Rolle des *Homer* in Wim Wenders *Der Himmel über Berlin*. Im Niemandsland des kalten Krieges sucht er den ehemaligen Potsdamer Platz:

> „Ich kann den Potsdamer Platz nicht finden! Nein, ich meine, hier … Das kann er doch nicht sein! Denn am Potsdamer Platz, da war doch das Café Josty … Nachmittags habe ich mich da unterhalten und einen Kaffee getrunken, das Publikum beobachtet, vorher meine Zigarre geraucht bei Löhse [sic!] und Wolff, ein renommiertes Tabakgeschäft, gleich hier gegenüber. Also das kann er hier nicht sein, der Potsdamer Platz, nein! Man trifft keinen den man … fragen kann. Das war ein belebter Platz!"[235]

Hier erzählen die Steine von der Zerstörung, nicht mehr vom alten Glanz des Ortes.[236] Doch manchmal findet sich noch der alte Grundriss im neuen wieder, ein Zugang ist an derselben Stelle wie früher – oder die „Geister" des Ortes sind in den Routinen immer noch anwesend und werden vom Besucher, der über Hintergrundwissen verfügt, in den Ort hineinprojiziert. Orte sind für Menschen eben nicht nur Material. Sie sind auch das, was sie in ihnen sehen bzw. sehen wollen. So zeigen Rekonstruktionen nicht den alten Ort – sie zeigen die Wünsche und Vorstellungen der Rekonstruierenden an bzw. von diesem Ort. Orte tragen deshalb nicht nur zur Konstruktion des Selbst bei, sie sind auch Konstruktionen unseres Selbst.

Den Blickwinkel teilen | Wenn man Orte erforscht, ihre Geschichte schreiben will, so muss man sich bewusst sein, dass auch diese Geschichte Konstruktion ist; sie ist nur eine von vielen möglichen Geschichten. Trotz des Strebens nach einer „Authentizität" ist diese doch unmöglich. Der eigene Blickwinkel, die eigene Vergangenheit prägt die (Re)Konstruktion von Orten und Geschichte – umso mehr, da der Historiker bzw. die Historikerin normalerweise nicht über eigene Erinnerung an die Orte verfügt, zumindest nicht an den Zustand zu der Zeit, die er oder sie beschreibt.

---

234 Schlögel 2003, S. 269.
235 Wenders, Wim/Handke, Peter: *Der Himmel über Berlin. Ein Filmbuch*, Frankfurt/M.: Suhrkamp 1987, S. 58.
236 „Wenn die Menschen schweigen, so werden die Steine schreien", schrieb Johann Gottfried Herder in: *Briefe zur Beförderung der Humanität*, zit. n. Assmann 1999, S. 298.

Man kann sich lediglich die Erinnerungen anderer zu eigen machen, versuchen, ihren Blickwinkel zu teilen und daraus Erkenntnisse über den Ort zu gewinnen. Doch auch dieser Blickwinkel ist nicht im wirklichen Sinne authentisch; die Vergangenheit ist nicht wieder „erlebbar". Doch er erlaubt das Bewusstsein für die subjektive Konstruktion von „Wahrheit", von Orten und ihrer Geschichte. Will man also Orte in ihrer subjektiven Konstruktion und ihrer Bedeutung für Menschen beschreiben, so bietet es sich an, die Perspektive von Menschen einzunehmen, für die dieser Ort bedeutsam war – als Station auf ihrem Lebensweg, als Teil ihrer täglichen Routinen und als Kreuzungspunkt mit dem Leben anderer. Dabei geht es nicht darum, Biographie zu schreiben, weder die eines Menschen noch die eines Ortes; es geht darum, Verknüpfungen sichtbar zu machen.

Metropole Berlin 1918-1933

Typus „Großstadt" | Im Jahr 1920 wurden insgesamt sieben Städte, 59 Landgemeinden und 27 Gutsbezirke unter dem Schlagwort „Groß-Berlin" zu einer Verwaltungseinheit zusammengefasst.[237] Schon um die Jahrhundertwende hatte sich Berlin in rasantem Tempo innerhalb weniger Jahrzehnte zur Millionenstadt entwickelt.[238] Betrachtet man die historische Situation der Stadt zur Zeit der Weimarer Republik, so muss man sich mit der Erscheinungsform der Großstadt und ihren Lebensbedingungen auseinandersetzen. Städte, die mehr als 100.000 Einwohner haben, bezeichnet man als Großstadt. Über diese sachliche Feststellung hinaus verbinden wir mit dem Begriff jedoch auch zahlreiche Bilder und Vorstellungen, positive wie negative, die sich aus unseren ästhetischen Erfahrungen beispielsweise im Umgang mit Literatur (man denke an Großstadtlyrik), Kunst oder Filmen (z.B. *Berlin, die Sinfonie der Großstadt*[239]) der Moderne speisen. Großstadt-Erfahrungen gibt es jedoch schon im 18. Jahrhundert:

> „Dem ungewöhnten Auge scheint dieses alles ein Zauber; desto mehr Vorsicht ist nötig, alles gehörig zu betrachten; denn kaum stehen Sie still, Bums! läuft ein Packträger wider Sie an und ruft by Your leave wenn Sie schon auf der Erde liegen. In der Mitte der Straße rollt Chaise hinter Chaise, Wagen hinter Wagen und Karrn hinter Karrn. Durch dieses Getöse, und das Sumsen und Geräusch von Tausenden von Zungen und Füßen, hören Sie das Geläut von Kirchtürmen, die Glocken der Postbedienten, die Orgeln, Geigen, Leiern

---

237 „Was die Stadt im Innersten zusammenhält – Anmerkungen zu Berlin", in: Julian Wékel (Hg.), *Was die Stadt im Innersten zusammenhält. Stadtentwicklung als Gemeinschaftsaufgabe*, Berlin: Deutsche Akademie für Städtebau und Landesplanung 2006, S. 164-167, hier S. 164 sowie Köhler, Henning: „Berlin in der Weimarer Republik (1918-1932)", in: Ribbe 1987, Bd. 2, S. 795-923, hier S. 814-824.

238 Im Jahre 1871 lebten auf dem Gebiet des späteren Groß-Berlin etwa 932.000 Menschen, Ende 1919 waren es 3,8 Millionen. Vgl. Erbe, Michael: „Berlin im Kaiserreich (1871-1918)", in: Ribbe 1987, Bd. 2, S. 689-793, hier S. 693.

239 Ruttmann, Walther: *Berlin, die Sinfonie der Großstadt & Melodie der Welt*, Berlin: Edition filmmuseum 2010 (=DVD Edition filmmuseum 39).

und Tambourinen englischer Savoyarden und das Heulen derer, die an den Ecken der Gassen unter freiem Himmel Kaltes und Warmes feil haben. [...] In Göttingen geht man hin und sieht wenigstens von 40 Schritten her an, was es gibt; hier ist man [...] froh, wenn man mit heiler Haut in einem Neben-gäßgen den Sturm abwarten kann."[240]

Georg Christoph Lichtenberg beschreibt in seinem Brief an Ernst Gottfried Baldiger seine Erlebnisse in London im Jahr 1775. Die Erfahrung mit der Großstadt erscheint von Beginn an zwiespältig: Dem „Zauber" steht die Bedrohung entgegen. Auch im 20. Jahrhundert steht auf der einen Seite die Wahrnehmung der Vermassung bei gleichzeitiger Vereinsamung, Anonymisierung, Isolation; auf der anderen Seite sieht man positive Aspekte wie die Dynamik der Großstadt, Entwicklungsmöglichkeiten, Pluralismus.

Berlin hatte bereits im Jahr 1910 die Zweimillionengrenze an Einwohnern überschritten. Noch 1850 hatten dort weniger als 500.000 Menschen gelebt. Das schnelle Wachstum führte zu grundlegenden Veränderungen im Zusammenleben der Menschen. Die historische Grunderfahrung des Lebens in der von Handel und Verkehr geprägten, ständig wachsenden, überfüllten Großstadt wurde in Kunst und Wissenschaft der Zeit vielfältig reflektiert. Viele der unser Bild der Großstadt heute prägenden Kunstwerke entstanden in Berlin oder haben thematisch mit dieser Stadt zu tun. Auch das Musikleben, insbesondere das Musiktheater, reagierte auf die neuen Anforderungen mit veränderten Themen und Strukturen.[241] In den Jahresrevuen des Metropoltheaters wurden bereits vor dem Ersten Weltkrieg die Umbrucherfahrungen, einhergehend z.B. mit Bautätigkeit und erhöhtem Verkehrsaufkommen, thematisiert[242] und auch im Kabarett-Chanson der frühen 1920er-Jahre stehen Großstadt-Erfahrungen im Zentrum vieler Texte (siehe Kap. *Wilde Bühne*, S. 159). Spoliansky und Schiffer thematisierten 1928 in der gemeinsam verfassten Revue *Es liegt in der Luft* die veränderte Großstadt-Gesellschaft, z.B. hinsichtlich ihres Medienkonsums (im Titelchanson *Es liegt in der Luft* oder in der Parodie auf den „Flüsterbariton" Jack Smith) oder der Einstellung zu zwischenmenschlichen Beziehungen (Kinder werden im Warenhaus vergessen und wachsen dort auf, im Lied *Wenn die beste Freundin* geht es um eine Dreiecksbeziehung mit homoerotischer Komponente, in *Die Braut* ist eine Hochzeitsgesellschaft hauptsächlich damit beschäftigt, sich Phantasien über die Hochzeitsnacht hinzugeben).[243] Auch die Kabarett-Oper *Rufen Sie Herrn Plim!* hat mit ihrer Handlung um einen Angestellten im Warenhaus das Sozialgefüge der Großstadt zum Thema (vgl. Kap. *Rufen Sie Herrn Plim!*, S. 244).

Eine Millionenstadt verlangt vom Menschen (also auch vom Künstler) neue Kompetenzen, ohne die er sich im Gewimmel des Stadtraumes nicht zurechtfinden

---

240 Lichtenberg, Georg Christoph: *Schriften und Briefe*, hg. von Wolfgang Promies, Band 4: Briefe, Frankfurt/M.: Zweitausendeins 1994, S. 211f.

241 Zum Zusammenhang z.B. von Großstadt und Musiktheater Weiss/Schebera 2006.

242 Stahrenberg: „Donnerwetter! Tadellos!!"", in: Keym 2011, S. 335-347.

243 Vgl. zu *Es liegt in der Luft*: Grosch: „Lieder vom Fahrstuhl, Automobil und anderen Nicht-Orten", in: Weiss/Schebera 2006, S. 189-197 sowie Grosch: „„Bilder, Radio, Telephon"", in: Ders. 2004, S. 159-174.

kann. Georg Simmel versuchte bereits im Jahr 1903 in seinem Essay *Die Großstäd-te und das Geistesleben*[244] diese neuen Anforderungen zu analysieren. Er untersucht die Wirkung der mit dem Wahrnehmungsraum Großstadt verbundenen Reizflut auf die Selbst- und Fremdwahrnehmung der in dieser lebenden Menschen und kommt zu der Erkenntnis, dass die verwirrende Umwelt eine „Steigerung des Nervenle-bens"[245] bewirke. Die permanente Überlastung der Sinneswahrnehmung führe zu einer zwangsläufigen psychischen Abschottung, die die Seele des Menschen gegen die „Vergewaltigungen der Großstadt"[246] schütze. Somit spricht Simmel dem Intel-lekt des Großstädters eine überlebenswichtige Funktion als Distanzierungsinstru-ment zu.

Simmel nennt verschiedene auf dem Intellekt basierende Überlebensstrategien: Distanz und Reserviertheit, Blasiertheit und Oberflächlichkeit, Gefühlskälte und Gleichgültigkeit. Diese Begriffe sind bei ihm nicht unbedingt negativ konnotiert, sondern erscheinen vielmehr als zwangsläufige Schutzmaßnahmen gegen Überrei-zung. Zusätzlich gehe mit dem Leben in der großstädtischen Waren- und Massenge-sellschaft eine Versachlichung der Beziehungen und mit dieser eine Bedrohung der Individualität des Einzelnen einher. „London hat all meine Erwartungen übertrof-fen in Hinsicht seiner Großartigkeit, aber ich habe mich selbst verloren",[247] schrieb schon Heinrich Heine über sein Erlebnis mit der Großstadt. Die Folge des Verlus-tes der Individualität und des Ich ist laut Simmel der Drang nach einer ausgepräg-ten Selbstinszenierung, damit die individuelle Kontur in der Masse überhaupt noch wahrgenommen werden kann,

> „was dann schließlich zu den tendenziösesten Wunderlichkeiten verführt, zu
> den spezifisch großstädtischen Extravaganzen des Apartseins, der Kaprice,
> des Pretiösentums".[248]

Im Kabarett der Weimarer Republik werden solche Erscheinungen des groß-städtischen Lebens besonders vom Autor Schiffer aufgenommen und reflektiert (vgl. Kap. *Bürger auf dem Boulevard*, S. 140). In die Bildende Kunst sind die Abgründe der Großstadt bzw. unterschwellige Ängste durch George Grosz und Otto Dix ein-gegangen.

Doch auch Simmel sieht neben negativen Aspekten in der Großstadt die Chance für ein neues, bisher nicht da gewesenes Maß an individueller Freiheit und erkennt einen neuen dynamisierten Lebensrhythmus. Diese Ambivalenz der Bewertung des Lebens in der Metropole zieht sich durch die Großstadtwahrnehmung bis heute. Die Komponisten, Musiker, Sängerinnen und das Publikum der Großstadt Berlin sind mit den verschiedenen Chancen und Anforderungen des Lebens in der Metropole

---

244 Simmel, Georg: *Die Großstädte und das Geistesleben*, Frankfurt/M.: Suhrkamp 2006 (erste Ausgabe in: *Die Großstadt. Vorträge und Aufsätze zur Städteausstellung. Jahrbuch der Gehe-Stiftung zu Dresden*, hg. von Th. Petermann, Band IX, Dresden 1903, S. 185-206).
245 Ebd., S. 9.
246 Ebd., S. 11.
247 Heine, Heinrich: *Briefe. Erste Gesamtausgabe nach den Handschriften*, hg., eingel. und erl. von *Friedrich Hirth, Bd. 1: Briefe 1815–1831*, Mainz: Kupferberg 1950, S. 308.
248 Simmel 2006, S. 37.

konfrontiert und bewegen sich zwischen den von Simmel skizzierten Überlebensstrategien.

„Der Geist [...] des weiten Raumes": Verkehrswege |

> „Was ist der Geist unserer Zeit? Es ist nicht der Geist der Geruhsamkeit und
> Romantik, der efeuumwachsenen Mauern und des kleinbürgerlichen Markt-
> platzes, es ist der Geist der großen Linie und des weiten Raumes, der Kur-
> ve, die das Flugzeug steuert, der Bahn, auf der das Auto gleitet, der knap-
> pen, klaren Form, die die Maschine zeigt, die die Bewegungsgelenke des
> menschlichen Körpers freiläßt, kurz: das Wahre und nicht das Verlogene,
> das Konstruktive und nicht das Willkürliche, das Sachliche und nicht das
> Theaterhafte.“[249]

Abb. 11: Zwei Fotomontagen, die in der Zeitschrift *Wohnungswirtschaft* einen Artikel von Martin
Wagner illustrieren. Sie symbolisieren die vergangenen Zeiten (links) und das moderne
Zeitalter (rechts).

Mit der sich entwickelnden Großstadt geht auch eine neue Ästhetik einher, die u.a.
von den Errungenschaften bzw. der Notwendigkeit eines neuen Verkehrssystems geprägt wird. Das Bild der Stadt definiert sich zunehmend durch Automobile, Am-
pelanlagen, Straßenbahngleise oder Verkehrs- und Werbeschilder. Die intensive
Beleuchtung, die Nachtarbeit und Sicherheit garantiert, ermöglicht auch ein fun-

---

249 Wagner, Martin: „Das neue Berlin – Die Weltstadt Berlin“, in: *Das neue Berlin. Monatshefte
für Probleme der Großstadt*, 1. Jg. (1929), Nr. 1, S. 4-5.

kelndes Nachtleben.[250] Der funktionale Aspekt schlägt in einen ästhetischen um, indem Sachlichkeit zum obersten Ziel erklärt und rein schmückende Elemente sowie alles Überflüssige wie von der Straße, so auch aus der Kunst verbannt wird: „Wir wollen nicht mehr die hohle Repräsentation, sondern formerfüllte Zweckmäßigkeit",[251] schreibt der Architekt Martin Wagner, von 1926 bis 1933 Stadtbaurat Berlins, in der von ihm gegründeten Zeitschrift *Das neue Berlin*. Gerade in der Schmucklosigkeit sieht man die ästhetische Qualität und wertet z.B. Gebrauchsgegenstände zu Kunstobjekten um.[252] Fortbewegungsmittel, die die neue Zeit symbolisieren, werden zum Vorbild für die ästhetische Gestaltung:

> „So, wie die Industrie dahin strebt, den Einzelbedarf zum Massenbedarf zusammenzufassen, so haben auch wir neue Gesetze des Gestaltens nach dem Rhythmus der Masse zu schaffen. Diese Masse […] wird ganz entkleidet sein von all dem aufgespeicherten leblosen dekorativen Reichtum. Sie will fettlos in Erscheinung treten, wie ein Flugzeug, eine D-Zug-Lokomotive, ein Motor, die jede überflüssige Masse als zwecklos, ja als schädlich von sich weisen."[253]

Auch ins Musikleben findet die neue Ästhetik Eingang, z.B. werden Tanzmusik, Automobile, Bahnhofshallen etc. ins Musiktheater integriert (z.B. in Ernst Kreneks *Jonny spielt auf* oder in Paul Hindemiths Oper *Neues vom Tage*).[254] Auch Spoliansky und seine Textautoren Schiffer, Georg Kaiser und Felix Joachimson bringen Gebrauchsgegenstände und das neue Berlin auf die Musiktheater-Bühne, sie finden ihren Ort hierfür im Theater am Kurfürstendamm oder dem *Kabarett der Komiker*. Die Handlung der Stücke spielt an „Orten der Moderne"[255], beispielsweise im Warenhaus (in *Es liegt in der Luft*, *Rufen Sie Herrn Plim!*), auf einem Ozeandampfer, im Büro oder im Eisenbahnabteil (in *Zwei Krawatten*). Zudem kommen Grammophone (in *Es liegt in der Luft*, *Wie werde ich reich und glücklich*), Aufzüge (in *Es liegt in der Luft*, *Rufen Sie Herrn Plim!*) oder Automobile (in *Wie werde ich reich und glücklich*) zum Einsatz. Schiff, Zug und Auto fungieren als Embleme der Moderne und

---

250 Vgl. hierzu Schlör, Joachim: *Nachts in der großen Stadt. Paris, Berlin, London 1840 bis 1930*, München: dtv 1991.

251 Ebd.

252 In der Bildenden Kunst beispielsweise in der Collage und Assemblage (Kurt Schwitters), in der Literatur in der Montage (Walter Mehring, Alfred Döblin).

253 Wagner, Martin: „Zivilisation, Kultur, Kunst", in: *Wohnungswirtschaft*, 3. Jg. (1926), Nr. 20/21, S. 165-168, zit. n.: Homann, Klaus/Kieren, Martin/Scarpa, Ludovica (Hg.): *Martin Wagner 1885-1957. Wohnungsbau und Weltstadtplanung. Die Rationalisierung des Glücks*, Berlin: Akademie der Künste 1986 (Ausstellung der Akademie der Künste 10. November 1985 bis 5. Januar 1986), S. 19.

254 „Suchen wir den verlorenen Kontakt mit der Außenwelt, so müssen wir Gegenstände darstellen, die Gemeingut der Außenwelt sind", so Krenek im Aufsatz „‚Neue Sachlichkeit' in der Musik", zit. n. Grosch 1999, S. 17. Zum gedanklichen Hintergrund vgl. ebd., S. 17-19, zur musikalischen Umsetzung in *Jonny spielt auf* ebd., S. 116-130, zur Integration technischer Medien am Beispiel von Krenek, Weill u.a. ebd. S. 135-149. Zu verschiedenen Aspekten siehe auch die Aufsätze im Sammelband Weiss/Schebera 2006.

255 Vgl. Geisthövel, Alexa/Knoch, Habbo (Hg.): *Orte der Moderne. Erfahrungswelten des 19. und 20. Jahrhunderts*, Frankfurt/M.: Campus 2005.

beschwören die durch neue technische Errungenschaften ermöglichte Bewegungs-freiheit und Geschwindigkeit (vgl. auch Abb. 11).

Das Verkehrssystem bildet quasi die Lebensader der Großstadt, erscheint doch die Organisation der Bewegung im Stadtraum nur durch den Transport von Menschen und Material möglich. So setzen sich das Musik- und Unterhaltungstheater nicht nur inhaltlich mit dem Thema auseinander, sondern sind als wirtschaftliche Unternehmen auch von der Anbindung ans Verkehrsystem abhängig (vgl. Kap. *Theater in der Wildnis*, S. 159). Dass es dabei selbst in der Metropole Berlin zu Problemen kam, schildert der Direktor des *Kabarett der Komiker*, Kurt Robitschek[256], 1932 in der Hauszeitschrift *Die Frechheit*:

> „An allen Ecken und Enden der Stadt staut sich das Gerücht: die Wessely[257] ist eine Schauspielerin, die man erlebt haben muß. Neidvoll blicken alle Theaterunternehmer der Stadt in die Schumannstraße, wo sich im Deutschen Theater sicherlich ein Wallfahrtsort der Theaterbesessenen etablieren wird … […] Das Theater wird täglich ausverkauft sein … Nein! Das Theater in der Schumannstraße ist nicht täglich ausverkauft, das Theater ist mittelmäßig besucht […]. Wie kommt man abends in die Schumannstraße? Wie kommt man nachts aus der Schumannstraße? Wie kommt man abends überhaupt in die Theater Berlins? […] Nach 7 Uhr abends schläft der Betrieb der öffentlichen Verkehrsmittel langsam ein, um die Zeit des Theaterbeginns schnarcht er schon leise und nach Theaterschluß kann man sein ruhiges Atmen vernehmen, so still ist es in den Straßen der Weltstadt Berlin geworden. […] Die Abwanderung von den städtischen Verkehrsmitteln vollzieht sich im wahrsten Sinne des Wortes. Die notwendigsten Wege werden zu Fuß erledigt. Theater ist nicht notwendig, man geht nicht mehr aus dem Westen in die Theater der City. Jedes Theater spielt für den ringsherum liegenden Stadtteil, spielt für sein angrenzendes Dorf von 80 bis 100 000 Einwohnern; ganz selten kommen Menschen aus den Nachbardörfern zu Besuch […]. Der Verkehrsdezernent des Polizeipräsidiums […] sagte, daß die vorhandenen Verkehrsmittel vollständig ausreichen, um die tausend Besucher des Abends [im *Kabarett der Komiker*] heran- und wieder weg zu schaffen. Nach Schluß der Abendvorstellung vollzieht sich der Omnibusverkehr in Abständen von 15 Minuten. Wenn also nur die Hälfte der Besucher den Einfall hätte, den Omnibus zur Beförderung zu benutzen, müßten die armen Leute sechs bis sieben Stunden warten, wenn sie sich nicht im Faustkampf vorher Plätze erobern."[258]

Die Theater beziehen ihren Erfolg somit (auch) aus der räumlichen Position innerhalb der Stadt und sind auf eine funktionierende Verkehrsanbindung angewiesen.

256 Zu Kurt Robitschek (1890-1950) s. Arnbom, Marie-Theres: *War'n Sie schon mal in mich verliebt? Filmstars, Operettenlieblinge und Kabarettgrößen zwischen Wien und Berlin*, Wien: Böhlau 2006, S. 69-111.

257 Paula Wessely (1907-2000), österreichische Schauspielerin. Im September 1932 gelang ihr am Deutschen Theater Berlin der Durchbruch in der Titelrolle in Gerhart Hauptmanns *Rose Bernd*. Während des Nationalsozialismus war Wessely eine der gefragtesten Schauspielerinnen und spielte u.a. im Propagandafilm *Heimkehr* von Gustav Ucicky. Später distanzierte sie sich hiervon.

258 Robitschek, Kurt: „Begeisterung", in: *Die Frechheit*, Nr. 9 (1932), S. 2f. (*Die Frechheit. Ein Magazin des Humors*. 1927-1932, SMB, Lipperheidische Kostümbibliothek, Lipp ZG 304 f).

Die Erreichbarkeit sowie die Attraktivität der umliegenden Gebiete bestimmen nicht nur über den Erfolg, sondern in hohem Maß auch über Fragen des Programms bzw. welche Art Theaterbetrieb sich in einer bestimmten Lage etablieren kann. Intendanten und Künstler versuchen dem Publikumsgeschmack gerecht zu werden, der u.a. durch das Einzugsgebiet, das wiederum über Verkehrsanbindungen definiert wird, geprägt wird.

Kreuzungspunkt: Frankreich, USA, Wien und Russland in Berlin | Schon vor dem rasanten Wachstum der Stadt im 19. Jahrhundert war Berlin ein Anziehungspunkt für Fremde. Die Mischung von Zugezogenen verschiedener Herkunft und Mentalität ist bis heute kennzeichnend für das Selbstbild Berlins.[259] Zur Einwanderung von Lutheranern und Calvinisten im 17. und 18. Jahrhundert kam die Aufnahme der französischsprachigen Hugenotten, die auf Berlins Kulturleben einen bedeutenden Einfluss ausübten. Ihre Akkulturation im Laufe des 18. Jahrhunderts führte, zusätzlich zum regen geistigen Austausch des Adels mit Frankreich, zu einer Veränderung im Alltagsleben. Die ersten öffentlichen Gartenlokale wurden um 1750 in der Nähe des Brandenburger Tores durch „Réfugiés" eröffnet, französisches Handwerk wie die Seidenfabrikation, Goldschmiederei, Uhrmacherei oder Schuhmacherei zog in die Stadt ein und man lernte französische Nahrungsmittel schätzen.[260] Auch im Berliner Jargon hinterließ das Französische in Wörtern wie Botten, Budike, Bulette, Deez, Fetz oder Klamauk seine Spuren.[261] Durch die Napoleonische Besatzung, den Deutsch-Französischen Krieg und schließlich den Ersten Weltkrieg blieb das Verhältnis der Berliner zu Frankreich jedoch gespalten. Noch im 20. Jahrhundert galt Berlin dennoch, zumindest der elitäre Berliner Westen, als „frankophil"[262] und das Kulturleben bezog sich in einem widersprüchlichen Verhältnis von Austausch und Abgrenzung auf die Konkurrenzmetropole Paris.[263] Kurt Tucholskys Berichte aus der französischen Hauptstadt wurden über Berliner Zeitungen rezipiert, die *Revue Nègre* mit Josephine Baker kam aus Paris nach Berlin und feierte dort ein umjubel-

---

259 „Leben in Berlin. Hier begegnen sich Menschen aus allen Teilen der Welt", www.berlin.de/berlin-im-ueberblick/index.de.html (07.08.2010).

260 Escher, Felix: „Die brandenburgisch-preußische Residenz und Hauptstadt Berlin im 17. und 18. Jahrhundert", in: Ribbe 1987, Bd. 1, S. 341-403, hier besonders S. 355-362 und S. 364-369.

261 Vgl. hierzu: Schmidt, Hartmut: „Die sprachliche Entwicklung vom 13. bis zum frühen 19. Jahrhundert", in: Joachim Schildt (Hg.), *Berlinisch. Geschichtliche Einführung in die Sprache einer Stadt*, Berlin: Akademie 1992, S. 111-182, hier S. 153-161.

262 „es [hat] sicher keine Stadt in Deutschland gegeben […], in der das Interesse an Frankreich und eine betonte Frankophilie so stark verwurzelt gewesen sind, wie das im Berliner Westen der Fall war.", Köhler: „Berlin in der Weimarer Republik", in: Ribbe 1987, Bd. 2, S. 795-923, hier S. 880.

263 Zu Möglichkeiten und Grenzen des künstlerischen Austauschs z.B.: Metken, Günter: „Deutschland und Frankreich – Wege und Einbahnstraßen. Das Klima der künstlerischen Beziehungen: die persönlichen Kontakte, Reisen, Publikationen", in: Werner Spies (Hg.), *Paris - Berlin 1900-1933. Übereinstimmungen und Gegensätze Frankreich-Deutschland. Kunst, Architektur, Graphik, Literatur, Industriedesign, Film, Theater, Musik*, München: Prestel 1979, S. 20-29 sowie Fauchereau, Serge: „Literarischer Austausch zwischen Frankreich und Deutschland von 1900 bis 1930", in: Ebd., S. 436-440.

tes Gastspiel[264] und in der *Berliner Illustrirten* beobachtete man die Entwicklungen in der aktuellen Pariser Mode. Die neuartige französische Kunstform des Cabarets fand in Berlin zu Beginn des 20. Jahrhunderts fruchtbaren Boden und auch nach dem „Großen Krieg" bezogen sich die Neugründungen des Kabaretts noch auf die Tradition Montmartres (vgl. Kap. *Ein Stück Paris in Berlin?*, S. 184).[265]

Hinzu kam nach dem Ersten Weltkrieg eine wachsende Orientierung an den USA, deren Bedeutung schon in den ersten zwei Jahrzehnten des 20. Jahrhunderts stark zugenommen hatte. Dass auch hier das Verhältnis durchaus zwiespältig war, zeigt sich z.B. in der Rezeption Josephine Bakers. Als Schwarze wurde sie einerseits als Verkörperung des Primitiven und somit als Gegenstück zur Moderne gesehen, als Amerikanerin stand sie andererseits für „das Neueste vom Neuen": „es gelang ihr […], all die Widersprüchlichkeiten der Berlinischen Moderne an ihrem Körper auszutragen"[266], meint Nancy Nenno. In der in den 1920er- und 1930er-Jahren z.T. scharf geführten „Amerikanismus"-Debatte[267] (die sich u.a. an der Jazzmusik konkretisierte, vgl. Kap. *„Von weither übers Meer": The Jazzband*, S. 200) spielten Ängste vor dem potentiell bedrohlichen Fremden bei gleichzeitiger unterschwelliger Faszination eine große Rolle.

Hinzu kam die Begeisterung für jegliche aus den USA kommende Neuerung, gerade im technischen Bereich: Intellektuelle sahen in der demokratischen Nation USA die Zukunft und im amerikanischen Lebensstil die Verkörperung des technischen Zeitalters. Das Land auf der anderen Seite des Atlantiks wurde zur Projektionsfläche für Träume, zu einer Utopie der deutschen Moderne:

> „For every age and part of the world, there is a place about which fantasies are written. In Mozart's time, it was Turkey. For Shakespeare, it was Italy. For us in Germany, it was always America."

So beschrieb es Kurt Weill rückblickend in der Zeitschrift *The New Yorker*, als er bereits acht Jahre in den USA lebte, und fährt fort:

---

264 „La Baker" trat zur Jahreswende 1925/26 zum ersten Mal in Berlin auf, in Rudolf Nelsons *Theater am Kurfürstendamm*. Auch Mistinguett kam nach Berlin (1928): „Mistinguett war auf dem Presseball, das Ereignis der Ereignisse", Bertaux, Pierre: „Ein französischer Student in Berlin", in: Klaus Kändler (Hg.), *Berliner Begegnungen: Ausländische Künstler in Berlin, 1918-1933. Aufsätze, Bilder, Dokumente*, Berlin: Dietz 1987, S. 239-254.

265 Nicht nur Trude Hesterberg hatte Paris besucht, auch Rosa Valetti, die 1920 das Cabaret *Größenwahn* gründete, hatte in Paris gelebt und dort Unterricht in der Interpretation von Chansons genommen (Budzinski 1985, S. 259).

266 Nenno, Nancy: „Weiblichkeit – Primitivität – Metropole: Josephine Baker in Berlin", in: Katharina von Ankum (Hg.), *Frauen in der Großstadt. Herausforderung der Moderne?*, Dortmund: ebersbach 1999, S. 136-158, hier S. 137.

267 Vgl. hierzu Lüdtke, Alf/Marßolek, Inge/von Saldern, Adelheid (Hg.): *Amerikanisierung. Traum und Alptraum im Deutschland des 20. Jahrhunderts*, Stuttgart: Franz Steiner 1996; sowie Peukert 1987, S. 178-190.

„You have no idea how little we knew about America. We had read Jack London and we knew absolutely all about your Chicago gangsters, and that was the end. So of course when we did a fantasy, it was about America."[268]

Zu den phantastischen Vorstellungen kamen bereits längerfristige, sehr reale wirtschaftliche Beziehungen, die Berlin vor allem mit New York verbanden, z.B. in der Textilindustrie oder durch die Kooperation der Wall Street mit Berliner Banken[269]: „Im Mittelpunkt der Stadt, ihr Wahr- und Wetterzeichen, steht der Dollar",[270] schrieb Alfred Polgar.

Auch in der Freizeit wurde ein „amerikanisierter" Lebensstil Mode und zeigte sich nicht nur im Design von Cafés und Bars, sondern auch in neuen Restaurantformen wie z.B. dem Schnellrestaurant *Quick*[271] oder in massentauglichen Sportveranstaltungen. Die Einflüsse im kulturellen Bereich waren vielfältig: So orientierte sich Erik Charell mit seinen Ausstattungsrevuen an Broadway-Shows[272], im Jahr 1929 stammten 35% der in der Unterhaltungsindustrie vertriebenen Schlager-Titel aus den USA[273] und die bereits um 1900 mit dem Cakewalk aus Übersee eingeführten Tanzformen erlebten in den 1920er-Jahren mit Foxtrott, Shimmy, Charleston und Black Bottom einen erhebliche Aufschwung.[274] Robitschek verpflichtete für sein *Kabarett der Komiker* nicht nur Künstlerinnen und Künstler aus den USA, sondern widmete z.B. im Oktober 1929 eine Ausgabe der *Frechheit* dem Thema Amerika.[275]

---

268 „Pensacola Wham", Interview mit Kurt Weill in *The New Yorker*, 10. Juni 1944, S. 16-17, zugänglich über die Homepage der Kurt Weill Foundation: www.kwf.org/kwf/kurt-weill/for-further-reading/356-pensacola-wham (09.08.2010). In deutscher Übersetzung veröffentlicht in: Weill, Kurt: *Musik und Theater. Gesammelte Schriften. Mit einer Auswahl von Gesprächen und Interviews*, hg. von Stephen Hinton und Jürgen Schebera, Berlin: Henschel 1990, S. 340f.
269 Köhler: „Berlin in der Weimarer Republik", in: Ribbe 1987, Bd. 2, S. 795-923, hier S. 881.
270 Polgar, Alfred: „Berlin, Sommer 1922", in: Christian Jäger (Hg.), *Glänzender Asphalt. Berlin im Feuilleton der Weimarer Republik*, Berlin: Fannei & Walz 1994, S. 45f., hier S. 45.
271 Eine Kabarettrevue nahm darauf in ihrem Titel Bezug: *Quick* (Musik: Rudolf Nelson, Text: Friedrich Hollaender und Marcellus Schiffer), uraufgeführt 19. September 1930 in Berlin. Programmheft, Notenmanuskripte, Songtexte, Zeitungsausschnitte, Szenenfoto im Archiv der AdK: AdK, Archiv Darstellende Kunst: Friedrich-Hollaender-Archiv, 1.1 Kabarettrevuen/Lfd. Nr. 1; Rudolf-Nelson-Archiv, 1.01 Kleinkunstprogramme und Revuen/Lfd. Nr. 138 sowie 5.08 Textmanuskripte Liedtexte/Lfd. Nr. 222; Marcellus Schiffer/Margo Lion-Archiv, 1.1 Werk/Revuetexte sowie 7.2.5 Sammlung Margo Lion/Zeitungsrezensionen und Druckschriften, Lfd. Nr. 696 und 7.2.1 Sammlung Margo Lion/Fotos/Lfd. Nr. 732. Von Spoliansky stammt ein Tanzintermezzo *Quickly*, geschrieben 1921 (Spoliansky, Mischa: *Quickly*. Schlesinger'sche Buch- & Musikhandlung, Berlin, 1921. AdK, Archiv Darstellende Kunst: Mischa Spoliansky Archiv, 5.01 Notendrucke/Lfd. Nr. 534).
272 Als Choreograph von Max Reinhardt reiste Charell (eigtl. Erich Karl Löwenberg) 1923 in die USA. Zu Charells Revuen vgl. Jansen 1987, S. 128-170.
273 Laut Schär 1991, S. 67. Vermutlich bezieht sich die Angabe auf Notenausgaben, nicht auf Einspielungen.
274 Schär 1991, S. 77ff. Vgl. hierzu auch: Pollack, Heinz: *Die Revolution des Gesellschaftstanzes*, Dresden: Sibyllen-Verlag 1922.
275 *Frechheit*, 5. Jg. (1929), Heft 10 (Oktober). Auf dem Programm des Abends standen neben Paul Graetz, Willy Rosen und Paul Nikolaus u.a. Harald Paulsen in der Groteske *100% Amerika* und Maria Valente, „die weltberühmte amerikanische Kabarettistin".

Im Kabarett wurde die Amerikanisierung aber auch satirisch hinterfragt: So zeigten Grit und Ina van Elben in Hollaenders *Tingel-Tangel-Theater* die Entmenschlichung der Revue-Girls in der mechanisierten Reihe, indem sie mit angehängten Pappfiguren als *Tingel-Tangel-Girls* auftraten (siehe Abb. 12).

Abb. 12: Grit und Ina van Elben als *Tingel-Tangel-Girls*, 1931.

Auch in Spoliansky/Schiffer/Robitscheks Kabarettoper *Rufen Sie Herrn Plim!* wurde die Amerikanisierung satirisch mit Kapitalismus-Kritik verknüpft, wenn der Personalchef des Kaufhauses bekennt, er sei „vollkommen amerikanisiert, that's all, that's all, that's all"[276] (vgl. *Kabarett der Komiker*, S. 244).

Neben den französischen Einflüssen und der zunehmenden Bedeutung der USA darf im kulturellen Bereich die Rolle Österreichs nicht unterschätzt werden. War noch vor dem Ersten Weltkrieg Wien die führende Metropole auf kulturellem Gebiet gewesen, die in Musik und Theater mit neuen Ideen voranging und eine Vorreiterrolle einnahm, so wurde in den 1920er-Jahren Berlin zum Zentrum.[277] Zahlreiche Komponisten, Schriftsteller und Theaterschaffende, die zumeist in Wien ihr Studium absolviert hatten, zog es in der ersten Hälfte des 20. Jahrhunderts aus Österreich nach Berlin:

---

276 Robitschek, Kurt/Schiffer, Marcellus: *Rufen Sie Herrn Plim! Oper in einem Aufzug von Kurt Robitschek und Marcellus Schiffer, Musik von Mischa Spoliansky. Regie- und Soufflierbuch*, Berlin: Drei Masken Musik 1932, S. 8. Zum Thema Amerikanismus in der Revue *Es liegt in der Luft* vgl. Grosch: „Bilder, Radio, Telephon", in: Grosch 2004, S. 159-174, hier S. 168-173.

277 Vgl. Rode-Breymann, Susanne: „‚Alte' und ‚Neue' Musikmetropolen. Wien und Berlin vor und nach 1918", in: Wolfgang Rathert (Hg.), *Musikkultur in der Weimarer Republik*, Mainz: Schott 2001, S. 42-53 sowie Betz, Albrecht: „Wien oder Berlin? Querschnitt durch das Krisenjahr 1930: Schönberg, Eisler und Benatzky", in: Bernhard Fetz/Hermann Schlösser (Hg.), *Wien – Berlin. Mit einem Dossier zu Stefan Großmann*, Wien: Paul Zsolnay 2001, S. 92-106.

- Komponisten wie z.B. Arnold Schönberg (mehrfach in Berlin: 1901-03, 1911-15 und 1926-33), Franz Schreker (ab 1920 Direktor der Berliner Hochschule für Musik), dessen Schüler Ernst Krenek und Karol Rathaus[278], Hanns Eisler (ab 1925 in Berlin) oder Ralph Benatzky (verließ Wien 1927).[279]
- Regisseure wie Max Reinhardt (bereits seit 1894 in Berlin) und Fritz Lang (der nach dem Ersten Weltkrieg nach Berlin kam).
- Schauspielerinnen und Schauspieler wie Tilla Durieux (1903 von Reinhardt engagiert), Elisabeth Bergner (1921 zum ersten Mal in Berlin, ab 1925 wohnhaft in Dahlem), Lotte Lenya (die mit Bergner gemeinsam nach Berlin kam), Egon Friedell (ab 1924 jährlich abwechselnd in Berlin und Wien) oder Max Hansen (1924 erstmals in Berlin, vgl. *Handlungsraum KadeKo – Netzwerke*, S. 240).
- Kritiker und Autoren wie Leo Heller (der u.a. für Hesterbergs *Wilde Bühne* schrieb, vgl. S. 186), Alfred Polgar (übersiedelte 1925 nach Berlin) oder Anton Kuh (ging Mitte der 1920er-Jahre nach Berlin und schrieb dort u.a. für die *Weltbühne*).[280]
- Conférenciers wie Fritz Grünbaum (der zwischen Wien und Berlin pendelte, erstmals 1907 im *Chat Noir*), Paul Morgan (1917 erstmals in Berlin, später am *Kabarett der Komiker*) oder Kurt Robitschek (ab 1924 in Berlin, Gründer des *Kabarett der Komiker*, vgl. S. 210ff.).

Gerade im Kabarett nahmen Wiener eine zentrale Position ein. Hinzu kamen regelmäßige Gastspiele wie beispielsweise von Karl Kraus in Berlin (vgl. *Kabarett der Komiker*, S. 234ff.). Anton Kuhs Aussage, er lebe „fortan in Berlin unter Wienern, statt in Wien unter Kremsern"[281], fasst die Situation wohl für viele Wiener Intellektuelle zusammen, die der österreichischen Hauptstadt den Rücken gekehrt hatten. Die Gründe brachte Alfred Polgar schon 1922, als er noch in Wien lebte, auf den Punkt:

> „Berlin, lautes, eckiges, liniiertes, zerfilmtes Berlin, unsüße, unbarmherzige, scharfe, gierig wollende, mit Zähnen und Fäusten das Leben haltende und zwingende Stadt, ich denke liebevoll dein, wieder hinabgetaucht in die Stadt voll Staub und Wunden, in das fidele Grab an der Donau, in die gemütlichste Katakombe Mitteleuropas, wo man, daß Leben ist, nur an den Erschütterungen der Decke merkt."[282]

---

278 Krenek verließ Berlin 1923 wieder. Außerdem folgten ihrem Lehrer Schreker nach Berlin u.a. Julius Bürger, Alfred Freundenheim, Alois Hába, Jascha Horenstein, Alois Melichar und Isaak Thaler (Rode-Breymann: „,Alte' und ,Neue' Musikmetropolen", in: Rathert 2001, S. 42-53, hier S. 44).

279 Zu den Komponisten: Mehner, Klaus: „Franz Schreker und seine Schüler Ernst Krenek und Alois Hába", in: Kändler 1987, S. 326-369, Hansen, Matthias: „Arnold Schönberg – Lehrer in Berlin", in: Ebd., S. 371-382 sowie Klemm, Eberhardt: „,Ich pfeife auf diesen Frühling' Hanns Eislers Übersiedlung nach Berlin", in: Ebd., S. 382-393.

280 Zu den Schriftstellern vgl. Streim, Gregor: „Zwischen ,Weißem Rößl' und Mickymaus. Wiener Feuilletonisten im Berlin der zwanziger Jahre", in: Fetz/Schlösser 2001, S. 5-21.

281 Zit. n. Ruth Greuner im Nachwort zu: Kuh, Anton: *Luftlinien. Feuilletons, Essay und Publizistik*, hg. von Ruth Greuner, Wien: Löcker 1981, S. 512.

282 Polgar: „Berlin, Sommer 1922", in: Jäger 1994, S. 45f., hier S. 46.

Nicht nur in Richtung USA, Frankreich und Österreich war Berlin offen, die Hauptstadt galt in den 1920er-Jahren auch als „Ostbahnhof Europas":

> „Alle deutschen Wege nach Rußland führten in diesem Jahrhundert über Berlin, und alle russischen Wege nach Europa gingen über Berlin. Berlin war der Schauplatz deutsch-russischer Haupt- und Staatsaktionen und Wendepunkt für das Schicksal unzähliger Deutscher und Russen."[283]

Rund 400.000 Russinnen und Russen lebten Anfang der 1920er-Jahre in Berlin, oft war die Stadt zunächst nur als Zwischenstation oder als kurzfristiger Aufenthalt vor einer Rückkehr in die Heimat geplant. Doch viele blieben (gezwungenermaßen oder freiwillig) länger, die Zeit in Berlin wurde manchmal sogar zum Lebensabschnitt. So konnte sich in der Zwischenkriegszeit, vor allem aber in den Jahren 1921-23, dem Höhepunkt der Emigration, ein blühendes russisches Kulturleben entwickeln, das von den meist aus gebildeten Schichten stammenden Emigranten getragen wurde. Vor allem das russische Verlagswesen war in Berlin einzigartig, hinzu kamen russische Theater sowie Gastspiele und ein lebendiges Musikleben. Durch die Inflation war Deutschland zu Beginn der 1920er-Jahre für Ausländer ein Gastland mit erschwinglichen Lebenshaltungskosten, zumindest sofern man Devisen ins Exil hatte retten können. Politisch waren die Russen in Berlin in zwei Lager geteilt, neben den Flüchtlingen arbeiteten z.B. ca. 3.000 Menschen bei der sowjetischen Botschaft bzw. der Handelsvertretung.[284]

Auch Spoliansky zählte zur russischen Bevölkerung Berlins, wurde er doch in Białystok geboren und sprach als Muttersprache Russisch. Er unterschied sich jedoch in mancherlei Hinsicht von den Emigranten, die erst nach der Oktoberrevolution in die Stadt gekommen waren: Für ihn war Berlin nicht als Station geplant, als er um 1914 dort ankam, sondern sollte seine neue Heimat werden. Als Waise ließ er in Königsberg lediglich Bekannte zurück, seine Familie, bestehend aus dem Bruder Alexander („Schura") und der Schwester Lisa, lebte bereits in Berlin. Es war klar, dass er hier zur Schule gehen, eine Ausbildung absolvieren und dann in einem Beruf arbeiten sollte. Dass er nicht sein ganzes Leben in dieser Stadt verbringen würde, ahnte Spoliansky zum Zeitpunkt der Einreise nicht. Was ihn ebenfalls von vielen Emigrantinnen und Emigranten unterschied, waren seine Deutschkenntnisse. Als Kind hatte er bereits eine Zeit lang in Wien und Dresden gelebt und dort die Sprache erlernt. Durch die wechselnden Engagements des Vaters, eines Opernsängers, war Mischa Spoliansky von Kindheit an Umzüge gewöhnt. Dass Spoliansky russischer Jude war, scheint vor 1933 keine bedeutende Rolle in seinem Leben gespielt zu haben. Wie viele jüdische Einwohner Berlins identifizierte er sich nicht im Speziellen mit seiner Religion. Er selbst sah sich als Weltbürger und fühlte sich nicht einer bestimmten Nationalität zugehörig.

---

283 Schlögel, Karl: *Berlin Ostbahnhof Europas. Russen und Deutsche in ihrem Jahrhundert*, Berlin: Siedler 1998, S. 8.

284 Schlögel, Karl: „Berlin: ‚Stiefmutter unter den russischen Städten'", in: Ders. (Hg.), *Der große Exodus. Die russische Emigration und ihre Zentren 1917 bis 1941*, München: Beck 1994, S. 234-259, hier S. 255.

Es ist davon auszugehen, dass Spoliansky in seinem Umfeld weithin mit russischen Einwohnern in Kontakt kam, auch wenn er sich über eine deutsche Schule schnell akkulturierte. Seine Wohnadressen in Wilmersdorf/Charlottenburg befanden sich in der Nähe des Kurfürstendamms und somit im russisch-jüdisch geprägten Bezirk Berlins – damals aufgrund des hohen Anteils russisch-stämmiger Bevölkerung scherzhaft als „Charlottengrad" bezeichnet.[285] Eine erste Anstellung als Musiker fand er bei einem russischen Emigrantenkabarett (vgl. Kap. *Kakadu Bar*, S. 150). Auch während Spolianskys Zeit als musikalischer Leiter des *Schall und Rauch* tauchen in den Programmen verstärkt russische Namen auf.[286] Vielleicht schlug er sie für die Mitwirkung vor, vielleicht machte sich die Intendanz seine Sprachkenntnisse und Kontakte zunutze; vielleicht ist es auch lediglich Zufall, dass gerade in dieser Zeit mehrere russische Künstlerinnen und Künstler dort auftraten.

Auch Russisches verarbeitete das Kabarett satirisch. Im April 1922 wurde beispielsweise in der *Wilden Bühne* eine Parodie von Mehring und Friedrich Hollaender auf das damals erfolgreiche russische Kabarett *Der blaue Vogel* gegeben.[287] Kritiker Herrmann-Neiße schrieb über die Interpretation von Erika von Thellmann:

> „Es war höchste Zeit, einmal die kostspielige Banalität solcher splendid in Szene gesetzten Familienfest-Darbietungen zu entlarven, und Mehring tut das in einer Parodie, die geradezu tödlich die falsche Primitivität, die Nichtigkeit und selbstgefällig schlampige Biederkeit trifft und eine seiner meisterlichen Attacken bleibt. Diese Persiflage wird von Erika von Thellmann bis in die kleinsten Einzelheiten derart kongenial wiedergegeben, daß sich die aufgedonnerte Einfalt der *Blauen Vogel*-Sphäre restlos erledigt. Und eine solche einzige Nummer ist mehr wert, als soundsoviele komplette Programme der Russen."[288]

Auch für die Kabarettrevue „Spuk in der Villa Stern" (1931) entwarf Hollaender eine Parodie auf russisches Theater. Im Textentwurf findet sich eine Szene, in der das Stück *Mutter, der Mann mit dem Koks ist da* (nach dem Berliner Gassenhauer) in verschiedenen Regieauffassungen gespielt wird: von Piscator („Genossen! Lenin

---

285 Schlögel 1998, S. 9.
286 Vgl. Programmzusammenstellung Alan Lareau (Lareau 1990, S. 439-458). Unter der musikalischen Leitung Hollaenders (Dezember 1919-Juni 1920) treten lediglich zwei russische Namen in Erscheinung, Olga Orloffska und der Violinvirtuose Leonidoff (im April bzw. Mai 1920). In Spolianskys erstem Programm (auf jeden Fall als Pianist, vermutlich auch als musikalischer Leiter) im September 1920 finden sich gleich vier „russische" Programmpunkte: Das Stück *Die Kulissen der Seele* von Nikolaj Nikolajewitsch Evreinov, Chansons von Fräulein Sokolowska, Olga Wojan mit Parodien und ein Russisches Balaleika Orchester. Danach findet sich bis März 1921 (dem letzten Monat unter Leitung Spolianskys) in jedem Programm mindestens ein russischer Name, meist Ratoff und Leonidoff.
287 Lareau 1990, S. 460.
288 Herrmann-Neiße, Max: „Berliner Kabarett (Mai 1922)", in: Ders.: *Kabarett. Schriften zum Kabarett und zur bildenden Kunst*, Frankfurt/M.: Zweitausendeins 1988 (=Gesammelte Werke, hg. von Klaus Völker, Bd. 9), S. 7-105, hier S. 40.

mit dem Koks ist da!"), als Kriminalreißer („Der geheimnisvolle Besucher: Nutte! Der Mann mit dem Koks ist da ...") und als „Russisches Kammerspiel":

> „Rußland. Ewiges Rußland. Schönes Rußland. Kaltes Rußland. Mütterchen Rußland friert. Das ist echt russisch. – Tee, Russischer Tee. Heißer Tee. – Heissa heissa, heisser Tee. Gott segne Väterchen Zar bei dieser russischen Kälte. Und Dostojewski und Tolstoi und Puschkin. Amen."[289]

Solche im Kabarett üblichen Parodien, in denen man nicht an Albernheiten und Kalauern sparte, gaben diverse Möglichkeiten auch für musikalische Persiflage (leider ist hier nur der Textentwurf erhalten). Hollaender karikiert im weiteren Verlauf die Naivität und Sentimentalität (bis hin zum Weinerlichen) des russischen Theaters und entlarvt die angebliche Authentizität („das ist echt russisch") als Spiel mit Klischees für das deutsche Publikum. Damit zielt er genau auf Jushnys *Blauen Vogel*, der für seine poetischen, aber konfliktfreien folkloristischen Inszenierungen mit phantasievollen Bühnenbildern in Berlin gelobt, aber auch kritisiert wurde.[290] Zwei weitere Parodien im Stil der Revellers und als „yiddisches Theater" sind nicht mehr bzw. nur fragmentarisch erhalten.[291]

In Berlin, im Herzen Europas gelegen, „Bindestrich zwischen Moskau und Paris"[292], liefen all diese verschiedenen Strömungen zusammen und wurden von den Berlinerinnen und Berlinern aufgenommen, gemischt und zu ihrem eigenen gemacht. So wurde die Stadt zum Kreuzungspunkt für verschiedene Mentalitäten und Geisteshaltungen und zu einem zentralen kulturellen Brennpunkt Europas, zum vermittelnden Ort zwischen Ost und West:

> „Wenn man europäisch in Deutschland fühlen will, lebt man am besten in Berlin. Jeden Abend ist ein Gang durch die Tauentzienstraße Bestätigung dieser wohltuenden Einsicht. [...] Berlin, so weit östlich gelegen, ist doch der westlichste Punkt Mitteleuropas ..."[293]

---

289 Hollaender, Friedrich: Spuk in der Villa Stern. Eine Nacht in sechzehn Verkleidungen. Text und Musik: Friedrich Hollaender. Tingel-Tangel-Theater/Theater des Westens. Pr.: 15. September 1931, R.: Friedrich Hollaender, BB.: Henke Pid Elkins. 1931, AdK, Archiv Darstellende Kunst: Friedrich-Hollaender-Archiv, 1.1 Kabarettrevuen/Lfd. Nr. 4.

290 Vgl. hierzu Liessner-Blomberg, Elena: „Romanisches Café", „Cabaret Der Blaue Vogel" und „Freunde des Blauen Vogels", in: Fritz Mierau (Hg.), *Russen in Berlin. Literatur, Malerei, Theater, Film 1918-1933*, Leipzig: Philipp Reclam jun. 1990, S. 336-345 sowie Haager, Ferdinand: „Der Wanderflug des ‚Blauen Vogels'", in: Ebd., S. 346-349. Zum *Blauen Vogel*: Böhmig, Michaela: *Das russische Theater in Berlin 1919-1931*, München: Otto Sagner 1990, S. 101-129.

291 Vgl. Hollaender: Spuk in der Villa Stern. Eine Nacht in sechzehn Verkleidungen. AdK, Archiv Darstellende Kunst: Friedrich-Hollaender-Archiv, 1.1 Kabarettrevuen/Lfd. Nr. 4.

292 F.C. Weiskopf, zit. n. Kändler 1987, S. 12.

293 Flake, Otto: „Berlin", in: Jäger 1994, S. 49f., hier S. 50 (zuerst veröffentlicht in der *Vossischen Zeitung*, 30. April 1925).

„im Halbdunkel des Dazwischen"[294]:
Mischa Spolianskys Wege und Stationen

Zwischen Landesgrenzen: Kindheit und Jugend |

> „Als Russe mit der slawischen Melancholie erfüllt, der Weichheit, der Lässig-
> keit, der pessimistischen Weltanschauung, der Hingabe an schöne Frauen. Die
> melodische Linie suchend, doch nicht ausschließlich. Von Amerika so weit
> beeinflußt, daß er diese melodische Linie durch den Rhythmus bricht. Wenn
> er vor dreißig Jahren lebte, würde man sagen: dekadent. Mit einem Wort:
> Kurfürstendamm, jene merkwürdige Straße, in der alle Elemente Spolianskys
> bunt sich mischen."[295]

Erich Urbans Charakterisierung Mischa Spolianskys, die er anlässlich der Revue *Es
liegt in der Luft* für die Hausmitteilungen der Elektrola, *Skizzen*, verfasste, zeigt, dass
der Komponist und seine musikalische Sprache – wie der Kurfürstendamm – noch
im Jahr 1928 als russisch wahrgenommen wurden. Zu dieser Zeit lebte Spoliansky
schon fast fünfzehn Jahre in Berlin, beherrschte die Sprache fließend und hatte eine
deutsche Ehefrau und zwei Töchter. Doch der Name wies seine Herkunft eindeutig aus. Selbst sah sich der Komponist, der während seines Lebens drei verschiedene
Staatsbürgerschaften innehatte (die russische, deutsche und britische), als „Weltbürger" oder Europäer, zumindest beschrieb er sich rückblickend so in Interviews: „ich
bin in meinen Empfindungen ein Kontinentaler, ein Europäer"[296], äußerte er beispielsweise gegenüber Habakuk Traber.

Tatsächlich lässt sich Spolianskys Biographie vor allem in seiner Kindheit als ein
Leben zwischen den Welten beschreiben, das geprägt war von Umzügen, verschie-
denen Sprachen und wechselnden Bezugspersonen. Auch später wurde er durch die
Emigration noch einmal gezwungen, sich schnell an eine andere Sprache und ein
neues Umfeld zu gewöhnen, was ihm im Alter von Mitte dreißig innerhalb kurzer
Zeit gelang.

Mischa (Michail Pawlowitsch) Spoliansky (auch: Spolianskij oder Spolianski)
wurde als drittes Kind des Opernsängers Pawlov (Pinchos Moschkow, auch Paul)

---

294 Büning, Eleonore: „Der Souverän der leichten Schmuse war ein Meister durch und durch.
Mischa Spoliansky wäre heute hundert geworden", in: *FAZ*, 29.12.1998 (Zeitungsausschnitt,
StKA, Sammlung Mischa Spoliansky, LK/EG/8,1).
295 Urban, Erich: „Der Komponist des Kurfürstendamms", in: *Skizzen*, Nr. 7 (1928), S. 18.
296 Traber: „Emigrierte Musik: Komponisten im Exil", in: Böhne 1992, S. 125-155. Ebenso geäu-
ßert gegenüber Caroline Reiber in einer Fernsehdokumentation: Weber, Lothar: „*Auf Wiedersehen irgendwo in der Welt". Ein Portrait des Komponisten Mischa Spoliansky*, Hamburg: NDR
1985 (Mitschnitt der Fernsehsendung).

Spoliansky[297] und dessen Frau Barbara[298] am 28. Dezember 1898 in Białystok geboren. Damals gehörte die Stadt, die heute in Polen liegt, zu Russland. Spolianskys Mutter war gebürtig aus Warschau und hatte ihren Mann in St. Petersburg kennen gelernt, wo er laut Spolianskys Lebenserinnerungen einige Jahre am Marinsky-Theater engagiert war. Der älteste Bruder Alexander (1884-?) wurde noch dort geboren, die Schwester Lisa (1892-?) wohl schon in Białystok.[299] Beide Geschwister waren also deutlich älter als Mischa, der Bruder sogar vierzehn Jahre. Alle Kinder erlernten ein Instrument und wurden später Berufsmusiker: Alexander als Cellist (einige Zeit bei den Warschauer Philharmonikern), Lisa als Konzertpianistin.[300] Das Leben der Familie war aufgrund der wechselnden Gastverträge des Vaters durch Wohnsitze in verschiedenen Städten geprägt. Auf Białystok folgte zunächst für ca. ein Jahr Warschau, dann Kalisz. Alle drei Städte gehörten zwar zu Russland, lagen aber auf polnischem Gebiet. Neben seiner Muttersprache Russisch lernte Mischa so auch etwas Polnisch.

Wohl im Jahr 1905 starb Barbara Spoliansky und ihr Mann beschloss, mit dem jüngsten Sohn nach Wien überzusiedeln, wo er für beide den Lebensunterhalt als Sänger und Gesangslehrer verdiente. Die beiden älteren Geschwister zogen nach Berlin, um dort zu arbeiten bzw. zu studieren.[301] Mischa lernte in der österreichischen Hauptstadt erstmals Deutsch und berichtet in seinen Lebenserinnerungen von musikalischen Eindrücken durch reisende chassidische Theatergruppen und Salonorchester in den Prater-Restaurants.[302] Die Zeit in Wien war nur kurz: der Vater erkrankte schwer und ließ sich zunächst in Königsberg, dann in Dresden behandeln, wo Mischa den ersten wirklich ambitionierten Klavierunterricht beim Pianisten Mark Günzburg erhielt. Auch der erste öffentliche Auftritt, laut Spoliansky nach zweijährigem Unterricht bei Günzburg, fand in Dresden statt. Als der Vater starb (über das Jahr finden sich unterschiedliche Angaben), wurde Mischa von

---

297 Für Pawlow Spoliansky werden unterschiedliche Lebensdaten angegeben: Das *Biographische Handbuch der deutschsprachigen Emigration* und Kühn (in MGG und LexM) verzeichnen als Geburtsjahr 1856 in Radomysl, Russland, heute Ukraine (Röder, Werner/Strauss, Herbert A./ Caplan, Hannah (Hg.): *Biographisches Handbuch der deutschsprachigen Emigration nach 1933, Vol. 2: The arts, sciences, and literature*, München: Saur 1983 (=International biographical dictionary of Central European emigrés 1933-1945), S. 1104; Kühn: „Spoliansky, Mischa", in: *MGG2*, Personenteil, Bd. 15, Sp. 1221-1223; www.lexm.uni-hamburg.de/object/lexm_lexmperson_00002665). Spoliansky gibt in den Lebenserinnerungen 1861 in Radomiszel (einer anderen Transkription des russ. Радомышль) an (Spoliansky: *Goodbye, Trouble*, S. 4). Als Sterbejahr geben erstere 1907 (Dresden) an. Spoliansky datiert den Tod seines Vaters ins Jahr 1910/11: „Thus I became an orphan at the age of twelve" (Ebd., S. 16).
298 *1855 (Warschau), †1905 (Kalisz?), der Geburtsname und Beruf ist unbekannt. Name, Datierung und Orte folgen Spoliansky: *Goodbye, Trouble*, S. 4 und 11. Da es sich um Lebenserinnerungen handelt, sollte man davon ausgehen, dass nicht immer alle Daten korrekt erinnert werden. Wo möglich, wurde versucht, Daten und Fakten zu überprüfen und Unstimmigkeiten offen zu legen.
299 Laut Röder/Strauss/Caplan 1983, S. 1104 (sowie Kühn und LexM, s.o.). Spoliansky schreibt allerdings, dass die Familie erst ein Jahr vor seiner Geburt nach Białystok umzog (Spoliansky: *Goodbye, Trouble*, S. 6).
300 Vgl. Spoliansky: *Goodbye, Trouble*, S. 12 und 165.
301 Ebd., S. 12.
302 Ebd., S. 13.

einer befreundeten Familie in Königsberg in einer privaten Pension untergebracht und ging dort zur Schule.[303]

Mit Ausbruch des Ersten Weltkriegs musste Spoliansky aufgrund seiner russischen Staatsbürgerschaft Königsberg verlassen, das sich nun als östlichste deutsche Großstadt im umkämpften Grenzgebiet befand. Er zog nach Berlin zu seiner Schwester, ließ seinen russischen Pass verschwinden und setzte zunächst seine Schulausbildung fort.[304] Dann begann er eine Lehre im Bekleidungsgeschäft Hermann Gerson und bezog das erste eigene Zimmer in der Nähe des Schlossplatzes.[305] Die Ausbildung in der Konfektionsbranche, ein traditionell jüdisch dominiertes Gewerbe, brach Spoliansky zugunsten einer musikalischen Laufbahn ab: Er begann, im Klaviertrio seines Bruders mitzuwirken (vgl. Kap. *Café Schön*, S. 125) und schrieb sich zum Studium am *Stern'schen Konservatorium* für Musik ein, an dem auch Alexander ein Jahr lang studiert hatte.[306] Mischa Spoliansky hatte in Berlin Fuß gefasst und war erwachsen geworden.

Zwischen Klassik und Jazz: Ausbildung und erste Erfolge | Am *Stern'schen Konservatorium* schrieb sich Spoliansky laut eigenen Berichten für Theorieunterricht, Harmonielehre und Dirigieren ein und setzte seine Klavierausbildung mit Privatstunden fort.[307] Im einzigen Jahr, in dem er in den Schülerlisten des Konservatoriums nachweisbar ist, nämlich im Jahrgang 1916/17, wird er allerdings mit dem Hauptfach Klavier geführt.[308] Als Lehrer ist in diesem Jahr Josef Schwarz angegeben, Spoliansky war somit nicht in der Klasse des berühmten Martin Krause, bei dem z.B. Claudio Arrau zeitgleich studierte (und in diesem Jahr für herausragende Leistungen die Gustav-Hollaender-Medaille erhielt). Jutta Raab Hansen gibt neben Schwarz als Spolianskys Lehrer Wilhelm Klatte und Erwin Lendvai (beide Theorie bzw. Komposition) an.[309] Bei den Schülerkonzerten, die in diesem Jahrgang noch ausführlich dokumentiert wurden, trat Spoliansky nicht auf, so dass wir nichts über das von ihm im Unterricht gespielte Repertoire wissen. Es ist jedoch wahrscheinlich, dass es sich nicht grundlegend von den an der Schule üblichen Programmen unterschied, die z.B. Sonaten von Beethoven und Mozart, einzelne Sätze aus Kla-

---

303 Ebd., S. 14-18.
304 Ebd., S. 20.
305 In der Brüderstraße. Sie ist heute kürzer, verband aber zur damaligen Zeit den Schlossplatz mit dem Petriplatz. Ebd., S. 19-21.
306 Hollaender, Gustav: Stern'sches Konservatorium der Musik, Jahresbericht 1912/13 (63. Schuljahr). 1912/13, UdK, Bestand 4, 22.
307 Spoliansky: *Goodbye, Trouble*, S. 25.
308 Hollaender, Gustav: Stern'sches Konservatorium der Musik, Jahresbericht 1916/17 (67. Schuljahr). 1916/17, UdK, Bestand 4, 25, S. 19. Die folgenden Jahresberichte enthalten kriegsbedingt aufgrund von „Papierknappheit" kein Schülerverzeichnis. In Spolianskys Klavierklasse waren außer ihm ausschließlich Frauen eingeschrieben (Helene Lüdeke, Olga Siebrecht, Melitta Reisewitz, Ellen Lautmann, Ida Levy, Frieda Hegner und Catiana Drachodatz), vielleicht schon ein Zeichen des fortschreitenden Krieges.
309 Raab Hansen 1996, S. 463. Spoliansky erwähnt Lendvai auch in seinen Memoiren: Spoliansky: *Goodbye, Trouble*, S. 35f.

vierkonzerten (z.B. von Felix Mendelssohn Bartholdy) oder Klavierstücke von Franz Liszt, Max Reger, Robert Schumann oder Carl Maria von Weber umfassten.

Im folgenden Jahrgang 1917/18 wurde der Unterrichtsbetrieb am Konservatorium durch den Krieg stark beeinflusst, 28 Lehrer wurden einberufen und der Jahresbericht musste aufgrund von Papierknappheit entfallen. Es ist gut möglich, dass Spoliansky tatsächlich nur ein Jahr am *Stern'schen Konservatorium* studierte, denn auch das Schulgeld bedeutete sicherlich eine enorme Belastung für ihn.[310] Er finanzierte sich durch seine Tätigkeit im Caféhaus: „I studied during the day and played at night."[311] In seinen Memoiren schätzt er diese Tätigkeit sogar als die bedeutendere „Schule" für sein weiteres Leben ein:

> „All in all, I do believe that I learnt much more from these practical experiences than I did from my studies at the Stern'sche Conservatory. I have always been a self-taught person and have continued to study and learn on my own."[312]

Angesichts der Ortswechsel der Kindheit, die mit Sicherheit zu häufigen Lehrerwechseln und Unterbrechungen in der Kontinuität führten, ist es kein Wunder, dass Spoliansky sich schnell daran gewöhnte, selbständig und wohl auch über Zuhören und Nachspielen zu lernen. Mit seiner (wenn auch vermutlich nur kurzen) Studienzeit am *Stern'schen Konservatorium* teilte Spoliansky eine Gemeinsamkeit mit späteren Weggefährten wie Hesterberg, Hollaender und Nelson, die ebenfalls dort studiert hatten.

Neben der Tätigkeit im Caféhaus (zunächst im *Café Schön*, dann im *Kranzler*) spielte Spoliansky als Pianist im Filmorchester Giuseppe Becces im Mozartsaal am Nollendorfplatz.[313] Auch Alexander Spoliansky könnte in irgendeiner Weise mit Becce verbunden gewesen zu sein, widmete dieser doch seine *Légende d'amour* einem A. Spoliansky.[314] Becce war zu dieser Zeit bereits eine der wichtigsten Personen

---

310 Zur Geschichte des Stern'schen Konservatoriums, Schülerschaft, Lehrerinnen und Lehrern wie auch Gebühren vgl. Schenk, Dietmar: „Das Stern'sche Konservatorium der Musik. Ein Privatkonservatorium in Berlin, 1850-1915", in: Michael Fend (Hg.), *Musical education in Europe (1770-1914). Compositional, institutional and political challenges*, Berlin: Berliner Wissenschafts-Verlag 2005, S. 275-297 sowie Ders.: „Das Stern'sche Konservatorium der Musik. Ein deutsch-jüdisches Privatkonservatorium der Bürgerkultur Berlins 1850-1936", in: *Berlin in Geschichte und Gegenwart*, 2000, S. 57-79.

311 Spoliansky: *Goodbye, Trouble*, S. 25.

312 Spoliansky: *Goodbye, Trouble*, S. 26.

313 Spoliansky erwähnt in seinen Erinnerungen auch, dass er im Kammerorchester des Ufa-Palastes gespielt habe, den er in der Friedrichstraße lokalisiert: „The cinemas were called ‚palaces' and the largest one in Berlin was the ‚Ufa-Palast' in Friedrich Strasse, which employed a symphony orchestra of 80 people. […] I joined the chamber orchestra of the ‚Ufa-Palast' for a while." (Spoliansky: *Goodbye, Trouble*, S. 25). Es ist wahrscheinlich, dass Spoliansky den Ufa-Palast am Zoo meint, der im September 1919 eröffnet wurde und ein Orchester von 75 Mann beschäftigte (Kreimeier, Klaus: *Die UFA-Story. Geschichte eines Filmkonzerns*, Frankfurt/M.: Fischer Taschenbuch 2002, S. 136). Vielleicht spielte er tatsächlich auch in der Friedrichstraße; im Bavariahaus an der Ecke zur Taubenstraße gab es seit 1913 das Union-Theater, das allerdings nur 723 Plätze hatte (Architekten- und Ingenieur-Verein zu Berlin 1983, S. 158).

314 Becce, Giuseppe: *Légende d'amour. Sérénade pour Violon, op. 11. Ai miei amici J. Schwiff e A. Spoliansky*, Berlin: Schlesingersche Buch- u. Musikalienhandlung Robert Lienau 1919.

im aufblühenden Filmmusikgeschäft: Er leitete das kleine Mozartsaal-Ensemble von ca. 15 Musikern (ab Mai 1915 bis 1923), 1922 übernahm er zusätzlich das Orchester des Ufa-Pavillons am Nollendorfplatz[315] sowie ab 1923 das des Tauentzien-Palastes. Ab 1926 dirigierte er dann im großen Gloria-Palast.[316] Er wurde Spolianskys Mentor und erprobte nicht nur dessen erste Kompositionen mit seinem Ensemble, sondern arrangierte auch einige Klavierstücke Spolianskys für Salonorchester. So verzeichnet Hofmeisters *Handbuch der musikalischen Literatur* für die Jahre 1919-1923 insgesamt acht Werke Spolianskys in Salonorchester-Arrangements von Becce:

L'amour d'apaches. Paso doble

Schottischer Frühling. Schottis español

Foxtrott-Serenade

Jimmy Shimmy

Mady. Shimmy

Quickly. Tanzintermezzo

Slava. Walzer-Romanze

Stamping Waltz[317]

Es ist gut möglich, dass der zwanzig Jahre ältere Komponist (Becce wurde 1877 geboren) dem jüngeren den Weg zu Verlagen ebnete, in denen dessen Stücke dann erscheinen konnten. Eine von Spolianskys ersten Kompositionen, *Morphium*, die u.a. von der Tänzerin Anita Berber ins Programm genommen wurde, erschien noch im Selbstverlag namens Heiki, den Spoliansky zusammen mit Fritz Heymann, einem Cousin Werner Richard Heymanns, gegründet hatte. Das Stück wurde ein großer Erfolg und machte den Komponisten erstmals stadtbekannt. Der Autor C.K. Roellinghoff schrieb im *Berliner Brettl-Brief* im April 1921: „Sein Boston-Walzer ‚Morphium' spukt in sämtlichen schwülen Köpfen von Berlin W."[318]

Im Orchester von Giuseppe Becce lernte Spoliansky laut eigenen Angaben auch Marlene Dietrich kennen, mit der ihn eine lebenslange Freundschaft verbinden sollte. Sie strebte zu dieser Zeit eine Karriere als Violinistin an. Da Dietrich bis zum Sommer 1921 in Weimar bei Robert Reitz Geige studierte, muss die Begegnung wohl ins Jahr 1921 datiert werden. Der von Steven Bach wiedergegebenen Geschichte, Becce habe Marlene bereits nach vier Wochen wieder entlassen müssen, da sich

---

315 Der Ufa-Pavillon am Nollendorfplatz wurde 1913 von Oskar Kaufmann erbaut (Architekten- und Ingenieur-Verein zu Berlin 1983, S. 161 und 185f.). Der Mozartsaal befand sich auch am Nollendorfplatz, aber im Gebäude des Theaters am Nollendorfplatz, erbaut 1907 von Albert Fröhlich (Ebd., S. 114 sowie 133f.).

316 *CineGraph – Lexikon zum deutschsprachigen Film*. München: edition text+kritik 1984ff., On-line-Version www.filmportal.de (12.08.2010).

317 Hofmeister, Friedrich (Hg.): *Handbuch der musikalischen Literatur*, Bd. 16 (1919-23), Leipzig: Hofmeister 1924, S. 439f. Insgesamt sind 30 Werke Spolianskys verzeichnet.

318 Roellinghoff, C.K.: „Berliner Brettl-Brief", in: *Der Drache*, 2. Jg., Nr. 29 (26.04.1921). Spoliansky war zu dieser Zeit im *Potpourri* engagiert. Die Frau des Leiters Niklaß-Kempner war Lehrerin am *Stern'schen Konservatorium*.

ihre „Beine [...] für die anderen Orchestermitglieder als zu große Ablenkung"[319] erwiesen, steht Spolianskys neutraler Bericht gegenüber: „It was here that I also met
Marlene Dietrich for the first time, she was playing second violin in the orchestra,
but had to give up after a while when she injured her hand."[320] Ungefähr 1922 gab
Dietrich tatsächlich das Geigenspiel auf, sprach für Theaterrollen bzw. Reinhardts
Schauspielschule vor und arbeitete als Photomodell sowie als Tänzerin in Revuen
(u.a. bei Nelson).

Spoliansky erhielt im September 1920, nach ersten Erfahrungen in einem russischen Emigrantentheater und in der Kleinkunstbühne *Potpourri* im Künstlerhaus
(April 1921), sein erstes festes, längerfristiges Engagement in einem Kabarett: In
Max Reinhardts zweitem *Schall und Rauch* wurde er Nachfolger von Friedrich Hollaender. Im Archiv der Akademie der Künste Berlin ist der am 29. Juli 1920 aufge-
setzte Vertrag mit Hans von Wolzogen[321] erhalten, der Aufschluss über Spolianskys
Aufgaben und seine Bezahlung gibt:

> „Sehr geehrter Herr Spoliansky!
>
> Im Verfolge unserer gestrigen Besprechung bestätige ich Ihnen hierdurch,
> dass wir Sie ab 1. September i.J. bis zum 31. April 1921 als Kapellmeister und
> musikalischen Berater für das Cabaret ‚Schall und Rauch' engagieren. Sie ha-
> ben in erster Linie die auftretenden Solokräfte am Flügel zu begleiten, ande-
> rerseits bei Einstudierungen und Proben die musikalische Leitung zu über-
> nehmen und die Direktion in allen musikalischen Fragen rat- und tatkräftig
> zu unterstützen. Für die Erfüllung dieser Pflichten erhalten Sie eine mo-
> natliche Gage von M. 2.100. Sie nehmen zur Kenntnis, dass Sie allabend-
> lich die Cabaretvorstellungen als musikalischer Leiter zu überwachen haben
> und der Direktion bei den von ihr angesetzten Proben zur Verfügung stehen
> müssen."[322]

Vor September 1920 taucht Spoliansky in den Programmen des *Schall und Rauch*
nicht auf. Falls er dort bereits früher gespielt haben sollte, war er zumindest nicht
fest engagiert. Spoliansky füllte seinen Vertrag anscheinend nicht wie vorgesehen bis
April im *Schall und Rauch* aus. Im März 1921 wechselte die Leitung des Kabaretts
und bereits am 4. März schrieb Spoliansky auf einer Postkarte an von Wolzogen: „es
war doch schön. Es dürfte Sie interessieren, dass ich bereits nicht mehr im Schall+
arbeite. Nächstes Mal mehr!"[323]

---

319 Bach, Steven: *„Die Wahrheit über mich gehört mir" Marlene Dietrich*, München: List Taschen-
     buch 2000, S. 56.
320 Spoliansky: *Goodbye, Trouble*, S. 26. Bach (und andere, z.B. Salber) berichten, Marlene sei auf-
     grund ihrer Begabung zeitweise Konzertmeisterin gewesen: Bach 2000, S. 55; Salber, Linde:
     Marlene Dietrich, Reinbek bei Hamburg: Rowohlt Taschenbuch 2001, S. 22.
321 Hans von Wolzogen (1888-1954) war der Sohn des ersten „Überbrettl"-Gründers Ernst von
     Wolzogen (1855-1934). Er übernahm im Juni 1920 das zweite *Schall und Rauch* von Max
     Reinhardt und leitete es bis Mitte Februar 1921.
322 Spoliansky, Mischa: Brief Schall und Rauch. 29.07.1920, AdK, Archiv Darstellende Kunst:
     Mischa Spoliansky Archiv, Lfd. Nr. 292.
323 Postkarte von Mischa Spoliansky an Hans von Wolzogen, datiert 4.3.21. Auf der Vorderseite
     Notenfragment Lila Lied. 1921, StKA, Schall und Rauch II, LK/C/2,2.

Im Weiteren wurde Spoliansky ein gefragter Kabarett-Pianist und Komponist. Neben Hesterbergs *Wilder Bühne* (vgl. Kap. *Wilde Bühne*, S. 159) schrieb er für Rosa Valettis *Rampe* und die *Rakete*, die *Bonbonniere* in München und für Wilhelm Bendows *Tütü*, das dieser einige Zeit nach Hesterberg im Jahr 1924 im Keller des *Theaters des Westens* eröffnete. Parallel arbeitete er als Pianist in Bars (s. Kap. *Kakadu Bar*, S. 137) sowie bei den Tanzorchestern Dajos Béla und Julian Fuhs und war an Schallplatteneinspielungen beteiligt (u.a. mit den *Weintraub Syncopators*).[324]

Dass Spoliansky weiterhin ohne Schwierigkeiten ins klassische Repertoire wechseln konnte, zeigen seine Einspielungen als Begleiter von Richard Tauber, die im Jahr 1926 und 1927 entstanden. Bei Schuberts *Winterreise*[325] sowie Volksliedaufnahmen[326] hört man ihn nicht nur als technisch versierten, sondern auch als flexiblen und sensiblen Begleiter, dessen Klavierspiel eine große Palette an Klangfarben aufweist. Gerade hinsichtlich der Farbigkeit sind Schubert und das Kabarett-Chanson Hollaenders oder Spolianskys vielleicht nicht so weit voneinander entfernt, wie man zunächst denken mag (man höre beispielsweise die *Lieder eines armen Mädchens* von Hollaender). So treten in Spolianskys Liedern und Theatermusik häufig Wechsel in die Dur- bzw. Mollvariante auf, auch mediantische Verbindungen setzt er gerne ein. Das schnelle Umschalten in der Stimmung ist für das Kabarettchanson, das häufig eine unerwartete Wendung in der letzten Strophe enthält, typisch. Spoliansky spielt die virtuosen Partien in Schuberts Klaviersatz mit bemerkenswerter Leichtigkeit (z.B. im Mittelteil des *Lindenbaums*), Tauber hört man in bester stimmlicher Verfassung. Die Freiheiten in der Gestaltung sowie die zahlreichen Portamenti des Sängers geben Aufschluss über die zeitgenössische Aufführungspraxis. Einige Lieder sind zudem gekürzt, vielleicht aus technischen Gründen (sie mussten auf eine Plattenseite passen), insgesamt hat die Aufnahme erstaunlichen „Zug" – der *Frühlingstraum* beispielsweise, dessen träumerisch-beschwingter Walzerbeginn Spoliansky ganz offensichtlich lag, ist in der Aufnahme von Thomas Quasthoff mehr als eine Minute länger.[327] Deutlich langsamer nehmen Tauber und Spoliansky dagegen den *Stürmischen Morgen*. Die englische Zeitschrift *Gramophone* widmete der Aufnahme eine ausführliche Kritik, die viel über den Geschmack der Zeit aussagt:

> The interpreter in this instance is Richard Tauber, a lyric tenor who has shown that he possessed both the voice and the temperament for the task. His rich, solemn tone breathes sadness; his style, subdued and refined, imparts an

---

324 Kühn: „Spoliansky, Mischa", in: *MGG2*, Personenteil, Bd. 15, Sp. 1221-1223.

325 Folgende Lieder wurden an einem Tag eingespielt und erschienen in einem Album: Gute Nacht, Wasserflut, Der Lindenbaum, Rückblick, Frühlingstraum, Die Post, Die Krähe, Stürmischer Morgen, Der Wegweiser, Das Wirthaus, Der Leiermann. Parlophon-Odeon, Be5849-5860, 20. Juni 1927. Auf CD wiederveröffentlicht: Tauber, Richard: *Tauber sings Lieder. Winterreise. Schubert. „Das deutsche Volkslied". Schumann*, Sussex: Pavilion Records Ltd. 1989 (GEMM CD 9370).

326 „Das deutsche Volkslied": Ach, wie ist's möglich dann, Du, du liegst mir am Herzen, Der gute Kamerad, Jägerleben, Das zerbrochene Ringlein, Lebewohl, Frohe Botschaft, Burschenlust, In der Ferne, Treue Liebe, Heidenröslein, Der Jäger Abschied. Parlophon-Odeon, Be 5321-31, 5333, 1. Oktober 1926. Auch diese Aufnahmen erschienen in einem Album und sind auf CD veröffentlicht: Tauber 1989.

327 Quasthoff, Thomas: *Schubert. Winterreise*, BMG Entertainment 1998 (09026 63147 2).

additional quiet melancholy to Schubert's melodies. In the timbre one could do with a shade less of nasal resonance; but, if it made neat phrasing easier and enhanced the „Tauberisch" quality of elegant lassitude, far be from me to complain, since here both are in the right place. In the matter of style I feel that there is a sameness of treatment, an absence of strong contrasts and varied tone-colour, that would tend to cause monotony were it not for the singer's rare musical feeling and sense of rhythm. You feel that he presents Schubert's phrase precisely as it was intended, and he charms you with his neatness and art even when you wish he would be a bit more virile and not make sudden dims, and let his voice die away at every note or two. Altogether, then, Herr Tauber's is not a faultless interpretation or a great one, but it is very lovable in its vocal grace, very artistic, and, let me add, thoroughly enjoyable. It also owes much to the refined and tasteful playing (on a poor instrument) of the piano accompaniments by Mischa Spoliansky.[328]

Neben dieser intimen, kammermusikalischen Liedaufnahme ist sicherlich noch eine andere, ganz andere Einspielung Spolianskys bemerkenswert: Im Jahr 1927 nahm er als einer der ersten Europäer George Gershwins *Rhapsody in Blue* mit dem Julian Fuhs Orchester auf Schallplatte auf.[329] Zuvor war das Werk bereits einmal gemeinsam im Konzert musiziert worden, am 19. Oktober 1927. Im Inserat in der *Vossischen Zeitung* ist der Name des Orchesterleiters bemerkenswerter Weise deutlich größer abgedruckt als der des Solisten, der Name des Komponisten wird gar nicht erwähnt.[330] Ein Brief von Fuhs im Archiv der Akademie der Künste gibt Auskunft darüber, dass für das Konzert drei Proben unter Mitwirkung Spolianskys angesetzt waren und dessen Bezahlung insgesamt 250 Mk. betrug.[331] In Anbetracht der Tatsache, dass der Brief nur drei Wochen vor der Aufführung verfasst wurde, blieb Spoliansky nicht viel Zeit, sich auf das Solokonzert vorzubereiten. Der amerikanische Jazzgitarrist und Banjospieler Michael Danzi berichtet in seinen Memoiren von der Aufnahmesession:

> „Three days later I rehearsed for just one hour and, after a few takes, we got a good version of ‚Rhapsody In Blue' with Julian Fuhs' fifteen-piece orchestra augmented by a symphonic string section."[332]

Auch hier wurde das Stück gekürzt, ob im Konzert die originale Fassung oder das in der Einspielung zu hörende Arrangement gespielt wurde, ist heute nicht mehr festzustellen. Heraus kam auf jeden Fall eine wilde, ungezähmte Jazzfassung, in der Spolianskys Klavierspiel gegenüber dem rauhen Klang des Orchesters durch Eleganz

---

328 Klein, Herman: „Schubert's Winterreise", in: *The Gramophone*, März 1928, S. 20 (Online-Version www.gramophone.net, 13.08.2010).
329 Parlophone E 10645 / P. 9157, aufgenommen 1927. Auf CD veröffentlicht: Zeyen/Lareau/Unger 1998, CD 1.
330 *VossZ*, Nr. 248, 16. Oktober 1927.
331 Fuhs, Julian: Brief an Mischa Spoliansky. Verpflichtung für ein Konzert am 19. Oktober 1927. 27.09.1927, AdK, Archiv Darstellende Kunst: Mischa Spoliansky Archiv, Lfd. Nr. 298.
332 Danzi 1986, S. 27. Danzi gibt auch die Namen einiger anderer Mitwirkenden an: Dick [Stauf] (dr), Billy Bartholomew (cl), Friedl Clement (tr), Gino Mojetta (trb).

besticht und geradezu modern wirkt. Dem Orchester merkt man die Herkunfts-
zeit der Aufnahme deutlich an: Neben dem starken Vibrato in den Saxophonen fällt
auch hier der häufige Einsatz von Portamenti auf; z.T. sind auch Schwächen in der
Ausführung zu hören. Dennoch erscheint die Aufnahme erfrischend unkonventionell und gar nicht schwerfällig. So sieht es auch der Kritiker der englischen *Gramophone*:

> The Rhapsody has some amusing bits of twisted instrumental tone, and a
> naïve portentousness that I find pleasantly stimulating. It lacks the stuffing
> of solid ideas, and formal beauty, but one scarcely expects those qualities in
> music derived as this is. Those who wish to see what the jazz-mind can do
> at its most serious (for I presume this is a serious attempt at a form of art-
> music having its roots in jazz or its derivatives) will find a good deal of in-
> terest in the piece. They may like to compare this performance and record-
> ing (which have all the athletic grace of the best dance-playing) with that on
> H.M.V. 0.1395 (Paul Whiteman and his Concert Orchestra, with George Ger-
> shwin himself as the pianist). There is very little between them. Parlophone is
> slightly more brilliantly shrill, and some may prefer the Blue of the turquoise
> to that of the sky.[333]

Im Gegensatz zum Orchester wäre Spolianskys Solopart auch heute noch ohne Weiteres in dieser Tongebung und Interpretation denkbar.

Zwischen Schauspiel und Oper: Theatermusiken | Seine eigentliche Erfüllung fand
Spoliansky jedoch im Theater. Hier zeigte sich sein besonderes Talent, musikalisch
auf Texte zu reagieren, Stimmungen zu erfassen und seine Musik den Figuren anzupassen. Durch das Kabarett mit seinen Kurzsketchen und Chansons war er in diesen Formen bereits versiert. Noch Spolianskys spätere Filmkompositionen erschienen als Weiterentwicklung des zuerst im Kabarett, dann im Theater Erprobten, der
Weg zur Leinwand die folgerichtige Fortsetzung des dort Erlernten. Gerade zu Beginn der Tonfilme war die Situation der Musiker den Gebräuchen im Theater ja
noch relativ ähnlich, spielten diese doch am Filmset hinter den Kulissen – eine Situation, die der im Graben oder auf der Seitenbühne glich.[334] Auch die Musik bestand
neben „Hintergrundmusik" aus Tonfilmschlagern, so dass die Arbeitsweise der Ope-
retten- und Musicalkomposition verwandt war.[335]

---

333 „Orchestral", in: *The Gramophone*, Februar 1928, S. 15 (Online-Version www.gramophone.net,
     13.08.2010).
334 Vgl. hierzu Abbildungen in Rother, Rainer/Mänz, Peter (Hg.): *Wenn ich sonntags in mein
     Kino geh' Ton – Film – Musik 1929-1933*, Berlin: Stiftung Deutsche Kinemathek 2007, z.B.
     S. 34. Auch in einem Fotoalbum Spolianskys in der AdK finden sich Bilder mit Musikern,
     die am Filmset aufgenommen wurden. Spoliansky, Mischa: Fotoalbum. 1929-33, AdK, Archiv
     Darstellende Kunst: Mischa Spoliansky Archiv, 4.02 Privatfotos/Lfd. Nr. 424.
335 Ein gutes Beispiel für solcherart Filmmusik ist Spolianskys zweiter Film *Nie wieder Liebe*
     (nach dem Bühnenstück *Dover-Calais*), der z.B. die Schlager *Leben ohne Liebe kannst du nicht*
     (gesungen von Margo Lion) oder das Titellied *Nie wieder Liebe*, einen Marsch, enthält. Litvak,
     Anatole (Regie): *Nie wieder Liebe. Mit Lilan Harvey, Harry Liedtke, Felix Bressart, Margo Lion,
     Julius Falkenstein*, 1931 (Deutsche Erstaufführung: 27.07.1931).

Spoliansky genoss es, für Schauspiel, Revue und Operette zu schreiben. Eine Arbeit, die ihm später in England im Exil fehlte, wo der Theaterbetrieb von Einheimischen dominiert wurde und er (im Gegensatz zum Filmgeschäft) nie richtig Fuß fassen konnte:

> „Ich habe das sehr vermißt, ich betrachte mich ja eigentlich als Theaterkomponisten. Aber da spielt hier in England ein anderes Element eine Rolle. Die Engländer sind nette Leute, sie haben gute Manieren, sie sind freundlich und tun einem nichts. Aber sie sind Insulaner, da kommt man nicht richtig heran, man gehört doch nicht zu ihnen, so nett sie auch zu einem sind."[336]

Auch die Kritik hatte spätestens mit der Aufführung der Revue *Es liegt in der Luft* bemerkt, dass Spolianskys Begabung in der Theaterkomposition lag:

> „Dort am Kurfürstendamm liegt sein Name, sein Können, sein Ruhm ‚in der Luft‘: Man kennt seinen, in slawischer Melancholie, in müder Chromatik hingehauchten Fox mineur, sein Morphium. Hier in der Komödie, nachdem er in Reinhardts ‚Viktoria‘ die ersten Proben seiner Illustrierungskunst gegeben, kommt er auch intensiver in Berührung mit der Bühne, indem er die Partitur der ‚Mannequins‘ redigiert, ein paar entzückende Einlagen schreibt und über alles die Wunder seines farbigen polyphonen Klavierspiels breitet. Der Begriff Spoliansky also, das Parfüm um ihn herum, ‚liegt in der Luft‘, und es ist das Verdienst von Marcellus Schiffer, dem Textautor der Revue, beherzt in diese Luft hineingegriffen und das Wesen Mischa Spolianskys in der Wirklichkeit gewonnen zu haben."[337]

Neben dieser Einschätzung sind den Worten des Kritikers zwei für Spoliansky besonders wichtige Stationen seiner Karriere zu entnehmen: die Verpflichtung durch Reinhardt für dessen Inszenierung von Somerset Maughams *Victoria* sowie die Zusammenarbeit mit Schiffer, dessen Textvorlagen Spoliansky besonders lagen. Die beiden hatten sich in der *Wilden Bühne* kennen gelernt und waren bis zu Schiffers Selbsttötung im Jahr 1932 enge Freunde. Viele der erfolgreichsten Chansons Spolianskys (wie auch Schiffers) entstanden als Koproduktionen.

Das Engagement als Bühnenmusikkomponist für Reinhardts *Victoria*[338] im Jahr 1926 bedeutete für Spoliansky, dass er erstmalig mit einem wirklich bedeutenden Regisseur zusammenarbeitete. Curt Bois berichtete in seinen Memoiren, dass er Reinhardt Spoliansky als Komponisten vorgeschlagen habe[339] (Spoliansky erwähnt dies in seinen Lebenserinnerungen nicht). Seine Aufgabe war es nicht nur, die Musik zu komponieren, sondern auch allabendlich selbst in den Vorstellungen zu be-

---

336 Traber: „Emigrierte Musik: Komponisten im Exil", in: Böhne 1992, S. 125-155, hier S. 131.
337 Urban, Erich: „Der Komponist des Kurfürstendamms", in: *Skizzen*, Nr. 7 (1928), S. 18.
338 Parallel existiert die Schreibung Viktoria. Die im Archiv der AdK befindlichen Unterlagen umfassen über 800 Seiten: Spoliansky, Mischa: Viktoria (Bühnenmanuskript, Manuskriptkonvolut, KA Kopienkonvolut, Klavierfassung der Bühnenmusik, Szenen/Entwürfe, Orchesterstimmen, Charleston, Kritiken). AdK, Archiv Darstellende Kunst: Mischa Spoliansky Archiv, Lfd. Nr. 77-86
339 Bois 1982, S. 53.

gleiten: „He [Reinhardt] envisaged a young man in full evening dress at the grand piano in the stalls accompanying the action on stage", berichtet Spoliansky. Seine Rolle glich somit der bereits in Kabarett und Bar ausgeübten. Der Flügel stand zwar im Zuschauerraum, wurde aber ins Bühnenbild einbezogen, indem er dem Stück gemäß mit Requisiten wie Kandelabern und einer Decke mondän hergerichtet wurde.[340] Die Premiere, die am 5. März 1926 in der *Komödie am Kurfürstendamm* stattfand, wurde für Spoliansky zum ersten durchschlagenden Erfolg. Ähnlich wie ihn der Walzer *Morphium* als Komponist für kleine Salonstücke und Schlager empfohlen hatte, öffnete *Victoria* ihm die Türen zu den Reinhardt-Theatern. Hiermit zeigte er sich auch größeren, abendfüllenden Aufgaben gewachsen. Der Kritiker der *Berliner Morgen-Zeitung* schrieb: „Reinhardts beste Idee war es, sich den unnachahmlichen Spoliansky als musikalischen Interpreten heranzuholen, der mit der Nonchalance eine witzsprühende Tonmalerei am Flügel gab."[341] Auf der Bühne wirkten neben Spolianskys Freund Curt Bois Lili Darvas, Curt Goetz, Paul Otto und Richard Romanowsky mit.[342] Spoliansky bezeichnete seine musikalische Idee für das Stück als eine Art „gesprochener Oper": „The whole play was now dipped in music and was virtually a new form – a sort of spoken opera."[343] Offensichtlich setzte er hier also die Gattung des Melodrams in neuer Form fort. Für Spoliansky versprach der Erfolg auch eine relative finanzielle Sicherheit, die er und seine Familie bisher vermissten (1922 hatte er Elsbeth Reinwald geheiratet, die Töchter Irmgard und Elsbeth Malvine waren 1923 und 1925 geboren worden): „This particular theatrical success was to have a profound affect [sic!] on my career. I could not have asked for a more exciting theatrical début, I no longer needed to work as a bar pianist to earn my living."[344]

Auf *Victoria* folgte zwei Jahre später am selben Ort die Revue *Es liegt in der Luft* von Schiffer, Premiere am 15. Mai 1928. Mit diesem *Spiel im Warenhaus* wurde Spoliansky schlagartig in ganz Berlin bekannt, es wurde ein Erfolgsstück des Jahres 1928. Die Kritiken lobten die Aktualität und den Witz des Stückes, die Musik wurde als „elegisch und ironisch, stürmisch und zärtlich, zynisch und schmeichelnd kapriziös"[345], „geistreich", „witzig"[346], „beschwingt"[347] bezeichnet – „Die beste Sommerunterhaltung für gut angezogene Menschen".[348] Dass Schiffer den Ton der Zeit

---

340 Spoliansky: *Goodbye, Trouble*, S. 59. Vgl. auch Rühle, Günther: *Theater in Deutschland 1887-1945. Seine Ereignisse – seine Menschen*, Frankfurt/M.: S. Fischer 2007, S. 480f.

341 beg [Kürzel] in: *Berliner Morgen-Zeitung*, Datum unleserlich. Zeitungsausschnitt in: Spoliansky, Mischa: Text und Musik/Revuen. StKA, Sammlung Mischa Spoliansky, LK/EG/8,2.

342 Besetzung und Premierendatum in: Bois 1982, S. 52f. und 143.

343 Spoliansky: *Goodbye, Trouble*, S. 58.

344 Ebd., S. 60.

345 *Weltbühne*, zit. n. Zeyen/Lareau/Unger 1998, S. 16.

346 Urban, Erich: „Der Komponist des Kurfürstendamms", in: *Skizzen*, Nr. 7 (1928), S. 18.

347 *NPrZt*, 80. Jg., Nr. 229 (16.05.1928).

348 Pressestimmen zu der Revue, zit. n. Zeyen/Lareau/Unger 1998, S. 16.

getroffen hatte, zeigt unter anderem die Tatsache, dass die Kritiker sein Schlagwort sofort aufgriffen und als Aufhänger für ihre Besprechungen verwendeten:

> „Was liegt denn in der Luft? Es liegt in der Luft, und hoffentlich liegt es auch an unserer Luft, daß die Revue in Berlin doch schon zu einer gewissen Kultur gekommen ist."[349]

> „Unbegrenzte musikalische Möglichkeiten liegen für Den [Spoliansky] in der Luft, ein zweiter Theremin, braucht er sie nur aus ihr zu greifen."[350]

> „Mit dem Komponisten dieser Revue, Mischa Spoliansky, kommt ein Mann herauf, endlich, der schon lange ,in der Luft liegt'"[351]

Oskar Bie, der als Musikkritiker selten Kabarett oder Theater besprach, widmete Spolianskys Musik einen eigenen Absatz und äußerte sich ausgesprochen lobend:

> „Spolianskys Musik verdient ein besonderes Wort: Sie ist nicht nur gut, sie ist eine Klasse für sich. In der Entwicklung dieser Gattung von Nelson über Friedrich Hollaender zu ihm ist ein schneller Weg von trockenem Rhythmus, der populäre Melodien trägt, über einen reichen Bestand an modernen Wendungen, aus der Schule der Zeit gewonnen, zu einer persönlichen Geistigkeit und Feinheit des Geschmacks, die auf der Ebene der großen Musik liegt. Spoliansky ist innerlich bewegt von delikaten Formen und von einer zarten Zeichnung, die dennoch nicht in einer Intellektualität beharrt, sondern sinnliche Wirklichkeit und greifbare Zeitrealität wird."[352]

Mit der Metapher von der Welt als Warenhaus und einer Geschichte um zwei vergessene Kinder, die in den verschiedenen Abteilungen aufwachsen, die Liebe finden und schließlich wiederum ihre eigenen Kinder an gleicher Stelle vergessen (so dass die Geschichte wieder vorn beginnen könnte), hatte Schiffer offensichtlich den Nerv der Zeit getroffen. Um die lose verknüpfte Handlung gruppierten sich 24 verschiedene Bilder und Szenen, die satirisch auf aktuelle Ereignisse, Moden und Merkwürdigkeiten Bezug nahmen. Die Besetzung bestand aus kabarettistisch erprobten Schauspielerinnen und Schauspielern, mit denen Spoliansky und Schiffer bereits zusammengearbeitet hatten: Margo Lion, Ida Wüst, Marlene Dietrich, Otto Wallburg, Willi Prager, Oskar Karlweiß, Hubert von Meyerink, Käte Lenz sowie der farbige Tänzer Louis Douglas. Die Inszenierung lag in den Händen von Robert Forster-Larrinaga, der, gemeinsam mit Emil Pirchan und Walter Trier, die für das Bühnenbild verantwortlich zeichneten, in kleinem Maßstab Gestaltungsprinzipien der großen Revuen aufgriff. Besonders bekannt geworden ist das sich zum Terzett erweiternde Duett *Wenn die beste Freundin* von Lion und Dietrich, das auch schon in der zeitgenössischen Presse Beachtung fand und später auf zahllosen CD-Kompilatio-

---

349 Eloesser, Arthur: „,Es liegt in der Luft' Revue in der ,Komödie"', in: *VossZ*, Nr. 117 (17.05.1928).
350 *Weltbühne*, zit. n. Zeyen/Lareau/Unger 1998, S. 16.
351 Urban, Erich: „Der Komponist des Kurfürstendamms", in: *Skizzen*, Nr. 7 (1928), S. 18.
352 Zeitungsausschnitt in: Spoliansky, Mischa: Ordner Spoliansky. StKA, Sammlung Mischa Spoliansky, LK/EG/8,1.

nen Marlene Dietrichs wieder veröffentlicht wurde.[353] Es beleuchtete satirisch nicht nur modische Dreiecksbeziehungen und neue erotische Freiheiten, sondern war laut Maurus Pacher auch eine Parodie auf das Theaterstück *Die Gefangene* von Edouard Bourdet[354], das im Jahr 1926 ebenfalls an der *Komödie* von Reinhardt inszeniert worden war (und insgesamt drei Spielzeiten an verschiedenen Bühnen Berlins lief)[355]. Aber auch andere Szenen wie die Jack Smith-Parodie *Der flüsternde Bariton*, Lions Kreation *L'heure bleu* aus der Parfumwarenabteilung oder Louis Douglas Tänze wurden eingehender erwähnt.

Schiffers Domäne lag auf dem Gebiet der Gesellschaftssatire, und wenn Erich Urban gerade die in der Revue gezeigten Frauentypen in seiner Besprechung herausgreift, entspricht dies einer Besonderheit Schiffers, der immer wieder exzentrische Frauentypen auf die Bühne stellte, in Chansons, die er der spindeldürren Lion auf den Leib schrieb:

> „In Wahrheit nun: was liegt in der Luft in Berlin, am Kurfürstendamm, in der Welt überhaupt? Vor allem die Frau! Die Frau, die den ganzen Tag nichts tut. Wie sie vor lauter Nichtstun ins Warenhaus geht, dort herumflaniert, hier und da herumschaut und kauft, für sich, für ihre Unterhaltung, für ihre Pflege, für ihren Körper, für ihren Geist, ja, merkwürdig, auch das."[356]

Und der Kritiker des *Berliner Tageblatts* bemerkt (ohne jegliche ironische Brechung): „Besonders die Frauen horchen auf, sie sehen sich ja nur selber."[357] Differenzierter nimmt Hans Heinz Stuckenschmidt unter der Überschrift „So wird heute gesungen. Choräle aus dem Schlamm" die Funktion der Schauspielerin in den Blick, deren Interpretation die Doppelbödigkeit des Spiels enthüllt, in deren Mittelpunkt gesellschaftliche Rollenbilder stehen:

> „Man hat sich daran gewöhnt, Körper und Seele nackt zu betrachten. In einer sozial aus den Fugen geratenen Welt ist für moralische Nachdenklichkeit kein Raum. [...] Die moralischen Hüllen sind abgefallen, und so wird das erotische Couplet zum Choral der Sinnlichkeit, zum beinahe heidnischen Hymnus auf das, was Puritaner die Niederungen der Welt, den Schlamm der Großstadt zu nennen belieben. [...] [In der] Kammerrevue ‚Es liegt in der Luft' stand plötzlich Margo Lion auf der Bühne, giraffenhaft geschmeidig, in Bewegung und Stimme das Gegenbild weiblichen Charmes. Sie sang eine Szene von brutaler Eindringlichkeit, einen Brautmonolog, in dessen Verlauf alle

---

353 Z.B. *Marlene Dietrich* (Delta Music), *Marlene Dietrich* (First Budget International), *Marlene – Soundtrack zu Film* (EMI Electrola), *Marlene – Highlights* (Falcon Neue Medien), *Marlene Dietrich – ... denn das ist meine Welt und sonst gar nichts* (Mazur Media), *Marlene Dietrich – Records 1928-1933* (SPV) usw., vgl. Discographie www.marlenedietrich-filme.de (14.08.2010).

354 Pacher, Maurus: „Mischa Spoliansky. Geboren 28. Dezember 1898 Bialystok", in: *et cetera*, Nr. 18 (Dezember 1983), Zeitungsausschnitt in: Spoliansky, Mischa: Text und Musik/Revuen. StKA, Sammlung Mischa Spoliansky, LK/EG/8,2.

355 Thuret, Marc: „Französische Stücke auf Berliner Bühnen 1919-1933", in: Hans Manfred Bock (Hg.), *Französische Kultur im Berlin der Weimarer Republik: kultureller Austausch und diplomatische Beziehungen*, Tübingen: Narr Francke Attempto 2005, S. 251-281, hier S. 255.

356 Urban, Erich: „Der Komponist des Kurfürstendamms", in: *Skizzen*, Nr. 7 (1928), S. 18.

357 F.E.: „‚Es liegt in der Luft' Revue in der ‚Komödie'", in: *BTbl*, 57. Jg., Nr. 230 (16.05.1928).

Masken der Keuschheit, der hochzeitlichen Reserve, des feierlichen Gestus mit einer furienhaften Vehemenz abgestreift wurden. Es war ein Augenblick, so eindeutig, so ordinär, so bewußt geschlechtlich, daß dagegen die lüsterne Kindlichkeit der Blandine Ebinger wirkt wie Teegeplauder eines Backfischs aus den 90er Jahren."[358]

Dass es sich bei den scheinbar amüsanten, erotischen oder auch derben Szenen folglich nicht nur um „unumgängliche Pikanterien"[359] handelte (wie die konservative *Neue Preußische Kreuz-Zeitung* schrieb), sondern implizit auch „eine sozial aus den Fugen geratene Welt" kritisiert wurde, mögen außer Stuckenschmidt nur wenige bemerkt haben. Man kann davon ausgehen, dass der überaus sensible Schiffer, der ein seismographisches Gefühl für den Puls der Zeit hatte und immer wieder die Widersprüchlichkeit und Unzulänglichkeit seiner Umgebung künstlerisch aufgriff, den Szenen (bewusst oder unbewusst) diese Doppelbödigkeit einschrieb.

Die explizite Politsatire war dagegen Schiffers Sache nicht – sie interessierte ihn vielleicht in ihren angeblichen Eindeutigkeiten, dem rechts gegen links, rot gegen braun nicht so sehr, denn auch Schiffer liebte es, das Dazwischen, die nicht eindeutigen Situationen auf der Bühne zu zeigen. So wurde an *Es liegt in der Luft* u.a. die fehlende politische Stoßrichtung kritisiert:

> „Die Politisierung des eigentlichen Theaters, nun gar von Parteiwegen, hat sich selber durch ihre Kunstfremdheit entkräftet. Aber die Revue, von jeher das gesprochene und in plastische Aktivität umgesetzte Witzblatt, könnte den Mund auftun […]. Auch in Julius Freunds Tagen wurde gesagt, dass die Revue sich nicht scharf genug zur Zeit und gegen die Zeit bekenne. Damals freilich war die Faust der Zensur geballt und hochgereckt. Aber jetzt, wir sind doch frei, wir dürfen sagen und wagen, wir dürfen den Eros von vorn und von allen Seiten zeigen, dürfen Lesbos an die Spree verpflanzen, wir verheimlichen nicht und exhibieren alles – warum nun ist eine Revue, die in der Woche der schicksalsbedeutenden Wahlen beginnt, im Politischen so schal und platt? Warum?"[360]

Lediglich zwei Bilder der Revue widmeten sich politischen Themen, die „Politische Abteilung"[361], aufgeführt von Otto Wallburg, und das Bild „Drehtüre" mit

---

358 Stuckenschmidt, Hans Heinz: „So wird heute gesungen. Choräle aus dem Schlamm", in: *Uhu*, Nr. 9 (1930), S. 45-48. Zeitungsausschnitt in: Spoliansky, Mischa: Text und Musik/Revuen. StKA, Sammlung Mischa Spoliansky, LK/EG/8,2.

359 *NPrZt*, 80. Jg., Nr. 229 (16.05.1928).

360 F.E.: „Es liegt in der Luft' Revue in der ‚Komödie'", in: *BTbl*, 57. Jg., Nr. 230 (16.05.1928).

361 Laut Textbuch ist die Musik von Spoliansky verloren, der Klavierausdruck druckt jedoch eine Vertonung ab. Der im Textbuch des Drei Masken Verlags abgedruckte Text zu diesem Bild (der dem Klavierauszug entspricht) kann eigentlich nur eine Reaktion auf die oben zitierte Kritik sein, zumal das Tageblatt explizit erwähnt wird: „Ein jedes Blatt / der Zeitungsstadt / schreibt in der Zeit-Kritik: / ‚Es schreit danach / die Zeit danach / her ein politisch Lied!' […] Ein scharfes Lied / ein saures Lied / na, euch will ich's mal geben! / […] Ja, ich bin scharf / nu, bin ich scharf? / Kann es was schärfres geben? / Da biste platt / das Tageblatt / – dem hab ich's auch gegeben!" (Schiffer, Marcellus: *Es liegt in der Luft (Ein Spiel im Warenhaus). Revue in 24 Bildern. Textbuch*, München: Dreiklang-Drei Masken o.J., S. 25). Dann müsste in der Premiere ein anderer Text erklungen sein (allerdings handelt es sich laut Angabe des Text-

dem Schlager *Ich weiß das ist nicht so*, von Willy Prager gesungen. Bezeichnend ist, dass auch die politischen Ideologien im Warenhaus als beliebig käuflich erscheinen. Gleich zu Beginn der Revue werden sie in die Masse der anderen Artikel integriert:

> „Alles vorrätig, was vorhanden! / Rechtsabteilung, Linksabteilung, / Demokratengröße 42, / Schlagsahne, saure Heringe, Käse, / Kaiserreiche, Minister, Republiken, / Bürger, Regierungen! / Und kaufst du nicht morgen, dann kaufst du heute!"[362]

Gerade anlässlich der in der Zeitung angesprochenen Wahlen erscheint der Hinweis auf die Käuflichkeit als satirischer Seitenhieb. Dieser wird im späteren Bild fortgesetzt, wenn der Portier („Ich bin ein sehr zufried'ner Mann"), gesungen von Willi Prager, desillusioniert über den Zustand der Republik sinniert:

> „Gern lese ich in der Rubrik, / die überschriftet: Republik. / In diesem Wort liegt etwas drin! / Dann lehne ich mich stolz zurück / Und sag zufrieden vor mich hin: / ‚Jetzt haben wir 'ne Republik!'
>
> Ich weiß – das ist nicht so, / Ich weiß – das kommt nicht so / Ich weiß – das wird nie sein, / Aber machen Sie was dagegen, / Ich bild' mir das ein!"[363]

Spoliansky hat die Strophe als statischen, schleppenden Trauermarsch vertont, dessen ganze Geste eine resignierte Verneinung ist. Die Melodie bewegt sich kaum, wenn überhaupt, dann nur schrittweise (und entspricht darin der Arbeit des Portiers, der „rumstehn muß"[364]). Schon als Tempoangabe schreibt er nicht *langsam*, sondern eine Negation: „nicht schnell".[365]

Die in der Strophe geschilderten Tagträume des Portiers (von Reichtum, vom Paradies, von der Gleichheit aller, von der Republik) erhalten einen musikalischen doppelten Boden, der ihre Irrealität schon vor der Wendung des Refrains andeutet. Ausgerechnet bei der (eigentlich traurigen) Erkenntnis, dass die Realität anders aussieht, biegt Spoliansky überraschend und augenzwinkernd in die Durvariante ab – das Leben geht weiter und solange der Portier sich seine Utopien erträumen kann und die Realität nicht zu ernst nimmt, lebt er anscheinend ganz „zufrieden". Die Re-

---

buchs um den originalen Text und die Szenenanweisungen der Berliner Uraufführung, ebd. S. 8). In einem als „Sketches and Drafts" bezeichneten Notenkonvolut Spolianskys befinden sich zahlreiche Skizzen zu *Es liegt in der Luft*, u.a. auch zur „Politischen Abteilung". Als Songtitel ist hier „Sind sie für, sind sie gegen" angegeben, was sich vom Textbuch des Drei Masken Verlags unterscheidet. Vielleicht war dies die ursprüngliche Fassung. Spoliansky, Mischa: Sketches ans Drafts. AdK, Archiv Darstellende Kunst: Mischa Spoliansky Archiv, Lfd. Nr. 68.

362 Schiffer: *Es liegt in der Luft* o.J., S. 9f.
363 Ebd., S. 30.
364 Ebd., S. 29.
365 Spoliansky, Mischa/Edis, Steven (Bearb.): *Es liegt in der Luft (Ein Spiel im Warenhaus). Revue in 24 Bildern. Text von Marcellus Schiffer. Musik von Mischa Spoliansky. Klavierauszug von Steven Edis*, München: Dreiklang-Drei Masken o.J., S. 56.

Abb. 13: Ausschnitt aus *Ich weiß, das ist nicht so*, Übergang zum Refrain.
Aus der Revue *Es liegt in der Luft*, Musik: Mischa Spoliansky, Klavierarr.: Otto Lindemann.

publik wurde auf diese Weise allerdings musikalisch schon im Jahr 1928 zu Grabe getragen.[366]

Der Rezensent des *Tageblatts* spürte die dahinter stehende Resignation sehr wohl und kritisierte die Einstellung der Autoren:

> „Wenn Willi Prager in einem sonst brillanten Couplet auch von der glücklichen Zukunft der Republik träumt und den Kehrreim hinzufügt: ‚Ich weiss, das ist nicht so! Ich weiss, das kommt nicht so!‘, so mag der Wunsch sein, schwache Republikaner anzufeuern. Aber das Ergebnis? Jedes Gemüt aus der guten und besseren alten Zeit wird frohlockend nicken.“[367]

An *Es liegt in der Luft* schlossen sich zahlreiche weitere Theaterkompositionen Spolianskys an, die zumeist erfolgreich waren, jedoch nicht an den sensationellen Erfolg des Jahres 1928 heranreichten. Immer wieder wurden die späteren Stücke mit *Es liegt in der Luft* verglichen.

Zunächst folgte *Zwei Krawatten*, ein Revuestück in neun Bildern von Georg Kaiser, uraufgeführt am 5. September 1929 im Berliner Theater. Die Inszenierung lag wiederum in der Hand von Robert Forster-Larrinaga, es spielten Hans Albers, Mar-

---

366 Später spielte Spoliansky diesen Trauermarsch bei der Beerdigung Schiffers: „At the height of the proceedings, I sat down at the organ and played ‚Ich weiss das ist nicht so‘ […] from our last revue ‚Es Liegt in der Luft‘. I played it as a sort of ‚marche funèbre‘ in C minor building gradually to a powerful C major chorus. It was a climactic moment that marked the end of a happy partnership, the end of a friendship and the equally abrupt end of an era.“, Spoliansky: *Goodbye, Trouble*, S. 87.
367 F.E.: „,Es liegt in der Luft‘ Revue in der ‚Komödie‘“, in: *BTbl*, 57. Jg., Nr. 230 (16.05.1928).

garete Koeppke, Marlene Dietrich, Hans Waßmann, Jakob Tiedke und Rosa Valetti. Einlagen kamen von den Tänzern Moore and Lewis, De Haven and Nice sowie den Comedian Harmonists. Die Kritik war angesichts des mit leichter Hand geschriebenen Lustspiels des Dramatikers Kaiser, dessen Handlung sich um zwei vertauschte Krawatten und die Suche nach Glück, Reichtum und Liebe drehte, verwirrt. Man war von Kaiser anderes gewohnt: „Witz oder Konzession?", fragte Herbert Ihering und zeigte sich insgesamt enttäuscht:

> „Als Mischa Spoliansky das viel schwächere Textbuch von Marcellus Schiffer vertonte ‚Es liegt in der Luft', entstand – bei allem Snobismus – doch etwas wie eine verwurzelte, zauberhaft berlinische Sache. Es war die einzige produktive gesellschaftliche Leistung der Berliner Bühnen, eine Revue aus dem Kurfürstendamm für den Kurfürstendamm. Das viel übersichtlichere, bessere Textbuch von Georg Kaiser macht nicht Berlinisches international, sondern gibt einem Allerweltgemengsel berlinischen Akzent. […] Die moderne Revue fehlt noch. Es war die alte, von besseren Männern gemacht. Ich freue mich über den Erfolg für Georg Kaiser. Aber es wäre schlimm, wenn er diese Linie verfolgen würde. Das Berliner Theater könnte mit ihm und Spoliansky auch auf modernerer Grundlage das Publikumstück schaffen."[368]

Der Kritiker des reaktionären *Berliner Lokal-Anzeigers* sprach gar von „Kunst-Bums"[369] und auch Felix Hollaender, der Dramaturg und Onkel Friedrich Hollaenders, bekannte im *8 Uhr-Abendblatt*: „Ja, was wollte er [Kaiser] eigentlich? Ich habe mir den ganzen Abend den Kopf darüber zerbrochen."[370] Spolianskys Musik wurde im Allgemeinen gelobt, auch wenn sowohl Hollaender als auch Bie sie gegenüber *Es liegt in der Luft* und *Victoria* als schwächer einschätzten. Urban dagegen sah sogar die Neuerfindung eines „dramatisch-ethische[n] Chanson, mit seiner nervenzerrüttenden, aufpeitschenden Art, die Amerika, Rußland und Paris zu einer neuen ‚Spoli-Musik' vereint"[371] (man beachte die Verbindung der drei geographischen Regionen und vgl. hierzu Kap. *Kreuzungspunkt*, S. 91).

Mit *Wie werde ich reich und glücklich?*, einem „Kursus in 10 Abteilungen" nach einem Textbuch von Felix Joachimson kehrte Spoliansky wieder an die *Komödie am Kurfürstendamm* zurück (Uraufführung am 15. Juni 1930). Das Stück, das die Ratgeber-Literatur mit ihren Anleitungen zu einem glücklichen Leben hinterfragt und gleichzeitig die theatralische Form der Revue nutzt und karikiert, wurde mit einer

---

368 Ihering, Herbert: „Berliner Theater. Zwei Krawatten", ohne Herkunftsnachweis. Kaiser, Georg: Premierenkritiken „Zwei Krawatten". AdK, Literaturarchiv: Georg Kaiser Archiv, Lfd. Nr. 1617.
369 Servaes, Franz: „Kunst-Bums im Berliner Theater. Kaiser und Spoliansky: ‚Zwei Krawatten'", *Berliner Lokal-Anzeiger*, 6. September 1929. Kaiser: Premierenkritiken „Zwei Krawatten". AdK, Literaturarchiv: Georg Kaiser Archiv, Lfd. Nr. 1617.
370 Hollaender, Felix: „Kaisers Revue: ‚Zwei Krawatten.' Berliner Theater." *8 Uhr-Abendblatt*, 6. September 1929. Kaiser: Premierenkritiken „Zwei Krawatten". AdK, Literaturarchiv: Georg Kaiser Archiv, Lfd. Nr. 1617.
371 Urban, Erich: „Zwei Krawatten. Revuestück im Berliner Theater", *B.Z. am Mittag*, 6. September 1929. Kaiser: Premierenkritiken „Zwei Krawatten". AdK, Literaturarchiv: Georg Kaiser Archiv, Lfd. Nr. 1617.

glänzenden Besetzung von Blandine Ebinger, Oskar Karlweis, Otto Wallburg, Heinz Rühmann und Anni Mewes herausgebracht, es inszenierte Erich Engel. Besonderen Anklang fand die Idee des „Mädchens, das für die Reihenfolge verantwortlich ist", eine satirische Abwandlung des Nummerngirls, das man seit 1920 in der Scala bewundern konnte[372]:

> „In Felix Joachimsons Revue ‚Wie werde ich reich und glücklich', Musik von Mischa Spoliansky, konferiert Dolly Haas die einzelnen Szenen durch Schilder, wechselnde Kostüme und durch ihre amüsante Mimik. [...] Ein hübscher Regieeinfall, der dem Charakter der Zeit, dem Wunsche eines Publikums nach Sachlichkeit und Klarheit entgegenkommt. Ein gutes Mienenspiel, ein elegantes Plakat – und schon ist der Mann im Parkett, der vorher an seine Börsengeschäfte, an seinen Prozess, an Gott weiß was gedacht hat, interessiert. [...] Vielleicht lässt sich die Sache auch aufs Tragische übertragen."[373]

Das Stück wurde im Herbst des Jahres mit einer komplett anderen Besetzung von der Emelka verfilmt, im Gegensatz zum Schauspiel allerdings mit mäßigem Erfolg. Spolianskys erste Filmmusik wurde als „noch zu sehr [...] vom Theater" herkommend eingeschätzt, die aber „noch viel gute Einfälle für künftige Tonfilm-Kompositionen erhoffen läßt."[374] Schlimmer kam es beim zweiten Projekt, der Verfilmung von *Zwei Krawatten* mit dem Tenor Michael Bohnen:

> „Es war ein ausgewachsener Theaterskandal. Das Berliner Filmpublikum kann mitunter äußerst kritisch sein. Diesmal macht es mit vollem Herzen und vollem Recht seinem Unwillen Luft. Und selbst der Schupomann, den die etwas überängstlich gewordene Direktion des Universums eiligst ins Parkett schickte [...] begann in das fröhliche Gelächter miteinzustimmen, kaum daß er einen Blick auf die Leinwand geworfen hatte. [...] Als Bohnen sein Heimweh-Lied sang, endlose vier Strophen, in Großaufnahme, mit weinerlich verzerrtem Mund, da gab es kein Halten mehr. Die Tonwiedergabe war so schlecht, daß sie an die Zeiten der ersten Tonversuche erinnerte."[375]

Mit seinen weiteren Filmmusiken hatte Spoliansky mehr Glück, neben *Nie wieder Liebe* mit Lilian Harvey (1931) wurde vor allem *Das Lied einer Nacht* (1932) mit dem Filmschlager *Heute Nacht oder nie*, gesungen von Jan Kiepura, bekannt. Zusätzlich zur deutschen Fassung wurde dieser Film auch in Englisch und Französisch gedreht und international vermarktet.

Von den weiteren drei Theaterstücken Spolianskys war vor allem die wiederum in Kollaboration mit Schiffer entstandene Revue *Alles Schwindel* ein Erfolg (Uraufführung am 11. April 1931 im *Theater am Kurfürstendamm*). Schwächen des Librettos wurden durch die Regie Gustaf Gründgens' wettgemacht, der Szenen straffte

---

372 Günther, Ernst: *Geschichte des Varietés*, Berlin: Henschel 1978, S. 167f.
373 *Weltspiegel*, 29.06.1930. Zeitungsausschnitt in: Spoliansky: Text und Musik/Revuen. StKA, Sammlung Mischa Spoliansky, LK/EG/8,2.
374 H.P.: „Wie werde ich reich und glücklich? Capitol", in: *VossZ*, Nr. 235 (02.10.1930).
375 H.P. ([Kürzel]): „Zwei Krawatten. Universum", ohne Herkunftsangaben. Kaiser: Premierenkritiken „Zwei Krawatten". AdK, Literaturarchiv: Georg Kaiser Archiv, Lfd. Nr. 1617.

und auch als Schauspieler glänzende Kritiken erntete. Mit Margo Lion, Max Ehrlich, Hubert von Meyerinck und Theo Lingen u.a. unterstützten ihn bewährte Kräfte vom Kabarett.

Die Premieren Ende des Jahres 1932, *Das Haus dazwischen* (Uraufführung am 21.12.1932) sowie *100 Meter Glück* (Uraufführung am 31. Dezember 1932),[376] waren bereits von unglücklichen Ereignissen überschattet. Das Libretto zu *Das Haus dazwischen* stammte noch von Schiffer, musste jedoch nach dessen Tod (am 24. August 1932) von Felix Joachimson beendet werden. Das „Volksstück" um ein altes Haus, das für das Bauprojekt eines Großkonzerns abgerissen werden soll, und um dessen starrköpfigen Besitzer, bezeichnenderweise ein Uhrmacher, der die Zeichen der Zeit nicht erkennt, spiegelte die Bedrohungen, denen die Republik ausgesetzt war, und die Ängste der Menschen unmittelbar wider. Einmal mehr zeigte sich Schiffer mit seinen Chansons, dem fast resignativen „Vielleicht gewöhnt man, mit der Zeit, sich an die Zeit" und „Mutter, sie mal nach, ob das Haus noch steht" sensibel für die Stimmung der Zeit, in der der Republik nach und nach der Boden entzogen wurde und Deutschland dem Abgrund entgegentaumelte. Vor allem Max Adalbert, der den eigensinnigen Hausbesitzer spielte, trug das Stück, dessen Idee zwar Potenzial hatte, das aber in der endgültigen Form „brüchig, rissig, baufällig"[377] war, wie das *Berliner Tageblatt* schrieb.

Die Premiere zu *100 Meter Glück* in der Silvesternacht 1932, ebenfalls noch nach einem Libretto von Schiffer (mit Géza Herczeg), soll nach Spolianskys Berichten bereits von „Braunhemden" gestört worden sein.[378] Die Zeitungen berichten allerdings nicht über irgendwelche politisch motivierten Zwischenfälle, dagegen über vorangegangene interne Querelen der Textautoren[379] und ein schwaches Stück.[380] Trotz der Mitwirkung des beliebten Max Hansen wurde die Inszenierung zu einem Mißerfolg, der laut Peter Kamber zum Konkurs des Theaterkonzerns der Brüder Rotter beitrug.[381] Sowohl *Das Haus dazwischen* als auch *100 Meter Glück* wurden noch vor Ende des Monats Januar im Spielplan durch andere Stücke ersetzt.

---

376 Premierendaten laut *Berliner Tageblatt*.

377 Burger, Erich: „Schiffer und Joachimson: ‚Das Haus dazwischen'. Komödienhaus", in: *BTbl*, 61. Jg., Nr. 608 (23.12.1931).

378 Spoliansky: *Goodbye, trouble*, S. 85f.

379 Marschalk, Max: „,100 Meter Glück' Mischa Spoliansky im Metropol-Theatre", in: *VossZ*, 02.01.1933, Nr. 2.

380 Die *VossZ* und das *BTbl* besprechen das Stück relativ neutral, die rechtsorientierte *Kreuz-Zeitung* bringt einen handfesten Verriss. Hier mögen auch implizit vorhandene antisemitische Tendenzen eine Rolle gespielt haben (vgl. Kamber, Peter: „Zum Zusammenbruch des Theaterkonzerns der Rotter und zum weiteren Schicksal Fritz Rotters. Neue Forschungsergebnisse", in: *Jahrbuch des historischen Vereins für das Fürstentum Liechtenstein*, 2007, Nr. 106, S. 73-100). Marschalk: „,100 Meter Glück'", in: *VossZ*, 02.01.1933, Nr. 2; Westermeyer, Karl: „Offenbach und Spoliansky. Städtische Oper: ‚Prinzessin von Trapezunt', Metropol-Theater: ‚Hundert Meter Glück'", in: *BTbl*, 62. Jg., Nr. 2 (02.01.1933) und C. R.: „Operetten-Flaute. Metropol-Theater: ‚100 Meter Glück'", in: *NPrZt (Kreuz-Zeitung)*, 85. Jg., Nr. 4 (04.01.1933).

381 Zu den Hintergründen, die vgl. Kamber, Peter: „Der Zusammenbruch des Theaterkonzerns von Alfred und Fritz Rotter im Januar 1933. Die Berichte über den Berliner Konkurs und die gegen die Rotter gerichtete Stimmung im Prozess gegen ihre Entführer", in: *Jahrbuch des historischen Vereins für das Fürstentum Liechtenstein*, 2004, Nr. 103, S. 30-46, hier S. 42f. sowie

Nach den ersten Schritten im Bereich der Theaterkomposition 1926 mit dem Schauspiel *Victoria*, seiner „spoken opera", hatte Spoliansky Anfang 1932 nochmals eine opernähnliche Komposition in Angriff genommen, die (wiederum mit Schiffer als Textautor) ein großer Erfolg gewesen war: den Sketch *Rufen Sie Herrn Plim!* (Uraufführung 1. März 1932) für das *Kabarett der Komiker*, als erste Kabarettoper oder auch als Oper in einem Akt bezeichnet (vgl. Kap. *Kabarett der Komiker*, S. 244). Vielleicht hätten weitere Stücke in einer solchen experimentellen Musiktheaterform in Kooperation mit dem *Kabarett der Komiker* folgen können, doch die durch die Machtergreifung der Nationalsozialisten erzwungene Emigration eines Großteils der Unterhaltungsmusik- und Kabarettwirkenden, so auch von Spoliansky, setzte dem kritisch-satirischen Bereich des kulturellen Lebens in Deutschland ein Ende.

Flucht | Mischa Spoliansky floh im Mai 1933 aus Deutschland. Durch seine jüdische Herkunft, die künstlerische Tätigkeit in kabarettistischen Zirkeln und seine Freundschaft mit bekanntermaßen politisch links orientierten Schriftstellern war der Komponist mehrfach gefährdet. Über seine Schwägerin war er durch einen Beamten gewarnt worden und verließ daraufhin das Land schnellstmöglich. Er setzte sich nach Österreich ab, seine Frau folgte kurz darauf mit den Töchtern:

> „Ich bin ja weggekommen – freilich wurde ich sehr schwermütig, das ganze Jahr; weil ich ja gesehen habe, was passiert. Das war nicht sehr schön. Ich bin nach Österreich durchgeschlupft. Und dann bin ich von den Engländern angefordert worden, weil in London die englische Version von ‚heute Nacht oder nie' gemacht werden sollte. Das ist dann ein Weltschlager geworden – obwohl ich nie ein Schlagerkomponist gewesen bin."[382]

Heute Nacht oder nie wurde seine „Eintrittskarte" ins Exil, Ausgangspunkt und Chance für ein sicheres Leben in England. In der Filmbranche fand er bald ein sicheres Auskommen, der Produzent Alexander Korda gab ihm einen Jahresvertrag. Im Gegensatz zu anderen hatte Spoliansky weder Probleme mit der Arbeitserlaubnis noch mit den Aufenthaltsgenehmigungen für sich und seine Familie – wohl auch durch die Fürsprache einflussreicher Freunde.[383] Schwierigkeiten hatte dagegen z.B. Kurt Weill, der im Jahr 1935 einige Zeit in London lebte und sich um Aufführungen seiner Werke und Aufträge bemühte. Er traf Spoliansky zum Abendessen und erkundigte sich in diesem Zusammenhang auch nach Auftrittsmöglichkeiten für Lotte Lenya:

> „Ich habe mich hier mit Spoliansky angefreundet, der ein reizender Kerl ist u. eine nette Frau hat (u. drei Kinder!). Er ist begeistert von mir und von dir. Er arbeitet sicher an deinem Repertoire mit. Ich will ihm aber auch vor-

---

Ders.: „Zum Zusammenbruch des Theaterkonzerns", in: *Jahrbuch des historischen Vereins für das Fürstentum Liechtenstein*, 2007, Nr. 106, S. 73-100, hier S. 78f.
382 Reininghaus, Frieder: „Süßstoff für das Boshafte. Mischa Spoliansky. Zum 100. Geburtstag des Revue-Komponisten", in: *Rheinischer Merkur*, 15.01.1999. Zeitungsausschnitt in: Spoliansky: Ordner Spoliansky. StKA, Sammlung Mischa Spoliansky, LK/EG/8,1.
383 Traber, S. 130.

schlagen, dich vielleicht schon in einer kleinen Revue, die er hier vorbereitet, herauszustellen."[384]

Als Spoliansky jedoch an seiner Stelle den Auftrag für eine Filmmusik von Alexander Korda erhielt (es handelte sich hier wohl um die Musik zu *The Ghost Goes West*, Regie René Clair[385]), reagierte Weill frustriert:

> „Im Moment bin ich ein bißchen am Ende mit meiner Geduld. René Clair hat also Korda gesagt, daß er den Film mit mir machen will. Die Antwort war: ich habe bereits entschieden, daß Spoliansky den Film macht. – Bums! Es lebe das Mittelmaß! Nieder mit den guten Leuten! Ich habe den Dreck sofort hingeschmissen u. erklärt, daß ich keine Lust habe, mit einem Mann wie Sp. in Konkurrenz zu treten, man müsse ja wissen, auf welchem Niveau man arbeiten will."[386]

Der Vorfall führte jedoch offenbar nicht zu einem längerfristig belasteten Verhältnis der beiden Komponisten, denn bereits vier Wochen später berichtet Weill Lenya, dass er mit Spoliansky gemeinsam eine Revue besucht habe und dieser immer noch „mit Freuden bereit" sei, ihr „einige Nummern zu schreiben"[387]. Weill hatte in London trotz allem kein Glück, die Aufführung der umgearbeiteten Operette *Der Kuhhandel* (unter dem Titel *A Kingdom for a Cow* am 28. Juni 1935 im *Savoy Theater*) endete als finanzielles Fiasko.[388] Im September des Jahres schifften sich Weill und Lenya gemeinsam von Frankreich aus gen USA ein, wo beide eine bessere Zukunft erwarteten.

Im Rückblick auf sein Leben bezeichnete Spoliansky sich später als „vom Schicksal verwöhnt",[389] da er immer wieder auf Menschen traf, die ihm weiterhalfen, ihm Möglichkeiten zum Arbeiten aufzeigten und er auf diese Weise seinen Lebensunterhalt sichern konnte. Allerdings lag sein Erfolg sicher auch an seiner bereits in der Kindheit eingeübten Flexibilität, der Fähigkeit, Kompromisse zu machen, und an seiner Anpassungsfähigkeit, die sich über sprachliche und kulturelle Kompetenzen hinweg bis hinein in das musikalische Idiom erstreckte. Hört man beispielsweise den Filmschlager *I like to put on record that I love you*,[390] entstanden 1937 in England für den Film *Trouble in Store*, so trifft Spoliansky den Ton der zeitgleichen englischsprachigen Musical-Film-Songs nahezu perfekt.

---

384 Weill in London an Lenya in Paris, 4. Febuar 1935, in: Weill, Kurt/Lenya, Lotte: *Sprich leise, wenn du Liebe sagst. Der Briefwechsel von Kurt Weill/Lotte Lenya*, hg. und übersetzt von Lys Symonette und Kim H. Kowalke, Köln: Kiepenheuer & Witsch 1998, S. 163.

385 Neuerdings ist eine Suite dieser Filmmusik in Neueinspielung auf CD erhältlich: Spoliansky, Mischa: *The Film Music of Mischa Spoliansky. Rumon Gambe, BBC Concert Orchestra*, Essex: Chandos Records Ltd 2009 (CHAN 10543).

386 Weill in London an Lenya in Louveciennes, 21. Februar 1935, in: Weill/Lenya 1998, S. 175.

387 Weill in London an Lenya in Louveciennes, 20. März 1935, in: Ebd., S. 181.

388 Ebd., S. 184.

389 Reininghaus: „Süßstoff für das Boshafte", in: *Rheinischer Merkur*, 15.01.1999. Zeitungsausschnitt StKA, Sammlung Mischa Spoliansky, LK/EG/8,1.

390 Veröffentlicht auf der CD: *Wisdom, Norman: Don't Laugh at Me (1951-1956)*, Naxos 2007 (8.120858). Video zugänglich über: www.mischaspoliansky.com/videosound.html (16.08.2010).

Doch Anpassungsfähigkeit und Kreativität allein verdankte Spoliansky nicht, dass ihm „immer alles nur gelungen ist"[391], wie er später einmal feststellte – er hatte auch das Quäntchen Glück, das andere nicht hatten und das in der damaligen Extremsituation über Leben und Tod entscheiden konnte. Deshalb blickte Spoliansky am Ende seines Lebens vor allem mit Dankbarkeit zurück: „Sie sehen, es war immer Anschluß da. Deswegen sag ich ja, der Mensch muß Glück haben, denn wenn man kein Glück hat, klappt ja nichts."[392]

---

391 Mischa Spoliansky im Radio-Interview, 1968 (=Statement 1), auf der CD: Kühn 1998 (0014592TLR).

392 Reininghaus: „Süßstoff für das Boshafte", in: *Rheinischer Merkur*, 15.01.1999. Zeitungsausschnitt StKA, Sammlung Mischa Spoliansky, LK/EG/8,1.

ANSICHTEN

In den ANSICHTEN werden vier Orte, die auf unterschiedliche Weise mit Mischa Spolianskys „Arbeitsbiographie" verbunden sind, exemplarisch herausgegriffen und im Hinblick auf musikalische Handlungsräume untersucht. Ausgegangen wird dabei jeweils von der heutigen Situation („Ortstermin"), aus der die Geschichte des zur Zeit der Weimarer Republik an diesem Ort befindlichen Cafés, der Bar oder des Kabaretts entwickelt wird.

Das *Café Schön*

Ortstermin: Unter den Linden/Friedrichstraße

> „Ja, das sind die berühmten Linden, wovon Sie soviel gehört haben. Mich durchschauert's, wenn ich denke, auf dieser Stelle hat vielleicht Lessing gestanden, unter diesen Bäumen war der Lieblingsspaziergang so vieler großer Männer, die in Berlin gelebt; hier ging der große Fritz, hier wandelte – Er! Aber ist die Gegenwart nicht auch herrlich? Es ist just zwölf und die Spaziergangszeit der schönen Welt. Die geputzte Menge treibt sich die Linden auf und ab. Sehen Sie dort den Elegant mit zwölf bunten Westen? Hören Sie die tiefsinnigen Bemerkungen, die er seiner Donna zulispelt? Riechen Sie die köstlichen Pomaden und Essenzen, womit er parfümiert ist? Er fixiert Sie mit der Lorgnette, lächelt und kräuselt sich die Haare. Aber schauen Sie die schönen Damen! Welche Gestalten! Ich werde poetisch!"[1]

Poetisch wurde nicht nur Heinrich Heine in den *Briefen aus Berlin* (1822) angesichts des Prachtboulevards Unter den Linden. Auch wenn uns heute die „ghosts of place" (vgl. Kap. *Atmosphären und die „ghosts of place"*, S. 72), die Heine beschreibt, nicht mehr in dieser Weise gegenwärtig sind bzw. durch andere, oftmals negative Assoziationen ersetzt wurden, wird die historische Bedeutung der Straße den Passanten unmittelbar deutlich. Doch die „Linden" sind auch lebendig: Nachdem die Straße erneut inmitten der wiedervereinigten Stadt liegt, spazieren hier gleichermaßen Berliner wie Touristen. Vielleicht in anderem Schritt als zur Zeit Heinrich Heines, vielleicht mit anderen Zielen; vielleicht aber auch in „poetischen" Gedanken an die hier vergangenen Zeiten. Der individuelle Soundtrack dazu kommt aus den Kopfhörern der MP3-Player, die Touristen, Angestellte und Jugendliche gleichermaßen tragen. Vom *Café Einstein* aus kann man die Passanten beobachten: bummelnd, hetzend, gedankenverloren oder ins Gespräch vertieft.

Viele Gebäude der „Linden" sind aus gutem Grund berühmt, fast mythische Qualitäten haften jedoch der Kreuzung Unter den Linden/Friedrichstraße an. Von den früheren Eckgebäuden ist heute keins mehr erhalten, die recht breite Friedrichstraße war damals noch schmaler. Dennoch erinnert man sich an den Ruf dieser

---

1 Heine, Heinrich: *Reisebilder*, München: Goldmann 1994, S. 15.

Kreuzung und an die große Zeit der Flaneure, der Pferdebahnen und der ersten Litfaßsäulen. Hier drängte sich das Leben nicht nur aufgrund der beiden viel genutzten Straßen zusammen: Es wurde auch baulich an dieser Stelle eng. Die Friedrichstraße verengte sich auf nur zwölf Meter und bildete einen lästigen Engpass für Automobile und Fuhrwerke. Der Verkehr musste an der Kreuzung deshalb schon zu Beginn des 20. Jahrhunderts von Verkehrspolizisten geregelt werden.[2] Einen guten Eindruck der Atmosphäre vermittelt eine Fotografie aus dem Jahr 1913, auf der neben dem preußischen Schutzmann auch die Gebäude an der Nordseite der Kreuzung gut zu erkennen sind (vgl. Abb. 14). Die Menschen haben für das Foto in ihren Tätigkeiten innegehalten.

Abb. 14: Kreuzung Unter den Linden/Friedrichstraße, etwa 1913,
   mit *Victoria Café* und *Café Schön* (rechts).

Nur wenige Meter von diesem lebhaften (Verkehrs-)Knotenpunkt entfernt, an der Nordseite im Haus Nummer 45, befand sich das *Café Schön*, der erste musikbezogene Arbeitsplatz Mischa Spolianskys. Direkt an der Ecke Unter den Linden/Friedrichstraße waren noch drei weitere Cafés ansässig: das *Victoria Café* (Nordseite, s.o.), das *Café Bauer* und das *Café Kranzler* (Südseite), das noch heute zu den Sehenswürdigkeiten Berlins gehört, auch wenn es nur noch in seiner früheren Dependance am Kurfürstendamm existiert.[3]

---

2   Stiftung Stadtmuseum Berlin (Hg.): *Unter den Linden. Historische Photographien*, Berlin: Nicolaische Verlagsbuchhandlung 2001, S. 76.
3   Zur Geschichte und besonderen Ausprägung der Berliner Caféhäuser vgl. Rath, Alfred: „Berliner Caféhäuser (1890-1933)", in: Michael Rössner (Hg.), *Literarische Kaffeehäuser. Kaffeehausliteraten*, Wien/Köln/Weimar: Böhlau 1999, S. 108-125.

Das gegenüberliegende *Café Bauer*, wie das *Victoria Café* zusätzlich noch ein Hotel, wurde 1884 zur Berliner Sensation, als es als erstes öffentliches Lokal elektrische Beleuchtung einführte:[4]

> „Die Berliner kamen damals aus allen Stadtteilen mit Kind und Kegel, stellten sich auf die andere Straßenseite und zogen kopfschüttelnd wieder ab. ‚Det wird nie een richtijer Jas!‘"[5]

Nicht nur die Cafés selbst waren Anziehungspunkte für Besucher, diese profitierten auch von zahlreichen Unterhaltungsangeboten im direkten Umfeld, darunter zahlreiche Theater, deren Gäste vor oder nach den Veranstaltungen die Kaffeehäuser aufsuchten. So lagen in unmittelbarer Nähe: die damalige *Komische Oper* an der Friedrichstraße/Weidendammer Brücke, der *Admiralspalast* (Friedrichstraße 101, bis 1922 ein Vergnügungsetablissement mit Eislaufarena, Dampfbad und Kegelbahnen, später Varietétheater), das Varieté *Wintergarten* am Bahnhof Friedrichstraße, das *Apollo Theater* (Friedrichstraße 218) sowie das *Berliner Theater* (Charlottenstraße 90/92), das *Metropol-Theater* (Behrenstraße 55-57), Reinhardts *Kleines Theater* (Unter den Linden 44) sowie ab 1919 sein *Großes Schauspielhaus* (Am Zirkus, gegenüber vom Bahnhof Friedrichstraße am anderen Spreeufer), das *Linden Cabaret* und *Passage-Theater* sowie das *Passage-Panoptikum* (in der Linden-Passage), Nelsons Cabaret *Chat Noir* (Friedrichstraße, Ecke Behrenstraße) und natürlich die *Königliche Hofoper*, später *Staatsoper* (Unter den Linden 7). Diese Aufzählung von allein dreizehn Theatern zeigt, wie sich die Kultur- und Vergnügungsetablissements in diesem Teil Berlins häuften und so die Friedrichstadt zum Zentrum der Unterhaltungskultur machten. Die aktuell gespielten Stücke bzw. deren Musik beeinflusste u.a. das Repertoire der umliegenden Kaffeehäuser (siehe Kap. *Repertoire, Besetzung, Lautstärke*, S. 129).

Neben den Theatern befanden sich im Bereich Unter den Linden/Friedrichstraße zahlreiche große und kleine Hotels, die ebenfalls dazu beitrugen, dass die Cafés in diesem Stadtteil stets gut besucht waren. Nicht grundlos bezeichnete Alfred Kerr die Friedrichstadt als „Hotel- und Tingeltangel-Stadtteil"[6].

Neben mondänen Grand Hotels und Theaterbetrieben befand sich hier auch ein Zentrum der Prostitution. Auch in den Etablissements der „gefährlichen Mädchen"[7] spielten selbstverständlich Musik-Kapellen. Stellvertretend sei eine Werbeanzeige zitiert:

> „On parle français. English spoken. Grand Restaurant neues klassisches Dreieck, Kronen-Str. 2. Eingang vom Flur, an der Mauerstr. Elegante Bedienung von hübschen jungen Französinnen, Spanierinnen, Polinnen, Italienerinnen

---

4   Petras, Renate: *Das Café Bauer in Berlin*, Berlin: Verlag für Bauwesen 1994, S. 52ff.
5   Kiaulehn, Walther: *Berlin. Schicksal einer Weltstadt*, Berlin: Deutsche Buch-Gemeinschaft 1962, S. 231.
6   Kerr, Alfred: *Wo liegt Berlin? Briefe aus der Reichshauptstadt*, hg. von Alfred Rühle, Berlin: Aufbau 1997, S. 72f.
7   Hessel, Franz: *Sämtliche Werke in fünf Bänden, Bd. 3: Städte und Porträts*, hg. und mit einem Nachw. vers. von Bernhard Echte, Oldenburg: Igel 1999, S. 168.

u.s.w. Gemüthlicher Aufenthalt für junge und alte Herren. Strohwittwerheim. Helles Bier, Münchener, Grätzer. Weine von Gebr. Habel. Zigeuner-Musik. Usluga polska. Si parle italiano."[8]

Unter dem Prädikat Zigeuner-Musik spielten nicht nur Kapellen, die tatsächlich aus Sinti und Roma bestanden, sondern auch als „Zigeuner" kostümierte deutsche Musiker, die auf diese Weise ihre Position auf dem umkämpften Unterhaltungsmusikmarkt verbessern wollten.

Schnell und bequem erreichbar waren all diese Vergnügungsstätten durch den Bahnhof Friedrichstraße, der die Gegend als Umsteige- und Fernbahnhof gut an den Rest der Stadt sowie an das Umland anschloss. Im Laufe der 1920er-Jahre lässt sich dann eine Verlagerung des Vergnügungszentrums in den Westen der Stadt beobachten, die auch anhand der Arbeitsstationen Spolianskys deutlich wird.

Musiker im Café – Arbeitsplatz, Treffpunkt und Nachrichtenbörse

Historische Handlungsräume | Die Kaffeehausmusik ist ein musikwissenschaftlich bisher wenig betrachtetes Thema.[9] In biographischen Untersuchungen über Wiener Komponisten nimmt das Kaffeehaus zumeist einen Platz ein, waren diese doch häufig dort zu Gast: Mozart suchte Kaffeehäuser zum Billardspielen auf, Beethoven rauchte und Schubert hatte gleich mehrere Stammlokale, in denen er sich regelmäßig mit seinen Freunden wie z.B. Moritz von Schwindt traf.[10] In der Biographie Robert Schumanns spielt der Leipziger *Kaffeebaum* als Treffpunkt der „Davidsbündler" eine Rolle.[11] Doch oft wird die Musik, die auch schon vor dem 19. Jahrhundert ihren Platz in Kaffeehäusern hatte (wenn auch nicht in allen), in Studien nur am Rande erwähnt, obwohl sich hier z.B. erste Formen einer kommerziell und professionell organisierten Musikbranche entwickelten. Es fanden Konzert- und Tanzveranstaltungen statt, die oft von hauseigenen Orchestern begleitet wurden. Während in Wien Instrumentalmusik dominierte, entwickelte sich im französischen Sprachraum das *Café chantant* bzw. *Café concert*, wo hauptsächlich gesungen wurde.[12]

Heute verstehen wir unter Kaffeehaus-Musik zumeist Hintergrundmusik, die von einem kleinen Instrumentalensemble ausgeführt wurde, leise genug um Gespräche mit dem Tischnachbarn zu ermöglichen, jedoch laut genug, um unerwünschtes Mit-

---

8   Hoppe, Ralph: *Die Friedrichstrasse. Pflaster der Extreme*, Berlin: be.bra 1999, S. 70.
9   Betrachtungen zur Musik im Caféhaus finden sich in kulturgeschichtlichen Untersuchungen (so bei Ulla Heise unter dem Stichwort „musikalische Unterhaltung": Heise, Ulla: *Kaffee und Kaffeehaus. Eine Kulturgeschichte*, Hildesheim: Olms 1987) sowie in Untersuchungen zur Tanz- bzw. Unterhaltungsmusik, z.B. Schröder 1990; Mühe, Hansgeorg: *Unterhaltungsmusik. Ein geschichtlicher Überblick*, Hamburg: Dr. Kovac 1996, S. 60ff.; Kaufmann 1997.
10 Vgl. Reininghaus, Frieder: *Schubert und das Wirtshaus. Musik unter Metternich*, Berlin: Oberbaumverlag 1979.
11 Heise, S. 184f.
12 Zur Geschichte der Kaffeehausmusik: Heise 1987, S. 151-168 und Stahrenberg, Carolin: „Kaffeehausmusik", in: Friedrich Jaeger (Hg.), *Enzyklopädie der Neuzeit, Bd. 6 (Jenseits – Konvikt)*, Stuttgart: Metzler 2007, Sp. 253-256.

hören der Gäste an anderen Tischen zu vermeiden.[13] Diese Art einer Atmosphäre erzeugenden „Unterhaltungsmusik" (im wörtlichen Sinne) etablierte sich ab der Mitte des 19. Jahrhunderts in Wien und wurde mit dem Typus des „Wiener Kaffeehauses" auch ins preußische Berlin exportiert. Dort entwickelte sich das „Wiener Café" entweder zu einer Art Gaststätte, „halb Speiselokal, halb Café […] mit Bierhähnen neben den Kuchenbuffets"[14] oder wurde als „kleine Konditorei" zum „Original-Berliner Café"[15]. Während ausliegende Zeitungen ein unabdingbarer Bestandteil jedes Kaffeehauses waren, in Berlin häufig in einer rückwärtigen „Lesestube"[16], gab es Musik nicht überall. So beschreibt z.B. Otto Friedländer ein stilles Kaffeehaus:

> „Und es ist ruhig im Kaffeehaus – man hört nichts als das freundliche Geklapper der Billardkugeln und der Dominosteine, das Klirren der Kaffeetassen, das Aufschlagen der Tarockkarten und nur gelegentlich ein paar erregte, laute Worte, die einem gelungenen oder mißlungenen Pagat ultimo nachgerufen werden."[17]

Auch im *Café Bauer* wurde, im Gegensatz zum gegenüber gelegenen *Kranzler*[18], keine Musik geduldet.[19]

Café Schön | Auf der anderen Straßenseite des Boulevards Unter den Linden wurde dagegen musiziert: Hier befand sich das *Café Schön*, wo Spoliansky (nach Abbruch seiner Lehre bei Hermann Gerson) als Pianist sein Geld verdiente. Er spielte im Klaviertrio seines Bruders Alexander, genannt Schura (vgl. Kap. *Mischa Spolianskys Wege und Stationen*, S. 99)[20]:

> „My brother Schura, who was earning good money, repeatedly whispered in my ear that I was wasting my time at Gerson's and that instead I should follow a musical path. He told me it would not take him long to teach me how to play in an ensemble. Then one day, he came along with a firm offer to join him in a trio, where my starting salary would be 250 Marks a month. He played the cello, there was an excellent violinist and a pianist, who had studied engineering for four years and had just passed his exams. He had only played the piano to support his studies. So, I could take over from him. The

---

13 Sichwort „Caféhaus-Musik", in: Wicke, Peter/Ziegenrücker, Kai-Erik: *Handbuch der populären Musik. Geschichte, Stile, Praxis, Industrie*, Mainz: Schott 2007, S. 123. Auch die heutige Musik in Cafés erfüllt noch diese „unterhaltungsermöglichende" sowie atmosphärische Funktion, auch wenn sie inzwischen aus Lautsprechern erklingt.
14 Kiaulehn 1962, S. 231.
15 Ebd., S. 230.
16 Ebd.
17 Friedländer, Otto: *Letzter Glanz der Märchenstadt: Das war Wien um 1900*, Wien/München: Gardena 1969, S. 325.
18 Zur Eröffnung an neuer Adresse warb Johann Georg Kranzler 1834: „Für Divertissement des verehrten Publikums sorgt eine Musikbande aus dem schönen Italien importieret und bittet um geneigten Zuspruch", Hoppe 1999, S. 28.
19 Kiaulehn 1962, S. 231.
20 Nach seiner Flucht vor den Nationalsozialisten 1938 spielte Alexander Spoliansky in Shanghai in einem Immigrantenorchester, später ließ er sich wie sein Bruder in London nieder (Spoliansky: *Goodbye, Trouble*, S. 165f.).

trio played at the Café Schön, Unter den Linden, a well-established family business. You can imagine the choice – 250 Marks compared to 20 Marks!"[21]

Musik im Kaffeehaus war während der ersten Jahrzehnte des 20. Jahrhunderts zum Erfolgskonzept geworden, so dass sich hier ein wachsender Markt für Musikerinnen und Musiker bot, besonders, wenn sie in der Lage waren, schnell auf neue Musikströmungen und Moden zu reagieren. Gerade hier lag Spolianskys besondere Begabung, so dass er sich auf dem Unterhaltungsmusikmarkt nicht nur behaupten konnte, sondern schnell erfolgreich durchsetzte.

Mit der Besetzung Klaviertrio stellte sich das *Café Schön* musikalisch eher als konservativ dar, was zum gediegenen Ruf des Hauses passte. Die Lage an der Prachtstraße Unter den Linden (Nummer 45, nach 1936 Hausnummer 14) stellt es in eine Reihe mit den angesehenen Etablissements *Café Bauer*, *Kranzler* und dem *Victoria Café*, das direkt an das Gebäude angrenzte. Die beliebten Stadtrundfahrten (z.B. Käse's Rundfahrt), damals noch in einer offenen Kutsche bzw. mit dem Pferde-Omnibus, starteten hier, und Touristen wie auch Berliner kehrten nach dem Spaziergang oder vor Konzert- und Opernbesuch hier ein. Dass die Linden als „musikalische Straße" bezeichnet werden, hat nicht nur mit den zahlreichen, oben genannten Theatern zu tun:

> „[…] diese Straße kann man auch singen. Die ‚Linden' wecken ein Echo aus Chansons, Couplets, Liedern. ‚Untern Linden, untern Linden, da spaziern die Mägdelein' oder ‚Solang noch untern Linden die alten Bäume blühn' oder ‚Die Linden lang, Galopp, Galopp'. In dieser Promenade ist Musik, die kesse Musik des Berliner Rhythmus und seiner rührseligen Umkehrung. Diese Allee ist auch ein einziger Ohrwurm"[22],

so beschreibt der Autor Dieter Hildebrandt die Wirkung, die die Straße als Thema von Liedern und Gassenhauern entfaltete. Die Musik der Cafés, Restaurants und Hotels trug zum Ruf der Straße als „Musikpromenade" bei, wobei nicht nur oben genannte Schlager gespielt wurden, sondern auch Potpourris der aktuell laufenden Opern u.ä. (siehe Kap. *Repertoire*, S. 129).

Das *Café Schön* befand sich direkt neben dem Hotel *Imperial*, das für seinen schönen Saal im Obergeschoss bekannt war. Hier eröffnete 1901 Reinhardt sein (erstes) Kabarett *Schall und Rauch* und wandelte es 1902 in das *Kleine Theater* um. Für Spolianskys Lebensweg sollte das Kabarett eine entscheidende Institution werden, in Reinhardts zweitem *Schall und Rauch* wurde er 1920 als Musiker und Hauskomponist engagiert (vgl. Kap. *Mischa Spolianskys Wege und Stationen*, S. 99).[23] Ob

---

21 Spoliansky: *Goodbye, Trouble*, S. 23.
22 Hildebrandt, Dieter: „Unter den Linden. Geschichtsmeile, Weltpromenade und Berliner Laube", in: Stiftung Stadtmuseum Berlin (Hg.), *Unter den Linden. Historische Photographien*, Berlin: Nicolaische Verlagsbuchhandlung 2001, S. 7-17, hier S. 7.
23 Spoliansky, Mischa: Brief Schall und Rauch 29.07.1920. AdK, Archiv Darstellende Kunst: Mischa Spoliansky Archiv, Lfd. Nr. 292 sowie: Programm/Friedrich Hollaender, Klabund, Walter Mehring, Teobald Tiger, Schall und Rauch, Großes Schauspielhaus, ML: Mischa Spoliansky. November 1920, AdK, Kabarett – Kabarett-Sammlung, Sb 7913 (alte Sgn.).

ihm damals bewusst war, dass sich eines der ersten in Deutschland gegründeten Kabaretts im Haus neben seiner täglichen (bzw. abendlichen) Arbeitsstätte befunden hatte, wissen wir nicht. Es ist jedoch durchaus möglich, dass Reinhardt und andere Theaterschaffende, die später in Spolianskys Leben eine Rolle spielen sollten, ihn bereits 1917/18 im *Café Schön* spielen hörten, ohne ihn zu dieser Zeit schon zu kennen.

Soziale Bedingungen | Der damalige Lohn Spolianskys von 250 Mark ist durch die kriegsbedingte Inflation, die ab Sommer 1917 noch stärker zunahm, in seiner Kaufkraft schwer zu bewerten, vor allem da eine genaue Datierung seiner Anstellung im *Café Schön* nicht möglich ist. Aus den Lebenserinnerungen kann man ungefähr auf das Jahr 1916/17 schließen[24], Vertragsunterlagen o.ä. sind aber nicht erhalten. Vor allem die kleineren Angestellten, zu denen Spoliansky als Lehrling beim Berliner Modehaus Gerson gehört hatte, waren bereits in den ersten Kriegsjahren von einem deutlichen Rückgang ihres Realeinkommens betroffen gewesen: Zwischen 1914 und 1916 sank ihr Gehalt um 20 bis 25%. Es erscheint also durchaus möglich, dass Spoliansky als Musiker zu dieser Zeit ungleich mehr Geld verdienen konnte, obwohl die Höhe des genannten Einkommens doch im Vergleich zu seinem Lehrlingsgehalt überrascht. Daten aus den Akten des Aschinger-Bestands im Landesarchiv Berlin zeigen jedoch, dass ein monatlicher Verdienst von 250 Reichsmark durchaus im Bereich des Üblichen lag. Natürlich variierte die Entlohnung nicht nur regional (Stadt-Land-Gefälle), sondern hing auch von der Prominenz des Ensembles sowie der Gaststätte ab.

Das Willy Haenel-Quintett z.B. verdiente bei seinem Engagement im Hotel Fürstenhof, einem angesehenen Etablissement des Aschinger-Konzerns, siebzig Mark täglich (laut Vertrag vom 30.12.1918). Bei der Hochrechnung auf ein Monatsgehalt ergibt dies ein Pro-Kopf-Einkommen des einzelnen Musikers von ca. 400 Mark (es ist wahrscheinlich, dass Willy Haenel für sich selbst als Leiter bzw. Organisator der Kapelle ein höheres Gehalt einbehielt und den anderen Musikern entsprechend etwas weniger auszahlte). Für diesen Lohn spielten die Musiker täglich von 19.00 Uhr bis 23.00 Uhr zur Unterhaltung der Gäste, eine durchaus übliche Dienstzeit. Bezeichnenderweise wurde das Gehalt der Kapelle am 2. September 1919 durch handschriftliche Ergänzung auf 100 Mark erhöht, was sicherlich (wie auch spätere Tarif-Streitigkeiten) der schon erwähnten Inflation zuzuschreiben ist.[25] Schröder gibt aus Hamburger Quellen für das Jahr 1919 eine tägliche Gage (bei 6 Stunden

---

24 Traber datiert, vermutlich aufgrund des Interviews mit Spoliansky, auf das Jahr 1918, Traber: „Emigrierte Musik: Komponisten im Exil", in: Böhne 1992, S. 125-155, hier S. 129. Spoliansky stellt seine Arbeit im Café als Bedingung für den (kostenintensiven) Eintritt ins Konservatorium dar, so dass Studium und die Zeit im Caféhaus zeitlich parallel liegen müssen. Da Spoliansky als Schüler des Stern'schen Konservatoriums im Jahrgang 1916/17 in den Schülerlisten nachweisbar ist (Hollaender: Jahresbericht 1916/17, UdK, Bestand 4, 25, S. 19) müsste auch die Anstellung im Café in dieses Jahr fallen.

25 Hotel Fürstenhof/Aschinger's Aktien Gesellschaft: Willy Haenel, Musikdirektor im Hotel Fürstenhof. 1918-1920, LA Berlin, A Rep. 225 (Aschinger's Aktien-Gesellschaft), Nr. 724.

Arbeitszeit) zwischen 20 und 40 Mark (je nach Wochen-, Sonn- oder Feiertag) an.[26] In einer Annonce im Fachblatt *Der Artist* (Jahrgang 1919) bietet ein Garten-Restaurant in Minden ein je nach Aufgabe gestaffeltes Honorar:

> „1 Harmoniumspieler 20 Mark, 1 Concertmeister 18 Mark (wenn hervorragende Leistung mehr), 1 Pauker 18 Mark, 1 Flötist 16 Mark".[27]

Im Klaviertrio Alexander Spolianskys wurde der Verdienst sicherlich gleichmäßig, „brüderlich" geteilt.[28]

Neben dem attraktiven Honorar, das Spoliansky als Musiker erwartete, sprachen wohl auch äußere Umstände für die Annahme einer Arbeit im Café, waren doch gegen Ende des 1. Weltkriegs Lebensmittel rationiert und z.T. nur schwer zu bekommen. So betrug z.B. die amtliche Tagesration in Berlin während des so genannten „Kohlrübenwinters" 1917 für Erwachsene 270 g Brot, 35 g Fleisch (einschließlich Knochen), 25 g Zucker, 11 g Butter und 1/4 Ei. Oft reichten die Vorräte in den Geschäften aber nicht zur Deckung dieses Bedarfs aus. Im Winter 1918/1919 stieg zudem die Arbeitslosenzahl sprunghaft an.[29] In Cafés und Restaurants war es durchaus üblich, dass neben einem finanziellen Honorar auch ein Abend- oder Mittagessen für die Musiker vorgesehen war (vgl. Kap. *Wilde Bühne*, S. 176).

Dass auch Musiker von der kriegs- und inflationsbedingten Not nicht verschont wurden, zeigt ein späteres Beispiel aus dem Jahr 1923, als die Inflation ihren Höhepunkt erreicht hatte. In den Akten des Aschinger-Konzerns ist belegt, wie Musiker versuchten, die besonderen Bedingungen ihres Arbeitsplatzes zu nutzen, um beispielsweise an ausländische Devisen zu kommen:

> „Am morgigen Tage reist der Rest einer größeren Gesellschaft Amerikaner, die längere Zeit im Hotel ‚Der Fürstenhof' geweilt haben, ab. Von dem üblichen Abschiedsessen, was sie dort noch feiern wollten, nehmen sie Abstand, weil, wie uns mitgeteilt wird, die Musik in einer sehr aufdringlichen Weise sie bislang belästigt hat. Wir haben schon wiederholt darauf hingewiesen, dass die Bettelei, oder das von Tisch zu Tisch gehen, oder das sich an den Tisch setzen unter allen Umständen zu unterbleiben hat.
>
> Wir weisen heute erneut darauf hin, dies zu unterlassen und würden, falls es wider Erwarten vorkommen sollte, uns gezwungen sehen, der Kapelle fristlos zu kündigen."[30]

Tatsächlich kam es anscheinend zur Kündigung, denn im Folgenden wird die Kapelle des Prof. Woyka, an die diese Zeilen gerichtet waren, nicht mehr in den Akten erwähnt.

---

26 Schröder 1990, S. 227.
27 Ebd.
28 Spoliansky: *Goodbye, trouble*, S. 25.
29 Köhler: „Berlin in der Weimarer Republik", in: Ribbe 1987, Bd. 2, S. 795-923, hier S. 811.
30 Hotel Fürstenhof/Aschinger's Aktien-Gesellschaft: P. Woike [Woyka], Kapellmeister im Hotel Fürstenhof. 1923, LA Berlin, A Rep. 225 (Aschinger's Aktien-Gesellschaft), Nr. 1146.

Spoliansky spielte nach eigenen Angaben nur ca. ein Jahr im *Café Schön*[31], so dass ihn die galoppierende Inflation später unter anderen beruflichen Umständen traf. Aus den erwähnten institutionsspezifischen Rahmenbedingungen lässt sich jedoch gut die Attraktivität des Arbeitsplatzes Kaffeehaus, vor allem in Krisenzeiten, ersehen. Die mangelnde soziale Absicherung sowie die ständige Gefahr einer Kündigung (bzw. Nicht-Verlängerung des Vertrags), der man in der Unterhaltungsmusik-Branche ausgesetzt war, betraf auch zahlreiche andere Berufe, so dass sich der Arbeitsplatz in dieser Hinsicht nicht unbedingt negativ von anderen Alternativen abhob. Dagegen stellte der Zugang zu Naturalien und Devisen einen unbestreitbaren Vorteil dar. Die Entscheidung Spolianskys, seinen Lehrberuf aufzugeben und stattdessen Musiker zu werden, ist also wohl nicht nur der Neigung, sondern auch handfesten finanziellen Erwägungen zuzuschreiben.

Repertoire, Besetzung, Lautstärke – Das musikalische Arrangement zum Raum

Funktionen und Besetzung │ Wie oben beschrieben, diente die Musik im Caféhaus verschiedenen Zwecken: Einerseits ermöglichte sie die ungestörte Unterhaltung, andererseits schuf sie eine lebendige Atmosphäre, auch wenn nur wenige Tische im Saal besetzt sein sollten. Das „Concert" am Nachmittag und die musikalische Unterhaltung am Abend lockte auch Besucher an, die nicht in geselliger Runde unterwegs waren, sondern lediglich der Musik zuhören wollten; statt eines Eintrittsgeldes waren diese aufgefordert, etwas zu verzehren („Weinzwang"), wodurch der Wirt seine Kosten für die Musik deckte und möglichst einen Gewinn erzielte. In manchen Etablissements gab es auch ein Tanzparkett. Die Musiker mussten sich in ihrem Repertoire, der Besetzung (welche nicht zuletzt die Lautstärke beeinflusste), ihrem Musizierstil und sogar ihrer Kleidung bzw. ihrem Kostüm den Anforderungen und Gegebenheiten der jeweiligen Institution und ihren Räumlichkeiten anpassen.

Im *Café Schön* war die geforderte Musik zu dieser Zeit laut den bisher ausgewerteten Quellen wohl eine hinsichtlich Besetzung und Repertoire eher konservativ geprägte Hintergrundmusik; eine Tanzfläche existierte hier um 1917/18 wahrscheinlich nicht.[32] Einer Postkarte (gelaufen 1911) lässt sich die Einrichtung mit dicht gestellten Caféhaustischen und -stühlen sowie die schmale bauliche Anlage des Saals entnehmen (vgl. Abb. 15 im Farbteil).

---

31 *Statement 2* (1977) auf: Kühn 1999, CD 1 sowie Spoliansky: *Goodbye, Trouble*, S. 25. Hier berichtet Spoliansky, dass das Trio danach ein besser bezahltes Engagement im gegenüberliegenden *Café Kranzler* annahm (vgl. auch Spoliansky: *Goodbye, trouble*, S. 25).

32 Den Bauakten im Landesarchiv ist die Existenz einer Tanzfläche nicht zu entnehmen (Bauakten Unter den Linden 43/45. Undatiert, LA Berlin, A Rep. 131-9-10, Nr. 428; Skizzen und Angriffspläne. Ca. 1901, LA Berlin, A Rep. 4136). Auch erscheinen die Räumlichkeiten insgesamt als relativ klein, so dass, um das Tanzen zu ermöglichen, auf Tische hätte verzichtet werden müssen. Den Lebenserinnerungen von Zeitzeugen sind ebenfalls keine Hinweise auf Tanzmusik zu entnehmen.

Die recht engen Räumlichkeiten, die sich zudem auf zwei Ebenen erstreckten, boten nur ein begrenztes Platzangebot für eine Kapelle. Während die fürs Caféhaus typischen Zeitungen an der rechten Seite unter dem Treppenaufgang gut zu erkennen sind, fehlt in dieser Abbildung ein Hinweis auf die Musikkapelle. Wahrscheinlich spielte sie zu diesem Zeitpunkt im Obergeschoss (s.u.). Eine spätere Postkarte (aus dem Jahr 1938) zeigt den gleichen Raum von der anderen Seite (vgl. Abb. 16). Hier wird die Position des Flügels gut sichtbar. Neben der Fotografie warb das Caféhaus mit dem Slogan: „Die gute Musik" (und zwar, wie die Rückseite präzisiert: „ab mittags 1 Uhr").

Abb. 16: Postkarte mit Innenansicht des *Café Schön*, gel. 23.12.1938.

Dass einige Gäste des *Café Schön* durchaus vom Fach waren, zeigt die Rückseite der Postkarte aus dem Jahr 1911, die vom jungen Hans Knappertsbusch unterschrieben ist (vgl. Abb. 15 im Farbteil). Die zweite Karte aus dem Jahr 1938 stammt vermutlich von Paul Lincke.[33]

---

33   An Herrn Prof. Dr. Stier, Elberfeld, Poststempel 27.10.1911 [?]: „Sehr verehrter Herr Professor! Aus Berlin gestatte ich mir, die herzlichsten Grüsse zu senden Ihr ergeb. Hans Knappertsbusch" (Privatbesitz CS). Die zweite Karte, datiert „Abends 9-10 Uhr" und abgestempelt am 23. Dezember 1938, ist an Edith bzw. Editha Stolzenberg in Berlin-Grünau adressiert und mit „Dein Paul" unterschrieben (Privatbesitz CS). Die Tänzerin Editha Stolzenberg war mit Paul Lincke befreundet, vgl. Spahn, Peter: *Paul Lincke in Berlin. Leben – Werk – Bedeutung*, Norderstedt: Grin 2008, S. 19f. (dort ohne Quellenangabe).

Größere Besetzungen wie auch Blasinstrumente wären für die Räumlichkeiten des *Café Schön* wohl zu laut gewesen. Sie hätten die Unterhaltungen erschwert oder (je nach Sitzplatz) ein Gespräch sogar unmöglich gemacht. So bestand die Kapelle Alexander und Mischa Spolianskys lediglich aus einem Klaviertrio. Auch in den 1930er-Jahren, als in den meisten größeren Cafés Jazz-Kapellen auftraten, spielte im *Café Schön* noch ein Klaviertrio, zumindest zeitweise.[34] Der Berliner Strafverteidiger Erich Frey berichtet darüber in seinen Memoiren:

> „Was die späten Bummler ins Café Schön zog, war ein Trio aus Cello, Klavier und Geige, das in der ersten Etage musizierte. Das war ein bißchen altertümlich, aber es war gut."[35]

Später hielten jedoch offenbar auch größere Besetzungen im *Café Schön* Einzug, so z.B. die Geiger Heinz Huppertz (bevor er und seine Musiker als Hauskapelle der *Rio Rita*-Bar engagiert wurden) und Marek Weber mit ihren Orchestern.[36]

Repertoire | Auch über das Repertoire des Trios der 1930er-Jahre (die Namen der Mitglieder waren nicht zu ermitteln) gibt Frey Informationen:

> „Nicht nur die übliche Kaffeehaus-Musik, sondern ein klassisches Repertoire. Kiaulehns Kollege ging dorthin, weil er in gewissen Stimmungslagen abends noch den Rosenkavalier-Walzer hören musste."[37]

Inwiefern auch Spolianskys Trio bereits ein ähnliches Repertoire pflegte, wissen wir nicht, angesichts des eher konservativen Profils des Cafés wäre jedoch zu vermuten, dass es sich hier wie auch bei der Besetzung um langjährige Gewohnheiten bzw. Handlungsroutinen handelt. Die Musiker passten sich mit ihrer Stückauswahl dem Publikum an, das laut Frey aus dem „Kronprinzen [...] und alle[n] Primadonnen der Königlichen Oper"[38] bestand.

Spoliansky selbst beschrieb das Programm des Trios, in dem er die ersten Schritte auf dem Gebiet der Unterhaltungsmusik machte, im Interview als ein eher herkömmliches:

> „Und da saß ich nun da, mit rotem Kopf, vom Blatt lesend, nicht wahr, da hatten wir Opernpotpourris, Operettenpotpourris, das musste ich vom Blatt spielen [...]"[39]

In den Lebenserinnerungen stellt er die Herausforderungen der neuen musikalischen Laufbahn etwas detaillierter dar. Auch wenn er hier von ganzen Opern

---

34 So z.B. das Trio von Wilfried Krüger (1903-1970), Wolffram 2001, S. 229.
35 Frey 1960, S. 436.
36 Wolffram 2001, S. 228 und 234.
37 Ebd.
38 Ebd.
39 *Statement 2* (1977) auf: Kühn 1998 (0014592TLR), CD 1.

und Operetten spricht, ist davon auszugehen, dass es sich um die üblichen (und als Notenausgaben erwerbbaren) Potpourris handelt:

> „At the beginning of my year-long stay at Café Schön on the Kurfürstendam, I had to bend over the new scores, red-faced with embarrassment, squinting to sight-read the music. It was extremely demanding and difficult, but gradually I learnt whole operas and operettas as well as the usual salon repertoire. Slowly my work began to be appreciated by the regular guests as well as the two young proprietors."[40]

Vielleicht wurde das Standard-Repertoire für Unterhaltungskapellen vom Spoliansky-Trio moderat durch ungewöhnlichere Stücke im Sinne des von Frey beschriebenen „klassischen Repertoires" ergänzt. Genauere Informationen über die tatsächlich gespielten Stücke könnten sich durch einen Blick auf die erhaltenen Notenausgaben aus dem Besitz Spolianskys ergeben. Im Nachlass des Künstlers finden sich jedoch keine Notenausgaben, die das Spoliansky-Trio gespielt haben könnte. Vermutlich gehörte das Material, aus dem die drei Musiker im Café spielten, auch eher Spolianskys Bruder Schura, der ja der Leiter des Ensembles war. Es ist möglich, dass er einen Teil der Noten mit in die Emigration nach Singapur nahm oder sie zuvor verschenkte oder verkaufte.

Eigene Stücke komponiert bzw. arrangiert hat Spoliansky zu dieser Zeit vermutlich noch nicht. Zumindest sind keine Skizzen für die Besetzung Klaviertrio im Archiv der Akademie der Künste erhalten. In Hofmeisters Handbuch der Musikliteratur erscheint Spolianskys Name zum ersten Mal in der Ausgabe für die Jahre 1918-1923[41] (dort bereits mit 30 Kompositionen), zuvor sind also anscheinend keine Werke von ihm veröffentlicht worden.

So können wir lediglich aus dem allgemein üblichen Repertoire auf die Stücke schließen, die das Spoliansky-Trio allabendlich seinen Zuhörern präsentiert haben könnte. Doch auch dies zu rekonstruieren, ist nicht leicht: Zwar wurden seit Gründung der „Anstalt für musikalisches Aufführungsrecht" (AFMA, die Vorgängerinstitution der heutigen GEMA) die Programme, die von Ensembles in Konzertsälen, Biergärten, Cafés und Restaurants gespielt wurden, gesammelt und ausgewertet. Sie wurden jedoch angesichts der großen Anzahl von Musikveranstaltungen nur bis zu zwei Jahre von der Gesellschaft aufbewahrt.[42] Zudem war die Meldepolitik der Veranstalter nicht zuverlässig, wie ein Beispiel für das Jahr 1912 zeigt, das in einem offenen Brief des Deutschen Musikalien-Verleger-Vereins aus dem Jahr 1913 angeführt wird:

> „Infolgedessen unterlassen es zahlreiche Aufführungsstellen, die Programme einzusenden. Das trifft besonders für solche Etablissements zu, die, wie Cafés und Vergnügungsetablissements, nicht immer gedruckte Programme ausgeben. Eine in Berlin und Umgebung vorgenommene Erörterung hat folgendes Bild ergeben:

---

40 Spoliansky: *Goodbye, Trouble*, S. 25.
41 Hofmeister 1924, S. 439f.
42 Dümling 2003, S. 71.

Etablissement	Anfang des Vertrages	Hätte 1912 einreichen müssen	Hat eingereicht
Café Piccadilly	1.8.12	300 Programme	0 Programme
Zelt 5	1.1.12	300 Programme	0 Programme
A la Brady	1.11.11	300 Programme	0 Programme
Café Kronprinz	1.10.12	90 Programme	0 Programme
Eispalast	1.1.11	360 Programme	0 Programme
Grand Hotel Russie	1.1.11	200 Programme	0 Programme
Spandauer Berg, Brauerei	1.5.10	Ca. 60 Programme	0 Programme
Schloß Wannsee	1.5.10	50 Programme	0 Programme
Kaiser-Pavillon	1.6.10	104 Programme	0 Programme
Central-Theater, Magdeburg	1.11.11	300 Programme	0 Programme

[…] Die 86 verbleibenden Etablissements hätten zusammen 17 700 Programme liefern müssen. Es sind geliefert worden ca. 6 600 Programme. Das macht einen Ausfall von ca. 63% der notwendigen Programme.“[43]

Somit konnte mehr als die Hälfte der in den Cafés gespielten Musik nicht dokumentiert werden. Da eine große Anzahl der Veranstalter zudem keinen Aufführungsvertrag abgeschlossen hatten (dieselbe Quelle spricht von „etwa 7.000 bei einem Bestande von mehr als 70.000 Stellen“[44]), liegt die Zahl der nicht dokumentierten Aufführungen vermutlich noch um ein Vielfaches höher. Selbst zufällig nach der Aufbewahrungsfrist erhaltene Programme oder die Karteikarten der angemeldeten Komponisten, auf denen die Aufführungen der Werke verzeichnet waren, sind heute nicht mehr erhalten: Beim Bombenangriff auf Berlin am 3. Februar 1945 erlitt das Haus der (inzwischen als STAGMA bezeichneten) Verwertungsgesellschaft in der Charlottenstraße 84/85 einen Totalschaden, bei dem ein Großteil des archivierten Materials vernichtet wurde.

So können wir lediglich aus vermischten Quellen und der Sekundärliteratur beispielhaft auf das damals gespielte Repertoire schließen. Hansgeorg Mühe nennt „Intermezzi, […] aktuelle Tanzstücke, Lieder und nachträglich textierte Charakterstücke […], Opern- und Operettenpotpourris, sowie Lieder und Tänze aus Operetten“[45] als übliche Werke im Programm von Caféhauskapellen. Präziser und auf Grundlage genau ausgewerteter Quellen äußert sich Dorothea Kaufmann in ihrer Studie zur Geschichte der Damenkapellen zum Repertoire:

„Für die Tanz- und UnterhaltungsmusikerInnen gab es, was das Repertoire anbelangte, allgemeingültige Regeln. Es sollte einen Umfang von mindestens dreihundert bis vierhundert Nummern haben, um ein längeres Engagement gut bestreiten zu können.“[46]

---

43 Zit. n. Schulze 1995, S. 47.
44 Ebd., S. 45.
45 Mühe 1996, S. 63. Mühe nennt leider nicht die Quellengrundlage, die ihn zu diesen Erkenntnissen führt.
46 Kaufmann 1997, S. 113.

Geht man von einem solch breiten Repertoire aus, so ist verständlich, welche Leistung dem jungen Spoliansky beim Eintritt in das schon bestehende Ensemble abverlangt wurde. Es wurde erwartet, dass das Programm täglich wechselte, auch wenn bestimmte „Zugnummern" auch an aufeinanderfolgenden Abenden erklingen konnten.

Für die Gestaltung eines Konzertabends zitiert Kaufmann einige vom führenden Fachblatt für Unterhaltungsmusiker, der Zeitschrift *Der Artist*, empfohlene Grundsätze:

> „Allgemeine Regeln der Programm-Aufstellung dürften sein:
>
> 1. Marsch, 2. Ouvertüre, 3. Walzer, 4. Irgendein Solo oder kleiner Opernsatz, auch Gavotte, dann Pause; 5. Charakter-Tonstück …, 6. Fantasie oder Potpourri …, 7. Polka …, 8. etwas Humoristisches oder kurzes Streich-Quartett (auch Blas-), event. auch Duett oder Solo, … darauf Pause; 9. Ouvertüre oder auch Walzer, 10. grosses Potpourri, möglichst volksthümlich und humoristisch, 11. Lied- oder Opernquadrille, 12. Galopp oder auch historisch-patriotischer Marsch."[47]

Obgleich der Aufsatz im *Artisten* aus dem Jahr 1898 stammt und einem Klaviertrio zudem nicht die gleichen Variationsmöglichkeiten in der Besetzung zukamen, ist doch anzunehmen, dass das Spoliansky-Trio sich in der abwechslungsreichen Zusammenstellung verschiedener Stücke an den hier dargestellten Traditionen orientierte. Aus dem Jahr 1910 sind einer Werbe-Anzeige im *Artisten* sogar konkrete Werke zu entnehmen (s. Abb. 17)

Das Damen-Orchester Toni Altmann verfügte sogar über ein Repertoire von 2.000 Werken. Zum Programm gehörte neben Salonstücken ebenfalls „ein klassisches Repertoire" (Frey, s.o.) mit Werken von z.B. Wagner, Beethoven, Schubert oder Händel. Allerdings handelt es sich auch hier meist um Opernpotpourris oder „Fantasien", also um eine Zusammenstellung der beliebtesten Melodien. Doch auch zwei langsame Sätze aus Beethoven-Sinfonien sowie die Ouvertüre zu „Egmont" finden sich im Programm.[48]

Dass die zu Beginn des 20. Jahrhunderts üblichen Stücke sich auch später noch im Repertoire der Kapellen befanden, zeigt ein im Aschinger-Bestand des Landesarchivs Berlin befindliches Dokument. Es hat die „Prüfung der musikalischen Fähigkeiten des Sinto Johann Stoica (gen. Iliescu)" zum Gegenstand und stammt aus dem Jahr 1935, ist also vor dem Hintergrund national-sozialistischer Ideologie zu betrachten. Aufgrund von Beschwerden bittet der Betreiber des *Café Merito* die Landesmusikerschaft Berlin um eine Stellungnahme, woraufhin diese einen Kontroller

---

47 Franzel: „Ueber Programme von Damen-Capellen", in: *Der Artist* (1898), Nr. 717, 06.11.1898, zit. n. Kaufmann 1997, S. 113.

48 Spoliansky komponierte sehr viel später (um 1940/41) ein Werk über Beethoven-Themen: Spoliansky, Mischa: *Swingin the 5th (Beethoven) Symphony in Jazz*, London: Keith Prowse 1941. Notenmaterial im Bestand von: AdK, Archiv Darstellende Kunst: Mischa Spoliansky Archiv, 5.01 (Notendrucke).

Abb. 17: Damenorchester Toni Altmann.
Anzeige in der Zeitschrift *Der Artist*, 30. Oktober 1910.

entsendet.[49] Er verzeichnet im Kontrollbericht vom 11. September 1935 u.a. das gehörte Programm:

„Betrifft: angewiesene Kontrolle der R.M.K. Abt. M. des Café Mérito in Sachen Johann Stoica.

[…] Die Beschwerde des Betriebsführers […] ist in allen Punkten berechtigt. Stoica besitzt absolut keine Routine und ist nicht als Ensemble-Musiker anzusehen.

Ich hörte folgende Musikstücke:

1.) Potpourri a.d. Operette ‚Zirkusprinzessin‘

2.) Ouvertüre ‚Frau Luna‘ von Linke

3.) Zigeunerin Ouvertüre v. Balfé

4.) Hofballtänze von Lanner“.[50]

Die Ouvertüre zu „Die Zigeunerin" von Balfé sowie ein Walzer von Lanner befanden sich auch im Repertoire der Kapelle Toni Altmann. Auch Dorothea Kaufmann stellt in ihrer Analyse Übereinstimmungen im Repertoire verschiedener Kapellentypen und zu unterschiedlichen Zeiten fest.[51]

Wenn Spoliansky in seinen Erinnerungen von Operetten- und Opernpotpourris berichtet, so wird es sich um ähnliche Literatur in Arrangements für Klaviertrio handeln. Neben diesen gängigen Werken ist es wahrscheinlich, dass Spoliansky bereits in dieser Zeit im Caféhaus über aktuelle Melodien oder auch frei improvisierte.[52]

---

49 Bereits im Jahr 1930 machte der Fall des Zigeunergeigers Iliescu Schlagzeilen und wurde zum Aufhänger von nationalistisch gefärbter Berichterstattung: „Zigeunerfrechheit. […] Der Zigeunergeiger Iliescu, dessen Arroganz berüchtigt ist, hat sich neulich erfrecht, einen Gast eines Luxusrestaurants mit dem Ausdruck ‚deutscher Scheißer‘ zu belegen.", BHe, 26. Jg. (1930), Nr. 3 (19.-25.01.); „Das hängt uns nun wirklich schon zum Halse heraus, daß in jedem Berliner Luxusrestaurant ein blasierter exotischer Jüngling zum Tanz aufspielt. […] – die Geiger- und Schlagzeugjüngelchen mit ihrem anmaßenden Benehmen, fallen uns schon seit einiger Zeit zu stark auf die Nerven. […] Der Fall Iliescu ist symptomatisch. Wenn der eine Wirt den Mut gehabt hat, ihn am Kragen zu nehmen und auf die Straße zu werfen, als er sich einem Gast gegenüber pöbelhaft benahm, läßt ihn der nächste Unternehmer in seinem Café wieder fiedeln.", BHe, 26. Jg. (1930), Nr. 5 (02.-08.02.). Iliescus Kapelle wurde in den Anzeigen dieses Blattes beworben.
50 Prüfung der musikalischen Fähigkeiten des Sinto Johann Stoica (Künstlername Iliescu) für eine Mitgliedschaft in der Reichsmusikkammer aufgrund einer Anzeige der Kaffeehausbetriebe Herbert Vooes (Café Merito). Undatiert [1935], LA Berlin, A Rep. 243-01 (Reichsmusikkammer, Landesleitung Berlin), Nr. 161.
51 Kaufmann 1997, S. 116.
52 Dass sich Spolianskys Talent zum Improvisieren bereits als Kind gezeigt habe, berichtet er in seinen Lebenserinnerungen: Er habe bei seinem ersten Konzert im Kindesalter bei einer Mozart-Sonate den Faden verloren und die Gedächtnislücke improvisierend überbrückt: „I doubt if anyone in the audience had noticed anything and my talent for improvisation had been proven." (Spoliansky: Goodbye Trouble, S. 15). Die Anekdote wird an verschiedenen Stelle wiedererzählt, z.B. bei Kühn, Volker: „Es lag in der Luft. Aus aktuellem Anlaß: Mischa Spoliansky und seine Musik", in: Booklet zu Kühn 1998 (0014592TLR), S. 7-15, hier S. 7 und steht in der narrativen Tradition des „Wunderkind"-Topos.

Die *Kakadu*-Bar

Ortstermin: Flaniermeile im Künstlerviertel – Kurfürstendamm

Kranzler-Eck | Sitzt man heute im *Café Kranzler* am Kurfürstendamm, so blickt man auf vorbeiziehende Menschen und lebhaften Verkehr: Eine kleine Gruppe von Touristinnen ist den kurzen Weg vom Bahnhof Zoo oder der Gedächtniskirche gekommen, um das Café und den bekannten Boulevard zu sehen. Links wird gebaut, der Auto- und Fußgängerverkehr ist dicht – die Straße ist jetzt am späten Nachmittag stark belebt. Gegenüber sieht man eine kleine dreieckige Grünfläche und einen Kiosk, der Zeitungen verkauft. Hinter dem Grün das Bekleidungsgeschäft einer amerikanischen Kette.

An dieser Stelle (Ecke Augsburger Straße/Joachimsthaler Straße[53]) befand sich früher die Bar *Kakadu*, „die Bar am Kurfürstendamm"[54], wie eine alte Werbeanzeige verspricht. Vom früheren Gebäude ist nichts mehr zu sehen, stattdessen steht dort ein 1950er-Jahre-Bau der Allianz-Versicherung. Der *Kakadu* war nicht nur Treffpunkt der Berliner Boheme[55] und der Demimonde (Heinrich Mann soll hier seine zweite Frau Nelly kennen gelernt haben[56]), auch Stars und Chefs von führenden Wirtschaftsunternehmen verkehrten dort (vgl. Kap. *Publikum und Musiker im Kakadu*, S. 144). Spoliansky spielte hier um 1919/1920 Klavier, eine genaue Datierung ist aufgrund der Quellenlage nicht möglich. In den Bauakten wird der *Kakadu* im Mai 1920 erstmals erwähnt. Da die Räume des Lokals zu diesem Zeitpunkt jedoch vergrößert werden sollten[57], muss man davon ausgehen, dass der Gastronomiebetrieb schon früher existierte.[58]

In der ersten Hälfte des 20. Jahrhunderts entwickelte sich das Gebiet um den Kurfürstendamm mit seiner guten Anbindung an die Stadtbahn und den schicken Einkaufsmöglichkeiten nach und nach zum zweiten Vergnügungszentrum Berlins. Die *Kakadu*-Bar befand sich also in einem aufstrebenden Stadtteil. Der Journalist

---

53 Die Schreibweise Joachimsthaler Straße folgt den alten Pharus-Plänen der Stadt Berlin (heutige Schreibweise: Joachimstaler Straße).

54 Inserat in: Programmheft „Das Dreimäderlhaus". Hs. dat. 01.11.1931, AdK, Archiv Darstellende Kunst: DokFonds vor 1945, Berlin, Theater des Westens.

55 Zum Begriff der „Berliner Bohème" vgl. z.B. Stürickow, Regina: *Der Kurfürstendamm. Gesichter einer Straße*, Berlin: arani 1995, S. 49ff.

56 Es gibt unterschiedliche Auffassungen, ob es sich tatsächlich um das *Kakadu* oder um den Nachtclub *Bajadere* gehandelt hat, s. hierzu: Seyppel, Joachim: „Wer war Nelly Mann? Biografische Notizen zur zweiten Ehefrau Heinrich Manns", in: *Heinrich Mann Jahrbuch*, Nr. 4 (1986), S. 39-55 und Jasper, Willi: *Die Jagd nach Liebe. Heinrich Mann und die Frauen*, Frankfurt/M.: S. Fischer 2007, S. 303ff.

57 Aktennotiz 11. Mai 1920. Bauakten Joachimsthaler Straße 10. 1898-1928, B Rep 207, Nr. 247.

58 Der Einbau einer Herren- und einer Damentoilette sowie ein Küchenanbau (Bauantrag vom 22.03.1919) weisen auf einen Ausbau in der ersten Hälfte des Jahres 1919 hin (Bauakten Grundstück Joachimsthaler Straße 10. 1898-1928, B Rep 207, Nr. 247). Auch Curt Bois spricht in seinen Memoiren vom Jahr 1919, in dem er Spoliansky im *Kakadu* kennen lernte (Bois 1982, S. 53).

Walter Kiaulehn beschreibt den „Zug nach dem Westen" (so der Titel eines Berlin-Romans von Paul Lindau[59]) in seinen Erinnerungen:

> „Die Linden waren die Straße des gesetzten Alters geworden, die zärtlich ge-liebte Gute Stube Berlins. Das Lebensgefühl der Jugend manifestierte sich an der Gedächtniskirche."[60]

Im Reiseführer „Berlin für Kenner" wurde schon 1913 der Abstieg des alten Ver-gnügungsviertels um die Friedrichstraße prognostiziert:

> „In einem Dutzend Jahren wird die Berliner Friedrichstadt zum alten Eisen geworfen sein, und in dem Dreieck zwischen Nollendorfplatz, Zoologischer Garten und Viktoria-Luisen-Platz wird sich die Nacht von Berlin abspielen."[61]

Diese Voraussage bewahrheitete sich in den 1920er-Jahren. Tatsächlich wurde der neue Westen, dessen Wahrzeichen die Gedächtniskirche und dessen Lebensader der Kurfürstendamm war, zum neuen (zweiten) Zentrum Berlins.

Boheme im Café | Schon vor dem Ersten Weltkrieg hatte die künstlerische Bo-heme ihr geistiges Zentrum am Kurfürstendamm gefunden, und zwar im *Café des Westens* (auch *Café Größenwahn* genannt) am heutigen Standort des (zweiten) *Café Kranzler*.[62] Viele Künstlerinnen und Künstler wohnten im „neuen" Westen (so spä-ter auch Spoliansky).[63] Aus den umliegenden Ateliers kamen zunächst die Maler, dann auch die Schriftstellerinnen und Theaterleute an die Stammtische: Else Lasker-Schüler, Herwarth Walden, Erich Mühsam, Richard Dehmel, der Kunsthändler Paul Cassirer, Alfred Döblin, die Frühexpressionisten um Jakob von Hoddis und Georg Heym sowie die Maler Ludwig Meidner und John Höxter verkehrten hier. Die Lis-te der (später) berühmten Namen ist lang, für einige war das Café – physisch wie psychisch – Mittelpunkt ihres Lebens: „Ich bin nun zwei Abende nicht im Café ge-wesen, ich fühle mich etwas unwohl am Herzen"[64], schrieb z.B. Else Lasker-Schüler.

---

59 Lindau, Paul: *Berlin. Der Zug nach dem Westen. Roman*, Stuttgart: Cotta 1919 (Erstausgabe 1886).
60 Kiaulehn 1962, S. 533.
61 *Berlin für Kenner*, S. 115.
62 Engel/Jersch-Wenzel/Treue 1985, S. 442-451. 1912/13 zog das *Café des Westens* um (nun Kur-fürstendamm 26). Das Kabarett *Größenwahn* spielte (ab Dezember 1920) im Obergeschoss des alten Cafés.
63 Unter den direkten Anwohnern des Kurfürstendamms finden sich beispielsweise die Musiker Joseph Joachim (Nr. 217), Fritz Kreisler (Nr. 67) und Rudolf Nelson (Nr. 186) (Metzger, Karl-Heinz: *Der Kurfürstendamm. Leben und Mythos des Boulevards in 100 Jahren deutscher Ge-schichte*, Berlin: Konopka 1986, S. 35f.). Spoliansky wohnte u.a. in der Pfalzburger Straße, der Prinzregentenstraße und 1926-30 in der Kaiserallee 17 (heute Bundesallee); im selben Haus wohnte auch Marlene Dietrich von 1924 bis 1925 (Wetzig-Zalkind, Birgit: *Marlene Dietrich in Berlin. Wege und Orte. Mit einem Vorwort ihrer Tochter Maria Riva*, Berlin: Gauglitz 2005, S. 58f.).
64 Lasker-Schüler, Else: *Gesammelte Werke in 3 Bänden. Bd. 2: Prosa und Schauspiele*, hg. von Friedhelm Kemp, München: Kösel 1962, S. 297.

Cafés und Bars waren Treffpunkt, Ort des Gedankenaustauschs, der Wärme (denn viele Ateliers und möblierte Zimmer wurden aus Kostengründen nicht beheizt) und ersetzten manchmal die Familie: „Es ist hier, wie wenn Kinder von einer sorgenden Mutter betreut werden. Etwas Mütterliches schwebt hier in der Luft", so ein Zeitzeuge über das *Größenwahn*.[65] Die Musik spielte hier bis 4 Uhr morgens[66] und der Aufenthalt war für die Künstlerinnen und Künstler günstig, denn: „Wer etwas hatte, zahlte. Wer nichts hatte, pumpte, schnorrte."[67] Die hier zu besichtigenden Berühmtheiten zogen auch ein wirtschaftlich besser gestelltes Publikum an, das nicht selten zum Förderer der Künstlerinnen und Künstler wurde:

> „Es war wie im Theater, wenn ein Stück Erfolg hatte. Meyers und Schulzes, die dagewesen waren und sich amüsiert hatten, erzählten davon. Man sprach davon bei den Jours, bei den Diners und Soupers […] Und dann kamen sie, um es auch zu sehen. Man musste doch diese merkwürdigen Menschen einmal genauer betrachten. Das Vergnügen kostete wenig und war so billig. Man sass bei einer Tasse Kaffee und hatte die Berühmtheiten umsonst. […] Und nun ging jahraus, jahrein der Bürger mit dem Künstler in diesem [sic!] Café, und viele zarte Bande umschlangen beide Gemeinschaften. Es ist sogar nicht ausgeschlossen, dass die jüngere Bürgergeneration des Cafés des Westens einen Spezialtyp Marke ‚Grössenwahn' mit auf die Welt gebracht hat."[68]

Nach und nach wurde das Eckhaus an der Joachimsthaler Straße/Kurfürstendamm – unter den Augen liberaler Bürgerinnen und Bürger – zum Zentrum der avantgardistischen Kunst, die versuchte, dem wilhelminischen Kulturdiktat, dessen Ausdruck im Berliner Zentrum und der Prachtstraße Unter den Linden gesehen wurde, eigene Gedanken und Ideen entgegenzusetzen.

Etwa um 1917/18 wechselten die Künstlergruppen und -grüppchen dann ins nahe gelegene *Romanische Café* an der Gedächtniskirche.[69] Zum *Kakadu* war es auch von hier nur ein Katzensprung, und da es dort bis drei Uhr nachts warme Küche gab, verschlug es den einen oder die andere nach der Vorstellung im Theater oder Kabarett (oder nach dem Besuch des Romanischen Cafés) sicherlich hierher.

---

65 Ostwald, Hans: *Berliner Kaffeehäuser*, Berlin: Seemann 1905, S. 33.

66 „Das Café der Uebermenschen, der Revolutionäre des Geistes, der Dichter und Künstler mit dem langwallenden Haupthaar und der Schriftstellerinnen und Künstlerinnen mit dem kurzgeschorenen Haar. […] Die Nacht hindurch billige warme Küche. Im ersten Stock Spiel- und Billardsäle. Musik bis 4 Uhr.", in: *Berlin für Kenner*, S. 121. Wer spielte oder welche Besetzung ist leider (bisher) nicht bekannt. In anderen Nachtcafés spielte die Musik sogar bis morgens um 6 Uhr (ebd.), einige Frühcafés öffneten erst um 6 Uhr und hatten bis gegen 12 Uhr mittags Betrieb (ebd. S. 131).

67 Bouchholtz, Christian: *Kurfürstendamm*, Berlin: Juncker 1921, S. 43.

68 Pauly, Ernst (Hg.): *20 Jahre Café des Westens. Erinnerungen vom Kurfürstendamm,* hg. von Karl Riha und Franz-Josef Weber, Siegen: Universität Gesamthochschule 1986 (=Vergessene Autoren der Moderne, Bd. XIII), S. 14f.

69 Zur Geschichte des Cafés des Westens: Pauly 1986 sowie zum Café des Westens sowie Romanischen Café: Schebera, Jürgen: *Damals im Romanischen Café … Künstler und ihre Lokale im Berlin der zwanziger Jahre*, Leipzig: Edition Leipzig 1988.

Bürger auf dem Boulevard | Der Kurfürstendamm war aber ebenso die Flanier-
meile der Berliner Gesellschaft und auch diese verkehrte im *Kakadu*. Schon 1907
verfasste Julius Freund für die Jahresrevue *Das muß man sehen* ein Chanson mit
dem Titel *Tout Berlin* (Musik: Victor Hollaender), das die „Leute vom Kurfürstendamm" spöttisch-schmeichelnd beschreibt (s. Abb. 18):

Abb. 18: Titelseite des Chansons *Tout Berlin* von Victor Hollaender, Text: Julius Freund.

„'s gibt in Berlin 'nen kleinen Kreis, der Tout Berlin sich nennt, / wo jeder
was vom andern weiß, wo sich ein jeder kennt! [...]

Die Lehmanns und die Levysohns, die Schultzens, Müllers, Kahns und
Cohns, / der Jandorf hier, der Wertheim da, der Jesko aus Deutsch-Afrika,
/ der Lindau, Landau, Blumenthal, der Alfred Holzbock vom ‚Lokal‘, / untrennbar neb'n einander her Geheimrat und Konfektionär! / Der Lollo, der
im Roland groß, Heinrich der Cello-Virtuos, / der's zum Professor hat gebracht, weil er so feine Witze macht. / Daneben in der Jugend Glanz der Ludwig Pietsch, der Herr von Stranz / und viele, viele andre noch, ich nenn' sie
nicht, Ihr kennt sie doch! / Wer was hat, wer was kann, wer sich nennt com-

me il faut aus dem Tiergartenviertel, aus der Gegend vom Zoo, / und die Leute vom Kurfürstendamm alle zusamm, alle zusamm!

Wer ist's, den bei Diners, Soupers man immer wieder trifft? / Wer glänzt bei allen Komitées, durch Namens Unterschrift? / Wen findet man im Tattersall und bei den Five o'clocks, / wen grüßt man auf dem Presseball, bei Nikisch, Siegfried Ochs? / Und wer geht spazieren behaglich und froh im Sommer des Abends da draußen im Zoo, / in der Läster-Allee bei Tschingbumm und Trara! Ja, alle, alle, alle, alle, alle, alle, alle sind sie da! Die Lehmanns […]"[70]

Da das Publikum der Jahresrevuen im Metropol-Theater (zumindest in den Premieren) zu großen Teilen aus der finanzkräftigen bürgerlichen Klientel bestand, die in dem Chanson thematisiert wird, war es für die Verantwortlichen unumgänglich, die Texte auf dem schmalen Grat zwischen Spott und Schmeichelei zu halten.[71] Auch in diesem Chanson wird diese „Gratwanderung" deutlich, konnten sich die genannten Personen doch zwischen den Zeilen durch ihre Wohltätigkeit, ihren Witz oder ihr Kunstverständnis ausgezeichnet sehen.

Tatsächlich verzeichnet Rudolf Martin in seinem *Jahrbuch der Millionäre* 1913 nicht weniger als 120 Millionäre, die direkt am Kurfürstendamm wohnten[72] – hier lebte also wirklich „Tout Berlin". Die wirtschaftliche Potenz der direkten Anwohner war hoch. Auch die Flaneure der Umgebung und die über den Fernbahnhof Zoo in die Stadt kommenden Besucher trugen ihr Geld auf dem Boulevard zur Schau und gaben es dort aus. Wurde die Gegend vor der Jahrhundertwende noch als Berlin „Wild-West" bezeichnet, hatte sie sich überraschend schnell in Berlin W. gewandelt. Die Prachtpaläste, auch als „Protzenburgen des Geldes"[73] oder „Maurermeisterarchitektur"[74] bezeichnet, zeigten den Wohlstand des neuen Westens selbstbewusst und ungeniert – von Understatement konnte keine Rede sein.

Betrachten wir Schiffers fünfzehn Jahre nach *Tout Berlin* entstandenes Chanson *Gesellschaftsspiel (Kurfürstendamm)* (1923), so hat sich die bürgerliche zu einer überspannten, nervösen Mode-Gesellschaft gewandelt. Noch immer finden wir eine besondere Klientel am Kurfürstendamm, die Dichter und Musiker zum Objekt ihrer Betrachtungen machen, allerdings gibt es hier kein Identifikationsangebot für oder Anbiederung an die „Kurfürstendammler" mehr. Bei Schiffer stehen – wie oft in seinen Chansons – die Frauen im Zentrum der Beobachtung (während bei Freund

---

70 Freund, Julius/Hollaender, Victor: *Tout Berlin*. „*Die Lehmanns und die Levisohns*" (Klavier+ Gesang), Berlin: Bote & Bock 1907. 1907, StKA, Metropoltheater, LK/C/79,2. Freunds Aufzählung orientiert sich am 1905 erschienenen Buch *Berlin und die Berliner*, in dem im Kapitel „Tout Berlin" zahlreiche der im Chanson benannten Personen benannt und kurz beschrieben werden.

71 Zu den Jahresrevuen im Metropol s. Otte, Marline: *Jewish Identities in German Popular Entertainment, 1890-1933*, Cambridge: Cambridge University Press 2006, S. 201-280.

72 Martin, Rudolf (Hg.): *Jahrbuch des Vermögens und Einkommens der Millionäre in der Provinz Brandenburg einschließlich Charlottenburg, Wilmersdorf und alle anderen Vororte Berlins.* Berlin 1912/1913 (=Das Jahrbuch der Millionäre Deutschlands, Bd. 8), zit. n.: Metzger 1986, S. 34.

73 Edel, Edmund: *Berlin W. Ein Paar Kapitel von der Oberfläche*, neu hg. von Johannes Althoff, Berlin: Braun 2001, S. 11 (Erstveröffentlichung 1906).

74 Lederer 1925, S. 206.

1907 ausschließlich von Männern die Rede ist). Ihr Auftreten und Gehabe ist exaltiert und sie unterwerfen sich dem Modediktat der Zeit. Der Kurfürstendamm ist zur Konsummeile, zum Spielbrett der Eitelkeit und zum Laufsteg geworden:

> „Jede Frau im goldnen Westen / rast zum Kaufhaus Ausverkauf, / spielt mit ihren letzten Resten / Husch – Husch – Husch – mondän sich auf! / Und sie streckt sich nach der Mode, / still schmilzt ihr Gehirn zusamm! / Der Masseur quetscht die marode / sie möcht gern: Kurfürstendamm! / Im Salon macht sie sich breit: / Nur kein Neid! Nur kein Neid! / Welch reizendes Gesellschaftsspiel, / wir spielen es zusamm! / Wir spieln mit ohne viel Gefühl / das reizende Gesellschaftsspiel: / ‚Kurfürstendamm!‘"

Auch die Moralvorstellungen der Kurfürstendamm-Damen erscheinen pervertiert – nicht nur hinsichtlich von Beziehungen und Geschlechtsverkehr. Diebstahl und Mord muten ebenfalls als reine Kavaliersdelikte an, als ein reines „Gesellschaftsspiel", wie auch der abschließende Skandalprozess:

> „Sie macht sich mit Bildung niedlich, / schielt diskret nach kreuz und quer! / Und sie spielt so neckisch-friedlich: / Husch – Husch – Husch – der nächste Herr! / Abends klaut sie die Bestecke / bei der Freundin – als Dessert! / Bringt mal einen um die Ecke / still und freundlich – im Verkehr! / Immer mit der Vornehmheit! / Nur kein Neid! Nur kein Neid! / Welch reizendes Gesellschaftsspiel, / wir spielen es zusamm! / Wir spieln mit ohne viel Gefühl / das reizende Gesellschaftsspiel: / ‚Kurfürstendamm!‘
>
> Wenn der große Coup mißlungen / ist es aus mit der Nobleß! / Und es kommt dann notgedrungen: / Husch – Husch – Husch – Skandalprozeß! / Die Gesellschaft ist erschienen! / Im Parkett ist ein Gewühl! / Und man liest aus allen Mienen: / Reizendes Gesellschaftsspiel! / Nur kein Neid! Nur kein Neid! / Welch reizendes Gesellschaftsspiel […]"[75]

Im Gegensatz zur höflich-satirischen Schmeichelei des Chansons *Tout Berlin* zeigt sich hier der ätzend-bissige Spott des Zwischenkriegskabaretts – wobei Schiffer im Gegensatz zu z.B. Mehring zu den eher gemäßigten Autoren des Weimarer Kabaretts gehörte.

Auch in Spolianskys Musik zu Schiffers *Kurfürstendamm* spiegeln sich die geänderten Verhältnisse wider. Spoliansky kannte das Treiben am Kurfürstendamm gut, nicht nur aus seiner Zeit im *Kakadu*. 1923, im Entstehungsjahr des Chansons, lebte er einige Zeit direkt am Boulevard[76], auch seine späteren Wohnungen befanden sich in der Nähe (siehe Anhang und Abb. 1 im Farbteil). Das Chanson entstand für Hesterbergs *Wilde Bühne*, wo es im Februar-Programm 1923 von Herta Heden gesungen wurde, begleitet von Spoliansky[77] (vgl. auch Kap. *Raumaufbrüche und -kon-*

---

75 Schiffer, Marcellus: *Kinder der Zeit. Chansons,* mit einem Nachwort hg. von Alan Lareau, Siegen: Universität Gesamthochschule 1991 (=Vergessene Autoren der Moderne, Bd. XLIX), S. 12f.
76 Spoliansky: *Goodbye Trouble,* S. 48.
77 Lareau, Alan: Programmaufstellung „Wilde Bühne". 1921-1923, StKA, Wilde Bühne, LK/C/77,1. Auch veröffentlicht im Anhang seiner Dissertation: Lareau 1990, S. 455-469, hier S. 464.

struktionen im musikalischen Repertoire der Wilden Bühne, S. 184). Die eigenhändig von Spoliansky geschriebene Klavierstimme ist im Nachlass von Trude Hesterberg im Theatermuseum München erhalten geblieben.[78] Da die Gesangsstimme in diesem Repertoire meist von der Oberstimme des Klaviers gedoppelt wird, können wir uns einen ungefähren Eindruck von der ursprünglichen Gestalt des Liedes machen (s. Abb. 19).

Die von Schiffer geschilderte neurotische Gesellschaft zeigt der Komponist beispielsweise durch hinzugefügte Sechsten, Septim- und Nonenakkorde oder auch durch die stolpernden Vorschläge in der Bass-Begleitung. Spoliansky nutzt damit zeittypische Harmonik, die über Victor Hollaenders Chanson aus dem Jahr 1907 hinausgeht. Die Quartparallelen in der Oberstimme muten exotisch an, sie kolorieren die Melodie mit einem leicht enervierenden Obertonklang. Es finden sich Anklänge sowohl an Marsch- als auch an Ragtime-Formen (4/4-Takt, Two-Beat, Wechselbass, schnelles Tempo, einzelne verschobene Schwerpunkte auf der sonst unbetonten Zählzeit in der Melodie, z.B. in den Takten 6, 10, 14, 18). So befindet sich die Musik, wie die geschilderte Gesellschaft, zwischen alten (Marsch-) und neuen (Jazz-)Einflüssen.

Abb. 19: Ausschnitt aus dem Chanson *Kurfürstendamm* mit rekonstruierter Gesangstimme, Text: Marcellus Schiffer, Musik: Mischa Spoliansky (Notensatz nach dem Manuskript, DTM München, Rekonstruktion grau hinterlegt).

---

78 Notenmanuskript *Kurfürstendamm*: Hesterberg, Trude: Mappe mit handschriftlichem Titel „Piano". Undatiert, DTM, Sammlung Hesterberg, Mappe 13.

Spolianskys Engagement in der Bar *Kakadu* fällt genau in die Zeit der sozialen Umwandlung, wie sie sich im Vergleich der beiden Chansons zeigt: Von der Gesellschaft der Bürgerlichen, die tagsüber auf dem Kurfürstendamm flanierten und sich später zum Tanz beim Five o'clock im Hotel Adlon zusammenfanden, zum Heer der Angestellten, Männer und Frauen, die ihre Freizeit damit verbrachten, das verdiente Geld für Mode, „moderne" Unterhaltung und Zerstreuung in Bars und Tanzpalästen auszugeben.

Aufsichtsratsvorsitzende, Bardamen, Schauspieler: Publikum und Musiker im Kakadu

Zuhörer, Zuschauer, Publikum? |

> „Sage mir, wann deine A.-G. Aufsichtsratssitzung hatte, und ich will Dir sagen, wann du im *Kakadu* warst."[79]

So schildert der Berliner Herold in den 1930er-Jahren in der Rubrik „berühmte Stammgäste" die Besucher des *Kakadu*. Zu dieser Zeit hatte sich die Gaststätte zu einer der populärsten Tanzbars in Berlin entwickelt, die nicht nur Aufsichtsratsvorsitzende anzog, sondern mit ihnen auch viele, die sich den Schein des vermögenden „Mannes von Welt" bzw. der weltgewandten Dame geben wollten. Während der „Massenpleite in der Vergnügungsindustrie"[80] zu Beginn des Jahres 1930, als Etablissements wie die *Barberina* oder der *Gourmenia-Palast* Insolvenz anmelden mussten, war der *Kakadu* ein krisensicheres Unternehmen.[81] Die Gäste wollten dort selbstverständlich gute (Tanz-)Musik hören, vor allem aber kam man, um zu sehen, gesehen zu werden, sich zu unterhalten und Bekanntschaften zu schließen. Die Musik musste diesen Hauptzielen eines Besuchs in der Bar dienlich bzw. förderlich sein. Es ist somit weniger von (zu)hörenden als von (zu)sehenden bzw. im Tanz aktiv teilhabenden Gästen auszugehen.

Curt Morecks *Führer durch das „lasterhafte" Berlin* beschreibt das Publikum im *Kakadu*, eine Abbildung verdeutlicht zusätzlich die geschilderte Atmosphäre (siehe Abb. 20 im Farbteil):

> „Man möchte gern international tun, aber man bringt es doch im Kern über das Berlinische nicht ganz hinaus, und das ist vielleicht gerade das Originelle daran, dieser berlinische Internationalismus, diese lokale Note im kosmopolitischen Getue, das ja auch im Publikum und in seinen Allüren vorherrscht. Die Männer möchten für Gents gehalten werden und tragen ihr Menjoubärt-

---

79   *BHe*, 30. Jg., Nr. 26 (30.06.1934). Zum *Kakadu* s. auch Wolffram 2001, S. 170-179 (sehr gut recherchierte, ausführliche Erläuterungen zur Bar sowie zahlreiche Bilder).
80   *BHe*, 26. Jg., Nr. 1 (05.-11.01.1930).
81   2. Beilage zum *BHe*, 26. Jg., Nr. 3 (19.-25.01.1930).

chen mit blasierter Würde, die Damen färben sich noch blond und frisieren sich noch auf Greta Garbo […]"[82]

Tatsächlich verkehrte im *Kakadu* dieser Zeit auch eine wirklich internationale Klientel, wie wir dem Tagebuch des japanischen Berlin-Besuchers Yamaguchi Seison entnehmen können. Er gibt einen guten Eindruck eines gewöhnlichen Abends in der Bar:

> „Wir verabschieden uns um 11.30 Uhr. Urushiyama nimmt mich im Auto ins *Ballhaus Kakadu* am *Kurfürsten Damm* mit. Wir setzen uns an die Bar, ein glatzköpfiger, eleganter Mann im Smoking bringt die Getränke. Wir trinken Rheinwein und schauen dem Tanz auf der Bühne zu. Wir laden eine Tänzerin ein, unterhalten uns mit ihr ungefähr zwei Stunden, fragen sie verschiedenes, unter anderem nach ihrer Biographie, eine angenehme Person. Das Kakadu schließt morgens um 3 Uhr; bin um 3.30 Uhr ins Bett."[83]

Dass Männer ohne weibliche Begleitung Tänzerinnen oder Bardamen an ihren Tisch holten und zu Getränken einluden, wird auch in anderen Quellen deutlich. Moreck erwähnt „Logen und Knutschecken für den täglichen, vielmehr nächtlichen Gebrauch" sowie den „nötigen Vorrat von Halbwelt, entsprechend temperierter anderer Weiblichkeit, Atmosphäre auf Rotlicht und Sinnlichkeit abgestimmt"[84]. Der *Berliner Herold* wird noch drastischer und rühmt als „Spezialität des Hauses: die schönen Frauen hinter der Bar (und zum Tanz) und die Wurst im Gulaschsaft"[85] – hier werden die Bardamen wie selbstverständlich Konsumgütern gleichgesetzt und erscheinen für den anonymen männlichen Autor (er wird als „Kenner" bezeichnet, die Wirte als „Sorgenbrecher") anscheinend gleichsam appetitlich wie zum Genuss bestimmt.

Auch Curt Bois schildert in seinen Erinnerungen den *Kakadu* bereits im Jahr 1919 als eher zwielichtige Bar:

> „Melancholische Unternehmer, Ringe an den Fingern und unter den Augen, greinten sich bei den Animierdamen aus. Ein einsamer Staatssekretär berauschte sich an einem aufgewärmten Bier."[86]

Spolianskys später entstandenes „Lied und Shimmy" *Kitty, Du mein Mädel aus der Bar* (Text: Friedrich Hollaender)[87], vermutlich 1923 für das Münchener Kabarett

---

82 Moreck 1996 [1931], S. 114.
83 Seison, Yamaguchi: *Berlin im Frühling 1937. Tagebuch 1. April – 9. Juni. Aus dem Japanischen von Tanja Schwanhäuser*, Berlin: Mori-Ôgai-Gedenkstätte 2002, S. 8.
84 Moreck 1996 [1931], S. 112f.
85 *BHe*, 30. Jg., Nr. 26 (30.06.1934).
86 Bois 1982, S. 53.
87 Hollaender, Friedrich (T.)/Spoliansky, Mischa (M.): *Kitty, Du mein Mädel aus der Bar*, München: Edition Bonbonniere 1923. Das Lied wurde von der Künstlerkapelle Tino Valeria für Vox auf Grammophonplatte eingespielt, ist aber nicht auf CD veröffentlicht (und im Deutschen Musikarchiv bspw. nicht vorhanden): *Kitty. Lied und Shimmy*, M.: Mischa Spoliansky, Vox 01523-B (NE 02/1924) (K1924) (auf der dazugehörigen A-Seite: *Im Hotel zur grünen Wiese. Shimmy*, M.: Edvard Brink (NE 02/1924)), vgl. Online Discography VOX Schallplat-

Bonbonniere geschrieben, schildert ebenfalls die Geschichte einer Bar-Begegnung. Dargestellt wird die Bekanntschaft eines Amerikaners („Yankee") mit der Bardame Kitty, die ihm nicht nur Getränke anbietet („*Er:* [...] ich bin durstig und müd, was trinkt man am besten, was erfrischt das Gemüt? *Sie:* 'nen Whiskycocktail 'nen Cherry-Cobbler und Flip"[88]), sondern auch anderes: „*Sie:* Und nach dem Schampus! Schampus! Schampus poussiern wir mal ganz zu zwei'n."[89] Dass dieses Angebot zur Zweisamkeit offensichtlich nur auf Honorarbasis besteht, zeigt der Refrain: „*Er:* [...] Ach Kitty, Kitty! Ich bitt', ich bitt' Di! Schenk ein und schenk Dich; ich zahle bar."[90]

Abb. 21: Ausschnitt aus dem Chanson *Kitty*, Text: Friedrich Hollaender, Musik: Mischa Spoliansky.

Worum es geht, wird auch musikalisch verdeutlicht (s. Abb. 21). Die von Hollaender mit Wiederholungen ausgeschmückte Textzeile: „Sonst kommt es, kommt es, kommt es, kommt es, kommt es nicht mehr dazu. Daß wir uns sagen Liebling Du! Daß wir uns küssen immerzu!" (3. Strophe) fällt mit einer Melodik in abfallenden Sekundschritten zusammen. Das Seufzerartige wird durch die Artikulation verstärkt, die hier im Gegensatz zur eigentlichen Textbetonung steht. Auch rhythmisch sind die beiden Takte (und die entsprechende Wiederholung einige Takte später) durch die durchgängigen Viertelnoten und die fehlende Synkopierung hervorgehoben. Man kann vermuten, dass das Chanson auf diese Passage hin inszeniert wurde, denn nur in dieser dritten Strophe und in diesen Takten singen beide Akteure ein

---

ten- und Sprechmaschinen-Aktiengesellschaft, Berlin: www.lotz-verlag.de/Online-Disco-Vox. html (13.06.2010).
88 Hollaender/Spoliansky 1923.
89 Ebd.
90 Ebd.

einziges Mal gemeinsam (siehe Takt 10)[91]. Insgesamt wird das Bild eines verruchten Etablissements aufgebaut und die Bardame als Prostituierte gekennzeichnet. Damit kann man dieses Chanson durchaus in die Tradition der im Kabarett-Repertoire üblichen Dirnenlieder stellen.[92]

Dass dieses Bild einer Bar nicht unbedingt der Realität entsprechen muss bzw. satirisch überzeichnet und publikumswirksam aufgebauscht ist, zeigt der relativ neutrale Bericht des japanischen Besuchers. Hier ging es bei den Bekanntschaften wahrscheinlich nicht um Prostitution, sondern um Konversation, Ablenkung und Unterhaltung. Joachim Seyppel weist in Zusammenhang mit der Bekanntschaft von Heinrich und Nelly Mann darauf hin, dass Bardamen zwar die Aufgabe hatten, die Gäste zum Konsumieren von Getränken zu animieren, dass sie jedoch beruflich einer Kellnerin oder Serviererin näher standen als der gewerblichen Prostitution.[93] Diese blühte vor allem im Viertel um den Schlesischen Bahnhof in den Kellerkneipen.[94] Bei den Bars am Kurfürstendamm handelte es sich dagegen um so genannte „Luxuslokale" (die Polizei bezeichnete sie offiziell so).[95] Dass sich dennoch Beziehungen anbahnten und man Bekanntschaften machen konnte, steht außer Frage. Nicht nur Heinrich und Nelly Mann sollen sich in der *Kakadu*-Bar (oder im *Bajadère*, siehe Anm. 56) kennen gelernt haben. Auch der Komponist Nico Dostal berichtet in seinen Lebenserinnerungen von einer Romanze, die sich im *Kakadu* anbahnte.[96] Spoliansky machte in der Bar zwar keine Damenbekanntschaft (zumindest wissen wir davon nichts), er lernte aber einen lebenslangen guten Freund, den Schauspieler Curt Bois, im *Kakadu* kennen, der auch für seine spätere Karriere von Bedeutung werden sollte (s. *Mischa Spolianskys Wege und Stationen*, S. 99).

Musizierpraxis | Das in der Bar dargebotene Programm mag Seyppels sachliche Einschätzung der Aufgaben der Bardamen unterstützen. Offenbar erklang im *Kakadu* zumindest im Jahr 1930 schwungvolle amerikanische Tanzmusik, gespielt von der Jazzkapelle Max Herrnsdorf.[97] Zudem gab es ein gemischtes Bühnenprogramm nicht nur von Tänzerinnen und Tänzern, sondern auch mit Akrobatik- und Jazzgesang-Nummern: „Tempo herrscht im *Kakadu*, und ich glaube, gerade darum geht man stets gerne wieder hin", schrieb der Berliner Herold.[98]

Für die Musiker waren die Wirtschaftsbosse und diejenigen, die für solche gehalten werden wollten, ein einträgliches Publikum. Auch die Touristen, gerade solche aus Übersee, versprachen ein einträgliches Trinkgeld. Der Schlagzeuger Jonny

---

91 Hinweise zur szenischen Ausgestaltung des Liedes in der *Bonbonniere* und zum Aufführungskontext habe ich in den mir vorliegenden Quellen bisher nicht ausmachen können.
92 Zum Dirnenlied s. Stein 2006.
93 Seyppel 1986, S. 43f.
94 Marcus, Paul Erich (PEM): *Heimweh nach dem Kurfürstendamm. Aus Berlins glanzvollsten Tagen und Nächten*, Frankfurt/M./Berlin: Ullstein 1986, S. 41f.
95 Knickerbocker, Hubert Renfro: *Deutschland. So oder so?* Berlin: Rowohlt 1932.
96 Dostal, Nico: *Ans Ende deiner Träume kommst du nie. Berichte, Bekenntnisse, Betrachtungen*, Innsbruck: Pinguin 1982, S. 90f.
97 Wolffram 2001, S. 175.
98 2. Beilage zum *BHe*, 26. Jg., Nr. 42 (19.-25.10.1930), Rubrik „Berliner Vergnügungen".

Heling, der eine Zeitlang im *Kakadu* spielte, berichtet vom Vorgehen der Musiker. Interessant ist, dass sie offenbar in den meisten Fällen nicht etwa die Begeisterung der Menschen für die Musik ausnutzten, sondern das Störende:

> „Wir mußten aber einen Geiger haben, der mit der Geige rumgezogen ist. Der ist dann an die Tische gegangen. [...] Im *Kakadu* waren Tischfrauen. Und eine hat dann zum Beispiel so mit den Augen geblinzelt: Komm mal her, hier kannst du was rausholen! Dann ist der mit seiner Geige hingegangen und hat da gespielt. Der Gast, der wollte natürlich nicht gestört werden, dann hat er ihm 20 Mark gegeben. Manche haben aber auch ihre Lieblingslieder bestellt und waren stolz, wenn dann extra für sie gespielt wurde."[99]

Spoliansky musste in der Bar 1919 noch (anders als bei seinem Engagement im *Café Schön*) auf einen geigenden Kollegen verzichten – er war quasi als Alleinunterhalter tätig.

Im Gegensatz zur oben beschriebenen Zeit der großen Tanzkapellen war der *Kakadu* im Jahr 1919 noch nicht etabliert, es galt also erst, sich einen Namen zu machen. Die Besucher kamen noch aus dem Umfeld des Kurfürstendamms, Unternehmer, Theaterleute, Alleinstehende auf der Suche nach einem späten Getränk und etwas Unterhaltung. Diese Gäste erwarteten in der Bar keine Tanzveranstaltungen oder Theaterdarbietungen, zumal das Tanzen im Krisenjahr 1919 noch verboten war.[100] Die Bauakten zum Grundstück formulieren sachlich: „Bei der Kontrolle des Lokal ‚Kakadu' Joachimsthaler Str. 10, am 5.5.20 [...] wurde nicht getanzt".[101] Auch Bühnenveranstaltungen waren zu diesem Zeitpunkt noch nicht möglich: Abgesehen vom fehlenden Platz war dem *Kakadu* noch keine Genehmigung für solche Darbietungen erteilt worden. Allerdings traten offenbar Chanteusen auf – zumindest von Hesterberg wissen wir von einem Engagement im Jahr 1920.[102] Erst mit dem Umbau im Jahr 1928 wurden auch größere Veranstaltungen möglich.

Spoliansky spielte infolgedessen vermutlich eher ein Repertoire von dezenter Hintergrundmusik, das eine intime Atmosphäre schaffen und „die Zweisamkeit abschirmen sollte".[103] Das Tempo und die laute, schwungvolle Tanzmusik der späteren Jahre waren hier um 1919 noch nicht gefragt. Die amerikanische Jazz-Musik begann gerade erst, in Berlin bekannt zu werden. Spoliansky berichtet in seinen Memoiren von seinen ersten Begegnungen mit dem Jazz über Grammophon-Platten, die ebenfalls in die Jahre um 1919/20 fallen:

> „American Jazz had only just started to penetrate the German market. I was fascinated by the rhythms and harmonies of this music as well as the unusual method of playing and the techniques. First of all, I bought myself some records and then a portable gramophone and gradually introduced jazz to Curt

---

99 Interview von Knud Wolffram mit Jonny Heling, Berlin, 12.10.1991, in: Wolffram 2001, S. 177.
100 Köhler: „Berlin in der Weimarer Republik", in: Ribbe 1987, Bd. 2, S. 795-923, hier S. 811. Das Verbot wurde durch die Bildung privater „Clubs" umgangen.
101 Bauakten Joachimsthaler Straße 10. 1898-1928, B Rep 207, Nr. 247.
102 Kabaretts und Revuen. 1914-1966, StKA, Hesterberg, LK/D/37,2.
103 Sichwort „Barmusik", in: Wicke/Ziegenrücker 2007, S. 63.

[Bois]. This music had a profound effect on more than one of my compositions. Curt was equally taken with the music and we would play the records long into the night."[104]

In sein abendliches Programm in der Bar werden diese ersten Höreindrücke sicherlich mit eingeflossen sein – nach eigenen Angaben nutzte Spoliansky seine improvisatorischen Fähigkeiten dort ausgiebig.[105] Die ersten publizierten Stücke Spolianskys, *Morphium* (1920) sowie der *Stamping Waltz* (1921), zeigen gleichwohl noch keine Jazz-Anklänge, sondern orientieren sich als Walzer eher an der Tonsprache zeitgenössischer Salonmusik.

Glaubt man den – allerdings stark poetisierten – Lebenserinnerungen des Schauspielers Curt Bois, den Spoliansky in der Bar kennen lernte, so spielte dieser als Pianist auch die populären Schlager Paul Linckes in seinem Programm im *Kakadu*, so z.B. das *Glühwürmchen-Idyll* aus der Operette *Lysistrata*:

> „Das Wunschkonzert begann. Der Pianist seufzte in die Tasten und spielte: *Glühwürmchen, Glühwürmchen / Glimmre, glimmre. / Glühwürmchen, Glühwürmchen / Flimmre, flimmre.* Das arme Glühwürmchen! Es war nicht älter als zwanzig und schien bessere Tage nicht gesehen zu haben. Jetzt bewarf ihn ein Betrunkener auch noch mit Bierdeckeln und Geldscheinen. Aus Trotz spielte er immer schöner."[106]

Das „Glühwürmchen", von dem Bois hier spricht, war Mischa Spoliansky. Im Jahr 1919, das Bois als das Jahr ihrer Bekanntschaft angibt, war er tatsächlich zwanzig Jahre alt – ob sich der Rest der Geschichte so abgespielt hat, können wir heute nicht mehr rekonstruieren. Spoliansky zumindest beschreibt die Begebenheit sehr viel prosaischer:

> „Early one evening a young man came in and, as was his wont, went to the bar to order a drink. He listened to me play for a while and then came over to the piano to compliment me on my playing. He then sat down next to me […]. At the end of the conversation, he asked if I would compose something for him. I agreed and we exchanged addresses and fixed a date."[107]

Für Spoliansky sollte diese Bar-Bekanntschaft zu einer wichtigen Episode seiner Karriere werden, denn Curt Bois war bereits seit seiner Kinderzeit ein bekannter Schauspieler und verfügte über zahlreiche Kontakte in Berlin. U.a. spielte er bei Reinhardt, der Spoliansky 1926 mit der Komposition der Musik zu seiner Inszenierung von Somerset Maughams *Victoria* beauftragte. Dies wurde der erste größere Publikumserfolg Spolianskys im Theaterbereich. Ob Bois den Komponisten tatsächlich an Reinhardt empfahl (wie er es in *Zu wahr, um schön zu sein* schildert[108]) oder

---

104 Spoliansky: *Goodbye Trouble*, S. 30f.
105 Ebd., S. 30.
106 Bois 1982, S. 53.
107 Spoliansky: *Goodbye Trouble*, S. 30.
108 Bois 1982, S. 53.

ob dieser Spolianskys Kompositionen schon 1920 im Kabarett *Schall und Rauch* hörte (wie Spoliansky es in einem Fernsehinterview darstellt[109]), ist ungewiss.

Auf jeden Fall stellte sich Spoliansky mit der Auswahl von Schlagern Paul Linckes in den Kontext eines typisch Berliner Repertoires, das schon um die Jahrhundertwende populär war. Spoliansky selbst wohnte erst seit 1914 in Berlin, lernte diese Melodien aber sicherlich schnell kennen, denn Potpourris von Paul Lincke oder Walter Kollo waren beliebte Salonorchester-Stücke, die auch bei Freiluft-Konzerten oder Festen erklangen. In der *Kakadu*-Bar nutzte Spoliansky musikalisch also offenbar eher nicht seine russische Herkunft, indem er sich z.B. auf ein folkloristisches Repertoire spezialisierte oder sich in eine der so genannten Zigeunerkapellen integrierte. Dies wäre zu dieser Zeit durchaus möglich und wahrscheinlich auch lukrativ gewesen, denn zahlreiche (oft nur angebliche) Ungarn-, Zigeuner- und Russenkapellen beherrschten den Markt.[110] Vielmehr griff er anscheinend auf die traditionelle Berliner Operette sowie Schlager zurück, um sich einen Platz im Berliner Unterhaltungsmarkt zu sichern. Zusätzlich bezog er seine ersten Hörerfahrungen mit amerikanischen Schallplatten mit ein. Auf diese Weise integrierte Spoliansky sich in eine Art „Berliner Leitkultur" abseits des Exotischen, wie es sich z.B. in Jushnys russischem Kabarett *Der Blaue Vogel* oder (auf andere Weise) in den zahlreichen Zigeunerkapellen zeigte. Wahrscheinlich orientierte sich Spoliansky hier am Geschmack des Publikums bzw. den Erwartungen der Bar-Betreiber, denn aus seinen Lebenserinnerungen wissen wir, dass er an anderer Stelle durchaus Verbindungen zu russischen Emigranten (und so auch seine Kenntnisse der russischen Sprache) nutzte. Sein erster Kabarett-Auftritt z.B. fand in einem russischen Emigranten-Kabarett statt:

> „After a year, I wished to expand my experience even more and so came into contact with cabaret, which was more like a small émigré theatre. My very first composition was a pointe dance for a young ballerina, whom I then accompanied on the piano with the salon band."[111]

Es könnte sich um das Kabarett *Künstlerhaus* im damaligen Theater des Westens gehandelt haben, geleitet von Gregor Ratoff (vgl. Kap. *Wilde Bühne*, S. 165). Die beiden arbeiteten auch später, nach der Emigration, noch im Filmgeschäft zusammen und Spoliansky beschreibt in seinen Memoiren ausführlich einen Auftritt Ratoffs im *Schall und Rauch*.[112] Vielleicht war das „small émigré theatre" aber auch der *Blaue Sarafan* (russ: *Goluboj Sarafan*)[113], denn im Nachlass Spolianskys befindet sich ein

---

109 Weber, Lothar: „*Auf Wiedersehen irgendwo in der Welt". Ein Portrait des Komponisten Mischa Spoliansky*, Hamburg: NDR 1985 (Mitschnitt der Fernsehsendung).
110 Zu Zigeuner-, Ungarn- und Russenkapellen: Schröder 1990, S. 91-99.
111 Spoliansky: *Goodbye, Trouble*, S. 26.
112 Spoliansky: *Goodbye, Trouble*, S. 28.
113 Schlögel, Karl/Kucher, Katharina/Suchy, Bernhard/Thum, Gregor (Hg.): *Chronik russischen Lebens in Deutschland 1918-1941*, Berlin: Akademie 1999, S. 22.

Notenmanuskript mit dem Titel „Blauer Sarafan 1920 Berlin (Bülowstr).“[114] *Blauer Sarafan* war jedoch nicht nur der Name eines Kabaretts, im Jahr 1922 wurde auch ein „Russisches Volkslied“ unter diesem Titel auf Grammophonplatte eingespielt.[115] Die Quelle ist somit, zumal die Handschrift nicht eindeutig Spoliansky zuzuweisen ist, nur schwer einzuordnen.

Musikalische Handlungsräume in der *Kakadu*-Bar zwischen Kommerz und Paragraphen

Quellenlage | Obwohl im Landesarchiv Berlin recht umfangreiche Bauakten zum Grundstück Joachimsthaler Straße 10/Ecke Augsburger Straße erhalten sind,[116] wissen wir wenig über die Gestalt und Ausstattung der Räumlichkeiten um 1919, als Spoliansky im *Kakadu* spielte. Auffällig ist vor allem der Einbau einer Küche sowie von Damen- und Herrentoiletten im Jahr 1919, die auf den Ausbau einer bereits seit der Anfangszeit des Gebäudes 1891/92 bestehenden Weinhandlung zu einem Gaststättengewerbe schließen lassen. Inwiefern hier zu dieser Zeit aber ein Klavier oder ein Flügel existierte, ob es ein Podium gab oder lediglich einen kleinen freien Platz für Musik, wie viele Tische vorhanden waren, welchen Platz die Bar einnahm und ob die Einrichtung schon aus akustisch schallschluckenden Polstersesseln, Teppichen und Tapeten bestand, wie es spätere Bilder zeigen, wissen wir nicht. Aus Umbauplänen von 1928, als die Bar über das ganze Erdgeschoss erweitert und somit zur „größten Bar Berlins“ wurde (so zumindest eine Werbepostkarte)[117], können wir nur wenig über den baulichen Zustand vor 1928 entnehmen. Lediglich über die Fassadengestaltung erfahren wir einiges, wie z.B. den Anbau einer Uhr oder dass der über drei Fenster reichende Schriftzug der Bar als „verunstaltend“ angesehen wurde.

Ein daraufhin eingereichter alternativer Entwurf, für den am 15.4.1924 ein Genehmigungsantrag gestellt wurde, zeigt eine phantasievolle farbige Gestaltung (siehe Abb. 22 im Farbteil). Wahrscheinlich wurde er nicht in dieser Weise ausgeführt. Zumindest zeigen spätere Fotografien einen deutlich sachlicheren Schriftzug und eine klarere Fassadengliederung (s. Abb. 20 im Farbteil).

Neben Bildern und Plänen geben uns einige Akten Aufschluss über den Umgang der Betreiber des *Kakadu* mit Bauvorschriften (nämlich deren Missachtung), Ruhe-

---

114 Spoliansky, Mischa: Blauer Sarafan 1920 Berlin (Bülowstr). Rückseite: With best regards to Mr. Curt Bois (er spielte des Revisor am Deutschen Theater) W Fischbeck, Neuchatellerstr. 20 S-1000 Berlin 45, 1946-61 Deutsches Theater (Ost-Berlin). AdK, Archiv Darstellende Kunst: Mischa Spoliansky Archiv, Lfd. Nr. 13.

115 Blauer Sarafan, Russisches Volkslied, Голубой сарафанъ, Original Russische Balalaika-Kapelle Boris Romanoff (Homokord Nr. 40342, aufgenommen am 19.05.1922), www.russian-records.com/details.php?image_id=6088 (20.02.2010). Häufiger finden sich Aufnahmen mit dem Titel „Roter Sarafan“, u.a. von Iliescu, ebd. (vgl. Kap. *Café Schön*, S. 148).

116 Bauakten Joachimsthaler Straße 10. 1891-nach 1950, LA Berlin, B Rep. 207, Nr. 246-250 und Nr. 2008.

117 Fotopostkarte *Kakadu am Kurfürstendamm – Die größte Bar Berlins*. Undatiert, MuCW, C 73583, Inv.-Nr. RE 2.

zeiten und anderen gesetzlichen Regelungen, die ein interessantes Bild der Nutzung der Räumlichkeiten des *Kakadu* zeichnen.

Räumliche Musiziersituation | Die frühesten heute erhaltenen Bilder des *Kakadu* stammen aus der Zeit nach dem Umbau 1928 durch das Architekturbüro Kaufmann & Wolffenstein (verantwortlicher Architekt Max Ackermann). Sie geben Aufschluss über Einrichtung, Baumaterialien und Ausstattung der Bar. Ein zweiter Umbau fand 1932 statt. Zwei Fotos, das eine um 1928 aus einem Buch über Café- und Gaststätten-Architektur,[118] das andere von einer Werbepostkarte, datiert 1937,[119] zeigen deutlich zwei unterschiedliche musikalische Handlungsräume.

Das Foto von ca. 1928 (siehe Abb. 23), das wahrscheinlich eine ähnliche Situation darstellt, wie wir sie auch aus den oben bereits zitierten Beschreibungen von 1919 erahnen können, zeigt einen in der Nähe der Bar aufgestellten Stutzflügel. Ein Notenständer sowie ein kaum erkennenbares Schlagzeug mit großer Trommel und Becken weisen darauf hin, dass hier vermutlich bis zu drei Musikerinnen oder Musiker Platz fanden. Die Kapelle ist nicht nur räumlich in einem Winkel platziert (sie wirkt fast „abgeschoben"), sondern wird auch akustisch gedämpft, indem der Flügel auf einen zusätzlichen Teppich gestellt ist. Die Ausführung der Wände mit rotem und goldenem Stoffbehang, die Polstersessel und die Vorhänge trugen zu einer zusätzlichen akustischen Dämpfung im Raum bei.

Der Weg zur im Nebenraum gelegenen Bar führt an der Kapelle vorbei, eine Bühnensituation kommt hier nicht zustande, die Musiker befinden sich auf Augenhöhe der Gäste und nehmen keine Sonderrolle ein. Die Platzierung der Instrumente direkt an einem Durchgang wirkt fast improvisiert, allerdings erscheint es angesichts des nicht sonderlich flexiblen Mobiliars und des recht schweren Flügels als unwahrscheinlich, dass die Instrumente hier nur kurzfristig abgestellt wurden. Die beiden Wanddurchbrüche hinter der Kapelle ermöglichten zudem eine gute Beschallung der dahinter liegenden „größten Bar Berlins", so dass die Position durchaus Sinn macht. Eine Tanzfläche ist auf dem Bild nicht zu erkennen, was aber auch mit dem Aufnahmewinkel der Fotografie zusammenhängen kann. Insgesamt deutet die Musiziersituation auf eine (mehr oder weniger) gedämpfte Hintergrundmusik hin, bei der die Musikerinnen und Musiker wohl vor allem unauffällig sein sollten.

Überraschend ist, dass auf dem im Buch direkt neben dem Foto abgebildeten Grundriss (siehe Abb. 24) eine andere Anordnung zu sehen ist – der Plan zeigt ein großes Tanzparkett sowie eine extra für die Musik vorgesehene Nische mit einem vermutlich erhöhten Podium. Wieso sich die Kapelle auf dem Bild an einer anderen Stelle befindet, ist kaum erklärbar. Vielleicht existierten tatsächlich parallel zwei Orte zum Musizieren in der Bar, und die Musiker wechselten im Laufe des Abends (oder zum Wochenende) zwischen Nische und Bühne. Dass der Flügel allerdings schnell verschoben wurde, ist angesichts der Sitzgruppen und des zusätzlichen Tep-

---

118 o.A.: *Moderne Cafés Restaurants und Vergnügungsstätten. Aussen- und Innenarchitektur*, Berlin: Ernst Pollak [ca. 1928], S. 90.

119 Fotopostkarte *Kakadu. Die Bar am Kurfürstendamm*, handschriftlich datiert 1937, gelaufen 19.08.1942, MuCW, C 73583, Inv.-Nr. MY 18.

Abb. 23: *Kakadu-Bar* Berlin, Architekten Kaufmann & Wolffenstein, ca. 1928.

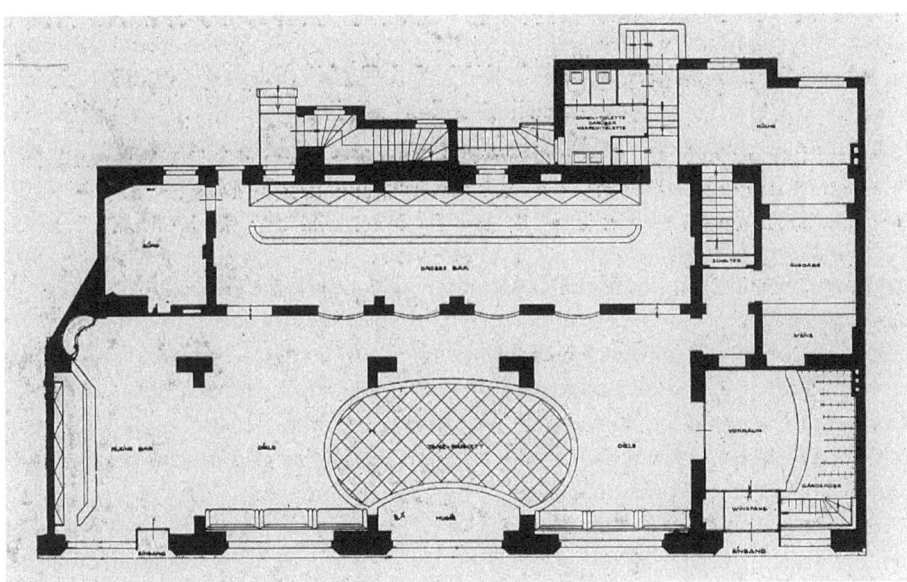

Abb. 24: *Kakadu-Bar* Berlin, Grundriss mit Tanzparkett und Bühne für die Musik.
Architekten Kaufmann & Wolffenstein, ca. 1928.

Abb. 25: Fotopostkarte *Kakadu. Die Bar am Kurfürstendamm*, handschriftlich datiert 1937.

pichs kaum wahrscheinlich. Auch die Größe der Bar spricht eher gegen eine solche Interpretation. Vielleicht entstand das Foto noch vor dem Einbau des Podiums oder die Bühne wurde zur Zeit der Aufnahme anderweitig bespielt.

Die im Grundriss von 1928 abgebildete Bühnensituation mit Tanzfläche entspricht dagegen sehr genau dem auf der Postkarte von 1937 wahrzunehmenden musikalischen Handlungsraum (siehe Abb. 25): Wieder sind Flügel und Schlagzeug zu sehen, die Kapelle ist jedoch erweitert, in der Ecke lehnt ein Kontrabass an der Wand und vier Notenständer mit einem schon zu dieser Zeit bei Tanzkapellen üblichen Notenständerbehang (meist mit Namen oder Emblem der Kapelle) weisen auf weitere Musiker hin. Die Stellung der Kapelle ist hier herausgehoben, sie orientiert sich zum Raum, dahinter sind Gardinen aufgehängt, die einerseits das Geschehen zur Straße hin abschirmen, andererseits aber auch die Sicht nach draußen (und somit die Ablenkung) verhindern. Akustisch wirken sie wie die Stoff-Wandbehänge schallschluckend, optisch könnte man dahinter eine größere Bühne für Theateraufführungen erwarten; durch den Grundriss wird klar, dass sich nur Fenster hinter dem Vorhang befinden können. Die Tische sind rund um die Bühne und das Tanzparkett angeordnet, so dass die Musik eindeutig im Zentrum steht: Das Geschehen orientiert sich um die Kapelle und die Tanzenden. Das Muster des halbrunden Tanzparketts entspricht ebenfalls dem der Zeichnung von 1928.

Dieses Bild zeigt eine völlig andere räumliche Situation als das vorige Foto: Weisen die locker gruppierten Sitzgruppen im Seitenraum auf die Kommunikation untereinander hin, die von der Musik abgeschirmt, aber nicht gestört werden soll, so rückt hier das Tanzvergnügen, zu dem die Musik die grundlegende Basis bildet, (auch räumlich) ins Zentrum. Von der größeren Kapelle wird anderes erwartet als vom Trio des ersten Bildes: schwungvolle Tanzmusik, eventuell komische Einlagen zwischen den Musiknummern, sicherlich auch eine gelegentliche lockere Moderation. Soll im ersten Fall eine angenehme Atmosphäre erzeugt werden, so ist das Ziel hier, „Stimmung" zu machen, was Betreibern, Musikern, Tänzerinnen und Akrobaten offensichtlich gelang, wie der *Berliner Herold* berichtet:

> „In der *Kakadu*-Bar am Kurfürstendamm wie immer Hochbetrieb. Stimmung überall, an den Bars und auf dem Parkett, eine Attraktion löst die andere ab."[120]

Die Bar hatte sich zur „modernen Vergnügungsstätte" mit Unterhaltungsangebot gewandelt.

Die moderne Vergnügungsstätte | Erwartete man von Restaurant- und Kaffeehaus-Gästen normalerweise ein längeres Verweilen an den Tischen mit dem Konsum mehrerer Getränke, so wurde der Umsatz eines Abends in der Bar durch die Masse der Gäste und deren Konsum auch bei kurzfristigem Aufenthalt verdient. Im Vorwort des Buches „Moderne Cafés, Restaurants und Vergnügungsstätten" werden verschiedene Typen von Gaststätten unterschieden, die sich auch durch unterschiedliche Musizierkulturen auszeichnen:

> „Das vornehme Speisehaus: […] Man will wie zu Hause essen, – nein besser, vornehmer – fürstlich. Man spricht halblaut bei gedämpfter Tafelmusik, überall tanzt Ornamentik über Decken und Wände und auf dem Teppich zwischen den weitläufig gestellten Tischen hindurch. Es ist dies eine der wenigen Gaststätten, wo der Wirt ein offenbares Interesse daran hat, den Gast so lange wie möglich zu halten. […]
>
> Nächst diesen behaglichen Lokalen […] rangiert das gemütliche Lokal. Man sitzt dort mehr des Getränkes als des Essens wegen. Man spricht laut und lebhaft, erörtert eifrig Politik und Tagesneuigkeiten und sitzt bei seinem Glase meist länger, als dem Wirt lieb ist. Wenn es Musik gibt, dann ist sie derb und hausbacken. […]
>
> Und endlich als dritte Art nach diesem Typ […] kommt die ausgesprochene Unterhaltungsstätte. […]. Sie bieten außer etwas fiedelnder Musik wenig.
>
> Andere Gaststätten begründen ihren Ruf allein damit, daß man eben mal dagewesen sein muß […]. Endlich gehören zu dieser Klasse die, welche wirklich etwas bieten an Amüsement und Unterhaltung, und sei es auch nur ein weniges Quadratmeter großes Plätzchen, auf dem getanzt wird. […] – der Wirt ist daran interessiert, daß das Publikum möglichst schnell kommt und geht, man darf sich nicht einsitzen. Der Einzelne verzehrt meist nur wenig, die Menge muss es bringen. Diese Menge ist die lebenslustige Jugend, die Lebewelt, ein wenig exzentrisch, ein wenig blasiert sich gebend."[121]

---

120 *BHe*, 26. Jg., Nr. 42 (19.-25.10.1930).
121 *Moderne Cafés* [ca. 1928], S. VII-IX.

Das *Kakadu* machte vermutlich während seiner Existenz eine Wandlung vom gemütlichen Lokal zum letztgenannten Typus durch. Die Musik veränderte sich dementsprechend: vom Einzelpianisten Spoliansky zur groß besetzten Tanzkapelle. In den 1930er-Jahren spielten z.B. die Kapelle Max Herrnsdorf, die Tanz- und Stimmungskapelle Joe Bund, Michael Jary oder Teddy Stauffer mit den „7 Original Teddies" im *Kakadu*.[122]

Im Jahr 1930 beantragten die Betreiber des *Kakadu* zusätzlich eine Singspielkonzession, die unter Auflagen für den Einbau eines Damen-Umkleideraums am 13. September 1930 genehmigt wurde. Das ehemalige Büro sollte mit einem Schild „Betreten für männliche Personen verboten" versehen werden, zudem durften nur noch weibliche Büroangestellte dort arbeiten.[123] Auf der Bühne bzw. dem Parkett konnten nun Tanzdarbietungen, schauspielerische und akrobatische Einlagen stattfinden. Da es aus Platzgründen keine Herren-Umkleidekabine geben konnte, wurden nur Präsentationen genehmigt, bei denen die männlichen Darsteller im Straßenanzug auftreten konnten:

> „4.) Es dürfen lediglich Gesangs- und deklamatorische Vorträge oder Schaustellungen unter Mitwirkung von höchstens 4 Personen stattfinden. Als Auftrittsfläche kommt die Tanzfläche in Betracht.
>
> 5.) Das Auftreten der männlichen Darsteller ist nur in Straßen- oder Gesellschaftskleidern gestattet, da nur ein vorschriftsmäßiger Ankleideraum für weibliche Darsteller nachgewiesen ist.
>
> 6.) Für die Bestuhlung ist der genehmigte Bestuhlungsplan vom 16. November 1928, der 250 Sitzplätze enthält, maßgebend."[124]

Dass diese Auflagen nicht immer eingehalten wurden, zeigen weitere Dokumente. So ist es durchaus möglich, dass z.B. auch die männlichen Mitglieder von Tanzkapellen im Kostüm auftraten oder musikalische Sketche in Verkleidung dargeboten wurden, obgleich diese (zumindest für Herren) eigentlich nicht genehmigt waren.

Um den Umsatz zu sichern bzw. Profit zu erzielen, nahmen die Betreiber, ab 1923 die Brüder Tichauer, z.T. sogar gravierende Sicherheitsgefährdungen in Kauf. Auch wegen nicht genehmigter An- und Umbauten gab es häufig Probleme. Im Jahr 1932 z.B. wurden mit einer Eingabe gravierende Sicherheitsmängel angezeigt:

> „Berlin, den 27.9.1932. An die Polizeidirektion Berlin.
>
> In der Kakadu-Bar am Kurfürstendamm sind die Tische und Stühle derartig eng aneinander gestellt, daß man, wenn keine Panik eintritt sich kaum bewegen kann. Im Falle einer Feuergefahr oder Kurzschluß durch elektrische Leitungen ist ein Herauskommen aus dem Saal völlig ausgeschlossen. [...]"[125]

---

122 Wolffram 2001, S. 175f.
123 Joachimsthaler Str. 10. 1927-1931, LA Berlin, B Rep. 207, Nr. 248.
124 Joachimsthaler Str. 10. 1928-1932, LA Berlin, B Rep. 207, Nr. 2008.
125 Ebd.

Die daraufhin angeordnete Überprüfung des Brandschutzes und der Einhaltung des genehmigten Bestuhlungsplans bestätigte gravierende Sicherheitsmängel. Gleichzeitig beweist sie, dass auch die Auflagen der Singspielkommission nicht eingehalten wurden:

> „Das Lokal ‚Kakadu', Joachimsthaler Str. 10, habe ich am 7. Oktober 1932, in der Zeit von 22.15-0.15 Uhr kontrolliert und folgendes festgestellt:
>
> Der Bestuhlungsplan hat sich insofern verändert, als die kleine, nach der Joachimsthaler Straße gelegene Bar entfernt und die Hauptbar entsprechend verlängert worden ist. Sie zählt jetzt ca. 50 Sitzplätze. Der so im Vorführungsraum entstandene Platz ist mit Tischen und Polstersesseln bestellt. Als Sitzgelegenheit werden auch an allen anderen Tischen dieses Raumes Polstersessel verwendet, von denen 3-4 um je einen Tisch gruppiert sind. Da sie mehr Platz einnehmen als Holzstühle, die anscheinend ursprünglich vorgesehen waren, werden auch die Gänge zur Tanzfläche etwas eingeengt. Um die Tische zwischen den Pfeilern vor der Bar sind 4 – statt 3 – Holzstühle aufgestellt und ebenso stehen an nicht vorgesehenen Plätzen vor den Pfeilern, der Bar zugewendet, je 2 Holzstühle. Außerdem haben an etwa 5 Stellen – im ganzen Lokal verteilt – kleine Serviertische Aufstellung gefunden. Durch die Verwendung der Polstersessel macht das Lokal, in welchem die vorgesehene Zahl von 250 Personen kaum Platz finden dürfte, einen überbestuhlten Eindruck. […] Ich habe festgestellt, dass auch männliche Artisten in einer Kleidung auftraten, die ein Umkleiden erforderlich machte. Angeblich sollen durch Umbau Umkleideräume für diese geschaffen worden sein."[126]

Gerade durch die forcierte, gefährliche Enge im Lokal und die sich schnell ablösenden Programmpunkte wurde die Stimmung im *Kakadu* erzeugt, die in den 1930er-Jahren das Publikum anzog und für die die Bar am Kurfürstendamm bekannt war. Man wollte nicht mehr gemütlich beisammen sitzen, sondern erwartete Unterhaltung und Ablenkung. Ein typisches Programm im *Kakadu* im Jahr 1930 können wir dem *Berliner Herold* entnehmen:

> „Gerda Laßner, bekannt vom Berliner *Alkazar* seinerzeit, eröffnet mit ihren Tänzen das erstklassige tänzerische Programm, den Reigen schöner Frauen. Hildegard Orlowsky gefällt in ihrem Spitzentanz, Irma Ire Giese zeigt ihre eigenen Tanzschöpfungen. The Dewills sind akrobatische Könner und übertreffen sich in ihren Leistungen. Arnaud und Alex Nora sind famos, modern und amerikanisch in ihren Tanznummern. Alfred Grunert, der Tenor, und der ‚rasende' Jazzsänger Louis Frank sind immer aufgelegt, lassen so in Gemeinschaft mit der bekannten und beliebten Kapelle Herrnsdorf nie ruhige Minuten eintreten."[127]

Zu dieser Zeit spielte Spoliansky schon lange nicht mehr im *Kakadu* – vielleicht wird er dort noch gelegentlich als Gast im Publikum erschienen sein. Er war inzwischen ein erfolgreicher Komponist und arbeitete für Theater und Film. Im Jahr 1930

---

126 Ebd.
127 *BHe*, 26. Jg., Nr. 42 (19.-25.10.1930).

erlebte sein Stück *Wie werde ich reich und glücklich?*, u.a. mit den *Comedian Harmonists*, in der *Komödie am Kurfürstendamm* seine Uraufführung. Vielleicht stießen einige Künstler und Zuschauer danach noch im *Kakadu* auf den Erfolg an, nicht ahnend, dass der Komponist und zahlreiche Mitwirkende nur drei Jahre später zur Emigration gezwungen sein würden.

Die Zukunft des *Kakadu* währte über das Jahr 1933 hinaus: 1937 wurde die Bar zur „Weinstube", ein Jahr später zu einer Konditorei. Doch schon bevor die Bomben des Zweiten Weltkriegs das Gebäude an der Joachimsthaler Straße so stark beschädigten, dass es nicht wieder aufgebaut wurde, endete die Geschichte des *Kakadu*: im Februar 1943 wurde das Lokal beschlagnahmt und zu einer Unterkunft für kriegsdienstverpflichtete „Arbeitsmaiden" umfunktioniert.[128] Spoliansky war nach London geflohen und komponierte dort u.a. für die deutschsprachigen Widerstandssendungen der BBC.

---

128 Wolffram 2001, S. 177f. sowie Bauakten Joachimsthaler Str. 10. LA Berlin, B Rep. 207, Nr. 249.

Das Kabarett *Wilde Bühne*

Ortstermin: Mitten in Berlin – Das *Theater des Westens*

Theater in der „Wildnis" | Wenn man heute an der Kantstraße steht und auf das *Theater des Westens* blickt, in dem von 1921 bis 1923 die *Wilde Bühne* spielte, so befindet man sich mitten in Berlin. Vor mehr als 100 Jahren, als der Architekt Bernhard Sehring die ersten Pläne zum Bau eines Theaters fasste, wurde dieser Teil der Stadt – damals noch zum eigenständigen Nachbarort Charlottenburg gehörig – gerade nach und nach erschlossen. Zwischen 1893 und dem Jahr 1900 wuchs die Einwohnerzahl Charlottenburgs von 100.000 auf 182.000 Bewohner an, 1910 waren es bereits 280.000.[129] Um den Bedürfnissen der wachsenden Einwohnerzahl zu entsprechen, wurden neben Wohnhäusern auch neue öffentliche Bauten errichtet: die Kaiser-Wilhelm-Gedächtnis-Kirche (1895 eingeweiht), das Gaswerk Charlottenburg II (Eröffnung 1891), ein Elektrizitätswerk (seit 1900 in Betrieb), diverse Schulen sowie das Städtische Krankenhaus Westend (eröffnet 1904). Auch das Verkehrsnetz der seit 1882 in Betrieb genommenen Stadtbahn wurde ausgebaut (1896 z.B. Neueröffnung der Haltestelle Savignyplatz).[130]

Der Kulturbereich, so auch der Bau von Theatern, blieb jedoch zunächst privaten Investoren überlassen. Mitbegründer Sehring schilderte rund vierzig Jahre später, im Juli 1935, unter der Überschrift „Erfüllter Traum" rückblickend die Entstehungsgeschichte „seines" Theaters im Berliner-Lokal-Anzeiger – deutlich idealisiert und seinen eigenen Anteil an der Gründung übertreibend, wie Detlef Meyer zu Heringdorf anlässlich des hundertjährigen Jubiläums des *Theaters des Westens* feststellte.[131] Bei aller Übertreibung gibt die Quelle dennoch einen guten Eindruck von der damals herrschenden Aufbruchstimmung im Westen Berlins:

> „Es war im Jahr 1895 [...] als ich den Plan faßte, ein Richard-Wagner-Theater zu bauen. Ein großes Gelände an der Kantstraße, Ecke Fasanenstraße, war rasch gekauft. [...] Und kein geringerer als Dr. Muck, der große Wagner-Dirigent, war als Kapellmeister ausersehen. Auch Geldgeber fanden sich damals rasch, und den hochverdienten und beliebten Oberbürgermeister Fritsche von Charlottenburg gewann ich dafür, den vorgesehenen Bebauungsplan von Charlottenburg so abändern zu lassen, daß die Kantstraße, die bisher erst an der Joachimsthaler Straße begann, bis zum Kurfürstendamm, just dorthin, wo jetzt die Kaiser-Wilhelm-Gedächtniskirche steht, verlängert würde. Damals sah ich oft abends von meiner Wohnung im Künstlerhaus in der Fasanenstraße in gehobener Stimmung auf das neue Bauland mit seinem alten Baumbestand hernieder, wo die Nachtigallen so schön sangen und hörte

---

129 Zahlen nach Wirth/Rave 1961, S. 31f.
130 Ebd., S. 74f. (Kaiser-Wilhelm-Gedächtnis-Kirche), 611f. (Gaswerk Charlottenburg II), 613f. (Elektrizitätswerk), 284ff. (Schulen), 194ff. (Krankenhaus Westend), 585ff. (Stadtbahnhöfe).
131 Meyer zu Heringdorf, Detlef: „Die Entwicklung eines privaten Musiktheaters zu Beginn des 20. Jahrhunderts", in: Theater des Westens Gemeinnützige Betriebsgesellschaft (Hg.), *100 Jahre Theater des Westens: 1896-1996*, Berlin: Ullstein 1996, S. 12-70, hier S. 12.

schon im Geiste, wie die Primadonnen künftig dort ihr hohes ‚C' schmettern würden."[132]

Der Plan eines Richard-Wagner-Theaters war nicht nur idealistischer Natur. Die Gründer versprachen sich auch finanziellen Erfolg, denn in Charlottenburg fehlten tatsächlich Vergnügungs- und Unterhaltungsmöglichkeiten. Der zweite Initiator des Theaters, Paul Blumenreich, schilderte die Situation:

> „Und da wurde mir klar, dass gerade diese Lage inmitten des neuen ‚Westens' von Berlin mein Programm lebhaft unterstützen würde. Auf dreiviertel Stunde in der Runde nur ein einziges Vergnügungsetablissement: Der Zoologische Garten. Selbst unter Benutzung der Stadtbahn braucht man eine halbe Stunde, um das nächstgelegene Theater zu erreichen. Und diese ganze, wohl eine Viertelmillion Einwohner zählende, theaterlose Gegend, dicht bebaut, voll bewohnt von einem Publikum, das durchgehends aus Bessersituierten sich zusammensetzt. Ich wurde warm für den Gedanken, **mein** neues Theater in der Kantstrasse erstehen zu sehen ..."[133]

Ein Blick auf den Pharus-Plan von 1905 (Abb. 26 oben) und das beiliegende alphabetische Verzeichnis bestätigt dieses Bild: Unter den insgesamt 38 genannten Theatern und vierzehn Varietés Groß-Berlins befindet sich auch ca. zehn Jahre nach seiner Gründung nur das *Theater des Westens* in Charlottenburg, alle anderen Einrichtungen sind weiter östlich gelegen. Bei den Konzertsälen und Ball-Etablissements ergibt sich ein ähnliches Bild.[134]

Die Errichtung des Theaters schloss also eine Marktlücke – der Erfolg stellte sich dennoch nicht sofort ein. Sehring erklärte dies mit der unzureichenden Verkehrsanbindung, die für die erfolgreiche Existenz eines jeglichen Unternehmens fraglos von großer Bedeutung war:

> „Die Kantstraße hatte nicht rechtzeitig fertiggestellt werden können, und die projektierte Pferdebahn [...] erschien sogar erst ein Jahr später auf der Bühne des öffentlichen Verkehrs. Ein bitteres Unglück war das, denn in jener Zeit war die Gegend am Bahnhof Zoo nur lückenhaft und die Kantstraße noch kaum bebaut. Sogar die Droschkenkutscher weigerten sich damals, noch am Abend hinter den Zoologischen Garten zu fahren. Das sei gefährlich, sagten sie, denn hinter dem Zoo finge die Wildnis an ..."[135]

---

132 *Berliner Lokal-Anzeiger*, 53. Jg., Nr. 172 (19.07.1935, Morgen-Ausgabe); eine Erläuterung und Einordnung der Quelle findet sich bei Meyer zu Heringdorf 1996, S. 12ff.
133 Blumenreich, Paul: *Das Theater des Westens. Eine Festschrift*, Berlin: Selbstverlag 1896, S. 7f. (Hervorhebung im Original).
134 Auch hier befindet sich nur ein einziges „Konzert-Etablissement" in Charlottenburg: die *Pracht-Säle des Westens* in der Spichernstraße; (o.A.): *Pharus-Plan Gross-Berlin. Reprint des historischen Pharus-Planes von 1905*, Berlin: Pharus 2004, beiliegend: *Alphabetisches Verzeichnis der Straßen, Plätze, Brücken, Gewässer, Sehenswürdigkeiten, öffentliche Gebäude, Kirchen, Schulen, Anstalten, Kasernen, Denkmäler und wichtigen Ausflugszielen sowie eine Theaterübersicht mit Bestuhlungsplänen und Platzpreisen des Pharus-Planes von Gross-Berlin mit einem Anhang sämtlicher Straßenbahn-, Omnibus- und Dampfschiffahrtslinien.*
135 Berliner Lokal-Anzeiger, 53. Jg., Nr. 172 (19.07.1935, Morgen-Ausgabe).

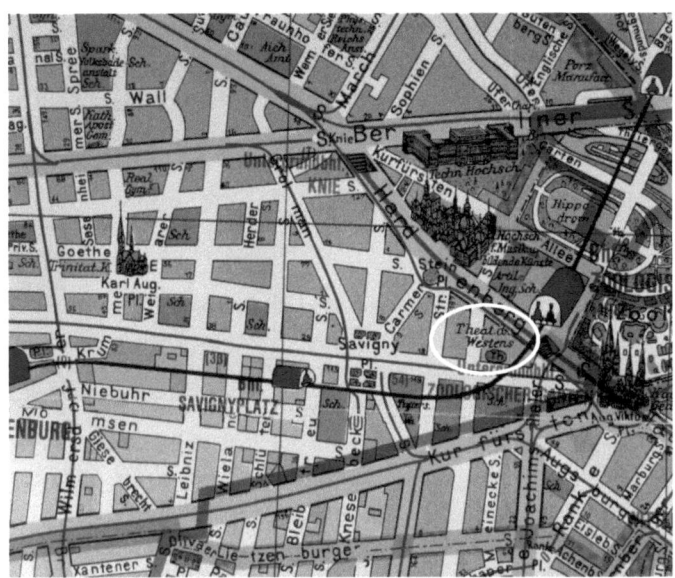

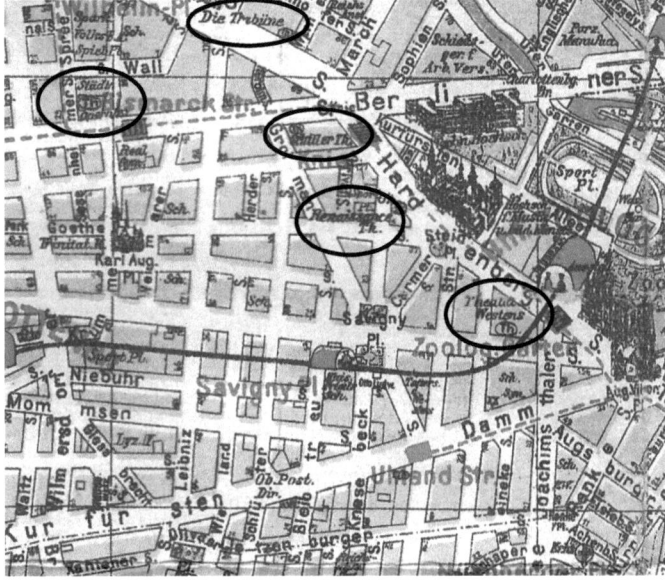

Abb. 26:
Pharus-Plan 1905 mit
Theater des Westens
(oben). Zum Vergleich
dasselbe Gebiet auf dem
Pharus-Plan 1926
mit *Theater des
Westens, Städtischer
Oper, Tribüne, Schiller
Theater* und *Renaissance
Theater* (unten).
Markierungen der
Autorin.

Sehrings Schilderung der Situation erscheint rückblickend dramatischer als sie sich wohl tatsächlich darstellte, und sicherlich war nicht allein die fehlende Infrastruktur ausschlaggebend für die Anlaufschwierigkeiten des Theaters. So hatte z.B. auch Karl Muck als musikalischer Leiter abgesagt. Die Verkehrsprobleme waren zumindest schon kurz nach dem problematischen Beginn durch den nahen Bahnhof Zoo und die funktionierende Pferde-, später Straßenbahn-Verbindung gelöst. Im Jahr 1921 war das *Theater des Westens* und mit ihm das Kabarett *Wilde Bühne* schon seit langem fürs Publikum aus Ost und West gut erreichbar.

Hinsichtlich des Programms hatte man sich schon früh von der Idee eines „Richard-Wagner-Theaters" verabschiedet. Zur Eröffnungspremiere spielte man die Märchendichtung *Tausend und eine Nacht* von Holger Drachmann (Musik: Frederik Rung). Das Theater hatte also als „Schwank- und Volksstückbühne" begonnen.[136] Ab 1898 aber wurde das Haus tatsächlich zur Opernbühne, wo „die Primadonnen […] ihr hohes ‚C'" schmetterten – einige Jahre später (1904) tat dies sogar Caruso bei seinem Berliner Debüt.[137]

Kabarett im Theatergebäude | Kabarettistische Darbietungen hatte es schon vor den 1920er-Jahren im *Theaters des Westens* gegeben. Im Jahr 1901 fanden laut Volker Kühn einige Vorstellungen des *Theater Charivari* auf der großen Bühne statt.[138] Ein Jahr darauf spielte im Weinrestaurant nebenan, in der Kantstraße 8 (demselben Gebäude, in dem sich später eine Zweigstelle des *Stern'schen Konservatoriums* befand), das *Poetenbänkel zum Siebenten Himmel*, einmal in der Woche mittwochs. Zutritt gab es zensurbedingt nur auf persönliche Einladung, außerdem zahlte man eine Garderobengebühr. Im Programm hörte man dann u.a. spanische Lieder (dargeboten von Marietta di Rigardo[139]), „Negergesänge" (Ernst Giebel) und diverse Chansons, z.B. die „Neue Loreley", ein Lied mit parodistischen Anklängen an Richard Wagners *Rheingold* (Musik von Bogumil Zepler).[140] Auch die Dichter Erich Mühsam und Roda-Roda traten im *Siebenten Himmel* auf.

Das Kabarett *Wilde Bühne* befand sich im Gegensatz zum *Poetenbänkel* direkt im Gebäude des *Theaters des Westens*, und zwar in einem der an der Gartenseite gelegenen Erfrischungsräume. Hier, an der Westseite, führte eine große Freitreppe durch den Garten in das Theater. Heute befinden sich im ehemaligen Garten der Jazzclub *Quasimodo* sowie der traditionsreiche *Delphi* Filmpalast.

Auf einer alten Abbildung sind die so genannte Kaisertreppe und die Fenster der Erdgeschoss-Ebene, wo sich das Kabarett befand, gut zu erkennen (siehe Abb. 27). Zum Kabarett gelangte man, wie wir aus einer Anzeige in einem Programmheft des *Theaters des Westens* (siehe Abb. 28) wissen, entweder durch den Garteneingang oder das Theaterrestaurant.[141] Der direkte Zugang durch das Theater war ein Vorteil, konnte doch der kurze (überdachte) Weg die Zuschauer des großen Hauses nach der Vorstellung noch ins Kabarett locken.

---

136 Meyer zu Heringdorf 1996, S. 34.
137 Am 5. Oktober 1904 in Verdis *Rigoletto*. Ebd., S. 54f.
138 Kühn, Volker: „Von Wilder Bühne, Tingel-Tangel und Tütü", in: Theater des Westens Gemeinnützige Betriebsgesellschaft 1996, S. 129-148, hier S. 131.
139 Eigentlich Marion Schulz, die Ehefrau von Direktor Georg David Schulz, später verheiratet mit Ludwig Thoma.
140 Rösler 1980, S. 129.
141 An einem späteren Grundriss zum Umbau der Räume in Friedrich Hollaenders *Tingel-Tangel-Theater* lässt sich die Eingangssituation ebenfalls nachvollziehen, abgedruckt in: Kühn 1996, S. 142.

Abb. 27: *Theater des Westens* vor 1920.

Dass die Direktorin Hesterberg auf diese Kundschaft setzte, zeigt das Inserat: Neben ihrem guten Namen („vom Metropoltheater") nutzt sie auch das Argument der günstigen Lage: „nach dem Theater hier im Hause". Werner Richard Heymann, der musikalische Leiter der *Wilden Bühne*, erinnerte sich später daran, dass das Kabarett auch von den Operettenbesuchern profitierte, die in der Vorstellung des *Theaters des Westens* keinen Platz mehr bekommen hatten.[142] Einer der wenigen Hinweise auf das Publikum, dessen soziale Zusammensetzung man nur sporadisch und nicht durch valide Daten abgesichert aus Zeitungskritiken oder Lebenserinnerungen erschließen kann.

Abb. 28:
Anzeige im Programmheft zu *Der Tanz
ins Glück*, Operette in 3 Akten von Robert
Bodanzky und Bruno Hardt-Walden, Musik
von Robert Stolz, *Theater des Westens*, o.J.
[Premiere 20. Januar 1922]

---

142 Heymann 2001, S. 127.

Im Berlin der 1920er-Jahre hatte sich die Konkurrenzsituation gegenüber der Gründungszeit des *Theaters des Westens* grundlegend verändert. So finden sich auf dem Pharus-Plan des Jahres 1926 (vgl. Abb. 26 unten) noch vier weitere Theater im Westen der Stadt: das *Renaissance-Theater*, das *Schiller-Theater*, die *Städtische Oper* und die als expressionistische Spielstätte bekannt gewordene *Tribüne*.[143] Seit 1921 existierte zudem das *Theater am Kurfürstendamm* im von Oskar Kaufmann umgebauten alten Secessionsgebäude. Außerdem gab es fünf Lichtspieltheater in der Nähe des *Theaters des Westens*: das kleine *Prinzeß-Theater* (Kantstraße 163), das *Palasttheater am Zoo*[144] (Hardenbergstr. 29a-e) sowie die drei Kurfürstendamm-Kinos: das berühmte *Marmorhaus* (Kurfürstendamm 236), der *Union-Palast* (Kurfürstendamm 26) und das Kino *Alhambra* (Kurfürstendamm 68).[145] Auch Rosa Valettis *Cabaret Größenwahn* spielte seit Dezember 1920 im Gebäude des Café des Westens im ersten Obergeschoss.

Der Markt war also umkämpft, als Hesterberg im September 1921 das Kabarett *Wilde Bühne* eröffnete.[146] Allerdings brachte das blühende Vergnügungsleben mit Kinos und Cafés auch Vorteile mit sich, denn Kabarettvorstellungen begannen teilweise erst später am Abend.[147] So konnte das Publikum nach dem Besuch der größeren Theater, die die Menschen in den Stadtteil zogen, den Abend im Kabarett fortsetzen. Die umliegenden Vergnügungsbetriebe waren folglich nicht nur als Konkurrenz zu sehen, sondern konnten im Gegenteil auch als Publikumsmagneten dem Kabarett nützlich sein.

Ein Chanson von Spoliansky ist erstmals im fünften Programm der *Wilden Bühne* (Februar 1922) belegt. Es handelte sich um Mehrings *Kartenhexe*, gesungen von

---

143 (o.A.): *Nachdruck des Pharus-Planes Berlin 1926*, Berlin: Pharus 2001.

144 Ab 1925 *Ufa-Palast*.

145 Wirth 1961, S. 325ff.

146 Über das Eröffnungsdatum der *Wilden Bühne* kursieren in der Literatur uneinheitliche Angaben: Jelavich, Rösler und Trageser datieren auf den 11. September 1921 (Jelavich 1993, S. 150; Rösler 1980, S. 366; Otto, Rainer/Rösler, Walter: *Kabarettgeschichte. Abriß des deutschsprachigen Kabaretts*, Berlin: Henschel 1981, S. 88; Trageser, Martin: *„Es liegt in der Luft eine Sachlichkeit". Die Zwanziger Jahre im Spiegel des Werks von Marcellus Schiffer (1892-1932)*, Berlin: Logos 2007, S. 37), Bemmann, Budzinski und Greul auf den 15.9.1921 (Bemmann, Helga: *Berliner Musenkinder-Memoiren. Eine heitere Chronik von 1900-1930*, Berlin: VEB Lied der Zeit 1981, S. 95; Budzinski 1985, S. 275; Greul 1967, S. 235). Die *Vossische Zeitung* schreibt am Dienstag, den 13.9.1921: „Sonnabend wurde es [das Brettl'chen *Wilde Bühne*] unter Strömen von Sekt eröffnet" (*VossZ*, 13.9.1921, Nr. 431, Abendausgabe). Aus dieser Angabe ergäbe sich der 10.9.1921 (so datiert auch Tgahrt, Reinhard (Hg.): *Dichter lesen, Band 3: Vom Expressionismus in die Weimarer Republik*, Marbach am Neckar: Deutsche Schillergesellschaft 1995 (=Marbacher Schriften 38/39), S. 236). Auf die *VossZ* sowie den *Filmkurier*, der die Premiere am Sonntag ansetzt, bezieht sich auch Lareau, der aus den Quellen einleuchtend folgert: „There was probably a closed premiere on 10 September for invited guests with a public opening the following day" (Lareau 1990, S. 261). Diese Vorpremieren waren gängige Praxis, wie sich z.B. aus Zeitungsberichten (vgl. Premiere *Rufen Sie Herrn Plim!* im *Kabarett der Komiker*, S. 272f.) oder an einer Schilderung Max Herrmann-Neißes ablesen lässt (Völker 1991, S. 83).

147 Die Anfangszeiten variierten. So sind in den im Archiv der AdK erhaltenen Programmen z.B. Anfangszeiten wie „Beginn 8^{15} Uhr" (Februar 1923), „Beginn 8^{45} Uhr" (April 1923) und „Beginn 9 ¼ Uhr" (Oktober 1922) angegeben. Zeitungsveröffentlichungen über Leben und Werk von Marcellus Schiffer. Berlin, zwischen Februar 1922 und April 1923, AdK, Archiv Darstellende Kunst: Marcellus Schiffer/Margo Lion-Archiv, 5. Sammlung/Lfd. Nr. 648.

Annemarie Hase[148] (siehe Kap. *Dunkle Stadtteile*, S. 191). Vor seinem Engagement in der *Wilden Bühne* hatte Spoliansky bereits in Hans von Wolzogens Kabarett *Schall und Rauch* Klavier gespielt und war dort zeitweise musikalischer Leiter. Auch für Valettis *Größenwahn* komponierte Spoliansky Chansons. Neben Heymann, der später vor allem durch seine Filmmusiken bekannt wurde (u.a. zu *Die Drei von der Tankstelle*), war auch Friedrich Hollaender, wohl der bekannteste Kabarettkomponist, zeitweise mit von der Partie im Keller der Kantstraße. Beide hatten ebenfalls schon im *Schall und Rauch* mitgewirkt.[149]

Raum schaffen für literarische Zeitkunst: Chefin, Kabarettkünstler und Publikum als Akteure (*Spacing*)

> „Ein ideales Kabarett, das ein so ideales Programm hat, muß einen idealen Raum zur Verfügung haben, keinen Pferdestall."[150] (Klabund)

Wagner und Wilde Bühne | Die Räumlichkeiten, die Hesterberg auf der Suche nach einem Platz für ihr Kabarett vorfand, werden in mehreren Quellen beschrieben, darunter Memoiren sowie zeitgenössische Berichte in den Zeitungen. Übereinstimmend wird von einer „ziemlichen ‚Pleitebude'"[151] berichtet, die sich vor der Einrichtung der *Wilden Bühne* in dem Theaterrestaurant befunden habe:

> „In den Kellerräumen des Theaters des Westens flattert einsam ein recht abgerupfter Pleitegeier umher: die einzige Erbschaft des hier langsam aber sicher dahingeschwundenen russischen Kabaretts ‚Künstlerhaus' (Leitung Ratloff [sic.][152]). Allem Aberglauben zutrotze wollen hier Trude Hesterberg und

148 Lareau, Alan: Programmaufstellung „Wilde Bühne". 1921-1923, StKA, Wilde Bühne, LK/C/77,1, auch in Lareau 1990, S. 455-469, hier S. 459. S. hierzu auch Herrmann-Neiße: „Kabarett", in: *Der Kritiker*, 4. Jg. (1922), Märzheft, abgedruckt in: Herrmann-Neiße 1988, S. 124ff. („Die ‚Wilde Bühne' ist mit ihrem Februarprogramm nun das künstlerisch wertvollste Kabarett Berlins"). Abgedruckt ist das Lied mit Noten in: Hippen, Reinhard: *Das Kabarett-Chanson. Typen – Themen – Temperamente*, Zürich: pendo 1986 (=Kabarettgeschichte-n, Bd. 10), S. 128ff.
149 Den in der Sekundärliteratur ausführlichsten, kenntnisreichsten und tadellos recherchierten Überblick über die *Wilde Bühne* gibt Alan Lareau in seiner Dissertation: Lareau 1990, S. 257-317, vgl. auch Lareau, Alan: *The wild stage: literary cabarets of the Weimar Republic*, Columbia: Camden House 1995, S. 70-125.
150 Klabund (eigentl. Alfred Henschke) (1890-1928) in einer programmatischen Vorrede für das Kabarett *Größenwahn*. Er stellt hier deutliche Bezüge zwischen Programm, Raum und Erfolg eines Kabaretts her. Klabund: *Das ideale Kabarett. Eine Antwort an Friedrich Holländer*, in: *8-Uhr-Abendblatt*, 08.12.1920, abgedruckt in: Tgahrt 1995, S. 234f.
151 Hesterberg 1971, S. 79.
152 Gemeint ist Ratoff (auch Ratov), Gregor (später Gregory) (1897-1960), russischstämmiger amerikanischer Filmproduzent, Regisseur und Schauspieler. In den 1920er-Jahren trat er in Berlin in Kabaretts auf, u.a. im *Schall und Rauch* (s. Anm. 618). Das Kabarett *Dom artista* (russ. für Künstlerhaus) wurde am 2. Dezember 1920 eröffnet und existierte bis August 1921, Ratoff führte in den Programmen Regie und trat als Schauspieler auf (Schlögel u.a. 1999, S. 28 und 73). Der tatsächliche Erfolg bzw. Misserfolg müsste untersucht werden, bisher liegen keine Studien zum *Dom artista* vor. Auch später gab es wieder russisches Kabarett in diesen Räumen, das *Birjul'ki* ab Juni 1923 (Ebd., S. 189) sowie das *Tju-Tju*, Juli 1924 (Ebd., S. 230).

Wilhelm Bendow ihr ‚Wildes Bänkel' gründen. Sehr vielversprechend. Besonders W.R. Heymann als Hauskomponist."[153]

Trotz des Misserfolges von Ratoffs *Künstlerhaus* zögerte Hesterberg nicht, ihr Kabarett am gleichen Ort zu eröffnen. Was fand sie also vor und welche Entscheidungen traf sie, um ihr Unternehmen im Gegensatz zur Vorgängerinstitution zum Erfolg zu führen? Denn die *Wilde Bühne* existierte immerhin drei Jahre, für ein Kabarett im damaligen Berlin eine lange Zeit.

Im Keller (eigentlich Parterre[154]) des *Theaters des Westens* gab es insgesamt vier Erfrischungsräume, die bei der Erbauung aufwändig gestaltet worden waren und besondere Beachtung schon bei der Eröffnung des Baus fanden.[155] Ein Zimmer war im „Lutherstil" eingerichtet, daneben gab es ein romanisches und ein gotisches Zimmer sowie das so genannte Parzival-Zimmer.[156] Es gibt Hinweise darauf, dass die *Wilde Bühne* in letzterem spielte. So schilderte Hesterberg die Ausstattung des Raumes, in dem sie ihr Kabarett errichtete, in ihren Lebenserinnerungen:

> „Früher war das ‚Theater des Westens' Oper gewesen, und ein Professor Schering hatte als Hintergrund in Goldmosaik ein Wagnermotiv an die Wand gepappt: Hagen mit Wurfspeer, Kriemhild mit Etzel und Siegfried mit einer Art Eierkörbchen, dem Nibelungenhort. Kitsch in Reinkultur."[157]

Die Gestaltung des Parzival-Zimmers stammte zwar von Theodor Kutschmann (nicht von Schering, bei dem es sich laut Kühn um den verballhornten Namen des Architekten Sehring handelt), zudem orientiert sich Hesterbergs Beschreibung an der Sage des Rings – dennoch deutet die Erwähnung Wagners sowie die Farbgestaltung mit Goldmosaik auf diesen Raum hin[158] (siehe Abb. 29 im Farbteil). Hesterberg konnte sich mit der Wandgestaltung samt Einrichtung des Zimmers laut Memoiren nur schwer anfreunden, aber: „unser Vertragspartner, das Ehepaar Jannuschewsky-Reiss, wollte das partout beibehalten, und wir mussten ‚Goldlametta' und ‚Wagnermotiv' mit in Kauf nehmen".[159] So übernahm sie die kleine „Theke im Wagnerstil",[160]

153 Roellinghoff, C.K.: *Berliner Brettl-Brief*, in: *Der Drache* 2. Jg., Nr. 49 (07.09.1921) (Zeitungsausschnittsammlung „Wilde Bühne". 1921-1923, StKA, Wilde Bühne, LK/C/77,1).

154 Bei Max Herrmann-Neiße steht korrekt „Parterre" (Herrmann-Neiße 1988, S. 38). Die Räumlichkeiten wirkten wie im Keller, da sich die Hauptbühne des *Theaters des Westens* im Obergeschoss befand. Zudem waren die Fenster als Oberlichter gestaltet, wie auf Abbildung 27 zu erkennen.

155 *Deutsche Bauzeitung*, Berlin: Toeche, 30. Jg. (1896), S. 65 und 519.

156 Wirth 1961, S. 304.

157 Hesterberg 1971, S. 79.

158 So sieht es auch Volker Kühn, der sich allerdings auf die Beschreibung in Friedrich Hollaenders Lebenserinnerungen bezieht (die aber bis in die Wortwahl mit derjenigen Hesterbergs übereinstimmt), Kühn 1996, S. 141ff.

159 Hesterberg 1971, S. 79.

160 Ebd. Dass ausgerechnet die alte Bar eine der besonderen Attraktionen vor der Eröffnung darstellte, war sicherlich eine Überraschung für die Kabarett-Gründer: „Interessant ist noch die kleine Bar beim Theaterchen, welche, o Perversität, in byzantinischen Kirchenstil hergerichtet ist. Es gibt dort natürlich nur ‚geistliche' Getränke.", Beuth, Eddy: „Fräulein Direktor Trude", in: *Organ der Varietéwelt*, 14. Jg., Nr. 668 (10.09.1921) (Zeitungsauschnittsammlung „Wilde Bühne". 1921-1923, StKA, Wilde Bühne, LK/C/77,1).

die sich bereits dort befand und änderte lediglich die Einrichtung, indem sie 127 zeitgemäße Clubsessel und zahlreiche kleine Tische aufstellte.[161]

Sich vor dem Hintergrund des Parzival-Saales z.B. Bertolt Brecht beim Vortrag seiner *Legende vom toten Soldaten* vorzustellen, umgeben von Wandmalereien der Gralssage, fällt schwer. Bei seinem Auftritt gab es, wie Hesterberg sich erinnert, einen „handfesten Skandal".[162]

Brecht, der nur für sechs Abende an die *Wilde Bühne* engagiert war und dessen Auftreten man nicht als das übliche Repertoire der Bühne missverstehen darf, begleitete sich hier wie auch bei der *Ballade vom Jakob Apfelböck* selbst auf der Laute (beides im Januar-Programm 1922):[163]

LEGENDE VOM TOTEN SOLDATEN

1 Und als der Krieg im fünften Lenz
   Keinen Ausblick auf Frieden bot
   Da zog der Soldat seine Konsequenz
   Und starb den Heldentod.

2 Der Krieg war aber noch nicht gar
   Drum tat es dem Kaiser leid
   Daß sein Soldat gestorben war:
   Es schien ihm noch vor der Zeit.

3 Der Sommer zog über die Gräber her
   Und der Soldat schlief schon
   Da kam des Nachts eine militär-
   ische ärztliche Kommission.

4 Es zog die ärztliche Kommission
   Zum Gottesacker hinaus
   Und grub mit geweihtem Spaten den
   Gefallnen Soldaten aus.

5 Und der Doktor besah den Soldaten genau
   Oder was von ihm noch da war
   Und der Doktor fand, der Soldat war k.v.[164]
   Und er drücke sich vor der Gefahr.

---

161 125 Plätze plus zwei „„Leerstühle' der neuen Kleinkunst", Beuth: „Fräulein Direktor Trude", (Zeitungsauschnittsammlung „Wilde Bühne". 1921-1923, StKA, Wilde Bühne, LK/C/77,1).
162 Hesterberg 1971, S. 108.
163 Brecht erwähnt das Engagement in der *Wilden Bühne* am 23. Dezember 1921 in seinen Tagebüchern: „Zarek schleppt mich zur Hesterberg, und ich schließe ab für 6 Tage (500 Mark). Ich singe auf der ‚Wilden Bühne' Soldatenballaden." (Brecht, Bertolt: *Tagebücher 1920-1922, Autobiographische Aufzeichnungen 1920-1954,* hg. von Herta Ramthun, Frankfurt/M.: Suhrkamp 1975, S. 183). Zu Hintergrundinformationen s. Heymann 2001, S. 128f.
164 k.v.= kriegsverwendungsfähig.

6   Und sie nahmen sogleich den Soldaten mit
Die Nacht war blau und schön.
Man konnte, wenn man keinen Helm aufhatte
Die Sterne der Heimat sehn.

7   Sie schütteten ihm einen feurigen Schnaps
In den verwesten Leib
Und hängten zwei Schwestern in seinen Arm
Und ein halb entblößtes Weib.

8   Und weil der Soldat nach Verwesung stinkt
Drum hinkt ein Pfaffe voran
Der über ihn ein Weihrauchfaß schwingt
Daß er nicht stinken kann.

9   Voran die Musik mit Tschindrara
Spielt einen flotten Marsch.
Und der Soldat, so wie er's gelernt
Schmeißt seine Beine vom Arsch.

10   Und brüderlich den Arm um ihn
Zwei Sanitäter gehn
Sonst flög er noch in den Dreck ihnen hin
Und das darf nicht geschehn.

11   Sie malten auf sein Leichenhemd
Die Farben schwarz-weiß-rot
Und trugen's vor ihm her; man sah
Vor Farben nicht mehr den Kot.

12   Ein Herr im Frack schritt auch voran
Mit einer gestärkten Brust
Der war sich als ein deutscher Mann
Seiner Pflicht genau bewußt.

13   So zogen sie mit Tschindrara
Hinab die dunkle Chaussee
Und der Soldat zog taumelnd mit
Wie im Sturm die Flocke Schnee.

14   Die Katzen und die Hunde schrein
Die Ratzen im Feld pfeifen wüst:
Sie wollen nicht französisch sein
Weil das eine Schande ist.

15   Und wenn sie durch die Dörfer ziehn
Waren alle Weiber da.
Die Bäume verneigten sich, Vollmond schien.
Und alles schrie hurra!

16   Mit Tschindrara und Wiedersehn!
      Und Weib und Hund und Pfaff!
      Und mitten drin der tote Soldat
      Wie ein besoffner Aff.

17   Und wenn sie durch die Dörfer ziehn
      Kommt's, daß ihn keiner sah
      So viele waren herum um ihn
      Mit Tschindra und Hurra.

18   So viele tanzten und johlten um ihn
      Daß ihn keiner sah
      Man konnte ihn einzig von oben noch sehn
      Und da sind nur Sterne da.

19   Die Sterne sind nicht immer da.
      Es kommt ein Morgenrot.
      Doch der Soldat, so wie er's gelernt
      Zieht in den Heldentod.[165]

Brechts Gedicht, das den Zynismus des letzten Krieges und den seiner Akteure vom Kaiser bis zur christlichen Kirche in drastischen Bildern entlarvt, wurde von der konservativen Presse als „Gemeinheit" und „widerwärtig"[166] bezeichnet. Die Reaktion der *Neuen Preußischen Zeitung (Kreuz-Zeitung)* noch im Jahr 1923, als die Intendanz Felix Hollaender das Gedicht in den „Blättern des Deutschen Theaters" veröffentlichte, zeigt die aufgeheizte politische Stimmung, in der sich auch die *Wilde Bühne* mit Brechts Auftritt positionierte. Unverhohlen wird nach Zensur und dem Einschreiten der Polizei gerufen:

> „Niemand wird die Keckheit haben, zu behaupten, daß diesem Gedicht irgendwelcher künstlerischer Wert zukommt. [...] In abstoßender Weise wird die Ehrfurcht vor dem Tod bei Seite gesetzt. Im übrigen ist es eine freche Verhöhnung der höchsten Betätigung des Idealismus, des Opfertodes für das Vaterland. [...] Als Verfasser dieser ‚Ballade vom toten Soldaten' zeichnet Bert Brecht. Wir kennen diesen Ehrenmann nicht, stellen ihn aber hiermit an den Pranger der breitesten Öffentlichkeit. [...] Der kürzlich vom Minister des Innern herausgegebene Erlaß wies die Polizei zum Einschreiten gegen Stücke an, die ‚in leichtfertiger, frivoler oder abstoßender Weise die berechtigten Empfindungen aller anständig denkenden Volkskreise unverkennbar herausfordern und verletzen müssen.' Von dem obigen Gedicht gilt das ohne Zweifel, und, wenn jemals, so wäre hier ein Eingreifen der Polizei am Platze."[167]

---

165 Brecht, Bertolt: *Gedichte I. Sammlungen 1918-1938*, Frankfurt/M.: Suhrkamp 1988 (=Bertolt Brecht Werke, hg. von Werner Hecht, Jan Knopf u.a., Bd. 11), S. 112-115 (Hauspostille-Fassung, 1927). Zu Entstehung, Fassungen und Interpretation vgl. Schoeps, Karl-Heinz: „Legende vom toten Soldaten", in: Jan Knopf (Hg.), *Brecht Handbuch: Gedichte*, Stuttgart/Weimar: Metzler 2001, S. 50-57.
166 *NPrZt*, 76. Jg., Nr. 53 (01.02.1923).
167 Ebd.

Hesterberg machte als einen Grund für die tumultähnlichen Zustände nach Brechts Vortrag in der *Wilden Bühne* den Zusammenfall des Auftritts mit der „Grünen Woche" in Berlin aus, wodurch das Publikum konservativer als sonst eingestellt gewesen sei, was durchaus möglich ist.[168]

Auch andere (kriegs-)kritische Texte wie Mehrings *Dressur*[169] oder Klabunds Chanson *Mit'n Zopp*[170] stehen im Widerspruch zur Umgebung des „Parzival-Saales" aus der Jahrhundertwende, der Zeit vor dem „großen Krieg". Der Kontrast hatte offensichtlich einen verstärkenden Effekt, zumal chauvinistische Vorkriegsparolen – laut Hesterberg – in anderen Kabaretts an der Tagesordnung waren. Man hatte hier quasi sein „Feindbild", die wie Hesterberg urteilt „kitschigen" Auswüchse des Bürgerlich-Biederen, gegen die man mit den Chansons zu Felde zog, direkt vor Augen. In Entwürfen zu ihrer Autobiographie resümiert die Direktorin:

> „unser Ehrgeiz, etwas wirklich Künstlerisches auf die Beine zu stellen und ein Kabarett mit anständiger Gesinnung, überwog alles andere. Gerade in Berlin wucherten ja damals nach dem Kriege unzählige Nepp- und Nuditäten-Etablissements unter der irreführenden Bezeichnung „Cabaret", auf deren Bühnen die Herren Conferenciers im Frack unter dem frenetischen Applaus des bürgerlichen Publikums ihre chauvinistischen Phrasen droschen. Wir waren zwar nicht politisch im Sinne parteilicher Bindung, ~~aber wir waren jedenfalls auch keine~~ [handschriftlich ergänzt: „auf gar keinen Fall waren wir"] Bourgeois."[171]

Vielmehr als ein Ort politischer Agitation, als den, wie Lareau herausgestellt hat, Nachkriegspublikationen und spätere Erinnerungen der Beteiligten das Kabarett der Weimarer Republik oft fälschlicherweise konstruieren[172], war die *Wilde Bühne* jedoch ein Ort literarischer Experimente. Diesen künstlerischen Anspruch unterstrich Hesterberg auch durch scheinbare Nebensächlichkeiten, wie z.B. dadurch, dass in ihrem Kabarett während des Programms keine Getränke serviert wurden (im Gegensatz zu den Bierkabaretts, in denen das normale Schankgeschäft weiterlief). Da die Direktorin als Sängerin und Schauspielerin selbst auftrat, konnte sie die Störung durch den Servierbetrieb gut einschätzen.

---

168 Hesterberg 1971, S. 109. Die Wintertagung der Deutschen Landwirtschafts-Gesellschaft fand traditionell im Januar/Februar des Jahres statt. Der Titel eines Berichtes des Berliner Tageblatts vom Februar 1923 (also zwei Jahre später) verdeutlicht das Profil der Veranstaltung: „Die ‚Grüne Woche'. Von der Berliner Geweihausstellung" (*BTbl*, 52. Jg., Nr. 27 (15.02.1923, Morgen-Ausgabe).

169 „Hört ihr, wie sie kreischen / Ihr ‚Vive la guerre' und ‚Immer feste druff'? / Die lieben Tierchen möchten sich zerfleischen, / Doch zittern sie vor meinem Peitschenknuff. Sie knurren: Gewalt!", Mehring 1981, S. 206.

170 „Wir laufen in Deutschland noch immer herum / Mit'n Zopp / Mit'n Zopp / Mit'n Zopp. / Unser republikanisches Brimborium / Hat'n Zopp / Hat'n Zopp / Hat'n Zopp", in: Kühn, Volker (Hg.): *Hoppla, wir beben. Kabarett einer gewissen Republik 1918-1933*, Berlin: Quadriga 1988 (=Kleinkunststücke, Bd. 2), S. 124.

171 Hesterberg, Trude: Auszug aus Typoskript-Entwurf für die Memoiren. DTM, Sammlung Hesterberg, Mappe 14 (Uns gefällt diese Welt).

172 Lareau 1990, S. 7-11.

Einrichtung, Ausstattung, Dekoration | Hesterberg gelang es, in ihrem kleinen Kabarett eine familiäre und doch konzentrierte Atmosphäre herzustellen: „Es soll nichts an eine öffentliche Veranstaltung erinnern, man soll sich in den intimen Räumen wie zu Hause fühlen"[173], schrieb das *Organ der Varietéwelt* am 10. September 1921. Die Nähe zur Bühne und die ungezwungene Raumgliederung durch kleine Tische schufen einen guten Kontakt zwischen Vortragenden und Publikum:

> „Nicht auf lautes Lachen ist der Ton auf der Miniaturbühne [ausgerichtet] (übrigens vom Maler Heste innenarchitektonisch reizend hergerichtet), sondern das stille Lächeln der überfeinerten Nervenmenschen soll zeigen, ob die Direktion das Rechte traf."[174]

Aufgrund des kleinen Raumes beschränkte sich die Begleitung der Chansons auf einen Flügel. Bei den Auftritten spielte häufig (aber nicht immer) der Komponist selbst, auch wenn diese Tätigkeit bei Heymann und Hollaender nicht beliebt war:

> „Friedrich Hollaender hatte genauso wenig Lust, Klavier zu spielen, wie ich. Eigentlich war ich ja gar kein Pianist, sondern Geiger (spielte Geige übrigens auch nicht sehr gut). [...] ich musste jeden Abend am Klavier sitzen, was mir in Anbetracht meiner geringen pianistischen Fähigkeiten gar nicht leicht fiel, und es hat lange, lange Zeit gedauert, bis endlich Hollaender und ich, die wir beide nicht sehr gerne auf dem Podium begleiteten, einen Pianisten engagieren durften."[175]

Spoliansky plagte dieses Problem nicht, er war ein souveräner Pianist. Die auf CD erhältlichen Aufnahmen dokumentieren seine gut ausgebildete Technik und die Anschlagskultur besser als der wenig aussagekräftige Kommentar Heymanns in seinen Lebenserinnerungen:

> „Durch meinen Vetter Fritz Heymann lernte ich Mischa Spoliansky kennen, der so herrlich Klavier spielte und so entzückend komponierte, dass ich ganz begeistert war. Spoliansky wurde bald unser Dritter im Bunde [beim Kabarett *Schall und Rauch*], denn auch Hollaender war hingerissen von seinem Talent."[176]

Hesterberg hatte in den Gastraum einen Vorhang und eine kleine Bühne einbauen lassen und widmete sich laut eigener Aussage mit Engagement der Ausstattung einzelner Programmpunkte:

> „Ich hatte einen jungen Bühnenbildner, Marcel Slotki, eingestellt, dessen expressionistische Begabung mir aufgefallen war. Aus dem Nichts, ein bißchen Holz, Pappe und Leinwand, schuf er bezaubernde kleine Dekorationen. Das war neu für ein Kabarett und neu für Berlin."[177]

---

173 Beuth: „Fräulein Direktor Trude" (Zeitungsauschnittsammlung „Wilde Bühne". 1921-1923, StKA, Wilde Bühne, LK/C/77,1). Damit unterschied sich die *Wilde Bühne* stark von Reinhardts *Schall und Rauch*, das im Keller des Großen Schauspielhauses einen Saal bespielte, der über 1.000 Zuschauer fasste.
174 Ebd. Das Verb fehlt im Original (wohl versehentlich).
175 Heymann 2001, S. 114 und 130 (über die Arbeit im *Schall und Rauch*).
176 Heymann 2001, S. 114.
177 Hesterberg 1971, S. 89.

Abb. 30: Trude Hesterberg beim Vortrag von Walter Mehrings *Börsenlied.*

Zwei der wenigen (gezeichneten) Bilder, die von Aufführungen in der *Wilden Bühne* überliefert sind, zeigen die Visualisierung des Chansoninhalts über die Mittel von Kostüm und Bühne. In Mehrings *Die Arie der großen Hure Presse* trägt Hesterberg ein Kleid aus Zeitungspapier (abgedruckt z.B. in Hesterbergs Memoiren). Im *Börsenlied* (siehe Abb. 30) sieht man sie in einem mit Finanzsymbolen geschmückten Kostüm vor einem Hintergrund, der eine quasi unendliche Börsenhalle voller Spekulanten zeigt. Die Tafeln säumen wie Grabsteine den Weg der Kapitalisten: „Ein einz'ger Schrei von Mensch zu Gott, / wir sind bankrott, wir sind bankrott!"[178]

Alan Lareau weist darauf hin, dass Hesterberg mit den neuartigen Dekorationen auch pädagogische Zwecke verfolgte, nämlich den Zuhörern den Inhalt der Chansons auf visuellem Wege näher zu bringen:

> „Hesterberg saw her purpose as the education of her audience, which would at the same time be a learning process for herself and her fellow artists."[179]

Den von Hesterberg eingeschlagenen Weg der Inszenierung einzelner Chansons als kleine theatrale Darbietungen setzte Friedrich Hollaender rund zehn Jahre später am selben Ort fort, als er das *Tingel-Tangel-Theater* eröffnete. Hier brachte er seine „Revuetten", literarisch-theatrale Kleinrevuen, zur Aufführung. In diesem Zusammenhang ist auch ein Foto der damaligen Bühne erhalten (vgl. Abb. 31).

---

178 Mehring 1981, S. 194, aufgeführt in der *Wilden Bühne* im Novemberprogramm 1921. Friedrich Hollaenders Musik zu Mehrings Chanson ist leider verloren.
179 Lareau 1995, S. 72f.

Abb. 31: Probenfoto zur Kabarettrevue *Höchste Eisenbahn* von Friedrich Hollaender, aufgeführt im September 1932 im *Tingel-Tangel-Theater*.

Hollaender zog eine auf die Bühne ausgerichtete Aufstellung von Sitzreihen der lockeren Gruppierung Hesterbergs vor und schuf auf diese Weise eine stärkere Theateratmosphäre. Auch die Bar wurde entfernt, um mehr Platz zu schaffen. Das Instrumentarium wurde auf zwei Flügel erweitert, die laut Hollaender aufgrund der Enge übereinander gestellt werden mussten:

> „Zwei Stutzflügel, für die musikalische Begleitung, konnte ich nicht nebeneinander stellen. Also stellte ich sie übereinander. Die Klavierhocker einander vis-à-vis. Einen für mich, einen für Grete Walter, die Tochter Bruno Walters.“[180]

Sicherlich wäre dies ein reizvoller Anblick gewesen, wenn auch für Akustik und Zusammenspiel wohl keine ideale Lösung. Laut Auskunft der Klavierbau-Firma Grotrian-Steinweg ist eine solche Positionierung tatsächlich denkbar, indem man den

---

180 Hollaender 2001, S. 235ff. Kühn weist darauf hin, dass Hollaenders Erinnerungen eher eine literarische Verarbeitung als eine Auflistung von Fakten darstellen. Ob die Positionierung der Flügel tatsächlich so war, konnte ich bisher anhand von Quellen nicht verifizieren. Vielleicht wird die wissenschaftliche Biographie Friedrich Hollaenders, an der Alan Lareau zurzeit arbeitet, hierüber Aufschluss geben. Zu Einrichtung und Programm des *Tingel-Tangel-Theaters* s. auch: Kühn 1996.

oberen Flügel auf eine Stahlkonstruktion stellt.[181] Eine Fotografie aus dem *Tingel-Tangel-Theater* zeigt nur einen einzigen Flügel (vgl. Abb. 32). In den im Archiv der Akademie der Künste erhaltenen Programmheften des *Tingel-Tangel-Theaters* sind jeweils drei Spieler an den Flügeln (wechselnd: Hollaender, Walter Joseph, Erwin Jospe, Franz Wachsmann, Grete Walter) sowie gelegentlich Schlagzeug (Ralph Steiner) als musikalische Begleitung benannt.[182]

Abb. 32: Fotografie *Tingel-Tangel-Theater*, mit Franz Wachsmann, Friedrich Hollaender und (vermutlich) Grete Walter am Klavier, ca. 1931/32.

181 E-Mail von Grotrian-Steinweg Pianofortefabrikanten GmbH & Co. KG (04.07.2010).
182 Hollaender, Friedrich: Höchste Eisenbahn. Text und Musik: Friedrich Hollaender. Tingel-Tangel-Theater/Theater des Westens, Pr.: 15. September 1932. AdK, Archiv Darstellende Kunst: Friedrich-Hollaender-Archiv, 1.1 Kabarettrevuen/Lfd. Nr. 6; Ders.: Eröffnungsprogramm Tingel-Tangel. Text und Musik: Friedrich Hollaender. Tingel-Tangel-Theater/Theater des Westens, Pr.: 7. Januar 1931. AdK, Hollaender, 1.1/2; Ders.: Zweites Programm. Text und Musik: Friedrich Hollaender. Tingel-Tangel-Theater/Theater des Westens, Pr.: März 1931. AdK, Hollaender, 1.1/3. Die im Archiv der AdK erhaltenen Noten der Kabarettrevuen geben keinen Aufschluss über die tatsächliche Besetzung.

Soziale Strukturen | Knapp zwei Jahre nach ihrer Eröffnung wurde die *Wilde Bühne* von der Kritik als „der beste augenblicklich denkbare Typ berlinischen Kabaretts"[183] bezeichnet, ein Erfolg, der durch die Zusammenarbeit aller Mitwirkenden zustande kam, wobei Hesterberg als Leiterin und Mehring als künstlerischem Berater eine Schlüsselposition zukam. Beide entschieden über die Programmfolge, wobei mehrere Chansons unter ein gemeinsames Thema zusammengefasst wurden,[184] und inszenierten bzw. erarbeiteten die einzelnen Nummern mit den Sängerinnen und Sängern. Dabei konnten sie auf ihre Erfahrungen aus anderen Kabaretts zurückgreifen.[185] Die Direktorin legte besonderen Wert auf die musikalische Gestaltung und Diktion der jungen Sängerinnen und arbeitete intensiv beispielsweise mit Kühl oder Lion, die in der *Wilden Bühne* auftraten.

Über die Art und Weise, wie sich die einzelnen Personen in die Gestaltung des Kabaretts einbrachten und wie Hesterberg versuchte, sie an ihr Haus zu binden, geben uns verschiedene Quellen Auskunft, die allerdings kein einheitliches Bild der sozialen und hierarchischen Strukturen im Kabarett zeichnen. Die Direktorin stellt in ihren Lebenserinnerungen ihre persönliche Leistung für die Konstituierung des Kabaretts *Wilde Bühne* heraus:

> „Dies Wagnis wurde durch die von mir gewonnenen und inspirierten Mitglieder mein ganz persönlicher Triumph. Diese Mitglieder zu finden, sie vor allem an mich zu binden, ihnen meine Ideen einzugeben, ob es sich um Text, Musik oder um die Einstudierung der Chansons handelte, das alles war mein wirkliches Verdienst. Statt einzelner ‚Nummern' wie bisher üblich, schuf ich ein eigenes, festes Ensemble. Ich kannte die besondere Stärke und die Eigenart jedes einzelnen Künstlers, und danach richteten sich meine späteren so erfolgreichen Programme."[186]

Die Quelle weist auf eine starke Hand der Direktorin hin, und man kann sich kaum vorstellen, dass die Erstellung und Einstudierung des Programms ohne Differenzen zwischen Künstlerinnen bzw. Künstlern und Direktorin abgelaufen wäre. Tatsächlich berichtet Hesterberg schon beim Eröffnungsprogramm von einem „kleinen Krach", in diesem Falle mit Kurt Gerron[187] um die Mitwirkung der Sängerin Annemarie Ha-

---

183 K.P. im *8-Uhr-Abendblatt*, 18.10.1923 (Zeitungsausschnittsammlung „Wilde Bühne". 1921-1923, StKA, Wilde Bühne, LK/C/77,1).

184 Hesterberg behauptet, dass dies in ihrem Kabarett erstmals der Fall gewesen sei (Hesterberg 1971, S. 89). Im *Schall und Rauch* hatte es aber bereits ähnliche Tendenzen gegeben.

185 Mehring und Hesterberg hatten, wie zahlreiche ihrer Mitstreiterinnen und Mitstreiter bei der *Wilden Bühne*, u.a. bereits für Hans von Wolzogens *Schall und Rauch* gearbeitet.

186 Hesterberg 1971, S. 90f.

187 Gerron, Kurt (eigentl. Gerson) (1897–1944), deutscher Schauspieler und Kabarettist, spielte u.a. den Tiger Brown in der Uraufführung von Brecht/Weills *Dreigroschenoper* sowie den Varieté-Direktor in Josef von Sternbergs *Der blaue Engel*. Gerron emigrierte 1933 in die Niederlande. Nach seiner Verhaftung drehte er im KZ Theresienstadt den Propagandafilm *Der Führer schenkt den Juden eine Stadt*. Nach der Fertigstellung wurde er nach Auschwitz deportiert und ermordet. Zum Leben Kurt Gerrons: Felsmann, Barbara/Prümm, Karl: *Kurt Gerron – Gefeiert und gejagt: 1897–1944. Das Schicksal eines deutschen Unterhaltungskünstlers. Berlin, Amsterdam, Theresienstadt, Auschwitz*, Berlin: Hentrich 1992 (=Beiträge zu Theater, Film und Fernsehen aus dem Institut für Theaterwissenschaft der Freien Universität Berlin, Bd. 7; Rei-

se.[188] Auch Herrmann-Neiße, der im Januar 1923 in der *Wilden Bühne* eigene Texte vortrug, schildert Unstimmigkeiten:

> „Obwohl mir die Hesterberg versprochen hatte, mich am Presseabend des neuen Programms auftreten zu lassen, so es nur ginge, begab sich Folgendes: Ich hörte nichts mehr von ihr, bekam eine Einladung zur Pressevorstellung, diesen Dienstag, ging als Zuschauer hin, mußte erleben, daß die Herma wieder krank geworden war und wirklich also eine Lücke im Programm bestand, und da trat abermals, extra als außerhalb des Programms und Einlage annonciert – Herr Nikolaus[189] auf. Ich war natürlich sehr traurig! [...] Ich klingelte andern Tags gleich den Mehring an, der war auch ganz empört, weil er mir seinerzeit das Auftreten bei der Pressevorstellung ausdrücklich versprochen hatte und sich nun desavouiert fühlte, hatte aber selbst einen Konflikt mit der Hesterberg, die diesmal Schiffer als Hausdichter bevorzugt hatte."[190]

Noch deutlicher können wir die Atmosphäre in der *Wilden Bühne* im Tagebuch Schiffers ablesen, der ab 1922 für Hesterbergs Kabarett Chansontexte schrieb. Ein Arbeitsvertrag aus dem Jahr 1923 ist, wie auch von seiner Lebensgefährtin Lion, im Archiv der Akademie der Künste erhalten.[191] Hesterberg nutzte einen Vordruck, in den handschriftlich die Namen und besondere Vereinbarungen eingetragen wurden. Schiffer war nach seinem Vertrag „*verpflichtet jeden gewünschten Text zu liefern* + ‚*zwar mit Lust'. Ausserdem Scenen u. Sketsche soweit Bedarf.*"[192] Die vorgegebenen Optionen zu einem Auftrittsverbot in anderen „Etablissements" lässt Hesterberg offen, so dass es sowohl Schiffer als auch Lion erlaubt war, für andere Kabaretts, Theater oder den Film zu arbeiten. Zur Regelung der Vergütung traf Hesterberg eine angesichts der Inflation ausgesprochen praktikable Entscheidung. Sie zahlte keinen festen Betrag, sondern vereinbarte mit Schiffer eine „*tägl.* Gage von [...] *einem Ersten und einem Dritten Platz*".[193] Lion erhielt die „*tägl.* Gage von [...] *einem Zweiten Platz*" sowie ein kostenfreies Abendbrot.[194] Der Autor wurde somit besser bezahlt als

---

188 he deutsche Vergangenheit, Bd. 63) sowie Liebe, Ulrich: *Verehrt, verfolgt, vergessen. Schauspieler als Naziopfer*, Weinheim: Beltz Quadriga 1992, S. 28-61.
188 Hesterberg 1971, S. 91.
189 Nikolaus, Paul (eigentl. Paul Nikolaus Steiner) (1894-1933), Conferencier in der *Wilden Bühne*, später am Kabarett der Komiker und in Hollaenders *Tingel-Tangel-Theater*. Emigrierte 1933 in die Schweiz und nahm sich dort wenig später das Leben.
190 Völker 1991, S. 83.
191 Schiffer, Marcellus: *Arbeitsvertrag zwischen Marcellus Schiffer und der „Wilden Bühne", Trude Hesterberg. 25.9.1923*, AdK, Archiv Darstellende Kunst: Marcellus Schiffer/Margo Lion-Archiv, 4.2 Arbeitsunterlagen/Lfd. Nr. 643; Lion, Margo: Vertrag zwischen Margo Lion und Trude Hesterberg, betr. Engagement in der „Wilden Bühne" ab 01.10.1923. 22.09.1923, AdK, Archiv Darstellende Kunst: Marcellus Schiffer/Margo Lion-Archiv, 7.2.2 Sammlung Margo Lion/ Persönliche Material/Lfd. Nr. 755.
192 Schiffer: Arbeitsvertrag, AdK, Schiffer/Lion, 4.2/643. Die *kursiv* gesetzten Wörter sind handschriftliche Eintragungen Hesterbergs in den Vertragsvordruck.
193 Ebd.
194 Lion: Vertrag, AdK, Schiffer/Lion, 7.2.2/755.

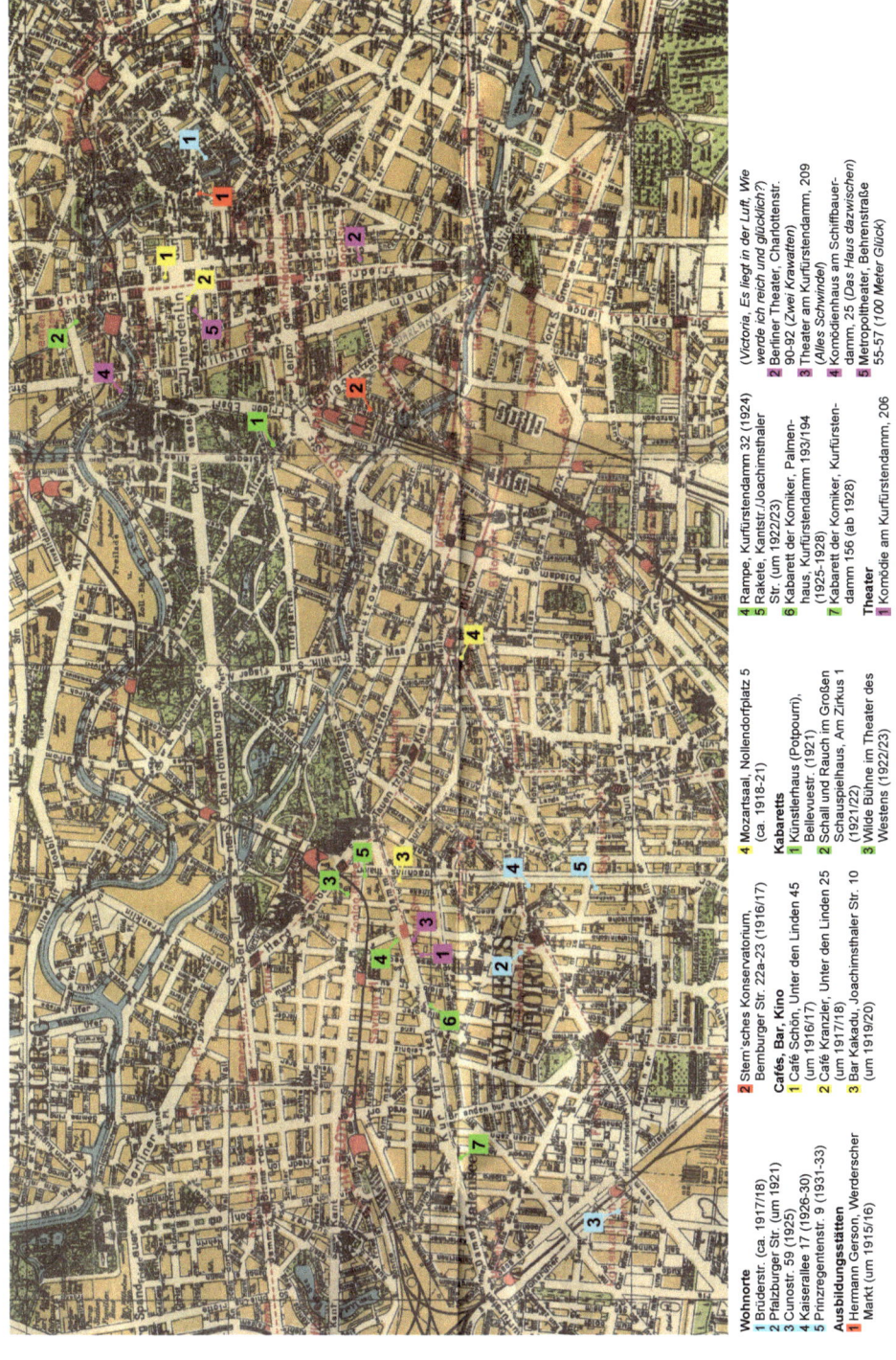

Wohnorte
1 Brüderstr. (ca. 1917/18)
2 Pfalzburger Str. (um 1921)
3 Cunostr. 59 (1925)
4 Kaiserallee 17 (1926-30)
5 Prinzregentenstr. 9 (1931-33)

Ausbildungsstätten
1 Hermann Gerson, Werderscher Markt (um 1915/16)

2 Stern'sches Konservatorium, Bernburger Str. 22a-23 (1916/17)

Cafés, Bar, Kino
1 Café Schön, Unter den Linden 45 (um 1916/17)
2 Café Kranzler, Unter den Linden 25 (um 1917/18)
3 Bar Kakadu, Joachimsthaler Str. 10 (um 1919/20)

4 Mozartsaal, Nollendorfplatz 5 (ca. 1918-21)

Kabaretts
1 Künstlerhaus (Potpourri), Bellevuestr. (1921)
2 Schall und Rauch im Großen Schauspielhaus, Am Zirkus 1 (1921/22)
3 Wilde Bühne im Theater des Westens (1922/23)

4 Rampe, Kurfürstendamm 32 (1924)
5 Rakete, Kantstr./Joachimsthaler Str. (um 1922/23)
6 Kabarett der Komiker, Palmenhaus, Kurfürstendamm 193/194 (1925-1928)
7 Kabarett der Komiker, Kurfürstendamm 156 (ab 1928)

Theater
1 Komödie am Kurfürstendamm, 206

(Victoria, Es liegt in der Luft, Wie werde ich reich und glücklich?)
2 Berliner Theater, Charlottenstr. 90-92 (Zwei Krawatten)
3 Theater am Kurfürstendamm, 209 (Alles Schwindel)
4 Komödienhaus am Schiffbauerdamm, 25 (Das Haus dazwischen)
5 Metropoltheater, Behrenstraße 55-57 (100 Meter Glück)

Abb. 1: „Mapping Spoliansky". Lebens- und Arbeitsstationen Mischa Spolianskys in Berlin 1917-1932.

Abb. 2: Rückseite des Titelumschlags von Curt Morecks *Führer durch das „lasterhafte" Berlin*,
Reprint der Ausgabe von 1931, Berlin: Nicolaische Verlagsbuchhandlung 1996.

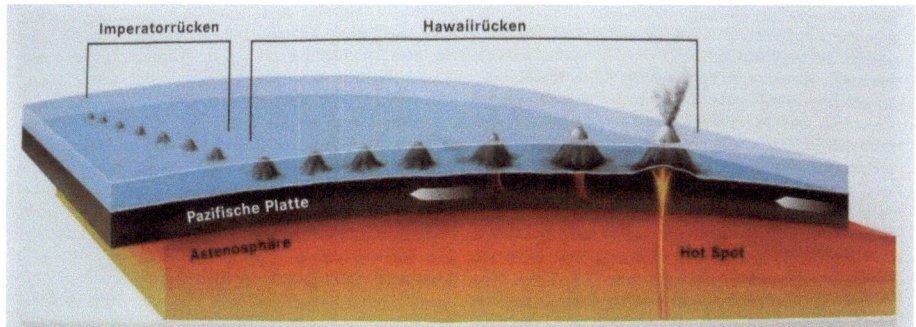

Abb. 3: Hot-Spot-Vulkanismus am Beispiel Hawaii: Die Pazifische Platte bewegt sich in Pfeil-
richtung über den ortsfesten Schlot, so dass eine Inselkette entsteht.

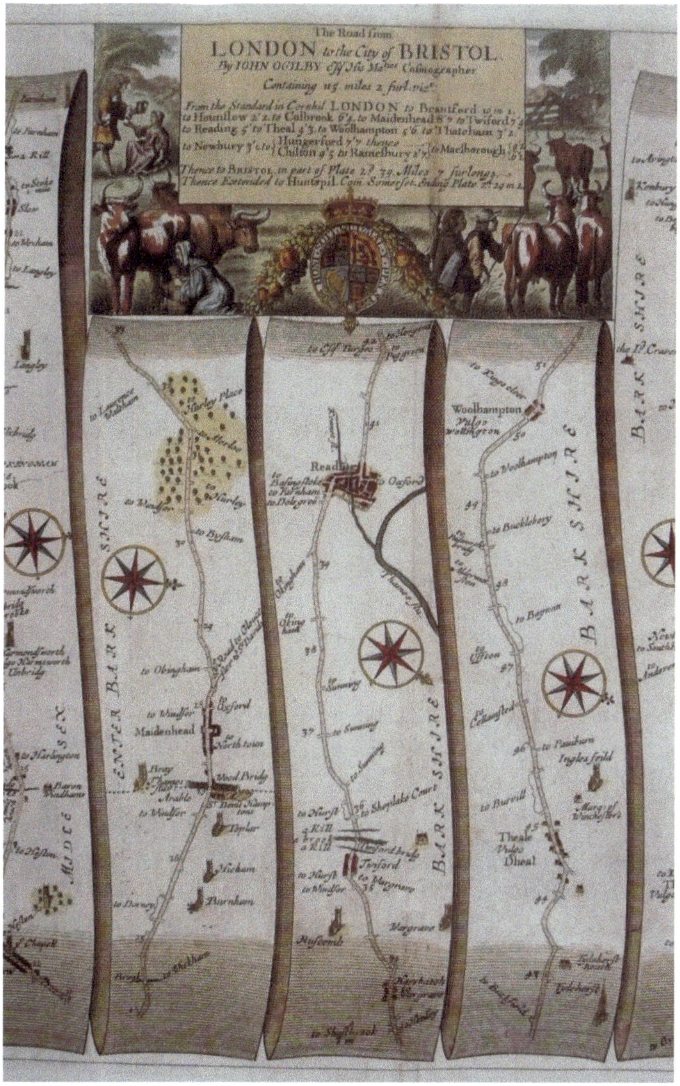

Abb. 4:
John Ogilbys Karte der
Strecke von London
nach Bristol, publiziert
1675 in London.

Abb. 5:   Paul Cezanne: Stillleben mit Milchkrug, Zuckerdose und Obst, um 1890.

Abb. 6:   Albert Anker: Dorfschule im Schwarzwald, 1858.

Abb. 8: Abraham Schelhas, Augsburger Geschlechtertanz, um 1600 (Ausschnitt).
Hinten links der Musizierbalkon.

Abb. 9: Live-Konzert von Herbert Grönemeyer 2007 in Nürnberg mit Stegen ins Publikum.

Paul Kamm

Abb. 20: *Kakadu* (1931), in Curt Morecks *Führer durch das
„lasterhafte" Berlin*.

Abb. 15: Postkarte mit Innenansicht des *Café Schön* (gelaufen 1911).
Auf der Rückseite die Unterschrift von Hans Knappertsbusch.

Abb. 22: Entwurf einer Fassadengestaltung für die Bar *Kakadu* (1924).

Abb. 29: Parzival-Saal im *Theater des Westens*. Postkarte, gelaufen 1902.

Abb. 33:
Umberto Boccioni: *La strada entra nella casa* (Die Straße dringt ins Haus), 1911.

Abb. 41:
Titel des Augustheftes 1930 der Hauszeitschrift *Die Frechheit* des *Kabaretts der Komiker*, gestaltet von Walter Trier.

die allabendlich auftretende Diseuse. Hesterberg schrieb zu diesem Entlohnungssystem in ihren Lebenserinnerungen:

> „Wie sich später herausstellte, war das eine ganz großartige Sache. Die Inflation hatte uns bereits schwer in der Zange, der Wert des Geldes sank bald ins Uferlose, der Wert eines warmen Abendbrotes blieb dagegen krisenfest."[195]

Schiffer zeichnet in seinen Tagebüchern ein lebendiges Bild des sozialen Umgangs und der Verhandlungen in der *Wilden Bühne*. Auch die Arbeitsweise und die Mühen der Proben sind seinen Aufzeichnungen zu entnehmen. Da die Notizen nie zur Veröffentlichung gedacht waren (aber dankenswerter Weise inzwischen von Viktor Rotthaler in Zusammenarbeit mit der Akademie der Künste herausgegeben wurden[196]), zeigen sie uns heute einen direkten, ungeschönten Blick auf die damaligen Verhältnisse und sind so eine eindrucksvolle Quelle. Einige Textauszüge aus den Tagebüchern sollen hier den Umgangston sowie Schiffers Perspektive auf den Betrieb verdeutlichen,[197] denn nicht nur Hesterberg musste ihre Bühne, gerade in der schwierigen Zeit der Inflation, als Wirtschaftsunternehmen führen, auch die Textautoren und Mitwirkenden wollten den bestmöglichen Verdienst für ihre Leistungen erhalten. Dabei kam es des Öfteren zu Auseinandersetzungen, nicht nur Gagen, sondern auch künstlerische Standpunkte und Machtpositionen wurden ständig neu ausgehandelt. Schiffers Einstellung schwankt im Laufe der Zeit zwischen positiven Eindrücken der künstlerischen Leistungen, Ehrgeiz, Unsicherheit, Enttäuschung, Gefühlen persönlicher Kränkung, Überheblichkeit und Sarkasmus. Mit dem Tagebuch wurde er gleichzeitig auch zum Chronisten des alltäglichen Geschehens im Kabarett:

> „1922
>
> Donnerstag, den 16. März […] Meine Mutter hat einen Anfall gehabt auf der Straße, ganz plötzlich, als ich gerade zur Premiere meiner Chansons in der Wilden Bühne war und mich im Programm und der Stimmung köstlich amüsierte. […]
>
> Donnerstag, den 20. April […] Ging dann mit Kardan in die Wilde Bühne. Meine Chansons werden reichlich schlecht vorgetragen. Annemarie Hase macht es netter, wie aber immer. […]
>
> Donnerstag, den 18. Mai […] Ging dann mit Marguerite [d.i. Margo Lion] in die Wilde Bühne. Hervorragend schlechtes Programm bis auf Hermann Vallentin (*Ri-Ra-Ritmus*, *Die eigene Note*). Fabelhafte Intensität. Trude Hesterberg war zufällig da, fabelhaft erholt (12 Pfund minus), sanatoriumserfrischt.

---

195 Hesterberg 1971, S. 79f.
196 Rotthaler 2003.
197 Auch Trageser hat die von Rotthaler veröffentlichten Tagebücher bereits ausgewertet, das hier geschilderte Bild des Aktionsraums Kabarett wäre jedoch unvollständig, wenn ich auf eine erneute Wiedergabe und Kommentierung der die *Wilde Bühne* betreffenden Ausschnitte verzichten würde. Vgl. Kapitel „Die ‚Wilde Bühne' der Trude Hesterberg", in: Trageser 2007, S. 35-47.

Wer es dazu hat … Aber sie sah reizend aus, ist aber kolossal nicht sehr intelligent. Will höher hinaus, der literarische Racker. Schau – schau. [...]"[198]

Nach dem Sommer wurde Schiffers Verhältnis zu Hesterberg, das zu Beginn der Aufzeichnungen noch recht entspannt (wenn auch von seiner Seite respektlos) erscheint, zunehmend belastet.[199] Ebenso erging es ihm mit Mehring. Auseinandersetzungen wurden häufiger, die Stimmung schlechter:

> **Mittwoch, 6. September** [...] Habe der Hesterberg auf ihre Aufforderung neue Couplets geschickt. Aber diese literarisch angehauchte Hure antwortet gar nicht erst, als wäre ich ein Stück Dreck. Ich wollte, daß ich es ihr einmal beweisen könnte, daß ich es wirklich bin. [...]
>
> **Freitag, 6. Oktober** [...] – Bendow bringt hier nächstens bei der Eröffnung der Wilden Bühne meine Tulpen-Lieder. Kostüm fabelhaft. Sehr gespannt auf Erfolg. [...]
>
> **Freitag, den 20. Oktober** [...] Viele Proben in der Wilden Bühne, auch viel Ärger, weil unmögliche Menschen mit nicht gerade meinem Geschmack. [...] Von mir vier Couplets. *Fliegentüten*, *Niveau* für Dora Paulsen, eine eingebildete, mäßig begabte Anfängerin, der es sich nicht einmal lohnt meine Meinung zu sagen, weil sie zu blöde ist. *Charlot* von Kate Kühl fabelhaft vorgetragen, und *Die bessere Sache* von Bendow unübertrefflich. – Walter Mehrings Sachen sehr gut – bis auf Gerrons, aber nach meinem Empfinden nicht so fürs Publikum geeignet. Man fragt: ‚Na und?' Bis auf *Die kleine Stadt*, die fabelhaft gemacht ist bis auf den letzten Vers, der sehr überflüssig und sentimental: alles schon dagewesen. Mehring selbst wie eine kleine Ratte oder so was, mißgünstig, ehrgeizig, unsympathisch, verbissen, verbittert, unzufrieden mit seinem Aussehen, wie mir scheint. Ein unsympathischer, aber fabelhaft begabter Mensch. – Heute abend ist Premiere des Programms. Sehr gespannt! Toi-toi-toi! – [...]"[200]

Schiffers Chansons gefielen und seine Erfolge in der *Wilden Bühne* zahlten sich aus. Schnell jedoch wurde er wieder unzufrieden und hatte zudem mit den Problemen der Inflation zu kämpfen:

> **Sonntag, den 5. November** [...] Viele Couplet-Aufträge in letzter Zeit, weil Wilde Bühne immerhin ein Erfolg. Besonders *Charlot*, ein Couplet, ursprünglich für den fetten Reiß gemacht, der es nicht abnahm und so unverschämt bezahlte. Man sieht, wozu es gut war. [...]
>
> **Sonntag, den 12. November** [...] Viele Couplet-Aufträge. Benofsky *Spekulation*, Matrosenlieder etc. [...]
>
> **Freitag, den 24. November** In den letzten vierzehn Tagen stundenlang nur Couplet-Aufträge. Das macht mein Erfolg aus, denn meine Sachen im Programm der Wilden Bühne sind der Erfolg des Abends geworden. Couplets

---

198 Rotthaler 2003, S. 72, 77 und 98.
199 Trageser weist in diesem Zusammenhang auf Kritik Mehrings an Schiffers Couplet *Ulrich und Ulrike* hin, mit der dieser nicht habe umgehen können (Trageser 2007, S. 46).
200 Rotthaler 2003, S. 109-111.

gemacht für: Maria Ney, von Hacke, Gustav von Wangenheim, Gert Benofsky, Manfred Fürst, Wally Winter, Conrad Veidt, Fritz Kampers etc. Verdienst trotzdem beschissen. Was gibt's heute schon für 10.000 Mark? Aber es vertreibt immerhin die endlose Zeit. […]

Montag, den 10. Dezember […] Und sonst? Neue Sachen für die Wilde Bühne, für Belly Heermann. Sie ist herrlich! Meine Chansons in ihrem süßen Mund eine große Freude für mich und sicher auch ein guter Erfolg. […]

31. Dezember Ein Jahr um. […] Resultat: […] Ein paar – nebbich – Erfolge in der Wilden Bühne, ein paar Novellen, ein paar Stücke, ein paar Mappen von Zeichnungen, ein paar neue Bekannte. C'est tout! […] Und abends? In die Wilde Bühne. – Nur so, ich halte nichts von Silvester. […]"[201]

Im neuen Jahr verschärften sich die Konflikte mit Hesterberg nochmals. Schiffer war sich seiner inzwischen wichtigen künstlerischen Position in der *Wilden Bühne* bewusst und bemühte sich, daraus auch finanziell größere Vorteile zu ziehen. Er selbst nahm sich als finanziell ständig von Hesterberg benachteiligt wahr:

„**1923**

Freitag, den 2. Februar Wochenlange Arbeit für die Wilde Bühne. Die letzten Tage Proben bis vier Uhr nachts. Heute abend Premiere. Ob es sich gelohnt haben wird, stellt sich erst heraus – was ich bei Bestellungen für Privatpreise nehmen kann. Die letzten 75.000 Mark für einige Strümpfe und Wollweste. Alle. – Also, das lohnt die Mühe nicht. Und der Dank der Hesterberg ist Ausnutzen, solange sie einen braucht. […]

Dienstag, den 20. Februar […] Das Programm der Wilden Bühne hat guten Erfolg und gute Kritiken. Zum Dank verzichtete gestern die Hesterberg auf meine Mitarbeit, weil ich fürs Chanson 60.000 = 20 Mark verlangte bei Neubestellung. Sie wird schon kommen und schmusen, und wenn nicht – dann nicht. Ich werde mich nicht endlos bequatschen lassen von Leuten, die vor Geld nicht wissen, wohin sie sollen – und ich laufe verdreckt – […] Die Wilde Bühne hat mich zurückgebracht; verführt zum Suff, und ein paar Aufträge kommen heraus. Was soll mir das? […]

Mitte März Viel gearbeitet und immer mehr verblödet: Chansons, wo man nur hinspuckt. Was soll man tun? […] Im übrigen mit Hesterberg, nach vorgeahntem Schmus, schließlich auf 50.000 Mark geeinigt. ‚Schifferchen, ich hab dich immer so lieb gehabt – und nun' – ‚Und ich verehre Sie so, gnädige Frau.' Was da wohl mehr gelogen ist? […]

Donnerstag, den 22. März […] Abends Wilde Bühne. Traf mich mit Frau X., der ich zwei alte Chansons verkaufte (*Chinoiserie*, *Vier Tänze*). […]

Sonntag, den 29. April […] Mehrere Couplet-Aufträge nicht bekommen, weil ich 300.000 Mark verlange. Mehrere gemacht zu 150.000 Mark. […] Heute abend ist Abschiedsvorstellung in der Wilden Bühne. Bendow ist zurück und tritt ab. Er hat Pläne für kommenden Winter. Wer nicht? […] Keinerlei Lust zu arbeiten. Wozu künstlerische Arbeit – ohne Gelddienst dabei? So was ist nichts mehr heut. Was ist aus mir geworden? – Bücher lesen? Wozu? Lie-

---

201 Ebd., S. 112-115 und 117.

ber ins Café gehen und Leute kennenlernen, die man vielleicht mal brauchen kann. [...]"202

Im Mai nimmt Schiffer auch erstmals bewusst wahr, dass die schwierigen Aushandlungsprozesse in der *Wilden Bühne* auch in anderen Kabaretts an der Tagesordnung sind. Seine finanzielle Situation bessert sich dadurch nicht:

> **Pfingstmontag, den 21. Mai** [...] Marguerite ist in der Rampe als ‚Margo Lion' einige Tage aufgetreten. Nach dem ersten Vorsprech-Erfolg wurde sie sogleich für den ganzen Sommer engagiert. [...] – Aber nach fünf Tagen haben sich die Sommerdirektoren der Rampe: Herr Kraus und Herr Meier, gezankt, gepöbelt, was weiß ich [...]. Ich habe die fünf Tage ihres Auftretens immer gesagt: ‚Gar kein Krach? Gar keine Sensation hier? Gar nicht wie in der Wilden Bühne?' – Gott sei Dank – es ist überall Krach. – [...]
> **Dienstag, den 19. Juni** [...] Einige Aufträge. Aber den meisten – Chansons zu teuer. Einen Dollar (alt), zwei Dollar (neu). Na, denn nich. Die Hesterberg wird einen Tanz machen. Aber ich werde mich nicht bequatschen lassen wie im vorigen Winter. Lieber gar nichts. [...]"203

Tatsächlich blieb Schiffer in der neuen Saison, der letzten der *Wilden Bühne*, anscheinend bei einer härteren Linie in Bezug auf die Finanzen. Die Probleme des Kabaretts werden in Schiffers Schilderungen immer prekärer, Konflikte zwischen den Mitwirkenden häufen sich, so dass er schließlich in der Brandkatastrophe, die die *Wilde Bühne* zerstörte, sogar ein symbolisches Feuer erkennt:

> **Dienstag, den 11. September** [...] Auch Fräulein Hesterberg hat sich gemeldet, und seit ich die Valetti kenne, ist sie mir noch unverdaulicher geworden mitsamt ihrer Wilden Bühne. Da gibt es natürlich wieder lauter Schwierigkeiten. Der Vertrag mit dem Hauswirt ist abgelaufen – es wird gestritten, es gibt Prozesse, keiner weiß noch recht, was los ist. Sie selbst quatscht mehr denn je und macht sich wichtig, wo sie kann. Setzt schon Proben an, wie Bendow sagt: um sich vorzukommen und Gelegenheit zu haben, Schnaps dabei zu trinken. Und mit dem Geld ist es ein Hin und Her und nichts Bestimmtes herauszubekommen, wie es immer war. Aber diesmal weiß ich Bescheid, und ich schreibe nicht einen Strich für sie, ehe alles geregelt ist!204 [...] Die Valetti hat vor jeder Vorstellung Lampenfieber – das kann man von Trudchen Hesterberg nicht behaupten. Die macht's aus dem Handgelenk ihrer x-förmig gebogenen Arme. Also wenn sie bezahlt – soll mir alles recht sein. Statt Mehring, der endlich geflogen ist [...], ist Tucholsky (Theobald Tiger) da. Hoffentlich werden wir uns vertragen. [...]
> **Montag, den 12. November** [...] Viel zu tun gehabt in den Cabarets. Tucholsky nicht mehr da in der Wilden Bühne. Statt dessen ist die versoffene Wasserratte Mehring frech wieder aufgetaucht. Aber ich bin recht energisch geworden und sage allgemein, was ich denke. Bendow mit Hesterberg verkracht, weil er

---

202 Ebd., S. 118-123
203 Ebd., S. 127f.
204 Der oben angeführte Vertrag vom 25. September 1923 war also offensichtlich das Ergebnis von Schiffers hier angekündigter konsequenter Haltung.

mit ihrem Ehemaligen noch zusammenkam. […] Die Hesterberg hat wieder ihre bekannte Novemberkrankheit und geht mittendrin in die Schweiz. Alles klappt nicht mehr so mit der Wilden Bühne und geht nun wohl langsam bergab. Marguerite sehr schnellen Erfolg gehabt – ist im Augenblick wieder übergeschnappt und machte gestern abend eine widerliche Szene wegen Kate Kühl. […] Meine letzten Sachen von Friedrich Hollaender komponiert. Heymann ist auch rausgeflogen. Lauter Krach und Gemeinheit und Nerven, und das Ausland ist einem verrammelt. […]

Dienstag, den 17. November […] Es gibt Dinge, die mich ankotzen. Zum Beispiel: Fräulein Hesterberg, die sich mir wieder in ganzer Größe gezeigt hat. […] – Aber wenn die alte, gewöhnliche Hure mich noch einmal nötig haben wird, dann soll sie erleben, was ich ihr für Preise mache. Wenn sie mich beleidigt – für all meine Quälerei, meinen guten Willen, für meine Nervenarbeit –, dann soll sie auch zahlen, daß sie auf den Aasch fällt. – Die Wilde Bühne ist im übrigen im November abgebrannt. Ein Kurzschluß und die unangenehmsten Folgen, daß einem der Schädel brummte. Trudchen war in der Schweiz, und als sie zurückkam hat sie – als Lohn für meine Mühe und für mein Chanson, das sie in der Schweiz gesungen hat – zu mir gesagt: ‚Schiffer, ich habe gehört, daß du hier gestänkert hast.‘ Die Wilde Bühne war einen Monat geschlossen, jetzt hat Reiß wieder mit ‚eigener künstlerischer Leitung‘ und mit ‚Resi Langer‘ und ‚Fritz Delius‘ als Stars – neueröffnet, nachdem er alles hat in den gräßlichsten Farben anstreichen lassen. Der Erfolg ist danach. – […] Hier brennt höchstens mal die Wilde Bühne ab, die man mitgeholfen hat, aufzubauen. Wenn es nicht albern wäre, könnte man sagen: ‚Das Feuer war symbolisch.‘ Die Zustände hinter den Kulissen, der Krach – alles war eine Auflösung, die irgendwie zu einem Ende führen mußte. Nun ist die alte Bühne abgebrannt – und widerliche Farben beschmieren die kahlen Wände, da die Feuerpolizei Vorhänge verboten hat. […]“[205]

Hesterbergs Führungsstil und auch Mehring waren also bei den Mitwirkenden durchaus umstritten; dass die Direktorin „die Liebe und Verehrung aller“[206] besaß und man als „Team“ zusammenarbeitete, wie sie es in den Lebenserinnerungen schildert, scheint nicht der Wahrheit entsprochen zu haben. Ob Hesterberg die Situation bewusst verzerrt darstellte, die Vergangenheit nostalgisch schönte oder die Situation vielleicht bereits damals ganz anders wahrgenommen hat, kann nicht entschieden werden. Schiffers Aufzeichnungen zumindest zeigen das Bild eines zerrütteten Verhältnisses der Mitwirkenden untereinander und zur Intendantin; die Atmosphäre wirkt geradezu vergiftet, so dass man sich fragt, wie hier überhaupt künstlerische Leistungen erbracht werden konnten.

Auch eine Episode aus Hesterbergs Memoiren, die eigentlich den demokratischen Charakter der *Wilden Bühne* hervorheben soll, erscheint vor dem Hintergrund von Schiffers Notizen in einem anderen Licht. Das geschilderte Verhalten Heymanns, von Hesterberg als „diktatorischer Einzelgänger“ bezeichnet, wird zwar als gegen die Gruppe gerichtet dargestellt. Die Entscheidung, wie damit umzugehen

---

205 Rotthaler 2003, S. 130-134.
206 Hesterberg 1971, S. 104.

sei, wird jedoch zweifellos von Hesterberg allein (und zwar rigoros) getroffen – es stellt sich also die Frage, wer in diesem Falle tatsächlich als „diktatoirscher Einzelgänger" handelt:

> „Heymann kam mit einer Riesenportion Selbstbewußtsein und mit einer neuen Frau aus Wien, die etwas sehr blond und etwas sehr mager war. Er und auch ‚Madame' versuchten in unser Team Breschen zu schlagen, indem sie uns einreden wollten, alles besser zu wissen; das trieben wir ihnen schnellstens aus, indem ich Hausverbot für alle Verwandtschaften ersten und zweiten Grades erließ. Sein Selbstbewußtsein ließen wir ihm, solange es nicht über die Ufer trat. Diesen Pegelstand überschritt er noch ein paarmal, aber er scheiterte an unserem eisernen Willen, keine diktatorischen Einzelgänger zuzulassen."[207]

Die Verwendung der Pronomen „wir" und „uns" erscheint in diesem Zusammenhang fast als rhetorisch. Dass eine starke Leitung, inklusive Durchsetzungsvermögen bei finanziellen Fragen sowie der deutlichen Positionierung bei internen Konflikten, für das Funktionieren des Kabaretts aber nicht von Nachteil, sondern wahrscheinlich sogar unumgänglich war, zeigt ein späterer Tagebucheintrag Schiffers aus dem Jahr 1925. Offensichtlich haben die Erfahrungen, die er nach der Schließung der *Wilden Bühne* sammeln konnte bzw. musste, ihn zum Umdenken gegenüber Hesterbergs Führungsstil bewegt:

> „1925 1. Januar (Rückblick) […] Die Hesterberg – nachdem todbeleidigt, weil ich ihr einmal die Wahrheit gesagt, hat sich neue Chansons von mir schreiben lassen und will im nächsten Jahre die Wilde Bühne wieder aufmachen. Das zweite vielleicht das einzig Richtige. In meinen drei Jahren am Cabaret habe ich allerhand an Direktionen erlebt (Valetti bis Drach) – Bendows Cabaret ausgenommen, das aber zur Entwicklung zu kurze Zeit hatte – und glaube seitdem wieder an die Hesterberg. (Wie lange?)"[208]

Die verhältnismäßig lange Bestandsdauer der *Wilden Bühne* von drei Jahren scheint Schiffer Recht zu geben. Eine Wiedereröffnung kam nicht zustande, erst später eröffnete Hesterberg mit der *Musenschaukel* wieder ein Kabarett.

Auch in Heymanns Erinnerungen wirkt die Leitung Hesterbergs umsichtiger. Seine Gedanken sind jedoch im Gegensatz zu Schiffers Notizen rückblickend aufgezeichnet und lassen so vielleicht einiges in milderem Licht erscheinen:

> „Trude Hesterberg, die außerordentliche pädagogische Fähigkeiten besaß, entdeckte im Übrigen fast täglich neue Typen, neue Talente, neue Dichter, neue Komponisten, und sie hatte ein offenes Ohr für jeden, der irgendeinen interessanten Vorschlag machte, der aus dem Rahmen fiel."[209]

---

207 Hesterberg 1971, S. 102. Hubert Ortkemper kommentiert das Zitat in den Memoiren Werner Richard Heymanns und stellt die Fakten dazu richtig: Heymann 2001, S. 127.
208 Rotthaler 2003, S. 141. Zu einer Wiedereröffnung der Wilden Bühne kam es nicht.
209 Heymann 2001, S. 128.

Im Gegensatz zu Schiffer, der Hesterberg in seinen Schilderungen latent unterstellte, sich an der *Wilden Bühne* zu bereichern und gleichzeitig die Darstellerinnen und Darsteller, Autoren und Musiker schlecht zu bezahlen, hat Heymann eine andere Meinung zum geschäftlichen Gebaren der Direktorin:

> „Mein Gehalt war minimal, und auch Trude Hesterberg dürfte an der Wilden Bühne nicht viel verdient haben, eher hat sie noch von eigenem und fremdem Geld dazugebuttert."[210]

Insgesamt würdigt er den Einsatz aller Mitarbeiter, einschließlich der Direktorin, der bei allen weit über die eigentlichen künstlerischen und vertraglichen Verpflichtungen hinausgegangen sei:

> „Zum Personal eines Kabaretts gehören nicht nur die darstellenden Künstler, sondern auch Vorhangzieher, Beleuchter, Garderobieren, Kassierer. Viele dieser Funktionen erfüllten wir in Personalunion (Trude Hesterberg an der Abendkasse muss man erlebt haben!!!)."[211]

Das Bild des hierarchischen Gefüges und des Umgangs in der *Wilden Bühne* bleibt uneinheitlich. Zu verschieden sind die aus den Quellen deutlich gewordenen Standpunkte, um aus heutiger Sicht eine klare Einschätzung der Arbeitsatmosphäre gewinnen zu können. Ob Hesterberg tatsächlich die Künstlerinnen und Künstler ihrem Können und ihren Begabungen entsprechend platzierte (und somit die Machtposition innehatte), ob eher Mehring als künstlerischer Berater dies im Hintergrund entschied oder ob sich tatsächlich die Mitwirkenden selbst ihren Platz in der *Wilden Bühne* suchten bzw. erkämpften, muss offen bleiben. Der Vergleich der Quellen lässt jedoch keinen Zweifel daran, dass der Wirkungsraum *Wilde Bühne* aus der Perspektive der Direktorin, des Rezipienten, des Autors oder des Komponisten unterschiedlich wahrgenommen wurde, und dass sich in den später aufgezeichneten Erinnerungen ein anderes Bild darstellt als in zeitgenössischen Quellen.

---

210 Heymann 2001, S. 130.
211 Heymann 2001, S. 128.

Die Straße dringt ins Haus. Raumaufbrüche und -konstruktionen im musikalischen Repertoire der *Wilden Bühne*

Schauplatz der Zeitkritik. Ein Stück Paris in Berlin? |

> „Es ist heute üblich und oft leicht zu sagen, der oder die waren in ihrer Art der Ausdruck jener ‚goldenen Zeit der zwanziger Jahre‘. Mir graust vor diesem Wort genauso wie meinem Freund Walter Mehring, der ‚ihr ins Antlitz gedichtet hatte‘ und zu diesem Behuf keine bessere Tribüne als das deutsche Kabarett gefunden hatte. Die ‚Wilde Bühne‘ war einesteils das Podium, auf dem wir alles, was uns an der aufgedonnerten Raffkezeit nicht paßte, zur Sprache brachten, und gleichzeitig war sie auch die frechste Plattform für scharfe Zeitkritik, für die Auseinandersetzung mit allen politischen und sozialen Problemen jener Zeit.“[212]

Das Kabarett als (Zerr-)Spiegel der Zeit – das ist ein bekanntes Motiv, das auch Hesterberg in ihren Bericht über die *Wilde Bühne* aufnimmt.[213] Doch da sich, wie Karl Schlögel sagt, „Leben […] in Raum und Zeit [ereignet]“[214], finden wir in der *Wilden Bühne* nicht nur die Zeit gespiegelt – auch der Raum, die Stadt Berlin, findet Eingang in die Kunst, in Lieder, Bühnenbild, Kostüm.

Schiffer/Spolianskys *Kurfürstendamm*, geschrieben für die *Wilde Bühne*, ist bereits im vorigen Kapitel thematisiert worden. Hier dringt die Straße (der Kurfürstendamm) im wahrsten Sinne des Wortes ins Haus, indem das Treiben auf dem Boulevard zum Gegenstand der satirischen Auseinandersetzung in der *Wilden Bühne* wird. Die Bewegung, der „vibrierende“, durchschrittene Raum, wird zum Thema der Kunst, nicht nur in Gemälden wie Boccionis *La strada entra nella casa* (siehe Abb. 33 im Farbteil). Hier zieht die Dynamik der Farben und Formen den Betrachter quasi ins Bild hinein (und zwar über die Figur am Fenster), gleichzeitig wird geradezu eine Explosion von Geräuschen mithilfe malerischer Techniken dargestellt.[215]

---

212 Hesterberg 1971, S. 90.

213 Zur Problematik von Schlagertexten als Spiegel des „Zeitgeistes“ vgl. Helms, Dietrich: „‚Was die Wellen dir zärtlich erzählen‘. Anmerkungen zum Schlager als Quelle historischer Forschung“, in: Helmut Rösing (Hg.), *Populäre Musik im kulturwissenschaftlichen Diskurs*, Bielefeld: CODA 2000, S. 143-167. Die von Helms aufgeworfenen Kritikpunkte treffen nur teilweise auf die Kabarettchansons zu, da ihre Verfasser nicht auf Massenwirksamkeit ihrer Produkte aus waren und ihren Anspruch einer kritischen Haltung zur Gesellschaft z.T. selbst formulierten. Ihre Funktion haben diese Chansons somit, im Gegensatz zu Helms Annahme für „Populäre Musik“, im Verstehen und nicht im Aneignen (Ebd., S. 151). Gemeinsam ist Schlager und Kabarettchanson jedoch, dass beide mit Schlagworten operieren, die sie als Stimulus für assoziative (emotionale) Verknüpfungen nutzen.

214 Schlögel 2003, S. 386.

215 „Wir setzen den Beschauer mitten ins Bild.“, Boccioni/Carrà/Russolo/Balla/Severini: „Die futuristische Malerei – Technisches Manifest (1910)“, in: Schmidt-Bergmann 1993, S. 307-310, hier S. 308. Vgl. zum Begriff des „Dynamismus“: Boccioni, Umberto: „Bildnerischer Dynamismus (1913)“, in: Ebd., S. 323-326. Ziel war, „den Begriff des Raumes, auf den sich der Kubismus beschränkt, mit dem der Zeit zu vereinen.“ (Boccioni: „Pittura Scultura Futuriste. Dinamismo Plastico“, zit. n. Schmidt-Bergmann 1993, S. 298).

Auf ähnliche Weise überträgt Schiffer/Spolianskys Chanson Bilder bzw. visuelle Imaginationen auf die Zuhörer. Dem bildenden Künstler gelingt es, über visuelle Mittel Akustisches zu evozieren, Schiffer und Spolansky rufen über rein akustische Phänomene eine Flut von Bildern hervor. In der Vorrede *Die Aussteller an das Publikum*, in der die Futuristen u.a. Boccionis Gemälde thematisierten, durchdringen sich ebenfalls Visuelles und Akustisches im Begriff „sonndurchflimmertes Gesumm", obgleich „die Empfindungen des Auges" wiedergegeben werden sollen:

> „Wenn man eine Person auf dem Balkon (Innenansicht) malt, so begrenzen wir nicht die Szene auf das, was uns das schmale Fensterviereck zu sehen erlaubt, sondern wir bemühen uns, die Empfindungen des Auges der auf dem Balkon befindlichen Person in ihrer Gesamtheit zu geben: das sonnendurchflimmerte Gesumm der Straße, die beiden Häuserreihen, die sich zu seiner Rechten und Linken entlangziehen, die blumengeschmückten Balkons; das heißt: Gleichzeitigkeit der Atmosphäre, folglich Ortsveränderung und Zergliederung der Gegenstände, Zerstreuung und Ineinanderübergreifen der Einzelheiten, die von der laufenden Logik befreit, eine von der anderen unabhängig sind."[216]

Eine ähnliche Vergegenwärtigung von Bewegung als Verbindung von Zeit und Raum lässt sich in der Poesie beobachten, die sich ebenfalls (unter anderem) über akustische Mittel manifestiert:

> „In dieser Bewegung oder genauer: in diesen Bewegungen zeigt sich die Stadt. [...] Die expressionistische Stadtlyrik nimmt diese Bewegung nur auf und exaltiert sie, aber sie produziert sie nicht. Sie ist vorhanden."[217]

Im Eröffnungsprogramm der *Wilden Bühne* setzte Hesterberg auf andere Weise, aber auch ganz explizit auf eine räumliche Thematik, nämlich auf den lokalen Bezug zur Stadt Berlin. Vorbild waren dabei die Cabarets des Pariser Montmartre, wo die Chansons häufig Geschichten aus den Stadtteilen erzählten und das Elend der Straße thematisierten. Weltbekannt sind z.B. Aristide Bruants Lieder wie *A la Villette* oder *A la Roquette*, die im letzten Vers jeder Strophe jeweils den Ort des Geschehens (häufig ein Verbrechen) in der Stadt oder den Vororten von Paris bezeichnen.[218] Paris und Berlin programmatisch in Verbindung zu setzen, war keine neue Idee, hatte doch ein Kritiker schon im Oktober 1920 einen Teil des Programms des *Schall und Rauch* mit dem Satz kommentiert: „Berlin ward um ein Stück Pa-

---

216 Boccioni, Umberto/Carrà, Carlo D./Russolo, Luigi/Balla, Giacomo/Severini, Gino: „Futuristen. Die Aussteller an das Pubikum", in: Schmidt-Bergmann 1993, S. 310-315, hier S. 312 (deutsche Fassung aus der Zeitschrift *Der Sturm*, 1912).
217 Schlögel 2003, S. 299.
218 La Roquette beispielsweise war das Gefängnis, wo Hinrichtungen stattfanden. Chansonsammlung mit deutscher Übersetzung und Noten: Bruant, Aristide: *Am Montmartre. Chansons und Monologe*, hg. von Walter Rösler, Nachdichtungen von Heinz Kahlau, Berlin: Henschel 1986. Zu Aristide Bruants Chansons z.B. Rösler 1980, S. 34-53, hier besonders S. 39.

ris reicher."[219] Doch Hesterberg wollte darüber hinausgehen: Ihr schwebte eine Art Berliner Montmartre vor, und sie wollte das Programm ganz auf ihr „geliebtes Berlin und sein unvergleichliches Lokalkolorit stellen."[220] Angeregt wurde sie dazu u.a. von Rosa Valettis Cabaret *Größenwahn*, das sich ebenfalls an Pariser Vorbildern orientierte. Bei Hesterberg wurde in Berliner Jargon vorgetragen, und Hase, die bereits im Eröffnungsprogramm mit den Liedern *Millys Abenteuer* und *Ringelreihen* beteiligt war,[221] sang ihre „Bänkellieder und Moritaten" zur Drehorgel, einem aus Berliner Hinterhöfen gut bekannten Instrument.[222] Im zweiten Teil des Eröffnungsprogramms fasste die Intendantin ihre selbst dargebotenen Chansons von Mehring (*An den Kanälen*) und Leo Heller (*Mein Schorsch, Umzug, Der Boxer*) unter dem Oberbegriff *Berlin j.d. (janz draußen)* zusammen. Auch diese Idee war nicht neu: 1920 hatte Paul Graetz im *Schall und Rauch* drei Chansons unter einem Oberbegriff, nämlich *Berliner Tempo*, präsentiert.[223] Kurt Gerrons Auftritt stand unter dem Motto *Nachtspaziergänge* – natürlich durch Berlin. Die Musik zu all diesen Chansons wurde von Heymann geschrieben.

Hesterberg hatte sich mit ihrer Programmgestaltung allerdings verschätzt – der Schwerpunkt auf Berliner „Lokalkolorit" analog zur Pariser Vorort-„Romantik" kam in der deutschen Großstadt der 1920er-Jahre nicht (mehr) an. Der Kritiker der *Vossischen Zeitung* schrieb:

> „Annemarie Hase und Viky [sic!] Werckmeister waren die übrigen Lichtpunkte des Spielplans, dessen literarische und berlinische Note so rechtschaffen durchgehalten ist, daß man mit einem etwas schwermütigen Lächeln vom Stuhl aufstand."[224]

Offenbar widersprach die „düstere Melodie", die Heller, Mehring, Hesterberg und Gerron mit ihren Chansons anschlugen, dem Bedürfnis der Berliner nach Zerstreuung und Unterhaltung: „Mit dem Können und der Kunst, die hier aufgeboten sind, müßte es möglich sein, nicht nur Nachtschatten nachzubilden, sondern Menschen froh zu machen. Wann versuchen Sie's, Frau Trude?"[225], fragte die *Vossische*. Anscheinend war man der Darstellung des Milieus in den Vororten bzw. den nördlichen Stadtteilen überdrüssig oder das Programm war zumindest zu einseitig auf diesen Aspekt zugeschnitten.

---

219 Alfred Richard Meyer: „Schall und Rauch", in: *Nationalzeitung* (Berlin), 03.10.1920 sowie *8-Uhr-Abendblatt*, 04.10.1920, abgedruckt in: Tgahrt 1995, S. 228. Tgahrts Zusammenstellung von Zeitungsberichten zum *Schall und Rauch* ist informativ und lesenswert. Bei der *Wilden Bühne* beschränkt er sich größtenteils auf Auszüge aus Hesterbergs Memoiren sowie Kritiken Max Herrmann-Neißes, die inzwischen auch anderweitig zugänglich sind.
220 Hesterberg 1971, S. 88.
221 Eröffnungsprogramm abgedruckt z.B. bei Kühn 1996, S. 134 sowie Rösler 1980, S. 327.
222 Hesterberg 1971, S. 98.
223 Es handelte sich um die Lieder *Gleisdreieck, Couplet en Voltige* und *Berliner Tempo*, Text: Walter Mehring, Musik: Friedrich Hollaender. K[arl] W[ilczynski]: „Vom Brettl. Schall und Rauch", in: *Berliner Börsen-Zeitung*, 03.10.1920, abgedruckt in: Tgahrt 1995, S. 228-230.
224 *VossZ*, Nr. 431, 13.09.1921, Abendausgabe.
225 Ebd.

Noch ein halbes Jahr zuvor hatte Roth die Schilderungen eines „Ansichtskarten-wedding" mit Bezug auf Hollaenders *Lieder eines armen Mädchens*[226] (aufgeführt in Valettis *Größenwahn*) als die zugkräftigsten Nummern im Kabarett bezeichnet und diese als „verlogen" und „kindisch" scharf angegriffen:

> „Im Wedding hört die Grammatik auf und das Geld auch. […]
>
> Die Frauen sind aus rein klimatischen Gründen Dirnen, stehlen ‚Jroschen'[227], und wenn sie noch nicht fertig sind, tragen sie lächerlich dünne Zöpfe und ziehen sich abstehende Ohren an und setzen sich vor eine Kulisse aus Pappe und baumeln mit den Beinen[228], mit der gleichen Selbstlosigkeit wie die Män-ner. Damit die Damen und Herren des Westens was vom Norden zu sehen kriegen. […]
>
> Dieser Ansichtskartenwedding ist das Zugkräftigste in dem Berlin der Gegen-wart. Er gehört in die Kategorie der verlogenen Dirnenliteratur und ist nur kindisch […].
>
> Die Weddinger Männer und Frauen wohnen eng, riechen schlecht und kön-nen sich nicht gut benehmen. […] Aber was sie sind und was sie tun, sind und tun sie nicht, um von Friedrich Hollaender (den Beruf mein' ich, nicht den Mann) komponiert zu werden.
>
> Auch nicht, um von Blandine Ebinger (und hätte sie noch so viel Talent! – sie hat nämlich viel Talent) gespielt zu werden. Und ganz bestimmt nicht, um vom Kurfürstendamm gesehen und gehört zu werden.
>
> Das ist der Unterschied.
>
> Es ist der Unterschied, wie zwischen Leben und Kabarett. Jenes ist ernst und dieses ist heiter."[229]

Die Verlogenheit, die Roth in den Chansons findet, aber auch die Tatsache, dass sich das Kabarett die Not des Nordens zum Amüsement einer Oberschicht zunutze machte, scheint auch in Hesterbergs erstem Programm angelegt zu sein. Dabei ist es schwierig, einzuschätzen, ob Hesterberg und ihre Textautoren, von dem Erfolg Rosa Valettis mit solchen Programmen angeregt, ebenfalls ein „Ansichtskartenwedding" auf die Bühne bringen wollten oder ob sie gerade die romantische Verzerrung zu vermeiden versuchten und ihr Programm deshalb für das Publikum zu düster wirk-te. Das von Roth benannte Heitere des Kabaretts kam im ersten Programm Hester-

---

226 Auch in der *Wilden Bühne* standen einige dieser Lieder auf dem Programm: Im April 1922 sang Ebinger dort das *Groschenlied*, *Oh Mond* sowie *Wenn ick mal tot bin* (Lareau: Pro-grammaufstellung „Wilde Bühne", StKA, Wilde Bühne, LK/C/77,1 sowie Lareau 1990, S. 455-469, hier S. 460).

227 Vgl. Hollaenders *Groschenlied* („Ein Jroschen liegt auf meiner Ehre"), abgedruckt z.B. in: Hip-pen 1986, S. 98; Noten in: *So oder so ist das Leben. Chansons und Kabarettlieder von gestern und heute, Heft 4*, Berlin/München: Dreiklang-Drei Masken o.J. sowie Rösler 1980, S. 271f.

228 Vgl. Klabund/Hollaenders Chanson *Ich baumle mit de Beene*, abgedruckt z.B. in: Hippen 1986, S. 97; Noten in: *So oder so ist das Leben. Chansons und Kabarettlieder von gestern und heute, Heft 1*, Berlin/München: Dreiklang-Drei Masken o.J. Roth bezieht sich in der Beschrei-bung auf Ebingers Kostüm bzw. Auftreten als Lieschen Puderbach in den *Liedern eines armen Mädchens*.

229 Joseph Roth: „Literarischer Wedding", in: *Freie Deutsche Bühne*, 13.03.1921, abgedruckt in: Tgahrt 1995, S. 248ff.

bergs aber ganz offenbar zu kurz bzw. man sah es nicht in den aufgeführten Chansons um Verbrecher und Dirnen.

Hesterberg verstand schnell, dass das düstere Kaschemmenmilieu ihr nicht den erhofften Zuspruch (und damit den notwendigen finanziellen Erfolg) bringen würde:

> „Bis zur Pause ging alles ganz flott. ‚'n bißken viel j.w.d.‘, sagte einer, ‚aber sonst janz jut!‘ Als es aber nun nach der Pause weiterging mit ‚ickedettekiekemal‘, da sank die Stimmung merklich. […] Ich lernte daraus."[230]

Die Erkenntnis, dass das Publikum „froh" nach Hause gehen wollte und ein hohes darstellerisches und literarisches Niveau (das die Kritiken durchweg bescheinigten) allein nicht ausreichend war, führte zu einer Umstellung des Programms: Hesterberg verzichtete zumindest teilweise auf ihr Experiment des Montmartre in Berlin und die Dirnenromantik. Die Chansons wurden moderner und es gab nicht mehr ganz so viele Bänkellieder mit Huren- bzw. Verbrechersujets, stattdessen standen aktuelle Themen und bald eine neue Sachlichkeit auf dem Programm. Statt auf *Berlin j. d.* setzte die *Wilde Bühne* nun auf *Berlin simultan* (Mehring) und (später) auf Schiffers Großstadt-Satiren (vgl. Schiffer/Spolianskys *Kurfürstendamm*, Kap. *Kakadu-Bar*, S. 141ff.).

Das suggestive Chanson | Reinhardt Tgahrt hält in der von ihm herausgegeben Sammlung *Dichter lesen* fest, dass sich das Nachkriegskabarett von Rezitationsabenden des expressionistischen Jahrzehnts in seiner Programmgestaltung u.a. durch den Einsatz der Musik abhob:

> „Das literarische Kabarett der Nachkriegszeit unterschied sich, wie schon das Überbrettl der Jahrhundertwende, von den Rezitationen und Lesungen (ob mit oder ohne Musik dazwischen) durch die Vorherrschaft des gesungenen Textes, der zum Schlager werden konnte, neben dem bloß gesprochenen."[231]

Tgahrt betont auch (neben der Vortragskunst) die große Bedeutung der Musik für den Erfolg der Texte, die später dennoch in Sammelbänden ohne die Kompositionen erschienen und die den Ruhm von Dichtern wie Kurt Tucholsky oder Erich Kästner begründeten:

> „Die von ‚Haus‘- und anderen Dichtern geschriebenen (und von Musikern wie Friedrich Hollaender, Mischa Spoliansky, aber auch Hanns Eisler komponierten) Chanson- und Couplettexte, oft eigens für bestimmte Diseusen oder Schauspielersänger verfaßt, verdankten ihre Wirkung, ihren Erfolg eben diesen Vortragskünstlern – und der zündenden Musik. Da mochten sie, die Dichter, noch so eifrig beratend mitwirken oder liefern oder selbst auftreten […]."[232]

---

230 Hesterberg 1971, S. 92.
231 Tgahrt 1995, S. 219.
232 Ebd.

Oder wie Willi Schaeffers es in seinen Memoiren zusammenfasst: „Zentrum und Basis jedes Kabarettprogramms ist das Chanson. Seine Qualität entscheidet über den Erfolg. Dreierlei muß da zusammenstimmen: der Text, die Musik, und wie es gebracht wird."[233]

Für das neue Kabarett musste von den Komponisten auch eine neue Musik „erfunden" werden. Lareau stellt heraus, dass die verbreiteten Vorstellungen von „Kabarett-Musik" zumeist von späteren Darstellungen in Filmen wie Josef von Sternbergs *Der blaue Engel* beeinflusst sind und nur bedingt mit dem tatsächlich gespielten Repertoire übereinstimmen:

> „The popular idea of cabaret music is misleading. We associate cabaret music with jazz, entertainment music, or popular song. Yet it holds true only for a portion of this music […]. The range of musical expression in German literary and artistic cabarets from the turn of the centrury to the 1930s was much broader. Unfortunately, that music which was composed specifically for cabaret performance is virtually unknown […]. For a long time it has been mistakenly assumed that the theater songs of Kurt Weill […], the film songs from the *Blue Angel*, and pop tunes of the twenties could be considered representative fare of the cabaret stage."[234]

Heymann vermutete, dass Weills Kompositionen von der Tonsprache eines Teiles des Kabarett-Repertoires inspiriert waren:

> „Vieles, was ich damals schrieb, war musikalisches Neuland in diesem Genre, ebenso wie Friedrich Hollaender ganz neue Töne für das Kabarett fand, die zweifellos nicht ohne Einfluss auf Kurt Weill gewesen sind, dessen DREI-GROSCHENOPER einige Jahre später, sehr in unserer Nähe, am Schiffbauerdamm, überwältigende Erfolge erzielte."[235]

Auch die (vor)schnelle Verbindung des Kabarettchansons mit Jazz-Einflüssen trifft nur auf einen kleinen Teil des Programms und erst ab ca. Mitte der 1920er-Jahre zu.[236] Zwar gibt es Ausnahmen (siehe Kap. *„Von weither übers Meer"*: The Jazzband, S. 200), doch Jazz- und Tanzmusik-Einflüsse werden vor allem später in den Kabarett-Revuen Hollaenders, Spolianskys und Nelsons sichtbar.

---

233 Schaeffers, Willi: *Tingel Tangel. Ein Leben für die Kleinkunst, aufgezeichnet von Erich Ebermayer*, Hamburg: Broschek 1959, S. 9.
234 Lareau 1995, S. 106. Zum Chanson im Kabarett siehe auch das ganze Kapitel „New Music for the Cabaret", ebd., S. 106-114; außerdem: Rösler 1980.
235 Heymann 2001, S. 115.
236 Zur Entwicklung des Jazz im Deutschland der Weimarer Republik: Schröder 1990, S. 255-327; Kater, Michael H.: „Die ungewisse Kultur. Jazz in der Weimarer Republik" (Einleitung), in: Ders. 1995; Lange 1996, S. 22-79; Partsch, Cornelius: *Schräge Töne. Jazz und Unterhaltungsmusik in der Kultur der Weimarer Republik*, Stuttgart/Weimar: Metzler 2000; Budds, Michael J. (Hg.): *Jazz & the Germans. Essays on the influence of „hot" American idioms on the 20th-century German music*, Hillsdale: Pendragon Press, 2002 (=Monographs and bibliographies in American music, Bd. 17) sowie Lücke, Martin: *Jazz im Totalitarismus. Eine komparative Analyse des politisch motivierten Umgangs mit dem Jazz während der Zeit des Nationalsozialismus und des Stalinismus*, Münster: LIT 2004 (= Populäre Musik und Jazz in der Forschung, Bd. 10), S. 49-64.

Wie sah nun tatsächlich die musikalische Begleitung im Kabarett der Weimarer Republik aus? Eine Rekonstruktion gestaltet sich schwierig, da viele Quellen durch die erzwungene Emigration der Hauptakteure verloren gingen. Bis heute sind nur wenige Noten publiziert. Das, was im Nachlass von zumeist Interpretinnen und Interpreten erhalten ist, zeigt eine große Vielfalt, die Walter Rösler unter Sichtung zahlreicher Quellen im Buch *Das Chanson im deutschen Kabarett 1901-1933* analysiert und systematisiert hat.

Als zeitgenössische Stimme äußert sich u.a. Friedrich Hollaender zu Ziel und Form des Kabarettchansons:

> „Das Publikum soll nicht länger nur amüsiert werden. Es soll denken und, wenn es das nicht will, soll es vom Rhythmus umgerissen werden! Das Chanson ist eine Sache der Suggestion, ist die Bezwingung der Masse."[237]

Die Gedichte, die sich auf vielfältige Traditionen beriefen, erforderten unterschiedliche stilistische Vertonungen. Was das Bänkellieder-Repertoire betraf, so konnte man sich an Vorbildern wie den Chansons Bruants, den Wedekind'schen Balladen oder an Couplets der Volkssänger orientieren. Mit den Berliner Gassenhauern herrschte zudem eine für diese Stadt typische Tradition der Parodie vor, in der Melodien mit neuen, meist spöttischen Versen versehen wurden.[238] Eins der bekanntesten Beispiele für solche Textspielereien ist das Lied *Mutter, der Mann mit dem Koks ist da*, gesungen auf eine Melodie aus Carl Millöckers Operette *Gasparone*.[239] Auch im Kabarett wurden (und werden bis heute) solche Parodien eingesetzt; ein bekanntes Beispiel ist u.a. Friedrich Hollaenders *An allem sind die Juden schuld* aus der Kabarettrevue *Spuk in der Villa Stern* (1931), das auf die Melodie der Habanera aus Georges Bizets *Carmen* gesungen wurde („L'amour est un oiseau rebelle").[240] Wie Kabarett-Vertonungen aussehen konnten, wird im Folgenden an drei Beispielen von Spoliansky-Chansons für die *Wilde Bühne* verdeutlicht. Gleichzeitig zeigt sich in diesen Liedern eine unterschiedliche Auseinandersetzung mit dem (Stadt-)Raum. Dabei werden Überschneidungen mit zwei von drei Kategorien, die Lareau zur Gliederung des Repertoires der *Wilden Bühne* wählt, deutlich: einerseits der Milieu-Poesie, unter die das *Frühlingslied* und die *Kartenhexe* fallen, andererseits die Montage-Gedichte Mehrings (*Jazzband*). Zur dritten Kategorie Lareaus, „Satires of a stylish society", gehört das bereits zuvor thematisierte Chanson *Kurfürstendamm* (*Gesellschaftsspiel*) von Schiffer.[241] Keines der als Beispiel gewählten Lieder wurde in der Entstehungszeit publiziert, lediglich die Texte wurden ver-

---

237 K[arl] W[ilczynski]: „Vom Brettl. Schall und Rauch", in: *Berliner Börsen-Zeitung*, 03.10.1920, abgedruckt in: Tgahrt 1995, S. 228-230, hier S. 229f. Ein schönes Beispiel, wo diese „Bezwingung der Masse" im Chanson aufgegriffen wird, ist Mehring/Hollaenders *Dressur*, gesungen von Trude Hesterberg in der *Wilden Bühne*.

238 Das Grundlagenwerk zum Berliner Gassenhauer: Richter 1969.

239 Ebd., S. 354-357.

240 Eine Aufnahme aus dem Jahr 1931 findet sich auf der CD Hase, Annemarie: *Das Zersägen einer lebenden Dame*, Neckargmünd: Edition Mnemosyne 1999 (VS 2002) (=CD-Edition „Vertriebene deutsch/jüdische Schauspieler"). Noten bei Rösler 1980, S. 295f.

241 Lareau 1990, S. 267.

öffentlicht. Lediglich die Noten zu Mehrings *Die Kartenhexe* wurden in den 1980er-Jahren in einer Kabarett-Anthologie abgedruckt.[242]

Dunkle Stadtteile: „Von Wedding bis Montmerte" |

> „Ob man uns lieb, ob man uns schmäh:
> Wir geben noch Konzerte
> Von Wedding bis Montmerte
> Im Cabaret – Im Cabaret – Im Cabaret"[243]
> (Walter Mehring)

Im Februar 1922 wurde in der *Wilden Bühne* Mehrings Chanson *Die Kartenhexe* in einer Vertonung von Spoliansky aufgeführt (Interpretation: Annemarie Hase).[244] Komposition wie auch Text folgen in gewissen Aspekten französischen Vorbildern, die von den Autoren weiterentwickelt bzw. abgewandelt werden.[245] Beide übernehmen formal Strukturen des Montmartre-Chansons, inhaltlich überträgt Mehring die „Handlung" des Liedes nach Berlin.[246]

Es handelt sich bei der *Kartenhexe* um eine Ballade aus dem Verbrecher-Milieu: Die Kartenhexe verdingt sich als „Engelmacherin", nimmt also Abtreibungen vor, und wird im Laufe des Liedes aus Geldgier von einem jungen Paar ermordet. Mehrings Text und dem folgend auch Spolianskys Komposition beziehen sich auf Vorbilder des Montmartre-Cabarets. So findet sich z.B. auch in der *Kartenhexe* ein kurzer Refrain von einem Vers, der die vorherige Handlung in einem Begriff zusammenfasst bzw. zuspitzt. Wie oben beschrieben, stehen im französischen Chanson oft Stadtviertel bzw. Ortsangaben für ein gewisses Milieu; die Namen weisen über sich selbst hinaus und öffnen ein Assoziationsfeld. Mehring nutzt einen wechselnden Refrain, in dem einerseits der Titel des Chansons befestigt wird („Die Kartenhexe!"), andererseits auch eine Ortsangabe ins Spiel kommt. Sie ist allerdings weniger spezifisch als z.B. bei Bruants *A la Villette*. Es heißt hier „In ihrem Bette", was im Folgenden spielerisch abgewandelt wird in „vorm Wochenbette" oder „Im Totenbette". Ähnlich verfährt Mehring auch im Chanson *An den Kanälen*, das sich ebenfalls an

---

242 Hippen 1986, S. 129f.
243 Prolog zu Wedding-Montmerte (1922). In: Mehring 1981, S. 181.
244 Zum ersten Mal erklang *Die Kartenhexe* im Februarprogramm 1921 im Kabarett *Schall und Rauch*, gesungen von Marga Marr (Programmaufstellung *Schall und Rauch* in: Lareau 1990, S. 439-454, hier S. 451).
245 S. dazu auch Rösler, S. 237f.
246 Im Gegensatz zu mir sieht Hellberg die Beziehung zu Volksballaden und Bänkelsang ausschließlich im Inhalt dieses Chansons, nicht in seiner äußeren Gestaltung: Hellberg, Frank: *Walter Mehring. Schriftsteller zwischen Kabarett und Avantgarde*, Bonn: Bouvier Verlag Herbert Grundmann 1983 (=Abhandlungen zur Kunst-, Musik- und Literaturwissenschaft, Bd. 337), S. 140.

Bruant'schen Vorbildern orientiert und in dem der wiederkehrende Refrain „Längs den Kanälen" ebenfalls variiert wird („Auf den Kanälen" bzw. „Aus den Kanälen"[247]).

Das Milieu wird auch in der *Kartenhexe* gleich in der ersten Strophe durch eine Ortsangabe verdeutlicht: „Sie wohnte Mulackstraße sechse". Die Mulackstraße liegt in der Spandauer Vorstadt in Berlin-Mitte. Hier wohnten Zuhälter, Prostituierte, Verbrecher, aber auch viele mittellose jüdische Einwanderer aus Osteuropa:

> „Für Polizeibeamte waren Straßen wie die Mulackstraße mit ihrem ‚Ochsen-hof' – einem Haus mit Dutzenden von Eingängen und zwanzig Aufgängen – ein Greuel. Haussuchungen waren hier zumeist zwecklos. Kam es zu Zusammenstößen, wurden die Straßenlaternen zerschlagen. Polizeistreifen wagten sich hier nur zu zweit vor."[248]

Über das Viertel um die Alte Schönhauserstraße, von der die Mulackstraße abzweigt, sowie die nahe gelegene Neue Schönhauserstraße[249] schreibt der *Führer durch das „lasterhafte" Berlin* unter der Überschrift „Neugierige seien gewarnt! – Kaschemmenbetrieb – Dunkle Stadtteile":

> „Vor eigenen Spürversuchen ist abzuraten. Neugierige sind gewarnt! Man könnte ein Entree zahlen, das die Erfahrung nicht lohnt und das im Programm einer nächtlichen Vergnügungsfahrt durch Berlin nicht vorgesehen ist.
>
> Rechts von der Münzstraße biegt man in die Alte Schönhauserstraße ein. Die düstere Breite der Straßen des Berliner Ostens wirkt nachts oft unheimlicher als die finstere Enge der Gassen des alten Paris. Umso sparsamer ist die Raumverteilung in den Häusern. Von tieferer Bedeutung ist der Spitzname eines Cafés, ‚Café Quetsch', das hier mit matten Fenstern lockt. Man tritt in einen düsteren, langgestreckten Raum. Die Hand tastet in der Finsternis unwillkürlich nach Führung. Irrlichtern gleich glimmen ein paar grüne und rote Lämpchen im Undurchdringlichen. Man denkt an Schiffskojen, wenn man rechts und links des Ganges die dichtverhängten Logen sieht, in denen man ungesehen verschwinden kann. [...]
>
> Die Lokale in der Neuen Schönhauserstraße sind durchweg das, was man als ‚Flüsterkneipen' bezeichnet. Das Geflüster an den Tischen aber, das sind keine Zärtlichkeiten, kein Liebesworte. Hier handelt man nicht wie dort um die Genüsse des horizontalen Handwerks. Hier wird Diebesware ‚verscherft', gestohlenes Gut wandert aus der Hand des Stehlers in die des Hehlers. [...] Zwischen den Hehlerkneipen liegen in trauter Gemeinschaft die dunkelsten und schmutzigsten Absteigen des Viertels."[250]

---

247 Mehring 1981, S. 134f. Trude Hesterberg sang das Chanson im Eröffnungsprogramm der *Wilden Bühne*, Werner Richard Heymann komponierte die Musik (Notenausgabe: Heymann, Werner Richard: *Chansons von Werner Richard Heymann (Gs, Pfte)*, Berlin: Apollo 1968). S. auch Lareau 1995, S. 78f.

248 Liang, Hsi-huey: *Die Berliner Polizei in der Weimarer Republik*, Berlin: de Gruyter 1977 (=Veröffentlichungen der Historischen Kommission zu Berlin beim Friedrich-Meinecke-Institut der Freien Universität Berlin, Bd. 47), S. 13.

249 Bei beiden Straßen weicht die Schreibung heute ab: Alte/Neue Schönhauser Straße.

250 Moreck 1996 [1931], S. 218f.

Die Stimmung und das Milieu, das wir uns heute erst durch das Zitat vergegenwärtigen müssen, wurde von den damaligen Zuhörern automatisch mit der Nennung der Mulackstraße verbunden. Das zur Entschlüsselung des Chansons benötigte Hintergrundwissen konnte man voraussetzen.

Spolianskys Vertonung ist (wie auch zahlreiche Montmartre-Chansons) einfach gehalten. Er nutzt zunächst nur wenige Grundakkorde, die Dreiklangs-Begleitfigur bewegt sich schlicht über dem Orgelpunkt f.[251] *Die Kartenhexe* teilt damit Merkmale, die Rösler für die „Chansons réalistes" von Aristide Bruant anführt: eine Vorliebe für Dreiklangs-Melodik, Beschränkung der Harmonik auf Grundfunktionen, syllabische Deklamation mit Zäsuren am Ende der Verszeilen.[252]

Auffällig ist lediglich der recht große Stimmumfang der Melodie, der eine Undezime umfasst (bei Bruant oft nur eine Quinte). Da die im Montmartre der Jahrhundertwende übliche Einheit von Autor, Komponist und Interpret im deutschen Kabarett eine Seltenheit war, wurden die Chansons üblicherweise vom Komponisten den Fähigkeiten der Interpretinnen und Interpreten angepasst. Die damit einhergehende Professionalisierung der Darstellung wirkte sich also auf die Kompositionen aus. Man kann bei der *Kartenhexe* davon ausgehen, dass Hase dieser Tonumfang leicht zur Verfügung stand.[253]

In der ungewöhnlichen Phrasenbildung lassen sich Parallelen zu Bruants *A la Villette* bzw. *A Batignolles* erkennen, die beide auf dieselbe Melodie gesungen werden. *A la Villette* sowie Bruants *A Saint Lazare* waren im Oktoberprogramm 1920 im *Schall und Rauch* unter der musikalischen Leitung (und Klavierbegleitung) Spolianskys aufgeführt worden, so dass der Komponist das Repertoire gut kannte.[254] Spoliansky gliedert die Strophe der *Kartenhexe* (T. 3-11) in 3+3+5 Takte (siehe Abb. 34); in Bruants Chanson ist die Melodie zwar auftaktig, jedoch ebenso unregelmäßig in 3+3+5 Takte gegliedert (siehe Abb. 35).

Anstatt wie im Chanson Bruants alle Strophen in der gleichen Weise singen zu lassen, setzt Spoliansky die zweite (und jede folgende gerade) Strophe (T. 12-22) in der Mollvariante (Teil A: F-Dur/Teil B: f-Moll). Auf diese Weise erreicht er eine Eindunkelung des Klanges. Der Orgelpunkt bleibt erhalten (bis auf die letzten vier Takte), die Gliederung der Melodie beträgt wiederum 3+3+5 Takte, die Begleitfigur

---

251 Die Tonbezeichnung geht vom im Archiv der AdK befindlichen Manuskript aus, Walter Mehring/Mischa Spoliansky: Die Kartenhexe. Hs. Partitur für Klavier mit eingeschriebenem Text. O. J., AdK, Archiv Darstellende Kunst: Blandine-Ebinger-Archiv, 2.1. Handschriftliche Notensammlung/Lfd. Nr. 101. Hippen 1986, S. 129f. druckt das Lied in G-Dur ab. Die F-Dur-Fassung hat Spoliansky vielleicht für das Konzert 1977 mit Blandine Ebinger einen Ton tiefer gesetzt. Auszüge aus dem dieses Konzert betreffenden Briefwechsel auf der CD: Kühn 1999 (LC 08681).

252 Rösler 1980, S. 49.

253 Die Einheit von Autor-Komponist-Sänger ist eine Besonderheit des frühen Montmartre-Cabarets. In der Music hall u.ä. traten zeitgleich auch reine Interpretinnen und Interpreten mit Liedern aus fremder Hand auf (vgl. Stein 2006, S. 91f.).

254 Lareau 1990, S. 447.

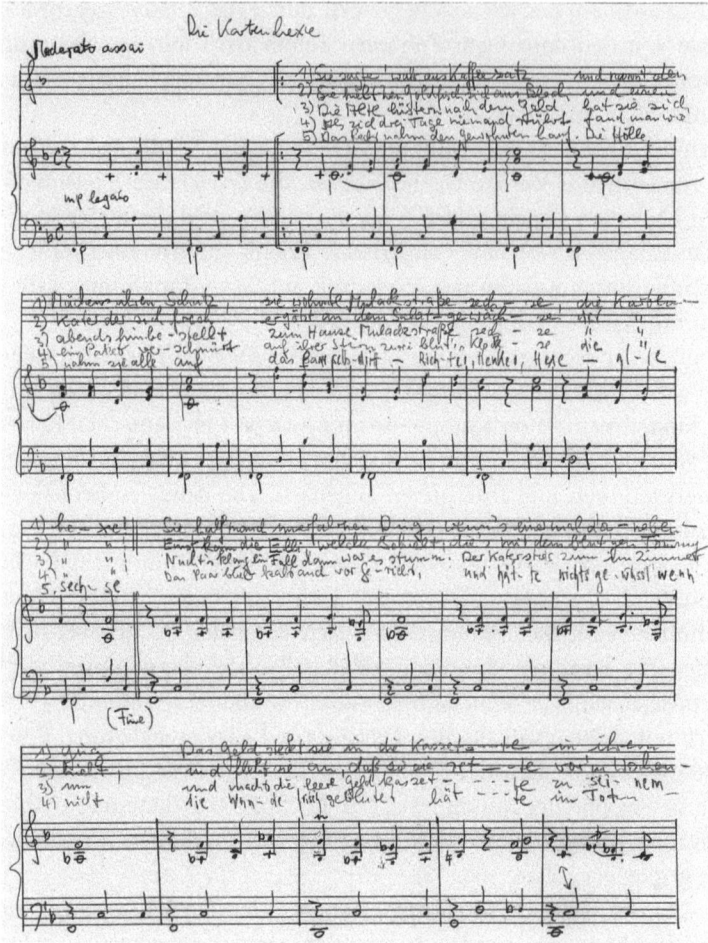

Abb. 34: *Die Kartenhexe* (S. 1), Text: Walter Mehring, Musik: Mischa Spoliansky, 1922 vorgetragen von Annemarie Hase in der *Wilden Bühne*.

Abb. 35: Aristide Bruant: *A Batignolles,* 1884.

ändert sich leicht. Der Tonumfang der Melodie ist nun eingeschränkter, und diese weist zahlreiche Tonwiederholungen auf. Insgesamt bleibt der einfache, erzählende Stil des Liedes erhalten, so dass jeweils zwei Strophen als eine Einheit erscheinen und durch die Musik zusammengefasst werden. Spoliansky wird auf diese Weise der formalen Anlage des Gedichts mit wechselndem Schlussvers (s.o.) gerecht.

Die einfache musikalische Vertonung lässt Raum für und erfordert eine Ausgestaltung durch die Interpretin. Das Lied ist perfekt geeignet für eine Interpretation, wie sie Yvette Guilbert in *Die Kunst, ein Chanson zu singen* beschreibt:

> „Es ging darum, den musikalischen Rhythmus zu verlassen und ihn durch das rhythmisierte *Wort* zu ersetzen, und dies den Betonungen und Anforderungen des Textes gemäß. [...] Der Übergangsrhythmus verleiht der Kunst der Diseuse eine erstaunliche Ausdruckskraft. [...] In neun von zehn Chansons benutze ich meine ‚Übergangskadenzen‘, Gesangs- und Sprechstimme wechseln miteinander, wodurch mein Text, ohne seinen Rhythmus zu verlieren, eine erstaunliche Ausdruckskraft erhält."[255]

Wie Hesterberg das Chanson in ihrem Kabarett inszenierte, ist heute nicht mehr zu rekonstruieren. Eine inzwischen publizierte (undatierte) Tonaufnahme von Hesterberg[256] sowie ein Bild, das Hase bei der Darstellung der *Kartenhexe* ca. 20 Jahre nach der Uraufführung zeigt, können nur einen kleinen Eindruck der ursprünglichen Situation geben. Angesichts der wenigen erhaltenen Bilder bzw. Zeichnungen von Hesterbergs Bühnen-Inszenierungen sowie ihrer Beschreibungen kann man vermuten, dass die Inszenierung düster und beängstigend ausfiel.[257]

Abb. 36:
Annemarie Hase in einem
Londoner Exil-Kabarett
als „Kartenhexe".

---

255 Guilbert, Yvette: *Die Kunst, ein Chanson zu singen (L'Art de chanter une chanson),* hg. von Walter Rösler, Berlin: Henschel 1981, S. 54 und S. 85f.
256 Auf der CD *My song for you.* edel 1999 (0014592TLR).
257 Vgl. hierzu ihre Beschreibungen von Mehrings Chansons *Die Kälte* oder *Die kleine Stadt* in ihren Memoiren, Hesterberg 1971, S. 100f.

Berliner Frühling | Das Milieu der Berliner Vororte findet auch auf andere Art Eingang ins Kabarett: mit Hermann Vallentins *Berliner Frühlingslied* hält der Berliner Jargon Einzug ins Programm. Spolianskys Vertonung orientiert sich nicht am Bänkelsang bzw. Bruant'schen Chanson, sondern entwickelt einen neuen Ton, der z.T. an Operette bzw. Nummern aus Jahresrevuen erinnert. Das Lied wurde nicht als Notenausgabe veröffentlicht, im Nachlass Hesterbergs findet sich jedoch ein Originalmanuskript aus der Zeit[258] (siehe Abb. 37). Hier fehlt (wie so oft) die Gesangsstimme bzw. der Text, was auf zwei Aspekte des aufführungspraktischen Umgangs mit den Chansons hinweist: Zum einen war die Melodie zumeist in der Klavierstimme gedoppelt, so dass es nicht nötig war, sie extra aufzuschreiben. Gleichzeitig hatte die Interpretin bzw. der Interpret eine große Freiheit im Ausgestalten seiner Stimme – auf diese Weise wurde er oder sie in deutlicher Weise mitgestaltend am „Endprodukt" des Chansons. Ein „Werk" entstand in diesem Sinne erst in der Gestaltung der Sängerin bzw. des Sängers, und zwar jeden Abend neu, denn die Interpretinnen und Interpreten reagierten flexibel und spontan auf den Aufführungsraum und die abendliche Atmosphäre (vgl. auch Kap. *Saalverhältnisse*, S. 234). Die Komponisten des Kabaretts waren sich bewusst, dass es nicht ihre Aufgabe war, den Sängern und Sängerinnen die Ausgestaltung ihrer Stimme zu „diktieren". Hier zeigt sich eine besondere Auffassung von Autorschaft bzw. der eigenen Rolle als Komponist. Verstärkt wurde dies noch dadurch, dass die Komponisten selbst fast jeden Abend als Klavierbegleiter auftraten.

Das Gedicht Hermann Vallentins wurde 1922 im Sammelband *Lieder der Gosse* veröffentlicht.[259] Sogar eine Aufnahme von Annemarie Hase (aus dem Jahr 1961) ist heute auf CD erhältlich, die uns (zumindest annäherungsweise) Aufschluss über die Aufführungspraxis im Kabarett geben kann.[260] Man darf allerdings nicht vergessen, dass diese Einspielung deutlich später entstand. Im Gegensatz zu Hases Interpretation der *Kartenhexe*, in der man im Sinne Yvette Guilberts eine „Koloration" des Textes wahrnehmen kann (bei gleichzeitigem Singen der Melodie), emanzipiert sie sich im *Berliner Frühlingslied* fast vollständig von der Melodie. Wurde in der *Kartenhexe* tatsächlich gesungen, so wird hier musikalisch gesprochen; die Doppelung der Gesangsstimme in der Klavierbegleitung hält die Melodie präsent, trotz der oben erwähnten Technik der „Übergangskadenzen" der Diseuse.

Vallentins Gedicht schildert aus der Perspektive des verliebten jungen Mädchens die Vorfreude auf das Wochenende im Grünen, „ohne Aufsicht nach Halensee oder mit Fritz uff de Oberspree".[261] Gleichzeitig klingt hier der Traum von einem besseren Leben an. Im Gegensatz zum Chanson réaliste findet sich im *Berliner Frühlingslied* kein letzter Vers, der die Handlung in einer Ortsbezeichnung zuspitzt, sondern jede Strophe schließt mit einem vierzeiligen Refrain ab. Dieser beschreibt die Zu-

---

258 Hesterberg: Mappe mit handschriftlichem Titel „Piano". DTM, Hesterberg, Mappe 13.
259 Stiewe, Willy/Weitz, Hans Philipp (Hg.): *Lieder der Gosse*, Berlin: Guido Hackebeil [1922], S. 38-40.
260 CD *My song for you.* edel 1999 (0014592TLR).
261 Stiewe/Weitz [1922], S. 38.

stände in den Arbeitervierteln der Großstadt, denen das lyrische Ich entfliehen will – am Wochenende, aber auch im Leben:

> „Aus de Stinkluft raus, aus'n Modderdreck,
> Aus de Lumpen raus, aus'n Kodder weg
> Aus den Stubendunst, aus de Küchenluft,
> Rinn in's reine Hemd und de Sonntagskluft."[262]

Als personifizierte Rettung aus der Realität erscheint dabei ein junger Mann, „Fritze". Für die Utopie bzw. den Traum des jungen Mädchens stehen als „Sehnsuchtsorte" die Vor- und Vergnügungsorte Berlins, insbesondere der Lunapark, der als Inbegriff des Erstrebenswerten erscheint:

> „Ach is det scheen, wenn man Sehnsucht hat
> Ach und vielleicht, – es is ja keen Quark
> Jeht er mit mir mal nach'n Lunapark."[263]

Der Besuch ist offenbar eine Belohnung für vorausgegangene Intimitäten („Mal war es spaßig, und mal war mir bang, / Aber merschtenteels schön und tat jar nich weh"[264]). Halensee und der Lunapark sind als Sehnsuchtsorte außerhalb der alltäglichen Realität auch in anderen Berliner Schlagern präsent, zumeist marschartig vertont, so z.B. in Willy Rosens *In Halensee nicht weit vom Lunapark* (1927): „Ich weiß nicht mehr, ob schwarz, ob blond ihr Haar, und wie ihr Name war, nur noch die Gegend ist mir klar: In Halensee nicht weit vom Lunapark, da hat mich gestern bei Nacht bis morgens um Acht ein Bubikopf glücklich gemacht." Auch hier erwartet die Dame eine Belohnung für ihre Offenarmigkeit und holt damit den Verliebten in die Realität zurück: „Mein Herr, das kost 'ne Kleinigkeit."[265] Die Geschlechterrollen sind hier im Vergleich zum Chanson Vallentins interessanterweise umgekehrt, die Frau erscheint als Berechnende, vom übermütigen Mädchen ist im Schlager nichts zu spüren. Bei Vallentin hat die Geschichte – zumindest Hases Interpretation macht dies deutlich – anscheinend ein Happy End. Das geänderte Einsegnungskleid könnte auf eine baldige Hochzeit hinweisen, vielleicht aus dringendem Anlass („Habe jeklaut, det's schneller jeht"; „Ach, is det schön so im Muttergrün"[266]). Ob das Mädchen allerdings wirklich dem Elend entfliehen kann und ihr Traum Realität wird, bleibt offen.

Vallentin verfasst hier eine Art „utopisches Chanson", in dem er Realität und Gegenwelt zeichnet. Spolianskys Musik betont dabei diese Gegenwelt, sie ist unbeschwert, voller Leichtigkeit. Damit charakterisiert er gleichzeitig die Figur des unbekümmerten jungen Mädchens und konzentriert sich auf dessen Ausflucht ins

---

262 Ebd., S. 39.
263 Ebd.
264 Ebd.
265 Zitiert nach der Aufnahme auf der CD *300 Jahre Charlottenburg. Vom Kiez zum Ku'damm. Zeitgeschichte in historischen Tondokumenten*, Berlin: Jubal 2005.
266 Ebd., S. 39 und S. 40.

Grüne und ihre „quietschverjnügt[e]" Stimmung (statt auf die Realität des „Mod-derdrecks"). Bereits im nur wenige Takte langen Vorspiel wird (wie auch in der *Kartenhexe*) die Stimmung erzeugt und der Kern des Chansons vorweggenommen, das im Folgenden von der Diseuse verkörpert wird. Fast lautmalerisch werden das Herzklopfen und die Sprunghaftigkeit des jungen Mädchens umgesetzt, mit einem Achtel-Motiv, das in der Begleitung und im Zwischenspiel kurz darauf wieder auf-taucht, bezeichnenderweise nach den Worten „Det pupperte allens vor Wonne"[267] (T. 2 sowie T. 13, beide mit Auftakt, vgl. Abb. 37).

Spoliansky komponiert mit der kurzen Eröffnung ein für das Kabarettchanson charakteristisches Moment, das Heymann als „Hineinspringen" bezeichnet.[268] Hey-mann, der wie Hollaender und Spoliansky klassisch ausgebildet war und auch ein Streichquartett sowie Orchesterwerke komponierte, schildert aus der Perspektive des Komponisten die Herausforderung dieser erzwungenen Prägnanz:

> „Kabarett wird oft als Kleinkunst bezeichnet, man müsste es eigentlich ‚Kurz-Kunst' nennen. Man hat nämlich beim Kabarett keine Zeit. Das wesentlichs-te Merkmal der Dichtung und Musik beim Kabarett scheint mir zu sein, dass man mitten hineinspringen muss, dass man keine Zeit hat, vorzubereiten, sondern mit beiden Füßen sofort in der zu beschreibenden oder zu erleben-den dramatischen Situation drin sein muss. Das gilt für den Darsteller wie für den schaffenden Künstler. [...] Die Plötzlichkeit, die Unmittelbarkeit ist der große Vorzug, aber auch die große Schwierigkeit jedes Chansons."[269]

Ähnlich charakterisiert auch Schaeffers die Eigenart des Chansons, das er in diesem Zusammenhang vom Couplet und Schlager abgrenzt. Er legt dabei besonderes Au-genmerk auf den Anspruch an den Interpreten:

> „Das Chanson ist ein kleines, luftiges Gebilde. In zwei, drei Strophen wird eine Handlung entwickelt, zu der ein Romanschriftsteller zwei Bände oder ein Lustspielautor drei Akte braucht. Es folgt daraus, daß der Interpret kongenial begabt sein muß, um in wenigen Minuten den Inhalt erschöpfend darstellen zu können."[270]

---

267 Ebd., S. 38. Gut hörbar ist dies auf der CD-Einspielung.
268 Auch im Ragtime gibt es eine kurze „Introduction", die normalerweise mit einem uniso-no-Motiv beginnt und über eine Dominantwirkung zum Thema hinführt (vgl. hierzu Erwe, Hans-Joachim: „‚Kakophonisierter Jazz von unerhörter Brutalität ...' Foxtrott, Ragtime und Shimmy bei Paul Hindemith", in: Werner Keil (Hg.), *Musik der zwanziger Jahre*, Hildesheim/Zürich/New York: Olms 1996, S. 11-41, hier S. 18). Die Eröffnung des Kabarettchansons ist wesentlich flexibler und folgt keinen fest gefügten Modellen; sie ist immer auf den Textinhalt bzw. die folgende Stimmung bezogen und könnte in diesem Sinne auch als „Einstimmung" bezeichnet werden.
269 Heymann 2001, S. 127.
270 Schaeffers 1959, S. 80.

Abb. 37:
Autograph
Mischa
Spoliansky:
*Berliner
Frühlingslied*
(Seite 1).

Auch beim oben thematisierten Lied über die *Kartenhexe* finden wir den von Schaeffers thematisierten Aufbau sowie einen direkten Einstieg im Sinne einer „Kurz-Kunst": In Mehrings Text über Assoziationsfelder, in diesem Fall über den Begriff „Mulackstraße", in Spolianskys Komposition über die trockene musikalische Eröffnung, die nur aus Dreiklangs-Begleitmotiven besteht. Aufführungspraktisch ist bei beiden Eröffnungen (von „Klaviervorspiel" wagt man angesichts der Kürze gar nicht zu sprechen) anzumerken, dass sie ohne Probleme auch ausgedehnt oder gekürzt werden können, falls dies von der Darstellerin dramaturgisch gewünscht wird (beispielsweise um einige Schritte zurückzulegen, spontan auf das Publikum zu reagieren o.Ä.).

Im Tonfall des *Berliner Frühlingslieds* orientiert sich Spoliansky an Vorbildern aus Operette und volkstümlichem Liedrepertoire, wie es den Berlinern beispielsweise aus den Kompositionen Paul Linckes oder Walter Kollos geläufig war: Die Melodie arbeitet mit Sequenzen und Wiederholungen, marschartigen Rhythmen im 4/4-Takt und ist regelmäßig gegliedert. Die recht lange Strophe ist in mehrere Abschnitte unterteilt, die durch das Zwischenspiel bzw. Fermaten gekennzeichnet sind. Die sonst bei Kabarett-Chansons häufige Ausdehnung des Refrains, so dass sich zwei gleichwertige Teile gegenüberstehen, ist hier nicht zu beobachten. Der Wechsel der Abschnitte innerhalb der Strophe wirkt fast etwas sprunghaft, was wiederum dem Charakter bzw. der Stimmung des Mädchens entspricht. Der Refrain dagegen ist mit acht Takten relativ kurz und zeigt eine geschlossene Form. Spoliansky verwendet in seiner Vertonung keine konkreten Berlin-Bezüge wie beispielsweise musikalische Zitate. Lediglich die Marsch-Anklänge könnten vorsichtig als zumindest im Einklang mit typischem Berliner Repertoire (z.B. aus den Jahresrevuen) interpretiert werden.[271] Insgesamt steht die Schilderung der dramatischen Situation im Sinne von Heymanns „Kurz-Kunst" bei der Vertonung im Vordergrund.

„Von weither übers Meer": The Jazzband | Mit dem Ende des Ersten Weltkrieges hielt der Jazz auch in Deutschland Einzug, nachdem er bereits früher in Frankreich und England Fuß gefasst hatte. Die Tänze Foxtrott, Tango, Onestep und Valse Boston kamen zuerst in Mode und fanden in Berlin ihre Heimat in einer exzessiven Vergnügungskultur. „Berlin, Dein Tänzer ist der Tod"[272] montierte Mehring in sein Gedicht *Dada-Prolog 1919*, und schilderte damit sein Unbehagen angesichts der Straßenkämpfe und Ausschreitungen der Revolution. Damit deutete er einen Plakatslogan, der zu dieser Zeit in ganz Berlin an den Litfaßsäulen auf die gesundheitlichen Gefahren sexueller Freizügigkeit aufmerksam machen sollte, politisch um. Der Historiker Henning Köhler sieht darin ein „Leitmotiv" für die „Geschichte der Stadt [Berlin] in diesem Jahrhundert":

> „Denn die Begegnung mit dem Tod, mit politischem Mord, mit Krieg und Unterdrückung, mit dem Faktum, daß aus politischen Gründen auf Menschen geschossen wird, hat bis zur Gegenwart zum Schicksal dieser Stadt gehört."[273]

Durch die Montage-Technik, die Frank Hellberg als „ein Grundprinzip des avantgardistischen Kunstwerkes" bezeichnet, werden „Wirklichkeitsfragmente des Alltags"[274] in die Kunst übernommen.[275] Damit ergibt sich in der Montage auch eine räumliche Dimension, die in der Collage und der Assemblage der Bildenden Kunst greifbarer wird, in der literarischen und musikalischen Montage jedoch als assoziative Verknüpfung ebenfalls vorhanden ist. Kurt Tucholsky (alias Peter Panter) beschreibt die Wirkung des *Dada-Prologs* als „eine wilde Hatz von Eindrücken in freien Rhythmen, die ungefähr so wirken wie ein Wand von Plakaten, an der man

---

271 Vgl. Stahrenberg: „„Donnerwetter! Tadellos!!"", in: Keym 2011, S. 335-347.
272 Mehring 1981, S. 55-57.
273 Köhler: „Berlin in der Weimarer Republik", in: Ribbe 1987, Bd. 2, S. 795-923, hier S. 878.
274 Hellberg 1983, S. 67f. Dort auch eine Interpretation des *Dada-Prolog 1919*.
275 Zur Montage vgl.: Möbius, Hanno: *Montage und Collage. Literatur, bildende Künste, Film, Fotografie, Musik, Theater bis 1933*, München: Wilhelm Fink 2000.

schnell vorüberfährt.“[276] Mehring kombiniert im *Dada-Prolog 1919* den Plakat-Slogan direkt mit der aus Amerika stammenden neuen Jazzmusik: „Berlin, Dein Tänzer ist der Tod – / Foxtrott und Jazz – / Die Republik amüsiert sich königlich“[277]. Die politische Dimension (man amüsiert sich „königlich“, nicht republikanisch …) im Revolutionsjahr wird sofort deutlich. Gleichzeitig zeigt sich hier, auf welche Weise der Jazz, kabaretthaft, seinen Widerhall bei Mehring findet: Nicht als adaptierte Mode, sondern als reflektiert in einen neuen Kontext gesetzte Zeiterscheinung. Hier werden mit Hilfe der Assoziation bzw. der Konstruktion des „Amerikanischen“ fremde Welten in die eigene übertragen, was zu vielfältigen künstlerischen Aufbrüchen, aber auch zu Konflikten führt.[278]

„Tanzwut“ und Jazzmode fanden auch über die Figur des „Jonny“, des farbigen Musikers, Eingang ins Kabarett. Er wurde bereits 1920 durch Ebinger in einem Chanson von Hollaender besungen[279] und tauchte auch anderweitig in der Unterhaltungsmusik auf.[280] Doch Mehrings Zugang zu der neuartigen, für viele einfach nur exotischen Jazzmusik war komplexer: Er leitete aus deren Struktur die Ästhetik für eine neue, zukunftsweisende Dichtung ab:

> „Das Chanson hat nicht nur eine ehrwürdige Tradition, sondern auch eine gloriose Zukunft! Es führt zur kommenden Dichtung: dem internationalen Sprachkunstwerk, dem Sprachen-,Rag-time‘!“[281]

Mit der Schreibweise „Rag-time“ betont Mehring die wörtliche Übersetzung des Begriffes als „zerrissene Zeit“ – diese Zerrissenheit, die sich direkt auf den Rhythmus seiner Gedichte übertragen lässt, finden wir auch in Kompositionen wieder (s.u.). Als Beispiel für einen solchen „Sprachen-Rag-time“ folgen bei Mehring einige Chansons. Eines davon trägt den Titel *Jazz-Band*[282] (auch *Tempo Synkopen*) und wurde von Spoliansky vertont. Diese Fassung führte Kühl im Februar 1923 in der

---

276 Panter, Peter [=Tucholsky, Kurt]: „Das neue Lied“ (zuerst erschienen in: *Die Weltbühne*, 25.11.1920, 16. Jg., Nr. 48, S. 619ff.), in: Tucholsky, Kurt: *Gesammelte Werke Band I 1907-1924*, hg. von Mary Gerold-Tucholsky und Fritz J. Raddatz, Frankfurt/M.: Zweitausendeins 2005, S. 766-769, hier S. 767.
277 Mehring 1981, S. 55.
278 Zur Diskussion um die Amerikanisierung z.B. Lüdtke, Alf/Marßolek, Inge/von Saldern, Adelheid (Hg.): *Amerikanisierung. Traum und Alptraum im Deutschland des 20. Jahrhunderts*, Stuttgart: Franz Steiner 1996.
279 Dieses Chanson wurde später in einer (gegenüber dem Original stark veränderten) Version von Marlene Dietrich weltberühmt.
280 Hierzu: John, Eckhard: „Jonny und Jazz: Die Rolle des schwarzen Musikers auf der Bühne der zwanziger Jahre“, in: Grosch 2004, S. 101-118 sowie Lareau, Alan: „Jonny’s Jazz. From *Kabarett to Krenek*“, in: Budds 2002, S. 19-60. Beide thematisieren auch die mit dem Bild des schwarzen Musikers bzw. der Tänzerin kolportierten Vorurteile.
281 Mehring 1981, S. 126.
282 Ebd., S. 128.

Wilden Bühne auf.[283] Eine frühere Komposition von Friedrich Hollaender für Paul Graetz gilt als verloren.[284]

Hellberg weist in seiner Analyse und Interpretation des Gedichtes die Verbindung von „‚Sprachen-Ragtime' und Jazz-Rhythmus" einleuchtend nach[285], wobei der Begriff Jazz-Rhythmus vor allem als eine Analogie zum freien Rhythmus des Gedichtes zu sehen ist. Die Wahrnehmung der zu Beginn der 1920er-Jahre als Jazz bezeichneten Musik[286] bewegte sich zwischen den Extremen der Anerkennung, ja Bewunderung, und der Verunglimpfung des neuen Musikstils. Neben reflektierten Versuchen, das Wesen des Jazz zu erkennen (so beispielsweise Herwarth Walden im *Sturm*: „Er [der Shimmy] ist freie Gebundenheit und nicht gebundene Freiheit. Er ist gebildet aus künstlerischem Instinkt und nicht aus verbildetem Intellekt. […] Der Shimmy tanzt über verblühte Kulturen."[287]), finden sich Skepsis bzw. Hilflosigkeit gegenüber dem Neuartigen: „barbarische Laute halb vertierter, im Taumel sich ergehender Menschen machen sich Luft […]. Es ist die lasterhafteste, frivolste und dabei gegenständlichste Musik, die man sich denken kann."[288] An diesem Punkt setzt auch Mehring mit seinem Gedicht an, wenn er den vorantreibenden, synko-

---

283 Trageser dagegen lokalisiert als Text dieser Aufführung das undatierte Gedicht *Jazzband* von Marcellus Schiffer (Schiffer, Marcellus: Jazzband (3 Textfassungen). AdK, Archiv Darstellende Kunst: Marcellus Schiffer/Margo Lion-Archiv, 1.5 Werk/Songtexte/Lfd. Nr. 356), s. Trageser 2007, S. 187. Tatsächlich ist die Textvorlage nicht sicher zu verifizieren, denn im gedruckten Februar-Programm der *Wilden Bühne*, das sich im Archiv der AdK befindet, ist der Name „Mehring" als Verfasser handschriftlich ergänzt worden (AdK Schiffer/Lion, 5./648, s. Anhang). Es handelt sich bei der Angabe von Marcellus Schiffer als Autor also anscheinend um einen Druckfehler. Auch die Kritiken verzeichneten infolgedessen Schiffer als Textautor. Das auf Februar 1923 datierte Notenautograph Spolianskys, das sich im Bestand Kate Kühl der AdK befindet, trägt ebenfalls den handschriftlichen Vermerk „Mehring", ohne jedoch den genauen Text zu verzeichnen (Spoliansky, Mischa: The Jazzband, T.: Walter Mehring, M.: Mischa Spoliansky. Februar 1923, AdK, Archiv Darstellende Kunst: Kate Kühl Archiv, 2.1. Noten/Lfd. Nr. 180, siehe Abb.). Geht man davon aus, dass es sich bei dem Notenautograph um das im Februar 1923 musizierte Chanson handelt (was sehr wahrscheinlich ist), kann die Textvorlage Schiffer: Jazzband (3 Textfassungen). AdK, Schiffer/Lion, 1.5/356 nicht zutreffen, da Versmaß und Vertonung nicht zusammenpassen. Wahrscheinlicher ist, dass es sich bei dem von Trageser bezeichneten Text um das von Margo Lion 1930 in der Nelson Revue *Der rote Faden* gesungene Chanson *Das fünfte Instrument der Jazzband* handelt (vgl. Schiffer, Marcellus: Der rote Faden. Revue (Texte teilweise von Friedrich Hollaender), Musik: Rudolf Nelson, AdK, Schiffer/Lion, 1.1 Werk/Revuetexte/Lfd. Nr. 163): der Schiffer-Text beginnt mit ganz ähnlichen Worten: „Ich bin das sechste Instrument der Jazzband, / hab' keenen festen Freund und keenen husband!" (Schiffer: Jazzband (3 Textfassungen*)*. AdK, Schiffer/Lion, 1.5/356).

284 Lareau 2002, S. 40.

285 Hellberg 1983, S. 80-91.

286 Zur Entwicklung des Jazz in Deutschland zu dieser Zeit s. Lange 1996, S. 15-19: „Abgesehen von [Eric] Borchard und [Fred] Ross, die in Deutschland jazzmäßig ihrer Zeit voraus waren, begann das kurze ‚Goldene Jazz-Zeitalter' in Deutschland erst richtig im Jahre 1924, und zwar mit den Tourneen der ersten echten amerikanischen Jazzbands".

287 Walden, Herwarth: „Shimmy", in: *Der Sturm. Monatsschrift für Kultur und die Künste*, 13. Jg. (1922), Nr. 4, S. 49-51, hier S. 51.

288 Über Paul Hindemiths Kammermusik Nr. 1 (op. 24, Nr. 1). Heuß kritisiert Hindemith mit deutlichen Worten: „Wer den Foxtrott und was mit ihm alles zusammenhängt, in den Konzertsaal hineinpeitscht, hat die idealistischen Gefilde einer beglückenden Kunst nie geschaut und spricht sich von ihren Gesetzen frei, indem er sich einem eisernen Materialismus verschrieben hat.", Heuß, Alfred: „Der Foxtrott im Konzertsaal", in: *Zeitschrift für Musik, Kampfblatt für deutsche Musik und Musikpflege*, 90. Jg. (1923), Nr. 3, S. 54f., hier S. 54.

pierten Rhythmus auf das Versmaß überträgt, um eine ähnliche Wirkung zu erzeugen:

JAZZ-BAND
(ein Song für Paul Graetz)

1.
Sie kommen
   von weither übers Meer
  The Jazzband – the Jazzband
und blasen wie das Wilde Heer
und rasen wie ein Wildenheer
   von New Orleans bis Westend.
   Es hüpfen wie das *kangoroo*
der Frackmensch und der Nackte –
– Der Buffalo – das Steppengnu
stampeden nach dem Takte:
   I want to be
   I want to be
   I want to be down home in Dixie
   and cowboys rings
   bei scharfen drinks!
Gieß ein, sweetheart, und mix sie!
Und hopst du, wo die Farbigen springen
und grüne Dollars reifen,
dann hörst du die Skylight-Angels singen
– was die Spatzen vom Dache pfeifen –.

2.
Sie spielen im Hottentottenkral
– Sahara – oh Sahara! –
Sie spielen in einem Nachtlokal
am brausenden Niagara –
Es tanzt ein steifer Pelikan
am Turm zur blauen Pagode –
Es klingeln die Glocken aus Porzellan
– und Lamas singen zum Tode:
   I want to be
   I want to be
   I want to be down home in Dixie!
Schnapsbrüder rings
bei scharfen drinks!
Sister, fill up und mix sie!
Und schwingst du, wo die Dollars springen
Und Saxophone keifen,

Dann hörst du die Engel im Himmel singen
was die Spatzen vom Dache pfeifen.

3.

Sie spielen zum Tanz auf jedem Staat
    in EUROPE – in den Tropen –
Ein abgedankter Potentat
– ein abgesetzter Autokrat
summt näselnd die Synkopen –
Da trommeln sie das Xylophon
– und wüstes Heimweh packt sie –
Um Republik und Fürstenthron
spielen im Ragtime-Takt sie:
    I want to be
    I want to be
    I want to be down home in Dixie
        mit *cronies* rings
            bei scharfen drinks!
Honey! fill up und fix sie!
Und laßt ihr ein paar dollars springen
wollt nach der bottle greifen –
Dann hört ihr alle Goldenglein singen
was die Spatzen von Wallstreet pfeifen –.[289]

Hellberg deutet den synkopierten Rhythmus wie auch die Montage als bewussten Bruch mit der Kontinuität der traditionellen Lyrik, die laut Brecht eine „unangenehme Traumstimmung"[290] erzeuge, und folgert daraus einen Aufruf zu Distanz, Skepsis und Kritik, also eine reflektierte Haltung gegenüber dem Kunstwerk.[291]

In Spolianskys Vertonung des Chansons *Jazz-Band* findet das von Mehring betonte Zerrissene des „Rag-time" ebenfalls Eingang. Er nutzt verschiedene Jazz-Klischees, aber auch lautmalerische Vertonung des Textes (z.B. „hüpfen wie das *kangoroo*": Einwurf in T. 21). Da im Nachlass Kühls im Archiv der Akademie der Künste nur die Klavierbegleitung ohne den eingeschriebenen Text oder eine Gesangstimme erhalten ist und auch keine Aufnahme des Stücks überliefert ist, können wir das Chanson nur reduziert bzw. als Rekonstruktion betrachten (siehe Abb. 38).[292]

Spoliansky beginnt seine Vertonung wiederum mit einer kurzen Eröffnung von drei Takten und setzt hier den von Mehring ursprünglich gewählten Titel *Tempo*

---

289 Mehring 1981, S. 128-130.
290 Brecht, Bertolt: „Über reimlose Lyrik mit unregelmäßigen Rhythmen", in: Bertolt Brecht, *Schriften zu Literatur und Kunst 2*, Frankfurt/M.: Suhrkamp 1967 (=Gesammelte Werke, Bd. 19), S. 395-404, hier S. 404.
291 Hellberg 1983, S. 91.
292 Bei Lareau sind die ersten Takte des Chansons mit Gesangstimme abgedruckt: Lareau 2002, S. 39.

Abb. 38:
Autograph Mischa
Spoliansky:
The Jazzband
(S. 1). Text: Walter
Mehring, Musik:
Mischa Spoliansky.

Synkopen beispielhaft um, indem er auf regelmäßige Achtelwechsel im ersten Takt sofort eine Art Echo mit nun synkopierter Oberstimme folgen lässt. Das Tempo muss man sich wahrscheinlich als enorm schnell („sie rasen wie ein Wildenheer") vorstellen.[293]

Die rhythmische Struktur wie auch die technische Ausführung des zweiten Taktes durch den Pianisten gemahnen an die Schüttelbewegungen des neuartigen Modetanzes Shimmy, der in zeitgenössischen Quellen als „ruckartig, als ob elektrische Schläge durch die Glieder sausten" und „Rhythmus im Fieberdelirium"[294] beschrie-

---

293 Im Manuskript findet sich keine Tempoangabe, hier handelt es sich also um meine Vermutung aufgrund des Liedtextes.
294 Pol. [Kürzel]: „Jazz-band und Jimmy", in: *Berliner Illustrirte Zeitung,* 30. Jg. (1921), Nr. 9, S. 116.

ben wird: „Wahnsinniges Tanzfieber peitschte die Glieder wahllos hin und her."[295] Gleichzeitig zeigt sich in den ersten Takten bereits die „Zerrissenheit" des Gefüges – schon 1902 hatte Gustav Kühl in der Zeitschrift *Die Musik* behauptet: „Man kann jede Melodie in Rag Time setzen, indem man den Rhythmus zerfetzt."[296] Der „zerfetzte Rhythmus", der laut Kühl „die anarchischen Triebe der Springmuskeln"[297] weckt, wird im dritten Takt durch eine sforzato-Akzentuierung der ersten Zählzeit zunächst wieder gebändigt und in die gemäßigten Bahnen eines – wenn auch „rasenden" – Wechselbasses geleitet.

Der den eröffnenden Takten vorangestellte Eintrag „Glocken" könnte sich auf die in der zweiten Strophe des Gedichts genannten „Glocken aus Porzellan" beziehen. Es könnte sich aber auch um eine Anspielung auf das bunte Instrumentarium handeln, das die damals neuartigen „Jazzbands" einsetzten, um ihre Publikumsattraktivität zu erhöhen, und das man zeitweise für den ursprünglichen Kern der neuen Musikrichtung hielt: „Eine barbarische und blutrünstige Lärmmusik von Blech, Heul- und Quäkinstrumenten, von Hupen, quirrenden Kindertrompeten und Pauken. [...] Blechernes Klapperzeug, Glockenspiele, Tamtamstäbe lagern um die tingeltangelhaft bemalte dicke Trommel"[298], schrieb beispielsweise der *Hannoversche Kurier*, und auch *Der Artist* stellt fest: „Die unzähligen sogenannten ‚Effektinstrumente' verlocken nun vollends den armen Schlagzeuger zu ihrer Verwendung."[299]

Die von Mehring in seinen Gedichten verwendete Montage-Technik setzt Spoliansky in der Vertonung indirekt ein. Er verwendet keine direkten Zitate (was durchaus denkbar wäre, war doch das Zitat eine im Kabarett geläufige Form[300]), montiert jedoch typische, klischeehafte Tanzmusik-Wendungen in seine Komposition, so z.B. zum Ende der Strophe eine Ragtime-Wendung (Takt 13). In Takt 9 und 10 wird musikalisch auf Franz Liszts *Ungarische Rhapsodie* Nr. 2, cis-Moll, angespielt, ein Werk, das Spoliansky später nochmals für seinen Schlager *Rhapsodie in Moll* (gesungen von Oskar Karlweis[301]) verwendete. Die Melodie des Refrains erinnert entfernt an *O when the Saints go marching in* (verändert z.B. durch die große Sekun-

---

295 Pollack, Heinz: *Die Revolution des Gesellschaftstanzes*, Dresden: Sibyllen-Verlag 1922, S. 43.

296 Kühl, Gustav: „Rag Time", in: *Die Musik. Illustrierte Halbmonatsschrift*, 1. Jg. (1901/02), 4. Quartal, S. 1972-1976, hier S. 1975. Neben der Synkope stellt Kühl als wesentliches Element des Ragtime die „Willkür" heraus; „Ragtimeähnliches" findet er u.a. bei Franz Schubert (S. 1976). Illustriert ist der Artikel mit einem Kontrabass spielenden Skelett mit Sanduhr im Stile eines Totentanzes.

297 Ebd., S. 1973.

298 Der Autor versucht (unter Verwendung stark chauvinistisch gefärbten Vokabulars und rassistischer Vorurteile) den Jazz als ursprüngliches „Fäulnisprodukt", das einer europäischen Erlösung bedarf, darzustellen: „Denn die noch rohe und ungebärdige Jazzmusik hat dringend die Veredelung nötig. Die Deutschen und Italiener scheinen vor allem zu dieser Aufgabe berufen zu sein. [...] Schon gibt es neben einer Unmasse von banalem Radau in Noten eine Reihe Jazzweisen von Blut und Rasse [...]. Sie geben der Tanzbewegung nach langer Zeit wieder Linie, Feuer und trotzdem männliche Ruhe.", Rußpickel, Johannes Jos.: „Jazz", in: *Hannoverscher Kurier. Zeitung für Norddeutschland*, 78. Jg., Nr. 101 (02.03.1926, Morgen-Ausgabe).

299 „Jazz", in: *Der Artist*, 44 (1926), Nr. 2105, zit. n. Schröder 1990, S. 283. Auch Pollack schildert den Gebrauch zahlreicher „grotesker" Instrumente (Pollack 1922, S. 77).

300 S.o. sowie Rösler, S. 291-302.

301 CD *My song for you*. edel 1999 (0014592TLR).

Abb. 39: „Jimmy', der neueste Modetanz, der nicht nur die Beine, sondern auch den ganzen Körper nach der ohrenbetäubenden, rasenden Musik der Jazz-Kapelle in wirbelnde Bewegung bringt. Zeichnung von Theo Matejko", *Berliner Illustrirte Zeitung* von 27. Februar 1921.

de statt große Terz zu Beginn des Auftaktes), ein Lied, das Spoliansky allerdings noch nicht gekannt haben kann. Erste Aufnahmen entstanden erst in den 1920er-Jahren in den USA. Lediglich Vorläufer des Liedes sollen bereits um die Jahrhundertwende in New Orleans erklungen sein.[302] Spoliansky übernimmt hier also keine kompletten Formen, sondern kopiert offensichtlich Muster, die ihm bei seiner beginnenden Beschäftigung mit dem Jazz bzw. amerikanischer Musik aufgefallen waren. Er „mixt" sie („Gieß ein, sweetheart, und mix sie!") mit vertrauten musikalischen Floskeln bunt durcheinander. So klingt der Refrain wie eine Mischung aus Gospel-Song, Sousa-Marsch[303] und Berliner Schlager. Hier wird nicht nur eine musikalische Zerrissenheit deutlich, sondern auch eine kulturelle. Ebenso zeigt sich die Stil-Mischung, die im Musizieren der damaligen deutschen Jazz-Bands vorherrschte. Die Unterhaltungsmusikkapellen interessierten sich für die neue Musikrichtung und wollten sich wohl auch aus finanziellen Gründen der aktuellen Mode anpassen – man verfügte aber über nur wenige Informationen. Die ersten amerikanischen Bands kamen erst ab 1924 aus den USA nach Berlin und auch die Rezeption über Schallplatten war noch eher eingeschränkt, so dass man sich an gedruckten Noten

---

302 Brooks, Tim: *Lost sounds: Blacks and the birth of recording industry, 1890-1919*, Champaign: University of Illinois Press 2004, S. 458f. Louis Armstrongs bekannte Aufnahme stammt aus den 1930er-Jahren.

303 Tatsächlich wurde Sousa als Autorität für Jazz-Musik von deutschen Zeitungen herangezogen, s. Lange 1996, S. 15 (dort ohne Quellenangabe).

orientierte.[304] Die Musikerinnen und Musiker versuchten, ihr übliches Repertoire in Jazz umzuwandeln und arbeiteten z.T. parallel in verschiedenen Besetzungen.[305] Auf diese Weise entwickelte sich eine europäische bzw. deutsche Form des Jazz.[306]

Auch Spolianskys *The Jazzband* wurde 1923 noch vor den Auftritten der Tanzorchester aus den USA geschrieben, so dass er seine Informationen über die Jazz-Musik ebenfalls aus Plattenaufnahmen und wohl auch Notenausgaben entnahm.[307] Bezüglich Spolianskys Klavierspiel stellt Kater noch für das Jahr 1927/28 fest:

> „Es ist aufschlußreich, wenn man heutzutage den deutschen Pianisten, wahrscheinlich Spoliansky oder Haentzschel, in Lud Gluskins und Dajos Bélas Bands von 1927/28 zuhört. In Gluskins ,Crazy Rhythm' ebenso wie in Bélas ,Deep Henderson' sind ihre kurzen Soli stockend, unsicher, was die Modulation angeht, und ihnen fehlt die feste Perkussion der gebürtigen amerikanischen Musiker."[308]

Inwiefern sich die deutschen Musiker allerdings überhaupt dem US-amerikanischen Vorbild anpassen wollten oder ihren deutschen Jazz vielmehr als eine spezifisch eigene Ausprägung ansahen, muss hier offen bleiben.[309]

In Mehring/Spolianskys *Jazzband* wird nicht nur „Amerikanisches" über Sprache und Musik ins Kabarett transportiert, sondern eine Utopie bzw. die Illusion des Europäers von den USA heraufbeschworen. Inwiefern Spoliansky die ihn umgebende Jazz-Praxis kopierte oder – analog zu Mehrings Textbehandlung – bewusst diese Mittel einsetzte, um die Jazz-Mode zu karikieren, muss offen bleiben. Die „Simultaneität von spielerischer Ausgelassenheit, entfesselter Sinnlichkeit und bedrohlicher Übermacht"[310], die Partsch für Mehrings Gedicht feststellt, findet sich aber auf jeden Fall auch in Spolianskys Vertonung.

Im Bühnenprogramm im Keller des *Theaters des Westens* in Berlin W. spiegelte sich allabendlich das Leben der näheren und ferneren Umgebung des Kurfürstendamms. Dabei war das Programm weder musikalisch noch in anderer Hinsicht einseitig. Als die *Wilde Bühne* – wohl aufgrund von Fahrlässigkeit – im November 1923 abbrannte, hatten sich bereits erste Auflösungserscheinungen gezeigt – so zumindest beschrieb es Schiffer. Hesterbergs Kabarett hatte nicht mehr den alten „Biss" und die Direktorin andere Ziele. Die Räumlichkeiten wurden jedoch schon nach kurzer Zeit

---

304 Robinson, J. Bradford: „Zur ,Jazz'-Rezeption der Weimarer Periode: Eine stilhistorische Jagd nach einer Rhythmus-Floskel", in: Wolfgang Knauer (Hg.), *Jazz und Komposition*, Hofheim: Wolke 1992, S. 11-26.
305 Vgl. hierzu den bei Schröder ausführlich zitierten Artikel eines Kapellmeisters: Ernst, Henry: „Meine Jagd nach der ,Tschetzpend", in: *Der Artist*, 44 (1926), Nr. 2134, Schröder 1990, S. 274-277.
306 Robinson: „Zur ,Jazz'-Rezeption", in: Knauer 1992, S. 11-26, hier S. 21.
307 Welche Aufnahmen und Noten Spoliansky besaß bzw. anhörte, wissen wir nicht. Eine Aufstellung von für den deutschen Jazz bedeutenden Schallplatten ab 1903 gibt Lange 1996, S. 183-186.
308 Kater 1995, S. 42.
309 Vgl. hierzu Robinson: „Zur ,Jazz'-Rezeption", in: Knauer 1992, S. 11-26, hier S. 21f.
310 Partsch 2000, S 1.

wieder genutzt, im Februar 1924 erneut von einem literarischen Kabarett unter Beteiligung Spolianskys: Im *Tütü* des Komikers Wilhelm Bendow wurde er Hauskomponist. Damit war er zum ersten Mal bereits bei der Gründung eines Kabaretts der musikalisch Hauptverantwortliche und folgte nicht – wie es im *Schall und Rauch*, der *Bonbonniere* oder der *Wilden Bühne* gewesen war – Hollaender oder Heymann nach, wenn diese ihre Posten verließen.

Das *Kabarett der Komiker*

Ortstermin: Unterhaltung am Lehniner Platz, heute und 1932

Abb. 40: Kurfürstendamm 156 am 24. April 2007.

Berlin, Kurfürstendamm 156 – das Gebäude, gleich neben der Schaubühne am Lehniner Platz gelegen, hält für den Betrachter zunächst nichts Bemerkenswertes bereit: Man erblickt eine große MERKUR Spielothek und das italienische Restaurant *Ciao Ciao*. In der oberen Etage befindet sich ein Bowlingcenter, an der Seite ein ALDI-Markt. Insgesamt bietet sich das Bild eines etwas heruntergekommenen zeitgenössischen Vergnügungskomplexes (vgl. Abb. 40). Musik erklingt hier fast ausschließlich aus dem Lautsprecher: funktionsgebunden als „Restaurant-Musik"[311] oder als Lockmittel der Glücksspielautomaten. In der Schaubühne wird im Rahmen der Theateraufführungen gelegentlich live musiziert. Nichts deutet darauf hin, dass an dieser Stelle einmal Kabarett gespielt und sogar eine einaktige Oper, Spolianskys Kabarettoper *Rufen Sie Herrn Plim!*, aufgeführt wurde.

Und doch: Berlin, Kurfürstendamm 156 – diese Adresse hat auch eine historische Dimension. Die Passanten werden durch eine Hinweistafel darauf aufmerksam gemacht: Es handelt sich bei den Gebäuden um den so genannten WOGA-Komplex[312], mit dem der Architekt Erich Mendelsohn in den 1920er-Jahren neue Maßstäbe setzte, u.a. im Bereich des Kino-Baus. Am 19. September 1928 eröffnete hier das *Kabarett der Komiker*, auch kurz *Kadeko* oder *K.d.K.* genannt, im neuen, von

---

311 Der Begriff „restaurant music" wurde bereits in den 1920er-Jahren verwendet, z.B. in der englischen Zeitschrift *The Gramophone*, vgl. z.B. Ausgabe Mai 1928, S. 26 (www.gramo phone.net/Issue/Page/May%201928/26/828103/MISCELLANEOUS, 21.05.2010).
312 Der Name „WOGA" steht für Wohnhausgrundstücksverwertungs A.G.

Mendelsohn entworfenen Haus, nachdem es seit seiner Gründung (am 1. Dezember 1924) zunächst im Gebäude der früheren *Rakete* an der Kantstraße, dann ab Dezember 1925 im *Palmenhaus* am Kurfürstendamm gespielt hatte. Unter der Intendanz des zuvor in Wien tätigen Kurt Robitschek fanden im Innenraum von Mendelsohns Gebäude später mehrere Umbauten statt, ein erster, provisorischer bereits kurz nach der Eröffnung 1928, ein weiterer, nun unter Leitung des Architekten, im Juli 1930. Das *Kabarett der Komiker* bot ein gemischtes Programm mit satirischen Nummern, Conférence, Chansons, Musik und Varieté-Einlagen. Eine Besonderheit waren die kleinen dramatischen Szenen, (musikalische) Einakter und Parodien. Spoliansky komponierte für das *Kadeko Du holdes Kind vom Rhein* (1927) sowie die Kabarettoper *Rufen Sie Herrn Plim!* (1932).[313]

Die elegant geschwungenen Außenfassaden der WOGA-Bauten zeugen trotz ihres teilweise renovierungsbedürftigen Zustands bis heute von bedeutender Architektur der Neuen Sachlichkeit.[314] Dass hier nur noch eine „Hülle" des einstigen Baus steht, ist auf den ersten Blick nicht zu erkennen. Hinter der – scheinbar alten – Fassade befindet sich jedoch ein völlig neues Innenleben:

> „Die Randbedingungen sind bitter, man brach Mendelsohns [Kino] Universum ab, um eine Kopie als Hülle für das Theater zu errichten. [...] Das Äußere ergibt sich zufällig: Die Fassade von Mendelsohns Lichtspielhaus, es könnte auch eine Fabrik, ein Bahnhof oder ein Sporthalle sein, irgend etwas, was man nicht mehr braucht."[315]

Der kritische Kommentar des Mitherausgebers der Reihe „Berlin und seine Bauten", Peter Güttler, angesichts des „Neubaus" der Schaubühne um 1980 scheint, auch im Hinblick auf den früheren Kabarett-Bau, nur zu berechtigt. Doch finden sich hinter der Fassade weder Fabrik noch Bahnhof, sondern z.B. ein Theater und eine Bowlingbahn; Orte also, die man in der Freizeit aufsucht, um sich zu amüsieren – wie das damalige *Kabarett der Komiker* und das Lichtspieltheater. Es gibt also offenbar zumindest Kontinuitäten in der Nutzung des Areals, wenn sich diese auch angesichts der starken baulichen Veränderungen in den Innenräumen nur schwach ausnehmen mögen. Sie sind jedoch bei genauem Blick zu erkennen: So hat z.B. auch das Restaurant *Ciao Ciao* einen Vorgänger, nämlich das *Café Leon* (vormals *Astor*), einst Stammcafé des Dichters Erich Kästner. Dessen Wohnung in der Roscherstr. 16

---

313 Zum *Kabarett der Komiker* vgl. Völker, Klaus: *Kabarett der Komiker Berlin 1924–1950*, München: edition text + kritik 2010. Ich danke Herrn Völker für die Beantwortung meiner Anfrage zum Verhältnis Mendelsohn/Robitschek (E-Mail vom 29.06.2010). Ebenso zum *Kabarett der Komiker*: Arnbom 2006, S. 69-111. Außerdem Bemmann 1981, S. 131-146; Jelavich 1993, S. 198-201 sowie 246-248; Budzinski 1985, S. 122f.; Rösler, S. 173-175; Otto/Rösler, S. 105f.; Appignanesi 1976, S. 147-150.

314 Güttler ordnet das Gebäude der Neuen Sachlichkeit zu (Güttler, Peter: „Liste der Opernhäuser und Theater", in: Architekten- und Ingenieur-Verein zu Berlin 1983, S. 107-128, hier S. 123f.). Zu Erich Mendelsohns stilistischer Entwicklung am Beispiel der Wohnhausbauten vgl. Grünberg, Ann: *Erich Mendelsohns Wohnhausbauten. Architekturkonzepte in den internationalen Tendenzen der klassischen Moderne*, München/Berlin: Deutscher Kunstverlag 2006.

315 Güttler, Peter: „Opernhäuser und Theater", in: Architekten- und Ingenieur-Verein zu Berlin 1983, S. 65-106, hier S. 105f.

war nicht weit vom WOGA-Gelände entfernt[316], so dass er ab 1928 häufig schreibend am Cafétisch anzutreffen war. U.a. entstanden hier große Teile des Romans *Fabian*.[317] An das Kino *Universum*, in dessen Gebäude sich nun die Schaubühne befindet, erinnert noch die *Universum-Lounge*. Die Vergnügungskultur an diesem Ort lässt sich sogar noch weiter zurückverfolgen: Vor der Bebauung des Grundstückes fanden hier saisonale Veranstaltungen wie z.B. Eislaufen oder Flottenspiele statt, zeitweilig befand sich hier auch ein Musikpavillon.[318]

Mendelsohn plante zwischen 1925 und 1931 zwei Theaterbauten innerhalb des WOGA-Projektes: das Lichtspieltheater *Universum* und ein kleineres „Rauchtheater", das *Kabarett der Komiker*. Letzteres soll im Folgenden Gegenstand der genaueren Betrachtung hinsichtlich musikkulturellen Handelns sein, da es zweimal (1927 und 1932) zu einer Arbeitsstation Spolianskys wurde. Seine Kabarettoper *Rufen Sie Herrn Plim!*, die für die Aufführung im *Kabarett der Komiker* konzipiert wurde, wird als Fallbeispiel in diesem Kapitel herausgegriffen. Durch die Umgestaltung der Innenräume muss die Rekonstruktion des damaligen Theaterbetriebs auf Grundlage von Entwurfszeichnungen der Architekten, Fotos, Programmheften, Notenmaterial und Textausgaben sowie Beschreibungen von Zeitzeugen stattfinden.

Kunst im Theater besteht aus einer Reihe von kollektiven Prozessen, die (so prognostizierte Kurt Weill)[319] mit den Theaterreformen der 1920er-Jahre eine neue Aktualität erhielten. Dabei ist die Produktion nicht nur als Ergebnis der Zusammenarbeit von Autoren, Intendant, Schauspielerinnen und Schauspielern, Regisseur, Musikern, Technikern usw. zu betrachten. Vielmehr entsteht die Aufführung erst im Vollzug auf der Bühne vor Publikum, das somit einen eigenen Anteil an deren Zustandekommen hat. Bei einer Untersuchung performativer Phänomene sind also idealer Weise alle „Mitspieler" eines solchen sozialen Gefüges mit einzubeziehen, vom Techniker bis zu den Zuschauerinnen und Zuschauern. Dass dies in der praktischen Umsetzung nicht immer gelingen kann, da dem Historiker bzw. der Historikerin meist einzelne „Bausteine" für eine so umfassende Betrachtung fehlen, ist bedauerlich, aber angesichts flüchtiger Phänomene wie Musik- und Theateraufführungen unausweichlich. Leerstellen sollen so weit als möglich sichtbar gemacht wer-

---

316 Zu Wohnungen von Prominenten und Adressen anderer in den 1920er-Jahren bedeutender Plätze vgl. Bienert, Michael/Buchholz, Elke Linda: *Die Zwanziger Jahre in Berlin – Ein Wegweiser durch die Stadt*, Berlin: Berlin Story Verlag 2006.

317 Kästner, Erich: *Fabian. Geschichte eines Moralisten*, München: dtv 1989. Zu Kästners Roman im Zeitkontext vgl. Maase, Johannes: *Erich Kästners „Fabian" vor dem Hintergrund der ausgehenden Weimarer Republik*, Norderstedt: GRIN 2007.

318 Vgl. Reissig, Harald: „Der Kurfürstendamm", in: Engel/Jersch-Wenzel/Treue 1985, S. 172-203, hier S. 183 sowie Schaubühne am Lehniner Platz/Pitz, Helge/Brenne, Winfried: *Der Mendelsohn-Bau am Lehniner Platz. Erich Mendelsohn und Berlin*, Berlin: Schaubühne am Lehniner Platz 1981, S. 40).

319 „Im übrigen glaube ich, daß der Kollektivbegriff, der heute ins Theater einzieht, gerade in der Oper, in der er ja immer eine Rolle spielte, wieder stärker hervortreten wird.", Weill, Kurt: „Zeitoper", in: Ders. 1990, S. 48-50.

den und (bei akzeptablem Quellenstand) durch quellengebundene Imagination ge-
füllt werden.[320]

Architektur fürs Kabarett: Bauwerk und Handlungsraum

„Form follows function"? | Wenn Güttler in seiner bereits zitierten Aussage den
Verlust des Zusammenhangs zwischen Außenfassade und Innenraum, zwischen
Funktion und Gestalt des Gebäudes beklagt, so weist dies auf ein Ideal der Architektur hin, das auch in unserem Zusammenhang von Bedeutung ist. Das Bauwerk
soll Spiegel des in ihm Stattfindenden sein, gebauter Ausdruck der innen sich voll-
ziehenden Handlungen. Im Grundsatz „form follows function"[321], dem sich auch
deutsche Architekten nicht nur des Bauhauses verpflichtet sahen, leitet sich nicht
nur die Form von der Funktion her, sondern die Funktion eines Gegenstandes/Ge-
bäudes lässt sich auch an seiner Form ablesen. In diesem Sinne könnte man Architektur auch als gebauten Ausdruck kulturellen Handelns auffassen (so spricht
auch Schlögel von Gebäuden als „Vergegenständlichung der lebendigen Arbeit von
Generationen"[322]). Dieser Zusammenhang wird von Güttler ins Allgemeine gestei-
gert und auf den jeweiligen Zeitkontext, den „Zeitgeist", bezogen:

> „Architektur wird damit Spiegel menschlichen Denkens und Fühlens,
> menschlicher Triebkraft, die Bauten und wohl gerade die Theaterbauten wer-
> den zu beredten Zeugnissen des Zeitgeistes, sind Mittel zum Verstehen, Ler-
> nen und Wissen."[323]

Mendelsohns Entwurf auf seine Qualitäten als „Spiegel menschlichen Denkens und
Fühlens" sowie die Verfolgung der Idee „form follows function" zu untersuchen,
scheint auf den ersten Blick reizvoll zu sein, besonders da dieser konkret auf ein
schon bestehendes Theater-Unternehmen zugeschnitten und in ihm die Idealvorstel-
lungen des Intendanten Kurt Robitschek verwirklicht werden sollten. Es ist verlo-
ckend, Bezüge zwischen den im *KadeKo* stattfindenden Aufführungen – Lesungen,

---

320 Beatrix Borchard bezeichnet dieses Verfahren als „Lücken schreiben", vgl. Borchard, Beatrix: „Lücken schreiben oder: Montage als biographisches Verfahren", in: Hans Erich Bödeker
(Hg.), *Biographie schreiben*, Göttingen: Wallstein 2003, S. 211-242. Angewandt hat sie dieses
Verfahren u.a. in ihrer Habilitationsschrift: Borchard, Beatrix: *Stimme und Geige, Amalie und
Joseph Joachim: Biographie und Interpretationsgeschichte*, Wien: Böhlau 2005 (=Wiener Veröffentlichungen zur Musikgeschichte, Bd. 5).
321 Die Maxime wird im Allgemeinen dem Architeken Louis H. Sullivan zugeschrieben, der sie
in seinem Aufsatz „The Tall Office Building Artistically Considered" (1896) aus dem Vorbild
der Natur ableitete und erstmals für die Architektur formulierte: „Whether it be the sweeping
eagle in his flight or the open apple-blossom, the toiling work-horse, the blithe swan, the
branching oak, the winding stream at its base, the drifting clouds, over all the coursing sun,
form ever follows function, and this is the law. [...] the life is recognizable in its expression,
that form follows function. This is the law. Shall we, then, daily violate this law in our art?"
(Sullivan, Louis H.: *The public papers, ed. by Robert C. Twombly*, Chicago: University of Chicago Press 1988, S. 111).
322 Schlögel 2003, S. 303.
323 Güttler 1983, S. 106.

Musiktheater, Couplets, Sketche – und seiner baulichen Form aufzuspüren. Tatsächlich lassen sich hier Wechselwirkungen feststellen – wenn auch in anderer Weise als zunächst zu erwarten.

Mendelsohn selbst sah den Zusammenhang von Funktion und Form eines Gebäudes von mehreren Faktoren bestimmt und schätzte ihn somit komplexer ein:

> „Während also die Tätigkeit der Maschine – ihr Greifen, Ziehen, Reißen – eine reine *Zweckfunktion* darstellt, – während also die Funktion in der Baukonstruktion nur die mathematische *Zwangsläufigkeit* darstellt, – kann die Funktion in der Architektur nur die *räumliche und formale Abhängigkeit* bedeuten von den Voraussetzungen des Zwecks, des Materials und der Konstruktion."[324]

So arbeitete Mendelsohn z.B. auch mit symbolhaften Formen, die den Zweck des Gebäudes ausdrücken sollten, beispielsweise im Entwurf für eine optische Fabrik, deren Grundriss die Form einer Glühbirne hat.[325] Stets versuchte er, Funktionales und Visionäres miteinander zu verbinden: „Gewiß, das primäre Element ist die Funktion, aber Funktion ohne sinnlichen Beistrom bleibt Konstruktion. Mehr denn je stehe ich zu meinem Versöhnungsprogramm."[326], schrieb er 1923 an seine Frau.

Dieser erweiterte Begriff der „Funktion" bzw. des Zwecks in der Architektur schließt also sowohl rationale Planung als auch kreativen Ausdruck mit ein. Auch später verfolgte Mendelsohn noch diese Idee:

> „Ich verwies ihn [Hans Lachmann-Mosse, den Bauherrn des WOGA-Projekts], daß nicht der Zweck, sondern die Möglichkeit, die in dem Zweck liegt, das allein Massgebende sei, das befruchtet, anspornt und mitreißt. Stadtbau ist immer Zweckbau wie jede Aufgabe[,] und seine Möglichkeiten erst gäben die eigentlichen Aufgaben unserer Zeit."[327]

Mendelsohns Auffassung geht somit über einen rein baukonstruktiven Funktionalismus hinaus, der Entwurf hat sich vielmehr an vielfältigen Ansprüchen zu orientieren. Zudem bezieht Mendelsohn im Begriff der „Möglichkeiten" utopische Elemente in seine Gedanken mit ein.

Für das zeitgleich mit dem *KadeKo* entworfene Kino *Universum* wurde die von Mendelsohn hergestellte „beispiellose Beziehung zwischen äußerer Form und inne-

---

324 Mendelsohn, Erich: „Die internationale Übereinstimmung des neuen Baugedankens oder Dynamik und Funktion (1923)", in: Ita Heinze-Greenberg (Hg.), *Erich Mendelsohn: Gedankenwelten. Unbekannte Texte zu Architektur, Kulturgeschichte und Politik*, Ostfildern-Ruit: Hatje Cantz 2000, S. 48-53, hier S. 51 (Hervorhebung im Original).

325 Achenbach, Sigrid: „Erich Mendelsohn", in: Kunstbibliothek Berlin (Hg.), *Fünf Architekten aus fünf Jahrhunderten*, Berlin: Gebr. Mann 1976, S. 155-162, hier S. 157.

326 Brief an Luise Mendelsohn, 19.08.1923, zit. n. ebd., S. 159.

327 Brief an Luise Mendelsohn, 02.07.1925, Heinze-Greenberg collection, zit. n. James, Kathleen: *Erich Mendelsohn and the architecture of German modernism*, Cambridge: Cambridge University Press 1997, S. 282.

rer Zonierung"[328] von zeitgenössischen wie späteren Kritikern immer wieder herausgestellt. Oder, wie es der Architekturhistoriker Wolfgang Pehnt ausdrückt: „Outside the building, one always knew what was happening inside."[329] Dass die neue architektonische Sprache trotzdem zu Verwirrung hinsichtlich der Funktion von Gebäuden führen konnte, sieht man an einem Feuilleton Roths aus dem Jahr 1929, also aus dem Jahr nach der Eröffnung des Kabaretts am Lehniner Platz.[330] Nicht ohne Ironie wird hier die Vertrautheit gerade mit alten Gebäude-Forme(l)n und deren funktionalen Zusammenhängen geschildert. Durch die Neubauten gehen diese alten Sicherheiten verloren, was zu Orientierungslosigkeit führt:

> „Es ereignet sich manchmal, daß ich ein Kabarett für ein Krematorium halte und daß ich mit dem leisen Schauder, den die Zubehöre des Todes immerhin erzeugen, an manchen Gebäuden vorübergehe, die eigentlich dem Vergnügen bestimmt sind. Derartige Verwechslungen wären in früheren Jahren nicht möglich gewesen. […] Ein Haus, das eine flüchtige, wenn auch schmerzliche Erinnerung an einen klassischen Tempel hervorrief, war bestimmt ein Operettentheater. Was wie ein Gotteshaus aussah, war ein Hauptbahnhof. Peinlich, aber bequem. Man kannte genau die Gesetze der Verlogenheit und agnoszierte unfehlbar den Ersatz, wo man das Echte erblickte. […] Seitdem aber die Menschen auf die Idee gekommen sind, daß ihre Zeit, die neue, ,neuer Stile' bedürfe, nützen mir die alten Regeln nichts, nach denen ich sonst imstande war, mich zielsicher zu irren. Es ist, wie wenn das ganze falsche Vokabular eines konventionellen Dialektes, das man mühsam erlernt hatte, ungültig geworden wäre."[331]

Wahrscheinlich spielt Roth mit dem „Krematorium" auf das WOGA-Projekt und seinen prägnanten „Entlüftungsschlot"[332] an. Zumindest hielt sich der Schriftsteller häufig in Berlin auf, so auch im Entstehungsjahr des Feuilletons, und wohnte dort zumeist im Hotel am Zoo, das ebenfalls am Kurfürstendamm lag.[333] Die Hauszeitschrift des *Kabaretts der Komiker* veröffentlichte zudem Texte von Roth.[334] Auf dem von Walter Trier gestalteten Titelblatt des Augustheftes 1930 ist Mendelsohns Archi-

---

328 James, Kathleen: „Keine Stucktorten für Potemkin und Scapa Flow' Großstadtarchitektur in Berlin: der Woga-Komplex und das Universum-Kino", in: Regina Stephan (Hg.), *Erich Mendelsohn. Architekt 1887-1953. Gebaute Welten. Arbeiten für Europa, Palästina und Amerika*, Ostfildern-Ruit: Hatje 1998, S. 134-143, hier S. 140.

329 Pehnt, Wolfgang: „Fantasía, que no locura. Fantasy, not madness", in: Ángel Fernández Alba (Hg.), *Erich Mendelsohn. Cine Universum 1926-28*, Madrid: Ed. Rueda 2004, S. 23-39, S. 28.

330 Wiedereröffnung im neuen Gebäude am 19. Sept. 1928: Robitschek, Kurt: „5 Jahre Kabarett der Komiker", in: *Frechheit*, Nr. 12 (1929), S. 3-6, hier S. 4 (SMB, Lipp ZG 304 f).

331 Roth, Joseph: „Architektur", in: Ders.: *Werke 3, Das journalistische Werk 1929-1939*, hg. und mit einem Nachwort von Klaus Westermann, Köln: Kiepenheuer & Witsch 1991, S. 115f., hier 115 (zuerst erschienen in der *Münchner Illustrierten Presse*, 27.10.1929).

332 So Mendelsohn in *Das Gesamtschaffen des Architekten*, Berlin 1930, zit. n. Achenbach: „Erich Mendelsohn", in: Kunstbibliothek Berlin 1976, S. 160.

333 Vgl. Lunzer, Heinz/Lunzer-Talos, Victoria: *Joseph Roth. Leben und Werk in Bildern*, Köln: Kiepenheuer & Witsch 1994, S. 90, 108, 169, 182f.

334 So z.B. Roth, Joseph: „Bei der Betrachtung von Schlachtenbildern", in: *Frechheit*, Nr. 6 (1930), S. 11f. (SMB, Lipp ZG 304 f).

tektur mit dem Krematorium-ähnlichen Entlüftungsschlot des *Universum*-Kinos als Karikatur zu sehen (siehe Abb. 41 im Farbteil).

Harmonische und Kontrapunktische Führung | In Mendelsohns theoretischen Schriften finden sich neben anderen Themengebieten auch Überlegungen zum Verhältnis von Musik und Architektur: Im Aufsatz „Harmonische und kontrapunktische Führung in der Architektur" erläutert er die Begriffe horizontale, vertikale und kontrapunktische Führung anhand von Analogien in der Musik:

> „Die *harmonische Führung* kann *horizontal* sein, oder *vertikal*. Horizontal, wie bei diesen *Hochbehältern der Gasfabrik in Frankfurt a.M.* in der Reihung von Bauelementen oder *vertikal*, wie bei dieser *Doppelkirche von Schwarzrheindorf*, bei der die einzelnen Baumassen aufeinandergeschichtet sind und aus eigener Gewalt den Turm gewissermaßen herausdrücken.
>
> Auf das Gebiet der Musik übertragen – und diese Begriffe sind ja der Musik entnommen – bedeutet horizontale Führung etwa das Nebeneinandersetzen von Ton und Ton zur Melodie, vertikale Führung die aufeinandergetürmte Konstruktion von Akkorden. Beides im Gegensatz zur kontrapunktischen Führung, die etwa wie in einem Fugenthema von Bach, horizontal und vertikal also Melodie und Konstruktion vereint."[335]

Diese dynamischen Spannungsspiele von horizontalen und vertikalen Elementen in der „kontrapunktischen Führung" kennzeichnen Mendelsohns Entwürfe durch die verschiedenen Phasen seines Berufslebens, vom expressionistisch-organisch geprägten Einsteinturm bis zum Entwurf des Hadassah-Hospitals auf dem Mount Scopus, Jerusalem. Auch beim WOGA-Gelände findet sich diese Gestaltungsmaxime, beispielsweise in dem vertikal, gleichzeitig funktional eingesetzten Element des Entlüftungsschlots (ein Merkmal, das später zum Klischee der Zwischenkriegsarchitektur wurde) gegenüber den horizontalen Fensterbändern, die in ihrem Design an einen Filmstreifen erinnern.[336]

In einem Brief zum Projekt des Verlagshauses Mosse ist Mendelsohns Denken in den Formsprachen von Architektur und Musik noch frappierender:

> „Ich hoffe, ich kann vor dem Modell den Bonzen klar machen, weshalb die Baldachinringe so brutal aus der Fassadenmauer herausdrängen [...] Der Baldachin muß durchgesetzt werden, sonst fehlt der Fuge der Baß."[337]

Bezeichnend ist, dass Mendelsohn in gestalterischen Parallelen denkt: Er sieht musikalische und architektonische Komposition als analoge Konstruktionsprozesse. Zudem spielen funktionale Aspekte im Sinne der in einem Gebäude vollzogenen Handlungen und Bewegungsmuster eine Rolle.

---

335 Zuerst erschienen in der Zeitschrift *Baukunst*. Mendelsohn, Erich: „Harmonische und kontrapunktische Führung in der Architektur (1925)", in: Heinze-Greenberg 2000, S. 54. Hervorhebungen im Original.

336 Vgl. James 1997, S. 163. Sie weist auch auf die Ähnlichkeit des vertikalen Lüftungsschaftes, der als Werbeträger genutzt wurde, mit der Projektionsfläche einer Kinoleinwand hin.

337 Schreiben vom 6. August 1922 an Luise Mendelsohn, zit. n. Heinze-Greenberg 2000, S. 54.

Mit akustischen Fragen des Raumklangs hingegen setzt sich Mendelsohn nicht auseinander. Solche und andere Fragen der praktischen Umsetzung überließ er im alltäglichen Geschäft seinen Mitarbeitern, wie Mendelsohns Ehefrau Luise (auch: Louise) berichtete:

> „Es gab viele praktische Dinge, die er nie gelernt hatte, wie zum Beispiel das Detaillieren von Fenstern, und in diesen Fragen mußte er sich völlig auf seine Mitarbeiter verlassen. Er wollte immer Dinge tun, die noch nie zuvor ausprobiert worden waren […]. Er hatte dann große Schwierigkeiten, seine Ideen umzusetzen, und das war genau der Punkt, an dem seine eher praktisch veranlagten Mitarbeiter zum Einsatz kamen.“[338]

Den größten Stellenwert beim Entwickeln eines Gebäudes räumte Mendelsohn stets der „architektonischen Idee“ ein, wobei er sich nach eigenen Worten „unter die Herrschaft des Unbewußten“ begab: „Denn der Intellekt baut zusammen, aber die Intuition gestaltet.“[339] Kreative Anregungen bezog er dabei u.a. aus Musikstücken, wobei vor allem Kompositionen Johann Sebastian Bachs eine bedeutende Rolle spielten:[340]

> „Von den meisten Geräuschen fühlte er sich gestört, nur die Musik bildete eine Ausnahme. Sie diente ihm als eine Art Vorhang zwischen der Welt draußen und ihm selbst. Seine schöpferische Arbeit vollbrachte er stets zu Hause, nicht im Büro. Er zog sich dann in seine kleine Schlafkammer zurück, legte einen Bach auf und begann zu arbeiten. […] er schien inspirierter skizzieren zu können, wenn Musik spielte.“[341]

Entscheidend für den Zusammenhang von Musiktheaterpraxis und Kabarettgebäude könnte die Tatsache sein, dass der Architekt im privaten Umfeld Musikerinnen und Musiker (auch vom Kabarett) kannte, die er hinsichtlich ihrer räumlichen sowie akustischen Ansprüche zumindest hätte befragen können. Mendelsohns Frau Luise, geb. Maas, war studierte Cellistin, so dass die Musik im Hause allgegenwärtig war. Ihre Karriere hatte sie zugunsten Mendelsohns zurückgestellt und fand nun ihren (musikalischen) Wirkungsraum im eigenen Haus, dem von ihrem Mann entworfenen *Haus Am Rupenhorn*.[342] Mendelsohn errichtete ihr ein Musikzimmer mit speziell zugeschnittenem Interieur, u.a. extra angepasste Schrankeinbauten für ihre

---

338 King: „Interview“, zit. n. Stephan: „Mendelsohn und seine Mitarbeiter“, S. 178.

339 Mendelsohn, Erich: „Meine Arbeitsweise (1928)“, in: Heinze-Greenberg 2000, S. 172.

340 Beyer, Frank Michael: „Zeitarchitektur bei Johann Sebastian Bach“, in: Stephan 2006, S. 59-63.

341 King: „Interview with Mrs. Louise Mendelsohn“, in: *The Drawings of Eric Mendelsohn*, Berkley 1969, S. 28-30, hier S. 28, zit. n. Stephan: „Mendelsohn und seine Mitarbeiter“, in: Stephan 1998, S. 178.

342 Zur Partnerschaft von Luise und Erich Mendelsohn vgl.: Heinze-Greenberg, Ita/Stephan, Regina (Hg.): *Luise und Erich Mendelsohn. Eine Partnerschaft für die Kunst*, Ostfildern-Ruit: Hatje Cantz 2004. Nicht alle biographischen Aspekte sind bisher aufgearbeitet. Laut Stephan liegen „Hunderte von Briefen […] noch ungehoben, nicht entziffert und unpubliziert in den beiden großen Mendelsohn-Archiven, in der Kunstbibliothek Berlin und im Getty Research Institute, Los Angeles.“ (Ebd., S. 10). Dies betrifft laut Stephan vor allem die Briefe Luise Mendelsohns, so dass in den bisher publizierten Briefen der Eindruck eines Brieftagebuchs Erich Mendelsohns statt eines „lebendige[n] Dialog[s]“ entsteht. Auch für die musikwissen-

Abb. 42: Eine von Erich Mendelsohns „musikalischen Skizzen" mit der Aufschrift
„Anticonstruktivismus" und „Dona nobis pacem", um 1927.

Instrumente. In Hausmusikabenden, die für ein zahlendes Publikum veranstaltet
wurden und deren Erlös der zionistischen Bewegung zugute kam, musizierte Luise
z.B. mit Lili Kraus und Albert Einstein.[343] Wie auch in gemeinsam besuchten öffentlichen Konzerten, griff ihr Mann meist nach einiger Zeit zum Zeichenstift, um die
Ideen, die ihm in diesen Situationen einfielen, festzuhalten.[344] Zahlreiche Zeichnungen, von Mendelsohn selbst als „musikalische Skizzen" bezeichnet (siehe Abb. 42),
sind mit Verweisen auf Musik (z.T. sogar auf konkret benannte Kompositionen) gekennzeichnet, so auch in der Zeit der WOGA-Entwürfe.[345]

Mendelsohns Ehefrau Luise Maas war u.a. mit der Familie Werner Richard Heymanns befreundet: Beide wohnten eine Zeit lang in Königsberg und Luise bezeichnet den Zweitältesten der Brüder, Walther Heymann, in ihren Memoiren als „alten Freund"[346]. In Werner Richard Heymanns Adressbüchern sowohl aus der Zeit in
Berlin wie auch später im Exil in Paris und Hollywood ist Erich Mendelsohns Name

schaftliche Genderforschung wäre die Biographie Luise Mendelsohns ein interessanter Untersuchungsgegenstand.

343 Vgl. Heinze-Greenberg, Ita: „Oft fürchte ich den Neid der Götter' Erfolg, Haus und Heim",
in: Stephan 1998, S. 200-213, hier S. 213. Auch Einstein besuchte das *Kabarett der Komiker*,
wie einem Foto in der Programmzeitschrift zu entnehmen ist: *Frechheit*, Nr. 4 (1930), S. 12
(SMB, Lipp ZG 304 f).

344 Louise Mendelsohn: *My Life in a Changing World* (unveröffentlichte Memoiren), S. 227, zit.
n. Stephan, Regina: „Einer der liebenswertesten Menschen und gleichzeitig einer der unangenehmsten' Mendelsohn und seine Mitarbeiter der zwanziger und frühen dreißiger Jahre", in:
Stephan 1998, S. 178-187, hier S. 179.

345 Achenbach, Sigrid: *Erich Mendelsohn 1887-1953. Ideen, Bauten, Projekte. Ausstellung zum 100.
Geburtstag aus den Beständen der Kunstbibliothek*, Berlin: Staatliche Museen Preußischer Kulturbesitz 1987, S. 52-58.

346 Stephan, Regina: „Riesengroß scheint meine Kraft anzuwachsen, wenn ich gegen den Wind
sehe' Künstlerische Ausbildung", in: Heinze-Greenberg 2004, S. 39 sowie S. 48.

eingetragen.[347] Im Nachlass Heymanns befindet sich zudem eine Postkarte von Luise aus den 1950er-Jahren sowie ein Eintrag in Heymanns Gästebuch (in dem auch Spoliansky verzeichnet ist).[348]

Werner Richard Heymann müsste Luise Mendelsohn bereits als Vierzehnjährige kennen gelernt haben: Als sie nach Königsberg zog, spielte der zwei Jahre Jüngere bereits als Geiger im Philharmonischen Orchester der Stadt mit (welches wiederum von Luises Großvater finanziell unterstützt wurde). Beide waren Schüler von Max Brode, der auch ein Jugendorchester leitete. Es ist möglich, dass sie dort oder im Streichquartett sogar gemeinsam musizierten, bevor Heymann 1912 nach Berlin zog. Auch Spoliansky wohnte (wohl von ca. 1910 an) bis 1914 in Königsberg. Dass sich jedoch sein Weg mit dem von Luise Maas oder Heymann kreuzte, ist wenig wahrscheinlich (aber nicht unmöglich), verkehrten sie doch in sehr unterschiedlichen Milieus. Spoliansky war zu dieser Zeit bereits Vollwaise und war von Freunden des Vaters in einer privaten Pension untergebracht worden. Da er Klavier spielte, wird er kaum mit dem Jugendorchester in Verbindung gekommen sein, auch eine Musikschule besuchte er wohl nicht.[349] Luises Familie war dagegen eine der bedeutendsten der Stadt und achtete sehr auf einen angemessenen Umgang der Kinder. Zudem verließ Luise Maas Königsberg früh, zunächst gen London, dann zum Studium nach Leipzig (bei Julius Klengel) und schließlich 1913 nach Berlin.

Ob Mendelsohn den Rat seiner Frau sowie der ihm bekannten Musikerinnen und Musiker bzw. Kabarettisten tatsächlich gesucht hat, scheint angesichts der später noch zu erläuternden Probleme des Baus fraglich. Dass der Architekt mit dem *KadeKo* nicht nur ein Gebäude für Sprechtheater und Lesungen entwickeln sollte, sondern der Raum auch für Musikdarbietungen geeignet sein musste, hätte Mendelsohn eigentlich bewusst gewesen sein müssen. In der Tradition gerade dieses Kabaretts nahmen musikalisch-parodistische Einakter von jeher einen wichtigen Platz ein. Der Neubau bot die Chance, den Raum einerseits direkt auf die Bedürfnisse der schon bestehenden Institution zuzuschneiden, in ihm andererseits gestalterisch „horizontal und vertikal[,] also Melodie und Konstruktion" im Sinne einer kontrapunktischen Führung zu vereinen. Diese Chance wurde von Mendelsohn, zumindest was die Erfordernisse des Kabaretts anging, laut Robitschek „in unbelehrbarem Starrsinn"[350] vertan (siehe Kap. „*... ein fundamentaler Irrtum des Erbauers*", S. 223).

---

347 Heymann, Werner Richard: Adressbuch. Berlin, 1920er-Paris, 1936, AdK, Musikarchiv: Werner-Richard-Heymann-Archiv, 4.2. Adressbücher/Kalender/Lfd. Nr. 610 sowie Ders.: Adressbuch. Hollywood, 1936-1951, AdK, Heymann, 4.2./611.

348 Heymann, Werner Richard: Louise Mendelsohn an Werner Richard Heymann. 1950er, AdK, Heymann, 3.1. Korrespondenz Personen/Lfd. Nr. 598 und Ders.: Gästebuch. 1954–1987, AdK, Heymann, 4.3. Memorabilia/Lfd. Nr. 616.

349 Zumindest ist dies den Memoiren und den Dokumenten im Nachlass nicht zu entnehmen. Forschungen vor Ort in Königsberg/Kaliningrad könnten hier evtl. aufschlussreich sein.

350 Robitschek: „5 Jahre Kabarett der Komiker", in: *Frechheit*, Nr. 12 (1929), S. 5 (SMB, Lipp ZG 304 f).

Im neuen Haus | Im September 1928 bezog das *Kabarett der Komiker* die neuen Räume im WOGA-Komplex. Sie fielen für ein Kabarett großzügig aus: Laut Grundriss (vgl. Abb. 45) fasste der Saal 830 Personen, davon 234 auf der Empore. Vermutlich gab es später sogar noch mehr Plätze (Robitschek sprach im Dezember 1929 von 950 Sitzplätzen[351]). Der Neubau unterschied sich somit drastisch von der anfangs vom *Kabarett der Komiker* bespielten Raumsituation im Gebäude des früheren Kabaretts *Rakete*[352], über die Robitschek berichtet:

> „[…] ein janusköpfiges Lokal. Man musste nach 2 Seiten spielen. Links und rechts der Bühne saßen die Zuschauer und in der Mitte stand eine Säule."[353]

Das neue *K.d.K.* lag in seinen Dimensionen zwischen Reinhardts zweitem *Schall und Rauch*, während seiner Existenz zwischen 1919 und 1924 mit 1.100 Plätzen wohl das größte Kabarett Berlins, und kleineren Theatern wie der *Wilden Bühne* (125 Plätze, siehe S. 165ff.). Neben dem großen Kino nahm sich das Kabarett dennoch vergleichsweise bescheiden aus. Das *Universum* fasste 1.800 Zuschauer, also ungefähr doppelt so viele wie das kleine „Rauchtheater". Obwohl es für Tonfilme gebaut war, behielt Mendelsohn, der diesem Gebäude ungleich mehr Aufmerksamkeit widmete als dem *KadeKo*, eine Bühne und sogar einen Orchestergraben bei, so dass auch hier Theateraufführungen möglich gewesen wären. Mendelsohn sprach anlässlich der Eröffnung des Kinos von einem „Elevator für die Bildleinwand, wenn der Sketch den Film ablöst."[354]

Wie im Falle des großen Lichtspielhauses und des kleineren Rauchtheaters lagen Kabaretts häufiger quasi „im Schatten" von großen Theatern. Neben der *Wilden Bühne*, die im Theater des Westens spielte (vgl. Kap. *Kabarett im Theatergebäude*, S. 162), befand sich z.B. auch Reinhardts zweites *Schall und Rauch* im Gebäude des Großen Schauspielhauses (Architekt: Hans Poelzig). Die Lage der Kabaretts hatte z.T. Auswirkungen auf das dort gespielte Programm, so wurden gelegentlich aktuelle Stücke der Nachbarbühne parodiert. Oft wirkten sogar dieselben Schauspielerinnen und Schauspieler mit. Als Robitschek im August 1929 in der *Frechheit* darüber nachdachte, eine Tonfilmanlage in sein Kabarett einzubauen, um „selbst kleine Tonfilmgrotesken und Parodien [zu] schaffen", scheint das benachbarte *Universum* dies

---

351 Ebd., S. 6.
352 Die *Rakete* befand sich in der Kant-, Ecke Joachimsthaler Straße und wurde am 16. April 1920 unter der künstlerischen Leitung von Eugen Robert eröffnet. Neben dem späteren Mitbegründer des *KadeKo* Paul Morgan traten u.a. Fritz Grünbaum, Käthe Dorsch, Wilhelm Bendow, Joachim Ringelnatz und Rosa Valetti auf, die ab 1922 die Direktion mitübernahm. Ein Bühnenfoto aus dieser Zeit ist z.B. abgedruckt in: Stiftung Archiv der Akademie der Künste 1996, S. 22. Das *Kabarett der Komiker* spielte vom 1. Dezember 1924 bis zum Herbst 1925 in den Räumen der *Rakete* (Budzinski 1985, S. 201).
353 *Frechheit*, Nr. 12 (1927), zit. n. Arnbom 2006, S. 74. Das *Kabarett der Komiker* spielte zunächst im Gebäude der früheren *Rampe* (Direktion: Rosa Valetti), später im *Palmenhaus* am Kurfürstendamm.
354 Mendelsohn, Erich: „Zur Eröffnung des ‚Universum' (1928)", in: Heinze-Greenberg/Stephan 2000, S. 109. Es war damals üblich, neben dem Film weitere Programmpunkte zu präsentieren, die Musik und Varieté umfassen konnten, vgl. Kreimeier 1992, S. 139f.

als Konkurrenz betrachtet zu haben. Robitschek sah sich genötigt, weiter auszuführen:

> „Hier muß bemerkt werden: wir werden natürlich kein Kino werden, sondern nur die neueste Errungenschaft der Lichtbildleinwand dem Kabarett der Komiker dienstbar machen. […] Dies zur Beruhigung jener Faktoren und Nachbarn, die mit heißer Erregung unsere Tonfilmprojekte verfolgen."[355]

Robitscheks Idee, Tonfilme, wie sie im benachbarten Lichtspielhaus präsentiert wurden, satirisch zu verarbeiten, steht also durchaus in der Tradition des Kabaretts als Parodie-Bühne und zeigt sich als moderne Variante dieser Praxis.

Ins neue *Kabarett der Komiker* gelangte man über einen innen gelegenen längeren Gang (vgl. Grundriss, Abb. 45), ein Zutritt, der ein wenig an eine Hinterhof-Situation erinnerte. An den Innenwänden des Eingangsbereichs befanden sich großflächige Wandbilder von Walter Trier, die u.a. Karikaturen von Musikern zeigten, z.B. aus einem Saxophon aufsteigenden Tabakqualm (man betrat ein „Rauchtheater"...) oder eine Tuba mit Zapfhahn (siehe Abb. 43)[356]. Hier wurde die künstlerische Form der Parodie, die sich im musikalischen Programm auf der Bühne fortsetzen sollte, mit Hilfe der Malerei vorbereitet. Inwiefern solche Elemente die Rezeptionshaltung des Publikums beeinflussten, wird am Beispiel der Kabarettoper später noch näher erläutert (siehe *Ort – Aufführung – Rezeption: Spolianskys Kabarettoper Rufen Sie Herrn Plim!*, S. 244). Gleichzeitig nahm das *KadeKo* mit diesem Wandbild satirisch Bezug auf den Fassaden-Schmuck anderer Theaterbauten, deren Motive ebenfalls häufig Musiker, Musen, Dichter oder Komponisten darstellten.

Dass die Einstimmung des Publikums über die Raumregie im Eingangsbereich gut funktionierte, ist der Schilderung Herrmann-Neißes zu entnehmen, der seine Erwartungen vor der Premiere im neuen Haus formulierte:

> „Man war mit grossen Hoffnungen gekommen, endlich hat das ‚Kabarett der Komiker' sein eignes Haus, ohne Schankwirtdiktatur, die witzigen Trier-Bilder im Entree machten von vornherein eine gute Laune, auf den Drehstühlen sass man bequem, empfänglich für ein herzlich fideles Treiben."[357]

Enge Zugänge, z.T. zwischen Wohn- und Geschäftshäusern, waren auch für Berliner Unterhaltungstheater nicht ungewöhnlich. Das *Apollo-Theater* (in dem u.a. Paul Linckes Jahresrevuen aufgeführt wurden) oder die *Komödie* am Kurfürstendamm waren z.B. zwischen Geschäftshäuser gebaut. Auch das *Neue Theater* am Schiffbauerdamm, das heute das Berliner Ensemble beherbergt, lag zur damaligen Zeit ver-

---

355 *Frechheit*, Nr. 8 (1929), S. 6 (SMB, Lipp ZG 304 f).

356 Das Wandbild von Karikaturist und Kinderbuch-Illustrator Walter Trier ist heute nicht mehr erhalten. Vgl. auch die Beschreibung bei Bemmann 1981, S. 143.

357 Herrmann-Neiße, Max: „Das neue Kabarett der Komiker", in: *BTbl*, 57. Jg., Nr. 447 (21.09.1928), Morgen-Ausgabe. Wiederabgedruckt in: Schaubühne am Lehniner Platz/Pitz/ Brenne 1981, S. 67f.

Abb. 43: Eingangsbereich des *Kabaretts der Komiker* mit Wandbild von Walter Trier (undatiert).

steckt und war nur über eine schmale Zufahrtsstraße sichtbar.[358] Viele Theater entsprachen äußerlich also nicht unbedingt dem uns heute geläufigen (und auch von Roth in der oben zitierten Quelle angesprochenen) Muster des freistehenden Repräsentativbaus, wie er sich in zahlreichen Staats- und Stadttheatern, in Berlin z.B. in der Staats- (früher Hof-)Oper Unter den Linden, erhalten hat.[359] Innerhalb der Gebäude fanden sich ebenfalls Restaurants bzw. Cafés (z.B. im Metropol-Theater), die aber zumeist getrennt vom Zuschauerraum waren. Vorläufer, die Ausschank und Theater im Saal kombinierten, waren z.B. im 19. Jahrhundert die Cafés concerts (vgl. Kap. *Musiker im Café*, S. 124) oder die englischen Music halls, die allerdings (z.T. wegen eines Gesetzes, das Theaterdarbietungen bei gleichzeitigem Alkoholausschank verbot) um die Jahrhundertwende einen Wandel zum traditionellen Theaterraum mit Einführung von Sitzreihen, Guckkastenbühne und Auslagerung der Bar in einen Nebenraum vollzogen.[360]

Auch das *Kabarett der Komiker* beherbergte in seinem Gebäude Läden und ein Café und war vor allem durch die Werbung für die Vorstellungen mittels großer Reklametafeln als Theater zu erkennen (vgl. Abb. 44 aus dem Jahr 1938). Im Innen- wie Außenraum des Mendelsohn-Baus zeigte sich die für das neue Haus kenn-

---

358 Vgl. z.B. Freydank 1988, besonders S. 302 und 304 sowie: Worbs, Dietrich: ‚*Komödie*' *und* ‚*Theater am Kurfürstendamm*', *Das Erbe von Oskar Kaufmann und Max Reinhardt*, München/ Berlin: Deutscher Kunstverlag 2007.

359 Zu den Theaterbauten Berlins s. Freydank 1988.

360 Helms, Dietrich: „Music hall", in: *MGG2*, Sachteil, Bd. 6, Kassel/Stuttgart: Bärenreiter/Metzler 1997, Sp. 647-654, hier S. 648f.

Abb. 44: Das *Kabarett der Komiker*, Außenaufnahme von 1938. Der Eingang befand sich rechts.

zeichnende Zwitterbildung zwischen Kabarett, Restaurant und Theater, eine Funktionsverschränkung, die gelegentlich zu Irritationen führte und sich u.a. auf den Aufbau des Programms der Spielstätte sowie dessen Rezeption auswirkte (siehe Kap. *Rufen Sie Herrn Plim!*, S. 244).

„… ein fundamentaler Irrtum des Erbauers" | Einschneidender waren jedoch andere bauliche Probleme, die sich nach der Eröffnung des Hauses zeigten und die zu einem Streit zwischen Robitschek und dem Architekten Mendelsohn führten, der sich über eineinhalb Jahre hinzog:

> „Wir haben lange gezögert, von peinlichem Vorfall öffentliche Mitteilung zu machen. Hoffnung, daß gütliche Einigung Flucht in die Oeffentlichkeit unnotwendig machen werde, hat sich als trügerisch erwiesen. Das Kabarett der Komiker hat sich genötigt gesehen, den Erbauer seines neuen Hauses, den Architekten Erich Mendelsohn zu verklagen und vor dem ordentlichen Gericht festzustellen, wieweit die bühnentechnischen und sonstigen baulichen Fehler des Hauses gelegentlich der mißglückten Eröffnung im September vorigen Jahres auf das Schuldkonto des Architekten kommen. Ueber die Gründe dieses Prozesses, über die Substanzierung der Klage und des Gegners Rechtfertigung wird in der nächsten Ausgabe dieses Blattes eingehend berichtet.[361]

---

361 „Kleine Wichtigkeiten", in: *Frechheit*, Nr. 8 (1929), S. 10f., hier S. 11 (SMB, Lipp ZG 304 f). Die mir bekannte Sekundärliteratur zu Erich Mendelsohn erwähnt keinen Prozess. Prozessakten scheinen nicht mehr vorhanden zu sein (Anfragen Landesarchiv Berlin, Kunstbibliothek

Die nächste Ausgabe der *Frechheit* schwieg allerdings zunächst zu den weiteren Vorwürfen, erst in späteren Heften erläuterte Robitschek die Probleme des Baus genauer und polemisierte gegen Mendelsohn.

Was war geschehen? Die Leitung des *Kabaretts der Komiker* hatte zunächst große Hoffnungen in den Neubau gelegt und klare Vorstellungen für die Planung formuliert, die Robitschek in der *Frechheit* seinem Publikum mitteilte:

> [Erich Mendelsohn] „baut am Kurfürstendamm 156 ein richtiggehendes Theater mit 800 bequemen Sitzen für uns. Es wird das erste Rauchtheater in Berlin werden. Im Parkett Tische und Stühle, für jeden Besucher ist ein Quadratmeter Raum berechnet. Im Rang: Logen in der ersten Reihe, dahinter Sitzreihen, wie in allen anderen Theatern […] das neue ‚Kabarett der Komiker' wird eine Vollbühne erhalten – eiserner Vorhang, Berieselungsanlage, Schnürboden – so daß wir der Ausstattung unserer Einakter und Einzeldarbietungen viel mehr Sorgfalt widmen können."[362]

Zur Eröffnungspremiere präsentierten Robitschek und seine Mitstreiter dann mit *Kitty macht Karriere, elf Bilder aus dem Leben eines Revuegirls* (Text: Robitschek/ Morgan, Musik: Walter Kollo) ein Stück, das die neuen Möglichkeiten des Hauses nutzen und in seiner Anlage so neuartig wie das Gebäude sein sollte:

> „‚Kitty macht Karriere' ist ein großes Experiment. Vorsichtigerweise in allen Voranzeigen Kabarettrevue genannt. Das ist eine wissentliche Falschmeldung. Tatsächlich ist ‚Kitty macht Karriere' ein neuer Versuch, die Operette zu beleben. Oder die Revue interessanter zu machen. Oder den Film zum Sprechen zu bringen. Gedacht ist: im Kabarett ein Bühnenstück zu bieten, das der Nervenanspannung dieser Zeit entspricht."[363]

Trotz der Bemühungen von Intendant, Autoren und Darstellerinnen und Darstellern fiel das Stück bei Publikum und Kritik durch, u.a. da die Akustik in dem neuen Theaterraum katastrophal war. Willi Schaeffers schildert das Problem in seinen Memoiren:

> „Der Skandal, der sich trotz des ausgezeichneten Programms ereignete, hatte einen sehr einfachen Grund: die Akustik des Hauses war nicht berücksichtigt worden. Zu deutsch: kein Mensch im Publikum verstand ein Wort von dem, was auf der Bühne gesprochen wurde. Das Theater war nämlich ein Halbrundbau. Jedes Wort und jeder Ton liefen sozusagen um den ganzen halbkreisförmigen Bau herum und kamen wie ein Bumerang zurück, während die Schauspieler auf der Bühne natürlich bereits weitersprachen. Ein grotes-

---

sowie Klaus Völker, 23.06.2010). So bleibt es ein Forschungsdesiderat, Mendelsohns Seite des Streits aufzuarbeiten. Ich danke Theodor Böll von der Sammlung Architektur für seine Bereitschaft, die Briefe an Luise Mendelsohn nochmals unter diesem Aspekt durchzusehen, was jedoch ohne Ergebnis blieb. Auch die in der Kunstbibliothek Berlin befindlichen und über http://kalliope.staatsbibliothek-berlin.de als digitale Faksimiles zugänglichen Briefe Mendelsohns an Luise aus der entsprechenden Zeit (1928-Ende 1930) enthalten keine Hinweise auf einen Rechtsstreit.

362 Zit. n. Arnbom 2006, S. 84, dort ohne Quellenangabe.
363 *Frechheit*, Nr. 9 (1928), zit. n. Arnbom 2006, S. 86.

kes Kauderwelsch sozusagen übereinanderkopierter Worte und Töne war alles, was man hörte."[364]

Es ist die Frage, ob das Eröffnungsprogramm tatsächlich so „ausgezeichnet" war, wie Schaeffers es in seinen Erinnerungen schildert, und das Scheitern von *Kitty macht Karriere* folglich ausschließlich der Akustik zuzuschreiben war. Kabarett-Kritiker Herrmann-Neiße sah in seiner Rezension die Gründe nicht in den Saalverhältnissen, sondern im gebotenen Programm. Die Akustik erwähnt er mit keinem Wort:

> „[…] die Stimmung war im allgemeinen lau, das Variétéhafte unwesentlich, das Kabarettistische spärlich vertreten, das Ganze weitläufig, auseinanderflatternd, wenig fesselnd. Daran hat die Lokalität keine Schuld, an sich ist dieser Saal trotz seiner Grösse sehr angenehm, ganz intime Kabarettkunst begünstigt er allerdings nicht, solche wurde ja aber auch nicht versucht, und dass wirkliches Können, mit feinsten Nuancen, hier zu siegen vermag, bewies Trude Hesterberg."[365]

Wahrscheinlich handelte es sich um eine Verkettung mehrerer unglücklicher Umstände an diesem Abend, die zusammengenommen zum „grandiosesten Mißerfolg […], der je in der Theatergeschichte Berlins zu verzeichnen war"[366], führten. Auch der Sitzplatz des Kritikers könnte angesichts der problematischen Akustik entscheidend für seine Beurteilung gewesen sein.

Wie im Entwurf Mendelsohns gut zu erkennen, handelte es sich nicht, wie von Schaeffers beschrieben, um einen „halbkreisförmigen", sondern um einen nahezu kreisförmigen Innenraum (siehe Abb. 45). Auf die akustische Problematik eines solchen kreisförmigen Grundrisses bzw. kugelförmiger Räume wurde bereits im Kapitel *Raumklang* eingegangen (vgl. S. 56). Das Material der Innenwände und der Decke verstärkte den Effekt des Grundrisses noch.

Mendelsohns Entwurf ähnelt in dieser Hinsicht Walter Gropius' nicht realisiertem Projekt des „Totaltheaters"[367], das dieser 1927 (also zeitlich parallel zum WOGA-Projekt) im Auftrag von Erwin Piscator entwickelte. Beide Architekten gehörten der Novembergruppe und dem Arbeitsrat für Kunst an. Ob bzw. inwiefern sich die beiden über diese Projekte austauschten, ist bislang nicht geklärt. Wie Mendelsohn arbeitete auch Gropius in seinem Entwurf mit Kreisformen bzw. Ovalen,

---

364 Schaeffers 1959, S. 181.
365 Herrmann-Neiße, Max: „Das neue Kabarett der Komiker", in: *BTbl*, 57. Jg., Nr. 447 (21.09.1928), Morgen-Ausgabe. Wiederabgedruckt in: Schaubühne am Lehniner Platz/Pitz/ Brenne 1981, S. 67f.
366 Robitschek: „5 Jahre Kabarett der Komiker", in: *Frechheit*, Nr. 12 (1929), S. 4 (SMB, Lipp ZG 304 f).
367 Woll, Stefan: *Das Totaltheater: ein Projekt von Walter Gropius und Erwin Piscator*, Berlin: Gesellschaft für Theatergeschichte 1984 (=Schriften der Gesellschaft für Theatergeschichte, 68); Koneffke, Silke: *Theater-Raum. Visionen und Projekte von Theaterleuten und Architekten zum anderen Aufführungsort, 1900–1980*, Berlin: Reimer 1999, S. 77-182. Zu Piscators Visionen vgl.: Piscator, Erwin: *Zeittheater. „Das politische Theater" und weitere Schriften von 1915-1966, ausgew. und bearb. von Manfred Brauneck u. Peter Stertz*, Reinbek: Rowohlt Taschenbuch 1986.

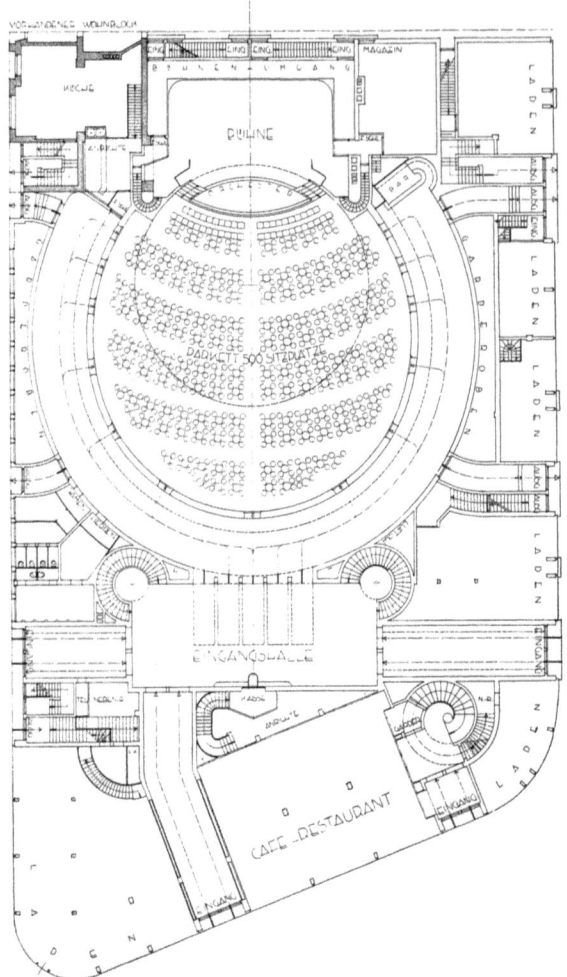

Abb. 45: Grundriss des Rauchtheaters, Erdgeschoss. Original-Entwurf 1928 mit
Orchestergraben und nach hinten gerundeter Bühne. Erstmals veröffentlicht
in Mendelsohn: *Das Gesamtschaffen des Architekten* (1930).

allerdings sah er eine flexible Bühnenanordnung vor, bei der die Spielfläche auch
im Mittelpunkt positioniert werden kann (siehe Abb. 46). Gropius zeigt sich hier,
wahrscheinlich auch bedingt durch die radikal experimentellen Ansätze Piscators,
innovativer als Mendelsohn bzw. Robitschek. Auch filmische Raumprojektionen bezog er in sein Konzept mit ein. Schon in der „Möglichkeit, ohne Umbauten Gestalt
und Wirkweise der Innenarchitektur variieren zu können", sieht Silke Koneffke einen „Angriff auf Vorstellungen vom Gebäude als notwendig statisches Gebilde"[368].
Doch trotz der experimentellen Ansätze zeigen sich auch in Gropius Entwurf dieselben funktionalen Probleme wie beim realisierten Kabarett. Koneffke zitiert hierzu den amerikanischen Spezialisten für Theaterakustik George C. Izenour, der „auf-

---

368 Koneffke 1999, S. 120.

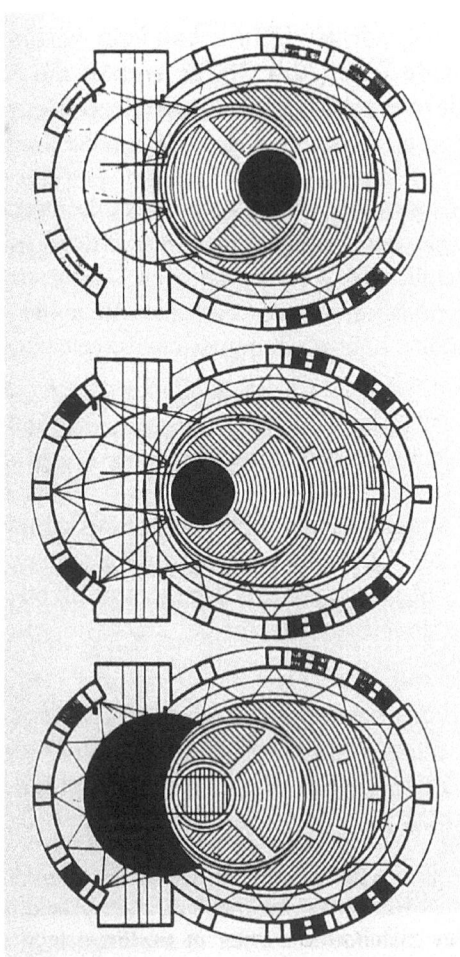

Abb. 46:
Walter Gropius: Totaltheater-Projekt
(1927). Grundrisse der verschiedenen
Nutzungsmöglichkeiten (Bühne/
Spielfläche schwarz).

grund der ovalen Kuppelgestalt der Decke und der Größe des Raums"[369] von einer
„akustischen Katastrophe"[370] ausgeht. Auch die Sicht auf die Bühne wäre (wie im
Kabarett der Komiker) nicht von allen Plätzen möglich gewesen.

Die akustische Problematik des Innenraumes des *KadeKo* wirkte sich also auf die
Premiere im neuen Haus aus. Robitschek ergriff zwar sofort erste Gegenmaßnah-
men[371], musste aber trotzdem noch im Januar 1930 – also fast eineinhalb Jahre nach
der Eröffnung des Baus – feststellen:

---

369 Ebd.
370 „[…] the inevitable dome inviting yet another acoustical catastrophe", Izenour, George C.:
     Theatre Design, New York 1977, S. 96, zit. n. Koneffke 1999, S. 120.
371 „Mit meinem Freunde Franz Dworsky, dem technischen Direktor der Reinhardtbühnen, wur-
     de in vierzig Tagen und Nächten – die Arbeit nur durch die drei Stunden Vorstellung am
     Abend unterbrochen – eine Bühne und ein Zuschauerraum geschaffen, die beide für Bühnen-
     aufführungen irgendeiner Art geeignet waren." Robitschek: „5 Jahre Kabarett der Komiker",
     in: *Frechheit*, Nr. 12 (1929), S. 4f. (SMB, Lipp ZG 304 f). Schaeffers spricht u.a. von dem Ein-
     bau von Holzpaneelen, Schaeffers 1959, S. 181.

„Noch heute ist es fast unmöglich, in dem Mendelsohnschen Bau richtigge-
hendes Theater zu spielen. Nur der belanglose Kurzsketch verträgt den Darstellungsstil, den dieses Haus verlangt. Die Schauspieler können nur frontal
zum Publikum sprechen, um verständlich zu sein, jedes nach der Seite ge-
sprochene Wort verirrt sich in der Kreisform des Hauses."[372]

Wie sich eine solche Akustik auf die praktische Umsetzung von Musiktheater aus-
wirkt, braucht kaum eigens erwähnt zu werden: Der Echo-Effekt ist nicht nur hinsichtlich der Wahrnehmung im Zuschauerraum verheerend, sondern erschwert auch
die Kommunikation zwischen Orchester und Sängerinnen und Sängern auf der
Bühne. Robitschek musste musikbegleitete Werke vom Programm nehmen:

> „Es war jammerschade, daß soviel vom wirklichen Kabarett verloren ging.
> Vor allem traurig, daß das Kabarett der Komiker seine musikalischen Einak-
> ter, seine Parodien nicht mehr spielen konnte."[373]

Erst nach dem größeren Umbau im Sommer 1930 wurden kabarettistische Kurzope-
retten etc. wieder ins Programm genommen.

Mendelsohn hatte also die Akustik offenbar vernachlässigt. Doch nicht nur dieses Problem folgte aus der kreisförmigen Anlage des Baus, wie Robitschek in der
Frechheit detailliert ausführt:

> „Er [Mendelsohn] stellt die Idee über die praktischen Möglichkeiten, baut
> das Kreistheater, obwohl ihm alle berufenen Faktoren, insbesondere die Prü-
> fungsorgane der Theaterbaupolizei von dieser Bauform abraten. [...] Und als
> die Bühnenform steht, kommen die großen Bedenken, die dann durch die
> Wirklichkeit noch übertroffen werden.
>
> Die Bühne schließt den architektonischen Kreis des Baus, sie ist gegen den
> Hintergrund gerundet, das Proszenium, das den Schauspieler dem Zuhörer
> nahe bringen soll, entfernt ihn viele Meter von der ersten Sitzreihe. Zwischen
> der ersten Sitzreihe und dem Rand der Bühne klafft ein Orchesterraum, der
> aus architektonischen Gründen Ausmaße hat, die einem mittelgroßen Sym-
> phonieorchester Raum geben. Links und rechts von der Bühne stehen glat-
> te Riesenwandflächen, die den Darsteller durch ihre Wucht erdrücken, von
> den Wänden starrt sachliche Malerei, erschreckte Kreise, Dreiecke, Vierecke,
> Rechtecke, das Licht der Beleuchtungsanlage erreicht die Bühne nicht, die Be-
> leuchterbrücke auf der Bühne beleuchtet gerade die Hinterwand des Bühnen-
> hauses, in dem kreisrunden Bau irrt der Ton wie in einer Trommel herum.
> Aus der architektonischen Idee des sachlichen Kreistheaters ist eine Reihe von
> fundamentalen Irrtümern entstanden, die das Theaterspielen in diesem Hause
> zur Unmöglichkeit machen."[374]

---

372 Robitschek, Kurt: „Das Gesamtschaffen des Architekten", in: *Frechheit*, Nr. 1 (1930), S. 10-12,
hier S. 12 (SMB, Lipp ZG 304 f).
373 Robitschek: „5 Jahre Kabarett der Komiker", in: *Frechheit*, Nr. 12 (1929), S. 5. (SMB, Lipp ZG
304 f)
374 Robitschek: „Das Gesamtschaffen des Architekten", in: *Frechheit*, Nr. 1 (1930), S. 11 (SMB,
Lipp ZG 304 f).

Abb. 47: Das *Kabarett der Komiker* im neuen Haus, abgebildet in der Zeitschrift *Das Theater*, Oktober 1928.

Abb. 48: Innenaufnahme des *Kabaretts der Komiker*, 1928 (nach der Umgestaltung durch Robitschek/ Dworsky, vor dem größeren Umbau). Links das Orchester.

Nicht nur der Grundriss gibt Robitschek, zumindest was die große Entfernung von Publikum und Bühne angeht, Recht. Auch auf einem Foto des Innenraums aus dem Jahr 1928 (siehe Abb. 48) ist die Weitläufigkeit des Saales gut nachzuvollziehen. Es zeigt das Kabarett nach dem ersten, von Robitschek und dem technischen Direktor der Reinhardtbühnen Franz Dworsky geleiteten Umbau: Das Orchester ist auf einen provisorischen Platz an der Seite der Bühne verlegt worden, der Orchestergraben, auf Abb. 47 in seinen Dimensionen nur zu erahnen, wurde durch eine nach vorne gerundete Bühne überbaut (vgl. auch Abb. 49).

Die Sitze, im Gegensatz zu Mendelsohns Entwurf in größerer Zahl in Reihen ohne Tische gestellt, nähern sich der Bühne an. Aus der geänderten Bestuhlung folgte wohl das größere Fassungsvermögen, das Robitschek gegenüber Mendelsohns Grundriss angibt. Dass durch die kurzfristigen Änderungen zumindest für die im Parkett sitzenden Zuschauerinnen und Zuschauer eine größere Nähe und somit andere Atmosphäre erreicht wurde, zeigt eine Abbildung in der *Frechheit*, auf der das Kabarett bei ausverkauftem Haus zu sehen ist (siehe Abb. 49).

Dass Mendelsohns Entwurf unter praktischen Gesichtspunkten versagte, war sicher zum einen in seinen bereits thematisierten Problemen im Umgang mit der baukonstruktiven Umsetzung von Ideen begründet. Robitschek machte dem Architekten jedoch zudem große Vorwürfe im Hinblick auf dessen vorherige Information über die Bedürfnisse des Bauherren:

> „Wie war es nun möglich, ein Theater zu bauen, das für Kabarettzwecke so ungeeignet war? Der Architekt, der für seine Tätigkeit ein sehr hohes fünfstelliges Honorar erhielt, hat es nicht einmal für nötig befunden, vorher eine Vorstellung des Kabaretts der Komiker zu besuchen. Es hätte ihn vielleicht verwirren können. Er wusste also gar nicht, für welche Art von Darbietungen der Bau geeignet sein mußte. […] Am 27. Mai 1927 […] wurde der Vertrag für den Bau des Kabaretts der Komiker abgeschlossen. Im November wird der Bauauftag erteilt, im Februar mit dem Bau begonnen und noch immer informiert sich Mendelsohn nicht, wie eine Vorstellung im Kabarett der Komiker abläuft. Wußte er wirklich noch immer nicht, für wen der Bau bestimmt war?! Er wußte es genau, aber für ihn war es wohl unwesentlich, denn er wollte experimentieren.“[375]

Wenn Robitschek mit seinen Vorwürfen Recht hat, was anhand der mir vorliegenden Quellen heute nicht mehr zu überprüfen ist, kann von einer Planung im Sinne der Maxime „form follows function" nicht die Rede sein. Selbst wenn man von einem utopischen Gedanken im Hinblick auf die „in dem Zweck liegenden Möglichkeiten" ausgeht, müsste der Architekt zunächst die Grundlagen für diese Möglichkeiten eruieren. Mendelsohn hätte sich tatsächlich bei der Gebäudeplanung fahrlässig verhalten.

In gewisser Hinsicht decken sich Robitscheks Vorwürfe mit der von Luise Mendelsohn beschriebenen Arbeitsweise ihres Mannes. Dass er „viele praktische Dinge […] nie gelernt hatte", „immer Dinge tun [wollte], die noch nie zuvor ausprobiert

---

375 Ebd.

Ein gewohnter Anblick im K. d. K.: Volles Haus

Abb. 49: Das ausverkaufte *KadeKo* in der *Frechheit*, Februar 1930 (vor dem größeren Umbau).

worden waren"[376], der architektonischen Idee stets den höchsten Stellenwert einräumte und bei der Gestaltung von seiner Intuition ausging,[377] waren von ihr durchaus positiv bewertete Eigenschaften, die sich beim Bau des Kabaretts für den Theaterpraktiker Robitschek jedoch negativ auswirkten.

Dass die Differenzen schließlich offenbar zum Rechtsstreit führten, hängt wohl mit der Disposition der Charaktere der Kontrahenten zusammen. Robitschek diffamierte Mendelsohn in der *Frechheit* in teilweise unsachlichem Stil ("Na, eia eia, wird der kleine Erich schön kaki kaki machen mit visionärer Eindeutigkeit!"[378]) und auch Mendelsohn wurde von seinen Mitarbeitern als einer der "liebenswertesten Menschen und gleichzeitig" einer "der unangenehmsten" geschildert.[379] Irgendwie kam man zu einer Lösung, und Robitschek konnte im Juni 1930 von dem "erwünschten freundschaftlichen Ausgleich"[380] mit dem Architekten berichten. Er kündigte an:

---

376 King: "Interview", zit. n. Stephan: "Mendelsohn und seine Mitarbeiter", S. 178.

377 Mendelsohn, Erich: "Meine Arbeitsweise (1928)", in: Heinze-Greenberg 2000, S. 172.

378 Robitschek: "Das Gesamtschaffen des Architekten", in: *Frechheit*, Nr. 1 (1930), S. 10 (SMB, Lipp ZG 304 f).

379 Vgl. Stephan: "Mendelsohn und seine Mitarbeiter", in: Stephan 1998, S. 178-187.

380 Robitschek, Kurt: "Jahresbericht", in: *Frechheit*, Nr. 6 (1930), S. 2-4, hier S. 3 (SMB, Lipp ZG 304 f).

„[...] im Monat Juli wird die Bühne des Hauses durch Erich Mendelsohn nach unseren Wünschen umgebaut. Am 1. August eröffnen wir, wie alljährlich, die Winterspielzeit und im September erfolgt schon die durch den Umbau ermöglichte Aufführung eines musikalischen Werkes, Operette oder Parodie mit Musik, welche Kunstart dann wieder, wie einst im alten Hause, den Gipfelpunkt unserer Programme bilden wird."[381]

Unter Mendelsohns Leitung wurden ein neues Bühnenportal und ein eiserner Vorhang eingebaut, ferner „eine große Beleuchterbrücke, die mit 6 großen Apparaten ausgestattet ist und Platz für 6 weitere Apparate für verschiede Lichteffekte bietet"[382]. Durch „fahrbare Türme" wurde die Möglichkeit geschaffen, die Größe des Bühnenrahmens flexibel anzupassen, die nach innen gerundete Bühne wurde entfernt und ein neuer Orchesterraum gebaut, der „vor und zum Teil unter der Bühne" lag, „und einem kleinen Kammerorchester genügend Platz bietet"[383]. Im Zuschauerraum wurde eine neue Täfelung angebracht, diesmal zog Mendelsohn einen Akustiker als Berater heran.[384] Ferner wurde auch hier die Beleuchtung modernisiert. Bereits im Juli des Vorjahres waren „die Reihensitze [auf dem Balkon des Hauses] so gehoben worden, daß man jetzt von jedem Platz die Bühne vollständig übersehen kann"[385], außerdem hatte Robitschek angekündigt, die Drehstühle im Parkett zu entfernen, da diese „in der Idee besser waren, als in der Ausführung"[386]. Unter Mendelsohn wurden nun noch eine zusätzliche Bar im rechten Umgang eingebaut sowie die Werbemöglichkeiten in der Kassenhalle und im Außenbereich des *KadeKo* verbessert. Insgesamt dauerte der Umbau 28 Tage und im Augustheft der *Frechheit* konnte Robitschek zufrieden verkünden:

„Nun stehen wir an der Pforte der neugetäfelten Zukunft unseres Hauses. Langsam soll wieder Kabarett in diesen Räumen gemacht werden. Die kleine O p e r e t t e , satirischen und parodistischen Inhalts, die schon im Palmenhaus die Eigenart unserer Programme bildete, taucht wieder auf. Musikalische Werke geben dem Programm mehr Farbe, mehr Leben, mehr Bewegung. Sie geben auch bessere Gelegenheit, unsere Mitarbeiter in den Vordergrund treten zu lassen."[387]

Der Umbau verlief zufriedenstellend, so dass Robitschek in seinem Kabarett wieder Musiktheater spielen lassen konnte. Das Augustheft der *Frechheit* nutzte er geschickt, um über Fotografien von Prominenten auf der Baustelle (z.B. Alice Hechy,

---

381 Ebd.
382 Robitschek, Kurt: „Zweite Umstellung", in: *Frechheit*, Nr. 8 (1930), S. 3-6, hier S. 4 (SMB, Lipp ZG 304 f).
383 Ebd.
384 Ebd. sowie 3. Beilage zum *BHe*, 26. Jg., Nr. 26 (29.6. 1930): „Ferner erhält der Zuschauerraum eine neue akustische Täfelung, die nach den Angaben des bekannten Akustikers, Baurat Paetzold, angebracht wird."
385 *Frechheit*, Nr. 8 (1929), S. 6 (SMB, Lipp ZG 304 f).
386 Ebd.
387 Robitschek: „Zweite Umstellung", in: *Frechheit*, Nr. 8 (1930), S. 3 (SMB, Lipp ZG 304 f).

Sigi Hofer, Ilse Bois)[388] sein Kabarett zu vermarkten („Prominente bauen das K.d.K. um!"[389]).

Programm und Raum im KadeKo | Wie eng das Programm des Kabaretts mit den räumlichen Gegebenheiten und den Möglichkeiten der Bühne zusammenhing, ist anhand der in den Problemen des Baus begründeten gestörten Routinen (im Sinne von Verhaltensrepertoires und Handlungsmustern, vgl. Kap. *Routinen*, S. 40) deutlich geworden. Robitschek fasste die Notwendigkeit der Programmumstellung im neuen Haus mehrfach in der *Frechheit* in deutliche Worte, wobei er dem Architekten die alleinige Schuld an der notwendigen Anpassung gab:

> „Das alte Kabarett der Komiker war tot! Der Neubau verlangte schnelle Umstellung auf eine Programmgestaltung, die sich vor allem vom Kabarett immer mehr entfernte, dem Varieté näherte – oder, was noch besser ist, eine neuartige Zusammensetzung der Spielfolgen bedeutete. Der Kammerstil des Kabaretts hatte keine Geltung mehr. Schuldtragende: der experimentierende Architekt Erich Mendelsohn und die Baupolizei.[390]

Gewiss lag die Schuld nicht allein beim Architekten, denn grundsätzliche Fragen wie die Sitzplatzkapazität waren sicherlich vom Bauherrn so in Auftrag gegeben worden. Allein durch die größere Zahl von Besucherinnen und Besuchern, die der Saal fasste, wandelten sich die Ansprüche des Publikums. Die Vorlieben waren breiter gestreut, es mussten verschiedene Zielgruppen mit einem Programm angesprochen werden:

> „Mein Traum wäre ja ein Kabarett voll Agressivität [sic!], ein Kabarett der Satire des Tages gewesen. Aber wie viel Menschen gibt es, die diesem Idealkabarett Verständnis entgegenbringen? 20 Journalisten und 300 Freikartenschnorrer. Das Kabarett der Komiker hat jetzt 950 Sitzplätze, Menschen aller politischen Richtungen, aller Gesellschaftsklassen, aller Weltanschauungen sind unter diesen 950. Schaffe da einer eine Sauce, die allen schmeckt! Ich kann es nicht."[391]

Zusätzlich erschwert wurden die Bedingungen dadurch, dass die musikalischen Einakter nicht mehr aufführbar waren, so dass Robitschek auf ein stärker vom Varieté geprägtes Programm umstellte:

> „Die neue Form des Kabaretts der Komiker war zu finden. Die Lösung war die Formel: Kabarett plus Varieté plus Theater. Also: Vortragsnummern, Schaunummern, kurze Einakter. Es waren aber ausgeschaltet jene Vortragsnummern, die nicht durch volle Kraft ihrer Persönlichkeit das große Haus zu

---

388 Alice Hechy (1893-1973), Schauspielerin und Sängerin. Sigi Hofer (eigentl. Siegfried Schulhof) (1876-1933), Komiker, Schauspieler. Ilse Bois (?-1961), Schauspielerin, bekannt für ihre Parodien, Schwester von Curt Bois.
389 Ebd., S. 6.
390 Robitschek: „5 Jahre Kabarett der Komiker", in: *Frechheit*, Nr. 12 (1929), S. 4f. (SMB, Lipp ZG 304 f).
391 Ebd., S. 6.

erfüllen wußten. Manche nette, sehr kabarettistische Darbietung versagte. Es versagte der begabte Dilettantismus, der immer zum reinen Kabarett gehören wird. Es versagte der begabte Anfänger, weil das neue Haus ausgereifte, bis in das kleinste Detail sichere Leistung verlangt. [...] Die sachliche Linie des Baues bedingt höchste Leistung. Deshalb der Erfolg der Varieténummern."[392]

Besondere Probleme bereiteten Robitschek die im Theaterrepertoire fehlenden Einakter, weshalb er einen Großteil der kleinen Theaterstücke für sein Kabarett selbst verfassen musste. Schon an den früheren Spielorten des *KadeKo*, in der *Rakete* und im *Palmenhaus*, stammten zahlreiche Sketche aus Robitscheks Feder.

Auch als wieder Musiktheater im *Kabarett der Komiker* gespielt werden konnte, wurden die Varieté-Elemente in den Programmen beibehalten. Sie gehörten inzwischen zu dem besonderen Profil des Hauses. So waren beispielsweise im Märzprogramm 1932 der Geiger Barnabas von Gézy, „die drolligen Lindgreen-Brothers auf Rollschuhen", ein Tanzterzett (Peggy, Moro und Shan), Sketche sowie die einaktige Kabarett-Oper *Rufen Sie Herrn Plim!* gemeinsam vertreten.[393]

Auf andere Weise wirkte sich die räumliche Verbindung der Bühne mit dem Zuschauerraum auf das Programm des *KadeKo* aus. Durch die seitlich geführten Treppenaufgänge war es möglich, die Zuschauer in das Geschehen auf der Bühne mit einzubeziehen. So berichtet Paul Erich Marcus in seinen Erinnerungen, dass Richard Tauber oft „zufällig" im Publikum entdeckt und auf die Bühne gebeten wurde, um Max Hansen bei dessen Tauber-Parodie am Flügel zu begleiten.[394] Auch Karl Kraus beschreibt die Nutzung der Treppen vom Zuschauerraum aus (s.u.).

Das künstlerische Profil des *Kabarett der Komiker* veränderte sich also aufgrund der neuen architektonischen Gegebenheiten, obgleich diese auf dessen Programm zugeschnitten und nach den Wünschen des Intendanten hätten konzipiert werden sollen. Anscheinend hatte zum einen Robitschek die Problematik des größeren (und damit heterogenen) Publikums in der Planungsphase unterschätzt. Zum anderen hatte Mendelsohn, der in jedem Fall für die Konzeption des Entwurfs verantwortlich zeichnete, sich nicht ausreichend über die Bedürfnisse des *Kabarett der Komiker* informiert.

„Saalverhältnisse": Karl Kraus im KadeKo | Die enge Bindung von Publikum und Darstellern, wie sie sich in vielen kleinen Kabaretts findet, war im neuen Haus durch die Größe des Saales und die räumliche Disposition mit der Empore gelockert. Andererseits war der größte Teil der Sitzplätze weiterhin in der Tradition der Verzehr-Cabarets an Tischen angeordnet. So changierte die Atmosphäre zwischen Theater und Restaurant, auch die Handlungsroutinen – zuschauen und zuhören, essen, trinken, rauchen – vermischten sich. Güttler spricht deshalb für das *Kade-Ko* von einer „Zwitterbildung aus Gaststätte und Theater"[395]. Dass diese Atmosphä-

---

392 Ebd. S. 5.
393 Bur [Kürzel]: „Die Kabarett-Oper", in: *BTbl*, 61. Jg., Nr. 109 (04.03.1932), Abend-Ausgabe.
394 Marcus 1986, S. 183f. Wiedererzählt bei Arnbom 2006, S. 81.
395 Güttler 1983, S. 92.

re Auswirkungen auf das Verhalten des Publikums hatte, lässt sich neben verschiedenen Artikeln in der *Frechheit*[396] auch an einer Episode nachweisen, die in Karl Kraus' *Fackel* beschrieben wird. Hier wird der Raum des *KadeKo* mitverantwortlich für, so Kraus, „unvorstellbares" Verhalten der Zuhörer gemacht.

Bei einer Lesung von Karl Kraus im *Kabarett der Komiker* am 1. Dezember 1929 (also noch vor dem größeren Umbau) war es zu einem „Zwischenfall" (so der Titel des Textes) durch eine Einmischung aus dem Publikum gekommen. Kraus zitiert dazu den anonymisierten Brief eines Besuchers an den Autor:

> „Es war nach einer Glosse, die sich an eine Zeitungsmeldung über die Verweigerung der Einreiseerlaubnis nach Amerika an Toller knüpfte, als Holitscher[397] sich erhob, um festzustellen, daß diese Zeitungsmeldung eine Fälschung sei. Es war ihm jedoch nicht möglich, gegen das Gejohle Ihrer Anhänger sich Gehör zu schaffen, das Sie ihm mit einer kurzen Bewegung und wenigen Worten hätten schaffen können. Warum begingen Sie diesen taktischen Fehler und taten es nicht?"[398]

In Kraus' scharfer Erwiderung, in der er neben einigen Bemerkungen zum Charakter der Satire das „Mißverständnis der Redefreiheit" zum Thema macht, erwähnt er mehrfach den Raum, der das Verhalten des Zuhörers begünstigt habe:

> „Die so freundliche Gesinnung, die aus Ihrer Zuschrift spricht, wollen wir durchaus und mit Dank anerkennen. Sie macht es uns schwer, den Versuch, Herrn K.[raus] zur Rede zu stellen, Ihnen als eine Ungebühr klar zu machen, die sich dem Versuch jenes Herrn anreiht, die Rede dort zu führen, wo es ihm nicht zusteht. Denn daß in einer Vorlesung, die Herr K. hält, die Forderung einer ‚Redefreiheit' für irgendjemand andern erhoben werden könnte, für wen immer, der da gerade eine andere Meinung hat oder ein besseres Wissen zu haben glaubt oder eine tatsächliche Berichtigung für einen dritten vornehmen will, ist einfach absurd. […] Sie können versichert sein, daß auch der Herausgeber der Fackel, (dem zuzutrauen, daß es ihm um die Weitergabe

---

396 Z.B. Robitschek, Kurt: „Unser Publikum", in: *Die Frechheit*, Nr. 7 (1929), S. 3f.; Nikolaus, Paul: „Was ich so empfinde", in: *Frechheit*, Nr. 10 (1929), S. 10f. oder Morgan, Paul: „He!! Sie da vorne …!!", in: *Frechheit*, Nr. 2 (1930), S. 2.

397 Holitscher, Arthur (1869-1941), Journalist und Schriftsteller, lebte ab 1907 in Berlin. Holitscher war Lektor im Verlag Cassirer und arbeitete u.a. für die *Aktion*, das *Berliner Tageblatt* und die *Neue Freie Presse* Wien. 1918 war er Beauftragter des Arbeiter- und Soldatenrats sowie Mitglied des Berliner „Rats Geistiger Arbeiter", 1919 Mitbegründer des „Bundes für Proletarische Kultur"; später wurde er Mitglied der Liga für Menschenrechte, der Liga gegen Imperialismus und koloniale Bedrückung, der Rathenau-Gesellschaft, des Schutzverbandes deutscher Schriftsteller und des P.E.N.-Clubs. Neben Romanen (u.a. *Amerika heute und morgen*, *Es geschah in Moskau*) schrieb er zwei Autobiographien sowie das Drama *Der Golem*, das 1920 zur Vorlage für den gleichnamigen Stummfilm von Paul Wegener wurde. Holitschers Bücher wurden 1933 vom NS-Regime verboten und verbrannt, er floh aus Deutschland und starb verarmt in der Schweiz. Vgl. Mende, Hans-Jürgen/Wernicke, Kurt (Hg.): *Berliner Bezirkslexikon, Charlottenburg-Wilmersdorf*, Berlin: Haude & Spenersche Verlagsbuchhandlung/Edition Luisenstadt 2005 (Internet-Fassung, zugänglich unter www.luise-berlin.de), hier www.luise-berlin.de/lexikon/chawi/h/holitscher_arthur.htm (10.07.2010, Stand des Artikels: 07.10.2009).

398 *Fackel*, Nr. 827-833, XXXI. Jahr (1930), S. 103 (www.aac.ac.at/fackel, 09.07.2010).

der Meldung zu tun war, schon ein starkes Nichtverständnis für Satire beweist) ohneweiters bereit gewesen wäre, der Richtigstellung Raum zu geben, ohne freilich zu verschweigen, daß sie nicht das geringste an dem Bestand der Glosse zu ändern vermöchte. Doch daß ein beliebiger Interessenvertreter des Herrn Toller […]; daß einer auf dem Podium des Herrn K. auftauchen dürfte, einfach aus dem Grund, weil im ‚Kabarett der Komiker‘ eine Treppe vorhanden ist —: das werden Sie doch im Ernst nicht glauben. Das einzige Problem, das es hier gibt, ist eben das der Beschaffenheit eines Saales, der die Wirkung zersprengt, künstlerische Darstellung zu einem Meinungshandel erniedrigt und dem einzelnen im Auditorium jenen erstaunlichen Mangel an Lampenfieber verleiht, der ihm erlaubt, ‚das Wort zu ergreifen‘."[399]

Wenn Kraus vom „Zersprengen" der Wirkung durch den Saal spricht, bezieht er sich sicherlich nicht auf die Akustik, die ja auch durch den ersten Umbau bereits verbessert worden war. Optische wie auditive Qualitäten, die Größe des Saals, die Position der Tische sowie die daraus folgende Kommunikationssituation führten zu einer Stimmung, in der Kraus seinen Vortrag nicht angemessen repräsentiert bzw. im Mittelpunkt der Aufmerksamkeit sah. Die sich in der Störung äußernden Selbstverständlichkeiten des Ortes sind für Kraus mit seiner „künstlerischen Darstellung" des Theaters der Dichtung nicht vereinbar.

Kraus' Anspruch war nicht der, zu unterhalten, sondern, so Harry Zohn in seiner Kraus-Biographie, den Zuhörer „teilhaben [zu] lassen an der schöpferischen Spannung, der Leidenschaft und der für sein Werk charakteristischen Katharsis"[400]. Im Epigramm *Der Vorleser* ist seine Haltung zum Publikum und dessen Einschätzung dargestellt. Vergegenwärtigt man sich das Gedicht, so erscheint Kraus' zunächst übersteigert wirkender Ärger in neuem Licht:

> „Ich muss sie alle vereinen,
> die ich einzeln nicht gelten lasse.
> Aus tausenden, die jeder was meinen,
> mach' ich eine fühlende Masse.
> Ob der oder jener mich lobe,
> ist für die Wirkung egal.
> Schimpft alle in der Garderobe,
> ihr wart mir doch wehrlos im Saal!"[401]

Dass ein Einzelner dieses Bild vom Publikum als wehrlose Masse stört und es sogar wagt, sich mit seinem Widerspruch auf die Bühne zu begeben, griff das Selbstbild des Schriftstellers, der laut Zohn bei Leseabenden stets von der „Furcht, sich als Pri-

---

399 Ebd., S. 104f. Ich habe nur maßvoll gekürzt, um Kraus' besonderen Stil nicht zu zerstören.
400 Zohn, Harry: *Karl Kraus*, Frankfurt/M.: Hain 1990, S. 128.
401 Kraus, Karl: *Worte in Versen*, Bd. 3. Leipzig: Verlag der Schriften von Karl Kraus 1918, S. 126, zit. n. Zohn 1990, S. 128.

vatperson bloßzustellen"[402], geplagt war, und dessen Vorstellung der „Aufführung"
seiner Lesungen als Theater entscheidend an.

Einige Seiten später kommt Kraus nochmals auf den Fall zurück und setzt nun
mit virtuoser Feder „geistiges und räumliches Milieu" miteinander in Beziehung.
Dabei zeigt die „Unvorstellbarkeit" eines Gedankenaustausches mit dem Zuhörer,
dass Kraus mit der Vortragssituation grundsätzlich anders umging als die Conferenciers, die normalerweise auf dieser Bühne standen. Kraus sprach nie frei, sondern
las seine Vorlesungen dem eigentlichen Wortsinne entsprechend stets ab:[403]

> „Nachdem nun die Glosse ihre — dem weitern Raum entsprechend gerin-
> gere — Wirkung geübt hatte, erhob sich ein Ruf, der die telegraphische Mel-
> dung als ‚Lüge' bezeichnete und hastenichgesehn stand ein stattlicher Mann
> auf dem Podium: ein Schriftsteller von bekannter Jovialität, dem der Hang
> nachgerühmt wird, auf jedem Schauplatz, wo er gerade nichts zu suchen
> hat, aufzutauchen und über was immer, das ihn als Meinungsverschieden-
> heit bedrückt, eine Erklärung abzugeben. Solchem Hang — mögen ihn auch
> die Saalverhältnisse fördern — bin ich keineswegs geneigt nachzugeben, da
> ich, der ich überhaupt nicht geselliger Natur bin, gerade bei Vorlesungen kei-
> ne Ansprache suche und coram publico nicht gern unter Leute komme. Der
> wohlmeinende Intellektuelle, dem Herzenseigenschaften nachgerühmt werden
> und den wahrscheinlich auch ich privat zu schätzen vermöchte, konnte na-
> türlich nicht zu seinem Ziel gelangen, denn die Treppe, die hier aufs Podium
> führt, führt darum doch nicht so weit, daß sich ein Gedankenaustausch zwi-
> schen mir und einem meiner Hörer anspinnen ließe. Es gibt eben doch noch
> Dinge, die unvorstellbar sind. Als darum seine Frage verneint worden war, ob
> er das Wort, das ich hatte, ergreifen dürfe, und ihm auf den Einwurf, der ‚Tat-
> bestand' sei ‚falsch', die Versicherung zuteil wurde, es genüge der Tatbestand,
> daß Herr Toller keinen Geist habe, entfernte er sich wie er gekommen war,
> über die Treppe. Der brave Mann, der an mich selbst zuletzt dachte und nur
> der Sache dienen wollte, verließ also das Podium, auf dem ich gerade durch
> einen Vortrag verhindert war, sein Anliegen entgegenzunehmen, unverrichte-
> ter Dinge, und wie es hieß auch einen Saal, in dem man so wenig Verständnis
> für Rechte hatte, die doch sogar staatsgrundgesetzlich gewährleistet sind."[404]

Mit dem Abgang Holitschers war der Zwischenfall jedoch nicht beendet, sondern
erreichte im Gegenteil eine neue Qualität, da das Publikum nun ebenfalls Partei ergriff:

> „Da ich nun der Meinung war, ich könnte den Vortrag fortsetzen, erhoben
> sich etliche Stimmen durch die Gelegenheit bereits entfesselter linksradika-
> ler Männer und Frauen, welche Redefreiheit verlangten, einen Ordner, der in
> dankenswerter Weise eben einen Hinauswurf vorbereitete, ‚Kleener Zörgie-
> bel!' titulierten und mit deutlichem Hinweis auf ihre kommunistische Über-
> zeugung verlangten, für ihr Geld reden zu können. Derlei kann sich – in

---

402 Zohn 1990, S. 129.
403 Schick, Paul: *Karl Kraus in Selbstzeugnissen und Bilddokumenten*, Reinbek bei Hamburg: Rowohlt Taschenbuch 1965, S. 62.
404 *Fackel*, Nr. 827-833, XXXI. Jahr (1930), S. 108f.

einem Raum, der die Individualitäten absondert und die Vereinzelung der Dummheit zuläßt – natürlich nur auf einem geistigen Niveau abspielen, wo Geist für Propaganda von Meinungen, Satire für Verbreitung von Meldungen genommen wird und Polemik für den vors Publikum getragenen Privathandel zweier Personen, die Nützlicheres zu tun hätten. Geistiges und räumliches Milieu widerstreiten da dem Anspruch der künstlerischen Gestaltung, vor welcher es für eine Hörerschaft natürlich nie ein anderes Recht der ‚Meinungsfreiheit' geben könnte als das der Beifalls- oder Mißfallensäußerung, nie das einer beliebigen Unterbrechung durch die Einzeldummheit, die doch zu bannen und in einer gleichgestimmten Empfänglichkeit aufgehen zu lassen ja der Sinn der künstlerischen Übung ist.“[405]

Wenn Kraus von den „Individualitäten“ und der „Einzeldummheit“ spricht, zeigt sich deutlich das oben bereits angesprochene Problem der plötzlichen Individualisierung seines als „gleichgestimmte“ Masse betrachteten Publikums. Zusätzlich zu seiner Unzufriedenheit mit dem Saal wird außerdem Kraus' kritische Haltung der Institution gegenüber, in der er vortrug, deutlich.

> „Daß später die Dummheit in einem Zeitungsblatt das Recht auf Meinungsfreiheit gegen den Vortragenden verfocht, war erträglich. In einem andersgearteten Saal wäre es ihr nicht in den Sinn gekommen, sich den Genuß der Satire durch den eigenen Protest stören zu lassen. Aber selbst die ihn dort schon verkostet hatten, mußten hier der Wirkung widerstreben. Es war für die Beeinflußbarkeit des szenischen Elements so ungemein charakteristisch, wie die Gaswolke des Flachsinns, die sich über das Podium gelagert hatte, sogar die Wirkung jenes ‚Großmann' erstickte, der das erstemal in einem Raum, der der Sammlung hilft, eine ungestörte Hörerschaft beglückt hat. Diesmal: verstunken und vertan! Ich mochte da oben gestalten und spielen, wie ich wollte [...].“[406]

Kraus' Urteil über die Vortragssituation im *Kabarett der Komiker* ist vernichtend. Man kann sich vorstellen, dass eine einzelne Person auf der großen Bühne relativ verloren wirkte, sicher auch für den Conferencier jeden Abend aufs Neue eine Herausforderung. Eigentlich stellten große Räume jedoch kein Problem für Kraus dar, sein Vortragsstil und seine Stimme wurden von Zeitgenossen allgemein gelobt. Vielleicht suchte der Schriftsteller nach Begründungen für die unangenehme (und ihn vielleicht überfordernde) Situation durch den Störer. Dennoch ist deutlich, dass die Beschaffenheit des Saales, vor allem die vielen einzelnen Tische, dazu führte, dass Kraus sich beim Vortrag keinesfalls wohl fühlte. Das dem Zwischenfall folgende Einschreiten des Ordnungspersonals hielt er für angebracht:

> „Jenem ‚Recht' und jener ‚Wahrheit' [...] ist in einem Saal, in dem eine Vorlesung und keine Versammlung abgehalten wird, nichts als die Ordnungsgewalt entgegenzusetzen, und der Ruf der albernen Hörerin, die den Hinauswerfer ‚kleener Zörgiebel' tituliert hat, war auf der Stelle durch einen Saalmussoli-

---

405 Ebd., S. 109f.
406 *Fackel,* Nr. 827-833, XXXI. Jahr (1930), S. 109f.

ni zu beantworten – wiewohl die Entfernung weiblicher Radaumacher ja bekanntlich auch ein Berliner Problem ist."[407]

Ob die Störung der Vorlesung geplant war oder sich spontan ereignete (aus Kraus Text gewinnt man eher diesen Eindruck), ist aus heutiger Perspektive schwer zu beantworten. Dass der Raum in jedem Fall den Auftritt Holitschers sowie die anschließende Reaktion des Publikums begünstigte, steht außer Frage und hing sicher auch mit den an diesen Ort gebundenen Routinen bzw. den gewohnten Kommunikationsstrukturen[408] zusammen (Kontaktaufnahme mit dem Publikum, Aktualität, Begrüßung prominenter Gäste sowie deren gelegentliche, spontane Partizipation am Programm). Wie wichtig gerade der direkte Kontakt zum Publikum für die Conferenciers war, schildert Robitschek in der *Frechheit* anlässlich der Rundfunkübertragungen von Kabarettveranstaltungen:

> „noch immer ist das Kabarett in erster Linie auf das witzige Wort gestellt, das rechte Form erst gewinnt, wenn es dem freundlich lächelnden Hörer begegnet. Der Conferencier vor dem Mikrophon schwitzt Blut und Wasser, wenn er plötzlich nur den kleinen unheimlichen Apparat vor sich hat, hinter dem sich die Welt der Rundfunkhörer verbirgt. Die Pointen müssen unter der starren Zunge zerbrechen, die nicht weiß, ob jetzt eine Pause des Lachens einzulegen ist. Das Chanson, eine Kunst von gestern, heute abgelöst durch den rhythmischen Song, durch den frechen Foxtrot, durch den witzigen Schlager, kann in seiner Viergestalt nicht wirken, wenn das kleine Augenblinzeln der Pointierung ohne Widerschein aus anderen Augen erfolgt. Die Parodie, der Sketch des Kabaretts verlangen intimsten Kontakt mit dem Hörer. Das Theater, das große Schauspiel, die Oper, die Operette kann zwischen dem Bühnengeschehen und dem Zuschauer Mauern errichten. Das Kabarett, auch wenn es Theater spielt, verlangt Tuchfühlung."[409]

Eine undurchlässige „vierte Wand", wie sie Robitschek hier beschreibt und die Kraus anscheinend für seinen Vortrag erwartete, gab es in diesem Raum nicht; gerade der Austausch mit der Bühne wurde gepflegt. Hier zeigt sich ein grundsätzlich anderer Umgang mit Kommunikation und dadurch eine unterschiedliche Eignung der Kunstformen für die Verbreitung durch „Massenmedien" im Sinne Niklas Luhmanns. Dieser sieht deren entscheidendes Kennzeichen darin, „daß keine Interaktion unter Anwesenden zwischen Sender und Empfängern stattfinden kann"[410]. Da genau diese Interaktion für das Kabarett laut Robitschek entscheidend ist, empfindet er das neue technische Verbreitungsmedium als problematisch; Kraus' Vorlesung dagegen wäre als Rundfunk-Übertragung problemlos denkbar (und er arbeite-

---

407 Ebd., S. 105.
408 Zur wechselseitigen Durchdringung von Raum- und Kommunikationsstrukturen s. Geppert/Jensen/Weinhold: „Verräumlichung", in: Geppert/Jensen/Weinhold 2005, S. 15-49.
409 Robitschek, Kurt: „Kabarett im Rundfunk", in: *Frechheit*, Nr. 5 (1930), S. 3.
410 Luhmann, Niklas: *Die Realität der Massenmedien*, Opladen: Westdeutscher Verlag 1996, S. 11.

te auch mit dem Rundfunk zusammen[411]), er wollte sein Publikum bezwingen – Jens Malte Fischer spricht von einer „fast demagogischen Kraft seiner Lesungen."[412]

Hinzu kam noch das Selbstverständnis des Berliner Publikums, das Paul Morgan[413], ebenfalls Wiener und einer der Gründer des *Kabaretts der Komiker*, so umschreibt: „Berlin ist brutal. […] Die Berliner lassen sich nichts einreden – sie wollen selbst urteilen. ‚Wiens gefeiertste Soubrette? Woll'n mal seh'n!'"[414] Somit waren die Berliner gewohnt, ihre Meinung geltend zu machen, vielleicht sogar mit einer gewissen Arroganz. Die „Redefreiheit", von Kraus rhetorisch meisterhaft desavouiert, hatte hier einen herausragenden Stellenwert.

Wenn Kraus sich für seine Lesung von der Raumgestalt des *KadeKo* und den damit einhergehenden Routinen ganz offensichtlich gestört fühlte, so hatte diese für das Selbstverständnis des Berliner Kabaretts doch unbestreitbare Vorteile, denn es lebte als Zeit- und Raumkunst vom direkten Kontakt zum Publikum. Aus der spontanen Reaktion auf die Anwesenden zogen die Conferenciers, die hier auch oft zu zweit in einer „Doppleconférence" wirkten, einen Teil ihres Witzes.

Handlungsraum KadeKo – Netzwerke | Das *Kabarett der Komiker* hatte sich schon vor dem Neubau mit einer Mischung aus literarischem Kabarett, Varieté und Kleinkunst im Unterhaltungsbetrieb etabliert.[415] Dabei konnte es auf die Reputation und die Beziehungen von Gründer Paul Morgan zählen, der seit 1917 in Berlin wirkte und 1918 am Nelson-Theater conferiert hatte. Er stellte den Kontakt zu zahlreichen Künstlerinnen und Künstlern her. Auch sein Kompagnon Robitschek war im Unterhaltungsbetrieb vernetzt: zwar hatte er sein erstes Engagement in Berlin erst im Sommer 1924, also kurz vor der Gründung des *KadeKo*, zusammen mit Morgan im *Charlott-Casino*, er verfügte aber wie dieser über gute Beziehungen zum Vergnügungsbetrieb seiner Heimatstadt Wien. So konnten beide den Berlinern auch neue, noch unbekannte Künstlerinnen und Künstler präsentieren. Von Anfang an war am *Kabarett der Komiker* auch Max Adalbert beteiligt. Der Vierte war der populäre Sänger Max Hansen, der schon als Kinderstar auf der Bühne stand. Nach Gastspielreisen in Deutschland trat Max Hansen ab Februar 1924 in Kálmáns *Gräfin Mariza* in Wien auf und wurde von dort aus für die Berliner Produktion ans Metropoltheater engagiert. Es ist denkbar, dass die programmatische Besonderheit der Kurzoperetten, die im *Kabarett der Komiker* aufgeführt wurden, auf die Erfahrungen Max Han-

---

411 So 1930, als der Berliner Rundfunk Offenbach-Operetten sowie Shakespeares *Timon von Athen* in der Bearbeitung von Kraus und unter seiner Wortregie brachte. Auch in den folgenden Jahren las Kraus im Rundfunk, vgl. Schick 1965, S. 148.

412 Fischer, Jens Malte: *Karl Kraus*, Stuttgart: Metzler 1974, S. 48.

413 Eigentlich Georg Paul Morgenstern (1886-1938, KZ Buchenwald). Zu Morgans Biographie s. Liebe 1992, S. 124-163, Arnbom 2006, S. 25-54 sowie 157-188 sowie die Autobiographie: Morgan, Paul: *Stiefkind der Grazien. Tagebuch eines Spaßmachers*, Berlin: Universitas 1928.

414 Morgan 1928, S. 100.

415 So traten beispielsweise im Februarprogramm 1927 neben bewährten Kabarett-Kräften (Paul Nikolaus als Conférencier, Trude Hesterberg, Willy Rosen, Willy Prager und Paul Morgan) Tom Jersey mit „lustigen Handschattenspielen" und die Sisters Marquitta, die „Tanzstare [sic!] der Ziegfeld Folies [sic!] New-York [sic!] ", auf. Auch der übliche Einakter wurde gespielt, in diesem Fall *Der Herr ohne Wohnung*: *Frechheit*, Nr. 15 (1927), S. 8f. (SMB, Lipp ZG 304 f).

sens mit diesem Genre sowie seine Kontakte zu Operetten-Sängerinnen und -Sängern zurückzuführen ist. 1925 kaufte Robitschek seinen Kollegen ihre Anteile am *Kabarett der Komiker* ab und war von nun an alleiniger Intendant. Hansen, Adalbert und Morgan blieben dem Haus jedoch verbunden und traten weiter hier auf.[416]

Robitschek gelang es in den folgenden Jahren immer wieder, bekannte Künstlerinnen und Künstler für das *KadeKo* zu verpflichten, z.B. traten Karl Valentin und Lisl Karlstadt in Gastspielen auf.[417] Zur kreativen Atmosphäre des Hauses trugen nicht nur die Mitwirkenden auf der Bühne bei. Wesentlich waren auch die Stammgäste, unter ihnen viele Prominente, die gelegentlich auch das Programm bereicherten. Neben eingespielten „Teams" wie Valentin/Karlstadt (auf der Bühne) oder Schiffer/Spoliansky (als Autoren) engagierte Robitschek auch immer wieder Künstlerinnen und Künstler, die noch nicht miteinander gearbeitet hatten. Dabei bewies er in der Zusammenstellung eine glückliche Hand und trat auch oft selbst als Co-Autor in Erscheinung.

Wichtig war Robitschek auch die internationale Ausrichtung seiner Programme, er sprach vom „Weltstadtcharakter"[418]. Um Stars zu verpflichten, die in Berlin noch unbekannt waren, reiste er nach London und Paris und besuchte dort Vorstellungen in den entsprechenden Varietés und Music-halls. Damit „europäisierte" er das Programm und glich sich gleichzeitig dem internationalen Standard an. Eine typische Mischung aus Berliner „Zugnummern" und internationalen Neuheiten zeigt z.B. eine Voranzeige für das Jahr 1930:

> „Für die nächsten Programme des Kabaretts der Komiker sind eine Anzahl prominenter Kabarettisten verpflichtet worden, deren Vorankündigung an dieser Stelle nicht ohne Interesse sein dürfte: Im Februar kommen die Schwestern Lilly und Emy Schwarz mit neuem Repertoire, der herrliche Paul Graetz und die bezaubernden 3 Swifts, die trotz körperlich-artistischer Leistung bestes Kabarett repräsentieren. Im März erscheint Englands interessanteste Frau zum ersten Mal in Berlin: Jean Barry mit ihrem Partner Fitzgibbon. Dann der amerikanische Humorist am Flügel: Ord Hamilton, drüben und jetzt in Paris erklärter Liebling des Publikums. Und wieder erscheint die herrliche Gisela Werbezirk. Im April kommt der große französische Parodist Bétove und der neue deutsche Vortragsstar Mia Ternowa. Im Mai zu den Festspielen natürlich wieder Ilse Bois. Auch für die nächsten Monate sind interessante Gastspiele festgelegt, die den Weltstadtcharakter unserer Programme betonen werden."[419]

---

416 Vgl. hierzu Robitschek: „5 Jahre Kabarett der Komiker", in: *Frechheit*, Nr. 12 (1929), S. 3-6 (SMB, Lipp ZG 304 f) sowie Arnbom 2006, S. 73-78.

417 Zu den vielen berühmten Namen, die in diesem Zusammenhang genannt werden, gehörten z.B. Ilse und Curt Bois, Paul Nikolaus, Fritz Grünbaum, Margo Lion, Kurt Gerron, Werner Finck, Willy Prager, Wilhelm Bendow, Paul Graetz und Hans Moser. Als Sängerinnen und Sänger traten Ernst Busch, Blandine Ebinger, Trude Hesterberg, Kate Kühl, Claire Waldoff, Paul O'Montis usw. auf. Als Komponisten wirkten Willy Rosen, Mischa Spoliansky, Friedrich Hollaender, Walter Kollo; und für die Hauszeitung des Kabaretts, *Die Frechheit*, schrieben u.a. Roda Roda, Erich Kästner, Alfred Polgar, Kurt Tucholsky, Egon Erwin Kisch und Joseph Roth – die Liste ließe sich mit etlichen weiteren Namen fortsetzen.

418 *Frechheit*, Nr. 1 (1930), S. 14 (SMB, Lipp ZG 304 f).

419 Ebd.

Auch nach Sketchen und Einaktern suchte Robitschek an den Bühnen der anderen Hauptstädte, z.B. nach einer neuen Parodie für Ilse Bois:

> „Was werden wir das nächste Mal parodieren? Zuerst Reise nach Paris und London, um eventuell Anregung zu neuen Taten zu empfangen. In London sieht man einen kleinen Sketch, der Eignung für eine Parodie im Sinne der Bois zu haben scheint. Er wird erworben."[420]

Dass die in anderen Ländern erfolgreichen Sketche und Stars allerdings nicht immer auch den Geschmack des Berliner Publikums trafen, wird mehrfach in der *Frechheit* erwähnt. So erscheint Robitschek auch die in London erworbene Szene schon auf der Rückreise als „gar zu primitiv für deutsche Gedanken" und er verfällt im Folgenden auf eine Reihe stereotyper Klischees:

> „Man ist in Paris und London niemals objektiv, weil die Atmosphäre zu viel künstlerische Beeinflussung ausübt. Berlin ist nüchterner, kritischer, die Engländer sind Kinder, die Franzosen immer Begeisterte."[421]

Die Folge: „In Berlin wird der Sketch nochmals gelesen und sofort – ad acta gelegt."[422]

Auch an anderer Stelle wird die Problematik der verschiedenen Mentalitäten des Publikums thematisiert, allerdings ohne dass Robitschek hier Klischees abruft. Das finanzielle Risiko des Misserfolgs einer „Zugnummer" war enorm und musste vom Intendanten allein verantwortet werden:

> „Einer kommt aus London. Reklameattraktion im Colosseum oder in der Alhambra. Zeigt stolz seine Plakate. Schon die Probe macht flau. Ich weiß, der wird heute zum letzten Mal auftreten. Und war in London Attraktion. Geschmäcker sind verschieden. In jedem Programm ist ein Kandidat, der Gage fürs Spazierengehen bekommt. Manchmal fällt einer durch, den man in Wien oder Paris stürmischen Erfolg hat ernten sehen. Publikum und sein Wille sind unberechenbar."[423]

Während seiner Tätigkeit für das *KadeKo* baute Robitschek ein Netzwerk an Kontakten zu Menschen und Institutionen auf, auf das er noch in seiner Zeit im Exil nach 1933 zurückgreifen sollte.[424] So berichtet z.B. die New Yorker Exilzeitung *Aufbau* im Jahr 1941 unter der Überschrift „Kabarett der Komiker im New World Club" über Robitscheks Versuch einer Reaktivierung des *Kabaretts der Komiker* in den

---

420 Robitschek, Kurt: „Die neue Parodie", in: *Frechheit*, Nr. 1 (1930), S. 3f., hier S. 3 (SMB, Lipp ZG 304 f).
421 Ebd.
422 Ebd.
423 Robitschek, Kurt: „Vom Ersten zum Letzten", in: *Frechheit*, Nr. 4 (1929), S. 3-5, hier S. 3 (SMB, Lipp ZG 304 f).
424 Zum *Kabarett der Komiker* im Exil in New York: Klösch, Christian/Thumser, Regina: *„From Vienna". Exilkabarett in New York 1938 bis 1950*, Wien: Picus 2002 (Begleitbuch zur gleichnamigen Ausstellung der Österreichischen Exilbibliothek im Literaturhaus), S. 47-52 sowie 139-149.

USA unter der Beteiligung früherer Mitstreiter. Deutlich wird in dem Zeitungsbericht, dass Robitschek mit der Ausrichtung eines „Berliner Abends" die Zielgruppe der deutschsprachigen Exilanten ansprach, sein Programm aber von Anfang an auch auf das allgemeine New Yorker Publikum zuschnitt, indem er an einem „Internationalen Abend" auch englisch- und französischsprachige Szenen präsentierte:

> „Das Kabarett der Komiker am Kurfürstendamm war nicht nur ein Begriff für Berlin, für Deutschland, sondern für die ganze Welt. Jeder Fremde, der nach Berlin kam, besuchte dieses Theater. Neben der Elite der deutschen und österreichischen Künstler sah man im Kabarett der Komiker viele internationale Grössen. Hunderte von amerikanischen Artisten sind in den zehn Jahren Kabarett der Komiker unter der Leitung von Kurt Robitschek aufgetreten.
>
> Kurt Robitschek, Gründer, Eigentümer und eigener Conferencier seines eigenen Theaters, hat nun hier in New York einen grossen Teil seiner früheren Mitarbeiter um sich versammelt, sein Ensemble mit neuen Talenten ergänzt, darunter auch interessante Entdeckungen amerikanischer Künstler, und wird nun sein neues ‚Kabarett der Komiker' vorstellen.
>
> Am Mittwoch, den 22. Januar, findet der erste Abend unter der Aegide des New World Club, Inc., im Mecca Temple statt. Die Devise für diesen Abend lautet: ‚Berliner Abend im Kabarett der Komiker'. Unter der Doppel-Konferenz von Kurt Robitschek und Hans Kolischer wird ein Abend des Lachens abgewickelt werden, der sicherlich die guten Traditionen des Kabaretts der Komiker hochhalten wird. In lustigen Szenen und Chansons werden Kurt Tucholski [sic!], Walter Mehring, Marcellus Schiffer u.a. als Autoren bester Kleinkunst zu Worte kommen. Das ausführliche Programm wird in der nächsten Ausgabe des ‚Aufbau' veröffentlicht werden.
>
> Ein zweiter Abend des ‚Kabaretts der Komiker' wird ein ‚Internationaler Abend' sein. Er findet drei Tage später im Theresa L. Kaufmann – Auditorium unter der Aegide des Educational Departments der YMHA (Lexington Ave. und 92. St.) statt. Ein vollständig anderes, aber ebenso lustiges Programm wird an diesem Abend geboten, das neben Darbietungen in deutscher Sprache, auch englische und französische Szenen, Sketche und Chansons im Repertoire haben wird. Auch dieser Abend wird von der Doppel-Conference Kurt Robitschek's und Hans Kolischer's eingerahmt werden.
>
> Die Preise der Plätze für den ‚Berliner Abend' im ‚Mecca Temple' sind 30 Cents für Mitglieder, 40 Cents für Gäste, reservierte Plätze $1.00."[425]

Schon die Rezension des ersten Abends zeigte, dass Robitscheks Strategie ausgesprochen erfolgreich war:

> „Dies war wieder einer der ganz grossen Abende des ‚New World Club'. Etwa 1700 Zuhörer füllten den Mecca Temple und mehrere hundert mussten leider vor verschlossenen Türen umkehren. So sehr hatte die Ankündigung, dass für einige Abendstunden das alte ‚Kabarett der Komiker' hier in New York auferstehen sollte, anziehend gewirkt."[426]

---

425 *Aufbau*, Jg. 7. 1941, Nr. 1 (03.01.1941), S. 13.
426 *Aufbau*, Jg. 7. 1941, Nr. 5 (31.01.1941), S. 16.

Zum Ende der Saison wurde vom Kritiker mit dem Kürzel „G." bereits konstatiert, Robitschek habe „etwas geschaffen, was es bisher in New York nicht gab, ein europäisches Kabarett im besten kontinentalen Stil", und er wagte den Ausblick, „dass hier die Wege gegeben scheinen, zwei Kabarettwelten produktiv zusammenzubringen und — vielleicht in der nächsten Saison — zu einer eigenen Art zu gestalten."[427]

In den folgenden Jahren ist die Entwicklung des New Yorker *Kabarett der Komiker* im *Aufbau* mit über 80 Artikeln, kleinen Berichten und Inseraten gut dokumentiert.[428] Anknüpfend an die Berliner (und Wiener) Zeit traten z.B. Oskar Karlweis, Bruno Granichstaetten, Siegfried Arno, die *Comedian Harmonists* (in anderer Besetzung als vor Hitlers Machtergreifung[429]), Karl Farkas, Ilse Bois, Hermann Leopoldi, Armin Berg, Victor Franz, Lilian Harvey, Greta Keller, Albert Bassermann, Felix Bressart, Trude Lieske, Max Hansen, Gisela Werbezirk u.v.m. auf.[430]

Wie schon in der Anfangszeit des *Kabaretts des Komiker* im Palmenhaus, danach in der Umstellung des Programms auf die Anforderungen des neuen Hauses am Lehniner Platz, zeigt Robitschek auch in New York wiederum eine glückliche Hand bei der Leitung seines Kabaretts. In allen Spielstätten erwies sich das *Kabarett der Komiker* immer nicht nur als Adresse für bewährte Unterhaltung, sondern auch als Bühne für Neuerungen und Experimente.

Ort – Aufführung – Rezeption: Spolianskys Kabarettoper *Rufen Sie Herrn Plim!*

Rufen Sie Herrn Plim! | Mischa Spolianskys Kabarettoper *Rufen Sie Herrn Plim!* stellte in verschiedener Hinsicht ein Experiment dar. Der berufliche Weg hatte den Komponisten erstmals 1927 ins *Kabarett der Komiker* geführt, das sich damals noch in den alten Räumen im „Palmenhaus" befand. Für Intendant Robitschek setzte er damals die Genre-Parodie *Du holdes Kind vom Rhein* (Text: Robitschek/

---

427 G.: „Eine Lachparade im Kabarett der Komiker", in: *Aufbau*, 7. Jg., Nr. 15 (11.04.1941), S. 10.

428 Suchanfrage „Kabarett der Komiker" in der Datenbank *Exilpresse digital. Deutsche Exilzeitschriften 1933-1945*: 89 Treffer mit einer zeitlichen Streuung von Januar 1941 bis 1949 (Robitschek erkrankte Ende des Jahres und starb schließlich am 16. Dezember 1950), http://deposit.ddb.de/online/exil/exil (10.07.2010). Bei genauerer Recherche finden sich noch weitere Artikel, in denen der Suchbegriff nicht im Titel oder Untertitel vorkommt. Vgl. auch Klösch/Thumser 2002, S. 139-149.

429 In welcher Besetzung die *Harmonists* auftraten, ist aus der Exilzeitschrift nicht ersichtlich. In der Rezension des Abends ist von einer Quintettbesetzung die Rede (was aber auch auf eine Nichterwähnung des Pianisten zurückzuführen sein kann). Genau im März 1941 kam es zum Bruch in der Exilbesetzung der Comedian Harmonists, die aus Hans Rexeis, Erich A. Collin, Harry Frommermann, Roman Cycowski, Rudolf Mayreder und Fritz Kramer als Pianist bestand. Roman Cycowski schied aus, um Kantor zu werden, Rudolf Mayreder und Erich Collin hatten sich zerstritten. Vgl. hierzu und zur Geschichte der *Comedian Harmonists* nach der Trennung des Ensembles im März 1935: Czada, Peter/Große, Günter: *Comedian Harmonists. Ein Vokalensemble erobert die Welt*, Berlin: Hentrich 1993, S. 75-128, hier besonders S. 112-115. Außerdem zu den Fechner, Eberhard: *Die Comedian Harmonists. Sechs Lebensläufe*, Weinheim: Quadriga 1988.

430 Vgl. hierzu auch: Klösch/Thumser 2002, S. 52 sowie 139-149.

Hansen)[431] in Musik, laut Herrmann-Neiße eine „ehrfurchtslose, aktuelle Parodie" auf den „ganzen falschen Zauber von Rhein-Stücken, -Filmen, -Festen [...], den hanebüchnen Rummel aus Alkohol- und Poussierbetrieb, Burschenherrlichkeit und Prositpatriotismus"[432], und er lobte:

> „Das Ganze bleibt ein Genuß, nach dessen Wiederholung man sich sehnt und das für soviel Dagewesenes, Flaues, Überlebtes, das der ständige Kabarettbetrachter über sich ergehen lassen muß, reichlich entschädigt."[433]

Leider sind Musik und Text heute verloren, einzig die Kabarettzeitschrift *Die Frechheit* sowie die Tagespresse geben Auskunft über das Stück und zeigen einige Szenenfotos. Explizit wird nicht nur in der Presse, sondern auch von den Verantwortlichen von einer „Parodie" gesprochen, es ging also um die „verspottende, verzerrende oder übertriebene Nachahmung e. schon vorhandenen ernstgemeinten Werkes (auch e. Stils, e. Gattung)"[434], wie der Begriff von Gero von Wilpert definiert wird. *Du holdes Kind vom Rhein* reihte sich somit ein in die Tradition der einaktigen Parodien im *Kabarett der Komiker*.

Spolianskys *Rufen Sie Herrn Plim!*[435] wurde dagegen fünf Jahre später, im Februar 1932, als „erste Kabarettoper" angekündigt, im Untertitel als „Oper mit Prolog und Epilog"[436] bezeichnet. Der Text zu dem neuen Stück stammte von Robitschek und Schiffer. Eine Oper im Kabarett hatte es noch nicht gegeben, Robitschek betrat also wieder einmal Neuland.

Die Handlung der Kurzoper spielt in einem Warenhaus, das, wie schon in Schiffer/Spolianskys Revue *Es liegt in der Luft* (vgl. Kap. *Theatermusiken*, S. 107), die Welt bzw. die Stadt Berlin symbolisiert:

> „The piece is set, yet again, in a department store, which we used as a mirror to Berlin society of the time. In the opera sketch, money rules and materialism is king – people are of little importance and no one is less important

---

431 Spoliansky, Mischa: Text und Musik/Revuen. StKA, Sammlung Mischa Spoliansky, LK/EG/8,2 sowie StKA, Sammlung Kabarett der Komiker LK/C/5.

432 Herrmann-Neiße, Max: „Berliner Kabaretts im Oktober", in: *BTbl*, 256. Jg., Nr. 496 (20.10.1927). StKA, Sammlung Kabarett der Komiker LK/C/5. Wiederabgedruckt in Herrmann-Neiße 1988, S. 295ff.

433 Ebd.

434 Wilpert, Gero von: *Sachwörterbuch der Literatur, 7., verbesserte und erweiterte Auflage*, Stuttgart: Alfred Kröner 1989, S. 660. Zur Gattungsbestimmung und Struktur der literarischen Parodie vgl. Müller, Beate: *Komische Intertextualität: Die literarische Parodie*, Trier: WVT 1994 (=Horizonte, Bd. 14).

435 Premiere am 1. März 1932 im Kabarett der Komiker. Viktor Rotthaler datiert versehentlich auf den 16. Februar 1932 (Rotthaler 2003, S. 55), wohl da die Premiere für diesen Termin vom *KadeKo* angekündigt worden war. Sie scheint jedoch verschoben worden zu sein, denn die Zeitungen berichten erst ab März von dem Ereignis. Es gab allerdings eine Art „Vorpremiere" für Leser der Zeitungen des Verlags Rudolf Mosse (dem das Grundstück des WOGA-Komplexes gehörte). Diese fand am 29. Februar 1932 statt, vgl. *BTbl*, 61. Jg., Nr. 103 (01.03.1932, Abend-Ausgabe).

436 So annonciert in *Frechheit*, Nr. 2 (1932), S. 13. *Die Frechheit*. 1932-1933, AdK, Archiv Darstellende Kunst: Marcellus Schiffer/Margo Lion-Archiv, 7.1.8 Sammlung Marcellus Schiffer/Programmheftsammlung/Lfd. Nr. 854. In der Beilage zur Uraufführung wird das Stück als Operngroteske bezeichnet, *Frechheit*, Nr. 2 (1932), Beilage (SMB, Lipp ZG 304 f).

than Herr Plim, whose job in the department store is to be fired every time a customer is unhappy."[437]

So fasst Spoliansky selbst in seinen Memoiren die Handlung zusammen. Er bezeichnet das Stück als „opera sketch", was im Deutschen sowohl „Opern-Sketch" (im Sinne eines „dramat.-iron. Bühnenspiels"[438]) als auch „Opern-Skizze" bedeuten kann.[439] Beide Begriffe treffen auf gewisse Aspekte der Kurzoper zu und umreißen das Deutungsfeld, in dem sich die zeitgenössische wie auch die spätere Rezeption von *Rufen Sie Herrn Plim!* abspielt: zwischen neuem Opernversuch (so titelt beispielsweise Lareau: „Eine moderne Kurzoper"[440]) und Opernparodie.

Von einer Parodie war zumindest von Seiten der Autoren zunächst nicht die Rede. Robitschek wollte mit *Rufen Sie Herrn Plim!* eine neuartige Form der Oper schaffen, zumindest behauptete er dies in seinen programmatischen Erläuterungen „Die Kabarettoper und andere Mißtöne" in der Hauszeitung *Die Frechheit*:

> „Wir haben im Kabarett der Komiker Varieté und Kabarett geboten, Schauspiel, Lustspiel, Schwank und Operette – nun erfinden wir die Oper für das Kabarett, eine neue Kunstform, die so aussieht, wie wir sie diesen Monat darbieten. Wir wünschen nicht, belehrt zu werden, daß die Oper anderen künstlerischen Grundgesetzen unterliegt. ‚Rufen Sie Herrn Plim!', unsere Oper, ist selbst Grundgesetz."[441]

Robitscheks Aufzählung der verschiedensten bisher im *Kabarett der Komiker* gezeigten Theaterformen zeigt u.a., wie vielseitig und gleichzeitig unbestimmt die Gattung Kabarett auch zu Beginn der 1930er-Jahre war (vgl. Kap. *Definitionen*, S. 26).

Dezidiert wandte sich der Intendant gegen eine Auffassung der Kabarettoper als „Parodie", wohl auch, um das Genre und damit sein Kabarett innerhalb der Theaterlandschaft Berlins aufzuwerten:

> „Diese Oper ist keine Parodie. Sie ist die Kabarettoper selbst. Sie ist keine parodistische Oper, denn sie behandelt ein ernstes Thema, vielleicht in lustiger Form. Die nächste Kabarettoper wird tragisch sein, aber sie wird immer Kabarettform haben."[442]

---

437 Spoliansky: *Goodbye Trouble*, S. 84.
438 v. Wilpert 1989, S. 861.
439 Spoliansky verfasste seine Lebenserinnerungen ursprünglich in Deutsch. Da mir nur die englische Übersetzung vorliegt, ist mir das Wort, das er im deutschen Original an dieser Stelle benutzt, leider nicht bekannt. Auch Robitschek verwendet in seiner Ankündigung von *Rufen Sie Herrn Plim!* den Begriff „Sketch". Dabei geht er explizit auf den etymologischen Zusammenhang ein: „Es gibt Kritiker, die noch immer nicht einsehen, daß das englische Wort ‚Sketch' dem deutschen ‚Skizze' entspricht", in: *Frechheit*, Nr. 2 (1932), S. 2. AdK Schiffer/Lion, 7.1.8/854. Robitschek will hier offenbar Erwartungen der Kritiker entgegentreten, die im Sketch eine „geschlossene Form" sehen. Er betont dagegen das Offene, Skizzenhafte.
440 Lareau, Alan: „Eine moderne Kurzoper", in: Zeyen/Lareau/Unger 1998 (KK-003/4), Booklet, S. 20-22, hier S. 20.
441 *Frechheit*, Nr. 2 (1932), S. 2. AdK Schiffer/Lion, 7.1.8/854.
442 Ebd.

Vielleicht fühlte der Intendant sich, nachdem er im neuen Haus so lange auf das Musiktheater verzichten musste, auch herausgefordert, die musikbezogenen Möglichkeiten des umgebauten Hauses mit diesem Werk unter Beweis zu stellen. Mit Spoliansky, der zu dieser Zeit bereits mehrere abendfüllende Musiktheaterwerke komponiert hatte[443], und Schiffer, der u.a. das Libretto zu Hindemiths *Neues vom Tage* verfasste[444], hatte er für ein solches Projekt die richtigen Mitstreiter verpflichtet.

Dennoch herrschte bei Publikum und Kritikern Unsicherheit in der Bewertung des Stücks, die meisten sahen in *Rufen Sie Herrn Plim!* trotz allem eine Parodie („gehen wir Herrn Robitschek nicht auf den Leim"[445]). Tatsächlich hatte der Intendant genau diese Unsicherheit durch seinen Tonfall und seine Aussagen im Vorfeld bereits provoziert. Schon die den Aufsatz einleitenden Worte zeigen eine gewisse Doppelbödigkeit:

> „Die Oper ist vom Kabarett etwas weiter entfernt, als der Weg Lehniner Platz bis Unter den Linden. Es gibt gewiß hunderttausend Opernbesucher, die niemals ein Kabarett gesehen haben. Dagegen hat die Million Kabarettbesucher bestimmt schon irgendeinmal in der Oper gesessen. Denn die Kühnen, die bis nach Halensee um eines vergnügten Abends willen vorgedrungen sind, scheuen auch die Fahrt nach der weiten, fernen Staatsoper nicht, um Seele und Gemüt zu erbauen und zu erheben."[446]

Wie sollte man als einer der „Kühnen" nach diesem Beginn den einfachen Satz „Diese Oper ist keine Parodie" interpretieren? Wenn Robitschek im weiteren Verlauf seinen vorherigen Anspruch, ein „ernstes Thema" zu behandeln, mit der Aussage: „Der Gehalt des ganzen Kabaretts ist Belanglosigkeit. Wenn Kabarett anspruchsvoll wird, ist es zum Kotzen", entwertet und der neuen Kunstform zugesteht, sie dürfe „das erste Mal auch langweilig sein"[447], so wird der Leser bewusst verwirrt.

Mit seiner Zusammenfassung lenkt Robitschek schließlich nochmals die Rezeptionshaltung des Publikums, indem er den Sinn seines Experiments als rein kommerziellen „enttarnt":

> „Jedenfalls erfüllt sie [unsere Oper] den Zweck, einen Monat lang an der Spitze der Ankündigungen als Reklameschlagwort zu stehen, wird dem künstlerischen Leiter dieses Hauses viel Ehr' einbringen in den Spalten der Presse, weil er einen neuen Weg zu gehen versucht [...]."[448]

---

443 1928: *Es liegt in der Luft* (Revue), Text: Schiffer; 1929: *Zwei Krawatten* (Revuestück), Text: Kaiser; 1930: *Wie werde ich reich und glücklich* (Ein Kursus in 10 Abteilungen), Text: Joachimson; 1931: *Alles Schwindel* (Burleske), Text: Schiffer.

444 Zu Hindemiths *Neues vom Tage* im Kontext der Zeitoper: Konold, Wulf: „Zur Theorie und Praxis der Zeitoper", in: *Hindemith-Jahrbuch*, Bd. 17 (1988), S. 146-166 sowie Grosch 1999, S. 101-180.

445 *VossZ*, 04.03.1932, Nr. 109, Abend-Ausgabe. Auch in der heutigen Rezeption herrscht diese Bewertung vor, vgl. hierzu Trageser 2007, S. 285; Lareau 1998, S. 21.

446 *Frechheit*, Nr. 2 (1932), S. 2. AdK Schiffer/Lion, 7.1.8/854.

447 Ebd.

448 Ebd.

Gekonnt spielt Robitschek mit den Erwartungen seines Publikums, ein im Kabarett übliches Verfahren, das Phantasien und Vorurteile satirisch enthüllt.[449] Die Rezeptionshaltung der Zuschauerinnen und Zuschauer und daraus folgend die zwiespältige Auffassung des Stücks war somit sicher nicht allein von der Werkstruktur der neuen Oper bestimmt. Sie hing vielmehr mit Erwartungshaltungen (und somit mit den eingespielten Routinen) zusammen: Man erwartete im Kabarett (wie auch in der Hauszeitschrift *Die Frechheit*) eine ironische Brechung der Aussagen. Zudem bildeten, wie bereits gezeigt, parodistische Einakter traditionell einen Programmschwerpunkt des *Kabaretts der Komiker*. Warum sollte man also nun auf einmal ein Stück ernst nehmen? Das bereits oben erwähnte Ambiente, die Karikaturen Walter Triers an der Wand und in den Programmen, die Tatsache, dass im Saal geraucht, gegessen und getrunken werden durfte wie auch der absurde Titel der Oper bereiteten die Rezeptionshaltung zusätzlich vor. Gerade dieses Spiel mit Ernst und Ironie, das sich von der Werkgestalt (wie noch gezeigt wird) über die programmatische Illustration bis hin zum gebauten Raum zieht, macht das Kabarettistische, die „Kabarettform" dieser Oper aus.

In diesem Kontext ist auch die dem Klavierauszug sowie dem Regiebuch vorangestellte „Anmerkung für den Regisseur und Darsteller" zu sehen:

> „Diese Oper soll <u>keine</u> Parodie sein, aber immerhin die „große" Oper karikieren. Ein Darstellungsstil muß von allen Darstellern gehalten werden: leichte Ironie, ein wenig lächelnde Überlegenheit über die konventionellen Bewegungen des Opernsingens, viel Lust und Laune, die aber niemals in Übertreibung ausarten dürfen.[450]

Hier zeigt sich der Anspruch, eine eigenständige (einaktige) Oper zu schaffen, die sich doch gleichzeitig parodistischer Stilmittel wie „karikierender Imitation" oder Ironie („Lächerlichmachung unter dem Schein der Ernsthaftigkeit"[451]) bedient. Auch hier wird also das Spiel von Ernst und Heiterkeit zum Programm, das schon in Robitscheks programmatischen Notizen zu beobachten ist. *Rufen Sie Herrn Plim!* ist somit ein Stück, das zwischen der Welt der Oper und dem Kabarett changiert und dabei durchaus ein eigenständiges Werk im Sinne der damals zeitgemäßen Opern-Experimente darstellt.[452] Robitscheks Ausruf einer „neuen Kunstform" muss dabei

---

449 Vgl. Lareau, Alan: „Lavender Songs: Undermining Gender in Weimar Cabaret and Beyond", in: *Popular Music and Society*, 28 (Febuar 2005) Nr. 1, S. 15-33, hier S. 21 sowie die Kabarett-Definition von Hennigsen (s. Kap. *Definitionen*, S. 26).

450 Spoliansky, Mischa: *Rufen Sie Herrn Plim. Oper in einem Aufzug von Kurt Robitschek und Marcellus Schiffer. Musik von Mischa Spoliansky. Klavierauszug mit Text*, Berlin/München: Dreiklang-Drei Masken 1932, S. 2 (Unterstreichung im Original) sowie Robitschek/Schiffer 1932, o. S.

451 v. Wilpert 1989, S. 660 und S. 419.

452 Schiffer wirkte als Librettist von Hindemiths Oper *Neues vom Tage* sowie dessen Sketch *Hin und zurück* selbst am experimentellen Musiktheater mit. Vgl. zum Kontext Opernexperimente der 1920er-Jahre u.a. Reininghaus, Frieder/Schneider, Katja (Hg.): *Experimentelles Musik- und Tanztheater*, Laaber: Laaber 2004 (=Handbuch der Musik im 20. Jahrhundert, Bd. 7), S. 56-84 sowie Grosch 1999 und Ders. 2004. Trageser und Lareau sehen in *Rufen Sie Herrn Plim!* keine Begründung einer neuen Gattung, was sie hauptsächlich an der Musik festmachen: „Tatsächlich dominiert das Parodistische in der Musik so sehr, daß es doch schwer fällt,

im Kontext der ausgehenden 1920er- und frühen 1930er-Jahre Jahre gesehen werden, in denen nicht nur Komponisten wie Weill oder Hindemith über Opernreformen und neue Gattungen reflektierten, sondern sich die Oper auch wesentlich den
Gattungen des Unterhaltungstheaters annäherte.[453]

Parodistische Elemente finden sich sowohl in Schiffer/Robitscheks Libretto als
auch in Spolianskys Komposition. Der Komponist ging dabei von der Vorlage aus
und versuchte die im Text angelegten Stimmungen und sein humoristisches Potenti-
al durch seine Musik zu verstärken:

> „Again, I found it easy to compose to Schiffer's text as they [sic!] flowed so
> well. In many cases it was just one line or even one word, which I was able to
> turn into whole arias, at other times, I pointed up the text or we created du-
> ets, trios and whole ensemble pieces.“[454]

Spoliansky wollte die beiden Kunstformen Kabarett und Oper miteinander verbinden, ein Versuch, der z.B. auch in der Besetzung der Rollen seinen Ausdruck fand:

> „The hour-long piece managed to combine cabaret and opera and this was re-
> flected in the different performers, Plim himself was played by an actor, Ha-
> rald Paulsen. The distinguished society lady was played by the singer Irene
> Eisinger, a coloratura from the Berlin Opera. Other parts were sung by the
> Kammersänger Kistenmacher, Albert Peters, Franz Forrow, Maria Ney, Max
> Ehrlich, Miss Vanini and two (girl) pages.“[455]

Harald Paulsen vom Deutschen Theater hatte u.a. in der Uraufführung der *Dreigroschenoper* den Macheath gespielt. Die Mischung von Schauspielern und Sängern
hatte auch Robitschek schon als wesentliches Element der Kabarettoper hervorgehoben:

,Plim' als eine eigenständige, neue Gattung zu bezeichnen." (Lareau 1998, S. 21) sowie Trageser 2007, S. 285. Der Begriff der Gattung wird aber insgesamt bei den Komponisten der
1920er-Jahre nicht dogmatisch verwendet.

453 Grosch, Nils: „Zum Musiktheater der Neuen Sachlichkeit", in: Udo Bermbach (Hg.), *Oper im
20. Jahrhundert. Entwicklungstendenzen und Komponisten*, Stuttgart/Weimar: Metzler 2000, S.
130-154, hier besonders S. 141ff. Vgl. zur Entwicklung der Diskussion des Gattungsbegriffs
„Oper" bei Weill z.B. dessen Essays „Die neue Oper" (1926), „Wie denken Sie über die zeitgemäße Weiterentwicklung der Oper?" (1927), „Zeitoper" (1928) und „Korrespondenz über
Dreigroschenoper" (1929) (alle in: Weill 1990). Vgl. auch dessen Briefwechsel im Zusammenhang mit dem Songspiel *Mahagonny* mit der Universal Edition, ab Mai 1927, besonders 25.
August sowie 8., 16. und 27. Dezember 1927 (Weill, Kurt: *Briefwechsel mit der Universal Editi-
on*. Ausgewählt und hg. von Nils Grosch, Stuttgart/Weimar: Metzler 2002, S. 60-99, besonders
S. 78f. und 95ff.).

454 Spoliansky: *Goodbye, Trouble*, S. 84. Spoliansky geht mit dem Text Schiffers illustrativ um, anders als z.B. Paul Hindemith, zu dessen Musik zu *Neues vom Tage* zumindest Konold (wer-
tend) anmerkt, dass sie „nicht die grellen, bisweilen auch banalen Effekte des Textes verdop-
pelt", Konold 1988, S. 164.

455 Ebd. Die genaue Besetzung z.B. bei Lareau 1998, S. 20: Max Ehrlich – Warenhausbesitzer,
Franz Forrow – Personalchef, Herr Plim – Harald Paulsen, Caroline von Recklitz – Maria
Ney, Elida de Coty – Irene Eisinger, Ein Herr, Käufer – Otto Fassel, Noch ein Käufer – Arthur Kistenmacher, Sekretärin – Elli Vanini, 1. Liftboy – Christa Nissen, 2. Liftboy – Annelie-
se Dobat.

„Die Kabarettoper muß von Schauspielern, Schauspielsängern und Opernsängern in richtiger Mischung gespielt werden. Der Schauspieler in dieser Oper hat die Handlung, die ein Spiel knapp vor Mitternacht in knappster Form haben muß, vorwärtszutragen, der Schauspielsänger ist die Brücke vom Kabarettsketch zur Oper und die agierenden Sänger sollen der Forderung nach Gesang und Musik gerecht werden."[456]

Das Orchester war für einen Kabarettauftritt mit 20 Musikern recht groß besetzt.[457] Vermutlich war es an die praktischen Gegebenheiten des neuen Orchestergrabens sowie die stimmlichen Möglichkeiten der Schauspielsänger angepasst. Spoliansky arbeitete später in seinen Filmmusikkompositionen durchaus auch mit erheblich größeren Orchesterapparaten.[458]

Kurzoper oder Parodie? Details |

„Sie geht nach Spandau. Ein solcher Satz, als Terzett gesungen, ward je in einer Oper so etwas gehört? Aber in der ersten Kabarettoper geschieht dies Ungehörte, dass sich ein derart profaner Satz in das bisher meist von Donnerworten besetzte Gebiet der Musik wagen kann."[459]

Zwar waren profane Sätze auf der Opernbühne nicht mehr derart ungewöhnlich, wie der Autor des Berichtes über die Vorpremiere von *Rufen Sie Herrn Plim!* es beschreibt. Schon zwei Jahre vor der Uraufführung der Kabarettoper hatten beispielsweise Hindemith und Schiffer in *Neues vom Tage* das berühmte Lob der Warmwasserversorgung auf die Bühne gebracht („Nicht genug zu loben sind die Vorzüge der Warmwasserversorgung"[460]). Dennoch fasst der Kritiker das Erstaunliche des Experimentes „Kabarettoper" gleich zu Beginn seiner Rezension zusammen: Inhalt und Form scheinen nicht zueinander zu passen. Ein typisches Kennzeichen von Parodien, die – folgt man der bereits erwähnten literaturwissenschaftlichen Definition – „die verspottende […] Nachahmung eines schon vorhandenen, ernstgemeinten Werkes (auch e. Stils, e. Gattung)" sind, und zwar „unter Beibehaltung der äußeren Form (Stil und Struktur), doch mit anderem, nicht dazu passenden Inhalt"[461].
    Die Aussage „Sie geht nach Spandau" wird musikalisch überhöht und verspottet durch die Diskrepanz zwischen musikalischer Form und Textinhalt tatsächlich

---

456 *Frechheit*, Nr. 2 (1932), S. 2. AdK Schiffer/Lion, 7.1.8/854.
457 Orchester-Besetzung im Klavierauszug: vier Vl. 1, drei Vl. 2, zwei Vla., Vc., Bass, Fl., Ob., drei Cl., zwei Trp., Tb., Slz.; später wechselt die zweite Klarinette auf Tenor-Saxophon. Außerdem kommt natürlich das Piano (auch Celesta) zum Einsatz.
458 Spolianskys Filmmusiken sind, wie so viele Werke des Komponisten, noch weitgehend unerforscht. Quellenmaterial im Archiv der AdK. Vgl. auch Mischa Spoliansky Music Trust, www. mischaspoliansky.org.
459 *BTbl*, 61. Jg., Nr. 103 (1.3.1932), Abend-Ausgabe.
460 Hindemith, Paul: *Neues vom Tage. Lustige Oper in drei Teilen* (1928/29), Text von Marcellus Schiffer. *Jan Latham-König, Kölner Rundfunkorchester, Elisabeth Werres, Claudio Nicolai, Ronald Pries, Horst Hiestermann, Martina Borst u.a.*, Mainz: Wergo 1991 (WER 6192-2), Booklet, S. 20.
461 v. Wilpert 1989, S. 660.

das Genre der traditionellen Oper. Gleichzeitig kann man das Herren-Terzett „Sie geht nach Spandau", das keinen weiteren Text als diese vier Worte enthält, auch als eine Parodie auf die modernen Herren-Gesangsensembles der Zeit betrachten, deren berühmteste die *Revellers* sowie in Deutschland die *Comedian Harmonists* waren. Die Führung der hohen Tenorstimme, die die Farbe der Kopfstimme mit einbezieht, und der homophone Satz sind typische formale Kennzeichen solcher Arrangements für Männerensemble. Auf einer zeitgenössischen Aufnahme des Stücks erinnert das übertriebene Bemühen um korrekte Ausführung des Notentextes dabei fast an Chorknaben.[462] Die Kombination mit dem inhaltlich wenig informativen Text unter zahlreichen Wiederholungen überspitzt ebenfalls Merkmale zeitgenössischer Gesangsensemble-Schlager, so dass auch unter diesem Aspekt das Stück als Karikatur wirkt. Beim Schlager sind solche Wiederholungen zumeist Kennzeichen des Refrains, in dem sie textlich leicht variiert werden, man vergleiche z.B. das Lied „Ich hab' für dich 'nen Blumentopf, 'nen Blumentopf bestellt" von Erwin Bootz (*Comedian Harmonists*), Text von Gerd Karlick:

> „Ich hab' für dich 'nen Blumentopf, 'nen Blumentopf bestellt
> und hoff', daß dir der Blumentopf, der Blumentopf gefällt.
> Es ist der schönste Blumentopf, der schönste auf der Welt,
> drum gieß mir meinen Blumentopf, daß er sich lange hält."[463]

Das Kernwort wird besonders hervorgehoben und kann vom Publikum schnell erinnert werden. Auch in Spolianskys Terzett wird das Kernwort „Spandau" exzessiv wiederholt – das Ergebnis ist allerdings alles andere als eingängig: die völlig unmotivierten Pausen, z.T. mitten im Wort, dazu die Akzente auf unbetonten Silben und Zählzeiten stellen wohl für jeden Interpreten, der das Stück auswendig lernen muss, eine Herausforderung dar (vgl. Abb. 50). Hinzu kam noch die Choreographie (s.u.). Der Effekt erinnert an eine defekte („springende") Schallplatte oder (bei genauer Ausführung der Anweisung „schneller") an ein zu schnell abgespieltes Stück Tonfilm. Welche Choreographie das Terzett in der Uraufführung begleitete, wissen wir nicht, sie sorgte aber für große Erheiterung beim Publikum, wie dem Radio-Mitschnitt einer damaligen Aufführung aus dem *K.d.K.* zu entnehmen ist.[464] Vielleicht wurden auch hier typische Darstellungsweisen der *Comedian Harmonists* karikiert.

Robitschek verarbeitete mit dieser Nummer auch sein eigenes Programm satirisch: Bereits 1928, also noch am Beginn ihrer großen Karriere, hatte er das *Comedian Harmonists*-Ensemble für das *Kabarett der Komiker* verpflichtet[465]. Zudem gehörte das Spiel von Ernst und Ironie auch bei Gesangsquartetten bereits zur Tra-

---

462 Veröffentlicht auf: Zeyen 1998, CD 2.
463 Text nach der CD *Comedian Harmonists. Die großen Erfolge.* Hamburg: Membran Music 2004 (Originalaufnahmen). Zu den Comedian Harmonists vgl.: Czada/Große 1993 sowie Fechner, Eberhard: *Die Comedian Harmonists. Sechs Lebensläufe*, Weinheim: Quadriga 1988.
464 Zeyen 1998, CD 2.
465 Vgl. Czada/Große 1993, S. 37, dort auch der Faksimile-Abdruck einer Zeitungsankündigung des Programms.

Abb. 50: Ausschnitt aus *Sie geht nach Spandau*, Terzett aus der Kabarettoper *Rufen Sie Herrn Plim!* (Klavierauszug).

dition des Hauses: Robitschek, Adalbert, Morgan und Hansen bildeten das „Meistersingerquartett", ein regelmäßiger Programmpunkt im *Kabarett der Komiker*.[466] Die mit „Sie geht nach Spandau" praktizierte Form des satirischen Selbstzitats fand sich auf Kabarettbühnen häufiger. Die *Frechheit* dokumentiert auch beim Meistersingerquartett das Spiel mit Erwartungen und Handlungsroutinen des Ortes, indem der „Ernst" des Auftritts durch die Ermahnung zu angemessenem Verhalten betont (und natürlich ironisch gebrochen) wird: „Während dieser Darbietung darf nicht serviert, nicht geraucht, nicht gesprochen und nicht geatmet werden."[467] (siehe Abb. 51).

Wie dem Regiebuch zu entnehmen ist, kann das Terzett den lokalen Gegebenheiten des jeweiligen Aufführungsortes angepasst werden, indem der Name „Spandau" durch einen anderen, rhythmisch passenden Vorort ersetzt wird („z.B. in Dresden: Loschwitz"[468]). So kann die komische Wirkung, die durch mit dem Orts-

---

466 Beschrieben z.B. bei Budzinski 1985, S. 122f. sowie dokumentiert durch mehrere Hefte der Zeitschrift *Die Frechheit* (SMB, Lipp ZG 304 f).
467 *Frechheit*, Nr. 12 (1929), S. II (SMB, Lipp ZG 304 f).
468 Robitschek/Schiffer 1932, S. 16.

Regisseur der Vorstellung: **Erich Schmidt-Elmar**
Leiter des Orchesters: **Kurt Jacobsen**

Programmänderungen vorbehalten!

Das

Meistersingerquartett

(Max Adalbert — Max Hansen
Paul Morgan — Kurt Robitschek)

Während dieser Darbietung darf nicht serviert,
nicht geraucht, nicht gesprochen und nicht geatmet werden.

Abb. 51:
Ankündigung des
Meistersingerquartetts in der
Frechheit, Dezember 1929.

namen verbundene Vorurteile ausgelöst wurde, auch an anderen Spielstätten erhalten werden. Spandau steht hier offenbar für den Prototyp der provinziellen Vorstadt. Dem Reiseführer *Berlin und Umgebung* (1925) ist der Ort nur eine recht kurze Erwähnung von knapp zwei Seiten wert. Dort ist u.a. zu lesen:

> „Seinen Stolz bildete im Mittelalter das reiche Benediktiner-Nonnenkloster […]. Mehr noch hat sich im Volksempfinden der Charakter Spandaus als Militärstadt eingeprägt. […] Die Deutschen Werke, die viele tausende Arbeiter beschäftigten, lieferten bis zum Ende des Weltkrieges einen großen Teil des Kriegsmaterials. Der Versailler Friede hat zwar diesem Fabrikzweige […] ein Ende gemacht, seine [Spandaus] Bedeutung als Industriestandort jedoch nicht gemindert." [469]

Das Kostüm der Caroline von Recknitz zu Recklitz, der „Präsidentin des Reichsverbandes deutscher Hausfrauenbünde, Ortsgruppe Spandau", wohl eher Offiziers- oder Unternehmer-Gattin als Arbeiterin, ist in der Uraufführung wie in späteren Inszenierungen[470] entsprechend unmodern bzw. konservativ gestaltet. Die Librettisten haben sie als Repräsentantin ihres Milieus mit einem Hang zur Theatralik und ei-

---

469 Lederer 1925, S. 224-226. Trageser verweist in diesem Zusammenhang auch auf die dortige hohe Arbeitslosigkeit sowie den Erfolg der NSDAP bei den Wahlen in diesem Teil Berlins (Trageser 2007, S. 289). Zum historischen Kontext vgl. Erbe, Michael: „Spandau im Zeitalter der Weltkriege", in: Wolfgang Ribbe (Hg.), *Slawenburg, Landesfestung, Industriezentrum*, Berlin: Colloquium 1983, S. 268-318.

470 Mir bekannt ist die Inszenierung von Benedikt Borrmann in der Fassung der Städtische Bühnen Münster (2003, musikal. Ltg. Peter Meiser) sowie des Staatstheaters Kassel (2005, musikal. Ltg. Andreas Wolf). Ich danke beiden Häusern für die Bereitstellung der Video-Mitschnitte. Kritiken und z.T. Programmhefte weiterer Inszenierungen (1980 Essen, 1984 Nationaltheater Mannheim, 1988 Musikhochschule Köln, 1995 Heidelberg, 1998 Mainz) finden sich im Kabarettarchiv Mainz.

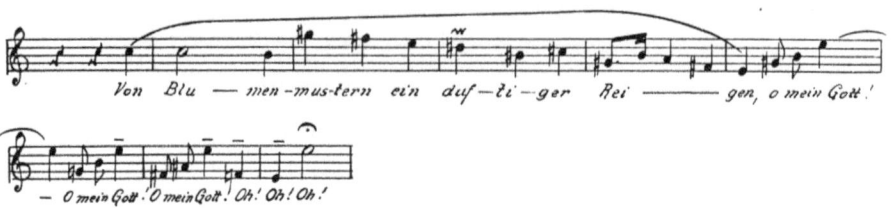

Abb. 52: Ausschnitt aus „Tempo di Valse" in Nr. 3, Kabarettoper *Rufen Sie Herrn Plim!*
(Klavierauszug).

ner antiquierten Ausdrucksweise ausgestattet. Die adlige Caroline, deren Rolle als
„dramatischer Sopran" gekennzeichnet ist und deren Figur Spoliansky ein *Tempo di
Valse* zuordnet, muss ihr Walzerlied laut Libretto immer wieder durch dramatische
Textwiederholungen unterbrechen („O mein Gott! O mein Gott! Oh! Oh!"). Spoliansky vertont dies in Form von Hemiolenbildung: Caroline gerät quasi „aus dem
Tritt" bzw. aus dem ¾-Takt (Takt 6-9, vgl. Abb. 52) – eine musikalische Umsetzung
einerseits ihrer Aufregung, andererseits der Exaltiertheit der Person, die sicherlich
auch szenisch umgesetzt wurde. Später wird dieses Motiv als Begleitfigur verwendet,
wenn der Schuldige an der Misere gesucht wird (Ziffer 37). Hier setzt Spoliansky für
das letzte Motiv (die fallende kleine Sekunde mit folgendem Oktavsprung), das hier
mit den Silben „Herr Plim! Plim!" unterlegt ist, markant die Posaune ein (traditionell mit göttlichem Schicksal, Unterwelt und Tod verbunden).

Das *Tempo di Valse* legt Spoliansky vielfältig und kleinteilig an, immer wieder
unterbrechen Fermaten die einzelnen Abschnitte, häufig mit überraschenden Modu-
lationen (so z.B. die Rückung von B-Dur zum H der Trompeten-Fanfare im neun-
ten Takt nach Ziffer 29). Die dadurch entstehende Unruhe spiegelt die Aufregung
Carolines wider. Zu Beginn evoziert Spoliansky durch die Begleitfiguren eher einen
volkstümlichen Ländler (Ziffer 29), später, wenn Caroline über den Grund ihrer Beschwerde, das fehlende Nachtgeschirr, singt (Ziffer 34), geht er zu einem langsamen
Walzer über. Carolines Thema in diesem Abschnitt wird nach der Versicherung des
Personalchefs: „Wir haben alles" (sechster Takt nach Ziffer 35) emphatisch im For-
tissimo vom Orchester wieder aufgenommen. Hier zeigt sich eine deutliche Anleh-
nung an Opernkonventionen. Die Anspielung der Textautoren auf Richard Wagners
Stabreim (das Nachtgeschirr besitzt ein „blassblau Blumenmuster") zeigt, dass sich
die opernparodistischen Elemente nicht auf musikalische Ebene beschränken, sondern bereits im Libretto angelegt sind. Gleichzeitig wird Carolines Milieu hierdurch
noch weiter konkretisiert.

Schiffer, Robitschek und Spoliansky setzen auch immer wieder opernhafte (und
andere Theater- und Musik-) Elemente ein, die durch „karikierende Imitation" enttarnt und somit dem Zuhörer neu bewusst gemacht werden. Zwei Beispiele, ein musikalisches und ein szenisches, seien im Folgenden angeführt.

Als ein durchgehendes Merkmal der Komposition, das auf Aufführungskonven-
tionen der Oper anspielt, sind sicherlich die von Spoliansky im Notentext besonders

gekennzeichneten Portamenti zu bewerten. Die bei Opernsängern gelegentlich zu beobachtende Marotte, Töne von unten anzusetzen, wird hier auskomponiert und gleichzeitig karikaturhaft überzeichnet, indem sie gehäuft und ohne inhaltliche Veranlassung (wie z.B. einen besonderen Ausdruckshöhepunkt o.ä.) auftritt. Gleich im Prolog findet sich solch eine Häufung von Portamenti (vgl. Abb. 53).

Ebenso ist dieses Stilmittel im Lied über den „Damenschlüpfer" nachweisbar, auch wenn die Portamenti im Klavierauszug nicht gekennzeichnet sind. Die Aufnahme der Radioübertragung aus dem *Kabarett der Komiker* offenbart jedoch die aufführungspraktische Umsetzung derselben, was die Komik drastisch erhöht.

Ein unzufriedener Kunde (im Personenverzeichnis als „(Helden)-Tenor" gekennzeichnet) beschwert sich in dieser Nummer darüber, dass die Verkäuferin einen von ihm zum Kauf avisierten Damenschlüpfer nicht für ihn vorführen, also anprobieren möchte. Nicht nur das Wort „Schlüpfer" wird hier musikalisch umgesetzt, Spoliansky verdeutlicht gleichzeitig die überaus „schlüpfrigen" Gedanken des Kunden: Der abfallende Sprung auf den Silben „Damen-" erhält ein Portamento, hinzu kommen „augenzwinkernde" Vorschläge in der Flöte sowie der Mordent im sechsten Takt nach Ziffer 5, Zählzeit Drei (vgl. Abb. 54). Wiederholungen verstärken zusätzlich die Wirkung; das Publikum reagiert mit der erwünschten Heiterkeit.[471] Der Darsteller des Kunden, in der Uraufführung Arthur Kistenmacher, kann in dieser Szene sein komödiantisches Talent uneingeschränkt unter Beweis stellen.

Doch nicht nur musikalisch, sondern auch szenisch wird die Oper karikiert, indem plakative Bewegungen und Körperhaltungen übernommen und auf groteske Weise übertrieben werden. So fordern die Regieanweisungen beispielsweise gleich im Prolog zu den Worten „Abteilung Herz" eine Hand-aufs-Herz-Pose („schlägt sich auf's Herz"[472]) – eine schablonenhafte Darstellungsweise und szenische Doppelung der Textaussage, die auf das Vorurteil des laienhaften Spiels von Opernsängern abzielt. Präzise ist dieser Zusammenhang in der Nr. 5 („O Isis und Osiris, o Wertheim und Tietz") gekennzeichnet, die im Textbuch mit dem Stichwort „Oper" gekennzeichnet ist. Dort heißt es:

> „<u>vorn an der Rampe bei jeder neuen Phrase hebt er verzweifelt die Arme hoch, Personalchef und Besitzer an den Schreibtischen machen jede Bewegung nach, ganz große Oper)</u>"[473]

Die „ganz große Oper" wird hier zu einem Topos, auf den sich auch die Textautoren immer wieder beziehen.

Dagegen ist die Handlung um den Angestellten Plim, der vom Kaufhauschef nur zu einem einzigen Zweck engagiert wird, nämlich um ihn (scheinbar) wieder hinauszuwerfen, eigenständig. Plim, der Sündenbock für jegliche Probleme des Warenhauses, hat kein direktes Vorbild in der Operngeschichte oder im zeitgenössischen

---

471 Gut nachvollziehbar z.B. anhand des Radiomitschnitts der Fassung des *Kabarett der Komiker* (Zeyen 1998, CD 2) wie auch der Videoaufnahmen der Aufführungen in Münster und Kassel.
472 Robitschek/Schiffer 1932, S. 1.
473 Ebd., S. 19, Unterstreichung im Original.

Abb. 53: Auszug aus dem Prolog zu *Rufen Sie Herrn Plim!* (Klavierauszug).

Abb. 54: Ausschnitt aus dem Abschnitt *O Isis und Osiris, oh Wertheim und Tietz*, Nr. 5, Kabarettoper *Rufen Sie Herrn Plim!* (Klavierauszug).

Theaterumfeld. So schrieb rückblickend der Kritiker P.E.M.: „Rufen Sie Herrn Plim' […] stellte eine Figur auf die Bühne, die nicht mehr aus der Märchenwelt der Opernliteratur stammte"[474]. Auch steht Plim nicht stellvertretend für eine bestimmte Art von Bühnenfiguren (auch wenn Trageser den Namen sicher nicht zu Unrecht in den Kontext von Kinderbüchern stellt[475]). Musikalisch greift Spoliansky nicht nur auf die Oper zurück, sondern er bezieht ebenso Jazz, Tanzmusik und Schlager mit ein. So stimmt er mit Robitscheks Programm überein, der schreibt: „Unsere Oper ist weder atonal noch episch. Unsere Oper ist weder italienisch, noch wagnerisch, unsere Oper ist nur amüsant."[476] Die musikalischen Stilebenen werden von Spoliansky zumeist funktional zur Kennzeichnung der Personen eingesetzt. Seine Musik ist in diesem Sinne durchaus autark, auch wenn sie sich an Vorbilder anlehnt.

Sozial- und Gesellschaftskritik wird in dieser Kurzoper in mehrfacher Hinsicht geübt, und in der letzten Szene enthüllt sich zusätzlich noch eine politische Ebene, die zunächst in dem harmlosen Spiel nicht angelegt zu sein scheint. Ob man diese kabaretthaften Züge als „geistvolle Zeitparodie"[477] (Bemmann) oder „aufgeklebte Sozialmoral"[478] (Greul) interpretiert, sei dahingestellt, auf jeden Fall zeigen sie, dass die Aussage hier über reine Parodie hinausgeht. Spolianskys Musik unterstützt dabei die im Text aufscheinende Kritik, indem er passende Stile adaptiert.[479] So wird dem kapitalistischen Personalchef, der seine Lehrjahre in New York absolviert hat und dort die Freiheitsstatue als Werbefigur für das Potenzmittel „Titus-Perlen" pachtete, ein Slowfox unterlegt, die zweite Klarinette wechselt zum Tenor-Saxophon. Beim Trompeten-Solo ergänzt Spoliansky den Zusatz „Hot"[480]. Auch hier überschreitet Robitschek mediale Grenzen in der Inszenierung: In den Inseraten der Hauszeitung *Frechheit* wird u.a. für „Titus-Perlen" geworben („Deine Jugendkraft ist nur eingeschlafen – wecke sie!"[481]). Die „vornehme Frau"[482] Elida de Coty, deren soziales Verantwortungsbewusstsein sich darin erschöpft, ihre Knöpfe „zur Stützung

---

474 Marcus, Paul Erich: *Und der Himmel hängt voller Geigen*, Berlin 1955, S. 173.

475 Trageser 2007, S. 287. Aus diesem Zusammenhang folgert Trageser eine implizierte Wirkung der Harmlosigkeit der Figur. Leider nennt er keine konkreten Titel (interessant wären vor allem zeitbezogene mögliche Vorbilder). Denkbar wäre als Anregung z.B. Wilhelm Buschs Bildergeschichte *Plisch und Plum* (ergibt zusammengezogen „Plim"), in der zwei junge Hunde zahlreiche Streiche verüben, unwissend ihren Neigungen folgend, nicht bösartig. Nachdem die Hunde erzogen wurden, werden sie von einem reichen Engländer gekauft und es erwartet sie eine wunderbare Zukunft („Lebt vergnügt und ohne Not, / Beefsteak sei euer täglich Brot!"), vgl. Busch, Wilhelm: *Hans Huckebein, der Unglücksrabe. Fipps, der Affe. Plisch und Plum,* hg. von Friedrich Bohne in Zusammenarb. mit der Wilhelm-Busch-Gesellschaft, Hannover, Zürich: Diogenes 1974, S. 125-129 (zuerst erschienen 1882). Ob Robitschek und Schiffer diese Geschichte kannten, ist jedoch ungewiss.

476 *Frechheit*, Nr. 2 (1932), S. 2. AdK Schiffer/Lion, 7.1.8/854.

477 Bemmann 1981, S. 141.

478 Greul 1967, S. 262.

479 Trageser hat in seiner Arbeit bereits Bezüge zur Operette (Franz Lehárs *Die lustige Witwe*) und vor allem zu Mozarts *Zauberflöte* (z.B. Anspielung auf die drei Knaben im Terzett Nr. 7 „Sie kommt, sie naht") aufgezeigt, so dass auf genauerer Ausführungen hier verzichtet werden kann, vgl. Trageser 2007, S. 284-301.

480 Spoliansky 1932, S. 19-21.

481 *Frechheit*, Nr. 2 (1932), S. 9. AdK Schiffer/Lion, 7.1.8/854.

482 Spoliansky 1932, S. 61.

der heimischen Industrie"[483] in Berlin zu kaufen, wird musikalisch im Stil der Operette gezeichnet. Ihre Knopf-Arie[484] ist technisch anspruchsvoll und wurde in der Uraufführung von Eisinger interpretiert.

Die politische Pointe der Oper wird dagegen weder textlich noch musikalisch, sondern rein szenisch umgesetzt (und ist für uns daher heute nur noch anhand der Regieanweisungen nachzuvollziehen). Allerdings unterscheiden sich hier Textbuch und Klavierauszug hinsichtlich der Darstellung. Welche Fassung bei der Uraufführung tatsächlich gespielt wurde, ist heute nicht mehr zu entscheiden, da weder die Kritiken noch die Lebenserinnerungen der Beteiligten darüber Auskunft geben. Im Epilog der Kabarettoper verkündet die Hauptfigur Plim, ganz im Sinne des epischen Theaters aus der Rolle heraustretend, eine Moral. Diese erscheint relativ unprätentiös: „So ist das Leben immer, immer muß ein Unschuldiger leiden, doch kein Unschuldiger ist dabei sehr zu beneiden!"[485]. Ironische Anklänge an Brecht sind evident. Die eigentliche Moral der Geschichte verbirgt sich jedoch in den Regieanweisungen:

> „Alle: Mit Ensemble! (wie Marionetten: Hände aufs Herz)
>
> (Herr Plim steht links vor der Reihe, während der folgenden Phrase geht Herr Plim nach rechts und bei jedem, an dem er vorbeikommt, fliegt der rechte Arm in einem Ruck nach rechts halb in die Höhe)"[486]

Der Hinweis auf „Marionetten" und die Adaption des Hitlergrußes lässt die ganze zuvor abgelaufene Geschichte in anderem Licht erscheinen. Gerhard Zeyen – und ihm folgend Trageser – interpretiert Plim als „Hallodri, dem es binnen kurzer Zeit gelungen ist, die Geschicke des Warenhauses zu beeinflussen und Leitung und Angestellte wie auch Kundschaft gegeneinander auszuspielen."[487] Er unterstellt der „Tollpatschigkeit" der Figur „Methode":

> „Vordergründiges Befolgen der Anweisungen, eigentlich aber Dünkel, Chuzpe und dreistes Auftreten im Labyrinth der taumelnden Strategen bilden die ideale Grundlage, alle Beteiligten bloßzustellen, zu Statisten zu degradieren und schließlich auch noch bejubelt zu werden."[488]

Zeyen sieht in Plim den verkappten Adolf Hitler, der ja tatsächlich in der Zeit der Uraufführung der Oper für das Amt des Reichspräsidenten kandidierte (der erste

---

483 Ebd., S. 65.
484 Vgl. ebd., S. 61-66.
485 Robitschek/Schiffer 1932, S. 35.
486 Ebd., Unterstreichung im Original.
487 Zeyen, Gerhard: „Rufen Sie Herrn Plim!", in: Ders. 1998, S. 17-20, hier S. 19. Trageser wiederholt diese Interpretation: Trageser 2007, S. 298f.
488 Ebd.

Wahlgang war am 13. März 1932, Hitler erhielt knapp 31 Prozent der Stimmen[489]).
Plims Aufstieg im Hintergrund des Warenhauses ist für ihn das Bild des Aufstiegs
Hitlers in den Hinterzimmern der Weimarer Republik.

Doch ist Plim wirklich ein „Drahtzieher", ein „Täter"? Handelt er mit Hinter-
gedanken oder ist er nicht vielmehr die Personifikation eines Opfers, des Sündenbocks? Der Warenhausbesitzer äußert im Gespräch mit seinem Personalchef
den Satz: „Ein Opfer, das ist immer gut!"[490] Die Autoren präzisieren diesen Deu-
tungsansatz in der dem Programmheft beigelegten Inhaltsangabe: „Du und ich,
wir fühlen uns als große Diktatoren, wenn ein kleiner Angestellter um unseretwil-
len hinausfliegt."[491] Ein Opfer – das scheint die einfache Lösung vieler Probleme zu
sein. Eine Devise, die letztendlich von den Nationalsozialisten in grausamer Weise
in die Tat umgesetzt wurde. Wenn Zeyen in seiner Beschreibung des Plim selbst das
jüdische Wort „Chuzpe" gebraucht, so zeigt dies die andere Dimension der Figur.
Rösler stützt diese Interpretation, wenn er in Plim „das Symbol des Prügelknaben
schlechthin"[492] sieht. In der Fassung des Klavierauszugs wird die drohende Gewalt
gegen das Opfer deutlich. Der stilisierte Hitler-Gruß fehlt in dieser Fassung, stattdessen „schütteln [alle] die Faust gegen Herrn Plim."[493]

Plim wird also in doppelter Weise zum Sündenbock: Er ist zunächst dazu aus-
erkoren, diese Rolle zu spielen und nimmt die Aufgabe bereitwillig an. Doch dann
muss er feststellen, dass aus dem Spiel bitterer Ernst wird: nicht nur für die Kundschaft, sondern nun auch für die Besitzer des Warenhauses trägt er die Schuld. Obgleich er nach den Anweisungen der Mächtigen handelt, ist es letztlich falsch, was
er tut. Dass eigentlich diejenigen, die ihm die Instruktionen gaben, die Schuldigen
sind, wird nicht wahrgenommen: „Wenn etwas geschehen/entlädt sich der Grimm,
entlädt sich der Grimm/stets nur auf Herrn Plim!"[494].

Der Rauswurf aus dem Warenhaus bedeutet, zumindest wenn man die Metapher
des Warenhauses als Bild für die Welt ernst nimmt, den „Rauswurf" aus der Gesellschaft – tatsächlich mussten nur kurze Zeit später zahlreiche Künstler, unter ihnen
auch Robitschek und Spoliansky, ins Exil flüchten. Die Wendung, dass sich Plim seiner Entlassung doch noch entziehen kann, kommt überraschend und erinnert darin
an das Erscheinen des Reitenden Boten als „Deus ex machina" in der *Dreigroschenoper*. Ausgerechnet der Appell ans Mitleid führt bei den „Machthabern", den Chefs,
zum Guten. Rösler sieht darin ein „[angehängtes] ‚Happy End' [...], das alles ver-

---

489 Zum Aufstieg der Nationalsozialisten in Berlin und zum Wahlverhalten der Einwohner
    vgl. Köhler, Henning: „Berlin in der Krise" (Teil des Kap. „Berlin in der Weimarer Repu-
    blik") sowie Engeli, Christian/Ribbe, Wolfgang: „Nationalsozialistische Machtergreifung und
    Machtausübung" (Teil des Kap. „Berlin in der NS-Zeit (1933-1945)"), in: Ribbe 1987, Bd. 2, S.
    898-923 und 927-972.
490 Robitschek/Schiffer 1932, S. 6.
491 *Frechheit*, Nr. 2 (1932), Beilage (SMB, Lipp ZG 304 f.)
492 Rösler 1980, S. 174.
493 Spoliansky 1932, S. 83.
494 Robitschek/Schiffer 1932, S. 36. Eine Inszenierung könnte Plim in der Schlussszene mit dem
    Judenstern kennzeichnen, um eine solche Deutung zu überzeichnen.

logene Gerede von einer ‚Sozialpartnerschaft' ironisch ad absurdum führt"[495] – darin kann man wohl kaum eine ernsthafte Handlungsanweisung sehen, wie man sich seinem Schicksal entziehen kann. Auch die Autoren stellten ironisch fest: „Aber ein solcher Schluß kommt nur in einer Oper vor …"[496].

Die Rolle des Sündenbocks, die in der Kabarettoper im Spiegel des Warenhauses thematisiert wird, wurde ein Jahr später mit der Machtergreifung Hitlers zur grausamen Realität vor allem für die jüdische Bevölkerung, aber auch für die politischen Gegner und die Kabarettistinnen und Kabarettisten, die den aufkeimenden Nationalsozialismus zur Zielscheibe ihres Spotts gemacht hatten. Zahlreiche Akteurinnen und Akteure des politischen Kabaretts und der Unterhaltungsindustrie waren nach der Machtergreifung gezwungen, zu emigrieren, durften ihren Beruf nicht mehr ausüben oder wurden in Konzentrationslagern inhaftiert und ermordet – wenn nicht aufgrund ihrer jüdischen Abstammung, so aus politischen Gründen. Der stilisierte Hitlergruß in der letzten Szene von *Rufen Sie Herrn Plim!* wird mit der darauf folgenden Bewegung in eine andere Geste überführt: „([…], <u>alle strecken den Zeigefinger der rechten Hand aus</u>).[497] Das Ensemble steht laut Regieanweisungen in diesem Augenblick vorn an der Bühne in einer Reihe, Plim ist dahinter auf den Schreibtisch des Warenhausbesitzers gesprungen. Die Darsteller zeigen folglich ins Publikum. Der Hitlergruß wird so zu einer Geste der Anklage oder der Aufforderung an den Zuschauer umgewandelt.[498] Dass die Kritiken diese Pointe nicht erwähnen, deutet darauf hin, dass nicht diese, sondern die im Klavierauszug abgedruckte szenische Variante mit der Drohgebärde gegen Herrn Plim gespielt wurde. Vielleicht war Robitschek diese politische Stellungnahme in der Zeit der Präsidentschaftswahl bereits zu gefährlich.

Welche Gedanken die Akteure zu ihrer Entscheidung bewogen haben, lässt sich heute nicht mehr klären. Peter Jelavich sieht (mit Hinweis auf entsprechende Artikel Robitscheks in der *Frechheit*) ab 1930 eine zunehmende Entpolitisierung der Programme des *KadeKo*.[499] Dem entgegen steht der Bericht des Komponisten Josef Tal, der im Jahr 1934 aus Berlin nach Palästina emigrieren musste. Er bezeugt in seiner Autobiographie das politische Engagement des *Kabaretts der Komiker* in ebendieser Zeit: „Dort konnte man noch scharfe Chansons gegen die Nazis hören, was aber nicht mehr lange dauerte."[500] Auch eine Aufnahme von Paul Graetz, die ihn bei seinem Auftritt bei der „Nacht der Prominenten" (28. Oktober 1932 im *KadeKo*) beim Hitlergruß zeigt (allerdings mit dem linken, also falschen Arm)[501], scheint für eine

---

495 Rösler 1980, S. 174. Man sollte sich bei dieser Interpretation allerdings dessen bewusst sein, dass Röslers Buch in der damaligen DDR erschienen ist.
496 *Frechheit*, Nr. 2 (1932), Beilage (SMB, Lipp ZG 304 f).
497 Robitschek/Schiffer 1932, S. 35, Unterstreichung im Original.
498 Die Beilage zum Programmheft tendiert mit einer direkten Ansprache des Publikums in dieselbe Richtung: „Ihr, die Ihr über dieses Werk amüsieren sollt, bekommt einen Hohlspiegel vorgehalten, in dessen Zerrbild Ihr seht, wie wenig menschlich Ihr als Käufer, sei es im kleinen Laden, sei es im größten Warenhaus, sei es sogar an einer Theaterkasse, zu handeln vermögt.", *Frechheit*, Nr. 2 (1932), Beilage (SMB, Lipp ZG 304 f).
499 Jelavich 1996, S. 203.
500 Tal, Josef: *Tonspur. Auf der Suche nach dem Klang des Lebens*, Berlin: Henschel 2005, S. 87.
501 *Frechheit*, Nr. 10 (1932), S. 7 (SMB, Lipp ZG 304 f).

Abb. 55:
Paul Graetz bei der „Nacht der Prominenten" im
Kabarett der Komiker, 28. Oktober 1932.

fortgesetzte Thematisierung von Politik in den Programmen zu sprechen (siehe Abb. 55).

Im August 1931 hatte das *Kabarett der Komiker* noch mit Humor auf rechtsextreme Provokationen reagiert:

> „In den letzten Tagen haben jugendliche Politiker die Schaufenster und den Eingang des K.d.K. mit Hakenkreuzen und der Inschrift ‚Deutschland erwache!' bemalt. Da das ‚Kabarett der Komiker' keine einseitige politische Einstellung kennt, werden Klebe- und Schmierkolonnen der anderen Parteien gebeten, unsere Außenfront gleichfalls für ihre Schlagwortergüsse zu benützen."[502]

Im November/Dezember 1933, dokumentiert durch die letzte Ausgabe der *Frechheit*, nahm Robitschek *Rufen Sie Herrn Plim!* nochmals ins Programm auf, nun im Exil in Wien. Anlässlich der Wiederaufnahme formulierte Pem (Paul Erich Marcus) einen Nachruf auf Schiffer, der sich im Sommer 1932 das Leben genommen hatte, und entwickelt hier wiederum eine andere, allgemeinere, vielleicht aber die zutreffendste Interpretation von *Rufen Sie Herrn Plim!*:

> „Er [Schiffer] hat seinem Leben ein Ende gemacht, weil er in dieser Zeit nicht leben konnte, weil er zuviel von ihr wußte. Und seine Chansons waren erfüllt von jenem Wissen um das Leben und Denken einer Nachkriegsgeneration, die zu lachen versuchte, um nicht hell herausweinen zu müssen. [...] Es ist immer eine mißliche Sache, ein Werk im nachhinein auslegen zu wollen; aber wenn man ‚Plim' mal symbolisch nehmen darf, so spiegelt auch er die

---

502 *Frechheit*, Nr. 8 (1931), zit. n. Arnbom 2006, S. 103.

Zeit. Nein, ‚Plim‘ ist die Zeit; denn die ganze Nachkriegsepoche schien dem Dichter Schiffer als ein Sündenbock, als Blitzableiter für die Beschwerden einer Generation.“[503]

Rezeption | Wie bereits dargelegt, zeigt sich die Kritik hinsichtlich der Gattungszuordnung der Kabarettoper verunsichert. Sie reagiert geteilt: überwiegend wird die Oper trotz aller gegensätzlichen Angaben des Intendanten als Parodie bezeichnet. So schreibt beispielsweise das *Abendblatt*:

> „Robitschek wehrt sich im Programmheft dagegen, daß ‚Herr Plim‘ eine Opernparodie sein soll. Aber es ist im Grunde genommen dennoch eine solche.“[504]

Die Weltstadt stellt *Rufen Sie Herrn Plim!* kurzerhand in die Reihe der im *Kabarett der Komiker* vorausgegangenen parodistischen Stücke:

> „Diese außerordentlich geglückte Opernparodie, die sich in allen Stilarten von der Großen Oper bis zu Kurt Weill bewegt, um diese desto sicherer zu travestieren, findet wieder ein überaus dankbares Publikum.“[505]

Die Fähigkeit, Eigenes zu schaffen, wird Spoliansky teilweise sogar abgesprochen:

> „Der Begriff ‚Kabarettoper‘ bleibt aber vorläufig nur ein Name, denn, wenn auch im Programmheft entschieden abgelehnt wird, dass es sich hier um eine Opernparodie handele, so kann man doch beim besten Willen nicht viel mehr daraus machen, als Autoren und Komponist aus ihr gemacht haben. […] Darüber hinaus eigenes zu geben, einen Stil zu finden, unter dem man sich einen Begriff ‚Kabarettoper‘ vorstellen kann, ist Spoliansky nicht gelungen. […] Es ist also vorläufig noch nichts mit der Kabarettoper, es bleibt eine gutgemachte Opernparodie.“[506]

Auch Robitschek und Schiffer treffen solche Vorhaltungen, indem man ihnen (kaum haltbar) das Plagiat eines finnischen Lustspiels vorwirft (in der *Berliner Börsen Zeitung*).[507]

Doch auch Gegenteiliges ist zu beobachten: Man sieht die Kabarettoper als einen der ambitionierten Versuche auf dem Gebiet der Opernreformen und stellt diese in einen Kontext mit Weill und Hindemith, wobei man zu unterschiedlichen Ergebnissen hinsichtlich des Gelingens des Experiments kommt. Der Kritiker der konserva-

---

503 *Frechheit*, Nr. 2 (1933), S. 3. AdK Schiffer/Lion, 7.1.8/854.

504 *Abendblatt*, 04.03.1932. Zeitungsausschnittsammlung: Schiffer, Marcellus: Rufen Sie Herrn Plim, Berlin, Kabarett der Komiker [d.i. Kadeko]. März 1932, AdK, Archiv Darstellende Kunst: Marcellus Schiffer/Margo Lion-Archiv, 1.1 Werk/Revuetexte/Lfd. Nr. 12.

505 *Die Weltstadt*, 18.04.1932. Zeitungsausschnittsammlung AdK Schiffer/Lion, 1.1/12.

506 R.A. [Kürzel] in: *Die Weltstadt*, o.D. Zeitungsausschnittsammlung AdK Schiffer/Lion, 1.1/12.

507 *Berliner Börsen Zeitung* (Abend-Ausgabe), 14.04.[1932]. Zeitungsausschnittsammlung AdK Schiffer/Lion, 1.1/12.

tiven Zeitung *Germania* z.B. möchte die Autoren auf dem Weg zu einer „neuen […]
Opera buffa" sehen:

> „Die Versuche der seriösen Stadt- und Staatstheaterbühnen von Hindemiths
> allzuschwer ‚instrumentiertem' Spiel ‚Neues vom Tage' bis zu Weills tenden-
> ziös abwegigen Songspielen, haben den Weg zu einer neuen, im besten Sin-
> ne volkstümlichen Opera buffa nicht erschließen können […]. So muss man
> dem ‚Kabarett der Komiker' und seinem Leiter Kurt Robitschek tatsächlich
> dankbar sein für den ersten Versuch einer Kabarettoper; ein Anfang […], der
> wirklich Zukunft in sich hat. Man kann den Autoren beistimmen, daß diese
> neue künstlerisch gehobene und wertbestimmte Unterhaltungsform durchaus
> auch ernsten Stoffen dienen könnte. Keine Operettenprinzessin, kein Operet-
> tenoffizier aus dem k. und k. Wien, sondern ein Stoff unseres Alltags. Witzig
> pointiert, liebenswürdig und kothurnlos, zeit- und gesellschaftskritisch."[508]

Vor allem Kurt Weills Musik wird immer wieder als Vergleichsmoment herangezogen, bis hin zum impliziten Vorwurf, *Plim* sei eine wenig originelle Kopie:

> „Im Mittelpunkt des Programms steht diesmal die Kabarettoper ‚Rufen Sie
> Herrn Plim' von Brecht und Weill – pardon, von Robitschek […] plus Schif-
> fer und Spoliansky."[509]

Auch Hindemiths Name fällt immer wieder, angesichts seiner früheren Koproduktionen mit Schiffer sicher naheliegend. Greul wertete später *Rufen Sie Herrn Plim!*
sogar als Antwort auf die „Annektion des Kabaretts durch die Oper"[510] in Hindemiths *Neues vom Tage*. Oscar Bie sah die Kabarettoper dagegen nur als schwachen
Abglanz von Hindemiths „Lustiger Oper", obgleich er ihre Zugehörigkeit zum selben Gebiet nicht in Frage stellt:

> „Der Komponist hat daraus eine Buffooper modernen Stils geschaffen, die
> beim besten Willen nicht anders zu bewerten ist als etwa ein Ableger von
> Hindemiths ‚Neues vom Tage'. Das Niveau ist freilich viel tiefer, der Einfall
> geringer, die Groteske bei aller Parodie nicht durchhaltend."[511]

Ein Rezensent sieht in *Rufen Sie Herrn Plim!* sogar eine Anknüpfung an die Tradition der „großen" Opern-Einakter des Verismo:

> „Die erste Kabarett-Oper – die längst laut angekündigt? Nein! Oper im Kaba-
> rett. Das schon eher. Eine hübsche, runde, sorgfältig gebaute Oper von drei-
> viertel Stunden Dauer mit einer kleinen zeitgemäßen Burlesk-Komödie als
> Buch. Nicht Start einer neuen Kunstgattung, sondern Fortführung einer abge-

---

508 *Germania Berlin*, 23.3.1932. Zeitungsausschnittsammlung AdK Schiffer/Lion, 1.1/12.
509 R.M. [Kürzel] in: *Welt am Montag*, 7. März 1932. Zeitungsausschnittsammlung AdK Schiffer/
     Lion, 1.1/12.
510 Greul 1967, S. 262.
511 Bie, Oscar: „Rufen Sie Herrn Plim", in: *Westfälische Neueste Nachrichten*, 08.03.1932. Zei-
     tungsausschnittsammlung AdK Schiffer/Lion, 1.1/12 (Abschrift).

brochenen Serie der früher so beliebten Opern-Einakter (die etwa in der Ca-
valleria ihren Höhepunkt erreichte).“[512]

Tatsächlich sieht noch ein anderer Kritiker im Prolog zu *Rufen Sie Herrn Plim!* Anklänge an den *Bajazzo*[513] – der sachliche Beginn („Dieses Spiel ist gewidmet / dem
Verband der Warenhausbesitzer / G.m.b.H[514]) erinnert jedoch auch an Stilmittel des
epischen Theaters (vgl. z.B. den Anfang der *Dreigroschenoper*: „Sie werden jetzt eine
Oper für Bettler hören.“).

Entscheidend für die Wertung der Kabarettoper scheint zu sein, ob die Kritiker den (sporadischen) Einsatz einer modernen Musiksprache à la Hindemith oder
Weill als ernsthaften Ausdrucksversuch ansehen oder ihn als ebenso parodistisch
werten wie die Anspielungen auf Puccini, Wagner oder Léhar. Ob es sich nun um
die Fortsetzung einer alten Kunstform, die Begründung einer neuen oder einfach
um eine Opernparodie handelt – bei differenzierter Betrachtung finden sich für jeden der Ansätze begründende Elemente in *Rufen Sie Herrn Plim!* Der Kritiker der
Münchener Post fasste es salomonisch: „Eine neue Gattung? Ein Vorstoß gegen
überlebte Opernformen? Ja und Nein.“[515]

Wäre *Rufen Sie Herrn Plim!*, wenn es wie im 1932 veröffentlichten Klavierauszug und Textbuch als „Oper in einem Aufzug“ statt als „Kabarettoper“ bezeichnet
worden wäre, in einem anderen Aufführungskontext, unter anderen Deutungs- und
Handlungsroutinen, von den Kritikern auch anders bewertet worden? Hätte sich
eine Aufführungstradition etablieren können? Vielleicht wäre der Oper in der Beurteilung tatsächlich mehr Ernsthaftigkeit zugesprochen worden. Dass sich die Auf-
führungsgeschichte *Plims* in der Nachkriegszeit fast ausschließlich innerhalb der Institution Oper abspielt (angefangen mit Berlin 1977), deutet zumindest darauf hin,
dass der Einakter Potenzial auch für solche Bühnen besaß. Gleichzeitig zeigt es, dass
sich Robitscheks *KadeKo* im Jahr 1932, auch durch die Anforderungen des neuen,
größeren Hauses, auf der Suche nach neuen Ausdrucksformen befand, die zwischen
rein kabarettistischen und anderen musiktheatralen Routinen lagen. Die Oper *Rufen
Sie Herrn Plim!* ist Ausdruck solcher, sich im Sinne der *Hot Spots* verflüssigender in-
stitutionsgebundener Handlungsroutinen. Die Schwierigkeiten von Zuschauern, Kritikern, aber auch der Autoren selbst, das Stück unter einen bestimmten Begriff zu
fassen, bestätigen dieses Bild.

Paul Erich Marcus (Pem) bedauerte in den 1950er-Jahren, „daß diese kleine
Oper mit der klangvollen Musik Spolianskis [sic!] nicht abendfüllend war“, da sie
sonst „längst wieder ausgegraben und in die Spielpläne aufgenommen“[516] worden
wäre. Doch die Einaktigkeit war kein Hindernis für eine Wiederaufführung. *Plim*
wurde später entweder eigenständig oder in Kombination mit anderen Einaktern

---

512 Glück, K.: „Rufen Sie Herrn Plim“, in: *Berliner Morgenpost*, 05.03.1932. Zeitungsausschnitt-
    sammlung AdK Schiffer/Lion, 1.1/12.
513 R.A. [Kürzel] in: *Die Weltstadt*, o.D. Zeitungsausschnittsammlung AdK Schiffer/Lion, 1.1/12.
514 Robitschek/Schiffer 1932, S. 1.
515 „Kabarettoper“ in: *Münchener Post*, 14.03.1932. Zeitungsausschnittsammlung AdK Schiffer/
    Lion, 1.1/12.
516 Marcus 1955, S. 173.

der 1920er-Jahre, wie z.B. Weills *Der Zar lässt sich photographieren*, aufgeführt. Dass sich nach der Uraufführung keine Aufführungstradition etablieren konnte, hing vor allem mit der Machtergreifung der Nationalsozialisten zusammen, die angesichts der jüdischen Autoren und des kritischen Inhalts keine Chance für eine Etablierung des Stücks im Repertoire ließ. 1933, ein Jahr nach der Uraufführung, flohen vom Ensemble Kurt Robitschek, Mischa Spoliansky, Max Ehrlich und Irene Eisinger ins Exil. Auch der Architekt des neuen *KadeKo* Erich Mendelsohn emigrierte, zunächst nach London, dann nach Palästina und in die USA. Während Robitschek, Spoliansky und Eisinger in England und Amerika ihr Auskommen fanden (wie auch der Bühnenbildner des *KadeKo*, Hermann Krehan, der später u.a. an der New Yorker Metropolitan Opera arbeitete), starb Max Ehrlich, der in die Niederlande geflohen war, wie so viele andere Theaterschaffende der 1920er-Jahre in Auschwitz.[517]

---

517 Von den Mitwirkenden im Kabarett der Komiker kamen neben Max Ehrlich in Konzentrationslagern ums Leben: Kurt Gerron, Fritz Grünbaum, Paul Morgan, Paul O'Montis, Willy Rosen und Otto Wallburg. Paul Nikolaus und Kurt Tucholsky nahmen sich im Exil das Leben, vgl. Arnbom 2006, S. 210-217. Eine Liste exilierter Theaterschaffender in Rühle 2007, S. 715-719.

SCHLUSSGEDANKEN

„Ich habe mir einige Berliner Ansichtskarten gekauft und habe mich in ihre Ansichten vertieft. Dabei habe ich festgestellt, daß man über ‚Berliner Ansichten‘ verschiedener Ansicht sein kann. Nach meiner Ansicht ist Berlin gar nicht so schlimm, wie es im allgemeinen aussieht. Man muß bei diesen Aufnahmen nur die richtige Einstellung haben. […] Berlin hat nicht den Ehrgeiz, die schönste Stadt der Welt zu sein. Berlin will ‚berlinisch‘ sein. Es gibt viele Städte in der Welt, die einen schönen Dom haben, aber es gibt keine Stadt in der Welt, die einen so häßlichen Dom hat! Das ist auch etwas wert! […] Berlin ist nicht New York! Berlin ist nicht Paris! Berlin muß ‚Berlin‘ sein! […] Berlin hat seine Eigenart. Man hat sie nur noch nicht genügend erkannt! Berlin ist scheußlich-schön! Ich meine es gut mit Berlin! Ich finde es schön so, wie es ist! Man darf nur nicht alles so ernst nehmen! Denkt daran: ‚Der blutige Ernst war die Tante des Weltkrieges!‘"[1]

Berliner Ansichten | Schiffer nimmt in seinem am 13. Juli 1926 in der *Vossischen Zeitung* erschienenen Feuilleton *Berliner Ansichten* spielerisch Kategorien und Werturteile auf, und hinterfragt diese. Nicht eine – wie auch immer bestimmte – „Schönheit" ist entscheidend für die Bedeutung, die wir Dingen zumessen, sondern die „Eigenart", hier insbesondere das „Berlinische". Dabei ist die Bewertung letztlich eine Frage der Perspektive, aus der wir die Dinge wahrnehmen, sowie der „richtigen Einstellung". Wie bei der fotografischen Einstellung einer Kamera spielen auch hier die Wahl des (Bild-)Ausschnitts, Fokus und Belichtung eine Rolle. Die Ansicht zeigt nicht nur das Ding an sich, sondern auch den Standpunkt und die Sichtweise des Betrachters. Schiffers leichtfüßiges, ironisches Spiel mit Worten steht in seiner Abkehr von einer am „Schönen" orientierten Ästhetik z.B. in einer Reihe mit Hindemith, der den letzten Satz seiner Sonate für Bratsche allein op. 25, Nr. 1 (1922) mit der Vortragsbezeichnung „Tonschönheit ist Nebensache" versah. Auch das Kabarett sucht das Charakteristische eher als das Schöne, beispielsweise in der Darstellung von „Typen" oder im Überzeichnen (und dadurch Verdeutlichen) von Missständen. Der Humor bewegt sich hier am Rande des Abgrunds, will dort unterhalten und lebt in seiner Gesamtheit von den Gegensätzen, die sich im bunten Programm vereinen.

Wenn Schiffer dazu aufruft, „nicht alles so ernst [zu] nehmen", und die Erinnerung an die Schrecken des Ersten Weltkriegs über die „Tante blutiger Ernst" herbeizitiert, zeigt sich darin die Suche des Autors und seiner Generation nach der Befreiung von schrecklichen Erinnerungen und von einer keineswegs „goldenen" Gegenwart im Humor, durch Unterhaltung und Zerstreuung oder auch im Lachen über sich selbst. Auch Schär stellt am Ende seiner Studie zum *Schlager und seinen Tänzen im Deutschland der 20er Jahre* fest, dass sich „letztendlich das Bild einer Gesellschaft [ergibt], die nach dem Zusammenbruch hergebrachter Werte und Nor-

---

1   Schiffer, Marcellus: „Berliner Ansichten", in: Jäger 1994, S. 51-55.

men, verunsichert und auf der Suche nach neuen Orientierungen war."[2] Die spätere Glorifizierung der Weimarer „Vergnügungskultur" verdeckt allzu leicht die dahinter stehenden, „im Schatten" liegenden Probleme der Menschen mit ihrer Gegenwart, aber auch mit der Vergangenheit. In der Kunst und der Popularkultur geht es in den 1920er-Jahren auch immer um die Bewältigung des Traumas des Weltkrieges und um den Aufbau einer neuen (Nachkriegs-)Identität. Das musikalische Handeln, die Inszenierung von Chansons, die Programmgestaltung im Kabarett sind deshalb auch als ein kontinuierlicher Selbstvergewisserungsprozess, ein Sich-Erinnern und -Vergessen zu verstehen.

In diesem Zusammenhang spielt der Ort im Sinne eines auch sozial geprägten Umfeldes als Bedingung für künstlerisches Handeln eine entscheidende Rolle. Hinzu kommen die an diesen Orten unter Einbezug der indivuellen Geschichte, Erfahrungen und Erinnerungen der Akteurinnen und Akteure gebildeten Räume, die im ständigen (künstlerischen) Austausch modifiziert werden und sich in den Chansons, im Auftritt, in den Produktionen niederschlagen. Dabei unterscheidet sich die Musik in der Bar nicht wesentlich von den klassischen Konzerten in der Philharmonie oder im von Schiffer erwähnten „häßlichsten" Dom: Musik wird für die Menschen bedeutungsvoll, indem sie sie in ein Handlungssystem integrieren, durch sie die Welt deuten oder sie nutzen, um emotionale Erfahrungen zu verarbeiten oder heraufzubeschwören. Ein „autonomes Kunstwerk" existiert in diesem Sinne nicht, denn auch dieses ist in funktionale Kontexte eingebunden und dient den Akteurinnen und Akteuren – als Komponisten, Musiker, Rezipienten – dazu, sich selbst im Austausch mit anderen zu bestimmen und ihre Position in der Welt zu finden, im (angeblich) „autonomen" Kunstwerk genauso wie im kulturellen Zusammenhang der Bar.

Ziel der Arbeit war es, das kulturelle Handeln jenseits der „großen" Institutionen zu beleuchten, und auf diese Weise eine andere Seite der Musikgeschichte zu entdecken, die bisher weitgehend „im Schatten" der Forschung lag. Schiffers *Berliner Ansichten* schlagen die Brücke zu den in dieser Arbeit exemplarisch betrachteten „Ansichten" der verschiedenen musikalischen Handlungsräume: Auch hier wurde nur ein bestimmter Bildausschnitt gezeigt, wechselnde Aspekte wurden belichtet bzw. fokussiert. Von exemplarischen Orten (als „Ordnung der Gleichzeitigkeiten") auszugehen und an diesen verschiedene Räume – Handlungsräume, soziale Räume, Erlebensräume – zu rekonstruieren, hat sich dabei als nutzbringend erwiesen, um die Vielfalt und Komplexität des musikalischen Wirkens zu fassen. Die große Chance gerade für die Betrachtung populärkultureller Kontexte besteht bei diesem Ansatz außerdem darin, einen implizit (ab)wertenden Zugang im Sinne eines emphatischen Kunstbegriffs zu vermeiden. Dennoch geraten durch die exemplarische Arbeit notwendiger Weise andere Orte, andere Geschichten aus dem Blick, denn „was zur Erinnerung ausgewählt wird, ist stets von den Rändern des Vergessens profiliert"[3], so

---

2   Schär 1991, S. 240.
3   Assmann 1999, S. 408.

Aleida Assmann, und sie zitiert Francis Bacon: „When you carry the light into one corner, you darken the rest."[4]

Da in dieser Arbeit versucht wurde, das Musikleben „im Schatten" auszuleuchten, mussten notwendigerweise andere Bereiche der Musikgeschichte der 1920er-Jahre aus dem Blick geraten. Dass sie hier fehlen, soll nicht bedeuten, dass sie weniger wichtig sind. Die auf den *cartes* nicht betrachteten Orte und die zwangsläufig durch die Einstellung des Fokus an den Rändern unscharf gewordenen Bereiche lohnen genauso eine Untersuchung im Hinblick auf musikkulturelles Handeln: „Jeder Ort ist das Zentrum für einen Horizont von anderen Orten, der Ausgangspunkt für eine Serie von möglichen Wegen"[5], so Michel Butor.

Ein einziges Zentrum, auf das sich alles bezieht und von dem ausgegangen werden muss, gibt es dabei nicht – das ist in dieser Arbeit deutlich geworden. Vielmehr wandern Zentren, „heiße Orte" erkalten, indem sich die Routinen in Institutionen verstetigen, aus „Hot Spots", den kulturellen Inkubationsorten, werden institutionalisierte Raumgebilde. Bei der Untersuchung der einzelnen Orte zeigten sich unterschiedliche Phasen der Verstetigung, ein Aushandeln, Ausprobieren und Hinterfragen von Handlungsabläufen sowie ein Ringen um Routinen, das sich u.a. im musikalischen Repertoire widerspiegelte.

Ausblick |

> „Die Arbeit von Historikern ist, so könnte man formulieren, nichts anderes als Wiederverknüpfen und Aufrollen von gerissenen Biographien, Lebenszusammenhängen und Ereignisketten. Unsere Arbeit hat sich gelohnt, wenn wir etwas bis dahin Verborgenes zur Anschauung gebracht haben."[6] (Karl Schlögel)

Über die Ansichten von „Orten der Musik" habe ich versucht, Teile des in Archiven im „unbewohnten ‚Speichergedächtnis'" lagernden Materials in ein „bewohntes ‚Funktionsgedächtnis'" (A. Assmann) zu überführen. Doch Musikgeschichte sollte nicht bei reiner Erinnerung an Vergangenes stehen bleiben. Anknüpfungsmöglichkeiten für weitere Forschungen gibt es viele: Das kompositorische und interpretatorische Schaffen Spolianskys und anderer Akteurinnen und Akteure des Kabaretts bietet vielfältige Ansatzpunkte; zahlreiche bisher „im Schatten" liegenden Orte der Musik warten auf Entdeckung: Nicht nur andere Bars, Cafés und Kabaretts, auch die Kurfürstendammtheater oder eine Ausbildungsinstitution wie das *Stern'sche Konservatorium* wären hinsichtlich musikkultureller Handlungsräume eine genauere Betrachtung wert. Aufnahmeräume, inklusive der Netzwerke von „Studio"-Musikern wie z.B. Michael Danzi und Spoliansky, oder die sich Anfang der 1930er-Jahre entwickelnde Musik an den Filmsets würden unser Bild der Musikkultur der Weimarer

---

4   Bacon: *Advancement of Learning*, book I, IV, 6, hg. von Thomas Case, London 1974, zit. n. Assmann 1999, S. 408.
5   Butor, Michel: *Probleme des Romans*, München: C.H. Beck 1965 (=Beck'sche Schwarze Reihe, Bd. 57), S. 89.
6   Schlögel 1998, S. 11.

Republik nicht nur um Facetten erweitern, sondern eröffneten die Möglichkeit, Zusammenhänge zu besser erforschten Bereichen herzustellen und somit auch für diese zu neuen Erkenntnissen zu gelangen. Dass es vielfältige Überschneidungen gab, ist angesichts der Akteurinnen und Akteure des Kabaretts, die mit zumeist klassischer Ausbildung zwischen verschiedenen Bühnen, Aufnahmeorten und später auch Filmsets pendelten, deutlich geworden.

Im besten Falle gehen von der historischen Forschung aber auch Impulse aus, die zu einer produktiven Rezeption von Vergangenem führen, in der die Aktualität in der künstlerischen Auseinandersetzung wieder neu gesucht und hergestellt wird. Wenn also, um auf den Anfang zurückzukommen, nicht nur „Denkmäler" errichtet wurden, sondern die dargestellten Orte mit ihren Handlungskontexten erneut auf dem Theater zu „Stätten des Lebens" im Sinne Morecks werden, wenn wir also Werke, aber auch künstlerische Ideen, einen Darstellungsstil etc. in unsere Routinen integrieren, können sie auch für uns wieder bedeutungsvoll werden. Dann wäre mehr erreicht als das Aufrollen von gerissenen Biographien und Ereignisketten; dann könnte das Vergangene zum „Inkubationsraum" werden.

> „Sie möchten wissen, wie man eine Berliner Nacht am besten beschließt? Die meisten kommen im Laufe der Stunden selbst darauf, [...]"[7]

---

7   Moreck 1996 [1931], S. 230.

ANHANG

CHRONIK

Mischa Spoliansky (bis 1933)

Daten aus der Autobiographie sind grau dargestellt.

1898	* 28.12.1898, Białystok [Michail Powlowitsch Spoljanskij]
	wohnt in Białystok, Warschau und Kalisz
1905	Mutter Barbara (*1855) stirbt (wohl in Kalisz)
	wohnt in Wien und Dresden
1907 (oder ca. 1910?)	Vater Pavel stirbt in Dresden
	wohnt in Königsberg
1914	Umzug nach Berlin
	wohnt bei der Schwester
um 1915/16	Lehre bei Hermann Gerson
um 1916/17	wohnt in der Brüderstr.
1916/17	Schüler von Josef Schwarz am *Stern'schen Konservatorium*
ca. 1916/17	spielt im Klaviertrio seines Bruders im *Café Schön*
ca. 1917/18	spielt im Klaviertrio seines Bruders im *Café Kranzler*
ca. 1918-1921	spielt im Kinoorchester im *Mozartsaal* unter Giuseppe Becce
ca. 1920/21	Pianist bei einem russ. Emigrantenkabarett
1921	*Morphium*
April	komponiert für die Kleinkunstbühne *Potpourri* im *Künstlerhaus*
September	Engagement im *Schall+Rauch* (bis Februar 1922)
um 1921	zieht in die Pfalzburgerstr. 3
1922	heiratet Elsbeth Reinwald
Februar	Spolianskys *Kartenhexe* in der *Wilden Bühne* (Annemarie Hase)
Februar 1923	Komponist und Pianist für die *Wilde Bühne* (bis April 1923)
	Komponist und Pianist für die *Rakete*
5. September	Geburt der Tochter Irmgard (gen. Spoli)
1923/24	arbeitet an der *Bonbonniere* in München (6 Monate)
um 1924-26	Pianist bei Dajos Béla
Mai/Juni 1924	in der *Rampe* werden Soldatenlieder von Mehring/ Spoliansky aufgeführt
1925	wohnt in der Cunostr. 53
17. April	Geburt der Tochter Elsbeth Malvine (gen. Babe)
1926	wohnt in der Kaiserallee 17 (bis 1930)
März	Somerset Maugham: *Victoria*, Insz. Max Reinhardt (P.: 5. März 1926, *Komödie*)
Juli	Auftritt in der *Komödie* (Max Herrmann-Neiße schreibt: „das ausgelassene Quartett Else Eckersberg, Bois, Bendow, Spoliansky", Herrmann-Neiße 1988, S. 236)

1. Oktober	Aufnahme *Das deutsche Volkslied* mit Richard Tauber (Parlophon-Odeon, Be 5321-31, 5333)
20. Juni 1927	Aufnahme Franz Schubert: *Winterreise* mit Richard Tauber (Parlophon-Odeon, Be5849-5860)
Oktober	Konzert (19. Oktober 1927) und Einspielung George Gershwin: *Rhapsody in Blue* (Parlophone E 10645 / P. 9157)
Oktober	*Du holdes Kind vom Rhein* im *Kabarett der Komiker*
Mai 1928	Marcellus Schiffer: *Es liegt in der Luft*, (UA.: 15. Mai 1928, *Komödie*)
1929	Komposition von *Himmelmayer, eine heitere Oper in vier Sätzen* (Text: Fritz Brehmer) für die Oper in Gera. Das Stück wird nie aufgeführt.
	Erstmals in London. Vertrag mit dem Musikverlag Chappell
September	Georg Kaiser: *Zwei Krawatten* (UA.: 5. September 1929, *Berliner Theater*)
1930	wohnt in der Prinzregentenstr. 9 (bis 1933)
Februar	Wiederaufnahme *Victoria*
Juni/September	Felix Joachimson: *Wie werde ich reich und glücklich?* (UA.: 15. Juni 1930, Komödie), verfilmt im Herbst mit anderer Besetzung (P.: 30. September 1930)
Oktober	Verfilmung von *Zwei Krawatten* (P.: 16. Oktober 1930)
1931	Marcellus Schiffer: *Alles Schwindel* (UA.: 11. April 1931, *Theater am Kurfürstendamm*)
Juli	Komposition der Musik zum Film *Nie wieder Liebe*, u.a. mit Lilian Harvey (27. Juli 1931)
November	Komposition der Musik zum Film *Der Schlehmil*, u.a. mit Curt Bois (P.: 27. November 1931)
1932	Marcellus Schiffer/Kurt Robitschek: *Rufen Sie Herrn Plim!* (UA.: 1. März 1932, *Kabarett der Komiker*)
März	Kompositionen (mit Willy Ostermann) zum Film *Einmal möcht ich keine Sorgen haben*, u.a. mit Max Hansen (P.: 22. März 1932)
24. August	Marcellus Schiffer nimmt sich das Leben
November	Komposition der Musik zum Film *Das Lied einer Nacht*, u.a. mit Jan Kiepura (P.: 6. November 1932), daraus der Song *Heute Nacht oder nie*
Dezember	Marcellus Schiffer/Felix Joachimson: *Das Haus dazwischen* (UA.: 22. Dezember 1932, *Komödienhaus am Schiffbauerdamm*)
Dezember	Marcellus Schiffer: *100 Meter Glück* (UA 31. Dezember 1932, *Metropoltheater*)
Mai 1933	Flucht nach Österreich, dann nach London
28. Juni 1985	Tod Mischa Spolianskys in London

WERKVERZEICHNIS

(Manuskripte und Editionen) Mischa Spolianskys bis 1933
(mit Angabe des (Ur-)Aufführungsorts/-datums, soweit bekannt)

Quellen:
a = MGG-Artikel Volker Kühn
b = Hofmeisters Handbuch der Musikliteratur bzw. Hofmeisters Musikalisch-literarischer Monatsbericht; 16. Bd, 1918-23 [b1], 17. Bd, 1924-28 [b2], und 18. Bd., 1929-34 [b3]
c = Programmzusammenstellung Wilde Bühne von Alan Lareau (Kabarettarchiv Mainz/ Lareau 1990)
d = Weihermüller Discographie der deutschen Kleinkunst, Bd. 1
e = Fundstellenübersicht Archiv der Akademie der Künste Berlin/Spoliansky
StKA/Sp = Kabarettarchiv Mainz, Sammlung Spoliansky
StKA/WB = Kabarettarchiv Mainz, Sammlung Wilde Bühne
FE = Findbuch Ebinger, Archiv der Akademie der Künste Berlin
FS = Findbuch Spoliansky, Archiv der Akademie der Künste Berlin
Z = Zeitungsartikel (genaue Angabe in Klammern)

Besitzende Institutionen:
AdK = Archiv der Akademie der Künste
CS = Besitz der Autorin
FBE = Felix Bloch Erben
DTM = Deutsches Theatermuseum München, Sammlung Hesterberg

andere Abkürzungen:
SO = Salonorchester
Pfte = Klavier
Gs = Gesang
o.D. = undatiert

1. Chansons, Lieder, Songs
2. Bühnenwerke
3. Filmmusik
4. Instrumentalmusik: Verschiedenes
(z.T. Arrangements von anderen Musikern, z.B. Becce)

1. Chansons, Lieder, Songs

Titel	Quelle	Textautor	Fundorte Text/Noten	Interpret/-in/Aufführungsort (Jahr)	Auftritt nachgewiesen u.a. durch:
Undatiert:					
Landstreicher Duett (o.D.)	e	Hollaender		AdK/Ebinger	- Ebinger/Berliner Festwochen (1978) - Paul Graetz im Schall und Rauch? - Wilde Bühne	- AdK/Ebinger 65 - StKA/WB (Zeitungskritik ohne Quellenangabe)
Des Tippelkunden Frühlingslied (o.D.)	FE, StKA/WB	Mehring	Mehring: Das Ketzerbrevier (1921), 57f.	AdK/Ebinger (Man.)	Ebinger (?), Schall und Rauch?	
Frisur der Zeit (o.D.)	e	Schiffer	AdK/Schiffer (Man.)			
Die Fürstenhöfe (o.D.)	e	Schiffer	AdK/Schiffer (Man.)			
Das Gebet einer Jungfrau (o.D.)	e	Schiffer	AdK/Schiffer (Man.)			
Ilsebil (o.D.)	e	Schiffer	AdK/Schiffer (2 Textfass.)			
Man sagt das so (o.D.)	e	Schiffer	AdK/Schiffer (Man.)			
Das Modeparfüm (o.D.)	e	Schiffer	AdK/Schiffer (Man.)			
Die Prinzessin auf der Erbse (o.D.)	e	Schiffer	AdK/Schiffer (Man.)	DTM		
Die Unschuldige (o.D.)	e	Schiffer	AdK/Schiffer (Man.)	DTM		
Ein wenig Nichts (o.D.)	e	Schiffer	AdK/Schiffer (2 Textfass.)	DTM		

Titel	Quelle	Textautor	Fundorte Text/Noten	Interpret/-in/Auf-führungsort (Jahr)	Auftritt nachgewiesen u.a. durch:
Monaco lacht (o.D.)	e	Schiffer	AdK/Schiffer		
Baby, wenn du unartig bist, du, du (o.D.) (auf Grammophonplatte aufgenommen 1928)	FS, d	Nikolaus, Hansen	AdK/Spoliansky (Man.)		
Bienelein, Bienelein (o.D.)	FS		AdK/Spoliansky (Man.)		
Ich liebe dich (o.D.)	FS	Max Colpet	AdK/Spoliansky (Man.)		
Das wilde Mädchen Kuddly (o.D., MGG dat. 1923)	StKA/WB	Max Herr-mann-Neiße	Herrmann-Neiße, *Schattenhafte Lockung* (1987), 417-18	Kate Kühl	StKA/WB (Lareau)
1920					
?/ Das Straußenei (1920)	StKA/SP			Mady Christians/ Schall und Rauch (Oktober 1920)	StKA/Sp (Programm)
Lila Lied (1920/1922) (Pseud. Arno Billing)	a	Kurt Schwa-bach (bei Hesterberg falsch: Schif-fer)		- Wilhelm Bendow/ Wilde Bühne - Schall und Rauch (ca. 1920)	- Hesterberg *Was ich noch sagen wollte* (1971), S. 123-24 - StKA/Sp (Postkarte, dat. 4.3.21 an Wolzogen)
1921					
Sei meine Frau auf 24 Stunden (= Lila Lied mit anderem Text) (Pseud. Arno Billing) Berlin: Heiki 1921	s.o.	Richard Bars			

Titel	Quelle	Textautor	Fundorte Text/Noten		Interpret/-in/Aufführungsort (Jahr)	Auftritt nachgewiesen u.a. durch:
1922						
Die Kartenhexe (1922)	a	Walter Mehring	AdK/Ebinger	AdK/Ebinger	- Ebinger/Berliner Festwochen (1978) - Annemarie Hase/Wilde Bühne (Febr. 1922)	- AdK/Ebinger 65 - StKA/WB (Kritik Max Herrmann-Neiße) - Abgedruckt mit Noten in: Hippen, Reinhard: *Das Kabarett-Chanson*, Zürich 1986, S. 128ff.
Die Hotelratte (unbestätigt) (1922)	c				Rose Müller/Wilde Bühne (Febr. 22)	StKA/WB (Kritik Max Herrmann-Neiße), Komponist nicht benannt (folglich nicht sicher Spoliansky)
Maskulinum-Femininum (1922)	a, c	Schiffer	AdK/Schiffer (Man.)	- DTM (nur Melodie) - Teilabdruck in Rössler 1980, S. 254f. - StKA	Hesterberg/Wilde Bühne (Febr. 1923)	StKA/WB (Programmaufstellung Lareau)
Berliner Frühlingslied (Wenn der Frühling in die Höfe steigt) (1922)	a	Hermann Vallentin	Stiewe/Weitz *Lieder der Gosse* (1922), S. 38-40	DTM (dort dat. 28.10.21; Gs+Pfte, kein Text)	Annemarie Hase/Wilde Bühne (u.a. Apr. 1923)	- StKA/Sp: Programmzettel o.J. - StKA/WB (Programmaufstellung Lareau)
Kinder der Zeit (1922)	a, c, e	Schiffer	AdK/Schiffer (Man.), Teilabdruck in Herrmann-Neiße *Kabarett* (1988), S. 41	DTM (Man., Pfte, unsicher, evtl. auch Typen der Zeit, s.u.)	Curt Bois/Wilde Bühne (u.a. Febr., Apr. 1923)	- StKA/Sp: Programmzettel o.J. (nicht Febr./Apr. 1923) - StKA/WB (Programmaufstellung Lareau)
Der möblierte Herr (1922)	a	Schiffer	AdK/Schiffer (2 Textfass.)	DTM (Man., Gs+Pfte)	Gert Benofsky/Wilde Bühne (u.a. Apr. 1923)	- StKA/Sp: Programmzettel o.J. (nicht Febr./Apr. 1923) - StKA/WB (Programmaufstellung Lareau)

Titel	Quelle	Textautor	Fundorte Text/Noten	Interpret/-in/Aufführungsort (Jahr)	Auftritt nachgewiesen u.a. durch:
Verständigungspolitik (1922)	a, e	Schiffer	AdK/Schiffer (Man.)	Herta Heden/Wilde Bühne (u.a. Apr. 1923)	- STKA/SP: Programmzettel o.J. (nicht Febr./Apr. 1923) - STKA/WB (Programmaufstellung Lareau)
Mittelstandsromanze (Typen der Zeit) (1922)	a, c	Peter Squenz		DTM? (s.o., Kinder der Zeit)	Hermann Vallentin/Wilde Bühne (u.a. Apr. 1923)	- STKA/SP: Programmzettel o.J. (nicht Febr./Apr. 1923) - STKA/WB (Programmaufstellung Lareau)
1923					
Gesellschaftsspiel (auch Kurfürstendamm) (1923)	e, c	Schiffer	AdK/Schiffer (Man.)	DTM (Man., nur Pfte)	Hertha Heden/Wilde Bühne (Febr. 1923)	STKA/WB (Programmaufstellung Lareau)
Ick hab' mir jar nischt bei jedacht (1923)	e, c	Schiffer	AdK/Schiffer (2 Textfass.)	DTM (Pfte)	Hertha Heden/Wilde Bühne (Apr. 1923)	- STKA/SP: Programmzettel o.J. - STKA/WB (Programmaufstellung Lareau)
Der blaue Matrose: Die blauen Hosen von den Matrosen (Matrosenlied) (1923) f. Gs. u. Pfte bearb. v. R. Gross, München: Hieber (Ed. Bonbonniere) (auch Salonorchesterfassung)	a, b1 (Mai 1923), c	Schiffer	AdK/Schiffer (3 Textfassungen)	Adk/Kühl (Man.), AdK/Schiffer, AdK/Spoliansky, Bayerische Staatsbibl. München, Musiksammlung	Kate Kühl/Wilde Bühne (Febr., Apr. 1923)	- STKA/SP: Programmzettel o.J. (nicht Febr./Apr. 1923) - STKA/WB (Programmaufstellung Lareau)
Die Linie der Mode (1923)	a	Schiffer	z.B. Rotthaler 2003, S. 195f.	als Einlage in Es liegt in der Luft, Felix-Bloch-Erben, Noten über den Verlag	Margo Lion/Wilde Bühne	z.B. Hesterberg Was ich noch sagen wollte (1971), S. 115-117
Dafnislieder (1923)	c	Arno Holz, Herwarth Walden			Resi Langer/Wilde Bühne (Febr. 1923)	STKA/WB (Programmaufstellung Lareau)

Titel	Quelle	Textautor	Fundorte Text/Noten	Interpret/-in/Aufführungsort (Jahr)	Auftritt nachgewiesen u.a. durch:
The Jazzband (1923)	c	Mehring	AdK/Kühl (Klavierstimme, Man.) Mehring *Das Ketzerbrevier* (1921), S. 36-38	Kate Kühl/Wilde Bühne (Febr. 1923)	STKA/WB (Programmaufstellung Lareau)
Karriere (Hoflied des Lumpensammlers, Hinterhoflied des Lumpensammlers) (1923)	c	Mehring	Mehring; *Chronik der Lustbarkeiten* (1981), S. 356-59	Paul Graetz (Wilde Bühne (Febr. 1923)	STKA/WB (Programmaufstellung Lareau)
Der kleine Mann (1923)	c	Schiffer	AdK/Schiffer (3 Textfass.), Teilabdruck in: Hesterberg *Was ich noch sagen wollte* (1971), S. 98	Isabel Herma/Wilde Bühne	Hesterberg *Was ich noch sagen wollte* (1971)
Die Nervöse (Die Nervöse?) (1923)	c	Schiffer	AdK/Schiffer (Man.)	Hertha Heden/ Wilde Bühne (Febr. 1923)	STKA/WB (Programmaufstellung Lareau)
Die Unschuldige (1923)	c	Schiffer	DTM	Kate Kühl/Wilde Bühne (Febr. 1923)	STKA/WB (Programmaufstellung Lareau)
Ein wenig Nichts (1923)	c	Schiffer	DTM (Gs+Pfte) AdK/Schiffer	Hesterberg/Wilde Bühne (Febr. 1923)	STKA/WB (Programmaufstellung Lareau)
Das Obstgeschäft (1923)	a	Schiffer			Nur bei Kühn nachgewiesen
Ich brauche ein Zimmer für heute nacht! Shimmy-Lied (SO, Gs+Pfte) (1923), München: Bonbonniere (auch Salonorchesterfassung)	b2	Martinsberg-Reimer	AdK/Spoliansky		
Ingelein ein goldnes Ringelein (Gs+Pfte), Berlin: Drei Masken (auch Salonorchesterfassung)	b1 (Januar 1923)				
Bleib mir gut braunes Tropenkind, Hawaiian song, Berlin: Brüll (auch Salonorchesterfassung)	b1 (Februar 1923)				

Titel	Quelle	Textautor	Fundorte Text/Noten	Interpret/-in/Auf-führungsort (Jahr)	Auftritt nachgewiesen u.a. durch:
Vom Liebsten wird man stets verlassen. Lied und Boston f. Gs u. Pfte bearb. von. O. Lindemann, Berlin: Brüll (auch Salonorchesterfassung)	b1 (Februar 1923)				
Zwei, die voneinander träumten, Valse boston (9.1.1923) f. Gs. u. Pfte bearb. v. O. Lindemann, Berlin: Brüll (auch Salonorchesterfassung)	b1 (Februar 1923)				
Venezia: Leise Liebeslieder singt der Gondoliere. Serenata milonga f. Gs. m. Pfte (1923), Berlin: Brüll	b1 (Juni 1923)				
Manja, denkst du daran. Russ. Lied f. Gs. m. Pfte, Berlin: Brüll (1923)	a, b1 (Juni 1923)	Kurt Tucholsky			
Red Poppy: Roter Mohn, dein Hauch ist Sünde. Hawaiian chanson f. Gs. m. Pfte, Berlin: Accord (auch Salonorchesterfassung)	b1 (Juni 1923+Juli/ Aug. 1923)				
Grisettchenlied: Ich möchte ein Grisettchen sein, aus: Die Diva (1923), München: Hieber (auch Salonorchesterfassung)	b1 (Juli/ Aug. 1923)	Günther Bibo	AdK/Spoliansky, Bayerische Staatsbibl. München, Musiksammlung	Hanni Weisse	
Das Vivace der Liebe: Das molto vivace der Liebe, aus: Die Diva (1923) f. Gs. m. Pfte, München: Hieber (auch Salonorchesterfassung)	b1 (Juli/ Aug. 1923)	Günther Bibo	AdK/Spoliansky, Bayerische Staatsbibl. München, Musiksammlung		

Titel	Quelle	Textautor	Fundorte Text/Noten	Interpret/-in/Aufführungsort (Jahr)	Auftritt nachgewiesen u.a. durch:
Kitty: Du mein Mädel aus der Bar (1923). München: Hieber. Ausgabe in der BSB München: München: Ed. Bonbonniere 1923 (auch Salonorchesterfassung)	b1 (Juli/Aug. 1923)		Bayerische Staatsbibl. München, Musiksammlung	vermutlich in *Bonbonniere*	
Deine Liebe war mein schönster Traum, Berlin: Füllhorn (1923) (auch Salonorchesterfassung)	b1 (September 1923)				
Ein Höschen aus blassblauer Seide, und… Ein Märchen im Shimmyschritt (1923), München: Hieber (auch b2, dort München: Bonbonniere 1923) (auch Salonorchesterfassung)	b1 (September 1923), b2	Hollaender	AdK/Spoliansky, Bayerische Staatsbibl. München, Musiksammlung	vermutlich in *Bonbonniere*	
Wenn die Katze (Gs+Pfte) (1923), Berlin: Füllhorn (auch Salonorchesterfassung)	b1 (September 1923)				
Kleine Marquise: „Mattes Licht im dunklen Eckchen", Chanson (vor 1924), Berlin: Heiki (auch Salonorchesterfassung)	b1				
1924					
Cascan, München, Bonbonniere 1924 (auch Salonorchesterfassung)	a, b2	Frank Günther	Günther *Wir Menschen* (1927)	Kate Kühl (Notenausgabe: Kate Kühl Repertoire), vermutlich in *Bonbonniere*	Es existiert noch eine andere Vertonung von W. R. Heymann, die von Kate Kühl in der *Wilden Bühne* gesungen wurde
Gleite, Gondel, gleite: Wenn die Nacht auf die Kanäle, Lied und Blues (ca. 1924), München: Bonbonniere (auch Salonorchesterfassung)	b2	Leo Freund	AdK/Spoliansky, Bayerische Staatsbibl. München, Musiksammlung	Trude Hesterberg/Kate Kühl, in der Bonbonniere	Schaeffers: *Tingel Tangel*, S. 89

Titel	Quelle	Textautor	Fundorte Text/Noten	Interpret/-in/Aufführungsort (Jahr)	Auftritt nachgewiesen u.a. durch:
Lieber Mond, wir kommen auf Besuch, Foxtrott, aus: Das hab ich mir gedacht!, Revue (1924), München: Bonbonniere (auch Salonorchesterfassung)	b2	Martinsberg-Reimer	AdK/Spoliansky, Bayerische Staatsbibl. München, Musiksammlung	vermutlich in Bonbonniere	
1925					
Die Vier auf der Walze (=Ja früher, ja früher, wie war es doch schön; Quartett? FS)	Z (12-Uhr-Blatt, 9. September)	Mehring		Größenwahn (September 1925)	
1927					
Victoria-Charleston (1927), Wien: Wiener Boheme	e	Beda	AdK/Spoliansky		
1928					
Finden Sie, daß Constanze sich richtig verhält, Foxtrott (1928) (Berlin: Drei Masken, b2) (auch Salonorchesterfassung)	a, b2	Arthur Rebner			
Weck mich, Marie (aufgenommen 1928)	d	Nikolaus			
Rhapsodie in Moll (1928)	a	Arthur Rebner			
Vielleicht wartet irgendwo ein kleines Mädelchen auf mich (1928)	a	Paul Nikolaus, Max Hansen			
Die 5 Hauptschlager (Es liegt in der Luft, L'heure bleue, Ping-Pong, Wenn die beste Freundin, Ich weiß, das ist nicht so), aus: Es liegt in der Luft, Revue (1928), Berlin: Drei Masken	b2	Schiffer	AdK/Schiffer	vgl. Bühnenwerke	
Wenn die beste Freundin (1928), Berlin: Drei Masken	b2	Schiffer	AdK/Schiffer; im freiem Verkauf	vgl. Bühnenwerke	

Titel	Quelle	Textautor	Fundorte Text/Noten		Interpret/-in/Aufführungsort (Jahr)	Auftritt nachgewiesen u.a. durch:
Ich weiß, das ist nicht so, aus: Es liegt in der Luft, Revue (1928), Berlin: Drei Masken	e	Schiffer	AdK/Schiffer	AdK/Ebinger	Ebinger (?) sowie vgl. Bühnenwerke	
Der Pudel, aus: Es liegt in der Luft, Revue (1928), Berlin: Drei Masken	e	Schiffer	AdK/Schiffer	AdK/Schiffer	vgl. Bühnenwerke	
L'heure bleue (1928), London: Chappell	e	Schiffer	AdK/Schiffer	AdK/Ebinger, AdK/Spoliansky, veröffentlicht auch in: Boheme Evergreens 13 (UFA-Verlag)	vgl. Bühnenwerke	
The Hour Of Parting (L'heure bleue) (1928/1931), Berlin: Drei Masken/Harms Inc.		Schiffer (Englischer Text: Gus Kahn)		CS		
1929						
Sleepy Sweetheart (1929), London: Chappell	e	Adrian Ross		AdK/Spoliansky		
Heft Zwei Krawatten (Das Lied von den Krawatten, Einmal, einmal wollte auch ich, He, he, von Europa bis Amerika, Wundervoll, fabelhaft, wie er Karriere macht, Was wird morgen in den Zeitungen stehn? Und in Washington: Hinter allen Türen stehen sie, Lied von der Chance) (1929), Berlin: Alrobi	b3	Kaiser	AdK/Kaiser	AdK/Spoliansky	vgl. Bühnenwerke	

Titel	Quelle	Textautor	Fundorte Text/Noten		Interpret/-in/Aufführungsort (Jahr)	Auftritt nachgewiesen u.a. durch:
1930						
Schlagerheft (Ich hab Heimweh, ich möcht nach Haus, Wundervoll! Fabelhaft, Ich hab für die Liebe die größte Sympathie, Einmal, einmal war auch bei mir das Glück zu Gast) (1930), Berlin: Alrobi	b3	Robert Gilbert	AdK/Spoliansky	AdK/Spoliansky		
Auf Wiedersehn! Waltz, aus: Wie werde ich reich und glücklich? (1930), Berlin: Rondo (auch Salonorchesterfassung)	b3	Felix Joachimson		AdK/Ebinger, AdK/Spoliansky	Ebinger (?) sowie vgl. Bühnenwerke	
Du sowohl wie ich, Slow Fox, aus: Wie werde ich reich und glücklich? (1930), Berlin: Rondo (auch Salonorchesterfassung)	b3	Joachimson	AdK/Ebinger	AdK/Spoliansky	Ebinger (1978) sowie Ebinger (?) sowie vgl. Bühnenwerke	
1931						
Chanson der Gesellschaft (1931)	a	Schiffer				
Mir ist so nach dir, Foxtrott aus: Alles Schwindel (1931), Berlin: Fürstner (auch Salonorchesterfassung)	b3	Schiffer			Ebinger (?) sowie vgl. Bühnenwerke	
Schlagerheft Alles Schwindel (Junger dunkler Herr sucht Anschluß, möglichst an Blondine, Mit dir möcht ich mal auf der Avus Tango tanzen, Mir ist so nach dir, Mahlzeit!, Mahlzeit!, Alles Schwindel) (1931), Berlin: Fürstner	b3	Schiffer	AdK/Schiffer	AdK/Spoliansky	Ebinger (?) sowie vgl. Bühnenwerke	
Schlagerheft Nie wieder Liebe (1931) (Nie wieder Liebe, Leben ohne Liebe kannst du nicht, Lang, lang ist's her), Berlin: Ufaton	b3	Robert Gilbert		AdK/Spoliansky (Fragment)		

Titel	Quelle	Textautor	Fundorte Text/Noten	Interpret/-in/Aufführungsort (Jahr)	Auftritt nachgewiesen u.a. durch:
Leben ohne Liebe kannst du nicht, aus dem Film „Nie wieder Liebe" (1931), Wiesbaden: Wiener Boheme	e	Robert Gilbert	AdK/Gilbert; AdK/Gilbert, AdK/Spoliansky		
1932					
Ich hab, ich bin, Slow Fox, aus: Der Schlehmil, Tonfilm (SO m. Jazz-St, Gs+Pfte) (1932), Berlin: Wiener Boheme (auch Salonorchesterfassung)	b3	Schiffer	AdK/Spoliansky		
Tempo-Tempo (1932)	a	Schiffer	AdK/Schiffer		
Einmal möchte ich keine Sorgen haben und Ich bin vom Rockefeller ganz das Gegenteil (1932), Berlin: Wiener Boheme (auch Salonorchesterfassung)	b3	Max Kolpe	im freien Verkauf		
Ich bin ein Vamp, Tango, aus: 100 Meter Glück (1932), Wien: Doblinger (auch Salonorchesterfassung)	b3	Schiffer, Herczeg, Klein	AdK/Spoliansky sowie im freien Verkauf	vgl. Bühnenwerke	
Schenk mir deine Liebe, aus: 100 Meter Glück (1932), Wien: Doblinger	b3	Schiffer, Herczeg, Klein	AdK/Spoliansky	vgl. Bühnenwerke	
Will dich lieben, Slow Fox, aus: 100 Meter Glück (1932), Wien: Doblinger (auch Salonorchesterfassung)	b3	Schiffer, Herczeg, Klein	AdK/Spoliansky	vgl. Bühnenwerke	
Schlagerheft Das Lied einer Nacht (Heute nacht oder nie, Tempo, Tempo, Ich wünsche mir was) (1932), Berlin: Wiener Boheme	b3	Schiffer	AdK/Schiffer?		

Titel	Quelle	Textautor	Fundorte Text/Noten	Interpret/-in/Auf-führungsort (Jahr)	Auftritt nachgewiesen u.a. durch:
Heute Nacht oder nie (1932), Berlin: Wiener Boheme	e	Schiffer	AdK/Schiffer, AdK/Spoliansky (2 verschiedene Drucke)		
Tell me Tonight (=Heute Nacht oder nie) (1932), London: Chappell	e	Frank Eyton	AdK/Spoliansky		
Mein Mädi nennt sich Baby, Foxtrott, aus: Das Lied einer Nacht, Tonfilm (1932), Leipzig: Junne (auch Salonorchesterfassung)	b3				
Si j'osais (Sie haben keine Ahnung), Slow-Fox-Trot chanté par Charlotte Lysés dans le film „La Chanson d'une nuit" (1932), Berlin: Wiener Boheme	e	Sege Veber	AdK/Spoliansky (unvollständig, nur 1 Seite)		
Ich kenn dich nicht und du kennst mich nicht, Tango (SO m. Jazz-St, Gs+Pfte) (1932), Berlin: Drei Masken (auch Salonorchesterfassung) [aus Rufen Sie Herrn Plim!]	b3	Schiffer/Robitschek		vgl. Bühnenwerke	
1933					
Schlagerheft Muß man sich gleich scheiden lassen (Muß man sich gleich scheiden lassen, Es ist nie zu spät für eine schöne Stunde) (1933), Berlin: Wiener Boheme (auch Salonorchesterfassung)	b3	Fritz Rotter			
Muß man sich gleich scheiden lassen, aus: Muß man sich gleich scheiden lassen (1933), Berlin: Wiener Boheme	e	Fritz Rotter	AdK/Spoliansky und im freien Verkauf		

Titel	Quelle	Textautor	Fundorte Text/Noten	Interpret/-in/Auf-führungsort (Jahr)	Auftritt nachgewiesen u.a. durch:
So was wie Fräulein Klärchen! Tango (zw. 1929-33), Leipzig: Junne (auch Salonorchesterfassung)	b3				
Bescheiden, bescheiden, Foxtrott, und Ich möcht einmal glücklich sein, Lied, aus: Eine Stadt steht Kopf, Tonfilm (1933), Berlin: Monopol (auch Salonorchesterfassung)	b3	Fritz Rotter	AdK/Spoliansky		
Close your eyes and wish for happiness, aus „The Lucky number" (1933), London: Chappell	e	Douglas Furber	AdK/Spoliansky		

2. Bühnenwerke

Titel	Quelle	Textautor	Fundorte Text/Noten		Uraufführung
Die Diva, Operette (um 1923)	b1				*Bonbonniere*, München?
Das hab ich mir gedacht (mit Friedrich Hollaender), Kabarett-Revue (1924, München)	a	Martinsberg-Reimer und Hollaender			*Bonbonniere*, München
Die drei Losgelassenen (1925) ?	KA/S				
Victoria, Bühnenmusik (1926, Berlin)	a, FS	William Somerset Maugham	AdK/Spoliansky	AdK/Spoliansky (Klavierfassung der Bühnenmusik, Einzelstimmen)	5. März 1926, Komödie am Kurfürstendamm, Berlin
Ulysses von Ithaka, Posse mit Gesang (1927, Berlin)	a	Ludwig von Holberg, Liedtexte: Schiffer			Staatl. Schauspielhaus Berlin (UA 31. Dezember 1927, danach abgesetzt)
Du holdes Kind vom Rhein, satirische Posse (1927, Berlin)	a, KA/S	Kurt Robitschek, Max Hansen			Kabarett der Komiker, Berlin
Mannequins (1927, Berlin)	e (AdK/Ihering)	Jacques Bousquet, Henri Falk			Komödie am Kurfürstendamm?
Es liegt in der Luft. Ein Spiel im Warenhaus, Revue (1928, Berlin)	a	Schiffer	AdK, FBE	AdK, FBE	15. Mai 1928, Komödie am Kurfürstendamm, Berlin
Zwei Krawatten, Revuestück, 2 Akte (1929, Berlin)	a	Georg Kaiser	AdK/Spoliansky	FBE, AdK/Spoliansky (KA+Orch. Mat.)	5. September 1929, Berliner Theater
Himmelmayer, heitere Oper in vier Sätzen (1929)	a	Fritz Brehmer	AdK/Spoliansky	AdK/Spoliansky	nicht aufgeführt
Wie werde ich reich und glücklich? ein Kursus in 10 Abteilungen (1930, Berlin)	a, FS	Felix Joachimson	AdK/Spoliansky, FBE	AdK/Spoliansky, FBE	15. Juni 1930, Komödie am Kurfürstendamm, Berlin
XYZ, ein Spiel zu Dreien (1931, Berlin)	a	Klabund		AdK/Spoliansky (Finale, Man., 4 S.)	

Titel	Quelle	Textautor	Fundorte Text/Noten		Uraufführung
Alles Schwindel, Burleske 8 Bilder (1931, Berlin)	a	Schiffer	FBE	FBE, Musikhochschule Köln (KA)	11. April 1931, Theater am Kurfürstendamm, Berlin
Rufen Sie Herrn Plim! Kabarett-Oper 1 Akt (1932, Berlin)	a	Robitschek und Schiffer	Ricordi	Ricordi	1. März 1932, Kabarett der Komiker, Berlin
Das Haus dazwischen, Volksstück (1932, Berlin)	a	Schiffer und Joachimson	AdK/Schiffer, FBE	FBE, KA/S	22. Dezember 1932, Komödienhaus am Schiffbauerdamm, Berlin
100 Meter Glück, Operette 11 Bilder, Vor- und Nachspiel (1932, Berlin) (auch: Der Prinz von Hollywood)	a	Geza Herczeg, Robert Klein und Schiffer	AdK/Spoliansky		31. Dez. 1932, Metropol-Theater, Berlin
Picknick, Operette 1 Akt (komp. um 1932; unveröff.)	a	Schiffer			
Undatiert:					
Bronx-Expreß, Komödie in drei Aufzügen (o.J.)	e (Ihering)	Ossip Dymow, deutsch von Georg Rittner			Kammerspiele Berlin (nur Programmheft)

3. Filmmusik

Titel	Quelle
Wie werde ich reich und glücklich (1930)	a
Zwei Krawatten (1930)	a
Nie wieder Liebe (1931)	a
Der Schlehmil (1931)	a
Die große Attraktion	e
Einmal möcht' ich keine Sorgen haben (1932)	a
Das Lied einer Nacht (1932)	a
Eine Stadt steht Kopf (1933)	a
Muß man sich gleich scheiden lassen? (1933)	a
The Lucky Number (1933)	a

4. Instrumentalmusik: Verschiedenes

(u.a. Salonorchesterfassungen von Chansons sowie Arrangements anderer Musiker)

Titel	Quelle	Besitzende Insitution
Morphium, Valse Boston (1920) (Pfte, SO) Berlin: Heiki	a, b1	CS (in: Tanzteufel), AdK/ Spoliansky
Morphium, Valse Boston f. Mandquart. Berlin: Rob. Rühle	b1 (September 1922)	
Midnight (Waltz) (= Morphium), Berlin: Brüll 1920, London: Campbell	e	AdK/Spoliansky (Brüll verschollen, Campbell erhalten)
Stamping Waltz (Pfte) (1921), Berlin: Schlesinger	b1 (Oktober 1921)	AdK/Spoliansky, Uni Oldenburg
Fox mineur (1922), op. 41 (f. SO bearb. v. O. Lindemann, Pfte), Berlin: Pegasus	a, b1 (Januar 1922)	Uni Oldenburg (SO)
L'amour d'Apaches (Apachenliebe), Paso-doble, op. 43 (f. SO bearb. v. G. Becce, Pfte) (1921), Berlin: Pegasus	b1, (Juni 1921, auch Januar 1922)	
Edmée, Valse Boston, op. 42 (f. SO bearb. v. O. Lindemann, Pfte) (1922), Berlin: Pegasus	b1 (Januar 1922)	Niederländische Nationalbibliothek
Schottischer Frühling, Schottis espagnol, op. 44 (f. SO bearb. v. G. Becce, Pfte) (1922), Berlin: Pegasus	b1 (Januar 1922)	
Discrétion, Fox-Boston (f. SO, Pfte) (1921), Berlin: Bote & Bock	b1 (August 1921)	
Discrétion, Fox-Boston f. V. (1922), Berlin: Bote & Bock	b1 (März 1922)	
Discrétion, Fox-Boston f. Schrammelmusik bearb. v. St. u. P. Dietrich (1922), Berlin: Bote & Bock	b1 (September 1922)	
Vom Liebsten wird man stets verlassen. Lied und Boston (f. SO bearb. v. H. Daeblitz) (9.1.1923), Berlin: Brüll	b1 (Februar 1923)	
Bleib mir gut braunes Tropenkind, Hawaiian song (bearb. f. SO von H. Schindler), Berlin: Brüll	b1 (Februar 1923)	
Zwei, die voneinander träumten, Valse boston (f. SO bearb. v. P. Hühn), Berlin: Brüll	b1 (Februar 1923)	
Red poppy: Roter Mohn, dein Hauch (SO), Berlin: Accord	b1 (Juli/August 1923)	
Der blaue Matrose: Die blauen Hosen von den Matrosen, Shimmy (SO, Gs+Pfte) (1923), München: Hieber	b1 (Juli/August 1923)	Bayerische Staatsbibl. München, Musiksammlung
Grisettchenlied: Ich möchte ein Grisettchen sein, aus: Die Diva (SO) (1923), München: Hieber	b1 (Juli/August 1923)	Bayerische Staatsbibl. München, Musiksammlung
Das Vivace der Liebe: Das molto vivace der Liebe, aus: Die Diva (SO) (1923), München: Hieber	b1 (Juli/August 1923)	Bayerische Staatsbibl. München, Musiksammlung

Kitty: Du mein Mädel aus der Bar (SO) (1923), München: Hieber	b1 (Juli/August 1923)	
Deine Liebe war mein schönster Traum (f. SO bearb. v. W. Witte) (1923), Berlin: Füllhorn	b1 (September 1923)	
Wenn die Katze (f. SO bearb. v. W. Witte) (1923), Berlin: Füllhorn	b1 (September 1923)	
Foxtrot-Serenade (Pfte) (1921), Berlin: Heiki	b1 (März 1921)	
Foxtrot-Serenade (f. SO bearb. v. G. Becce, Pfte) (1921), Berlin: Heiki	b1 (Juli 1921)	
Jimmy Shimmy (Pfte) (1921), Berlin: Schlesinger	b1 (Oktober 1921)	AdK/Spoliansky
Ingelein (f. SO bearb. v. H. Daeblitz) (1922), Berlin: Drei Masken	b1 (Dezember 1922)	
Kismet, Orientalische Serenade (Pfte) (vor 1924), Berlin: Robert Rühle	b1	
Kleine Marquise: „Mattes Licht im dunklen Eckchen", Chanson (Gs+Pfte, SO) (vor 1924)	b1	
Mady, Shimmy (f. SO bearb. v. G. Becce, Pfte) (1921), Berlin: Jacobi	b1 (November 1921)	Nicht: Mady, Foxtrott von Hollaender (*Schall und Rauch*)
Quickly, Tanzintermezzo (Pfte) (1921), Berlin: Schlesinger	b1 (Oktober 1921)	AdK/Spoliansky
Slava, Walzer-Romanze (f. SO bearb. v. G. Becce, Pfte) (1921), Berlin: Jacobi	b1 (November 1921)	
Tango castiliana (f. SO bearb. v. P. Hühn, Pfte, erl. Klaviersatz v. p. Hühn) (1921), Berlin: Boheme	b1 (Dezember 1921)	
Valse promenade (f. SO bearb. v. P. Hühn, f. Pfte erl. v. O. Lindemann) (1922), Berlin: Boheme	b1 (März 1922)	
Cas-can kann lieben, Spanisches Lied, Shimmy-blues (zwischen 1924-1928) (SO, Gs+Pfte), München: Bonbonniere	b2	Bayerische Staatsbibl. München, Musiksammlung
Lieber Mond, wir kommen auf Besuch, Foxtrott, aus: Das hab ich mir gedacht!, Revue (SO, Gs+Pfte) (zw. 1924-28, wahrsch. 1924), München: Bonbonniere	b2	Bayerische Staatsbibl. München, Musiksammlung
Das hör ich so gern, Tanz-Schlager-Potp. (SO m. Jazz-St, Pfte+2V+Vc+Lb, Pfte m. Text [1927]), Berlin: Musikalienhandlung Alberti	b2	
Es liegt in der Luft, Foxtrott und L'heure bleu, Tango, aus: Es liegt in der Luft, Revue (SO m. Jazz-St) (1928), Berlin: Drei Masken	b2	
Wenn die beste Freundin, Slow Fox (SO m. Jazz-St) (1928), Berlin: Drei Masken	b2	
Finden Sie, dass Konstanze sich richtig verhält, Foxtrott (SO m. Jazz-St, Gs+Pfte), Berlin: Drei Masken	b2	

Gleite, Gondel, gleite: Wenn die Nacht auf die Kanäle, Lied und Blues (SO, Gs+Pfte) (zw. 1924-1928), München: Bonbonniere	b2	Bayerische Staatsbibl. München, Musiksammlung
Ein Höschen aus blassblauer Seide, und … Ein Märchen im Shimmyschritt (SO) (1923, als Lied auch in b1), München: Bonbonniere	b2	AdK/Spoliansky, Bayerische Staatsbibl. München, Musiksammlung
Ich brauche ein Zimmer für heute nacht! Shimmy-Lied (SO, Gs+Pfte) (zw. 1924-1928), München: Bonbonniere	b2	Bayerische Staatsbibl. München, Musiksammlung
(+James Alden): Der Wink mit dem Zaunpfahl (Rausschmeißer), Onestep (Pfte), Berlin: Accord	b2	
Sehnsucht (1929)	a	
Foxtrott-Potpourri aus: Zwei Krawatten (SO m. Jazz-St) (1929), Berlin: Alrobi	b3	
Ich hab Heimweh, ich möcht nach Haus, Foxtrott und Ich hab für die Liebe die größte Sympathie, Foxtrott, aus: Zwei Krawatten (SO m. Jazz-St) (1929), Berlin: Alrobi	b3	
Slow-Fox-Potpourri, aus: Zwei Krawatten (SO m. Jazz-St) (1929), Berlin: Alrobi	b3	
Auf Wiedersehn! Waltz und Du sowohl wie ich, Slow Fox, aus: Wie werde ich reich und glücklich? (SO m. Jazz-St) (1930), Berlin: Rondo	b3	AdK/Spoliansky
Charleston – Caprice, großes Orch. (o.D.), nicht veröffentlicht, aber gesendet: Funkstunde 28.2.30, Berliner Funkorchester, Dir. Bruno Seidler-Winkler	FS	AdK/Spoliansky (Notenabschrift, Man., 62 S.)
Junger dunkler Herr sucht Anschluß möglichst an Blondine, Slow Fox, aus: Alles Schwindel (SO m. Jazz-St) (wahrsch. 1931), Berlin: Fürstner	b3	
Mir ist so nach dir, Foxtrott (SO m. Jazz-St, Gs+Pfte) (wahrsch. 1931), Berlin: Fürstner	b3	
Mit dir möcht ich mal auf der Avus Tango tanzen, Tango, aus: Alles Schwindel (SO m. Jazz-St) (wahrsch. 1931), Berlin: Fürstner	b3	
Lang ist es her, Slow Fox, aus: Nie wieder Liebe, Tonfilm (SO m. Jazz-St) (1931), Berlin: Ufaton	b3	
Nie wieder Liebe und Leben ohne Liebe kannst du nicht, engl. Waltz (SO) (1931), Berlin: Ufaton	b3	
Einmal möcht ich keine Sorgen haben, Slow Fox, aus dem gleichnamigen Tonfilm (SO m. Jazz-St, Band.) (1932), Leipzig: Seifert	b3	
Ich bin vom Rockefeller ganz das Gegenteil, aus: Einmal möcht ich keine Sorgen haben, Tonfilm (SO m. Jazz-St) (1932), Berlin: Wiener Boheme	b3	
Ich bin ein Vamp, Tango, aus: 100 Meter Glück (SO m. Jazz-St, Gs+Pfte) (1932), Wien: Doblinger	b3	

Will dich lieben, Slow Fox, und Schenk mir deine Liebe, Foxtrott, aus: 100 Meter Glück (SO m. Jazz-St) (1932), Wien: Doblinger	b3	
Heute Nacht oder nie, Slowfox, aus: Das Lied einer Nacht, Tonfilm (SO m. Jazz-St, Band., Blasmus.) (1932), Leipzig: Seifert	b3	
Mein Mädi nennt sich Baby, Foxtrott, aus: Das Lied einer Nacht, Tonfilm (SO m. Jazz-St, Gs+Pfte) (1932), Leipzig: Junne	b3	
Ich kenn dich nicht und du kennst mich nicht, Tango (SO m. Jazz-St, Gs+Pfte) (1932), Berlin: Drei Masken	b3	
Ich hab, ich bin, Slow Fox, aus: Der Schlehmil, Tonfilm (SO m. Jazz-St, Gs+Pfte) (1931), Berlin: Wiener Boheme	b3	
So was wie Fräulein Klärchen! Tango (SO m. Jazz-St, Gs+Pfte) (zw. 1929-33), Leipzig: Junne	b3	
Es ist nie zu spät für eine schöne Stunde, aus: Muß man sich gleich scheiden lassen, Tonfilm (SO m. Jazz-St) (1933), Berlin: Wiener Boheme	b3	
Serenade out of the night (1933), London: The Peter Maurice Music Co	e	AdK/Spoliansky
Bescheiden, bescheiden, Foxtrott, aus: Eine Stadt steht Kopf, Tonfilm (SO m. Jazz-St) (1933), Berlin: Monopol	b3	AdK/Spoliansky

QUELLEN- und LITERATURVERZEICHNIS

Archive

Genaue Signaturen und Titel von Archivalien sind gegebenenfalls über die Fußnoten nachgewiesen.

Archiv der Stiftung Akademie der Künste [AdK]:
- Archiv Darstellende Kunst: Blandine Ebinger Archiv
- Archiv Darstellende Kunst: Friedrich Hollaender Archiv
- Archiv Darstellende Kunst: Herbert Ihering Archiv
- Archiv Darstellende Kunst: Kate Kühl Archiv
- Archiv Darstellende Kunst: Rudolf Nelson Archiv
- Archiv Darstellende Kunst: Marcellus Schiffer/Margo Lion Archiv
- Archiv Darstellende Kunst: Mischa Spoliansky
- Archiv Darstellende Kunst/Rudolf Nelson Archiv
- Kabarett-Sammlung
- Literaturarchiv: Georg Kaiser Archiv
- Musikarchiv: Werner Richard Heymann Archiv
- Musikarchiv: Artur Schnabel Archiv
- Theaterdokumentation: DokFonds vor 1945, Berlin, Theater des Westens

Deutsches Theatermuseum München [DTM]:
- Sammlung Hesterberg

Landesarchiv Berlin (LA Berlin):
- Bauakten Unter den Linden 43/45, A Rep. 131-9-10, Nr. 428
- Aschinger's Aktien-Gesellschaft, A Rep. 225, Nr. 1146
- Reichsmusikkammer, Landesleitung Berlin, A Rep. 243-01, Nr. 161
- Scizzen und Angriffspläne, A Rep. 4136
- Bauakten Joachimsthaler Straße 10, B Rep. 207, Nr. 246-250 und Nr. 2008
- Fassadenentwurf für die Bar „Kakadu", Fotosammlung B Rep. 207, Nr. 247/213

Landesdenkmalamt Berlin [Lda Berlin]:
- Theater des Westens vor 1920, Microfiche Scan, mi03661g06

Monacensia, Literaturarchiv der Stadtbibliothek München [Monacensia]:
- Literaturarchiv/Bestand Bischof, Gerda

Archiv im Museum Charlottenburg-Wilmersdorf [MuCW]:
- Fotopostkarte „Kakadu", C 73583, Inv.-Nr. MY 18
- Fotopostkarte „Kakadu", C 73583, Inv.-Nr. RE 2

Staatliche Museen zu Berlin/Lipperheidische Kostümbibliothek [SMB]:
- Die Frechheit. Ein Magazin des Humors, Lipperheidische Kostümbibliothek, Lipp ZG 304 f

Stiftung Deutsches Kabarettarchiv Mainz [StKA]:
- Hesterberg, LK/D/37,2
- Metropoltheater, LK/C/79,2
- Sammlung Mischa Spoliansky, LK/EG/8,1 und LK/EG/8,2
- Schall und Rauch II, LK/C/2,2
- Wilde Bühne, LK/C/77,1

Archiv der Universität der Künste [UdK]:
- Stern'sches Konservatorium, Bestand 4, 25

Periodika

Aufgenommen wurden Zeitungen, Zeitschriften und Jahrbücher mit ihrem jeweiligen Erscheinungsverlauf und ggfls. in den Anmerkungen verwendeter Sigle. Die einzelnen Publikationen, Artikel und Aufsätze sind über das Literaturverzeichnis bzw. die Fußnoten nachgewiesen.

Acustica, International journal on acoustics, Stuttgart: Hirzel 1951-2001 [Acustica]

Aufbau. Nachrichtenblatt des German-Jewish Club [später: Blätter für das Judentum, hg. vom German-Jewish Club], New York: German-Jewish Club [später: New World Club] 1934ff. Online-Version: Exilpresse digital. deposit.d-nb.de/online/exil/exil. htm [Aufbau]

Berlin in Geschichte und Gegenwart, Jahrbuch des Landesarchivs Berlin, Berlin: Mann 1982ff.

Berliner Herold, die interessante dt. Wochenschrift für Politik, Gesellschaft, Börse, Theater, Literatur, Sport, Radiofunk, Film, Hygiene, Auskunftei- und Detektivwesen, Berlin 1925-1935 [BHe]

Berliner Illustrirte Zeitung, Berlin: Ullstein 1891-1945 [BIZ]

Berliner Lokal-Anzeiger, Organ für die Reichshauptstadt, Berlin: Scherl 1883-1944 [BLA]

Berliner Tageblatt und Handelszeitung, Berlin: Mosse 1872-1939 [BTbl]

Das neue Berlin, Monatshefte für Probleme der Großstadt, Berlin: Deutsche Bauzeitung 1929

Der Drache, eine republikanische satirische Wochenschrift, Dresden: Der Drache 1924-1925 [Der Drache]

Der Sturm. Monatsschrift für Kultur und die Künste, Berlin: Verlag der Sturm, Reprinted by permission of Sina Walden, München, Nendeln/Liechtenstein: Kraus Reprint 1970ff.

Deutsche Bauzeitung, Organ des Verbandes deutscher Architekten- und Ingenieurvereine, Berlin: Deutsche Bauzeitung 1868-1942 [DBZ]

Die Fackel, Wien: Die Fackel 1899-1936, Online Version: „Die Fackel. Herausgeber: Karl Kraus, Wien 1899-1936". Wien: Österreichische Akademie der Wissenschaften, 2007. www.aac.ac.at/fackel [Fackel]

Die Frechheit, Ein Magazin des Humors. Das Programmheft des Kabaretts der Komiker, Berlin: Schlesinger 1925-1932 [Frechheit]

Die Musik. Illustrierte Halbmonatsschrift, Berlin: Hesse 1901-1915

Die Weltbühne, Wochenschrift für Politik, Kunst, Wirtschaft, Berlin: Verlag der Weltbühne, 1918-1993 [Weltbühne]

Filmexil, München: Ed. Text + Kritik [anfangs: Berlin: Hentrich] 1992-2005

Frankfurter Allgemeine Zeitung, Frankfurt/M.: Frankfurter Allgemeine Zeitung, 1949ff.
    [FAZ]
Hannoverscher Kurier. Zeitung für Norddeutschland [Hannoversche Neuste Nachrichten,
    Hannoversche Anzeigen], Hannover 1854-1944
Heinrich Mann Jahrbuch, Lübeck: Stadt Lübeck 1983ff.
Hindemith-Jahrbuch, Mainz: Schott 1971ff.
Jahrbuch des historischen Vereins für das Fürstentum Liechtenstein, Vaduz: Historischer
    Verein für das Fürstentum Liechtenstein, 1901ff.
JazzEcho. World's best-sounding magazine. Extrablatt, Sonderdruck September 2008,
    Berlin: Universal Music Classics & Jazz 2008 [JazzEcho]
Lied und populäre Kultur, Jahrbuch des Deutschen Volksliedarchivs, Münster: Waxmann
    2001ff.
Maske und Kothurn, Internationale Beiträge zur Theaterwissenschaft, Wien: Böhlau 1955ff.
Melos/Neue Zeitschrift für Musik, Mainz: Schott 1975-1978 [Melos]
Musica, Monatsschrift für alle Gebiete des Musiklebens, Kassel: Bärenreiter 1950-1961
    [Musica]
Musik und Unterricht, Marschacht: Lugert 1990ff. [MuU]
Musikerziehung, Zeitschrift der Musikerzieher Österreichs, Wien: Österreich. Bundesverl.
    1947ff. [Musikerziehung]
Neue Preußische Zeitung (Kreuz-Zeitung), Berlin: Berliner Zentraldr. 1848-1929 [NPrZt]
Österreichische Musikzeitschrift, Wien: ÖMZ 1946ff. [ÖMZ]
Popular Music and Society, Basingstoke: Routledge 1971ff. [PMS]
Rheinischer Merkur, Wochenzeitung für Politik, Wirtschaft, Kultur, Bonn: Verlag Rheini-
    scher Merkur 1946ff.
Schweizer Jahrbuch für Musikwissenschaft, Bern: Paul Haupt [bis 1996, danach Lang]
    1981ff.
*Skizzen, Hausmitteilungen der Electrola; illustrierte Zeitschrift für Musik und Unterhal-
    tung*, Berlin: Elsner, 1927-1939 [Skizzen]
The Gramophone, The world's best classical music reviews, London: Haymarket Consu-
    mer Media 1923ff. Online-Version: http://www.gramophone.net/ [Gramophone]
Theory and Society, renewal and critique in social theory, Dordrecht: Springer, 1974ff.
Uhu, das neue Ullsteinmagazin, Berlin: Ullstein 1924-1934 [Uhu]
Vossische Zeitung, Berlinische Zeitung von Staats- und gelehrten Sachen, Berlin: Ullstein
    1911-1934 [VossZ]
Zeitschrift für Musik, Kampfblatt für deutsche Musik und Musikpflege, Photolithogra-
    phischer Neudruck der Original-Ausgabe, Scarsdale: Annemarie Schnase, 1969ff.
    [ZfM]
Zeitschrift für Musikwissenschaft (Reprint), Leipzig: Breitkopf & Härtel 1971 [ZfMw]

Lexika

Blume, Friedrich (Hg.): *Die Musik in Geschichte und Gegenwart. Allgemeine Enzyklopä-
    die der Musik*, Kassel: Bärenreiter 1949-1986 [MGG1]
Finscher, Ludwig (Hg.): *Die Musik in Geschichte und Gegenwart. Allgemeine Enzyklo-
    pädie der Musik begr. von Friedrich Blume, zweite, neubearbeitete Ausgabe*, Kassel/
    Stuttgart: Bärenreiter/Metzler 1994-2008 [MGG2]
Stanley Sadie (Hg.), *The New Grove Dictionary of Music and Musicians*, 2. Ed., London:
    Macmillan 2001 [The New Grove]

CDs

300 Jahre Charlottenburg. Vom Kiez zum Ku'damm. Zeitgeschichte in historischen Tondo-kumenten, Berlin: Jubal 2005

Comedian Harmonists. Die großen Erfolge, Hamburg: Membran Music 2004

Dümling, Albrecht: *Entartete Musik. Eine Tondokumentation zur Düsseldorfer Ausstel-lung von 1938*, Frankfurt/M.: Zweitausendeins 1988 (4 CDs, 2 Beihefte)

Hase, Annemarie: *Das Zersägen einer lebenden Dame*, Neckargmünd: Edition Mnemo-syne 1999 (VS 2002) (=CD-Edition „Vertriebene deutsch/jüdische Schauspieler")

Hindemith, Paul: *Neues vom Tage. Lustige Oper in drei Teilen* (1928/29), Text von Mar-cellus Schiffer. Jan Latham-König, Kölner Rundfunkorchester, Elisabeth Werres, Claudio Nicolai, Ronald Pries, Horst Hiestermann, Martina Borst u.a., Mainz: Wergo 1991 (WER 6192-2)

Kühn, Volker (mit Katrin Klein, Barbara Schnitzler, Cusch Jung): *Es liegt in der Luft was Idiotisches ... Mischa Spoliansky zum 100. Geburtstag. Texte und Musik*, Ber-lin: Duophon 1999 (LC 08681)

Kühn, Volker (Prod.): *My song for you. Mischa Spoliansky: ein musikalisches Porträt*, Hamburg: edel records 1998 (0014592TLR)

Quasthoff, Thomas: *Schubert. Winterreise*, BMG Entertainment 1998 (09026 63147 2)

Spoliansky, Mischa: *The Film Music of Mischa Spoliansky*. Rumon Gambe, BBC Concert Orchestra, Essex: Chandos Records Ltd 2009 (CHAN 10543)

Tauber, Richard: *Tauber sings Lieder. Winterreise. Schubert. „Das deutsche Volkslied". Schumann*, Sussex: Pavilion Records Ltd. 1989 (GEMM CD 9370)

Wisdom, Norman: *Don't Laugh at Me (1951-1956)*, Naxos 2007 (8.120858)

Zeyen, Gerhard/Lareau, Alan/Unger, Werner (Prod.): *Mischa Spoliansky – musikalische Stationen zwischen Morphium und Widerstand*, Kehl: archiphon 1998 (KK-003/4)

Video und DVDs

Fuhrmann, Axel: *Die Zeit überwinden. Der Komponist Mauricio Kagel*, 3sat, Samstag, 11. August 2007, 21.40 Uhr (Erstaustrahlung)

Litvak, Anatole (Regie): *Nie wieder Liebe*. Mit Lilan Harvey, Harry Liedtke, Felix Bress-art, Margo Lion, Julius Falkenstein, 1931

Ruttmann, Walther: *Berlin, die Sinfonie der Großstadt & Melodie der Welt*, Berlin: Editi-on filmmuseum 2010 (=DVD Edition filmmuseum 39)

Weber, Lothar: *„Auf Wiedersehen irgendwo in der Welt". Ein Portrait des Komponisten Mischa Spoliansky*, Hamburg: NDR 1985 (Mitschnitt der Fernsehsendung)

Notenausgaben

Becce, Giuseppe: *Légende d'amour. Sérénade pour Violon*, op. 11, Berlin: Schlesingersche Buch- u. Musikalienhdlg. Robert Lienau 1919

So oder so ist das Leben. Chansons und Kabarettlieder von gestern und heute, Heft 1, Berlin/München: Dreiklang-Drei Masken o.J.

So oder so ist das Leben. Chansons und Kabarettlieder von gestern und heute, Heft 4, Berlin/München: Dreiklang-Drei Masken o.J.

Heymann, Werner Richard: *Chansons von Werner Richard Heymann* (Gs, Pfte), Berlin: Apollo 1968

Hollaender, Friedrich/Spoliansky, Mischa (M.): *Kitty, Du mein Mädel aus der Bar*, München: Edition Bonbonniere 1923

Mahler, Gustav: *Symphonie V.* Revidierte Fassung, Wien/London: Universal Edition 1964 (=Philharmonia Partituren, Nr. 458)

Spoliansky, Mischa/Edis, Steven (Bearb.): *Es liegt in der Luft (Ein Spiel im Warenhaus). Revue in 24 Bildern. Text von Marcellus Schiffer. Musik von Mischa Spoliansky.* Klavierauszug von Steven Edis, München: Dreiklang-Drei Masken o.J.

Spoliansky, Mischa: *Rufen Sie Herrn Plim. Oper in einem Aufzug von Kurt Robitschek und Marcellus Schiffer. Musik von Mischa Spoliansky.* Klavierauszug mit Text, Berlin/München: Dreiklang-Drei Masken 1932

Literatur

Ohne Autor: *Berlin für Kenner. Ein Bärenführer bei Tag und Nacht durch die deutsche Reichshauptstadt*, Berlin: Boll u. Pickardt 1912

Ohne Autor: *Der Architekt Oskar Kaufmann. Vorwort von Oscar Bie*, Berlin: Ernst Pollak 1928

Ohne Autor: *Moderne Cafés Restaurants und Vergnügungsstätten. Aussen- und Innenarchitektur*, Berlin: Ernst Pollak [ca. 1928]

Ohne Autor: *Nachdruck des Pharus-Planes Berlin 1926*, Berlin: Pharus 2001

Ohne Autor: „Orchestral", in: *The Gramophone*, Februar 1928, S. 15

Ohne Autor: *Pharus-Plan Gross-Berlin. Reprint des historischen Pharus-Planes von 1905*, Berlin: Pharus 2004

Achenbach, Sigrid: „Erich Mendelsohn", in: Kunstbibliothek Berlin (Hg.), *Fünf Architekten aus fünf Jahrhunderten*, Berlin: Gebr. Mann 1976, S. 155-162

Achenbach, Sigrid: *Erich Mendelsohn 1887-1953. Ideen, Bauten, Projekte. Ausstellung zum 100. Geburtstag aus den Beständen der Kunstbibliothek*, Berlin: Staatliche Museen Preußischer Kulturbesitz 1987

Adorno, Theodor W.: „Abschied vom Jazz", in: Theodor W. Adorno (Hg.), *Musikalische Schriften V*, Frankfurt/M.: Suhrkamp 1984, S. 795-799

Adorno, Theodor W.: „Musik im Hintergrund", in: Theodor W. Adorno (Hg.), *Musikalische Schriften V*, Frankfurt/M.: Suhrkamp 1984, S. 819-823

Adorno, Theodor W.: *Musikalische Schriften IV. Moments musicaux. Impromptus*, Frankfurt/M.: Suhrkamp 1982 (=Gesammelte Schriften, Bd. 17)

Adorno, Theodor W.: *Musikalische Schriften V*, Frankfurt/M.: Suhrkamp 1984 (=Gesammelte Schriften, Bd. 18)

Adorno, Theodor W.: „Schlageranalysen", in: Theodor W. Adorno (Hg.), *Musikalische Schriften V*, Frankfurt/M.: Suhrkamp 1984, S. 778-787

Adorno, Theodor W.: „Über Jazz", in: Theodor W. Adorno (Hg.), *Musikalische Schriften IV. Moments musicaux. Impromptus*, Frankfurt/M.: Suhrkamp 1982, S. 74-108

Allihn, Ingeborg: „Berlin", in: *MGG2*. Sachteil, Bd. 1, Kassel: Bärenreiter 1994, Sp. 1417-1486

Allihn, Ingeborg: *Berlin. Historische Stationen des Musiklebens mit Informationen für den Besucher heute*, Laaber: Laaber 1991 (=Musikstädte der Welt)

Ankum, Katharina von (Hg.): *Frauen in der Großstadt. Herausforderung der Moderne?*, Dortmund: ebersbach 1999

Appignanesi, Lisa: *Das Kabarett. Mit einem Vorwort von Werner Finck*, Stuttgart: Belser 1976

Architekten- und Ingenieur-Verein zu Berlin (Hg.): *Berlin und seine Bauten, Teil V, Bauwerke für Kunst, Erziehung und Wissenschaft, Bd. A Bauten für die Kunst*, Berlin/München: Wilhelm Ernst & Sohn 1983

Arnbom, Marie-Theres: *War'n Sie schon mal in mich verliebt? Filmstars, Operettenlieblinge und Kabarettgrößen zwischen Wien und Berlin*, Wien: Böhlau 2006

Arndt, Jürgen: „Tango und Technik. Kurt Weills Rezeption des ‚Amerikanismus‘ der Weimarer Republik", in: Werner Keil (Hg.), *Musik der zwanziger Jahre*, Hildesheim/Zürich/New York: Olms 1996, S. 42-58

Assmann, Aleida: *Erinnerungsräume. Formen und Wandlungen des kulturellen Gedächtnisses*, München: Beck 1999

Assmann, Aleida: „Geschichte findet Stadt", in: Moritz Csáky (Hg.), *Kommunikation – Gedächtnis – Raum. Kulturwissenschaften nach dem „Spatial Turn"*, Bielefeld: transcript 2009, S. 13-27

Augé, Marc: *Orte und Nicht-Orte. Vorüberlegungen zu einer Ethnologie der Einsamkeit*, Frankfurt/M.: S. Fischer 1994

Bach, Steven: *„Die Wahrheit über mich gehört mir" Marlene Dietrich*, München: List Taschenbuch 2000

Bachmann-Medick, Doris: *Cultural Turns. Neuorientierungen in den Kulturwissenschaften*, Reinbek bei Hamburg: Rowohlt Taschenbuch 2006

Barber, Peter (Hg.): *Das Buch der Karten. Meilensteine der Kartografie aus drei Jahrtausenden*, Darmstadt: Primus 2006

Barck, Karlheinz (Hg.): *Ästhetische Grundbegriffe*, Bd. 4 (Medien-Populär), Stuttgart: Metzler 2002

Barck, Karlheinz (Hg.): *Ästhetische Grundbegriffe*, Bd. 5 (Postmoderne-Synästhesie), Stuttgart: Metzler 2003

Baresel, Alfred: *Das Jazz-Buch. Anleitung zum Spielen, Improvisieren und Komponieren moderner Tanzstücke mit besonderer Berücksichtigung des Klaviers*, Leipzig/Riga/Berlin: Jul. Heinr. Zimmermann o.J. [1925]

Barthelmes, Barbara: „Musik und Raum – ein Konzept der Avantgarde", in: Thüring Bräm (Hg.), *Musik und Raum. Eine Sammlung von Beiträgen aus historischer und künstlerischer Sicht zur Bedeutung des Begriffes „Raum" als Klangträger für die Musik*, Basel: GS-Verlag 1986, S. 75-89

Barthelmes, Barbara: „Raum, Ort, gelebter Raum. Raumkonzepte in der Musik", in: Hartmut Krones (Hg.), *Bühne, Film, Raum und Zeit in der Musik des 20. Jahrhunderts*, Wien: Böhlau 2003, S. 247-254

Baumann, Dorothea: „Musik und Akustik im Trecento: Räumliche Bedingungen des Musizierens in Italien im 14. Jahrhundert", in: *Schweizer Jahrbuch für Musikwissenschaft* 8/9 (1988/89), S. 129-140

Baumgarten, Franz Ferdinand: *Zirkus Reinhardt*, Potsdam: Hans Heinrich Tillgner 1920

Bauschinger, Sigrid (Hg.): *Literarisches und politisches Kabarett von 1901 bis 1999. Die freche Muse*, Tübingen: Francke 2000

Beck, Ulrich: *Die feindlose Demokratie. Ausgewählte Aufsätze*, Stuttgart: Philipp Reclam jun. 1995

Becker, Friederike: „Kabarett", in: *MGG2*. Sachteil, Bd. 4, Kassel: Bärenreiter 1996, Sp. 1601-1609

Becker, Gerold/Bilstein, Johannes/Liebau, Eckart (Hg.): *Räume bilden. Studien zur pädagogischen Topologie und Topographie*, Seelze-Velber: Kallmeyersche Verlagsbuchhandlung 1997

Becker, Heinz/Green, Richard D.: „Berlin", in: *The New Grove*, Vol. 3 (Baxter to Borosini), London: Macmillan 2001, S. 365-382

Behne, Klaus-Ernst: „Innere und äussere Räume in musikalischen Kontexten", in: Annette Landau (Hg.), *Musik und Raum. Dimensionen im Gespräch*, Zürich: Chronos 2005, S. 65-79

Behne, Klaus-Ernst: „Musik im Raum – Musik als Raum", in: *Musik und Unterricht*, 7 (1996), S. 31-32

Behne, Klaus-Ernst: „Musik- und Raumwahrnehmung", in: Marietta Morawska-Büngeler (Hg.), *Musik und Raum. Vier Kongreßbeiträge und ein Seminarbericht*, Mainz: Schott 1989, S. 60-81

Bell, Michael Mayerfeld: „The Ghosts of Place", in: *Theory and Society*, 26 (1997), S. 813-836

Bemmann, Helga: *Berliner Musenkinder-Memoiren. Eine heitere Chronik von 1900-1930*, Berlin: VEB Lied der Zeit 1981

Benjamin, Walter: *Berliner Chronik*, Frankfurt/M.: Suhrkamp 1970

Benjamin, Walter: *Das Kunstwerk im Zeitalter seiner technischen Reproduzierbarkeit und weitere Dokumente*, mit einem Kommentar von Detlev Schöttker, Frankfurt/M.: Suhrkamp 2007

Beranek, Leo: *Concert Halls and Opera Houses. Music, Acoustics, and Architecture*, New York: Springer 2004

Bermbach, Udo (Hg.): *Oper im 20. Jahrhundert. Entwicklungstendenzen und Komponisten*, Stuttgart/Weimar: Metzler 2000

Bertaux, Pierre: „Ein französischer Student in Berlin", in: Klaus Kändler (Hg.), *Berliner Begegnungen: Ausländische Künstler in Berlin, 1918-1933. Aufsätze, Bilder, Dokumente*, Berlin: Dietz 1987, S. 239-254

Besseler, Heinrich (Hg.): *Musik und Bild. Festschrift Max Seiffert zum 70. Geburtstag*, Kassel: Bärenreiter 1938

Besseler, Heinrich: „Musik und Raum", in: Heinrich Besseler (Hg.), *Musik und Bild. Festschrift Max Seiffert zum 70. Geburtstag*, Kassel: Bärenreiter 1938, S. 151-160

Best, Otto F. (Hg.): *Expressionismus und Dadaismus*, Stuttgart: Philipp Reclam jun. (=Die deutsche Literatur, Bd. 14)

Betz, Albrecht: „Wien oder Berlin? Querschnitt durch das Krisenjahr 1930: Schönberg, Eisler und Benatzky", in: Bernhard Fetz (Hg.), *Wien – Berlin. Mit einem Dossier zu Stefan Großmann*, Wien: Paul Zsolnay 2001, S. 92-106

Beyer, Frank Michael: „Zeitarchitektur bei Johann Sebastian Bach", in: Regina Stephan (Hg.), *Erich Mendelsohn. Wesen, Werk, Wirkung. Beiträge zu den Erich Mendelsohn-Symposien in Berlin, Akademie der Künste, 29. Februar 2004, und in Manchester, School of Architecture, 1. November 2004*, Ostfildern: Hatje Cantz 2006, S. 59-63

Bienert, Michael/Buchholz, Elke Linda: *Die Zwanziger Jahre in Berlin – Ein Wegweiser durch die Stadt*, Berlin: Berlin Story Verlag 2006

Binkley, Thomas E.: „Der szenische Raum im mittelalterlichen Musikdrama", in: Thüring Bräm (Hg.), *Musik und Raum. Eine Sammlung von Beiträgen aus historischer und künstlerischer Sicht zur Bedeutung des Begriffes „Raum" als Klangträger für die Musik*, Basel: GS-Verlag 1986, S. 47-58

Blesser, Barry/Salter, Linda-Ruth: *Spaces Speak, Are You Listening? Experiencing Aural Architecture*, Cambridge/London: MIT Press 2007

Blum, Arne: „Gebrauchsmusik als unmoralische Kunst", in: Michael Heinemann (Hg.), *Kurt Weill und das Musiktheater in den 20er Jahren*. Kurt-Weill-Fest Dessau, 28.2.-9.3.2003, Dresden: Sandstein 2003, S. 92-102

Blumenreich, Paul: *Das Theater des Westens. Eine Festschrift*, Berlin: Selbstverlag 1896

Boberg, Jochen/Fichter, Tilman/Gillen, Eckhart (Hg.): *Die Metropole. Industriekultur in Berlin im 20. Jahrhundert*, München: Beck 1986

Boccioni, Umberto: „Bildnerischer Dynamismus (1913)", in: Hansgeorg Schmidt-Bergmann (Hg.), *Futurismus. Geschichte, Ästhetik, Dokumente*, Reinbek bei Hamburg: Rowohlt Taschenbuch 1993, S. 323-326

Boccioni, Umberto/Carrá, Carlo D./Russolo, Luigi/Balla, Gioacomo/Severini, Gino: „Die futuristische Malerei – Technisches Manifest (1910)", in: Hansgeorg Schmidt-Bergmann (Hg.), *Futurismus. Geschichte, Ästhetik, Dokumente*, Reinbek bei Hamburg: Rowohlt Taschenbuch 1993, S. 307-310

Boccioni, Umberto/Carrá, Carlo D./Russolo, Luigi/Balla, Giacomo/Severini, Gino: „Futuristen. Die Aussteller an das Pubikum", in: Hansgeorg Schmidt-Bergmann (Hg.), *Futurismus. Geschichte, Ästhetik, Dokumente*, Reinbek bei Hamburg: Rowohlt Taschenbuch 1993, S. 310-315

Bock, Hans Manfred (Hg.): *Französische Kultur im Berlin der Weimarer Republik: kultureller Austausch und diplomatische Beziehungen*, Tübingen: Narr Francke Attempto 2005

Bödeker, Hans Erich (Hg.): *Biographie schreiben*, Göttingen: Wallstein 2003 (=Göttinger Gespräche zur Geschichtswissenschaft, Bd. 18)

Bödeker, Hans Erich/Veit, Patrice/Werner, Michael (Hg.): *Le concert et son public. Mutations de la vie musicale en Europe de 1740 à 1914 (France, Allemagne, Angleterre)*, Paris: Éd. de la Maison des sciences de l'homme 2002

Böhme, Gernot: „Akustische Atmosphären. Ein Beitrag zur ökologischen Ästhetik", in: Institut für Neue Musik und Musikerziehung Darmstadt (Hg.), *Klang und Wahrnehmung. Komponist – Interpret – Hörer*, Mainz: Schott 2001, S. 38-48

Böhme, Gernot: *Architektur und Atmosphäre*, München: Wilhelm Fink 2006

Böhme, Gernot: *Atmosphäre. Essays zur neuen Ästhetik*, Frankfurt/M.: Suhrkamp 1995

Böhme, Tatjana/Mehner, Klaus (Hg.): *Zeit und Raum in Musik und Bildender Kunst*, Köln: Böhlau 2000

Böhmig, Michaela: *Das russische Theater in Berlin 1919-1931*, München: Otto Sagner 1990

Böhne, Edith/Motzkau-Valeton, Wolfgang (Hg.): *Die Künste und Wissenschaften im Exil 1933-1945*, Gerlingen: Schneider 1992

Boeser, Knut/Vatková, Renata (Hg.): *Max Reinhardt in Berlin*, Berlin: Ed. Hentrich, Frölich & Kaufmann 1984

Bois, Curt: *Zu wahr, um schön zu sein*, Berlin: Henschel 1982

Borchard, Beatrix: „Lücken schreiben oder: Montage als biographisches Verfahren", in: Hans Erich Bödeker (Hg.), *Biographie schreiben*, Göttingen: Wallstein 2003, S. 211-242

Borchard, Beatrix: *Stimme und Geige, Amalie und Joseph Joachim: Biographie und Interpretationsgeschichte*, Wien: Böhlau 2005 (=Wiener Veröffentlichungen zur Musikgeschichte, Bd. 5)

Borris, Sabine (Hg.): *Zum Raum wird hier die Zeit. Parsifal-Zyklus*, Berlin: Berliner Philharmoniker 2001

Borsay, Peter: „Music, urban renaissance and space in eighteenth-century England", in: Hans Erich Bödeker (Hg.), *Le concert et son public. Mutations de la vie musicale en Europe de 1740 à 1914 (France, Allemagne, Angleterre)*, Paris: Éd. de la Maison des sciences de l'homme 2002, S. 253-272

Bouchholtz, Christian: *Kurfürstendamm*, Berlin: Juncker 1921

Bourdieu, Pierre: „Sozialer Raum, symbolischer Raum", in: Jörg Dünne (Hg.), *Raumtheorie. Grundlagentexte aus Philosophie und Kulturwissenschaften*, Frankfurt/M.: Suhrkamp Taschenbuch Wissenschaft 2006, S. 354-368

Bräm, Thüring: „Der Raum als Klangträger", in: Thüring Bräm (Hg.), *Musik und Raum. Eine Sammlung von Beiträgen aus historischer und künstlerischer Sicht zur Bedeutung des Begriffes „Raum" als Klangträger für die Musik*, Basel: GS-Verlag 1986, S. 7-14

Bräm, Thüring (Hg.): *Musik und Raum. Eine Sammlung von Beiträgen aus historischer und künstlerischer Sicht zur Bedeutung des Begriffes „Raum" als Klangträger für die Musik*, Basel: GS-Verlag 1986

Braun, Joachim (Hg.): *Verfemte Musik. Komponisten in den Diktaturen unseres Jahrhunderts* [Dokumentation des Kolloquiums vom 9.-12. Januar 1993 in Dresden], Frankfurt/M.: Lang 1997

Brech, Martha: „Raum/Raumhören", in: Helga de la Motte-Haber (Hg.), *Lexikon der Systematischen Musikwissenschaft*, Laaber: Laaber 2010, S. 397-400

Brecht, Bertolt: *Gedichte I. Sammlungen 1918-1938*, Frankfurt/M.: Suhrkamp 1988 (=Bertolt Brecht Werke, hg. von Werner Hecht, Jan Knopf u.a., Bd. 11)

Brecht, Bertolt: *Schriften zu Literatur und Kunst 2*, Frankfurt/M.: Suhrkamp 1967 (=Gesammelte Werke, Bd. 19)

Brecht, Bertolt: *Tagebücher 1920-1922, Autobiographische Aufzeichnungen 1920-1954*, hg. von Herta Ramthun, Frankfurt/M.: Suhrkamp 1975

Brecht, Bertolt: „Über reimlose Lyrik mit unregelmäßigen Rhythmen", in: Bertolt Brecht, *Schriften zu Literatur und Kunst 2*, Frankfurt/M.: Suhrkamp 1967, S. 395-404

Brönner, Till: „I Go To Rio! Interview mit Till Brönner zu seinem neuen Album", in: *JazzEcho*. Extrablatt, September (2008)

Brooks, Tim: *Lost sounds: Blacks and the birth of recording industry, 1890-1919*, Champaign: University of Illinois Press 2004

Bruant, Aristide: *Am Montmartre. Chansons und Monologe*, hg. von Walter Rösler, Nachdichtungen von Heinz Kahlau, Berlin: Henschel 1986

Brüggemann, Heinz: *Architekturen des Augenblicks. Raum-Bilder und Bild-Räume einer urbanen Moderne in Literatur, Kunst und Architektur des 20. Jahrhunderts*, Hannover: Offizin 2002 (=Kultur und Gesellschaft, Bd. 4)

Brüstle, Christa: „Die Walzer von Gestern. Blickpunkte Wien – Berlin", in: Christa Brüstle (Hg.), *Von Grenzen und Ländern, Zentren und Rändern. Der Erste Weltkrieg und die Verschiebungen in der musikalischen Geographie Europas*, Schliengen: Ed. Argus 2006, S. 180-191

Brüstle, Christa/Heldt, Guido/Weber, Eckhard (Hg.): *Von Grenzen und Ländern, Zentren und Rändern. Der Erste Weltkrieg und die Verschiebungen in der musikalischen Geographie Europas*, Schliengen: Ed. Argus 2006

Bruhn, Herbert/Michel, Dieter: „Hören im Raum", in: Herbert Bruhn (Hg.), *Musikpsychologie. Ein Handbuch*, Reinbek bei Hamburg: Rowohlt Taschenbuch 1993, S. 650-655

Bruhn, Herbert/Oerter, Rolf/Rösing, Helmut (Hg.): *Musikpsychologie. Ein Handbuch*, Reinbek bei Hamburg: Rowohlt Taschenbuch 1993

Buchheim, Peter/Reglin, Norbert: „Musik im Kabarett", in: Horst Gebhardt (Hg.), *Kabarett heute. Erfahrungen, Standpunkte, Meinungen*, Berlin: Henschel 1987, S. 188-211

Budde, Elmar: „Über die Utopie der Allgegenwart. Musik als Zeit und Raum", in: Sabine Borris (Hg.), *Zum Raum wird hier die Zeit. Parsifal-Zyklus*, Berlin: Berliner Philharmoniker 2001, S. 137-144

Budds, Michael J. (Hg.): *Jazz & the Germans. Essays on the influence of „hot" American idioms on the 20th-century German music*, Hillsdale: Pendragon Press, 2002 (=Monographs and bibliographies in American music, Bd. 17)

Budzinski, Klaus: *Das Kabarett. 100 Jahre literarische Zeitkritik – gesprochen – gesungen – gespielt*, Düsseldorf: ECON 1985 (=Hermes Handlexikon)

Budzinski, Klaus: *Die Muse mit der scharfen Zunge. Vom Cabaret zum Kabarett*, München: List 1961

Budzinski, Klaus/Hippen, Reinhard: *Metzler Kabarett Lexikon*, Stuttgart: Metzler 1996

Budzinski, Klaus: *Pfeffer ins Getriebe. So ist und wurde das Kabarett*, München: Universitas 1982

Büning, Eleonore: „Der Souverän der leichten Schmuse war ein Meister durch und durch. Mischa Spoliansky wäre heute hundert geworden", in: *FAZ*, 29.12.1998

Bullerjahn, Claudia/Erwe, Hans-Joachim (Hg.): *Das Populäre in der Musik des 20. Jahrhunderts. Wesenszüge und Erscheinungsformen*, Hildesheim/Zürich/New York: Olms 2001

Bur [Kürzel]: „Die Kabarett-Oper", in: *BTbl*, 04.03.1932,

Burger, Erich: „Schiffer und Joachimson: ‚Das Haus dazwischen'. Komödienhaus", in: *BTbl*, 23.12.1931

Busch, Wilhelm: *Hans Huckebein, der Unglücksrabe. Fipps, der Affe. Plisch und Plum*, hg. von Friedrich Bohne in Zusammenarbeit mit der Wilhelm-Busch-Gesellschaft, Hannover/Zürich: Diogenes 1974

Butor, Michel: *Probleme des Romans*, München: C.H. Beck 1965 (=Beck'sche Schwarze Reihe, Bd. 57)

C.R.: „Operetten-Flaute. Metropol-Theater: ‚100 Meter Glück'", in: *NPrZt*, 04.01.1933

Canetti, Elias: *Die Fackel im Ohr. Lebensgeschichte 1921-1931*, Frankfurt/M.: Fischer Taschenbuch 1996

Canetti, Elias: *Masse und Macht*, München: Hanser 1994 (=Werke, Bd. 3)

Cohen, Sara: „Identity, Place and the ‚Liverpool Sound'", in: Martin Stokes (Hg.), *Ethnicity, Identity and Music. The Musical Construction of Place*, Oxford/Providence: Berg 1994, S. 117-134

Cohen, Sara: *Rock Culture in Liverpool. Popular Music in the Making*, Oxford: Clarendon 1991

Colpet, Max: *Sag mir, wo die Jahre sind. Erinnerungen eines unverbesserlichen Optimisten*, Frankfurt/M./Berlin: Ullstein 1991

Condemi, Concetta: *Les cafés-concerts: histoire d'un divertissement, 1849-1914*, Paris: Éditions Quai Voltaire 1992

Connell, John/Gibson, Chris: *Sound Tracks. Popular music, identity and place*, London: Routledge 2003

Crang, Mike/Thrift, Nigel: „Introduction", in: Mike Crang (Hg.), *Thinking Space*, Abingdon: Routledge 2000, S. 1-30

Crang, Mike/Thrift, Nigel (Hg.): *Thinking Space*, Abingdon: Routledge 2000

Csáky, Moritz/Leitgeb, Christoph (Hg.): *Kommunikation – Gedächtnis – Raum. Kulturwissenschaften nach dem „Spatial Turn"*, Bielefeld: transcript 2009

Czada, Peter/Große, Günter: *Comedian Harmonists. Ein Vokalensemble erobert die Welt*, Berlin: Hentrich 1993

Czerny, Peter: „Die Berliner Operette im ausgehenden 19. und 20. Jahrhundert", in: Traude Ebert-Obermeier (Hg.), *Studien zur Berliner Musikgeschichte. Vom 18. Jahrhundert bis zur Gegenwart*, Berlin: Henschel 1989, S. 203-218

Dahlhaus, Carl: „Ist die Unterscheidung zwischen E- und U-Musik eine Fiktion?", in: Ekkehard Jost (Hg.), *Musik zwischen E und U*, Mainz: Schott 1984, S. 11-24

Dahlhaus, Carl (Hg.): *Studien zur Trivialmusik des 19. Jahrhunderts*, Regensburg: Gustav Bosse 1967

Dahlhaus, Carl: „Textgeschichte und Rezeptionsgeschichte", in: Hermann Danuser (Hg.), *Rezeptionsästhetik und Rezeptionsgeschichte in der Musikwissenschaft*, Laaber: Laaber 1991, S. 105-114

Dahlhaus, Jürgen: „Was die Stadt im Innersten zusammenhält – Anmerkungen zu Berlin", in: Julian Wékel (Hg.), *Was die Stadt im Innersten zusammenhält. Stadtentwicklung als Gemeinschaftsaufgabe*, Berlin: Deutsche Akademie für Städtebau und Landesplanung 2006, S. 164-167

Danuser, Hermann/Krummacher, Friedhelm (Hg.): *Rezeptionsästhetik und Rezeptionsgeschichte in der Musikwissenschaft*, Laaber: Laaber 1991

Danuser, Hermann/Plebuch, Tobias (Hg.): *Musik als Text. Bericht über den Internationalen Kongreß der Gesellschaft für Musikforschung Freiburg im Breisgau*, Bd. 2 (Freie Referate), Berlin: Musikwissenschaftliches Seminar der Humboldt-Universität 1998

Danzi, Michael: *American Musician in Germany 1924-1939. Memoirs of the jazz, entertainment, and movie world of Berlin during the Weimar Republic and the Nazi era – and in the United States*, Schmitten: Norbert Ruecker 1986

de Certeau, Michel: „Praktiken im Raum (1980)", in: Jörg Dünne (Hg.), *Raumtheorie. Grundlagentexte aus Philosophie und Kulturwissenschaften*, Frankfurt/M.: Suhrkamp Taschenbuch Wissenschaft 2006, S. 343-352

de la Motte-Haber, Helga/von Loesch, Heinz/Rötter, Günther/Utz, Christian (Hg.): *Lexikon der Systematischen Musikwissenschaft*, Laaber: Laaber 2010 (=Handbuch der Systematischen Musikwissenschaft, Bd. 6)

de la Motte-Haber, Helga: „Modelle der musikalischen Wahnehmung. Psychophysik – Gestalt – Invarianten – Mustererkennen – Neuronale Netze – Sprachmetapher", in: Helga de la Motte-Haber (Hg.), *Musikpsychologie*, Laaber: Laaber 2005, S. 55-73

de la Motte-Haber, Helga: *Musik und Bildende Kunst. Von der Tonmalerei zur Klangskulptur*, Laaber: Laaber 1990

de la Motte-Haber, Helga: „Musikalische Räume", in: Annette Landau (Hg.), *Musik und Raum. Dimensionen im Gespräch*, Zürich: Chronos 2005, S. 135-143

de la Motte-Haber, Helga/Rötter, Günther (Hg.): *Musikpsychologie*, Laaber: Laaber 2005 (=Handbuch der Systematischen Musikwissenschaft, Bd. 3)

de la Motte-Haber, Helga/Neuhoff, Hans (Hg.): *Musiksoziologie*, Laaber: Laaber 2007 (=Handbuch der Systematischen Musikwissenschaft, Bd. 4)

de la Motte-Haber, Helga: „Musikwissenschaft und Musiksoziologie: Wandlungen des Forschungsinteresses", in: Helga de la Motte-Haber (Hg.), *Musiksoziologie*, Laaber: Laaber 2007, S. 19-32

de la Motte-Haber, Helga: „Raum-Zeit als ästhetische Idee der Musik der achziger Jahre", in: Ekkehard Jost (Hg.), *Die Musik der achtziger Jahre*, Mainz: Schott 1990, S. 78-87

de la Motte-Haber, Helga: „Raumakustik", in: Helga de la Motte-Haber (Hg.), *Lexikon der Systematischen Musikwissenschaft*, Laaber: Laaber 2010, S. 400-403

de la Motte-Haber, Helga: „Zum Raum wird hier die Zeit", in: *ÖMZ*, 41. Jg. (1986), Nr. 6, S. 282-288

de Mendelssohn, Peter: *Zeitungsstadt Berlin. Menschen und Mächte in der Geschichte der deutschen Presse*, Frankfurt/M.: Ullstein 1982

Denhoff, Michael: „Rituel von Pierre Boulez: Anmerkungen zur Raum-Zeit-Konzeption", in: Martella Gutiérrez-Denhoff (Hg.), *Collegium musicologicum: Festschrift Emil Platen zum sechzigsten Geburtstag*, Bonn: Universität 1986, S. 208-219

Descartes, René: „Über die Prinzipien der materiellen Dinge (1644)", in: Jörg Dünne (Hg.), *Raumtheorie. Grundlagentexte aus Philosophie und Kulturwissenschaften*, Frankfurt/M.: Suhrkamp Taschenbuch Wissenschaft 2006, S. 44-55

Dibelius, Ulrich: „Musikalische Räume zwischen Imagination und Realität mit Hinweisen auf Xenakis, Dallapiccola, Henze und Schwertsik", in: Hartmut Krones (Hg.), *Bühne, Film, Raum und Zeit in der Musik des 20. Jahrhunderts*, Wien: Böhlau 2003, S. 267-273

Dittmann, Lorenz: *Matisse begegnet Bergson: Reflexionen zu Kunst und Philosophie*, Köln/Weimar/Wien: Böhlau 2008

Dömeland, Janine: „Grosses Schauspielhaus, Berlin: Musiktheaterkonzepte in der Weimarer Republik", in: Nils Grosch (Hg.), *Aspekte des modernen Musiktheaters in der Weimarer Republik*, Münster: Waxmann 2004, S. 139-158

Döring, Jörg/Thielmann, Tristan: „Einleitung: Was lesen wir im Raume? Der Spatial Turn und das geheime Wissen der Geographen", in: Jörg Döring (Hg.), *Spatial Turn. Das Raumparadigma in den Kultur- und Sozialwissenschaften*, Bielefeld: transcript 2008, S. 7-45

Döring, Jörg/Thielmann, Tristan (Hg.): *Spatial Turn. Das Raumparadigma in den Kultur- und Sozialwissenschaften*, Bielefeld: transcript 2008

Dostal, Nico: *Ans Ende deiner Träume kommst du nie. Berichte, Bekenntnisse, Betrachtungen*, Innsbruck: Pinguin 1982

Ducke, Gerold: *„Der Humor kommt aus der Trauer". Curt Bois. Eine Biographie*, Berlin: Bostelmann & Siebenhaar 2001

Dümling, Albrecht: *Musik hat ihren Wert. 100 Jahre musikalische Verwertungsgesellschaft in Deutschland*, Regensburg: ConBrio 2003

Dünne, Jörg/Günzel, Stephan (Hg.): *Raumtheorie. Grundlagentexte aus Philosophie und Kulturwissenschaften*, Frankfurt/M.: Suhrkamp Taschenbuch Wissenschaft 2006

Durth, Wener: „Mendelsohn, die Moderne und die Akademie", in: Regina Stephan (Hg.), *Erich Mendelsohn. Wesen, Werk, Wirkung. Beiträge zu den Erich Mendelsohn-Symposien in Berlin, Akademie der Künste, 29. Februar 2004, und in Manchester, School of Architecture, 1. November 2004*, Ostfildern: Hatje Cantz 2006, S. 11-17

Eberle Gramberg/Gerda, Gramberg, Jürgen: „Stadtidentität", in: Maria Luise Hilber (Hg.), *Stadtidentität. Der richtige Weg zum Stadtmarketing*, Zürich: Orell Füssli 2004, S. 27-35

Ebert-Obermeier, Traude (Hg.): *Studien zur Berliner Musikgeschichte. Vom 18. Jahrhundert bis zur Gegenwart*, Berlin: Henschel 1989

Edel, Edmund: *Berlin W. Ein Paar Kapitel von der Oberfläche*, neu hg. von Johannes Althoff, Berlin: Braun 2001

Eifert, Christiane: „Die neue Frau. Bewegung und Alltag", in: Manfred Görtemaker (Hg.), *Weimar in Berlin. Porträt einer Epoche*, Berlin: be.bra 2002, S. 82-103

Einstein, Albert: „Raum, Äther und Feld in der Physik (1930)", in: Jörg Dünne (Hg.), *Raumtheorie. Grundlagentexte aus Philosophie und Kulturwissenschaften*, Frankfurt/M.: Suhrkamp Taschenbuch Wissenschaft 2006, S. 94-101

Eisler, Hanns: *Musik und Politik. Schriften 1924-1948*. Textkritische Ausgabe von Günter Mayer, Leipzig: VEB Deutscher Verlag für Musik 1973 (=Gesammelte Werke, Serie III, Bd. 1)

Eisler, Hanns: „Von kleinbürgerlicher Satire. Anläßlich der Revue ‚Rund um die Gedächtniskirche'", in: Hanns Eisler (Hg.), *Musik und Politik. Schriften 1924-1948*. Textkritische Ausgabe von Günter Mayer, Leipzig: VEB Deutscher Verlag für Musik 1973, S. 53-55

Eloesser, Arthur: „‚Es liegt in der Luft' Revue in der ‚Komödie'", in: *VossZ*, 17.05.1928

Engel, Helmut/Jersch-Wenzel, Stefi/Treue, Wilhelm (Hg.): *Geschichtslandschaft Berlin: Orte und Ereignisse, Bd. 1: Charlottenburg, Teil 2: Der neue Westen*, Berlin: Nicolaische Verlagsbuchhandlung 1985

Erbe, Michael: „Berlin im Kaiserreich (1871-1918)", in: Wolfgang Ribbe (Hg.), *Geschichte Berlins, Bd. 2. Von der Märzrevolution bis zur Gegenwart*, München: Beck 1987, S. 689-793

Erbe, Michael: „Spandau im Zeitalter der Weltkriege", in: Wolfgang Ribbe (Hg.), *Slawenburg, Landesfestung, Industriezentrum*, Berlin: Colloquium 1983, S. 268-318

Erwe, Hans-Joachim: „‚Kakophonisierter Jazz von unerhörter Brutalität ...' Foxtrott, Ragtime und Shimmy bei Paul Hindemith", in: Werner Keil (Hg.), *Musik der zwanziger Jahre*, Hildesheim/Zürich/New York: Olms 1996, S. 11-41

Escher, Felix: „Die brandenburgisch-preußische Residenz und Hauptstadt Berlin im 17. und 18. Jahrhundert", in: Wolfgang Ribbe (Hg.), *Geschichte Berlins, Bd. 1. Von der Frühgeschichte bis zur Industrialisierung*, München: Beck 1987, S. 341-403

F. E.: „‚Es liegt in der Luft' Revue in der ‚Komödie'", in: *BTbl*, 16.05.1928

Fähnders, Walter: *Avantgarde und Moderne 1890-1933. Lehrbuch Germanistik*, Stuttgart/Weimar: Metzler 1998

Fasold, Wolfgang/Veres, Eva: *Schallschutz und Raumakustik in der Praxis. Planungsbeispiele und konstruktive Lösungen*, Berlin: Verlag für Bauwesen 1998

Fauchereau, Serge: „Literarischer Austausch zwischen Frankreich und Deutschland von 1900 bis 1930", in: Werner Spies (Hg.), *Paris – Berlin 1900-1933. Übereinstimmungen und Gegensätze Frankreich-Deutschland. Kunst, Architektur, Graphik, Literatur, Industriedesign, Film, Theater, Musik*, München: Prestel 1979, S. 436-440

Fechner, Eberhard: *Die Comedian Harmonists. Sechs Lebensläufe*, Weinheim: Quadriga 1988

Felsmann, Barbara/Prümm, Karl: *Kurt Gerron – Gefeiert und gejagt: 1897-1944. Das Schicksal eines deutschen Unterhaltungskünstlers. Berlin, Amsterdam, Theresienstadt, Auschwitz*, Berlin: Hentrich 1992 (=Beiträge zu Theater, Film und Fernsehen aus dem Institut für Theaterwissenschaft der Freien Universität Berlin, Bd. 7; Reihe deutsche Vergangenheit, Bd. 63)

Fend, Michael (Hg.): *Musical education in Europe (1770-1914). Compositional, institutional and political challenges*, Berlin: Berliner Wissenschafts-Verlag 2005

Fenner, Lucie: *Erinnerung und Entlehnung im Werk von Charles Ives*, Tutzing: Schneider 2005 (=Musikwissenschaftliche Schriften der Hochschule für Musik und Theater München, Bd. 3)

Fernández Alba, Ángel (Hg.): *Erich Mendelsohn. Cine Universum 1926-28*, Madrid: Ed. Rueda 2004

Fetz, Bernhard/Schlösser, Hermann (Hg.): *Wien – Berlin. Mit einem Dossier zu Stefan Großmann*, Wien: Paul Zsolnay 2001 (=Profile, Bd. 7)

Finnegan, Ruth: *The hidden musicians. Musik-making in an English town*, Middletown: Wesleyan 1989

Fischer, Jens Malte: *Gustav Mahler. Der fremde Vertraute*, Wien: Zsolnay 2003

Fischer, Jens Malte: *Karl Kraus*, Stuttgart: Metzler 1974

Fitton, J. Lesley: *Die Minoer*, Stuttgart: Theiss 2002

Flake, Otto: „Berlin", in: Christian Jäger (Hg.), *Glänzender Asphalt. Berlin im Feuilleton der Weimarer Republik*, Berlin: Fannei & Walz 1994, S. 49f.

Fleig, Anne: „Tanzmaschinen. Die Girls im Revuetheater der Weimarer Republik", in: Sabine Meine (Hg.), *Puppen, Huren, Roboter. Körper der Moderne in der Musik zwischen 1900 und 1930*, Schliengen: Ed. Argus 2005, S. 102-117

Fleischer, Michael: *Eine Theorie des Kabaretts. Versuch einer Gattungsbeschreibung*, Bochum: Brockmeyer 1989

Fleischer, Michael: „Kabarett", in: Hans-Otto Hügel (Hg.), *Handbuch Populäre Kultur. Begriffe, Theorien und Diskussionen*, Stuttgart/Weimar: Metzler 2003, S. 274-278

Forsyth, Michael: *Bauwerke für Musik. Konzertsäle und Opernhäuser, Musik und Zuhörer vom 17. Jahrhundert bis zur Gegenwart*, München/London/New York/Paris: K.G. Saur 1992

Foucault, Michel: „Von anderen Räumen (1967/1984)", in: Jörg Dünne (Hg.), *Raumtheorie. Grundlagentexte aus Philosophie und Kulturwissenschaften*, Frankfurt/M.: Suhrkamp Taschenbuch Wissenschaft 2006, S. 317-329

Frey, Erich: *Ich beantrage Freispruch. Aus den Erinnerungen des Strafverteidigers Prof. Dr. Dr. Erich Frey*, Hamburg: Blüchert 1960

Freydank, Ruth: *Theater in Berlin. Von den Anfängen bis 1945*, Berlin: Henschel 1988

Friedländer, Otto: *Letzter Glanz der Märchenstadt: Das war Wien um 1900*, Wien/München: Gardena 1969

Friedrich, Malte: „Lärm, Montage und Rhythmus. Urbane Prinzipien populärer Musik", in: Dietrich Helms (Hg.), *Sound and the City. Populäre Musik im urbanen Kontext*, Bielefeld: transcript 2007, S. 31-44

Friedrich, Otto: *Morgen ist Weltuntergang. Berlin in den zwanziger Jahren*, Berlin: Nicolaische Verlagsbuchhandlung 1998

Frith, Simon: *Taking Popular Music Seriously. Selected Essays*, Aldershot: Ashgate 2007

Gebhardt, Horst (Hg.): *Kabarett heute. Erfahrungen, Standpunkte, Meinungen*, Berlin: Henschel 1987

Geisthövel, Alexa/Knoch, Habbo (Hg.): *Orte der Moderne. Erfahrungswelten des 19. und 20. Jahrhunderts*, Frankfurt/M.: Campus 2005

Geppert, Alexander C.T./Jensen, Uffa/Weinhold, Jörn: „Editorial", in: Alexander C.T. Geppert (Hg.), *Ortsgespräche. Raum und Kommunikation im 19. und 20. Jahrhundert*, Bielefeld: transcript 2005, S. 9-11

Geppert, Alexander C.T./Jensen, Uffa/Weinhold, Jörn (Hg.): *Ortsgespräche. Raum und Kommunikation im 19. und 20. Jahrhundert*, Bielefeld: transcript 2005

Geppert, Alexander C.T./Jensen, Uffa/Weinhold, Jörn: „Verräumlichung. Kommunikative Praktiken in historischer Perspektive, 1840-1930", in: Alexander C.T. Geppert

(Hg.), *Ortsgespräche. Raum und Kommunikation im 19. und 20. Jahrhundert*, Bielefeld: transcript 2005, S. 15-49

Gerhard, Anselm: „‚A musical Composition may be compared to the Elevation of a Building.‘ Architekturmetaphern als Triebfeder musikästhetischer Paradigmenwechsel“, in: Annette Landau (Hg.), *Musik und Raum. Dimensionen im Gespräch*, Zürich: Chronos 2005, S. 175-189

Geuen, Heinz: „‚Das hat die Welt noch nicht gesehen‘: Kabarett, Operette und Revue als Embleme der Kultur der 20er Jahre“, in: Helmut Rösing (Hg.), *„Es liegt in der Luft was Idiotisches …“ Populäre Musik zur Zeit der Weimarer Republik*, Baden-Baden: CODA 1995, S. 52-68

Giddens, Anthony: *Die Konstitution der Gesellschaft. Grundzüge einer Theorie der Strukturierung*, Frankfurt/M.: Campus 1988

Glatzer, Ruth: *Berlin zur Weimarer Zeit. Panorama einer Metropole 1919-1933*, Berlin: Siedler 2000

Gleiss, Marita: *„Mir ist heut so nach Tamerlan“ – Rudolf Nelson, 50 Jahre Kleinkunst*, Berlin: Stiftung Archiv der Akademie der Künste 1999 (=Archiv-Blätter, 4)

Gloy, Karen: „Typologie der Räume – eine Phänomenologie“, in: Annette Landau (Hg.), *Musik und Raum. Dimensionen im Gespräch*, Zürich: Chronos 2005, S. 11-32

Görtemaker, Manfred/Bildarchiv Preußischer Kulturbesitz (Hg.): *Weimar in Berlin. Porträt einer Epoche*, Berlin: be.bra 2002

Goethe, Johann Wolfgang: *Aus meinem Leben. Dichtung und Wahrheit*, hg. von Klaus-Detlef Müller, Frankfurt/M.: Deutscher Klassiker Verlag 1986 (=Sämtliche Werke, Bd. 14)

Gordon, Mel: *Voluptuous Panic. The erotic world of Weimar Republic*, Los Angeles: Feral House 2000

Greul, Heinz: *Bretter, die die Zeit bedeuten. Die Kulturgeschichte des Kabaretts*, Köln: Kiepenheuer & Witsch 1967

Grewe, Oliver: *Psychological, Physiological and Psycho-Acoustical Correlates of Strong Emotion in Music*, Hannover: Tierärztl. Hochschule 2007. Online-Publikation: http://elib.tiho-hannover.de/dissertations/greweo_ss07.html

Grimm, Jacob/Grimm, Wilhelm: *Deutsches Wörterbuch von Jacob und Wilhelm Grimm*, 8. Bd. (R-Schiefe), bearb. von und unter Leitung von Dr. Moriz Heyne, Leipzig: Hirzel 1893

Grosch, Nils (Hg.): *Aspekte des modernen Musiktheaters in der Weimarer Republik*, Münster: Waxmann 2004

Grosch, Nils: „‚Bilder, Radio, Telephon‘: Revue und Medien in der Weimarer Republik“, in: Nils Grosch (Hg.), *Aspekte des modernen Musiktheaters in der Weimarer Republik*, Münster: Waxmann 2004, S. 159-174

Grosch, Nils: „Das ‚Berlin im Licht‘-Fest von 1928 und die Musik der Neuen Sachlichkeit“, in: Hermann Danuser (Hg.), *Musik als Text. Bericht über den Internationalen Kongreß der Gesellschaft für Musikforschung Freiburg im Breisgau*, Bd. 2 (Freie Referate), Berlin: Musikwissenschaftliches Seminar der Humboldt-Universität 1998, S. 532-537

Grosch, Nils: *Die Musik der Neuen Sachlichkeit*, Stuttgart: Metzler 1999

Grosch, Nils: „Lieder vom Fahrstuhl, Automobil und anderen Nicht-Orten: Zur Konstruktion des urbanen Raums in Berliner Revueschlagern der 1920er Jahre“, in: Stefan Weiss (Hg.), *Street Scene. Der urbane Raum im Musiktheater des 20. Jahrhunderts*, Münster: Waxmann 2006, S. 189-197

Grosch, Nils: „„Vom Weib des Nazisoldaten". Musik, Propaganda und Aufführung eines Brecht-Songs", in: *Lied und populäre Kultur*, 50./51. Jg. (2005/06), S. 137-161

Grosch, Nils: „Zum Musiktheater der Neuen Sachlichkeit", in: Udo Bermbach (Hg.), *Oper im 20. Jahrhundert. Entwicklungstendenzen und Komponisten*, Stuttgart/Weimar: Metzler 2000, S. 130-154

Gruber, Eckhard (Hg.): *Fünfuhr-Tee im Adlon. Menschen und Hotels*, Berlin: Fannei & Walz 1994 (=Berliner Texte Neue Folge, Bd. 9)

Grünberg, Ann: *Erich Mendelsohns Wohnhausbauten. Architekturkonzepte in den internationalen Tendenzen der klassischen Moderne*, München/Berlin: Deutscher Kunstverlag 2006

Günther, Ernst: *Geschichte des Varietés*, Berlin: Henschel 1978

Günther, Frank: *Wir Menschen. Du und ich im Spiegel der Seele*, Hannover: Frank Günther 1927

Günzel, Stephan (Hg.): *Raum. Ein interdisziplinäres Handbuch*, Stuttgart: Metzler 2010

Günzel, Stephan (Hg.): *Raumwissenschaften*, Frankfurt/M.: Suhrkamp 2009

Günzel, Stephan (Hg.): *Topologie. Zur Raumbeschreibung in den Kultur- und Medienwissenschaften*, Bielefeld: transcript 2007

Güttler, Peter: „Opernhäuser und Theater", in: Architekten- und Ingenieur-Verein zu Berlin (Hg.), *Berlin und seine Bauten, Teil V, Bauwerke für Kunst, Erziehung und Wissenschaft, Bd. A Bauten für die Kunst*, Berlin/München: Wilhelm Ernst & Sohn 1983, S. 65-106

Guilbert, Yvette: *Die Kunst, ein Chanson zu singen* (L'Art de chanter une chanson), hg. von Walter Rösler, Berlin: Henschel 1981

Gutiérrez-Denhoff, Martella (Hg.): *Collegium musicologicum: Festschrift Emil Platen zum sechzigsten Geburtstag*, Bonn: Universität 1986

Gutknecht, Dieter: „Die Form des ‚idealen' Musikraums. Zu Karlheinz Stockhausens Musiktheater-Konzeptionen", in: Hartmut Krones (Hg.), *Bühne, Film, Raum und Zeit in der Musik des 20. Jahrhunderts*, Wien: Böhlau 2003, S. 103-110

Gutmann, Alfred (Hg.): *25 Jahre Lindström 1904-1929*, Berlin: Lindström 1929

Gutsche, Helga: *„Ein Freund, ein guter Freund". Der Komponist Werner Richard Heymann (1896-1961)*, Berlin: Stiftung Archiv der Akademie der Künste 2000 (=Akademie-Fenster, 2)

H.P. [Kürzel]: „Wie werde ich reich und glücklich? Capitol", in: *VossZ*, 02.10.1930

H.P. [Kürzel]: „Zwei Krawatten. Universum", o.O. o.D. [AdK, Literaturarchiv: Georg Kaiser Archiv, Lfd. Nr. 1617]

Haager, Ferdinand: „Der Wanderflug des ‚Blauen Vogels'", in: Fritz Mierau (Hg.), *Russen in Berlin. Literatur, Malerei, Theater, Film 1918-1933*, Leipzig: Philipp Reclam jun. 1990, S. 346-349

Hahl-Koch, Jelena (Hg.): *Der Briefwechsel. Wassily Kandinsky und Arnold Schönberg*, Ostfildern: Hatje 1993 (=Korrespondenzen, 3)

Hansen, Antje: *Oskar Kaufmann. Ein Theaterarchitekt zwischen Tradition und Moderne*, Berlin: Gebr. Mann 2001 (=Die Bauwerke und Kunstdenkmäler von Berlin, Beiheft 28)

Hansen, Matthias: „Arnold Schönberg – Lehrer in Berlin", in: Klaus Kändler (Hg.), *Berliner Begegnungen: Ausländische Künstler in Berlin, 1918-1933. Aufsätze, Bilder, Dokumente*, Berlin: Dietz 1987, S. 371-382

Hasche, Christa: *Bürgerliche Revue und „Roter Rummel". Studien zur Entwicklung massenwirksamen Theaters in den Formen der Revue in Berlin 1903-1925*, Berlin: ms. Diss. 1980 (=Diss. Humboldt-Universität Berlin)

Haustedt, Birgit: *Die wilden Jahre in Berlin. Eine Klatsch- und Kulturgeschichte der Frauen*, Berlin: ebersbach 2002

Hawking, Stephen: *Die illustrierte kurze Geschichte der Zeit*, Reinbek bei Hamburg: Rowohlt 1997

Heidegger, Martin: „Bauen, Wohnen, Denken", in: Martin Heidegger (Hg.), *Vorträge und Aufsätze*, Pfullingen: Neske 1954, S. 145-162

Heidegger, Martin: *Vorträge und Aufsätze*, Pfullingen: Neske 1954

Heine, Heinrich: *Briefe. Erste Gesamtausgabe nach den Handschriften*, hg., eingel. und erl. von Friedrich Hirth, Bd. 1: Briefe 1815-1831, Mainz: Kupferberg 1950

Heine, Heinrich: *Reisebilder*, München: Goldmann 1994

Heinemann, Michael (Hg.): *Kurt Weill und das Musiktheater in den 20er Jahren. Kurt-Weill-Fest Dessau, 28.2.-9.3.2003*, Dresden: Sandstein 2003

Heinze-Greenberg, Ita/Stephan, Regina (Hg.): *Erich Mendelsohn: Gedankenwelten. Unbekannte Texte zu Architektur, Kulturgeschichte und Politik*, Ostfildern-Ruit: Hatje Cantz 2000

Heinze-Greenberg, Ita/Stephan, Regina (Hg.): *Luise und Erich Mendelsohn. Eine Partnerschaft für die Kunst*, Ostfildern-Ruit: Hatje Cantz 2004

Heinze-Greenberg, Ita: „Oft fürchte ich den Neid der Götter' Erfolg, Haus und Heim", in: Regina Stephan (Hg.), *Erich Mendelsohn. Architekt 1887-1953. Gebaute Welten. Arbeiten für Europa, Palästina und Amerika*, Ostfildern-Ruit: Hatje 1998, S. 200-213

Heise, Ulla: *Kaffee und Kaffeehaus. Eine Kulturgeschichte*, Hildesheim: Olms 1987

Hellberg, Frank: *Walter Mehring. Schriftsteller zwischen Kabarett und Avantgarde*, Bonn: Bouvier Verlag Herbert Grundmann 1983 (=Abhandlungen zur Kunst-, Musik- und Literaturwissenschaft, Bd. 337)

Helms, Dietrich: „Music hall", in: *MGG2*. Sachteil, Bd. 6, Kassel: Bärenreiter 1997, Sp. 647-654

Helms, Dietrich/Phleps, Thomas (Hg.): *Sound and the City. Populäre Musik im urbanen Kontext*, Bielefeld: transcript 2007 (=Beiträge zur Popularmusikforschung 35)

Helms, Dietrich: „Was die Wellen dir zärtlich erzählen'. Anmerkungen zum Schlager als Quelle historischer Forschung", in: Helmut Rösing (Hg.), *Populäre Musik im kulturwissenschaftlichen Diskurs*, Bielefeld: CODA 2000, S. 143-167

Henke, Matthias: *Die großen Chansonniers und Liedermacher*, Düsseldorf: ECON 1987 (= Hermes Handlexikon)

Henningsen, Jürgen: *Theorie des Kabaretts*, Ratingen: Henn 1967

Herlinghaus, Hermann: „Populär/volkstümlich/Popularkultur", in: Karlheinz Barck (Hg.), *Ästhetische Grundbegriffe*, Bd. 4 (Medien-Populär), Stuttgart: Metzler 2002, S. 832-884

Hermann, Ursula: *Knaurs etymologisches Lexikon. 10 000 Wörter unserer Gegenwartssprache. Herkunft und Geschichte*, München: Droemer Knaur 1983

Herrmann, Matthias/Heister, Hanns-Werner (Hg.): *Dresden und die avancierte Musik im 20. Jahrhundert. Teil 1: 1900-1933*, Laaber: Laaber 1999 (=Musik in Dresden, Bd. 4)

Herrmann-Neiße, Max: „Berliner Kabaretts im Oktober", in: *BTbl*, 20.10.1927

Herrmann-Neiße, Max: „Das neue Kabarett der Komiker", in: *BTbl*, 21.09.1928,

Herrmann-Neiße, Max: *Kabarett. Schriften zum Kabarett und zur bildenden Kunst*, Frankfurt/M.: Zweitausendeins 1988 (=Gesammelte Werke, hg. von Klaus Völker, Bd. 9)

Hessel, Franz: *Ein Flaneur in Berlin*, Berlin: Das Arsenal 1984 (Neuausgabe von „Spazieren in Berlin", 1929)

Hessel, Franz: *Sämtliche Werke in fünf Bänden, Bd. 3: Städte und Porträts*, hg. und mit einem Nachw. vers. von Bernhard Echte, Oldenburg: Igel 1999

Hesterberg, Trude: *Was ich noch sagen wollte ... Autobiographische Aufzeichnungen*, Berlin: Henschel 1971

Heuß, Alfred: „Der Foxtrott im Konzertsaal", in: *ZfM*, 90. Jg. (1923), Nr. 3, S. 54f.

Heymann, Werner Richard: „*Liebling, mein Herz lässt dich grüßen". Der erfolgreichste Filmkomponist der großen UfA-Zeit erinnert sich*, hg. von Hubert Ortkemper, Berlin: Henschel 2001

Hiekel, Jorn-Peter: „Erfahrungsräume in Musik: Zeit- und Raumkonstellationen in Werken von Bernd Alois Zimmermann und Luigi Nono", in: Tatjana Böhme (Hg.), *Zeit und Raum in Musik und Bildender Kunst*, Köln: Böhlau 2000, S. 81-96

Hilber, Maria Luise/Ayda Ergez (Hg.): *Stadtidentität. Der richtige Weg zum Stadtmarketing*, Zürich: Orell Füssli 2004

Hildebrandt, Dieter: „Unter den Linden. Geschichtsmeile, Weltpromenade und Berliner Laube", in: Stiftung Stadtmuseum Berlin (Hg.), *Unter den Linden. Historische Photographien*, Berlin: Nicolaische Verlagsbuchhandlung 2001, S. 7-17

Hindrichs, Gunnar: „Der musikalische Raum", in: Ulrich Tadday (Hg.), *Musikphilosophie*, München: edition text + kritik 2007, S. 50-69

Hippen, Reinhard: *Das Kabarett-Chanson. Typen – Themen – Temperamente*, Zürich: pendo 1986 (=Kabarettgeschichte-n, Bd. 10)

Hippen, Reinhard/Deutsches Kabarett Archiv (Hg.): „*Sich fügen – heißt lügen". 80 Jahre deutsches Kabarett*, Mainz: Schmidt & Bödige 1981

Hösch, Rudolf: *Kabarett von gestern*, Berlin: Henschel 1969

Hoffmann-Axthelm, Dagmar: „Die innere Kathedrale. Zur Metamorphose musikalischen Raumes am Beispiel von Kirche und Kammer", in: Thüring Bräm (Hg.), *Musik und Raum. Eine Sammlung von Beiträgen aus historischer und künstlerischer Sicht zur Bedeutung des Begriffes „Raum" als Klangträger für die Musik*, Basel: GS-Verlag 1986, S. 17-25

Hofmeister, Friedrich (Hg.): *Handbuch der musikalischen Literatur oder Verzeichnis der im Deutschen Reiche, in den Ländern deutschen Sprachgebietes sowie der für den Vertrieb im Deutschen Reiche wichtigen, im Auslande erschienenen Musikalien auch musikalischen Schriften, Abbildungen und plastischen Darstellungen mit Anzeige der Verleger und Preise. Fünfzehnter Bd. oder Zwölfter Ergänzungsbd.*, Leipzig: Hofmeister 1920

Hofmeister, Friedrich (Hg.): *Handbuch der musikalischen Literatur oder Verzeichnis der im Deutschen Reiche, in den Ländern des deutschen Sprachgebietes sowie der für den Vertrieb im Deutschen Reiche wichtigen, im Auslande erschienenen Musikalien, auch musikalischen Schriften, Abbildungen und plastischen Darstellungen mit Anzeige der Verleger und Preise*, Bd. 16 (1919-23), Leipzig: Hofmeister 1924

Hollaender, Friedrich: *Von Kopf bis Fuß. Revue meines Lebens*, hg. und kommentiert von Volker Kühn, Berlin: Aufbau 2001

Homann, Klaus/Kieren, Martin/Scarpa, Ludovica (Hg.): *Martin Wagner 1885-1957. Wohnungsbau und Weltstadtplanung. Die Rationalisierung des Glücks*, Berlin: Akademie der Künste 1986 (Ausstellung der Akademie der Künste 10. November 1985 bis 5. Januar 1986)

Hoppe, Ralph: *Die Friedrichstrasse. Pflaster der Extreme*, Berlin: be.bra 1999

Hubrath, Margarete (Hg.): *Geschlechter-Räume. Konstruktionen von „gender" in Geschichte, Literatur und Alltag*, Köln/Weimar/Wien: Böhlau 2001

Hügel, Hans-Otto (Hg.): *Handbuch Populäre Kultur. Begriffe, Theorien und Diskussionen*, Stuttgart/Weimar: Metzler 2003

Hügel, Hans-Otto: „Nicht identifizieren – Spannungen aushalten! Zur Wort- und Begriffsgeschichte von ‚populär'", in: Claudia Bullerjahn (Hg.), *Das Populäre in der Musik des 20. Jahrhunderts. Wesenszüge und Erscheinungsformen*, Hildesheim/Zürich/New York: Olms 2001, S. 11-37

Hügel, Hans-Otto: „Populär", in: Hans-Otto Hügel (Hg.), *Handbuch Populäre Kultur. Begriffe, Theorien und Diskussionen*, Stuttgart/Weimar: Metzler 2003, S. 342-348

Hunter, Richard: „Erinnerungen an Eric und Louise", in: Ita Heinze-Greenberg (Hg.), *Luise und Erich Mendelsohn. Eine Partnerschaft für die Kunst*, Ostfildern-Ruit: Hatje Cantz 2004, S. 152-162

Ihering, Herbert: *Theater in Aktion. Kritiken aus drei Jahrzehnten. 1913-1933*, Berlin: Argon 1987

Institut für Neue Musik und Musikerziehung Darmstadt (Hg.): *Klang und Wahrnehmung. Komponist – Interpret – Hörer*, Mainz: Schott 2001 (=Veröffentlichungen des Instituts für Neue Musik und Musikerziehung Darmstadt, Bd. 41)

Intendanz des Metropol-Theaters/Schneidereit, Otto (Hg.): *60 Jahre Metropol. 1898-1958*, Berlin: VEB Berliner Druckhaus 1958

Jacob, Andreas (Hg.): *Musik – Bildung – Textualität*, Erlangen: Universitätsbund Erlangen-Nürnberg 2007

Jäger, Christian/Schütz, Erhard (Hg.): *Glänzender Asphalt. Berlin im Feuilleton der Weimarer Republik*, Berlin: Fannei & Walz 1994 (=Berliner Texte, neue Folge, Bd. 10)

Jaeger, Friedrich (Hg.): *Enzyklopädie der Neuzeit*, Bd. 6 (Jenseits – Konvikt), Stuttgart: Metzler 2007

Jaeger, Friedrich/Rüsen, Jörn (Hg.): *Handbuch der Kulturwissenschaften. Themen und Tendenzen*, Bd. 3, Stuttgart/Weimar: Metzler 2004

James, Kathleen: *Erich Mendelsohn and the architecture of German modernism*, Cambridge: Cambridge University Press 1997

James, Kathleen: „‚Keine Stucktorten für Potemkin und Scapa Flow' Großstadtarchitektur in Berlin: der Woga-Komplex und das Universum-Kino", in: Regina Stephan (Hg.), *Erich Mendelsohn. Architekt 1887-1953. Gebaute Welten. Arbeiten für Europa, Palästina und Amerika*, Ostfildern-Ruit: Hatje 1998, S. 134-143

Jansen, Wolfgang: „Auf der Suche nach Zukunft: Zur Situation der Operette in den ausgehenden Zwanziger Jahren", in: Nils Grosch (Hg.), *Aspekte des modernen Musiktheaters in der Weimarer Republik*, Münster: Waxmann 2004, S. 27-72

Jansen, Wolfgang: *Glanzrevuen der zwanziger Jahre*, Berlin: Hentrich 1987

Jasper, Willi: *Die Jagd nach Liebe. Heinrich Mann und die Frauen*, Frankfurt/M.: S. Fischer 2007

Jelavich, Peter: *Berlin Cabaret*, Cambridge: Harvard University Press 1993

Jers, Norbert (Hg.): *Musikalische Regionalforschung heute. Perspektiven rheinischer Musikgeschichtsschreibung. Bericht von der Jahrestagung Düsseldorf 1998*, Kassel: Merseburger 2002 (=Beiträge zur Rheinischen Musikgeschichte, Bd. 159)

John, Eckhard: „Jonny und Jazz: Die Rolle des schwarzen Musikers auf der Bühne der zwanziger Jahre", in: Nils Grosch (Hg.), *Aspekte des modernen Musiktheaters in der Weimarer Republik*, Münster: Waxmann 2004, S. 101-118

Jost, Ekkehard (Hg.): *Die Musik der achtziger Jahre*, Mainz: Schott 1990

Jost, Ekkehard: „Grenzgänger. Komposition und Improvisation im Niemandsland zwischen Jazz und Neuer Musik", in: Ekkehard Jost (Hg.), *Musik zwischen E und U*, Mainz: Schott 1984, S. 54-69

Jost, Ekkehard (Hg.): *Musik zwischen E und U*, Mainz: Schott 1984 (=Veröffentlichungen des Instituts für Neue Musik und Musikerziehung, Bd. 25)

Kändler, Klaus/Karolewski, Helga/Sieber, Ilse (Hg.): *Berliner Begegnungen: Ausländische Künstler in Berlin, 1918-1933. Aufsätze, Bilder, Dokumente*, Berlin: Dietz 1987

Kästner, Erich: *Fabian. Geschichte eines Moralisten*, München: dtv 1989

Kahle, Eckhard: „Die Verstellbarkeit des Raumes", in: Annette Landau (Hg.), *Musik und Raum. Dimensionen im Gespräch*, Zürich: Chronos 2005, S. 167-174

Kalisch, Volker: „Raum als musiksoziologische Kategorie", in: Norbert Jers (Hg.), *Musikalische Regionalforschung heute. Perspektiven rheinischer Musikgeschichtsschreibung. Bericht von der Jahrestagung Düsseldorf 1998*, Kassel: Merseburger 2002, S. 67-78

Kamber, Peter: „Der Zusammenbruch des Theaterkonzerns von Alfred und Fritz Rotter im Januar 1933. Die Berichte über den Berliner Konkurs und die gegen die Rotter gerichtete Stimmung im Prozess gegen ihre Entführer", in: *Jahrbuch des historischen Vereins für das Fürstentum Liechtenstein*, 2004, Nr. 103, S. 30-46

Kamber, Peter: „Zum Zusammenbruch des Theaterkonzerns der Rotter und zum weiteren Schicksal Fritz Rotters. Neue Forschungsergebnisse", in: *Jahrbuch des historischen Vereins für das Fürstentum Liechtenstein*, 2007, Nr. 106, S. 73-100

Kaster, Tom/Lammers, Dieter: *Ausgewählte Materialien zur Zeitgeographie*, Karlsruhe: Geographisches Institut 1979 (=Karlsruher Manuskripte zur Mathematischen und Theoretischen Wirtschafts- und Sozialgeographie 35)

Kater, Michael H.: *Gewagtes Spiel. Jazz im Nationalsozialismus*, Köln: Kiepenheuer & Witsch 1995

Kaufmann, Dorothea: „… *routinierte Trommlerin gesucht". Musikerin in einer Damenkapelle. Zum Bild eines vergessenen Frauenberufes aus der Kaiserzeit*, Karben: CODA 1997 (=Schriften zur Popularmusikforschung, Bd. 3)

Kaufmann, Oskar: *Oskar Kaufmann. Mit einer Einleitung von Max Osborn*, Berlin: Gebr. Mann 1996

Keil, Werner (Hg.): *Musik der zwanziger Jahre*, Hildesheim/Zürich/New York: Olms 1996 (=Hildesheimer Musikwissenschaftliche Arbeiten, Bd. 3)

Kerr, Alfred: *Wo liegt Berlin? Briefe aus der Reichshauptstadt*, hg. von Alfred Rühle, Berlin: Aufbau 1997

Kesten, Hermann: *Dichter im Café*, Wien/München/Basel: Kurt Desch 1959

Keym, Stefan/Stöck, Karin (Hg.): *Musik in Leipzig, Wien und anderen Städten im 19. und 20. Jahrhundert*, Leipzig: Schröder 2011

Kiaulehn, Walther: *Berlin. Schicksal einer Weltstadt*, Berlin: Deutsche Buch-Gemeinschaft 1962

Kipnis, Nahum: *History of the principle of interference of light*, Basel: Birkhäuser 1991

Kitschen, Friederike: *Paul Cézanne. Stilleben*, Ostfildern-Ruit: Hatje 1995

Klein, Herman: „Schubert's Winterreise", in: *Gramophone*, März 1928, S. 20

Klemm, Eberhardt: „,Ich pfeife auf diesen Frühling' Hanns Eislers Übersiedlung nach Berlin", in: Klaus Kändler (Hg.), *Berliner Begegnungen: Ausländische Künstler in Berlin, 1918-1933. Aufsätze, Bilder, Dokumente*, Berlin: Dietz 1987, S. 382-393

Klösch, Christian/Thumser, Regina: „*From Vienna". Exilkabarett in New York 1938 bis 1950*, Wien: Picus 2002 (Begleitbuch zur gleichnamigen Ausstellung der österreichischen Exilbibliothek im Literaturhaus)

Knauer, Wolfgang (Hg.): *Jazz und Komposition*, Hofheim: Wolke 1992 (=Darmstädter Beiträge zur Jazzforschung, Bd. 2)

Knickerbocker, Hubert Renfro: *Deutschland. So oder so?*, Berlin: Rowohlt 1932

Knopf, Jan (Hg.): *Brecht Handbuch: Gedichte*, Stuttgart/Weimar: Metzler 2001 (=Brecht Handbuch in fünf Bänden, Bd. 2)

Koch, Gertrud: „Macht es die Masse? – eine Problemskizze zur Massenkultur", in: Friedrich Jaeger (Hg.), *Handbuch der Kulturwissenschaften. Themen und Tendenzen*, Bd. 3, Stuttgart/Weimar: Metzler 2004, S. 247-253

Köhler, Henning: „Berlin in der Weimarer Republik (1918-1932)", in: Wolfgang Ribbe (Hg.), *Geschichte Berlins, Bd. 2. Von der Märzrevolution bis zur Gegenwart*, München: Beck 1987, S. 795-923

Kolb, Eberhard: *Die Weimarer Republik*, München: Oldenbourg 2002

Kolneder, Walter: „Der Raum in der Musik des 17. und 18. Jahrhunderts", in: Musica, 13 (1959), S. 554-558

Koneffke, Silke: *Theater-Raum. Visionen und Projekte von Theaterleuten und Architekten zum anderen Aufführungsort, 1900-1980*, Berlin: Reimer 1999

Konold, Wulf: „Zur Theorie und Praxis der Zeitoper", in: *Hindemith-Jahrbuch*, 17 (1988), S. 146-166

Kothes, Franz-Peter: *Die theatralische Revue in Berlin und Wien, 1900-1938. Typen, Inhalte, Funktionen*, Wilhelmshaven: Heinrichshofen 1977

Kracauer, Siegfried: *Das Ornament der Masse. Essays*, Frankfurt/M.: Suhrkamp Taschenbuch 1977

Kracauer, Siegfried: *Die Angestellten. Aus dem neusten Deutschland*, Frankfurt/M.: Suhrkamp Taschenbuch 1971

Kracauer, Siegfried: *Straßen in Berlin und anderswo*, Frankfurt/M.: Suhrkamp 1964

Krause, Frank (Hg.): *Georg Kaiser and Modernity*, Göttingen: V&R unipress 2005

Kreimeier, Klaus: *Die UFA-Story. Geschichte eines Filmkonzerns*, Frankfurt/M.: Fischer Taschenbuch 2002

Kreutziger-Herr, Annette/Losleben, Katrin (Hg.): *History/Herstory. Alternative Musikgeschichten*, Köln/Weimar/Wien: Böhlau 2009 (=Musik – Kultur – Gender, Bd. 5)

Krones, Hartmut (Hg.): *Bühne, Film, Raum und Zeit in der Musik des 20. Jahrhunderts*, Wien: Böhlau 2003

Krones, Hartmut: „Bühne, Film, Raum und Zeit in der Musik des 20. Jahrhunderts", in: Hartmut Krones (Hg.), *Bühne, Film, Raum und Zeit in der Musik des 20. Jahrhunderts*, Wien: Böhlau 2003, S. 13-28

Krones, Hartmut: „Die Zeittheorie von Henri Bergson und der Parameter der Zeit in der Musik des 20. Jahrhunderts", in: *Musikerziehung*, 37 (1983/84), S. 123-129

Krones, Hartmut: „Optische Konzeption und musikalische Semantik. Zum ‚Allgemeinen Handbuch der Film-Musik' von Hans Erdmann, Giuseppe Becce und Ludwig Brav", in: Hartmut Krones (Hg.), *Bühne, Film, Raum und Zeit in der Musik des 20. Jahrhunderts*, Wien: Böhlau 2003, S. 119-142

Krüger, Horst: *Der Kurfürstendamm. Glanz und Elend eines Boulevards*, Hamburg: Hoffmann und Campe 1982

Kühl, Gustav: „Rag Time", in: *Die Musik. Illustrierte Halbmonatsschrift*, 1. Jg. (1901/02), Nr. 4, S. 1972-1976

Kühn, Volker (Hg.): *Die zehnte Muse. 111 Jahre Kabarett*, Köln: vgs 1993

Kühn, Volker: „Es lag in der Luft. Aus aktuellem Anlaß: Mischa Spoliansky und seine Musik", in: Volker Kühn (Hg.), *My song for you. Mischa Spoliansky: ein musikalisches Porträt*, Hamburg: edel records 1998, S. 7-15

Kühn, Volker (Hg.): *Hoppla, wir beben. Kabarett einer gewissen Republik 1918-1933*, Berlin: Quadriga 1988 (=Kleinkunststücke, Bd. 2)

Kühn, Volker: „Spoliansky, Mischa", in: *MGG2*. Supplement, Kassel: Bärenreiter 2008, Sp. 1221-1223

Kühn, Volker: „Spoliansky, Mischa", in: Wolfgang Petersen (Hg.), *Lexikon verfolgter Musiker und Musikerinnen der NS-Zeit*, Hamburg: Universität Hamburg (seit 2005). Online-Version: www.lexm.uni-hamburg.de

Kühn, Volker: „Von Wilder Bühne, Tingel-Tangel und Tütü", in: Theater des Westens Gemeinnützige Betriebsgesellschaft (Hg.), *100 Jahre Theater des Westens: 1896-1996*, Berlin: Ullstein 1996, S. 129-148

Kuh, Anton: *Luftlinien. Feuilletons, Essay und Publizistik*, hg. von Ruth Greuner, Wien: Löcker 1981

Kunstbibliothek Berlin/Staatliche Museen Preußische Kulturbesitz: *Fünf Architekten aus fünf Jahrhunderten*, Berlin: Gebr. Mann 1976

Kupschinsky, Elke: „Die vernünftige Nephertete. Die ‚Neue Frau' der 20er-Jahre in Berlin", in: Jochen Boberg (Hg.), *Die Metropole. Industriekultur in Berlin im 20. Jahrhundert*, München: Beck 1986, S. 164-173

Kurth, Ernst: *Musikpsychologie*, Bern: Krompholz 1947

Kurth, Ulrich: „‚Ich pfeif' auf Tugend und Moral' Zum Foxtrott in den Zwanziger Jahren", in: Sabine Schutte (Hg.), *Ich will aber gerade vom Leben singen ... Über populäre Musik vom ausgehenden 19. Jahrhundert bis zum Ende der Weimarer Republik*, Reinbek bei Hamburg: Rowohlt Taschenbuch 1987, S. 365-384

Landau, Annette/Emmenegger, Claudia (Hg.): *Musik und Raum. Dimensionen im Gespräch*, Zürich: Chronos 2005

Landau, Annette/Emmenegger, Claudia: „Vorbemerkungen", in: Annette Landau (Hg.), *Musik und Raum. Dimensionen im Gespräch*, Zürich: Chronos 2005, S. 7-10

Lange, Horst H.: *Jazz in Deutschland: die deutsche Jazz-Chronik bis 1960*, Hildesheim: Olms 1996

Laquer, Walter: *Weimar. Die Kultur der Republik*, Berlin: Ullstein 1977

Lareau, Alan: *An unhappy love: The struggle for a literary cabaret in Berlin, 1919-1935*, Ann Arbor: UMI 1990

Lareau, Alan: „Eine moderne Kurzoper", in: Gerhard Zeyen (Hg.), *Mischa Spoliansky – musikalische Stationen zwischen Morphium und Widerstand*, Kehl: archiphon 1998, S. 20-22

Lareau, Alan: „Großstadtträume, Großstadtreime: Die Kabarettrevuen von Friedrich Hollaender, 1926-1967", in: Stefan Weiss/Jürgen Schebera (Hg.), *Street Scene. Der urbane Raum im Musiktheater des 20. Jahrhunderts*, Münster: Waxmann 2006, S. 199-217

Lareau, Alan: „Jonny's Jazz. From Kabarett to Krenek", in: Michael J. Budds (Hg.), *Jazz & the Germans. Essays on the influence of „hot" American idioms on the 20th-century German music*, Hillsdale: Pendragon Press, 2002, S. 19-60

Lareau, Alan: „Lavender Songs: Undermining Gender in Weimar Cabaret and Beyond", in: *Popular Music and Society*, 28. Jg., Nr. 1 (Feb. 2005), S. 15-33

Lareau, Alan: „The Blonde Lady Sings: Women in Weimar Cabaret", in: Christiane Schönfeld (Hg.), *Practicing Modernity. Female Creativity in the Weimar Republic*, Würzburg: Königshausen & Neumann 2006, S. 191-217

Lareau, Alan: *The wild stage: literary cabarets of the Weimar Republic*, Columbia: Camden House 1995

Lareau, Alan: „Tingel-Tangel: Auf der Suche nach Friedrich Hollaenders Kabarett", in: Nils Grosch (Hg.), *Aspekte des modernen Musiktheaters in der Weimarer Republik*, Münster: Waxmann 2004, S. 288-334

Lasker-Schüler, Else: *Gesammelte Werke in 3 Bänden. Bd. 2: Prosa und Schauspiele*, hg. von Friedhelm Kemp, München: Kösel 1962

Latzke, Hans E.: *Ägypten*, Köln: DuMont 2000 (=DuMont visuell)

Lederer, Franz: *Berlin und Umgebung*, Berlin: Neue Verlagsanstalt 1925 (=Terramare-Reisebücher, Bd. 3)

Lefebvre, Henri: „Die Produktion des Raums (1974)", in: Jörg Dünne (Hg.), *Raumtheorie. Grundlagentexte aus Philosophie und Kulturwissenschaften*, Frankfurt/M.: Suhrkamp Taschenbuch Wissenschaft 2006, S. 330-340

Lefebvre, Henri: *The Production of Space*, Malden/Oxford: Blackwell 1974

Leimbach, Berthold (Hg.): *Tondokumente der Kleinkunst und ihre Interpreten*, 1898-1945, Göttingen: Hubert 1991

Leppert, Richard: „The social discipline of listening", in: Hans Erich Bödeker (Hg.), *Le concert et son public. Mutations de la vie musicale en Europe de 1740 à 1914 (France, Allemagne, Angleterre)*, Paris: Éd. de la Maison des sciences de l'homme 2002, S. 459-485

Lethen, Helmut: „Chicago und Moskau", in: Jochen Boberg (Hg.), *Die Metropole. Industriekultur in Berlin im 20. Jahrhundert*, München: Beck 1986, S. 190-213

Lewin, Kurt: „Kriegslandschaft (1917)", in: Jörg Dünne (Hg.), *Raumtheorie. Grundlagentexte aus Philosophie und Kulturwissenschaften*, Frankfurt/M.: Suhrkamp Taschenbuch Wissenschaft 2006, S. 129-139

Lexer, Matthias: *Mittelhochdeutsches Taschenwörterbuch*. Mit den Nachträgen von Ulrich Pretzel, Stuttgart: Hirzel 1992

Leyshon, Andrew/Matless, David/Revill, George: „Introduction", in: Andrew Leyshon (Hg.), *The Place of Music*, New York: Guilford 1998, S. 1-30

Leyshon, Andrew/Matless, David/Revill, George (Hg.): *The Place of Music*, New York: Guilford 1998

Liang, Hsi-huey: *Die Berliner Polizei in der Weimarer Republik*, Berlin: de Gruyter 1977 (=Veröffentlichungen der Historischen Kommission zu Berlin beim Friedrich-Meinecke-Institut der Freien Universität Berlin, Bd. 47)

Lichtenberg, Georg Christoph: *Schriften und Briefe*, hg. von Wolfgang Promies, Band 4: Briefe, Frankfurt/M.: Zweitausendeins 1994

Lichtenhahn, Ernst: „Musik und Raum. Gesellschaftliche und ästhetische Perspektiven zur Situation um 1800", in: Marietta Morawska-Büngeler (Hg.), *Musik und Raum. Vier Kongreßbeiträge und ein Seminarbericht*, Mainz: Schott 1989, S. 8-19

Liebe, Ulrich: *Verehrt, verfolgt, vergessen. Schauspieler als Naziopfer*, Weinheim: Beltz Quadriga 1992

Liessner-Blomberg, Elena: „Cabaret Der Blaue Vogel", in: Fritz Mierau (Hg.), *Russen in Berlin. Literatur, Malerei, Theater, Film 1918-1933*, Leipzig: Philipp Reclam jun. 1990, S. 340f.

Liessner-Blomberg, Elena: „Freunde des Blauen Vogels", in: Fritz Mierau (Hg.), *Russen in Berlin. Literatur, Malerei, Theater, Film 1918-1933*, Leipzig: Philipp Reclam jun. 1990, S. 341-345

Liessner-Blomberg, Elena: „Romanisches Café", in: Fritz Mierau (Hg.), *Russen in Berlin. Literatur, Malerei, Theater, Film 1918-1933*, Leipzig: Philipp Reclam jun. 1990, S. 336-339

Lindau, Paul: *Berlin. Der Zug nach dem Westen*. Roman, Stuttgart: Cotta 1919

Lindner, Rolf: „Offenheit – Vielfalt – Gestalt. Die Stadt als kultureller Raum", in: Friedrich Jaeger (Hg.), *Handbuch der Kulturwissenschaften. Themen und Tendenzen*, Bd. 3, Stuttgart/Weimar: Metzler 2004, S. 385-398

Linhardt, Marion: „Revue", in: *MGG2*. Supplement, Kassel: Bärenreiter 2008, S. 746-757

Löw, Martina: „Der Körperraum als soziale Konstruktion", in: Margarete Hubrath (Hg.), *Geschlechter-Räume. Konstruktionen von „gender" in Geschichte, Literatur und Alltag*, Köln/Weimar/Wien: Böhlau 2001, S. 211-222

Löw, Martina/Steets, Silke/Stoetzer, Sergej: *Einführung in die Stadt- und Raumsoziologie*, Opladen: Budrich 2007

Löw, Martina: *Raumsoziologie*, Frankfurt/M.: Suhrkamp Taschenbuch Wissenschaft 2001

Loos, Helmut/Keym, Stefan (Hg.): *Nationale Musik im 20. Jahrhundert: kompositorische und soziokulturelle Aspekte der Musikgeschichte zwischen Ost- und Westeuropa*, Leipzig: Schröder 2004

Lücke, Martin: *Jazz im Totalitarismus. Eine komparative Analyse des politisch motivierten Umgangs mit dem Jazz während der Zeit des Nationalsozialismus und des Stalinismus*, Münster: LIT 2004 (=Populäre Musik und Jazz in der Forschung, Bd. 10)

Lüdtke, Alf/Marßolek, Inge/von Saldern, Adelheid (Hg.): *Amerikanisierung. Traum und Alptraum im Deutschland des 20. Jahrhunderts*, Stuttgart: Franz Steiner 1996

Luhmann, Niklas: *Die Realität der Massenmedien*, Opladen: Westdt. Verlag 1996

Lunzer, Heinz/Lunzer-Talos, Victoria: *Joseph Roth. Leben und Werk in Bildern*, Köln: Kiepenheuer & Witsch 1994

Maase, Johannes: *Erich Kästners „Fabian" vor dem Hintergrund der ausgehenden Weimarer Republik*, Norderstedt: GRIN 2007

Maase, Kaspar (Hg.): *Die Schönheiten des Populären: ästhetische Erfahrung der Gegenwart*, Frankfurt/M.: Campus 2008

Maase, Kaspar: *Grenzenloses Vergnügen: der Aufstieg der Massenkultur 1850-1970*, Frankfurt/M.: Fischer Taschenbuch 2001

Mainzer, Klaus: „I. Grundlagen. 1. Naturwissenschaften", in: Stephan Günzel (Hg.), *Raum. Ein interdisziplinäres Handbuch*, Stuttgart: Metzler 2010, S. 1-23

Mansfeld, Jaap (Auswahl, Übersetzung und Erläuterung): *Die Vorsokratiker, Bd. 1, Milesier, Pythagoreer, Xenophanes, Heraklit, Parmenides*, Stuttgart: Reclam 1983

Marcus, Paul Erich (PEM): *Und der Himmel hängt voller Geigen*, Berlin 1955

Marcus, Paul Erich (PEM): *Heimweh nach dem Kurfürstendamm. Aus Berlins glanzvollsten Tagen und Nächten*, Frankfurt/M./Berlin: Ullstein 1986

Maresch, Rudolf/Weber, Niels (Hg.): *Raum – Wissen – Macht*, Frankfurt/M.: Suhrkamp 2002

Markowsky, Jens: „Musik von Heinrich Schütz und ihre einstige Darbietung in der Dresdner Schlosskapelle: Zeitliche und räumliche Kommunikationsaspekte", in: Ingeborg Stein (Hg.), *Raum und Zeit: Beiträge zur Analyse von Musikprozessen*, Jena: Abt. Wiss. Publ. d. Friedr.-Schiller-Univ. Jena 1988, S. 133-149

Marschalk, Max: „‚100 Meter Glück‘ Mischa Spoliansky im Metropol-Theater", in: *VossZ*, 02.01.1933

Matthes, Isabel: „Der Raum des Paradieses. Gesellige Erfahrung und musikalische Wahrheit im 18. und 19. Jahrhundert", in: Hans Erich Bödeker (Hg.), *Le concert et son public. Mutations de la vie musicale en Europe de 1740 à 1914 (France, Allemagne, Angleterre)*, Paris: Éd. de la Maison des sciences de l'homme 2002, S. 273-301

McNally, Joanne (Hg.): *Hundert Jahre Kabarett: zur Inszenierung gesellschaftlicher Identität zwischen Protest und Propaganda*, Würzburg: Königshausen & Neumann 2003

Mehner, Klaus: „Franz Schreker und seine Schüler Ernst Krenek und Alois Hába", in: Klaus Kändler (Hg.), *Berliner Begegnungen: Ausländische Künstler in Berlin, 1918-1933. Aufsätze, Bilder, Dokumente*, Berlin: Dietz 1987, S. 326-369

Mehring, Walter: *Chronik der Lustbarkeiten. Die Gedichte, Lieder und Chansons 1928-1933*, hg. von Christoph Buchwald, Düsseldorf: Claassen 1981

Meine, Sabine/Hottmann, Katharina (Hg.): *Puppen, Huren, Roboter. Körper der Moderne in der Musik zwischen 1900 und 1930*, Schliengen: Ed. Argus 2005

Mende, Hans-Jürgen/Wernicke, Kurt (Hg.): *Berliner Bezirkslexikon, Charlottenburg-Wilmersdorf*, Berlin: Haude & Spenersche Verlagsbuchhandlung/Edition Luisenstadt 2005. Online-Ausgabe: www.luise-berlin.de

Mendelsohn, Erich: „Die internationale Übereinstimmung des neuen Baugedankens oder Dynamik und Funktion (1923)", in: Ita Heinze-Greenberg (Hg.), *Erich Mendelsohn: Gedankenwelten. Unbekannte Texte zu Architektur, Kulturgeschichte und Politik*, Ostfildern-Ruit: Hatje Cantz 2000, S. 48-53

Mendelsohn, Erich: „Harmonische und kontrapunktische Führung in der Architektur (1925)", in: Ita Heinze-Greenberg (Hg.), *Erich Mendelsohn: Gedankenwelten. Unbekannte Texte zu Architektur, Kulturgeschichte und Politik*, Ostfildern-Ruit: Hatje Cantz 2000, S. 54

Mendelsohn, Erich: „Meine Arbeitsweise (1928)", in: Ita Heinze-Greenberg (Hg.), *Erich Mendelsohn: Gedankenwelten. Unbekannte Texte zu Architektur, Kulturgeschichte und Politik*, Ostfildern-Ruit: Hatje Cantz 2000, S. 172

Mendelsohn, Erich: „Zur Eröffnung des ‚Universum' (1928)", in: Ita Heinze-Greenberg (Hg.), *Erich Mendelsohn: Gedankenwelten. Unbekannte Texte zu Architektur, Kulturgeschichte und Politik*, Ostfildern-Ruit: Hatje Cantz 2000

Menge, Hermann: *Langenscheidts Großwörterbuch Latein, Teil 1. Lateinisch-deutsch, unter Berücksichtigung der Etymologie*, Berlin: Langenscheidt 2001

Merleau-Ponty, Maurice: *Das Auge und der Geist. Philosophische Essays*, hg. von Christian Bermes, Hamburg: Meiner 2003

Merleau-Ponty, Maurice: „Der Zweifel Cézannes (1945)", in: Maurice Merleau-Ponty (Hg.), *Das Auge und der Geist. Philosophische Essays*, hg. von Christian Bermes, Hamburg: Meiner 2003, S. 3-27

Metken, Günter: „Deutschland und Frankreich – Wege und Einbahnstraßen. Das Klima der künstlerischen Beziehungen: die persönlichen Kontakte, Reisen, Publikationen", in: Werner Spies (Hg.), *Paris – Berlin 1900-1933. Übereinstimmungen und Gegensätze Frankreich-Deutschland. Kunst, Architektur, Graphik, Literatur, Industriedesign, Film, Theater, Musik*, München: Prestel 1979, S. 20-29

Metzger, Karl-Heinz: *Der Kurfürstendamm. Leben und Mythos des Boulevards in 100 Jahren deutscher Geschichte*, Berlin: Konopka 1986

Meyer, Jürgen: *Akustik und musikalische Aufführungspraxis. Leitfaden für Akustiker, Tonmeister, Musiker, Instrumentenbauer und Architekten. 2., überarbeitete und erweiterte Auflage*, Frankfurt/M.: Das Musikinstrument 1980

Meyer, Jürgen: „Gedanken zu den originalen Konzertsälen Joseph Haydns", in: Thüring Bräm (Hg.), *Musik und Raum. Eine Sammlung von Beiträgen aus historischer und künstlerischer Sicht zur Bedeutung des Begriffes „Raum" als Klangträger für die Musik*, Basel: GS-Verlag 1986, S. 27-37

Meyer, Jürgen: „Raumakustik und Orchesterklang. Zur Aufführungspraxis der Sinfonien Joseph Haydns", in: Marietta Morawska-Büngeler (Hg.), *Musik und Raum. Vier Kongreßbeiträge und ein Seminarbericht*, Mainz: Schott 1989, S. 20-39

Meyer zu Heringdorf, Detlef: „Die Entwicklung eines privaten Musiktheaters zu Beginn des 20. Jahrhunderts", in: Theater des Westens Gemeinnützige Betriebsgesellschaft (Hg.), *100 Jahre Theater des Westens: 1896-1996*, Berlin: Ullstein 1996, S. 12-70

Meyer-Büser, Susanne (Hg.): *Marc, Macke und Delaunay. Die Schönheit einer zerbrechenden Welt (1910-1914)*, Hannover: Sprengel-Museum 2009 (Katalog zur Ausstellung im Sprengel-Museum Hannover, 29. März bis 19. Juli 2009)

Michaels, Axel: „Rituelle Klangräume", in: Annette Landau (Hg.), *Musik und Raum. Dimensionen im Gespräch*, Zürich: Chronos 2005, S. 33-44

Mierau, Fritz (Hg.): *Russen in Berlin. Literatur, Malerei, Theater, Film 1918-1933*, Leipzig: Philipp Reclam jun. 1990

Möbius, Hanno: *Montage und Collage. Literatur, bildende Künste, Film, Fotografie, Musik, Theater bis 1933*, München: Wilhelm Fink 2000

Morawska-Büngeler, Marietta (Hg.): *Musik und Raum. Vier Kongreßbeiträge und ein Seminarbericht*, Mainz: Schott 1989 (=Veröffentlichungen des Instituts für Neue Musik und Musikerziehung Darmstadt, Bd. 30)

Moreck, Curt, (d.i. Konrad Haemmerling): *Führer durch das „lasterhafte" Berlin. Faksimile der Erstausgabe von 1931*, Berlin: Nicolaische Verlagsbuchhandlung 1996

Morgan, Paul: „He!! Sie da vorne …!!", in: *Frechheit*, Nr. 2 (1930), S. 2

Morgan, Paul: *Promin Enten Teich. Abenteuer und Erlebnisse mit Stars, Sternchen und allerlei Gelichter*, Berlin: Amonesta 1934

Morgan, Paul: *Stiefkind der Grazien. Tagebuch eines Spaßmachers*, Berlin: Universitas 1928

Mühe, Hansgeorg: *Unterhaltungsmusik. Ein geschichtlicher Überblick*, Hamburg: Dr. Kovac 1996

Müller, Beate: *Komische Intertextualität: Die literarische Parodie*, Trier: WVT 1994 (=Horizonte, Bd. 14)

Müller-Müller (Hg.): *Kabarett Jahrbuch 1921*, Düsseldorf: VERLA 1921

Münch, Richard: „Die soziologische Perspektive: Allgemeine Soziologie – Kultursoziologie – Musiksoziologie", in: Helga de la Motte-Haber (Hg.), *Musiksoziologie*, Laaber: Laaber 2007, S. 33-59

Münz, Lori: *Cabaret Berlin. Revue, Kabarett and Film Music between the Wars*, Hamburg: edel classics 2005

Mussat, Marie-Claire: „Kiosque à musique et urbanisme. Les enjeux d'une autre scène", in: Hans Erich Bödeker (Hg.), *Le concert et son public. Mutations de la vie musicale en Europe de 1740 à 1914 (France, Allemagne, Angleterre)*, Paris: Éd. de la Maison des sciences de l'homme 2002, S. 317-333

Nadel, Siegfried: „Zum Begriff des musikalischen ‚Raumes'", in: *ZfMw*, 13 (1930/31), S. 329-331

Nauck, Gisela: *Musik im Raum – Raum in der Musik. Ein Beitrag zur Geschichte der seriellen Musik*, Stuttgart: Franz Steiner 1997

Nenno, Nancy: „Weiblichkeit – Primitivität – Metropole: Josephine Baker in Berlin", in: Katharina von Ankum (Hg.), *Frauen in der Großstadt. Herausforderung der Moderne?*, Dortmund: ebersbach 1999, S. 136-158

Nentwig, Franziska (Hg.): *Berlin im Licht*, Berlin: Stiftung Stadtmuseum Berlin 2008

Newton, Isaac: *Die mathematischen Prinzipien der Physik*, übersetzt und hg. von Volkmar Schüller, Berlin: de Gruyter 1999

Newton, Isaac: *Optik, oder Abhandlungen über Spiegelungen, Brechungen, Beugungen u. Farben d. Lichts*, übersetzt und hg. von William Abendroth. Nachdr. d. Ausg. Leipzig 1898, Braunschweig: Vieweg 1983

Nikolaus, Paul: „Was ich so empfinde", in: *Frechheit*, Nr. 10 (1929), S. 10f.

Noeske, Nina: „Musikwissenschaft", in: Stephan Günzel (Hg.), *Raumwissenschaften*, Frankfurt/M.: Suhrkamp 2009, S. 259-273

Noeske, Nina: „Raum", in: *MGG2*. Supplement, Kassel: Bärenreiter 2008, Sp. 721-726

Ostwald, Hans: *Berliner Kaffeehäuser*, Berlin: Seemann 1905

Ott, Michaela: „Raum", in: Karlheinz Barck (Hg.), *Ästhetische Grundbegriffe*, Bd. 5 (Postmoderne-Synästhesie), Stuttgart: Metzler 2003, S. 113-149

Otte, Marline: *Jewish Identities in German Popular Entertainment, 1890-1933*, Cambridge: Cambridge University Press 2006

Otto, Rainer/Rösler, Walter: *Kabarettgeschichte. Abriß des deutschsprachigen Kabaretts*, Berlin: Henschel 1981

Pacher, Maurus: „Mischa Spoliansky. Geboren 28. Dezember 1898 Bialystok", in: *et cetera*, 18 (Dez. 1983)

Pacher, Maurus: *Sehn Sie, das war Berlin. Weltstadt nach Noten*, Berlin: Ullstein 1992

Pamuk, Orhan: *Istanbul. Erinnerungen an eine Stadt*, München: Hanser 2006

Partsch, Cornelius: *Schräge Töne. Jazz und Unterhaltungsmusik in der Kultur der Weimarer Republik*, Stuttgart/Weimar: Metzler 2000

Pauly, Ernst (Hg.): *20 Jahre Café des Westens. Erinnerungen vom Kurfürstendamm*, hg. von Karl Riha und Franz-Josef Weber, Siegen: Universität Gesamthochschule 1986 (=Vergessene Autoren der Moderne XIII)

Pehnt, Wolfgang: „Fantasìa, que no locura. Fantasy, not madness", in: Ángel Fernández Alba (Hg.), *Erich Mendelsohn. Cine Universum 1926-28*, Madrid: Ed. Rueda 2004, S. 23-39

Petersen, Wolfgang/Maurer Zenck, Claudia/Fetthauer, Sophie (Hg.): *Lexikon verfolgter Musiker und Musikerinnen der NS-Zeit*, Hamburg: Universität Hamburg (seit 2005). Online-Version: www.lexm.uni-hamburg.de

Petras, Renate: *Das Café Bauer in Berlin*, Berlin: Verlag für Bauwesen 1994

Peukert, Detlev J. K.: *Die Weimarer Republik. Krisenjahre der Klassischen Moderne*, Frankfurt/M.: Suhrkamp 1987

Pfäfflin, Friedrich/Dambacher, Eva: *Karl Kraus. Eine Ausstellung des Deutschen Literaturarchivs im Schiller-Nationalmuseum Marbach*, Marbach am Neckar: Deutsche Schillergesellschaft 1999

Pietschmann, Klaus: „Vom Spekulativen zum Konkreten. Musikalische Räume in der Renaissance und ihr Publikum", in: Annette Landau (Hg.), *Musik und Raum. Dimensionen im Gespräch*, Zürich: Chronos 2005, S. 153-165

Piscator, Erwin: *Zeittheater. „Das politische Theater" und weitere Schriften von 1915-1966*. Ausgewählt und bearb. von Manfred Brauneck und Peter Stertz. Mit einem Nachwort von Hansgünther Heyme, Reinbek bei Hamburg: Rowohlt Taschenbuch 1986

Pol. [Kürzel]: „Jazz-band und Jimmy", in: *BIZ*, 30. Jg. (1921), Nr. 9, S. 116

Polgar, Alfred: „Berlin, Sommer 1922", in: Christian Jäger (Hg.), *Glänzender Asphalt. Berlin im Feuilleton der Weimarer Republik*, Berlin: Fannei & Walz 1994, S. 45f.

Pollack, Heinz: *Die Revolution des Gesellschaftstanzes*, Dresden: Sibyllen-Verlag 1922

Quadflieg, Dirk: „Philosophie", in: Stephan Günzel (Hg.), *Raumwissenschaften*, Frankfurt/M.: Suhrkamp 2009, S. 274-289

Quantz, Johann Joachim: *Versuch einer Anweisung die Flöte traversière zu spielen. Reprint der Ausgabe Berlin 1752*, Kassel: Bärenreiter 2004

Raab Hansen, Jutta: *NS-verfolgte Musiker in England. Spuren deutscher und österreichischer Flüchtlinge in der britischen Musikkultur*, Hamburg: von Bockel 1996

Rath, Alfred: „Berliner Caféhäuser (1890-1933)", in: Michael Rössner (Hg.), *Literarische Kaffeehäuser. Kaffeehausliteraten*, Wien/Köln/Weimar: Böhlau 1999, S. 108-125

Rathert, Wolfgang/Schubert, Giselher (Hg.): *Musikkultur in der Weimarer Republik*, Mainz: Schott 2001

Reininghaus, Frieder/Schneider, Katja (Hg.): *Experimentelles Musik- und Tanztheater*, Laaber: Laaber 2004 (=Handbuch der Musik im 20. Jahrhundert, Bd. 7)

Reininghaus, Frieder: *Schubert und das Wirtshaus. Musik unter Metternich*, Berlin: Oberbaumverlag 1979

Reininghaus, Frieder: „Süßstoff für das Boshafte. Mischa Spoliansky. Zum 100. Geburtstag des Revue-Komponisten", in: *Rheinischer Merkur*, 15.01.1999

Reissig, Harald: „Der Kurfürstendamm", in: Helmut Engel (Hg.), *Geschichtslandschaft Berlin: Orte und Ereignisse, Bd. 1: Charlottenburg, Teil 2: Der neue Westen*, Berlin: Nicolaische Verlagsbuchhandlung 1985, S. 172-203

Reus, Sebastian: „Spiel Fest Weihe Bühne", in: Klaus Schultz (Hg.), *Wege zu Parsifal. PARSIFAL im Bayreuther Festspielhaus 1882-2001. Eine Ausstellung der Bayreuther Festspiele, 25. Juli-28. August 2004 im Neuen Rathaus Bayreuth*, Bayreuth: Bayreuther Festspiele 2004, S. 24-31

Ribbe, Wolfgang (Hg.): *Geschichte Berlins, Bd. 1. Von der Frühgeschichte bis zur Industrialisierung*, München: Beck 1987

Ribbe, Wolfgang (Hg.): *Geschichte Berlins, Bd. 2. Von der Märzrevolution bis zur Gegenwart*, München: Beck 1987

Ribbe, Wolfgang (Hg.): *Slawenburg, Landesfestung, Industriezentrum*, Berlin: Colloquium 1983

Richard, Lionel: *Cabaret, Kabarett: von Paris nach Europa*, Leipzig: Reclam 1993

Richter, Ludwig: „Die Weimarer Republik – eine ‚Republik in der Krise'?", in: Helmut Rösing (Hg.), *„Es liegt in der Luft was Idiotisches …" Populäre Musik zur Zeit der Weimarer Republik*, Baden-Baden: CODA 1995, S. 6-19

Richter, Lukas: *Der Berliner Gassenhauer. Darstellung, Dokumente, Sammlung*, Leipzig: VEB Deutscher Verlag für Musik 1969

Rihm, Wolfgang: „Raum, Zeit, hier. Bemerkungen zu einem Axiom Wagners", in: Sabine Borris (Hg.), *Zum Raum wird hier die Zeit. Parsifal-Zyklus*, Berlin: Berliner Philharmoniker 2001, S. 115-122

Ritzel, Fred: „‚Hätte der Kaiser Jazz getanzt …' US-Tanzmusik in Deutschland vor und nach dem Ersten Weltkrieg", in: Sabine Schutte (Hg.), *Ich will aber gerade vom Leben singen … Über populäre Musik vom ausgehenden 19. Jahrhundert bis zum Ende der Weimarer Republik*, Reinbek bei Hamburg: Rowohlt Taschenbuch 1987, S. 265-296

Robinson, J. Bradford: „Zur ‚Jazz'-Rezeption der Weimarer Periode: Eine stilhistorische Jagd nach einer Rhythmus-Floskel", in: Wolfgang Knauer (Hg.), *Jazz und Komposition*, Hofheim: Wolke 1992, S. 11-26

Robitschek, Kurt: „5 Jahre Kabarett der Komiker", in: *Frechheit*, Nr. 12 (1929), S. 3-6

Robitschek, Kurt: „Begeisterung", in: *Frechheit*, Nr. 9 (1932), S. 2f.

Robitschek, Kurt: „Das Gesamtschaffen des Architekten", in: *Frechheit*, Nr. 1 (1930), S. 10-12

Robitschek, Kurt: „Die neue Parodie", in: *Frechheit*, Nr. 1 (1930), S. 3f.

Robitschek, Kurt: „Jahresbericht", in: *Frechheit*, Nr. 6 (1930), S. 2-4

Robitschek, Kurt: „Kabarett im Rundfunk", in: *Frechheit*, Nr. 5 (1930), S. 3

Robitschek, Kurt/Schiffer, Marcellus: *Rufen Sie Herrn Plim! Oper in einem Aufzug von Kurt Robitschek und Marcellus Schiffer, Musik von Mischa Spoliansky.* Regie- und Soufflierbuch, Berlin: Drei Masken Musik 1932

Robitschek, Kurt: „Unser Publikum", in: *Frechheit*, Nr. 7 (1929), S. 3f.

Robitschek, Kurt: „Vom Ersten zum Letzten", in: *Frechheit*, Nr. 4 (1929), S. 3-5

Robitschek, Kurt: „Zweite Umstellung", in: *Frechheit*, Nr. 8 (1930), S. 3-6

Rock, Christa Maria/Brückner, Hans (Hg.): *Judentum und Musik. Mit dem ABC jüdischer und nichtarischer Musikbeflissener*, zweite, verbesserte und erweiterte Auflage, München: Brückner 1936 [Werk mit antisemitischer Tendenz]

Rode-Breymann, Susanne: „,Alte' und ,Neue' Musikmetropolen. Wien und Berlin vor und nach 1918", in: Wolfgang Rathert (Hg.), *Musikkultur in der Weimarer Republik*, Mainz: Schott 2001, S. 42-53

Rode-Breymann, Susanne: „Orte und Räume kulturellen Handelns von Frauen", in: Annette Kreutziger-Herr (Hg.), *History/Herstory. Alternative Musikgeschichten*, Köln/Weimar/Wien: Böhlau 2009, S. 186-197

Rode-Breymann, Susanne: „Raum – eine Kategorie musikalischer Gattungshistoriographie?", in: Christine Siegert (Hg.), *Gattungsgeschichte als Kulturgeschichte. Festschrift für Arnfried Edler*, Hildesheim/Zürich/New York: Olms 2008, S. 189-204

Röder, Werner/Strauss, Herbert A./Caplan, Hannah (Hg.): *Biographisches Handbuch der deutschsprachigen Emigration nach 1933*, Vol. 2: The arts, sciences, and literature, München: Saur 1983 (=International biographical dictionary of Central European emigrés 1933-1945)

Roellinghoff, C. K.: „Berliner Brettl-Brief", in: *Der Drache*, 26.4.1921

Rösing, Helmut/Barber-Kersovan, Alenka/Lothwesen, Kai/Phleps, Thomas (Hg.): *Das klingt so schön hässlich. Gedanken zum Bezugssystem Musik*, Bielefeld: transcript 2005 (=texte zur populären musik, Bd. 2)

Rösing, Helmut: „,Das klingt so schön hässlich'. Anmerkungen zur Relativität des Schönheitsbegriffs aus musiksoziologischer Sicht", in: Helmut Rösing (Hg.), *Das klingt so schön hässlich. Gedanken zum Bezugssystem Musik*, Bielefeld: transcript 2005, S. 195-206

Rösing, Helmut (Hg.): *„Es liegt in der Luft was Idiotisches …" Populäre Musik zur Zeit der Weimarer Republik*, Baden-Baden: CODA 1995 (=Beiträge zur Popularmusikforschung 15/16)

Rösing, Helmut/Schneider, Albrecht/Pfleiderer, Martin (Hg.): *Musikwissenschaft und populäre Musik. Versuch einer Bestandsaufnahme*, Frankfurt/M.: Lang 2002

Rösing, Helmut/Phleps, Thomas (Hg.): *Populäre Musik im kulturwissenschaftlichen Diskurs*, Bielefeld: CODA 2000 (=Beiträge zur Popularmusikforschung 25/26)

Rösing, Helmut: „,Populäre Musik' – was meint das?", in: Claudia Bullerjahn (Hg.), *Das Populäre in der Musik des 20. Jahrhunderts. Wesenszüge und Erscheinungsformen*, Hildesheim/Zürich/New York: Olms 2001, S. 39-60

Rösing, Helmut: „Soundscape – Urbanität und Musik", in: Helmut Rösing (Hg.), *Das klingt so schön hässlich. Gedanken zum Bezugssystem Musik*, Bielefeld: transcript 2005, S. 181-194

Rösler, Walter: *Das Chanson im deutschen Kabarett 1901-1933*, Berlin: Henschel 1980

Rössner, Michael (Hg.): *Literarische Kaffeehäuser. Kaffeehausliteraten*, Wien/Köln/Weimar: Böhlau 1999

Rötter, Günther: „Musik und Emotion. Musik als psychoaktive Substanz – Musikalischer Ausdruck – Neue experimentelle Ästhetik – Emotionstheorien – Funktionale Musik", in: Helga de la Motte-Haber (Hg.), *Musikpsychologie*, Laaber: Laaber 2005, S. 268-338

Roth, Joseph: „Bei der Betrachtung von Schlachtenbildern", in: *Frechheit*, Nr. 6 (1930), S. 11f.

Roth, Joseph: *Werke 3, Das journalistische Werk 1929-1939*, hg. und mit einem Nachwort von Klaus Westermann, Köln: Kiepenheuer & Witsch 1991

Rother, Rainer/Mänz, Peter (Hg.): *Wenn ich sonntags in mein Kino geh'. Ton – Film – Musik 1929-1933*, Berlin: Stiftung Deutsche Kinemathek 2007

Rotthaler, Viktor/Bertram, Rainer (Hg.): *Friedrich Hollaender*, Vollersode: Bear Family Records 1996 (Buch zur CD-Edition „Wenn ich mir was wünschen dürfte")

Rotthaler, Viktor: „Im Ohr: Berlin und Wien. Hollaender & Co. im Exil", in: *Filmexil*, 9. Jg. (1997), S. 5-17

Rotthaler, Viktor: „'Irgendwo in der Welt …' Mischa Spoliansky, der ‚Komponist des Kurfürstendamms', wird 100", in: *Filmexil*, 10. Jg. (1998), S. 59-66

Rotthaler, Viktor (Hg.): *Marcellus Schiffer. Heute nacht oder nie. Tagebücher, Erzählungen, Gedichte, Zeichnungen*, Bonn: Weidle 2003

Rühle, Günther: *Theater in Deutschland 1887-1945. Seine Ereignisse – seine Menschen*, Frankfurt/M.: S. Fischer 2007

Ruf, Wolfgang: „Raumproblematik im Musiktheater: Zu Luigi Dallapiccolas ‚Il Prigioniero'", in: Hartmut Krones (Hg.), *Bühne, Film, Raum und Zeit in der Musik des 20. Jahrhunderts*, Wien: Böhlau 2003, S. 53-64

Rupprecht, Siegfried P.: *Chanson-Lexikon*, Berlin: Lexikon Imprint 1999

Rußpickel, Johannes Jos.: „Jazz", in: *Hannoverscher Kurier*, 2. März, 1926

Ruttkowski, Wolfgang: „Cabaret Songs", in: *Popular Music and Society*, 25. Jg. (2001), Nr. 3, S. 45-71

Ruttkowski, Wolfgang: *Das literarische Chanson in Deutschland*, Bern: Francke 1966

Salber, Linde: *Marlene Dietrich*, Reinbek bei Hamburg: Rowohlt Taschenbuch 2001

Sasse, Dietrich: „Berlin", in: *MGG1*, Sp. 1705-1745

Scarpa, Ludovica: *Martin Wagner und Berlin. Architektur und Städtebau in der Weimarer Republik*, Braunschweig: Vieweg 1986

Schaeffers, Willi: *Tingel Tangel. Ein Leben für die Kleinkunst*, aufgezeichnet von Erich Ebermayer, Hamburg: Broschek 1959

Schär, Christian: *Der Schlager und seine Tänze im Deutschland der 20er Jahre. Sozialgeschichtliche Aspekte zum Wandel in der Musik- und Tanzkultur während der Weimarer Republik*, Zürich: Chronos 1991

Scharlau, Ulf (Hg.): *„Wenn die Jazzband spielt …" Von Schlager, Swing und Operette. Zur Geschichte der Leichten Musik im deutschen Rundfunk*, Berlin: Verlag für Berlin-Brandenburg GmbH 2006

Schaubühne am Lehniner Platz/Pitz, Helge/Brenne, Winfried: *Der Mendelsohn-Bau am Lehniner Platz. Erich Mendelsohn und Berlin*, Berlin: Schaubühne am Lehniner Platz 1981

Schebera, Jürgen: *Damals im Romanischen Café … Künstler und ihre Lokale im Berlin der zwanziger Jahre*, Leipzig: Edition Leipzig 1988

Schebera, Jürgen: „„Ich bin die Marie von der Haller-Revue …" Berlin 1919-1933: Das blühende Feld der musikalischen Unterhaltung", in: Matthias Herrmann (Hg.), *Dresden und die avancierte Musik im 20. Jahrhundert. Teil 1: 1900-1933*, Laaber: Laaber 1999, S. 69-77

Schenk, Dietmar: „Das Stern'sche Konservatorium der Musik. Ein deutsch-jüdisches Privatkonservatorium der Bürgerkultur Berlins 1850-1936", in: *Berlin in Geschichte und Gegenwart*, 2000, S. 57-79

Schenk, Dietmar: „Das Stern'sche Konservatorium der Musik. Ein Privatkonservatorium in Berlin, 1850-1915", in: Michael Fend (Hg.), *Musical education in Europe (1770-1914). Compositional, institutional and political challenges*, Berlin: Berliner Wissenschafts-Verlag 2005, S. 275-297

Scheu, Friedrich: *Humor als Waffe. Politisches Kabarett in der Ersten Republik*, Wien/München/Zürich: Europaverlag 1977

Schick, Paul: *Karl Kraus in Selbstzeugnissen und Bilddokumenten*, Reinbek bei Hamburg: Rowohlt Taschenbuch 1965

Schiffer, Marcellus: „Berliner Ansichten", in: Christian Jäger (Hg.), *Glänzender Asphalt. Berlin im Feuilleton der Weimarer Republik*, Berlin: Fannei & Walz 1994, S. 51-55

Schiffer, Marcellus: *Es liegt in der Luft (Ein Spiel im Warenhaus). Revue in 24 Bildern.* Textbuch, München: Dreiklang-Drei Masken o.J.

Schiffer, Marcellus: *Kinder der Zeit. Chansons*, mit einem Nachwort hg. von Alan Lareau, Siegen: Universität Gesamthochschule 1991 (=Vergessene Autoren der Moderne, Bd. XLIX)

Schiffler, Horst/Winkeler, Rolf: *Tausend Jahre Schule. Eine Kulturgeschichte des Lernens in Bildern*, Stuttgart: Belser 1985

Schildt, Joachim/Schmidt, Hartmut (Hg.): *Berlinisch. Geschichtliche Einführung in die Sprache einer Stadt*, Berlin: Akademie 1992

Schlögel, Karl: *Berlin Ostbahnhof Europas. Russen und Deutsche in ihrem Jahrhundert*, Berlin: Siedler 1998

Schlögel, Karl: „Berlin: ‚Stiefmutter unter den russischen Städten'", in: Karl Schlögel (Hg.), *Der große Exodus. Die russische Emigration und ihre Zentren 1917 bis 1941*, München: Beck 1994, S. 234-259

Schlögel, Karl/Kucher, Katharina/Suchy, Bernhard/Thum, Gregor (Hg.): *Chronik russischen Lebens in Deutschland 1918-1941*, Berlin: Akademie 1999

Schlögel, Karl (Hg.): *Der große Exodus. Die russische Emigration und ihre Zentren 1917 bis 1941*, München: Beck 1994

Schlögel, Karl: *Im Raume lesen wir die Zeit*, München: Hanser 2003

Schlögel, Karl: *Kartenlesen. Oder: Die Wiederkehr des Raumes*, Zürich: Vontobel 2003

Schlögel, Karl: *Marjampole oder Europas Wiederkehr aus dem Geist der Städte*, München: Hanser 2005

Schlör, Joachim: *Nachts in der großen Stadt. Paris, Berlin, London 1840 bis 1930*, München: dtv 1991

Schmidt, Hartmut: „Die sprachliche Entwicklung vom 13. bis zum frühen 19. Jahrhundert", in: Joachim Schildt (Hg.), *Berlinisch. Geschichtliche Einführung in die Sprache einer Stadt*, Berlin: Akademie 1992, S. 111-182

Schmidt-Bergmann, Hansgeorg: *Futurismus. Geschichte, Ästhetik, Dokumente*, Reinbek bei Hamburg: Rowohlt Taschenbuch 1993

Schneider, Ulrich: *Die Londoner Music Hall und ihre Songs 1850-1920*, Tübingen: Max Niemeyer 1984

Schönberg, Arnold: *Stil und Gedanke. Aufsätze zur Musik*, hg. von Ivan Vojtěch, Frankfurt/M.: Fischer 1976

Schöne, Lothar: *Neuigkeiten vom Mittelpunkt der Welt. Der Kampf ums Theater in der Weimarer Republik*, Darmstadt: Wissenschaftliche Buchgesellschaft 1994

Schönfeld, Christiane (Hg.): *Practicing Modernity. Female Creativity in the Weimar Republic*, Würzburg: Königshausen & Neumann 2006

Schoeps, Karl-Heinz: „Legende vom toten Soldaten", in: Jan Knopf (Hg.), *Brecht Handbuch: Gedichte*, Stuttgart/Weimar: Metzler 2001, S. 50-57

Schrader, Bärbel/Schebera, Jürgen: *Kunstmetropole Berlin 1918-1933. Die Kunststadt in der Novemberrevolution, die „goldenen" Zwanziger, die Kunststadt in der Krise*, Berlin/Weimar: Aufbau 1987

Schröder, Heribert: *Tanz- und Unterhaltungsmusik in Deutschland 1918-1933*, Bonn: Verlag für systematische Musikwissenschaft 1990

Schroer, Markus: „‚Bringing space back in' – Zur Relevanz des Raums als soziologische Kategorie", in: Jörg Döring (Hg.), *Spatial Turn. Das Raumparadigma in den Kultur- und Sozialwissenschaften*, Bielefeld: transcript 2008, S. 125-148

Schroer, Markus: *Räume, Orte, Grenzen. Auf dem Weg zu einer Soziologie des Raums*, Frankfurt/M.: Suhrkamp Taschenbuch Wissenschaft 2006

Schultz, Klaus/Bayreuther Festspiele (Hg.): *Wege zu Parsifal. PARSIFAL im Bayreuther Festspielhaus 1882-2001. Eine Ausstellung der Bayreuther Festspiele, 25. Juli-28. August 2004 im Neuen Rathaus Bayreuth*, Bayreuth: Bayreuther Festspiele 2004

Schulze, Erich: *Geschätzte und geschützte Noten. Zur Geschichte der Verwertungsgesellschaften*, Weinheim: VCH Verlagsgesellschaft 1995

Schutte, Sabine (Hg.): *Ich will aber gerade vom Leben singen … Über populäre Musik vom ausgehenden 19. Jahrhundert bis zum Ende der Weimarer Republik*, Reinbek bei Hamburg: Rowohlt Taschenbuch 1987

Seison, Yamaguchi: *Berlin im Frühling 1937. Tagebuch 1. April-9. Juni. Aus dem Japanischen von Tanja Schwanhäuser*, Berlin: Mori-Ôgai-Gedenkstätte 2002

Seyppel, Joachim: „Wer war Nelly Mann? Biografische Notizen zur zweiten Ehefrau Heinrich Manns", in: *Heinrich Mann Jahrbuch*, 4 (1986), S. 39-55

Siegert, Christine/Hottmann, Katharina/Meine, Sabine/Loeser, Martin/Fischer, Axel (Hg.): *Gattungsgeschichte als Kulturgeschichte. Festschrift für Arnfried Edler*, Hildesheim/Zürich/New York: Olms 2008

Simmel, Georg: *Die Großstädte und das Geistesleben*, Frankfurt/M.: Suhrkamp 2006

Simmel, Georg: *Kant. Sechzehn Vorlesungen gehalten an der Berliner Universität*, Schutterwald: Fischer 2006

Simmel, Georg: „Über räumliche Projektionen sozialer Formen (1903)", in: Jörg Dünne (Hg.), *Raumtheorie. Grundlagentexte aus Philosophie und Kulturwissenschaften*, Frankfurt/M.: Suhrkamp Taschenbuch Wissenschaft 2006, S. 304-315

Smith, Mark M.: *How race is made. Slavery, segregation, and the senses*, Chapel Hill: Univ. of North Carolina Press 2006

Smith, Mark M.: *Sensing the past. Seeing, hearing, smelling, tasting, and touching in history*, Berkeley: University of California Press 2008

Spahn, Peter: *Paul Lincke in Berlin. Leben – Werk – Bedeutung*, Norderstedt: Grin 2008

Spies, Werner/Martin, Jean-Hubert (Hg.): *Paris – Berlin 1900-1933. Übereinstimmungen und Gegensätze Frankreich-Deutschland. Kunst, Architektur, Graphik, Literatur, Industriedesign, Film, Theater, Musik*, München: Prestel 1979

Spoliansky, Mischa (translated by Barry Humphries): *Goodbye, Trouble*, unveröffentlichte Lebenserinnerungen (London)

Stahl, Geoff: „Musicmaking and the City. Making Sense of the Montreal Scene", in: Dietrich Helms (Hg.), *Sound and the City. Populäre Musik im urbanen Kontext*, Bielefeld: transcript 2007, S. 141-159

Stahrenberg, Carolin: „,Donnerwetter! Tadellos!!' Stadtidentitäten Berlins im Klang von Couplets und Schlagern 1907/1908", in: Keym, Stefan/Stöck, Karin (Hg.): *Musik im Leipzig, Wien und anderen Städten im 19. und 20. Jahrhundert*, Leipzig: Schröder 2011, S. 335-347

Stahrenberg, Carolin: „Kaffeehausmusik", in: Friedrich Jaeger (Hg.), *Enzyklopädie der Neuzeit*, Bd. 6 (Jenseits – Konvikt), Stuttgart: Metzler 2007, S. 253-256

Stapper, Michael: „,Radio ist heute die Mode'. Leichte Musik im Rundfunk der Weimarer Republik", in: Ulf Scharlau (Hg.), *„Wenn die Jazzband spielt …". Von Schlager, Swing und Operette. Zur Geschichte der Leichten Musik im deutschen Rundfunk*, Berlin: Verlag für Berlin-Brandenburg GmbH 2006, S. 19-31

Stein, Ingeborg (Hg.): *Raum und Zeit: Beiträge zur Analyse von Musikprozessen*, Jena: Abt. Wiss. Publ. d. Friedrich-Schiller-Universität Jena 1988

Stein, Roger: *Das deutsche Dirnenlied. Literarisches Kabarett von Bruant bis Brecht*, Köln: Böhlau 2006

Stephan, Anke: *Erinnertes Leben: Autobiographien, Memoiren und Oral-History-Interviews als historische Quellen*. Online-Fassung: http://epub.ub.uni-muenchen. de/627/ (=Publikationen der Ludwig-Maximilians-Universität München, Virtuelle Fachbibliothek Osteuropa)

Stephan, Regina: „,Einer der liebenswertesten Menschen und gleichzeitig einer der unangenehmsten' Mendelsohn und seine Mitarbeiter der zwanziger und frühen dreißiger Jahre", in: Regina Stephan (Hg.), *Erich Mendelsohn. Architekt 1887-1953. Gebaute Welten. Arbeiten für Europa, Palästina und Amerika*, Ostfildern-Ruit: Hatje 1998, S. 178-187

Stephan, Regina (Hg.): *Erich Mendelsohn. Architekt 1887-1953. Gebaute Welten. Arbeiten für Europa, Palästina und Amerika*, Ostfildern-Ruit: Hatje 1998

Stephan, Regina (Hg.): *Erich Mendelsohn. Wesen, Werk, Wirkung. Beiträge zu den Erich Mendelsohn-Symposien in Berlin, Akademie der Künste, 29. Februar 2004, und in Manchester, School of Architecture, 1. November 2004*, Ostfildern: Hatje Cantz 2006

Stephan, Regina: „,Riesengroß scheint meine Kraft anzuwachsen, wenn ich gegen den Wind sehe' Künstlerische Ausbildung", in: Ita Heinze-Greenberg (Hg.), *Luise und Erich Mendelsohn. Eine Partnerschaft für die Kunst*, Ostfildern-Ruit: Hatje Cantz 2004, S. 39

Stephan, Rudolph: „Moderne", in: *MGG2. Sachteil*, Bd. 6, Kassel: Bärenreiter 1997, Sp. 329-397

Stiewe, Willy/Weitz, Hans Philipp (Hg.): *Lieder der Gosse*, Berlin: Guido Hackebeil [1922]

Stiftung Archiv der Akademie der Künste: *„Bei uns um die Gedächtniskirche rum …" Friedrich Hollaender und das Kabarett der zwanziger Jahre*, Berlin: Stiftung Archiv der Akademie der Künste 1996 (=Archiv-Blätter, Bd. 3)

Stiftung Stadtmuseum Berlin (Hg.): *Unter den Linden. Historische Photographien*, Berlin: Nicolaische Verlagsbuchhandlung 2001

Stokes, Martin (Hg.): *Ethnicity, Identity and Music. The Musical Construction of Place*, Oxford/Providence: Berg 1994

Storch, Wolfgang (Hg.): *Der Raum Bayreuth: Ein Auftrag aus der Zukunft*, Frankfurt/M.: Suhrkamp 2002

Storch, Wolfgang: „Wagners Klangräume: Der Liebetaler Grund, La Spezia, Venedig", in: Wolfgang Storch (Hg.), *Der Raum Bayreuth: Ein Auftrag aus der Zukunft*, Frankfurt/M.: Suhrkamp 2002, S. 108-124

Strawn, John: „Raum und Klangmasse in Vareses Integrales", in: *Melos*, 1. Jg. (1975), Nr. 6, S. 446-456

Streim, Gregor: „Zwischen ,Weißem Rößl' und Mickymaus. Wiener Feuilletonisten im Berlin der zwanziger Jahre", in: Bernhard Fetz (Hg.), *Wien – Berlin. Mit einem Dossier zu Stefan Großmann*, Wien: Paul Zsolnay 2001, S. 5-21

Struck, Wolf-Heino: *Johannisberg im Rheingau. Eine Kloster-, Dorf-, Schloss- und Weinchronik*, Frankfurt/M.: Kramer 1977

Strzysch, Marianne/Weiß, Joachim (Hg.): *Der Brockhaus in fünfzehn Bänden*, Bd. 6 (GV-IR), Leipzig: Brockhaus 2002

Stuckenschmidt, Hans Heinz: „So wird heute gesungen. Choräle aus dem Schlamm", in: *Uhu*, 9 (1930), S. 45-48

Stürickow, Regina: *Der Kurfürstendamm. Gesichter einer Straße*, Berlin: arani 1995

Sullivan, Louis H.: *The public papers*, ed. by Robert C. Twombly, Chicago: University of Chicago Press 1988

Szatmari, Eugen: *Das Buch von Berlin*. Mit Originalzeichnungen von Rudolf Großmann, Erich Godal, Dolbin, Derso und Heinrich Zille, Leipzig: Connewitzer Verlagsbuchhandlung 1997 (Fotomechanischer Nachdruck der 1927 im R. Piper & Co. Verlag erschienenen Ausgabe)

Tadday, Ulrich (Hg.): *Musikphilosophie*, München: edition text + kritik 2007 (=Musik-Konzepte Sonderband)

Tal, Josef: *Tonspur. Auf der Suche nach dem Klang des Lebens. Autobiografie*, Berlin: Henschel 2005

Taylor, Charles: *Der Ton macht die Physik. Die Wissenschaft von Klängen und Instrumenten*, Braunschweig: Vieweg 1994

Tergit, Gabriele: *Käsebier erobert den Kurfürstendamm*, Berlin: arani 1988

Tgahrt, Reinhard (Hg.): *Dichter lesen*, Band 3: Vom Expressionismus in die Weimarer Republik, Marbach am Neckar: Deutsche Schillergesellschaft 1995 (=Marbacher Schriften 38/39)

Theater des Westens Gemeinnützige Betriebsgesellschaft (Hg.): *100 Jahre Theater des Westens: 1896-1996*, Berlin: Ullstein 1996

Thompson, Emily: *The Soundscape of Modernity. Architectural Acoustics and the Culture of Listening in America, 1900-1933*, Cambridge/London: MIT Press 2002

Thompson, William Forde: *Music, Thought, and Feeling. Understanding the Psychology of Music*, New York/Oxford: Oxford University Press 2009

Thorau, Christian: „Die Hörer und ihr Cicerone. Werkerläuterung in der bürgerlichen Musikrezeption", in: Andreas Jacob (Hg.), *Musik – Bildung – Textualität*, Erlangen: Universitätsbund Erlangen-Nürnberg 2007, S. 207-220

Thuret, Marc: „Französische Stücke auf Berliner Bühnen 1919-1933", in: Hans Manfred Bock (Hg.), *Französische Kultur im Berlin der Weimarer Republik: kultureller Austausch und diplomatische Beziehungen*, Tübingen: Narr Francke Attempto 2005, S. 251-281

Traber, Habakuk: „Emigrierte Musik: Komponisten im Exil", in: Edith Böhne (Hg.), *Die Künste und Wissenschaften im Exil 1933-1945*, Gerlingen: Schneider 1992, S. 125-155

Traber, Habakuk/Weingarten, Elmar: *Verdrängte Musik. Berliner Komponisten im Exil*, Berlin: Argon 1987

Trageser, Martin: *„Es liegt in der Luft eine Sachlichkeit". Die Zwanziger Jahre im Spiegel des Werks von Marcellus Schiffer (1892-1932)*, Berlin: Logos 2007

Tucholsky, Kurt: *Gesammelte Werke Band I 1907-1924*, hg. von Mary Gerold-Tucholsky und Fritz J. Raddatz, Frankfurt/M.: Zweitausendeins 2005

Tucholsky, Kurt: *Gesammelte Werke Band II 1925-1928*, hg. von Mary Gerold-Tucholsky und Fritz J. Raddatz, Frankfurt/M.: Zweitausendeins 2005

Urban, Erich: „Der Komponist des Kurfürstendamms", in: *Skizzen*, Nr. 7 (1928), S. 18

van Gogh, Vincent: *Briefe, Gemälde, Zeichnungen*, Bd. 5: An die Familie, an Freunde und Bekannte, Berlin: Directmedia 2006 (=Digitale Bibliothek, Bd. 142)

Völker, Klaus: *Max Herrmann-Neisse. Künstler, Kneipen, Kabaretts – Schlesien, Berlin, im Exil*, Berlin: Hentrich 1991

Völker, Klaus: *Kabarett der Komiker Berlin 1924–1950*, München: edition text + kritik 2010

Völmecke, Jens-Uwe: *Die Berliner Jahresrevuen 1903–1913 und ihre Weiterführung in den Revue-Operretten des Ersten Weltkrieges*, Köln: TÜV-Rheinland 1997 (=Diss. Universität zu Köln)

Vogel, Benedikt: *Fiktionskulisse. Poetik und Geschichte des Kabaretts*, Paderborn: Schöningh 1993

von Ankum, Katharina (Hg.): *Frauen in der Großstadt. Herausforderung der Moderne?*, Dortmund: ebersbach 1999

von Glahn, Denise: *The Sounds of Place. Music and the American Cultural Landscape*, Boston: Northeastern University Press 2003

von Wilpert, Gero: *Sachwörterbuch der Literatur*, 7., verbesserte und erweiterte Auflage, Stuttgart: Alfred Kröner 1989

Wagner, Manfred: „Bühnenbild und Musik – die andere Seite des Themas", in: Hartmut Krones (Hg.), *Bühne, Film, Raum und Zeit in der Musik des 20. Jahrhunderts*, Wien: Böhlau 2003, S. 29-34

Wagner, Manfred: „Der Raum in der Kunst", in: Hartmut Krones (Hg.), *Bühne, Film, Raum und Zeit in der Musik des 20. Jahrhunderts*, Wien: Böhlau 2003, S. 239-246

Wagner, Martin: „Das neue Berlin – Die Weltstadt Berlin", in: *Das neue Berlin*, 1. Jg. (1929), Nr. 1, S. 4-5

Wagner, Richard: *Mein Leben*, München: List 1963

Wagner, Richard: *Richard Wagner an Mathilde Wesendonk. Tagebuchblätter und Briefe, 1853-1871*, veröffentlicht von A. Duncker, Berlin: Duncker 1906

Walden, Herwarth: „Shimmy", in: *Der Sturm*, 13. Jg. (1922), Nr. 4, S. 49-51

Walter, Bruno: *Gustav Mahler. Ein Porträt*, Wilhelmshaven: Noetzel 1989 (=Taschenbücher zur Musikwissenschaft, Bd. 72)

Walther, Ingo F./Metzger, Rainer (Hg.): *Vincent van Gogh. Sämtliche Gemälde*, Bd. 2, Arles, Februar 1888-Auvers-sur-Oise, Juli 1890, Köln: Benedikt Taschen 1989

Webb, Peter: „Interrogating the production of sound and place: the Bristol phenomenon, from Lunatic Fringe to worldwide Massive", in: Sheila Whiteley (Hg.), *Music, Space and Place. Popular Music and Cultural Identity*, Burlington: Ashgate 2004, S. 66-85

Wedemeyer-Kolwe, Bernd: *„Der neue Mensch" Körperkultur im Kaiserreich und in der Weimarer Republik*, Würzburg: Königshausen & Neumann 2004

Weill, Kurt: *Briefwechsel mit der Universal Edition*, ausgewählt und hg. von Nils Grosch, Stuttgart/Weimar: Metzler 2002

Weill, Kurt: *Musik und Theater. Gesammelte Schriften. Mit einer Auswahl von Gesprächen und Interviews*, hg. von Stephen Hinton und Jürgen Schebera, Berlin: Henschel 1990

Weill, Kurt/Lenya, Lotte: *Sprich leise, wenn du Liebe sagst. Der Briefwechsel von Kurt Weill/Lotte Lenya*, hg. und übersetzt von Lys Symonette und Kim H. Kowalke, Köln: Kiepenheuer & Witsch 1998

Weill, Kurt: „Zeitoper", in: Kurt Weill (Hg.), *Musik und Theater. Gesammelte Schriften. Mit einer Auswahl von Gesprächen und Interviews*, hg. von Stephen Hinton und Jürgen Schebera, Berlin: Henschel 1990, S. 48-50

Weineck, Georg (Hg.): *Illustrierter Führer durch Berlin und Potsdam*. Dritte neuberabeitete Auflage, Berlin: Wilh. Silkenat o.J. [1931] (=Weineck's Reisehandbücher)

Weinzierl, Stephan: *Beethovens Konzerträume. Raumakustik und symphonische Aufführungspraxis an der Schwelle zum modernen Konzertwesen*, Frankfurt/M.: Bochinsky 2002

Weiss, Stefan/Schebera, Jürgen (Hg.): *Street Scene. Der urbane Raum im Musiktheater des 20. Jahrhunderts*, Münster: Waxmann 2006 (=Veröffentlichungen der Kurt-Weill-Gesellschaft Dessau, Bd. 6)

Wékel, Julian (Hg.): *Was die Stadt im Innersten zusammenhält. Stadtentwicklung als Gemeinschaftsaufgabe*, Berlin: Deutsche Akademie für Städtebau und Landesplanung 2006

Wellek, Albert: „Der Raum-Zeit-Kongreß der Gesellschaft für Ästhetik und allgemeine Kunstwissenschaft (7.-9. Oktober 1930)", in: *ZfMw*, 13 (1930/31), S. 149-152

Wellek, Albert: *Musikpsychologie und Musikästhetik. Grundriss der Systematischen Musikwissenschaft*, Bonn: Bouvier Verlag Herbert Grundmann 1982

Wenders, Wim/Handke, Peter: *Der Himmel über Berlin. Ein Filmbuch*, Frankfurt/M.: Suhrkamp 1987

Weniger, Kay: *Zwischen Bühne und Baracke. Lexikon der verfolgten Theater-, Film- und Musikkünstler 1933-1945*, Berlin: Metropol 2008

Westermeyer, Karl: „Offenbach und Spoliansky. Städtische Oper: ‚Prinzessin von Trapezunt', Metropol-Theater: ‚Hundert Meter Glück"', in: *BTbl*, 02.01.1933

Wetzig-Zalkind, Birgit: *Marlene Dietrich in Berlin. Wege und Orte*. Mit einem Vorwort ihrer Tochter Maria Riva, Berlin: Gauglitz 2005

Whiteley, Sheila/Bennett, Andy/Hawkins, Stan: „Introduction", in: Sheila Whiteley (Hg.), *Music, Space and Place. Popular Music and Cultural Identity*, Burlington: Ashgate 2004, S. 1-22

Whiteley, Sheila/Bennett, Andy/Hawkins, Stan (Hg.): *Music, Space and Place. Popular Music and Cultural Identity*, Burlington: Ashgate 2004

Wicke, Peter/Ziegenrücker, Kai-Erik: *Handbuch der populären Musik. Geschichte, Stile, Praxis, Industrie*, Mainz: Schott 2007

Widmaier, Tobias: „Sin(n)copations: ein Kapitel Dada-Musik", in: Hermann Danuser (Hg.), *Musik als Text. Bericht über den Internationalen Kongreß der Gesellschaft für Musikforschung Freiburg im Breisgau*, Bd. 2 (Freie Referate), Berlin: Musikwissenschaftliches Seminar der Humboldt-Universität 1998, S. 523-527

Wiemann, Uwe: *Kurt Tucholsky und die Politisierung des Kabaretts. Paradigmenwechsel oder literarische Mimikry?*, Hamburg: Kova 2004

Wirth, Irmgard/Rave, Paul Ortwin (Schriftleitung und Einführung): *Die Bauwerke und Kunstdenkmäler von Berlin. Stadt und Bezirk Charlottenburg*, im Auftrage des Senators für Bau- und Wohnungswesen hg. vom Amt für Denkmalpflege, 2. Teil, Textbd., Berlin: Gebr. Mann 1961

Wisniewski, Edgar: „Wagners ‚Parsifal' im Zentralraum der Philharmonie? Zum Wandel der Struktur in Raum und Zeit", in: Sabine Borris (Hg.), *Zum Raum wird hier die Zeit. Parsifal-Zyklus*, Berlin: Berliner Philharmoniker 2001, S. 125-135

Wolf, Gerhard (Hg.): *Elena Liessner-Blomberg oder Die Geschichte vom Blauen Vogel*, Berlin: Der Morgen 1978

Wolffram, Knud: *Tanzdielen und Vergnügungspaläste. Berliner Nachtleben in den dreißiger und vierziger Jahren. Von der Friedrichstraße bis Berlin W., vom Moka Efti bis zum Delphi*, Berlin: Hentrich 2001

Woll, Stefan: *Das Totaltheater: ein Projekt von Walter Gropius und Erwin Piscator*, Berlin: Gesellschaft für Theatergeschichte 1984 (=Schriften der Gesellschaft für Theatergeschichte, Bd. 68)

Worbs, Dietrich: *„Komödie" und „Theater am Kurfürstendamm", Das Erbe von Oskar Kaufmann und Max Reinhardt*, München/Berlin: Deutscher Kunstverlag 2007

Zeisl, Erich: „Proletarisch-revolutionäre Revuen der Ersten Republik", in: *Maske und Kothurn*, 47. Jg. (2002) Nr. 1-2, S. 45-122

Zellner, Heinrich: „Whiteman und Spoliansky", in: *Weltbühne*, XXV. Jg. (07.09.1926), Nr. 36, S. 396

Zinner-Frühbeis, Carola: *Wir waren ja die Größten. Deutsche Jazz- und Unterhaltungsmusiker zwischen 1920 und 1950*, Frankfurt/M.: Eisenbletter & Naumann 1991

Zivier, Georg/Kotschenreuther, Hellmut/Ludwig, Volker: *Kabarett mit K. 70 Jahre grosse Kleinkunst*, Berlin: Berlin-Verlag 1989

Zohn, Harry: *Karl Kraus*, Frankfurt/M.: Hain 1990

Zucker, Paul: *Theater und Lichtspielhäuser*, Berlin: Ernst Wasmuth 1926

Abbildungsverzeichnis

Abb. 44: Das *Kabarett der Komiker*, Außenaufnahme von 1938. Abgedruckt in: Schaubühne am Lehniner Platz/Pitz/Brenne 1981, S. 45.

Abb. 45: Grundriss des Rauchtheaters, Erdgeschoss. Erstmals veröffentlicht in: Mendelsohn, Erich: *Das Gesamtschaffen des Architekten*, Berlin 1930. Abgedruckt in: Schaubühne am Lehniner Platz/Pitz/Brenne: 1981, S. 44.

Abb. 46: Walter Gropius: Totaltheater-Projekt (1927). Grundrisse der verschiedenen Nutzungsmöglichkeiten (Bühne/Spielfläche schwarz). Abgedruckt in: Koneffke 1999, S. 115 (dort 3a).

Abb. 47: Das *Kabarett der Komiker* im neuen Haus, abgebildet in der Zeitschrift *Das Theater*, Oktober 1928. Abgedruckt in: Jelavich 1993, S. 198.

Abb. 48: Innenaufnahme des *Kabaretts der Komiker*, 1928 (nach der Umgestaltung durch Robitschek/Dworsky, vor dem größeren Umbau). Links das Orchester. Abgedruckt in: Schaubühne am Lehniner Platz/Pitz/Brenne 1981, S. 45.

Abb. 49: Das ausverkaufte *KadeKo* in der *Frechheit*, Februar 1930 (vor dem größeren Umbau). *Frechheit* Nr. 2 (1930), S. 4 (SMB, Lipp ZG 304 f).

Abb. 50: Ausschnitt aus *Sie geht nach Spandau*, Terzett aus der Kabarettoper *Rufen Sie Herrn Plim!* (Klavierauszug), Berlin/München: Dreiklang-Drei Masken 1932, S. 42.

Abb. 51: Ankündigung des *Meistersingerquartetts* in der *Frechheit*, Dezember 1929. *Frechheit*, Nr. 12 (1929), S. II (SMB, Lipp ZG 304 f).

Abb. 52: Ausschnitt aus „Tempo di Valse" in Nr. 3, Kabarettoper *Rufen Sie Herrn Plim!* (Klavierauszug), Berlin/München: Dreiklang-Drei Masken 1932, S. 30.

Abb. 53: Auszug aus dem Prolog zu *Rufen Sie Herrn Plim!* (Klavierauszug), Berlin/München: Dreiklang-Drei Masken 1932, S. 5.

Abb. 54: Ausschnitt aus dem Abschnitt *O Isis und Osiris, oh Wertheim und Tietz*, Nr. 5, Kabarettoper *Rufen Sie Herrn Plim!* (Klavierauszug), Berlin/München: Dreiklang-Drei Masken 1932, S. 45.

Abb. 55: Paul Graetz bei der „Nacht der Prominenten" im *Kabarett der Komiker*, 28. Oktober 1932. *Frechheit*, Nr. 10 (1932), S. 7 (SMB, Lipp ZG 304 f).

ZUSAMMENFASSUNG

Kabaretts, Bars und Cafés prägen als Teil der Unterhaltungskultur das populäre Bild der Weimarer Republik, das sich aus verschiedenen, zumeist fiktionalen Quellen speist. Als Aufführungsorte von Musik werden sie in der historischen Forschung jedoch nur selten wahrgenommen, obgleich sich hier ein vielfältiges kulturelles Leben entfaltete, das neben Tanz- und Unterhaltungsmusik auch die Inszenierung von Chansons und Musiktheater umfasste. In der Arbeit werden exemplarisch verschiedene solcher „Orte der Musik" – so der Titel der Forschungsgruppe, in deren Rahmen die Dissertation entstand – im Berlin der Weimarer Republik in den Blick genommen und auf ihre Qualität als Brennpunkte bzw. „Inkubationsräume" (Karl Schlögel) sozial-kulturbildender Aktivität (*Hot Spot*) untersucht. Dabei wird das dortige Musikleben in seiner Einbindung in kulturelle Prozesse sichtbar gemacht und auf seine Funktion im Hinblick auf angrenzende Kontexte – beispielsweise als Plattform für Gesellschaftskritik oder unter sozialgeschichtlichem Aspekt – untersucht.

Die Arbeit gliedert sich in zwei größere Abschnitte: Im ersten Teil (*GRUNDRISSE*) werden zunächst theoretische und begriffliche Überlegungen zur grundlegenden Analysekategorie des Raumes dargestellt, die anschließend in Bezug zur Musik gesetzt werden. Im folgenden Abschnitt wird der historische Kontext des Berlins der Zwischenkriegszeit als Ausgangspunkt für die exemplarischen Untersuchungen der Musikorte thematisiert. Im zweiten Teil der Arbeit, den *ANSICHTEN*, werden die aufgezeigten Zusammenhänge an einzelnen Beispielen (*Café Schön*, *Kakadu-Bar*, *Wilde Bühne*, *Kabarett der Komiker*) konkretisiert. Als verbindendes Element dient dabei der Lebenslauf des Komponisten und Pianisten Mischa Spoliansky, dessen Arbeitsstationen die Auswahl der Orte sowie die Abfolge der Darstellung bestimmen. So wird über die Musikinstitutionen gleichzeitig der Werdegang eines Musikers erhellt, der die Vielseitigkeit, aber auch die Durchlässigkeit des damaligen Musiklebens reflektiert und beispielhaft für eine bisher wenig beleuchtete Facette von Musikerbiographien in der Großstadt stehen kann. Immer wieder zeigt sich an den verschiedenen Orten der enge Zusammenhang von Interpretation sowie Repertoirebildung mit räumlichen Strukturen, sei es unter Betonung von sozialen, phänomenologischen oder konkret akustischen Räumen.

Die im Verlaufe der Arbeit aus dem „Speichergedächtnis" des Archivs ins „Funktionsgedächtnis" der wissenschaftlichen Auseinandersetzung überführten Orte der Musik können über die Rekonstruktion ihrer historischen Handlungsräume zum Ausgangspunkt weiterer Forschungen werden oder auch im Sinne einer produktiven Rezeption von Vergangenem zur kreativen Auseinandersetzung anregen.

SUMMARY

Cabarets, bars and Cafés being a part of entertainment culture, shape the popular picture of the Weimar Republic, which feeds itself from different, mostly fictional sources. In historical research however, theses performance venues are only rarely perceived as such, although they were centres with a diverse cultural life unfolding, covering dance and popular music as well as the staging of chansons and musical plays.

This paper wants to explore these different "Spots of music" (the title of the research group, within which framework this thesis developed) in a Berlin of the Weimar Republic exemplarily and examine their quality as focal points or as "Inkubationsräume" (Karl Schlögel) – spaces forming social and cultural activities (*Hot spots*). At the same time it will be illustrated how the city's musical life is integrated into cultural processes and how it's musical life functions regarding other immediate contexts – for example being a platform for social criticism or as being looked at under socio-historical aspects.

This paper is divided into two larger sections: The first part (LAYOUT) deals with theoretical and conceptual reflections that are concerned with a fundamental analysis of the category spatiality, which is thereafter described in relation to music. The section following brings up a discussion on the historical context of Berlin set in the interwar period as a starting point for the exemplary investigation of the music Spots.

In the second part of the paper (VIEWS) the above mentioned connections will be substantiated by looking at individual examples (*Café Schön, Kakadu-Bar, Wilde Bühne, Kabarett der Komiker*). A connective element in the exploration of these examples is the biography of the composer and pianist Mischa Spoliansky, whose different workstations determine the selection of the places as well as the succession of the chapters in the book.

By looking at various institutions of music, the career of a musician will be illuminated – a musician who reflected the versatility and, in addition, the permeability of the music life at that time and who may stand as a model for a so far scarcely commentated facet, namely biographies of musicians in the metropolis. The spots/locations/places mirror the close relationship between interpretation and generation of repertoire with spatial structures, be it social, phenomenological or concrete acoustic space, as it is shown throughout many chapters.

By transferring "the storage memory" of the archive into a "functional memory" of scientific argument, a reconstruction of the historical realm in spots/locations/places of music may become the starting point of further research and stimulate further creative involvement with a prolific reception of history.